PROPOS
INTIMES ET POLITIQUES

DU MÊME AUTEUR

Propos intimes et politiques, tome 1, Nouveau Monde éditions, 2016. *Une histoire du Troisième Reich*, Perrin, 2014.
Hitler, 30 janvier 1933. La véritable histoire, Pascal Galodé, 2013.
Churchill et Hitler, Le Rocher, 2012 ; réédition Perrin, coll. « Tempus », 2013.
Petit dictionnaire énervé de la Seconde Guerre mondiale, L'Opportun, 2010.
Mers el-Kébir, 3 juillet 1940. L'Angleterre rentre en guerre, François-Xavier de Guibert, 2010.
Qui a tué Georges Mandel ?, L'Archipel, 2008.
Nuremberg face à l'Histoire, L'Archipel, 2006 ; réédition « Archipoche », 2015.
Les tentatrices du diable. Hitler, la part des femmes, L'Archipel, 2005.
La libération de la France, L'Archipel, 2004 ; réédition augmentée sous le titre *Ils ont libéré la France*, L'Archipel, « Archipoche », 2014.
La face cachée de 1940. Comment Churchill réussit à prolonger la partie, François-Xavier de Guibert, 2003.
L'appel du 18 juin 1940, Grasset, 2000.
Hitler, Grasset, 1999 ; réédition Pascal Galodé, 2013.
Aubrac, les faits et la calomnie, Le Temps des cerises, 1997.
La ruse nazie, France-Empire, 1997.
Montoire, Albin Michel, 1996.
Churchill et les Français, Plon, 1993 ; rééditions Polygone, 2000 et François-Xavier de Guibert, 2010.
Les papiers secrets du général Doumenc, Orban, 1992.
Le Journal d'Anna, roman, Phébus, 1990.

À paraître chez Nouveau Monde éditions
Hitler et Pétain

En collaboration
Actes du colloque sur l'encyclique « Mit brennender Sorge », Dialogues, 2015.
Dictionnaire du monde germanique, Bayard, 2008.
Avenirs et avant-gardes en France. Mélanges Madeleine Rebérioux, La Découverte, 1999.
Le livre noir du capitalisme, Le Temps des cerises, 1998.

Sites internet
http://www.delpla.org
« Bonus » du présent livre : http://www.delpla.org/site/articles/articles-8-102+hitler-parle-alias-propos-de-table-de-l.php
Mémoire d'habilitation intitulé *L'individu dans l'histoire du nazisme/Variations sur l'arbre et la forêt* (2012) : http://www.histoquiz-contemporain.com/forum/viewtopic.php?f=28&t=4912

Édition : Iris Granet-Cornée et Aurélie Walk
Conception graphique : Farida Jeannet

170bis, rue du Faubourg-Saint-Antoine – 75012 Paris
ISBN : 978-2-36942-420-8
Dépôt légal : septembre 2016
Imprimé en France par Meilleures Impressions – N° d'imprimeur : 0286

Adolf Hitler

PROPOS
INTIMES ET POLITIQUES

TOME 2

MARS 1942-NOVEMBRE 1944

Traduit de l'allemand
et commenté par François Delpla

nouveau monde éditions

Introduction

Voici le second tome des propos de Hitler, notés pendant les quatorze premiers mois de la campagne de Russie, puis en de très rares occasions ultérieures. Ce texte a été publié pour la première fois en 1952 et 1953 par François Genoud dans une version française très défectueuse, hélas fidèlement traduite en anglais et sans concurrence, aujourd'hui encore, sur le marché anglo-saxon. Le texte allemand dont était parti Genoud n'a fait surface qu'en 1980, dans une édition allemande due à Werner Jochmann, sur laquelle repose le premier tome de la présente édition française. Il n'en ira pas tout à fait de même ici, car l'édition Jochmann comporte une énorme lacune, entre le 21 mars et le 31 juillet 1942. Pour cette période, la traduction Genoud ne peut être révisée qu'à partir d'un autre ouvrage, dû à Henry Picker, paru en 1963 et traduit en français par René Jouan en 1969[1]. Cette lacune procède d'un scrupule juridique : l'éditeur allemand à qui Genoud avait remis le document (acquis peu après la guerre auprès d'un collectionneur italien) a craint des poursuites de la part de Picker. Ce dernier était en effet chargé de prendre les notes dans l'intérim du scribe principal, Heinrich Heim, absent pendant la période considérée. Heim avait, pour toute la durée de l'exercice, mis au propre ses notes et celles de Picker, tout en pratiquant un tri, probablement d'après les directives de Martin Bormann. Picker, lui, avait publié ses notes brutes, nettement plus abondantes.

---

1. Cf. Henry Picker, *Hitlers Tischgespräche im Führerhauptquartier, 1941-1942*, Stuttgart, Seewald, 1963, tr. fr. *Hitler cet inconnu*, Paris, Presses de la Cité, 1969. Une édition revue, parue sous le même titre et chez le même éditeur, n'a pas été traduite.

Par bonheur, la confrontation de l'édition Picker avec le texte français de 1953, dû à Genoud, montre que Heim, dans les passages retenus, était resté scrupuleusement fidèle au texte de son subordonné. La vérification sur un original allemand est donc possible[1]... et, comme pour le tome 1, édifiante. Genoud commet toujours autant d'approximations et de contresens en dissolvant le style oral de Hitler, souvent lourd et heurté, mais précis, dans une langue française enlevée et élégante.

Malheureusement, la traduction du livre de Picker par René Jouan (pourtant un traducteur en général apprécié, tant de l'anglais que de l'allemand) s'avère aussi désinvolte que celle de François Genoud, même si leurs manières de déformer le texte diffèrent. Si Genoud altère le propos dictatorial à la fois par souci commercial et pour atténuer la virulence ou la lourdeur d'un orateur qu'il admire, Jouan semble considérer que, le flot de paroles hitlérien étant dépourvu de toute rigueur, aucune approximation ne saurait le trahir. Il opère des déformations symétriques de celles de son concurrent helvétique et tout aussi regrettables, par exemple en traduisant obstinément par « prêtraille » ou « frocards » le mot Geistlichkeit, qui désigne le clergé sans la moindre nuance péjorative. La haine de Hitler envers la religion chrétienne a peu en commun avec l'anticléricalisme classique et, s'il ne dédaigne pas toujours l'insulte grossière, il appelle en général les choses par leur nom sans recourir à un équivalent argotique, comme pour mieux asséner son mépris.

Pour en revenir à Genoud, responsable de la plupart des idées fausses sur ces propos, il pèche aussi lorsque sa propre idéologie s'écarte de l'orthodoxie nazie, car sa nostalgie du Troisième Reich ne va pas jusqu'à une admiration inconditionnelle. Ainsi quand Hitler dit, le 4 avril 1942, que « les mariages malheureux qu'on maintient en raison des enfants donnent difficilement de bons résultats », donc prône, implicitement mais clairement, leur dissolution, Genoud, en

1. Sauf pour une page qui, inexplicablement, se trouve chez Genoud mais non chez Picker, celle du 26 juillet à midi : force a été de la reproduire telle quelle, sans vérification aucune.

bon réactionnaire, ne décourage pas complètement les humains qui refusent de séparer ce que Dieu a uni : « C'est un dessein louable, de la part des intéressés, eu égard aux enfants, d'essayer de maintenir ces unions précaires – mais c'est rarement avec succès. »

Plus gravement pour la recherche historique, l'entrée du 12 mai au soir comporte une des rares mentions, chez Hitler, d'une volonté d'imiter Staline : « Auch in den Ostgebieten könne man nur mit einem absolut rigorose Vorgehen à la Stalin zum Ziele kommen », soit « Dans les territoires de l'Est aussi, ce n'est qu'en procédant avec une rigueur absolue, à la Staline, qu'on peut atteindre l'objectif ». Genoud, choqué sans doute, et voulant peut-être faire entrer de force le nazisme dans le lit de la guerre froide, gomme la sacrilège référence, atténuant par là même la cruauté de la consigne : « Pour ce qui est de la germanisation des territoires de l'Est, nous n'y parviendrons qu'en utilisant des moyens extrêmement rigoureux. »

Une différence regrettable entre les pages prises en note par Heim et celles pour lesquelles ce dernier est tributaire de Picker résulte de l'absence, chez Picker, du nom des invités, alors qu'il figurait en tête de chaque page pendant toute la durée couverte par le tome 1, et qu'il refait son apparition, quoique plus rarement, quand Heim reprend les rênes à partir d'août 1942. Par exemple, la présence du Gauleiter Terboven, devenu gouverneur de Norvège, était signalée le 13 décembre. Il serait étonnant, mais pas impossible, que Hitler ne l'ait plus jamais convié aux repas ni aux veillées, mais le fait que Picker ne mentionne pas les invités interdit toute certitude.

Une autre différence réside dans l'absence, à partir de la période « Picker », de notes prises à la veillée et datées de la « nuit du tant au tant ». Jochmann, dans son introduction, l'explique par le fait que Picker ne faisait pas assez partie des familiers pour être convié à ces veillées. Mais dans ce cas on retrouverait cette mention à partir du mois d'août, lors du retour de Heim, comme on retrouve des listes d'invités. Il faut croire, plutôt, que Hitler n'a plus souhaité être pris en note à la veillée, peut-être pour faire de celle-ci un moment de pure détente.

Les notes cessent brusquement le 7 septembre à midi pour ne reprendre qu'en mai-juin 1943, de façon beaucoup plus espacée, puis brièvement au printemps de 1944, et s'arrêtent définitivement après un ultime sursaut, le 30 novembre 1944. Les invités ne sont pas nommés, la façon d'introduire les notes diffère : autant dire que ces bribes procèdent d'une autre logique et sont peut-être le fait d'autres secrétaires. Si on a pu nourrir le projet, au printemps de 1943, de reprendre régulièrement l'exercice, on y a renoncé et, comme ensuite les points abordés sont tous très importants, il se peut que Bormann ait voulu compléter son dossier en consignant des tirades qui ramassaient la pensée du maître sur ces sujets fondamentaux. Ces pages formeraient une transition avec les déclarations dictées par Hitler au seul Bormann de février à avril 1945, et publiées en 1959 par Genoud sous le titre Testament politique de Hitler. Un titre conforme au contenu, même s'il prête à confusion[1]. Là encore, on ne connut longtemps qu'une version française avant que Genoud se décide à publier le texte allemand, peu après celui des Propos et chez le même éditeur[2].

L'arrêt des notes, le 7 septembre 1942, est nimbé de mystère, comme toute leur histoire. On sait seulement qu'entre Hitler et ses généraux s'ouvre une période de vives turbulences. Sa mésentente endémique avec Halder, chef d'état-major de l'armée de terre, atteint des sommets et il va être remplacé le 24 septembre par le général Zeitzler. Mais dès le 7 septembre le torchon brûle entre le dictateur et l'un de ses officiers jusque-là préférés, Alfred Jodl. Il faut dire que ce général, second du maréchal Keitel à la tête de l'OKW, a pris le parti du chef du groupe d'armées A, le maréchal List, que Hitler utilise comme bouc émissaire de la lenteur de l'avance vers

1. Car Hitler a intitulé ainsi un texte beaucoup plus court, dicté l'avant-veille de son suicide : http://www.ns-archiv.de/personen/hitler/testament/politisches-testament.php ; et, en français : http://excerpts.numilog.com/books/9782705666798.pdf.
2. Cf. *Hitlers politisches Testament. Die Bormann-Diktate vom Februar und April 1945*, Hambourg, Knaus, 1981. Pour la première édition française, cf. *Le Testament politique de Hitler. Notes recueillies par Martin Bormann*, Paris, Fayard, 1959. En ligne : http://archive.org/stream/Die-Bormann-Diktate-vom-Februar-und-April-1945/DieBormann-diktateVomFebruarUndApril1945-HitlersPolitischesTestament59S.#page/n3/mode/2up.

Bakou et de son échec probable, qui ne va bientôt plus laisser d'autre option qu'une coûteuse retraite. Ce 7 septembre, Jodl part en avion voir List tandis que Hitler déjeune avec Speer, le Gauleiter Koch et le maréchal Milch. La conversation est on ne peut plus inactuelle, tout en touchant sur un point à la vie militaire : il est question de l'éducation dans la Grèce antique, où l'attachement des disciples au professeur était tel qu'ils le suivaient jusque sur le champ de bataille. À la conférence militaire de la soirée, Jodl rend compte que l'offensive du Caucase marque le pas en raison de la force de l'ennemi plutôt que de quelque erreur ou mollesse de List, Hitler hurle que ses ordres ne sont pas respectés, Jodl, s'emportant aussi, se porte garant que List les suit à la lettre et Hitler, avant de s'enfuir sans saluer personne, ordonne qu'à l'avenir les conférences soient prises en note. Il va désormais absorber pendant un certain temps ses repas tout seul[1]. C'est ainsi que les procès-verbaux des réunions militaires vont prendre le relais des présents propos, sans être, hélas, aussi bien conservés[2]. Mais si les circonstances de cette interruption, somme toute accidentelle, sont connues, on n'a aucune idée des raisons pour lesquelles la prise de notes n'a jamais vraiment recommencé, par exemple au cours des longs séjours de Hitler au Berghof dans le premier semestre de 1944 où certes il ne déjeunait pas tout seul et était toujours, à table, un sempiternel bavard. Peut-être Bormann et Hitler lui-même ont-ils estimé qu'il y avait là un corpus suffisant, ou presque, de consignes variées et de pages d'histoire du mouvement.

1. Cf. Ian Kershaw, *Hitler*, t. 2, Londres, Lane, 2000, tr. fr. Paris, Flammarion, 2000, p. 767-772.
2. Nous possédons essentiellement les fragments sauvés du feu par un soldat américain, publiés par Helmut Heiber en 1962. Une édition complétée avec des documents sauvegardés par d'autres voies est parue quarante ans plus tard. Cf. Helmut Heiber et David Glantz (éd.), *Hitler and His Generals: Military Conferences, 1942-1945*, New York, Enigma Books, 2002.

Repères chronologiques

1er mars 1942 : débarquement de troupes japonaises à Java. Tous les navires (civils et militaires) alliés qui se trouvent encore dans ses ports quittent l'île pour se réfugier en Australie.

Le général Halder, chef d'état-major de l'armée de terre, fait le bilan des pertes allemandes sur le front de l'Est : 1 500 636 hommes (31 % des effectifs engagés le 22 juin 1941), dont 202 257 tués, 725 642 blessés, 112 617 atteints de gelures graves et 46 511 disparus.
L'Armée rouge commence une nouvelle offensive en Crimée.
Les Japonais coulent le croiseur américain USS-Houston, le croiseur australien Perth, quatre contre-torpilleurs alliés et un bateau-citerne dans le détroit de la Sonde, alors qu'ils tentaient de rejoindre l'Australie.

7 mars : repli vers l'Australie des autorités hollandaises des Indes néerlandaises.

8 mars : prise de Rangoon par les Japonais.

Raid aérien anglais sur les usines d'Essen (Rhénanie).

11 mars : le général américain MacArthur annonce son départ des Philippines en disant : « Je reviendrai. »

13 mars : raid aérien anglais sur Cologne.

15 mars : discours de Hitler à Berlin, à l'occasion de la journée du Souvenir des héros. Il annonce que les « hordes bolcheviques seront battues et anéanties au cours de l'été prochain ».

17 mars : début de la liquidation du ghetto de Lublin.

21 mars : nomination de Fritz Sauckel, Gauleiter de Thuringe, au poste de « plénipotentiaire au recrutement et à l'emploi de la main-d'œuvre ».

27 mars : attaque britannique contre l'écluse du port de Saint-Nazaire.

28 mars : bombardement de Lübeck.

8 avril : Arrivée à Londres de Harry Hopkins et de George Marshall pour parler du « second front ».

10 avril : l'Angleterre déclare que l'Inde sera indépendante à la fin de la guerre.

15 avril : suspension du procès de Riom, qui ne sera pas repris.

Hopkins et Marshall quittent Londres pour Washington.

17 avril : raid aérien contre Hambourg.

18 avril : Laval chef du gouvernement de Vichy.

Premier raid aérien américain contre le Japon, dans la région de Tokyo.

20 avril : Hitler refuse un débarquement sur Malte dont les défenses ont été très affaiblies par des attaques italo-allemandes au cours des semaines précédentes.

21 avril : arrivée en Suisse du général français Giraud, évadé d'Allemagne.

24 avril : premier raid aérien allemand « Baedeker » de représailles, contre Exeter.

25 avril : à Vichy, Xavier Vallat est remplacé par Darquier de Pellepoix à la tête du Commissariat général aux questions juives.

26 avril : discours de Hitler devant le Reichstag, laissant entendre que la guerre à l'Est ne sera peut-être pas terminée avant l'hiver. Il se proclame chef suprême de la justice et s'arroge le droit de licencier des fonctionnaires jugés insuffisants.

27 avril : destruction quasi totale de Rostock au terme d'une semaine de bombardements. Pilonnage de la gare de Cologne.

28 avril : bombardement du port de Kiel.

29-30 avril : rencontre Hitler-Mussolini à Salzbourg.

5 mai : débarquement britannique à Madagascar.

6 mai : achèvement de la conquête des Philippines par les Japonais.

7-8 mai : bataille navale de la mer de Corail entre Américains et Japonais : pertes équilibrées mais victoire américaine par l'empêchement d'un débarquement japonais en Nouvelle-Guinée (qui s'avérera définitif).

8 mai : offensive allemande contre la presqu'île de Kertch (Crimée).

11 mai : premier débarquement de personnels de l'armée de l'air américaine en Grande-Bretagne.

12 mai : offensive soviétique devant Kharkov.

15 mai : prise de Kertch.

20 mai : arrivée de Molotov à Londres.

Achèvement de la conquête de la Birmanie (anglaise) par les Japonais.

21 mai : Hitler décommande une attaque contre Malte pour concentrer les forces de l'Axe sur une offensive en Libye.

26 mai : début de l'offensive de Rommel en Libye.

Molotov signe à Londres un traité d'assistance mutuelle pour vingt ans puis s'envole vers Washington.

27 mai : première attaque de Rommel contre Bir Hakeim, défendue par la 1re division française libre du général Koenig.

Attentat contre Heydrich à Prague.

29 mai : port d'une étoile jaune imposé aux Juifs de la zone française occupée. La mesure, étendue à la Belgique et aux Pays-Bas, entre en vigueur le 7 juin.

30 mai : Cologne bombardée par 1 000 avions britanniques (opération Millenium).

2 juin : début de l'attaque allemande contre Sébastopol.

4 juin : décès de Heydrich.

6 juin : victoire aéronavale américaine contre les Japonais à Midway.

10 juin : destruction du village de Lidice en Bohême en représailles de l'attentat contre Heydrich.

11 juin : prise de Bir Hakeim évacuée par les Français libres.

12 juin : contre-attaque allemande devant Kharkov.

18 juin : arrivée de Churchill aux États-Unis.

21 juin : prise de Tobrouk par Rommel, aussitôt nommé maréchal par Hitler.

22 juin : discours radiodiffusé de Laval proclamant qu'il souhaite la victoire de l'Allemagne.

25 juin : offensive allemande en direction de Voronej.

28 juin : début de l'opération Fall Blau (attaque allemande vers le Caucase).

30 juin : fin des combats à Sébastopol.

1er juillet : début de la première bataille d'El-Alamein, dont la perte par les Anglais ouvrirait la route d'Alexandrie et du Caire aux forces de l'Axe.

Attaque par des sous-marins allemands du convoi PQ-17 destiné à ravitailler l'URSS par le nord.

2 juillet : une motion de censure aux Communes contre Churchill recueille 25 voix.

9 juillet : directive de Hitler n° 45, divisant en deux le groupe d'armées sud ; le groupe A (List) doit foncer vers le Caucase via Rostov, le groupe B (Bock) doit prendre Stalingrad.

15 juillet : Rommel définitivement bloqué devant El-Alamein.

1er août : arrivée de Churchill au Caire.

7 août : débarquement de troupes américaines dans l'île de Guadalcanal, occupée par les Japonais.

9 août : arrivée du groupe d'armées A à Maïkop (dont les puits de pétrole sont détruits) et à Krasnodar.

18 août : directive de Hitler sur l'intensification de la lutte contre les partisans.

19 août : raid anglo-canadien à Dieppe, repoussé par les Allemands.

20 août : Hitler nomme Thierack ministre de la Justice avec le pouvoir de casser toutes les lois et les jugements.

23 août : drapeau allemand hissé au sommet de l'Elbrouz, plus haut sommet du Caucase et de l'Europe.

31 août : arrivée de la 6e armée allemande (général Paulus) à 25 kilomètres de Stalingrad.

1er septembre : échec de la dernière tentative de percée de Rommel à El-Alamein.

6 septembre : le groupe d'armées A prend Novorossiisk (sur la mer Noire, au pied du Caucase).

9 septembre : Hitler limoge le général List et prend lui-même le commandement du groupe d'armées A qui combat dans le Caucase.

24 septembre : Kurt Zeitzler remplace Franz Halder comme chef d'état-major de l'OKH.

21 mars 1942, le soir[1]

Il faut toujours maintenir la guerre à la périphérie. Si les Parisiens sont attaqués par des avions anglais, c'est leur affaire et c'est mieux que si c'étaient les Berlinois[2]. À Paris, seules les usines d'armement doivent être protégées par la DCA. Du reste les Parisiens ne gèlent pas dans les caves autant que les Berlinois, car il fait moins froid[3]. Il est dommage que nous ayons à faire la guerre à cause d'un ivrogne au lieu de nous consacrer à des œuvres de paix, l'art par exemple[4].

24 mars, le soir

Bien qu'elles croient devoir tout critiquer chez nous, les démocraties nous imitent systématiquement quand nous faisons état de mesures de simplification ou d'autres analogues.

---

1. Hitler revient d'un séjour à Berlin où il a notamment prononcé un discours le 15 mars, à l'occasion de la Journée de commémoration des héros (*Heldengedenkentag*) – une célébration héritée de Weimar (il s'agissait d'honorer les morts de 1914-1918 et la journée s'appelait alors « *Volkstrauertag* » – journée de deuil national), dont les nazis s'étaient saisis pour la première fois en 1940. Hitler avait notamment déclaré :

« C'est seulement aujourd'hui que nous prenons toute la mesure des préparatifs de nos ennemis. Aujourd'hui nous voyons le jeu des tireurs de ficelles juifs, déployé dans le monde entier, qui dans l'attaque concertée d'une conjuration regroupant la démocratie et le bolchevisme en une communauté d'intérêts, espéraient pouvoir anéantir l'Europe entière. Le fait que la Providence nous ait permis de tenir tête victorieusement à cette coalition du marxisme juif et du capitalisme nous fait remercier du fond du cœur Celui sans la miséricorde duquel toute la force humaine, toute l'ardeur et tout le courage seraient vains.

[...] Pendant quatre mois un chemin infini a été parcouru dans une offensive dont la largeur et la profondeur sont sans précédent dans l'histoire. Cependant, avec des semaines d'avance sur ce que laissaient attendre l'expérience et les prévisions scientifiques, un hiver s'est abattu sur nos armées, qui aujourd'hui a fourni une période de quatre mois à l'ennemi pour retourner la situation en sa faveur dans cette lutte fatidique. Et c'était là vraiment le seul espoir des maîtres du

Kremlin de pouvoir, dans ce déchaînement des éléments de la nature qu'eux non plus n'avaient jamais connu, faire subir à l'armée allemande le destin napoléonien de 1812. »

2. Allusion au bombardement des usines Renault de Billancourt le soir du 3 mars par 235 bombardiers britanniques, inaugurant une tactique nouvelle et faisant, pour cause d'imprécision, plusieurs centaines de victimes civiles.

3. Hitler dévoile ici une bonne partie de sa politique française. Il a encore peu déporté la main-d'œuvre en Allemagne (le mouvement ne prendra de l'ampleur que sous le gouvernement Laval, mis en place un mois plus tard) et il préfère la faire produire sur place, notamment pour fixer les bombardiers britanniques à bonne distance du Reich. Il montre un mépris cynique pour les civils français exposés, sans doute racialement supérieurs aux Slaves, mais tout autant sacrifiés pour concentrer sur les Allemands la sollicitude de leur gouvernement. En fixant l'objectif de « maintenir la guerre à la périphérie », Hitler se montre conscient des risques que court le territoire du Reich, tout en s'efforçant de croire et de faire croire que le danger n'est pas immédiat. C'est faire bon marché des raids qui ont déjà eu lieu le 8 mars à Essen et le 13 à Cologne, en attendant, dans les nuits qui suivent ces paroles, les attaques contre Lübeck et Rostock qui vont causer à leur tour des centaines de décès dans la population civile. C'est évidemment la priorité donnée au front russe qui raréfie les chasseurs dans le ciel allemand et incite la RAF, aiguillonnée par un Churchill soucieux de mettre Staline en confiance, à frapper la Wehrmacht sur ses arrières.

Relevons toutefois une légère et fugitive trace de souci pour la santé des Parisiens : l'arrivée du printemps leur rend moins pénible le séjour dans des caves non chauffées qu'il ne l'est en Allemagne. Lorsqu'il s'agit de « sous-hommes » d'Europe orientale, l'indifférence à leur sort est toujours absolue.

4. On sourit de voir Hitler poser à l'architecte et à l'artiste contraint, malgré lui, de faire la guerre et de diriger des armées. Mais on aurait tort de le contredire lorsqu'il rend Churchill, à ce moment précis, responsable de cette situation : sans sa ténacité, la paix serait revenue en 1940, l'heure serait aux grands chantiers et il n'y aurait très probablement pas eu d'offensive contre l'URSS, du moins de manière aussi massive et précipitée (cf. *infra*, Conclusion générale). D'un autre côté, Hitler contredit son leitmotiv concernant l'URSS, qui se subdivise en deux : d'une part il l'a attaquée juste à temps pour l'empêcher de tirer la première, d'autre part, avec une ou deux années de préparation supplémentaires, elle aurait été en mesure de submerger l'Europe à la façon d'Attila ou de Gengis Khan, et en avait la ferme intention.

C'est pourquoi il est désormais déconseillé de porter à la connaissance des puissances ennemies les résultats de nos expériences et les mesures de simplification qu'elles nous ont inspirées, dans la presse ou par toute autre forme de publication. Un silence absolu à cet égard est aujourd'hui de rigueur.

(Le général Jodl, au dîner, met sur le tapis la question du remplacement du personnel de la Wehrmacht dans cette guerre, par rapport à la précédente. Alors que dans la Première Guerre mondiale on faisait – pour prendre quelques exemples vulgaires – d'un pêcheur un chasseur alpin ou on affectait un boucher aux écritures, la Wehrmacht s'efforce aujourd'hui de ne pas employer les individus à des tâches complètement étrangères à leur nature « dans un but éducatif », mais de les affecter en fonction de leurs aptitudes pour le plus grand bien de l'ensemble. Le chef :)

Au-delà du point de vue de la Wehrmacht il faut avoir en vue les intérêts d'ensemble de la nation lorsqu'on fait l'inventaire de ses ressources militaires et traiter le réservoir des hommes à disposition comme un réservoir national des hommes. Quand par exemple un homme âgé, qui exerce dans le civil une activité importante pour l'effort de guerre, se présente au bureau de recrutement et demande à être enrôlé parce que, en tant qu'officier de réserve, il en a assez de passer la guerre assis dans son pays et de se faire mal voir pour cela, alors il faut se dire : si cet homme est mobilisé, il va très vraisemblablement passer la guerre dans l'administration de la Wehrmacht, qui n'est que trop gonflée par de semblables officiers de réserve âgés. Ses capacités utiles à l'effort de guerre – j'ai connu personnellement un cas semblable – seraient alors perdues. Il vaut donc beaucoup mieux poser en principe de laisser l'homme à son activité civile sous un uniforme quelconque plutôt que de l'en retirer pour l'envoyer gonfler l'administration militaire[1].

La propriété privée doit être absolument protégée, en tant que propriété individuelle[2] !

C'est quelque chose de naturel et de sain que quelqu'un consacre une partie des gains de son travail à l'acquisition d'un bien de famille. Si ce bien consiste en une usine, cette usine sera certainement mieux

1. Bel exemple de correction d'une vue militaire étroite par la vision d'ensemble d'un chef à la fois militaire et politique (Hitler est chef des armées depuis août 1934 en tant que chef d'État, commandant en chef de la Wehrmacht depuis qu'il a supprimé le ministère de la Guerre le 4 février 1938 et, depuis le 18 décembre, commandant en chef de l'armée de terre). Le général Jodl est tout fier de ne pas gaspiller les compétences des mobilisés, Hitler rappelle qu'elles sont encore moins gaspillées lorsqu'on tient compte des besoins d'ensemble de l'économie. Au passage, il étale son mépris et pour l'administration, et pour l'armée, en prétendant qu'elle sait surtout installer les gens compétents en surnombre dans des bureaux.

2. Hitler se lance dans un développement général sur l'organisation de l'économie qui ne saurait trouver son application qu'après la guerre, preuve qu'il ne s'absorbe pas entièrement dans la préparation des offensives de 1942 et pense toujours aux mesures qu'il faudra mettre en place « après la victoire ». Il est vrai qu'elle devra être foudroyante, du moins sur le front de l'Est, et suivie d'une prompte exploitation des ressources ex-soviétiques, faute de quoi le potentiel américain se déploiera et fera pencher la balance, comme en 1918.

gérée par un membre de la famille que par un fonctionnaire – aussi longtemps que la souche sera saine[1] –, et par suite plus utile à la collectivité nationale. Donc je ne peux que défendre fermement la protection de l'initiative privée.

Je suis tout aussi fermement opposé à la propriété privée anonyme des actions. Sans avoir rien à faire pour cela, l'actionnaire touche plus de dividendes quand les travailleurs de la société par actions sont zélés plutôt que paresseux ou qu'un ingénieur génial dirige l'entreprise ou même lorsqu'un trafiquant veille à la marche de la société par actions. Et si l'actionnaire est assez malin pour participer à plusieurs sociétés par actions, il recueille sans effort des gains purement spéculatifs sans avoir à craindre des pertes qu'il ne pourrait compenser par ailleurs.

J'ai toujours désapprouvé et combattu ces revenus tirés sans effort de la spéculation[2]. Si de tels gains doivent revenir à quelqu'un, c'est au peuple tout entier, sans quoi les travailleurs créatifs et les ingénieurs, grâce auxquels une société par actions améliore ses résultats, ne seraient pas récompensés. C'est pourquoi les sociétés capitalistes anonymes doivent être aux mains de l'État, qui à l'usage de celui qui veut placer son épargne dans la sphère économique peut émettre des bons d'État, qui rapporteront des intérêts fixes. Ainsi seront empêchés les spéculations et les gains nourris d'eux-mêmes sans une prestation de travail – un système dont, du reste, vit maintenant, au fond, toute l'Angleterre[3].

Un tel traitement de la propriété anonyme implique d'un autre côté un effort pour stabiliser, si difficile que ce soit, les prix de tous les produits importants. Celui qui paye un tapis persan 1 000 marks au lieu de 800 est un imbécile ! On ne peut pas l'empêcher d'être aussi sot[4] !

On ne peut pas non plus empêcher quelqu'un de jouer son argent à la loterie ou au jeu, et de mettre fin à ses jours quand il a perdu. Au contraire, si quelqu'un veut absolument mettre fin à ses jours après avoir perdu sa fortune, il faut se demander si l'État ne devrait pas, puisqu'il a fait une excellente affaire en le faisant jouer, s'acquitter des frais d'obsèques. Car l'État tire profit des joueurs,

1. La sauvegarde de la propriété privée n'est donc pas un principe absolu : l'État doit intervenir en cas de dégénérescence de la « souche ».

2. Cette charge contre les sociétés anonymes, bien peu suivie d'effet pour l'heure, laisse présager une épreuve de force avec les grands groupes après la victoire espérée. Hitler sauve, en caressant un tel rêve, la cohérence de sa conception de la *Volksgemeinschaft* (en même temps qu'il renoue avec le nazisme des origines : dans l'été de 1919 il avait été fasciné par les imprécations de Gottfried Feder, fortement colorées d'antisémitisme, contre le « mammonisme » des banquiers). Tout en redoutant la défaite il se prépare à la victoire et ne veut pas que le retour de la paix voie aussi celui des trafics civils, et un reclassement des capitalistes privilégiant ceux qui auront le plus profité de la guerre.

3. Un des rares anathèmes généraux contre ce pays. Si sa politique n'est pas complètement « enjuivée », puisque l'espoir d'un renversement de Churchill par les conservateurs revient régulièrement, les Juifs semblent avoir contaminé en profondeur l'économie.

4. La nationalisation des sociétés anonymes va de pair avec un contrôle étatique des prix. Ce n'est pas là chose facile car les marchands de tapis ne sont pas à court de boniments pour trouver preneur au-dessus du cours normal – et Hitler prétend lutter aussi contre les administrations pléthoriques. Sans doute pense-t-il encore à la solution expéditive qu'il a prônée le 15 octobre : l'incarcération de tout commerçant qui augmente ses prix.

non seulement par l'impôt, mais par les retenues sur les gains. Le casino lui paye un impôt sur le chiffre d'affaires, et ainsi de suite. Il touche ainsi plus de 50 %.

Du reste, les loteries, vues d'un point de vue philosophique, ont leur bon côté. Car on ne peut pas rendre les hommes heureux rien qu'avec des réalités, il faut aussi leur laisser des illusions. La majorité des hommes vit en faisant des plans, et seule une minorité peut les mener à bien. La meilleure loterie est donc celle qui n'annonce pas tout de suite les gains et les pertes mais laisse les joueurs attendre un an et vivre pendant un an d'illusions en échafaudant des projets merveilleux. C'est parce que l'État autrichien le savait et a utilisé habilement ce procédé qu'il a compté tant de gens heureux, même dans les périodes les plus difficiles[1].

La loterie est certainement issue de jeux privés – vraisemblablement au début du XVIIIe siècle – lorsqu'un fin renard s'est dit que le produit devait aller à l'État plutôt qu'à des particuliers. Lorsque l'État utilise judicieusement l'argent ainsi récolté – mettons en construisant des hôpitaux – l'affaire prend même une allure idéale et rend le joueur heureux non seulement par les illusions qu'il peut nourrir jusqu'au tirage, mais par le beau sentiment d'avoir, même si finalement il perd, fait une bonne action. J'ai étudié en détail la question de l'autorisation des casinos avec le Gauleiter Wagner à propos de celui de Wiesbaden parce que ce qu'il y a d'humainement sympathique dans la loterie ne se retrouve pas dans le casino. Mais si on avait fermé des casinos comme celui de Wiesbaden, alors la station aurait perdu des revenus énormes. Et cela n'aurait en rien amélioré les joueurs, qui auraient continué à jouer ailleurs de l'autre côté de la frontière, donc au profit des Français.

En conséquence, j'ai alors demandé : combien de devises rapporte un casino ? J'ai ensuite réfléchi que par exemple 100 000 marks en devises c'était certes bien peu quand on les avait, mais beaucoup quand ils manquaient à quelqu'un. J'en ai tiré la conclusion que les joueurs au casino – particulièrement les étrangers – n'avaient de valeur qu'autant qu'ils dépensaient de l'argent – en particulier des devises. Ce constat a confirmé le bien-fondé du maintien de

1. Hitler parle d'expérience, si l'on en croit son ami Kubizek. Il avait, un jour de son adolescence, échafaudé des plans grandioses après l'achat d'un billet de loterie. Cf. August Kubizek, *Adolf Hitler mein Jugendfreund*, Graz, L. Stocker, 1953, tr. fr. *Hitler mon ami d'enfance*, Paris, Gallimard, 1954, ch. 9.

quelques casinos en Allemagne. Ils ont fonctionné comme de vrais attrape-devises[1] et par leurs énormes excédents ont conservé à la communauté du peuple allemand une station thermale comme Wiesbaden. Il va de soi que de tels revenus, qui ne se fondent pas sur l'exécution d'un travail, mais engendrent des excédents énormes en raison d'un monopole, ne doivent pas se retrouver dans des poches privées mais seulement dans les caisses de l'État.

(Le Reichsleiter Bormann estime que le même principe doit aussi s'appliquer dans le domaine de l'énergie.)

Je ne peux qu'approuver ! Le monopole de l'énergie appartient à l'État, qui peut émettre des bons d'État, et associer par là les gens à son monopole, et ainsi les intéresser à sa propre fortune. Car si ensuite la situation économique de l'État se dégrade, le particulier peut faire une croix sur ses bons et ainsi il est nécessairement obligé de constater à quel point son destin est lié à celui de l'État.

Aujourd'hui la plupart des gens sont encore tellement stupides qu'ils se refusent encore constamment à admettre cette étroite solidarité entre leur bien-être personnel et celui de l'État.

Ce qui vaut pour la production d'énergie vaut également pour celle des autres produits de base : pétrole, charbon, acier, et aussi pour l'énergie hydraulique. Les entreprises capitalistes doivent être écartées de ces secteurs. Quant au simple particulier qui détourne un ruisseau pour son usage personnel afin d'entraîner son moulin par la force du courant, on ne doit pas lui faire obstacle.

De la malfaisance des pratiques des sociétés anonymes témoigne le fait que l'ancien ministre bavarois de l'Intérieur, Schweyer, qui n'est devenu ministre qu'en raison de sa stupidité voyante, a tiré de la Bayernwerk 38 000 marks de pension pour avoir été son président. J'ai évidemment supprimé ce versement, contre tous les avis des juristes, car cet homme était loin d'avoir jamais fourni un travail justifiant ce montant[2]. Pour se représenter à quel point il était absolument abusif, il suffit de penser que le chancelier du Reich touche, en vertu de la loi, 4 000 marks de moins, soit 34 000.

Déjà dans ma jeunesse je me suis occupé du problème des entreprises capitalistes monopolistes. Je me suis alors aperçu que

1. La question des devises avait constitué un goulot d'étranglement pendant la période du réarmement, comme les travaux d'Adam Tooze l'ont montré (cf. François Delpla, *Une histoire du Troisième Reich*, Paris, Perrin, 2014, p. 222-223). Hitler tient à ce qu'on sache qu'il avait fait tout son possible pour la résoudre.

2. Franz Schweyer (1868-1935), ministre de l'Intérieur en Bavière de 1921 à 1924 et catholique fervent, déjà égratigné à plusieurs reprises dans ces Propos, a trouvé son biographe (et hagiographe) en novembre 2015 : cf. Peter Christoph Düren, *Minister und Märtyrer. Der bayerische Innenminister Franz Xaver Schweyer (1868-1935)*, Augsbourg, Dominus Verlag, 2015. Son décès en 1935 faisait suite à une crise cardiaque survenue pendant une incarcération de quelques mois, au lendemain de la prise du pouvoir. Il s'était opposé à Hitler non seulement en tant que ministre de l'Intérieur mais en tant qu'écrivain, rédigeant notamment l'article « National-socialisme » du *Staatslexikon* de la société scientifique catholique Görres-Gesellschaft. En tout cas la sévérité de Hitler et le fait qu'il taise son activité intellectuelle pour l'abaisser au rang d'un parasite cupide sont représentatifs de son attitude vis-à-vis des antinazis catholiques, qu'il assimile couramment aux Juifs.

la Compagnie impériale et royale de navigation à vapeur sur le Danube recevait 4 millions de subventions d'État et en distribuait immédiatement le quart à ses douze administrateurs. J'avais aussi constaté que sur les douze deux appartenaient à l'un des grands partis politiques. Chacun d'eux avait empoché 80 000 couronnes et s'était ensuite arrangé pour que son parti vote les subventions. Puis la montée des socialistes s'était produite et ils n'avaient pas de représentants au conseil d'administration. Une faillite s'ensuivit.

La sottise du ministre compétent et son aveuglement devant la portée politique du scandale ressortent du fait qu'il envoya le président en prison préventive au lieu de s'entendre avec lui ou de briser sa carrière[1]. La compagnie, devant les attaques au parlement et dans la presse, avait renvoyé tout son personnel de direction mais comme ses administrateurs grassement payés avaient fait en sorte qu'aucune voie ferrée ne fût construite le long du Danube, c'est la population qui en a subi les inconvénients. Cependant l'affaire s'arrangea bien vite, quand le nombre de postes d'administrateurs eut été augmenté de deux et qu'on y eut nommé les deux socialistes les plus influents[2].

C'est parce que l'Angleterre fait reposer tout son système économique sur de telles conceptions capitalistes qu'elle est aujourd'hui si fragile. C'est pourquoi, moi, j'ai ordonné depuis longtemps qu'en Allemagne aucun administrateur de société ne puisse être membre du Reichstag. Du fait qu'un administrateur de société ou le titulaire d'un poste analogue ne peuvent raisonner objectivement sur un grand nombre de choses, j'ai aussi ordonné que les hommes du Parti ne puissent occuper des fonctions dans le capitalisme privé, l'industrie ou l'économie. Quant aux serviteurs immédiats de l'État, aux officiers et aux fonctionnaires, je ne peux leur permettre avec bonne conscience de placer leurs économies dans les affaires que si ce sont des affaires d'État, ce qui élimine les occasions de spéculation et autres abus[3].

1. Les deux solutions hitlériennes en pareil cas ! Ou bien on conserve le délinquant en place pour le faire marcher droit sous la menace d'un scandale, ou bien on le remplace sans faire de vagues.

2. Hitler lâche ce jour-là beaucoup de bile contre les socialistes, qu'il avait plutôt ménagés quelques semaines auparavant (cf. *supra*, t. 1, entrées des 31 janvier et 1er février) pour leur rôle dans la liquidation des vieilles aristocraties en 1918-1919, concentrant sur le Zentrum catholique les turpitudes de l'armistice du traité de Versailles. Mais il ne ménage pas non plus les autres partis.

3. Ces beaux principes ne sauraient éviter les collusions informelles entre fonctionnaires et intérêts privés. Voilà Hitler en flagrant délit de penser que des « paragraphes » peuvent régler une fois pour toutes une question à l'échelle de son empire tout entier !

27 mars 1942, midi

Il est indiscutable que l'Angleterre a trouvé avec Cripps[1] un deuxième homme d'État influent qu'il ne faut pas négliger et dont le poids est considérable.

Quand par exemple les syndicats ont récemment avancé un programme comportant la nationalisation de la propriété foncière, des immeubles, des établissements industriels et des moyens de transport, c'était quand même un signe éloquent sur la situation intérieure du pays. Cependant il ne faut pas compter qu'un tel programme s'applique du jour au lendemain et qu'un Anglais raisonnable compte là-dessus, car les Russes ont fait une telle expérience pendant plus de dix ans. Mais peut-être faut-il voir cela comme un signal de crise, qui reflète de façon à présent plus visible la mauvaise santé de l'économie, la désorganisation du secteur civil, les échecs militaires et la faim dont souffrent les habitants. Intéressant également à cet égard le fait qu'un parent du roi, le duc Clou, ait été incarcéré[2].

Mais il ne faut pas encore surestimer de tels signes de crise. Car si le roi n'a pas d'influence sur la conduite pratique des affaires politiques, il est pourtant, aussi longtemps que les forces armées sont intactes, un facteur politique. Car l'armée anglaise est monarchiste et se recrute dans la couche conservatrice de la société, qui se montre encore aujourd'hui rétive à toute concession aux gens d'en bas. Les images de la société aristocratique montrent que plus des deux tiers des personnalités représentées sont photographiées en uniforme.

Les Anglais rassemblés dans le parti conservateur, appartenant à l'élite et en particulier à l'aristocratie, ne sont pas comparables à notre vieille bourgeoisie, qui avant 1933 était rassemblée dans le DNVP ou le DVP. Ces conservateurs ressemblent beaucoup plus à des représentants de l'empire britannique avec une tradition et une forme de société bien établies, nullement prêtes à capituler devant le peuple comme la couche dirigeante française en 1789. Au contraire ! Avec une débauche d'organisation ils cherchent à diffuser leurs conceptions dans le peuple et à faire ainsi partager aux larges

1. Stafford Cripps (1889-1952), né quatre jours après Hitler, travailliste, a été ambassadeur du Royaume-Uni en URSS de juin 1940 à janvier 1942. L'admiration que voue l'opinion britannique à la résistance soviétique lui vaut alors un tel zénith de popularité que Churchill est obligé de le faire entrer au cabinet de guerre le 19 février et qu'il apparaît, en ces heures politiquement difficiles qui suivent la chute de Singapour, comme un successeur possible du premier ministre. Il est envoyé en Inde par le cabinet le 23 mars pour tenter de créer la plus grande union possible afin de défendre le pays contre le Japon, puis il doit aller inspecter les défenses de Ceylan. Hitler voit en lui un agent de dissolution de la puissance britannique et, significativement, cela ne le rassure pas.

2. Il s'agit en fait de lord Buccleuch (1894-1973), né Walter John Montagu-Douglas-Scott, apparenté à la famille royale par sa sœur Alice (1901-2004) qui avait épousé le troisième fils du roi, le duc de Gloucester. Adversaire déclaré de l'entrée en guerre de son pays puis mêlé à bien des intrigues tendant au rétablissement de la paix, Buccleuch avait perdu, avec la faveur de George VI, son titre de steward de la Maison royale le 12 mai 1940, et il était assurément surveillé par la police, mais ne semble pas avoir jamais été arrêté et on ne sait sur la foi de quelle source Hitler l'affirme. Cf. Martin Pugh, *Hurrah For The Blackshirts! Fascists and Fascism in Britain Between the Wars*, Londres, Random House, 2006, p. 295-306.

masses l'esprit de l'Angleterre saine, qui lui a permis de recruter nombre d'aviateurs et de marins courageux.

Si le parti travailliste, après que Cripps (en tant qu'agent de Staline ?) aura rendu les idées socialistes populaires, veut se dresser contre les conservateurs, il lui faudra, pour réussir, trouver d'abord un Cromwell[1]. Car les conservateurs ne céderont pas sans combat.

Une Angleterre rouge m'est foncièrement plus antipathique qu'une Angleterre conservatrice. Car une Angleterre « socialiste », éventuellement même dans l'orbite soviétique, constituerait dans l'espace européen un foyer permanent d'explosions car elle irait au-devant d'une paupérisation de nature à faire apparaître l'île trop petite pour ses trente millions d'habitants.

J'espère donc l'échec de Cripps dans sa mission en Inde, qui est la mission la plus difficile qu'on puisse confier aujourd'hui à un Anglais. Ce n'est qu'ainsi qu'une guerre civile pourra être évitée en Angleterre, quand la mobilisation des masses par une propagande de longue haleine en faveur du nouveau programme économique ne sera plus à craindre.

Si j'avais à voter pour Cripps ou pour Churchill, je préférerais mille fois un « porc sans caractère » comme Churchill, ivre 30 % de la journée, plutôt que Cripps ; car d'un homme comme Churchill, qui s'use à cause de son âge, de son tabagisme aigu et de son ivrognerie, il y a moins à craindre que d'un intellectuel bolcheviste de salon typique comme Cripps. De Churchill on peut parfaitement attendre que dans une illumination il comprenne que l'empire court irrémédiablement à sa perte si la guerre dure encore deux ou trois ans. Cripps, en tant que démagogue menteur et complètement dépourvu de racines, n'arrivera jamais à réaliser que cela ne va plus si l'empire craque par tous les bouts. De même qu'il ne fait aucun effort pour attirer à lui le peuple anglais – tel qu'il s'est organisé dans le parti travailliste et spécule sur les couches les plus basses de la société – et qu'ainsi il restera toujours profondément hypocrite devant les problèmes politiques.

Si on veut juger exactement de Cripps et des dangers qu'il recèle, il ne faut pas oublier que les tories ont toujours été les porteurs de

1. Car le chef de l'éphémère république anglaise Oliver Cromwell (1599-1658) s'était révélé apte à conduire des armées, ce qui ne saurait être le cas de Cripps. La gauche anglaise, avant de se lancer dans une guerre civile, devrait donc débaucher un général. Or Hitler conçoit la caste militaire anglaise comme un bloc conservateur. Le nazisme révèle ici un de ses traits spécifiques : il est bien le seul régime en guerre de l'histoire qui n'ait pas vu d'un bon œil la perspective d'une guerre civile chez l'ennemi. Le racisme en est la cause : Hitler voit dans son Reich un prolongement de la domination britannique, résultant elle-même de l'arrogance de l'aristocratie anglaise. Le renversement de celle-ci par une révolution serait la pire des nouvelles.

l'idée impériale à l'échelle du monde, tandis que le programme faussement social de Cripps creuserait un fossé sans précédent entre l'île britannique et le Canada catholique, l'Australie et l'Afrique du Sud. C'est pourquoi il faut souhaiter de tout cœur que Cripps échoue en Inde. Je doute fort que dans cette mission il rencontre une écoute suffisante. Car devant la ruée de la puissance japonaise aux frontières de l'Inde, avec la chute de Singapour etc., le monde indien est entré dans une telle effervescence que l'homme de compromis qu'est Nehru a été supplanté, comme leader de l'Inde, par des hommes comme Bose[1]. Si Cripps cherchait à susciter une résistance indienne contre le Japon, par la contrainte ou par la prière, Nehru ne pourrait presque plus l'aider malgré sa politique de compromis. Il arriverait à Nehru la même chose qu'à nos socialistes majoritaires de 1918, qui pour déterminer leur politique furent purement et simplement gouvernés par les masses[2].

Ebert par exemple, à son époque (janvier 1918), est apparu au meeting du parc Treptow pour parler contre la grève des munitions. Mais pour pouvoir se faire entendre de la foule il dut lui dire des mots qu'elle avait envie d'entendre et se trouva alors entraîné, par les applaudissements, dans des déclarations qui au bout d'une demi-heure de discours l'avaient métamorphosé en un partisan résolu de la grève. Dans une telle atmosphère tout orateur politique ou même tout négociateur politique s'exposent au même danger. Un événement à Weimar en 1926 m'a appris ce qu'il fallait de ruse, de temps et comme il fallait se conduire en grand artiste pour mettre dans la bonne direction une masse qui s'attendait à entendre le contraire de ce qu'on avait à lui dire[3]. Mais s'agissant de la masse indienne, il est clair qu'elle a envie de se séparer de l'Angleterre.

Ces derniers jours, j'ai étudié à fond de nouveau plusieurs volumes de la revue *Die Kunst*.

Jusqu'en 1910 nous avons eu vraiment un niveau extraordinaire dans notre production artistique. Mais depuis elle a, hélas, dégénéré de plus en plus. Et ce que depuis 1922 on présentait au peuple allemand comme de l'art n'était, dans le domaine de la peinture, que barbouillages débiles. À la chute rapide de l'art au temps du

1. Subhas Chandra Bose (1897-1945) est un chef indépendantiste indien, un temps président du parti du Congrès puis démissionnaire en raison d'un désaccord avec Gandhi. Il a quitté l'Inde pour Berlin le 5 janvier 1941 et fondé à la fin de l'année une Légion indienne, recrutant parmi les prisonniers faits par Rommel en Libye. Il participe également à des émissions radiophoniques. Il va rencontrer Hitler le 29 mai, sans écho dans ces Propos, puis partir pour le Japon un an plus tard et constituer sous son aile un « gouvernement » indien basé aux îles Andaman-et-Nicobar. Cf. Sugata Bose, *His Majesty's Opponent*, Cambridge (Ms), Harvard University Press, 2011.

2. Cette page très riche permet de trancher la question toujours débattue de la place du nazisme sur l'échiquier politique : à droite, à gauche ou ailleurs ? On voit bien où il penche, à choisir : nettement vers la droite, et ce, des deux côtés de la Manche et de la mer du Nord. La seule gauche temporairement tolérable est celle qui se dote de leaders capables d'endiguer les masses, nécessairement acéphales. Il s'agit d'un élitisme qui, certes, préfère les élites triées et formées par lui mais qui à l'occasion n'a pas peur de s'appuyer sur celles qu'un passé aristocratique ou bourgeois a léguées. Cela va jusqu'à souhaiter que Churchill ne soit pas renversé par Cripps !

À ce sujet, il convient de relever que le discours précité du 15 mars était presque exempt de charges contre l'Angleterre et faisait porter sur les États-Unis le poids principal des griefs de l'Allemagne. Témoin ce passage : « Nous savons aujourd'hui que dès les années 1935-1936 en Angleterre, en France et particulièrement aux États-Unis, dans les cercles juifs qui font la pluie et le beau temps et dans la classe politique à leur service, la décision d'une nouvelle guerre a été prise. » Ou celui-ci : « Peu nous importe à nous Allemands si le président américain envisage de vivre, et dans quel monde, mais son idée d'orienter le monde allemand, ou même européen, en fonction de ses besoins, c'est-à-dire de renverser notre propre monde, qui nous est devenu cher, et de nous en construire un qui nous serait odieux et étranger, ne va pas seulement échouer mais, au contraire : Par cette tentative c'est seulement son propre monde qui périra. »

3. Allusion mystérieuse. C'est à Weimar qu'a lieu en 1926 le congrès du Parti, les 3 et 4 juillet, et les deux discours de Hitler ne semblent pas avoir produit de hiatus avec son public, si on en croit l'entrée du 6 juillet du journal de Goebbels. En revanche, quelques semaines plus tôt, une question politique nationale était de nature à créer de l'incompréhension chez les militants : une loi sur l'expropriation des princes, mise en discussion pendant tout le premier semestre ; un référendum à l'initiative de la gauche, qui réclamait une expropriation sans indemnité, eut lieu sur ce sujet le 20 juin ; il échoua faute du quorum

Système[1] on peut voir clairement combien l'influence des Juifs dans ce domaine a été désastreuse. Le comble, c'est l'incroyable impudence avec laquelle le Juif a procédé. Par des critiques qu'un Juif bâclait sur les autres, on a insufflé au peuple, qui croit tout ce qui est écrit noir sur blanc, une conception de l'art suivant laquelle tout ce qui n'est qu'un pur kitsch apparaît comme de l'art accompli.

Également les « dix mille de l'élite », qui habituellement s'imaginent pouvoir tout juger avec leur intellect, se sont laissé sans cesse enflammer et ont avalé tout ce qu'on leur présentait. Mais le plus fou c'est que les Juifs – comme il apparaît maintenant avec la saisie des biens juifs –, en échange de l'argent escroqué grâce à tout ce kitsch[2], ont acheté des tableaux bons et précieux. Chacun des rapports que je reçois sur l'inventaire d'une grande demeure juive parle de quelque trésor artistique vraiment précieux qui avait été accroché ou entreposé là.

On peut remercier la Providence (*der Fügung danken*) qu'en 1933 le national-socialisme soit arrivé au pouvoir et qu'il ait mis fin une fois pour toutes à ce kitsch. Quand je visitais une exposition, j'ai toujours fait retirer sans ménagement ce qui n'était pas artistiquement irréprochable. On doit m'accorder que quand on visite aujourd'hui la Maison de l'art allemand on n'y voit plus un tableau devant lequel on ait le sentiment qu'il n'émane pas de la plus sérieuse inspiration artistique et qu'il n'ait pas été accroché en toute pureté de conscience. J'ai aussi fait retirer de la Maison de l'art allemand des œuvres dont les auteurs avaient reçu des prix de l'Académie prussienne, quand elles ne valaient rien.

Il est regrettable que l'Académie prussienne des beaux-arts ait manqué à tous ses devoirs. On n'a rien gagné non plus à ce que les professeurs et les maîtres s'encensent mutuellement. Il n'y a que le ministre de l'Éducation[3] qui se comporte devant l'art comme un parfait hippopotame, qui se laisse prendre à de tels écrits et se laisse aller à décerner des prix d'État à des croûtes. Il se laisse clairement embobiner, tout comme les Juifs l'avaient tenté avec succès auprès de tout le peuple allemand au temps de leur domination sur les arts. On raconte alors que de tels barbouillages sont difficiles à

requis (la majorité absolue des inscrits), malgré une forte participation et une victoire écrasante du « oui » ; beaucoup de nazis, à commencer par Gregor Strasser, avaient soutenu la mesure au début mais c'est à Bamberg, le 14 février, que Hitler avait pris les choses en main, tout en imposant définitivement son joug à Strasser. En déplaçant la scène à Weimar, Hitler commet peut-être une confusion, mais il est plus probable qu'il veuille détourner l'attention des houleux débats de Bamberg, tout en ne se privant pas de vanter son aptitude à retourner une salle ; voilà qui présente un double avantage : 1) ce comportement contraste avec le suivisme d'un Ebert ; 2) Cripps n'étant pas censé avoir le même talent, cela permet d'espérer l'échec de sa mission en Inde, dont la population veut se séparer de l'Angleterre. Et là encore, le Reich peut attendre un double bénéfice : 1) que l'indésirable Churchill ne soit pas renversé par Cripps, qui serait pire ; 2) que l'Angleterre, censée vouloir conserver l'Inde à tout prix, accepte de payer le prix d'une paix avec l'Allemagne.

1. Il s'agit de la république de Weimar.

2. Ce mot apparu en Bavière vers 1860 désigne dans le langage courant des productions de mauvais goût : dans la bouche de Hitler, c'est sans doute un simple équivalent des mots traduits dans cette page par « barbouillages » (*Geklleckse*), « croûtes » (*Dreck*) ou « tartinages » (*Schmierereien*) ou encore, dans la nuit du 23 au 24 décembre 1941, « horreurs » (*Hässlichkeiten*). Le mot « kitsch » va acquérir vers le milieu du XXe siècle un autre sens, celui d'une culture de masse manipulatrice, et les pompes du nazisme seront vues ainsi par des spécialistes tels que Joseph Peter Stern ou Saül Friedländer. Dans son grand discours antisémite du 13 août 1920, Hitler appliquait le mot au domaine théâtral : « Nous constatons qu'un Schiller pour une *Marie Stuart* a touché 346 thalers mais qu'aujourd'hui pour une *Veuve joyeuse* on touche 3,5 millions, que pour le plus grand kitsch aujourd'hui on gagne des millions, alors qu'en vérité son auteur en Grèce aurait été probablement banni par un jugement d'ostracisme » (cf. François Delpla, *Hitler*, Paris, Grasset, 1999, p. 92).

3. Bernhard Rust (1883-1945), censeur de lycée, nazi depuis 1925, Gauleiter dans la région de Hanovre de 1925 à 1933, devient ministre de l'Éducation en Prusse le 2 février 1933, puis à l'échelle du Reich lorsque Hitler crée ce ministère, le 1er juin 1934. Il n'apparaît dans les Propos que comme une tête de Turc. Il en va de même dans le journal de Goebbels : le 11 mai 1943, Hitler lui fait porter le chapeau du retard pris par la physique sous le Troisième Reich. Cf. François Delpla, *Une histoire…*, *op. cit.*, p. 408.

comprendre, que leur contenu n'est saisissable dans toute sa profondeur que quand on s'immerge entièrement dans le tableau, et ainsi de suite. Déjà en 1905-1906, quand je suis allé à l'académie de Vienne, on lançait de tels tartinages avec de semblables formules clinquantes, comme des travaux « de recherche »[1].

Les académies ne me disent absolument rien qui vaille ; car les professeurs qui y exercent sont soit des artistes qui n'ont pas pu affronter le dur combat de l'existence, ou des artistes certes de valeur mais qui alors ne peuvent consacrer au mieux que deux heures par jour à leur travail académique ou ne le conçoivent que comme une retraite.

Les véritables artistes ne se sont formés qu'en apprenant les uns des autres ou bien – comme c'était le cas pour les grands maîtres – en allant se former dans l'atelier d'un confrère. Des peintres comme Rembrandt, Rubens etc. avaient dû recourir à des aides pour pouvoir s'acquitter de leurs commandes. Ils ne gardaient ensuite comme apprentis et n'employaient sur le long terme que ceux de ces aides qui s'étaient réellement approprié la technique picturale et montraient des dispositions pour réaliser de grandes choses. Celui qui ne voulait pas travailler était très vite renvoyé. Car c'est aussi un non-sens de penser que tout est donné tout de suite au génie – comme on l'affirme à tort dans les académies. Même le génie doit d'abord apprendre durement et prendre de la peine, pour pouvoir produire ensuite. Sans une connaissance exacte des mélanges de couleurs et de l'apprêt, et sans un entraînement assidu au dessin, d'après l'anatomie, on n'arrive à rien. Combien de douzaines d'esquisses a réalisé à lui seul un artiste aussi béni des dieux que Menzel quand il a travaillé à son tableau « Concert de flûte à Sans-Souci »[2] !

Nous aussi nous devons en revenir à la formation première des nouveaux artistes dans les ateliers des grands maîtres et renouer avec une tradition qu'ont illustrée des noms tels que Rembrandt, Rubens etc. C'est pourquoi sur les tableaux de Rembrandt ou Rubens il est si difficile d'établir ce que le maître a peint lui-même et ce qu'ont peint les apprentis, car par ce travail les apprentis se sont peu à peu imposés comme des maîtres. Ce fut un véritable malheur

1. Ici se termine la première sortie contre les Juifs de ce second volume. Rappelons qu'on est en plein démarrage de la Solution finale ou plutôt, après ses débuts dans l'espace soviétique, de son extension progressive à toute l'Europe, planifiée le 20 janvier à la conférence de Wannsee. Dans son discours du 15 mars, Hitler avait levé un coin du voile avec ses anathèmes contre Roosevelt, dont la tentative de détruire le « monde » des Allemands ne mènerait qu'à la destruction du sien, et été plus clair encore dans les passages suivants : « Il est insupportable que la vie de centaines de millions d'hommes de la plus haute culture et d'une ardeur au travail inégalée doive dépendre éternellement de la volonté d'une petite, véritablement criminelle, communauté de conspirateurs mondiaux judéo-capitalistes [...]. Il ne peut donc y avoir qu'une solution, à savoir : mener cette lutte jusqu'à ce qu'une paix durable soit assurée, c'est-à-dire jusqu'à l'anéantissement des ennemis de cette paix ! »

2. Adolph Menzel (1815-1905), un peintre autodidacte issu d'un milieu modeste qui avait conquis Berlin à la force du poignet (en récusant l'enseignement, suivi pendant quelques mois, de son académie), avait souvent pris pour thème le règne de Frédéric II. Après avoir orné de quelque 400 dessins, de 1839 à 1942, une ample biographie du monarque due à Franz Theodor Kugler, il avait travaillé à ce *Concert de flûte* entre 1850 et 1852. L'existence de nombreuses esquisses est confirmée par Jost Hermand, *Adolph Menzel, Das Flötenkonzert in Sanssouci. Ein realistisch geträumtes Preußenbild*, Francfort, Fischer, 1994. L'artiste, par sa vie comme par son œuvre, avait tout pour séduire Hitler qui, cependant, n'en parle que là... d'après ses propos connus.

quand un jour l'État s'est occupé de la formation des artistes, et le nombre des académies devrait absolument être réduit à deux (Düsseldorf et Munich) ou à trois (Düsseldorf, Munich et Vienne). Bien que je veuille laisser subsister ces académies, je veux qu'il soit clair que pour moi la formation dans l'atelier d'un grand peintre est bien, bien meilleure. Si je peux après la guerre mener à bien mon grand programme de construction – et j'entends y consacrer des milliards –, je ne prendrai en considération que les véritables spécialistes et celui qui n'appartient pas à ce cercle d'artistes, je me passerai de lui, fût-il cent fois recommandé par les académies.

Il ressort clairement de nombreux exemples historiques que la femme, quelle que soit son intelligence, est incapable en politique de séparer ce qui relève de la raison et du sentiment. La haine des femmes est des plus dangereuses, quand elle s'applique dans le domaine politique. Ainsi on m'a rapporté que les Japonais, après l'occupation de Shanghai, ont proposé au gouvernement Tchang Kaï-chek d'évacuer le territoire chinois à deux conditions :

a) Le maintien d'une occupation militaire dans la zone internationale de Shanghai ;
b) La signature d'un accord de commerce préférentiel.

Tous les généraux se sont déclarés d'accord avec cette proposition japonaise et se sont exprimés dans ce sens auprès de Tchang Kaï-chek. Mais après que Mme Tchang Kaï-chek eut parlé aux généraux avec sa haine sans mesure du Japon, la plupart ont tourné casaque et ont repoussé l'offre, pourtant véritablement généreuse, du Japon[1].

On peut aussi se référer à l'influence de la danseuse Lola Montez[2] sur Louis Ier de Bavière, qui était pourtant, de nature, un roi très raisonnable et avisé. Elle l'a pourtant sans relâche détourné de sa voie.

1. Les ambitions japonaises en Chine dépassaient notoirement le droit de tenir garnison à Shanghai et l'obtention d'un traité de commerce : à lire cette version, on croirait entendre Hitler lui-même fabulant sur son pacifisme pendant les années 1930 (ou encore, prétendre dans l'été de 1939 qu'il a envie de Dantzig alors que son appétit s'étend à toute la Pologne) ! Soit le gouvernement de Tokyo lui a susurré cette fable par le truchement de quelque diplomate, soit il l'invente, à la fois pour justifier son alliance avec le Japon et pour exhaler sa fureur contre les femmes qui émettent des avis en politique.

2. Marie Dolores Gilbert (1821-1861) dite Lola Montez, danseuse et courtisane, se lie à Louis Ier en 1846. Lorsqu'il est détrôné par la révolution de 1848 elle part pour les États-Unis. Ce qui ne lui a pas donné beaucoup de temps pour exercer une influence politique.

29 mars 1942, le soir

(Le Führer parle de la considération dont jouissaient au Moyen Âge l'artisanat et le commerce.)

Si nous comparons les relations d'aujourd'hui avec celles de ce temps, nous pouvons mesurer où la Juiverie nous a conduits[1].

La Hanse, par exemple, il ne faut pas la regarder uniquement comme un facteur de puissance politique, mais si on veut appréhender justement sa pleine signification il faut apprécier sa probité foncière. La Hanse n'acceptait de transporter aucune marchandise dont elle n'ait pas la garantie absolue de l'exactitude du poids et de la qualité parfaite. La marchandise que la Hanse transportait avait obtenu, par le sceau du bureau de la Hanse, une qualification très prisée en Allemagne et à l'étranger. Une ville dont les tisserands avaient adressé au comptoir hanséatique de Lübeck, à destination de Bergen, un ballot de lin qui n'était pas absolument conforme aux prescriptions de la Hanse avait été bannie pour dix ans, avec ses marchandises, de l'ensemble de la Hanse. Ce n'est pas le comptoir de Bergen qui avait signalé le défaut du ballot, mais le comptoir de Lübeck qui par un contrôle a posteriori avait constaté que dans cette livraison la trame manquait d'un certain nombre de fils de lin[2].

Ce n'est pas le moindre mérite de la Hanse que la notion de marchand honnête ait reçu la considération qu'elle conserve encore aujourd'hui dans quelques maisons de Brême ou de Hambourg. Elle a obtenu cette honorabilité grâce à ses sanctions barbares. Car le fait d'exclure de ses transports les produits d'un marchand signifiait, en raison du prestige de son sceau et de l'étendue de ses relations commerciales, la réduction de son commerce à un minimum, pour ne pas dire la ruine.

L'exemple de la Hanse exerça une vaste influence sur la vie économique du Moyen Âge et a eu pour résultat que le prix du pain n'a pas bougé pendant quatre cents ans[3] et celui de l'orge, et par suite de la bière, s'est maintenu pendant cinq à six cents ans, dans toutes les monnaies. L'honorabilité ne devint pas seulement le principe

1. Nous ne savons pas comment cette question, peu en rapport avec l'actualité, est venue sur le tapis, mais pouvons constater que Hitler se jette goulûment sur une occasion de présenter les Juifs comme les corrupteurs d'une humanité saine.

2. Nous surprenons ici un adversaire du juridisme en train d'encenser un règlement tatillon et même « barbare », dira-t-il un peu plus loin. C'est qu'il s'agit d'opposer l'honnêteté foncière des Allemands à la tricherie constante des Juifs.

3. Une hausse modérée des prix est universellement considérée comme un facteur de croissance bienvenu. Hitler, qui fera (le 5 juillet, midi) le même compliment à la république de Venise qu'à la Hanse, montre par cette saillie un attachement fétichiste au statu quo. Une seule chose aurait-elle le droit de bouger, à savoir les frontières allemandes ?

de base du commerce, mais aussi de l'artisanat et les guildes et les corporations y veillèrent durablement[1].

Un boulanger par exemple qui trichait sur la qualité de la farine des petits pains était corrigé publiquement, en étant plongé plusieurs fois dans un bassin rempli d'eau, de sorte qu'il n'échappât que d'un cheveu à l'étouffement, c'est-à-dire à la noyade.

L'honorabilité comme principe de base de l'économie commerciale a décliné à mesure qu'on a permis aux Juifs de s'extraire du ghetto. Car la Juiverie, cette chose des plus pourries qui mérite d'être mise en pièces (*zusammenschlagen*)[2], a fait dépendre la fixation des prix de l'offre et de la demande, qui n'ont rien à voir avec la qualité du produit. Par l'institution du contrat de vente, le Juif a donné une forme juridique à ses tromperies, ce qui a plongé notre commerce des deux derniers siècles, à de rares exceptions près, dans un état qu'il faut absolument supprimer (*beseitigen*)[3]. La suppression de la Juiverie en est la condition préalable.

À un moment, j'ai cru ma fistule au cou plus grave que la réalité ne le justifiait. Comme j'avais même pensé à un cancer[4], je m'étais assis à une table et avais couché par écrit mon testament à la main sur des feuilles de papier officiel. Cela me demande, comme tout le monde le sait bien, un effort particulier, vu que je suis habitué depuis des années à faire prendre mes pensées à la machine ou en sténo[5]. Quand j'eus fini d'écrire mon testament, j'ai appris une décision de cour d'appel selon laquelle le testament d'une vieille femme avait été déclaré nul parce que le lieu était imprimé au lieu d'être manuscrit. Je n'en suis pas revenu et je me suis demandé si on pouvait encore appeler cela du droit, quand le testament du chancelier du Reich en personne n'était pas considéré comme suffisamment légal. Et j'en suis venu à penser que de telles conceptions du droit tournaient complètement le dos au droit et qu'il fallait absolument y mettre fin. J'ai donc fait venir le ministre de la Justice, Gürtner, pour attirer son attention sur ce cas. Mais il a fallu encore une loi pour en finir avec cette ineptie[6].

J'ai été aussi frappé par un autre fait. Je reçois souvent des legs et je les refuse par principe pour ma personne, les faisant transférer

1. Ainsi, le germe bénéfique de la Hanse a assaini tout l'espace économique allemand, avant que le germe juif ne prenne provisoirement le dessus.

2. L'avant-veille (27 mars) le premier convoi de déportation vers Auschwitz a quitté le camp français de Drancy. Hitler est d'autant plus soupçonnable de le savoir, et de faire ici une allusion cryptée à l'événement, que ce 29 mars Himmler, d'après son agenda, passe l'après-midi et la soirée à son quartier général de la Wolfsschanze.

3. Il serait possible, et plus élégant, de dire en français : « auquel il faut absolument remédier » ; mais on perdrait l'effet produit par la succession du verbe « *beseitigen* » et du substantif « *Beseitigung* », l'un et l'autre caractéristiques du vocabulaire de la Solution finale.

4. Le testament de 1938 est connu (il est notamment publié par Werner Maser, *Hitlers Briefe und Notizen*, Düsseldorf, Econ, 1973 ; en ligne : http://www.ns-archiv.de/personen/hitler/testament/testament-1938.php) et sa raison, la crainte d'un cancer, est tout à fait plausible. Le cancer occupe dans l'imaginaire nazi une place centrale (cf. François Delpla, *Une histoire*..., *op. cit.*, p. 94-95). Il survient naturellement, dans cette conversation, après un développement sur la nocivité juive. Quant à la fistule (un court-circuit, à l'intérieur du corps, entre des canaux), première nouvelle ! Hitler est opéré en 1938 d'un polype aux cordes vocales qui s'avère bénin mais qu'il était normal de redouter cancéreux. La transformation de cette affection en un problème mécanique tend à faire accroire que le corps du chef n'a pas été le siège de la moindre tumeur.

5. Voilà qui confirme au passage que Hitler n'a pas laissé de journal intime, contrairement à ce qu'affirmera dans les années 1970 un couple célèbre d'escrocs.

6. Les mêmes faits, à part la dernière phrase, avaient été invoqués le soir du 16 novembre précédent pour appuyer une sortie contre les juristes.

tout au plus, de temps à autre, au NSV[1]. Eh bien ma renonciation n'est juridiquement valable qu'à condition que ma signature soit certifiée conforme par un notaire. Ainsi, la signature du chancelier du Reich allemand, accompagnée du sceau de l'État, aurait, d'après les juristes, moins de valeur que celle d'un notaire ! Aucun homme raisonnable ne comprend cela ! Aucun homme raisonnable ne comprend la jurisprudence élaborée par les juristes, qui doit beaucoup à l'influence des Juifs. En définitive toute la jurisprudence actuelle est un vaste système pour diluer la responsabilité. Je mettrai tout en œuvre pour que les études de droit, je veux dire de ces conceptions du droit, se présentent sous une forme aussi rébarbative que possible. Car par ces études on ne forme pas des hommes qui s'adaptent à la vie et soient capables de garantir la bonne conservation de l'ordre juridique naturel de l'État. Ces études ne sont qu'une éducation à l'irresponsabilité[2].

Je ferai pratiquer dans l'administration judiciaire une véritable sélection des juges qui pourra aller jusqu'à n'en garder que 10 %. Toute l'arnaque des jurys sera balayée. Je veux une fois pour toutes poser un verrou, en sorte qu'un juge ne puisse esquiver sa responsabilité dans un jugement en prétextant que les jurés l'ont mis en minorité, ou quelque chose de ce genre. Je ne veux avoir que des juges de grande classe, qu'il faudrait payer en conséquence. Comme juges il me faut des hommes profondément convaincus que le droit n'est pas fait pour conforter les particuliers face à l'État, mais doit avant tout veiller à ce que l'Allemagne ne périsse pas[3].

Gürtner n'a pas réussi à former ce type de juges. Pour lui-même il est vrai ce ne fut pas facile de se défaire de son point de vue juridique et ce n'est que peu à peu qu'il a acquis des conceptions raisonnables, lorsque en se faisant menacer d'un côté, et tourner en ridicule de l'autre[4], il a été contraint de prendre des décisions correspondant aux nécessités pratiques de la vie.

On ne saurait dire que j'ai pris Gürtner comme ministre de la Justice parce qu'autrefois en tant que juge il m'avait traité avec une indulgence particulière. C'est moi qui ai dû faire un gros effort d'objectivité, une objectivité éclairée, pour faire de l'homme qui m'avait

1. La *Nationalsozialistische Volkswohlfahrt*, l'organisation nazie de secours aux démunis, fondée avant la prise du pouvoir, avait absorbé ses rivales pendant les mois suivants. Cf. François Delpla, *Une histoire...*, *op. cit.*, p. 134-136.

2. Hitler s'insurge contre le droit existant, censé devoir beaucoup aux Juifs. On s'attendrait à ce qu'il le supprime, mais il s'en garde. Il ne veut pas supprimer les études de droit mais les rendre rébarbatives, afin d'en éloigner les jeunes gens dynamiques, sur lesquels il compte pour bâtir et étendre son Reich.

3. Si les juristes sont vilipendés, les juges, en revanche, sont portés aux nues, à conditions qu'ils soient de bons nazis.

4. Les menaces venaient des SS et de Hitler lui-même, par exemple quand il annonçait qu'il ferait tuer l'incendiaire du *Bremen* s'il n'était pas condamné à mort (cf. *supra*, t. 1, entrée des 14-15 septembre). Le ridicule venait également du Führer, par l'intermédiaire de la propagande ou quand il créait des juridictions spéciales.

enfermé autrefois le ministre allemand de la Justice. Mais quand j'ai dû trier les candidats à ce poste en séparant le bon grain de l'ivraie, je n'en ai pas trouvé de meilleur. Car Freisler est des pieds à la tête un bolchevik[1], et l'autre, qui s'appelait Schlegelberger, est ainsi fait que pour s'en rendre compte il suffit de le voir une fois.

Les juristes, j'en ai fait très tôt l'expérience. Quand j'ai tenu mes premiers grands meetings à Munich en 1920, un conseiller juridique nommé Wagner m'a proposé ses services comme orateur. Comme je pensais alors que toute personne à col raide était une passerelle vers les milieux cultivés, j'étais enthousiaste à l'idée que cet homme allait me servir d'appât vers les juristes etc. Cependant, avant de lui donner la parole devant de grandes foules je résolus, avec ma prudence innée, de le faire parler devant vingt membres du Parti à la Sternecker-Bräu. Ils se frottèrent les yeux quand ils virent ce conseiller juridique, avec des mains tremblantes et une tête brinquebalante, préconiser de rebâtir l'État en fondant la tribu sur la famille, la lignée sur la tribu et, au-dessus d'elle, la mère de la lignée ! Depuis, j'ai toujours manié les juristes avec grande précaution, ne faisant exception que pour trois d'entre eux : von den Pfordten[2], Pöhner et Frick[3].

Von den Pfordten était l'exact contraire de Gürtner : une âme révolutionnaire. Pöhner se considérait avant tout comme un Allemand et seulement ensuite comme un fonctionnaire. Lors du procès pour haute trahison il l'avait hautement proclamé : « Je suis au premier chef un Allemand, le fonctionnaire passe après ! Je n'ai jamais été une putain de fonctionnaire vénal. Tenez-vous-le pour dit ! Si vous voulez considérer mon travail contre les usurpateurs comme de la haute trahison, alors laissez-moi vous dire que depuis six ans je considère comme mon devoir d'Allemand de combattre les usurpateurs et par là – si vous tenez à cette expression – de commettre une haute trahison. »

Frick aussi s'est comporté impeccablement à cette époque et, comme adjoint du chef de la police, il a tout simplement rendu possible le travail du Parti dans sa dimension d'alors grâce à ses informations. Il a aussi toujours couvert le Mouvement. Et même, sans lui, je ne serais jamais sorti de prison. Mais maintenant…

1. Roland Freisler (1893-3 février 1945) passe plutôt pour le type même du nazi féroce et fidèle, en raison de son zèle à la tête du Tribunal du peuple (*Volksgerichtshof*). Hitler va en effet le nommer à ce poste le 20 août suivant en remplacement d'Otto Thierack, nommé ministre de la Justice en remplacement de Gürtner (décédé le 29 janvier 1941), après un bref intérim du secrétaire d'État Franz Schlegelberger (1876-1970). Freisler s'illustrera notamment par ses tirades incendiaires lors du procès de Hans et Sophie Scholl (février 1943) puis de ceux des conjurés du 20 juillet 1944, avant de mourir dans un bombardement. Sa réputation de « bolchevik », jusque dans l'esprit de Hitler, n'est pas due à sa brutalité mais plus vraisemblablement au fait qu'il avait été prisonnier de guerre en Russie au moment de la révolution, et chargé par les bolcheviks d'une fonction de « commissaire » (cf. Guido Knopp, *Hitlers Helfer*, Munich, Goldmann Verlag, 1998, ch. 4). Hitler est en train de réfléchir à son cas et va bientôt évoquer devant Goebbels sa candidature à la succession de Gürtner, pour l'écarter en disant : « Ce vieux bolchevik ? Jamais ! » (cf. *Die Tagebücher von Joseph Goebbels*, Munich, Saur, 29 vol., 1987-2005, entrée du 3 avril 1942).

2. Theodor von den Pfordten (1873-1923), un des juristes bavarois les plus en vue de sa génération, avait secrètement adhéré au parti nazi et était l'un des 19 « martyrs » tombés pendant le putsch de 1923.

3. Ernst Pöhner (1870-1925), chef de la police munichoise, faisait de son mieux pour protéger le nazisme débutant. Wilhelm Frick, futur ministre de l'Intérieur en Thuringe puis dans le Reich (jusqu'à son remplacement par Himmler en août 1943), était son adjoint.

Il y a malheureusement des nationaux-socialistes qui à un moment ont fait des choses extraordinaires pour le Mouvement mais n'ont pas pu se faire violence. Quand le travail du Parti se mit à déborder de beaucoup le cadre de ce qu'ils pouvaient comprendre ou avaient imaginé, cela les effraya et, eux qui avaient dit A, ils furent incapables de passer en toute logique à B et à C[1].

Un jugement particulièrement clair sur le monde judiciaire a toujours été le fait de Dietrich Eckart, qui avait lui-même étudié le droit pendant quelques semestres. D'après ses propres déclarations il avait arrêté ses études « pour ne pas devenir un parfait crétin ». Dietrich Eckart avait aussi la manière pour dénoncer au peuple allemand dans un langage pleinement compréhensible le cancer de la jurisprudence actuelle. Je croyais, moi, que cela suffisait quand on disait cela aux hommes dans un langage raffiné. Il m'a fallu du temps pour comprendre que cela ne sert à rien.

Aujourd'hui il est pour moi clair et évident que tout juriste soit présente par nature un défaut de constitution, soit finit par en acquérir un[2]. Aujourd'hui, quand je passe en revue dans mon esprit tous les juristes que j'ai croisés au cours de ma vie, mais avant tout l'ensemble des avocats et des notaires, je ne peux chaque fois que constater de nouveau quelle souche saine d'hommes droits et enracinés formaient ceux qui, ensemble avec Dietrich Eckart, ont mené avec moi en Bavière mon combat politique.

31 mars 1942, le soir

(À propos d'un attentat manqué contre Franz von Papen à Ankara :)

Cet attentat est révélateur parce que les conjurés se sont sentis trahis par leurs commanditaires russes. On avait fourni au principal meurtrier, pour faciliter sa fuite, un prétendu appareil à produire du brouillard, qui s'était révélé ensuite être une charge hautement explosive, destinée à l'éliminer. [Les seules traces de lui qui furent retrouvées : une chaussure et son revolver !] Alors les complices ont parlé, sans nul souci des intérêts russes[3].

1. Une précieuse indication sur la demi-disgrâce de Wilhelm Frick, un homme clé de la montée des nazis vers le pouvoir depuis le début du mouvement et, en 1933, le seul membre nazi du premier cabinet Hitler à part Göring, avec le titre de « ministre de l'Intérieur du Reich ». En septembre 1939 encore il avait accédé en apparence au premier rang de la hiérarchie civile en dirigeant un « collège des trois » (les deux autres étant Funk et Keitel) chargé de rédiger les décrets (cf. Martin Broszat, *Der Staat Hitlers, Grundlegung und Entwicklung seiner inneren Verfassung*, Munich, DTV, 1969, tr. fr. *L'État hitlérien*, Paris, Fayard, 1983, p. 447-448). Il essaye alors vainement d'opposer des arguments juridiques à l'accaparement des fonctions répressives essentielles par les SS et leur chef Himmler, pour finir par être remplacé au ministère par ce dernier, en 1943.

2. Hitler avait présenté cette idée, le 30 janvier, sous la forme d'une citation de Dietrich Eckart et à présent il la fait sienne.

3. Ce paragraphe est absent des notes de Picker, du moins à cette date ; en revanche il s'y trouve plus loin, dans les mêmes termes, sous la date du 2 avril... et, dans l'édition Genoud, il est alors purement et simplement répété. Preuve que Heim s'autorisait à jongler avec les paragraphes en remaniant l'ordre chronologique, sans doute pour faciliter la lecture en rendant plus logique l'enchaînement des idées. Mais ordinairement il pensait à ne laisser aucune trace de ces déplacements : ici il a transféré un paragraphe en oubliant de le supprimer à sa place originelle. Je mets entre crochets de courts passages qui se trouvent chez Picker – mais non chez Genoud –, car ils ont pu être élagués soit par le souci de concision de Heim et Bormann (conduisant à dégraisser des commentaires redondants ou malvenus), soit par la paresse de Genoud.

Quant à l'attentat contre Papen, survenu le 24 février précédent, il est raconté à peu près de la même façon dans les mémoires de l'intéressé, parus en 1952 (soit entre l'édition Picker et l'édition Genoud de ce propos). Cf. Franz von Papen, *Der Wahrheit eine Gasse*, Munich, List, 1952, tr. fr. *Mémoires*, Paris, Flammarion, 1953, p. 303-304. Une précision intéressante toutefois : l'action avait eu lieu dans l'avenue Ataturk d'Ankara à une heure où elle était peu fréquentée, ce qui aurait converti le présumé rideau de fumée en un excellent moyen de se faire remarquer. D'après le diplomate, l'auteur de l'attentat aurait décidé d'actionner d'une main son revolver et de l'autre la bombe, et aurait même légèrement anticipé le premier geste, car Papen avait été projeté à terre par l'explosion sans entendre le moindre bruit de balle. Cet agresseur était un étudiant yougoslave naturalisé turc, Ömer Tokat, né en 1917 ; deux diplomates soviétiques et deux étudiants sont jugés à partir d'avril et condamnés le 17 juin à des peines de prison. Les archives soviétiques n'ont pas apporté d'éléments et plusieurs thèses continuent de

(suite du commentaire page 51)

Je pense que la Turquie est préférable à la Bulgarie en tant qu'alliée de l'Allemagne. C'est pourquoi je suis toujours prêt à signer avec les Turcs un traité de commerce en vertu duquel nous leur livrerions des armes et garantirions leur sécurité ainsi que leur liberté dans l'usage des détroits. En tant que riverains de la mer Noire, nous aurions ainsi l'avantage de ne pas avoir à surveiller les détroits nous-mêmes[1].

Le régime turc présente aussi la garantie d'une plus grande stabilité. Car la transmission du pouvoir de Kemal à Inönu montre que le régime autoritaire est suffisamment solide et si fermement ancré dans la population turque qui a le sens national, particulièrement la jeunesse, qu'on peut le considérer comme stable.

D'autre part, son orientation religieuse mahométane est un facteur qui ne risque pas de rapprocher le régime turc de la Russie, ni d'aucune autre grande puissance. C'est tout l'inverse pour la Bulgarie. L'Église bulgare incline de toute évidence vers Moscou. La population bulgare est animée encore aujourd'hui, c'est-à-dire à l'époque soviétique, par des sentiments panslavistes. Par exemple, quand le ministre-président bulgare est revenu d'Allemagne où il venait de donner l'adhésion de sa nation au pacte tripartite très fructueux pour elle, il ne fut pas salué par un tonnerre d'applaudissements contrairement à une équipe russe de football qui arrivait au même moment à la gare de Sofia. À cela s'ajoute que la Bulgarie n'a pas un régime solide et que le roi Boris est constamment assis sur un tonneau de poudre. Ainsi, l'idéal serait : la reconstitution de la constellation de la guerre mondiale, avec l'alliance turque. Ce serait pour nous une assurance contre un glissement de la Bulgarie dans l'orbite politique de la Russie[2].

(Une réflexion de Bormann sur Henri Ier[3] *amène le Führer à parler de la politique d'expansion vers l'est.)*

L'actuelle politique allemande d'aujourd'hui à l'Est n'a pas de précédent historique. Certes il y a eu autrefois des combats répétés, et d'une certaine envergure, sur les frontières orientales du Reich. Mais ces combats étaient suscités par les populations situées à l'est de ces frontières, qui nous donnaient tout simplement le choix entre

s'affronter, dont celle d'un faux attentat arrangé par le SD pour creuser un fossé entre Ankara et Moscou. Cf. Joachim Petzold, *Franz von Papen. Ein deutsches Verhängnis*, Munich, BVU, 1995. La crédulité, probablement feinte, de Hitler envers la théorie biscornue de la bombe présentée à son porteur comme un fumigène pourrait accréditer la thèse d'une machination allemande.

1. Hitler avait déjà parlé de laisser aux Turcs la garde des Dardanelles, dans la nuit du 8 au 9 août 1941, puis le soir du 6 février. Il confirme son intention de concentrer la vigilance allemande, dans le « grand espace », vers l'est et l'Asie, en faisant surveiller les autres points cardinaux par des alliés sûrs. Et il espère encore que, outre la Turquie au sud-est et l'Italie au sud, l'Angleterre veillera à l'ouest. Quant au nord, il le fera garder par la Finlande (cf. *infra*, entrée du 5 avril, midi).

2. C'est sans doute la première fois, depuis le début de ces Propos, que Hitler parle de la puissance russe avec autant de considération. Il ne semble plus considérer qu'elle pourrait être prochainement rayée de la carte.

3. Lors de sa visite du 29 mars, Himmler a conversé avec Bormann d'après son agenda. Or Henri Ier dit l'Oiseleur (876-936), roi de Francie orientale et père du premier empereur Otton Ier (912-976), était l'idole de Himmler qui aimait à se prendre pour sa réincarnation. Il avait en effet étendu ses possessions vers l'est et sécurisé l'Allemagne de ce côté, par des victoires sur les Slaves et les Magyars. Himmler prisait également un autre Henri (Heinrich), dit le Lion (1129-1195), qui vivait deux siècles plus tard et n'était qu'un simple duc, qui avait également entrepris des conquêtes orientales. Il en avait été question le 4 février, en présence de Himmler. Il se peut que ce dernier ait suggéré à Bormann de reparler à Hitler de ses chers patrons médiévaux. En pure perte, peut-on constater : Hitler se refuse à voir chez ces personnages la moindre préfiguration de sa propre politique orientale.

le combat et la disparition, et on ne peut donc parler en aucune façon d'une politique orientale allemande. Les historiens se sont également trompés quand ils pensaient pouvoir constater chez Henri le Lion des démarches relatives à une politique allemande vers l'est. Il était motivé seulement par le constat qu'il ne pouvait se tailler un fief que dans cette direction.

Un intérêt de l'empire pour l'Est, la planification ambitieuse d'une colonisation ou de quelque chose d'analogue ne se rencontrent pas à l'époque impériale. La politique de l'empereur s'orientait vers l'unité raciale et l'expansion au sud[1]. L'Est, avec ses populations complètement étrangères, qui ne possédaient que par endroits une mince couche germanique supérieure, était pour elle lointain. Le Sud en revanche, et particulièrement la Lombardie, s'intégrait facilement d'un point de vue racial à l'ensemble du Saint-Empire romain de la nation germanique et était de ce fait un problème éternellement actuel de la politique impériale. À quel point, en ce temps-là, l'idée raciale gouvernait la pensée politique, cela ressort du fait qu'à Florence encore au XIVe siècle existait un parti impérial allemand[2]. Et qui sait si nous ne serions pas encore aujourd'hui solidement installés en Lombardie si des princes vassaux comme Henri le Lion n'avaient pas, en trahissant leur serment de fidélité à l'empereur, entravé encore et encore la politique du Reich et contraint l'empereur à revenir au plus vite de ses entreprises méridionales pour commencer par éteindre l'incendie dans sa maison ? Tout succès repose sur l'unité de la politique impériale du Reich.

De ce point de vue, les Souabes, qui ont été d'une fidélité exemplaire à la pensée de l'empereur, méritent notre plus grand respect. Des princes-vassaux comme Henri le Lion ne doivent pas selon moi être magnifiés pour leur jeu personnel car ils ont fait alors « leur » politique, clairement, contre l'empire. En conséquence, j'ai mis Rosenberg[3] en garde contre le fait de laisser diminuer les grands empereurs allemands au profit des parjures, et de décrire un héros tel que Charlemagne comme le « bourreau des Saxons ». L'histoire doit toujours être comprise en fonction du temps où elle s'est produite. Qu'est-ce donc qui nous garantit que dans mille ans – si le Reich

1. Un observateur non raciste constaterait simplement que les empereurs romains-germaniques étaient attirés vers le sud et soucieux de contrôler l'Italie. Sur cette motivation Hitler, qui tient les Italiens du Nord pour des Germains (cf. *supra*, t. 1, propos du 31 janvier au soir), plaque un souci d'assurer d'abord « l'unité raciale », avant de songer à une expansion aux dépens de races étrangères.

2. Les conflits très meurtriers entre les Guelfes et les Gibelins, partisans les uns du pape, les autres de l'empereur, dans un certain nombre de villes de l'Italie médiévale, procédaient plus de la quête d'alliés extérieurs par des familles de notables que de soucis fort anachroniques de solidarité raciale. Cf. Jacques Heers, « Guelfes et Gibelins », http://www.clio.fr/BIBLIOTHEQUE/guelfes_et_gibelins.asp

3. Alfred Rosenberg (1893-1946), né en Estonie, installé à Munich au lendemain de la révolution russe, nazi de la première heure et antisémite fanatique, est l'idéologue du NSDAP le plus connu après Hitler, qui le tient à distance et se moque volontiers de lui en privé. Le 16 juillet précédent, il a été nommé ministre des Territoires de l'Est.

pour quelque raison doit à nouveau entreprendre une expansion vers le sud – un professeur de lycée renouant avec ce genre de folie ne va pas écrire : « ce que Hitler a fait vers l'est était sans doute bien conçu, mais en dernière analyse était un non-sens, il aurait dû aller vers le sud » ? Peut-être un imbécile de ce genre ira-t-il jusqu'à me traiter de « bourreau d'Autrichiens » parce que lors de la récupération de l'Autriche allemande j'ai fait coller au mur ceux qui y mettaient obstacle. Sans la contrainte on n'aurait pas fait converger les différentes familles allemandes, avec leurs têtes de bois et leurs querelles de clochers, ni à l'époque de Charlemagne ni à la mienne[1].

Le peuple allemand n'est pas non plus un simple produit de l'idée antique et du christianisme, mais un produit de la contrainte, de l'idée antique et du christianisme. Ce n'est que par la contrainte que le peuple allemand s'est fait unifier pour la première fois à l'époque impériale comme un reflet de la formation des anciens États romains et sur le sol d'une chrétienté représentée par une Église universelle. Un homme comme Charlemagne ne s'est pas tant laissé conduire par des ambitions politiques que par l'élan, procédant de l'idée antique, vers un développement culturel, vers des créations culturelles. Mais on ne peut en venir à un sommet de développement culturel, comme le montre l'Antiquité, c'est ainsi, que par une concentration rigoureuse tendant à une organisation étatique. Car le travail culturel est un travail commun, et le travail commun requiert l'organisation. Que deviendrait donc une usine si elle n'avait pas une organisation rigoureuse, si chaque travailleur venait quand ça lui chante et s'adonnait au travail qui lui plaît ? Sans organisation, c'est-à-dire sans contrainte, et donc sans renoncement de la part des individus, cela ne marche pas. Toute la vie est une renonciation continue à la liberté individuelle. Plus un homme s'élève, plus cette renonciation lui est facile ! Car plus un regard élargi lui permet d'en percevoir la nécessité. C'est ce qui différencie un homme qui dans un État sain progresse vers le haut d'un autre qui reste toujours dans la masse. Il se développe par sa fonction et, grâce à cette fonction, son entendement mûrit.

1. Ici Hitler fait preuve de réalisme et oublie pour un instant d'attribuer à un « ferment juif de décomposition » les particularismes locaux qui font obstacle aux ambitions des potentats, et qu'ils doivent violenter pour créer de grands empires.

Si un balayeur de rues ne peut ni ne veut renoncer à sa pipe ni à sa pinte de bière, alors je dis : « Bien, puisque te manque la notion de la nécessité d'un tel renoncement, tu vas, mon ami, rester un balayeur de rues et non devenir une personnalité dirigeante de l'État ! » Il est bon qu'il en soit ainsi, car on a aussi besoin de balayeurs de rues. Et le balayeur de rues doit aussi être respecté en fonction du service qu'il rend à la communauté, dans la mesure de ses dispositions et de ses capacités.

C'est en s'inspirant de ces principes de vie simples et naturels que Charlemagne a regroupé les Allemands dans une organisation étatique serrée, créant un empire qui continuait – alors même qu'il n'existait plus – à être encore caractérisé comme un empire. Il a tant donné à cet empire de la meilleure substance politique de l'ancienne domination romaine au cours de son développement historique que, pour les habitants de tout le continent européen et pendant des siècles, l'empire de Charlemagne passait pour la continuation du vieil empire romain, vers le maintien ou la reconstruction duquel tous les efforts politiques étaient alors tournés. Quand l'empire allemand était alors, de ce fait, qualifié de « saint », cela n'avait rien, mais absolument rien à voir avec l'Église ou avec des considérations religieuses[1].

Au contraire de l'idée d'empire, celle de « chancelier de l'empire » a été regrettablement dévalorisée au cours des siècles ; et après qu'elle eut retrouvé un très grand lustre grâce à un géant[2], des infirmes comme Wirth, Brüning[3] et consorts lui ont valu de perdre définitivement sa bonne renommée. Mais dans la forme autoritaire de l'État que nous avons adoptée aujourd'hui comme base de notre vie politique, on peut également s'en passer. Oui, il est même inexact aujourd'hui pour désigner le chef de l'État, car il est historiquement lié à l'idée qu'il existe au-dessus du chancelier une autorité quelconque représentant le sommet de l'État, qu'on l'appelle empereur, président ou quoi que ce soit d'autre.

Pour notre forme actuelle d'État, la désignation du chef d'État comme « Führer » est la meilleure. Elle crée aussi l'impression que le chef d'État est le guide suprême choisi par le peuple. Si aujourd'hui

1. La notion de « *sacrum imperium* » est attestée pour la première fois en 1157, sous Frédéric Barberousse (1122-1190). Si l'empereur allemand qualifie son pouvoir de « saint », c'est évidemment dans le cadre de son conflit avec la papauté, particulièrement intense pendant ce règne. Il entend affirmer que son trône, tout autant que celui de Saint-Pierre, relève du divin. C'est là contester le primat de l'Église catholique sur le pouvoir temporel, mais certainement pas s'affranchir de toute considération religieuse. Ici Hitler s'efforce d'inscrire son pouvoir dans une continuité avec l'empire romain païen, en gommant le plus possible le caractère chrétien de l'empire allemand médiéval.

2. Bismarck.

3. Joseph Wirth (1879-1956), membre du Zentrum, avait été l'un des négociateurs du traité de Versailles, puis l'un des premiers chanceliers de la république de Weimar. Heinrich Brüning était l'un des derniers et, surtout, avait déployé beaucoup d'efforts pour barrer à Hitler la route du pouvoir... avant de lui fournir, toutefois, une aide non négligeable quand il eut été lui-même chassé de la chancellerie (en lui apportant, par exemple, les voix du Zentrum lors de l'élection de Göring à la présidence du Reichstag, en août 1932).

des chevauchements se produisent, par exemple lorsqu'on voit sous une photo « Le Führer avec l'Oberführer machin, son aide de camp », ou qu'on parle de *Führer* de tramway ou de train, cela n'a aucune importance, tant que je suis en vie. Mais quand je ne serai plus là il faudra changer les choses, et réserver l'appellation de « Führer » pour un usage unique. [Finalement il ne viendrait à l'esprit de personne d'appeler un conducteur de tramway « empereur de tramway », et quand le chef d'un groupe local est appelé « *Leiter* » à la place de « *Führer* », personne ne trouve que cela n'a pas de sens.]

C'est une grave erreur de vouloir changer quelque chose à la désignation du chef de l'État quand elle est liée à la forme de l'État. Ce fut, en dehors de l'interférence entre son sens de la famille et les affaires politiques, la plus grande erreur de Napoléon, d'avoir eu le mauvais goût d'abandonner le titre de Premier consul pour se faire appeler empereur. Car c'est sous le titre de Premier consul que la Révolution, qui faisait trembler le monde, l'avait hissé au sommet du pouvoir, lui le général républicain, au détriment du Directoire, ce club de brasserie. En renonçant à ce titre et en se faisant appeler empereur, il a renié les Jacobins, ses anciens compagnons de lutte, et perdu leur appui, et s'est aliéné, chez lui et à l'étranger, d'innombrables partisans qui voyaient en lui l'incarnation du renouveau spirituel apporté par la Révolution française. Pour mesurer pleinement l'effet de cette mesure, il n'y a qu'à se représenter l'effet qu'il produirait sur les Munichois et, au vrai, sur le monde entier, s'il allait se promener en calèche dorée dans les rues de Munich en se faisant appeler « Kaiser ».

Par là, par cette faute de goût, Napoléon n'a même pas gagné quelque chose. Car les vieilles monarchies l'ont évidemment traité comme un parvenu. La seule chose qu'il ait obtenue c'est la fille Habsbourg qu'on lui a refilée et dont l'apparition a blessé profondément, une fois pour toutes, l'orgueil national des Français. Car la belle Joséphine, qui dut céder la place devant la fille Habsbourg, était alors pour les Français un modèle en tant que républicaine fanatique et en outre c'était la femme qui s'était élevée avec lui jusqu'à la plus haute marche de l'État.

La commotion que l'adoption du titre d'empereur par Napoléon produisit en Europe est illustrée on ne peut mieux par le fait que Beethoven, qui lui avait dédié une symphonie, la déchira et la foula aux pieds en criant : « Ce n'est pas une apparition, ce n'est qu'un homme[1] ! »

Tout le tragique du destin de Napoléon est de ne pas avoir senti qu'en prenant ce titre et en instituant une cour et un cérémonial impériaux il s'abaissait au rang de dégénérés et se dotait d'une cage remplie de singes. Je considérerais comme un non-sens qu'on me propose un titre de duc et me mette ainsi au rang de tous les malades mentaux porteurs de ce titre.

Quant à la protection accordée à sa parenté, elle témoigne aussi d'une incroyable faiblesse humaine. Quand on parvient à une position comme la sienne, on doit s'affranchir des sentiments familiaux. Au lieu de cela, il a placé ses frères et sœurs dans des postes dominants et les y a laissés même quand ils avaient donné depuis longtemps la preuve de leur inaptitude. Seul le sentiment corse de la famille, égal à celui des Écossais, permet d'expliquer cette inconséquence qui, en lieu et place de la seule solution possible qui était de se débarrasser de tous ces parents d'une incompétence évidente, l'amena à écrire tous les mois à ses frères et sœurs des instructions détaillées sur ce qu'ils devaient faire et ne pas faire, et à croire qu'il pouvait compenser leurs capacités défaillantes en leur promettant de l'argent, ou en leur coupant les vivres.

Dès qu'il manifesta ce sens de la famille, une rupture se produisit dans sa vie. Car le népotisme est la plus puissante des protections qu'on puisse concevoir : la protection du Moi. Partout où il se manifeste dans la vie des États – les monarchies en offrent le meilleur exemple – la faiblesse et le déclin s'ensuivent. Car son apparition signe la fin du principe de l'effort.

À cet égard, Frédéric le Grand s'est conduit plus durement que Napoléon car même lors des décisions les plus dures et dans les heures les plus difficiles, il n'a jamais perdu de vue la portée à long terme des choses. Dans de telles situations, Napoléon capitulait. Par là s'explique aussi que pour réaliser son œuvre Frédéric le Grand a

1. Il s'agit de la symphonie n° 3 dite « Héroïque » (1805). L'assertion selon laquelle Beethoven aurait eu l'intention de l'appeler « Bonaparte » et y aurait renoncé en apprenant que le Premier consul se muait en un empereur repose sur les mémoires de son ami Ferdinand Ries, publiés en 1838. Les mots exacts du compositeur sont : « Ainsi ce n'est qu'un simple mortel ! ». Il aurait poursuivi en accusant Napoléon d'établir un régime tyrannique au service de ses seuls intérêts : des propos que Hitler se garde de répéter, en concentrant la critique sur la faute politique d'un ralliement à une mode aristocratique dépassée. Il se trompe en affirmant que l'œuvre fut déchirée : elle fut seulement rebaptisée. Cf. Christopher George, « The Eroica Riddle. Did Napoleon Remain Beethoven's Hero ? », *Journal of the International Napoleonic Society*, vol. 1, n° 2, décembre 1998.

pu s'appuyer sur de meilleurs collaborateurs que Napoléon. Car là où Napoléon privilégiait les intérêts de son clan familial, Frédéric le Grand allait chercher des hommes et les formait pour les rendre efficaces.

En dépit de tout le génie de Napoléon, le grand esprit du XVIIIe siècle fut bien Frédéric le Grand[1]. Il s'est affranchi de toute inconséquence dans la résolution des problèmes fondamentaux de la conduite de l'État. D'ailleurs dans ce domaine il avait reçu de son père Frédéric-Guillaume, ce taureau d'absolutisme, une éducation aussi fondamentale qu'inflexible.

Pierre le Grand aussi a clairement perçu la nécessité de faire abstraction des sentiments familiaux dans les affaires de l'État. Dans une lettre à son fils que je viens de relire ces derniers jours, il dit de façon claire et nette qu'il va le déshériter et l'écarter de la succession au trône ; car il serait trop pitoyable de recevoir un jour la conduite de la Russie si on ne s'est pas préparé aux affaires de l'État avec une application de fer en se dotant d'une volonté d'acier et en fortifiant sa santé !

Placer le meilleur à la tête de l'État, c'est un grand problème, dont la solution comporte toujours une source d'erreurs.

Si on fait une république dans laquelle tout le peuple vote pour élire le chef de l'État, on ouvre la porte à l'élection d'un pitre intégral, à coup d'argent, de publicité, etc.

Si on fait une république dans laquelle une petite clique de familles tient les commandes, cela se passe comme dans un trust où les associés élisent comme chef le plus faible, afin de pouvoir jouer un rôle.

Si on fait une monarchie avec un ordre de succession au trône, on commet une faute biologique car un homme d'action s'unit régulièrement avec une femme pourvue de qualités éminemment féminines, et le fils hérite alors de la féminité, de la passivité de sa mère.

Si on fait une république dans laquelle on élit à vie le chef, alors on court le risque de le voir pratiquer une politique égoïste.

Si on fait une république dans laquelle le chef change tous les cinq ou dix ans, on n'assure aucune stabilité à la conduite de l'État

1. Hitler parle ici en très bonne part de la Révolution française, ce qui ne peut manquer d'étonner ceux qui font du nazisme une réaction contre elle. S'il abhorre les droits de l'homme, il admire l'élan que le renversement d'une aristocratie usée a donné à la nation et reproche à Napoléon d'avoir manqué d'imagination en croyant indispensable d'en recréer une. En lui opposant le sens de l'État d'un Frédéric II, il affirme la nécessité d'un chef éclairé et désintéressé pour éviter que les débordements de la populace ne conduisent vers une pure et simple décomposition.

et la poursuite de plans à long terme portant sur une durée de vie supérieure à celle d'un individu se trouve compromise.

Place-t-on à la tête de l'État un vieillard blasé, il ne peut jouer qu'un rôle représentatif et d'autres hommes dirigent en son nom le gouvernement.

Ces considérations m'ont amené au résultat suivant :

1) Les chances de ne pas avoir un idiot à la tête de l'État sont plus grandes avec un vote libre qu'autrement. Le nombre des personnalités d'exception parmi les empereurs allemands élus en est la meilleure preuve. Il n'y a pas un seul imbécile complet parmi eux alors que dans les monarchies héréditaires, sur dix souverains, au moins huit seraient incapables de faire fonctionner une épicerie dans la vie civile.
2) Lors du choix du chef de l'État on devrait rechercher une personnalité qui, autant qu'il est humainement possible, assure dans la durée une certaine stabilité gouvernementale. Cela non seulement pour avoir une administration efficace de l'État, mais avant tout pour créer toutes les conditions pour de grands projets étatiques.
3) Il faudrait veiller à ce que l'homme chargé de diriger l'État soit indépendant de l'influence des milieux économiques et ne puisse pas être conduit à une décision quelconque sous la pression de l'économie. Il devrait pour cela avoir le soutien d'un parti qui trouve sa force dans un fort ancrage au sein du peuple et se tienne au-dessus des réalités économiques.

Deux constitutions ont fait leurs preuves au cours de l'histoire :

a) La papauté, certes non sans crises dont les plus graves furent provoquées par les empereurs allemands et en dépit d'un fondement spirituel dément, simplement à cause de l'organisation grandiose de l'Église.
b) La constitution de Venise, qui a mis la petite ville-État, grâce à son organisation gouvernementale, en mesure de dominer toute la Méditerranée orientale. La constitution de Venise et avec elle la république de Venise ont persisté pendant neuf cent soixante ans.

Que le chef de cette république ait été choisi parmi seulement 300 ou 500 familles dominantes ne constitua pas un mal. Car ainsi, parmi les familles le plus étroitement liées à l'État, les meilleurs se trouvaient appelés à le diriger.

La différence entre ce système et la monarchie héréditaire saute aux yeux. En effet ce n'est pas un crétin ni un garçon de 12 ans – comme il arrive si fréquemment dans les monarchies héréditaires – qui a en lui la possibilité de devenir chef suprême de l'État, mais seulement celui qui a fait maintes fois ses preuves.

Penser qu'un garçon de 12 ou de 18 ans puisse diriger l'État, c'est même risible. Là où un mineur est régent (*sic*[1]), le pouvoir est, c'est évident, en d'autres mains, par exemple un conseil de régence. Mais si alors les membres du conseil ne sont pas d'accord entre eux (et dans la vie politique les problèmes durent et se recoupent d'autant plus sensiblement que les conseillers sont plus efficaces), ainsi le manque se fait sentir d'une personnalité qui détermine qu'il faut faire ceci ou cela. Une telle décision ne peut être prise par quelqu'un de 18 ans, elle a besoin de la réflexion minutieuse d'une personne d'âge mûr. Il suffit de penser à ce que serait le roi Michel de Roumanie, monté sur le trône à 20 ans, sans l'éminent maréchal Antonescu. Ce jeune a d'ailleurs été perverti d'une façon très sotte et complète car son père l'a abandonné aux mains des femmes dans les années décisives de sa formation. Ou encore, qu'on pense à Pierre de Yougoslavie qui, quand il est arrivé au pouvoir, soit dans les heures les plus importantes de sa vie, s'est assis dans la cave pour pleurer. Il faut se représenter le parcours de formation d'un homme normal qui veut arriver à quelque chose dans la vie et celui d'un tel héritier de trône pour mesurer le terrible abîme. À tout ce qu'un homme normal doit apprendre, à la façon dont il doit bûcher jusque dans la nuit, au sérieux immense et au zèle qu'il doit déployer encore et encore, pour s'imposer dans la vie pratique. Les futurs rois, eux, sont censés pouvoir s'armer en s'amusant des compétences nécessaires à leurs devoirs. Pendant un tiers du temps d'étude on leur fait baragouiner les langues étrangères, on occupe le deuxième par des jeux de société, de l'équitation, du tennis et ainsi de suite, et en dernier

1. Hitler commet (par ignorance ou inadvertance ?) une erreur de vocabulaire : l'héritier mineur d'un trône porte déjà le titre de roi, et c'est l'adulte désigné pour exercer la réalité du pouvoir qui est appelé régent.

lieu seulement figure dans leur plan de formation l'instruction politique. Et au lieu de l'aborder rigoureusement, on a plutôt l'habitude d'y aller doucement. Chaque précepteur a peur, s'il administre quelques claques bien méritées, de s'attirer la disgrâce éternelle du futur monarque. Et le résultat, ce sont des types comme Michel de Roumanie[1] et Pierre de Yougoslavie[2].

De ces considérations je tire les conclusions suivantes :

1) Le Reich allemand doit être une république. Le Führer doit être élu. Il doit être doté d'une autorité absolue.
2) Au niveau collectif une représentation populaire doit subsister, qui doit soutenir le Führer et en cas de besoin peut intervenir dans la conduite de l'État.
3) L'élection du Führer ne doit pas être faite par cette assemblée mais par le Sénat. Le Sénat est doté de compétences restreintes. Il n'est pas composé de membres permanents, mais l'appartenance doit être liée à l'exercice de certaines fonctions, dont les titulaires doivent également changer. Les membres du Sénat doivent, par leur éducation et leur parcours, être pénétrés de l'idée que comme Führer il ne faut pas choisir un faible, mais le meilleur.
4) L'élection du Führer ne doit pas se faire sous les yeux du peuple, mais à huis clos. Lors de l'élection du pape également, le peuple ne sait rien de ce qui se passe dans les coulisses. Parmi les cardinaux les choses sont allées une fois si loin qu'ils se sont battus. Alors on les a dès lors carrément emmurés pour la durée du conclave. Ce doit être aussi un principe pour l'élection du Führer, que pendant l'élection tout débat entre les électeurs soit interdit.
5) Dans les trois heures suivant l'élection, les membres du Parti, de l'armée et de la fonction publique devront prêter serment au nouveau Führer.
6) La séparation la plus précise et la plus tranchée entre le législatif et l'exécutif sera pour le nouveau Führer la plus haute obligation. De même que dans le Mouvement la SA et la SS sont seulement le bras armé qui sert à assurer l'exécution

1. Hitler a déjà développé des considérations du même ordre sur Michel... qui vit encore en 2016, aspire toujours à une restauration monarchique en Roumanie et a récemment déshérité un de ses descendants, pour paresse ! Cf. *supra*, t. 1, entrée du 11 novembre 1941, midi.

2. Pierre II de Yougoslavie (1923-1970), roi depuis l'assassinat de son père Alexandre Ier à Marseille le 9 octobre 1934, a une bonne raison pour attirer les foudres hitlériennes, et sur sa personne, et sur les inconvénients du pouvoir héréditaire dans le cas d'une minorité de l'héritier : le régent était son oncle, le prince Paul, qui, après avoir fait allégeance à l'Allemagne en signant le pacte tripartite le 25 mars 1941, n'avait pas su tenir son pays et avait été renversé par un coup d'État probritannique trois jours plus tard, provoquant l'occupation du pays par le Reich. Pierre, reconnu comme roi par les putschistes qui avaient mis fin à la régence, avait, lors de l'invasion allemande qui avait suivi ces péripéties, choisi l'exil vers Londres et exercé les fonctions royales jusqu'à l'abolition de la monarchie par le maréchal Tito, le 29 novembre 1945.

des décisions du Parti, de même l'exécutif n'a pas à s'occuper de politique, mais seulement à assurer – au besoin par les armes – l'exécution des décisions prises par les instances législatives[1].

7) Si une forme d'État qui tient compte de ces principes ne peut pas non plus être éternelle, elle durera bien deux ou trois siècles[2]. Car elle se fondera sur les acquis de la raison, tandis que l'organisation millénaire de l'Église catholique repose sur les fondations d'un non-sens.

2 avril, midi

À mes yeux, le roi Boris est un homme. Il faut dire qu'avec son père, le tsar Ferdinand, il a été à bonne école. Car le tsar Ferdinand est le monarque le plus malin qu'il m'ait été donné de rencontrer.

Si on peut également reprocher au tsar Ferdinand d'avoir été pire qu'un Juif en matière d'argent, il faut reconnaître qu'il était admirable par son courage et son esprit de décision. Si nous l'avions eu sur le trône d'Allemagne à la place de Guillaume II, nous n'aurions certainement pas attendu 1914 pour faire la guerre mondiale et aurions frappé dès 1905 et également, de même que dans l'effondrement de 1918 il s'est débrouillé pour sauver son trône en le transmettant à son fils[3], il se serait sûrement débrouillé pour sauver l'Allemagne de la catastrophe.

En outre, c'est un homme d'une rare culture, très au-dessus de la moyenne dans tous les domaines du savoir et depuis des années il n'a pas manqué une seule fois la représentation du *Ring* au festival de Bayreuth.

En contraste avec le comportement des autres monarques, le tsar Ferdinand a élevé son fils à la dure et l'a poussé d'une main ferme dans tous les domaines de l'activité politique et militaire. Boris, sous la coupe du tsar Ferdinand, ce vieux renard, s'est épanoui comme un jeune renard qui sut s'affirmer dans l'écheveau des relations interbalkaniques, qui connaît à fond tous les champs de bataille bulgares de la guerre mondiale et qui entretient les meilleurs contacts avec

1. Hitler entend par « l'exécutif » non point le gouvernement, mais les forces qui assurent l'exécution de ses ordres. Quant au « législatif », il regroupe ce qu'on entend ordinairement par l'exécutif et le législatif. L'esquisse de constitution qu'il présente est donc aux antipodes de la séparation des pouvoirs.

2. L'édition Genoud porte : « huit ou neuf » ! Une coquille est improbable, une correction inspirée par Bormann, et soumise à Hitler, vraisemblable. On aura jugé plus logique de rapprocher la durée présumée de la constitution hitlérienne de celle du « Reich de mille ans », annoncé pour la première fois au congrès de Nuremberg de 1934.

3. Ferdinand de Saxe-Cobourg (1861-1948), prince de Bulgarie (sous une suzeraineté turque) de 1887 à 1908 puis « tsar » de Bulgarie à partir de 1908, doit abdiquer en 1918 pour avoir choisi le mauvais camp dans la guerre mondiale, mais réussit à transmettre le trône à son fils Boris. Il réside alors en Allemagne jusqu'à sa mort, trente ans plus tard, sur ses terres familiales de Cobourg. Les relations avec lui dont Hitler se réclame ici ne sont pas documentées, mais il offre une piste en signalant la présence assidue du souverain déchu au festival de Bayreuth, dont lui-même fréquente chaque édition de 1933 à 1940.

toutes les personnalités militaires et politiques, par correspondance ou autrement.

De même que Boris a sauvé son pouvoir en 1919 en marchant sur Sofia à la tête d'une division, de même il a surmonté la crise politique de 1934 en se comportant comme un soldat.

Lui-même a raconté à ce sujet qu'une nuit on l'a informé que les lumières d'une caserne de Sofia, éteintes à 10 heures, avaient été soudain rallumées à 11 heures et brûlaient encore à minuit. Il en avait déduit qu'on en voulait à sa vie et avait réfléchi que d'habitude les attentats contre les hommes d'État balkaniques les avaient trouvés en chemise de nuit. Il avait donc revêtu son uniforme, avait attendu les putschistes le poignard à la main et accueilli leur chef par ces mots : « Vous voulez me tuer ! Qu'avez-vous contre moi ? Croyez-vous pouvoir faire mieux ? » Alors les putschistes sont apparus complètement bouleversés et ont demandé la permission de revenir à la caserne pour une délibération. Là-dessus il a retenu le chef et lui a dit qu'il le nommerait premier ministre ; il pourrait alors montrer s'il s'entendait mieux à la politique. Bien entendu, au bout d'un an cet homme avait échoué[1].

Boris avait conclu ce récit de cette affaire d'attentat par une remarque très fine. En effet il avait ajouté que le plus dangereux devant une pareille tentative d'attentat est d'informer la police. Les putschistes, qui se sont laissé détourner de leur projet grâce à sa présence d'esprit, auraient été poussés à persister dans leurs plans d'attentat par une réaction affective[2].

Il faut encore hélas aujourd'hui comme hier compter avec l'attentat comme moyen d'action politique. C'est ce que montre l'attentat contre notre ambassadeur en Turquie, von Papen. Si cet attentat est aussi révélateur, c'est parce que les conjurés se sont sentis trahis par leurs commanditaires russes. On avait fourni au principal meurtrier, pour faciliter sa fuite, un prétendu appareil à produire du brouillard, qui s'était révélé ensuite être une charge hautement explosive, destinée à l'éliminer. [Les seules traces de lui qui furent retrouvées : une chaussure et son revolver !] Alors les complices ont parlé, sans nul souci des intérêts russes[3].

1. Une version romancée du coup d'État du 19 mai 1934, tout à la gloire de Boris et lui devant sans doute beaucoup : on ne voit guère le colonel Kimon Georgiev (1882-1969), organisateur et bénéficiaire du coup, premier ministre dès lors (ainsi que ministre de la Guerre et des Affaires étrangères) et jusqu'au 22 janvier 1935 (ce qui fait plus d'un an), raconter lui-même à quiconque une version aussi peu à son honneur. D'autre part le roi jouait jusque là un rôle effacé et les putschistes n'avaient guère de raisons de s'en prendre à lui ; ce n'est qu'après cet épisode qu'il joua un rôle politique plus actif. Hitler, outre le besoin d'exprimer une condescendance raciste envers les peuples balkaniques, éprouve donc ici celui de flatter son « renardeau », sans doute dans l'espoir de l'enrôler dans la guerre contre l'URSS – à laquelle il refuse pour l'instant de participer – et dans celui de déporter les Juifs bulgares. Ceux-ci représentent 0,8 % de la population et sont bien intégrés. Le gouvernement, dirigé par le germanophile Bogdan Filov, a imposé un statut discriminatoire à la fin de 1940 mais ne semble pas disposé à aller plus loin. Finalement seuls les Juifs de Thrace et de Macédoine – régions grecques rétrocédées à la Bulgarie par leur conquérant allemand – seront assassinés. L'affaire se terminera dramatiquement un an plus tard : convoqué à la Wolfsschanze, Boris aura un entretien orageux avec Hitler qui lui demandait une fois de plus vainement de s'engager dans la lutte contre l'URSS, et mourra d'une maladie soudaine et inexpliquée le 28 août, deux semaines après son retour à Sofia.

2. Le Hitler qui s'exprime ici est le maître de l usage des milices personnelles et autres polices parallèles, qui doublent au besoin les organes officiels.

3. Les trois dernières phrases ont déjà été écrites sous la date du 31 mars. Cette redondance a été expliquée à leur première occurrence.

En ce qui me concerne, j'ai toujours exclu l'attentat des moyens de la lutte politique, dès avant la prise du pouvoir. Du point de vue de l'efficacité, il n'est recommandable que dans très peu de cas. Car il ne pourrait conduire à un grand succès politique que s'il servait à écarter un homme sur les yeux et les épaules duquel reposent toute l'organisation et toute la puissance de l'adversaire. Mais même dans de telles conditions d'efficacité je n'y ai jamais recouru[1].

Si les attentats politiques restent tellement à redouter dans les Balkans, c'est parce que encore aujourd'hui subsistent dans les populations des idées de vengeance par le sang. Kemal Pacha Atatürk a été de ce point de vue bien inspiré, sitôt après avoir pris le pouvoir en Turquie, de bâtir une nouvelle capitale, où il pouvait contrôler au moyen de sa police toutes les arrivées des individus.

2 avril 1942, le soir

Ce qui me déplaît le plus à la Wilhelmstrasse, c'est le protocole. Quand une visite d'État a lieu à Berlin, le protocole me met le grappin dessus de 6 heures du matin jusque tard dans la nuit. Des Balkaniques qui n'ont d'autre envie que de voir une pièce légère, quelque chose comme une opérette, sont traînés devant une représentation de *Faust* ou de *Tristan*. Des vieux messieurs qui, quand ils avaient à mener des conversations politiques pendant la visite d'État, avaient besoin au-moins d'une demi-journée libre pour se détendre, étaient dirigés d'une réception ou d'un banquet à l'autre, en voyant partout les mêmes personnes. La contrainte du protocole est pour la plupart un véritable martyre. Alors que le protocole devrait au moins, pour être raisonnable, offrir essentiellement pour convives aux hommes d'État étrangers des dames possédant un véritable charme personnel et maîtrisant la langue requise. Justement à Berlin nous sommes à cet égard assez bien pourvus car nous comptons parmi les actrices des dames de cette sorte, en les personnes de Lil Dagover, Olga Tschechowa et Tiana Lemnitz[2].

Le roi Boris de Bulgarie s'est montré fin renard une nouvelle fois. Alors qu'on lui avait proposé de s'occuper de lui dans Berlin, il avait

1. Cela semble exact, du moins jusqu'à la date de ce propos. En revanche, Hitler laisse entendre ici qu'il nourrit des projets ou au moins des désirs de meurtre contre un certain dirigeant d'outre-Manche « sur les yeux et les épaules duquel reposent toute l'organisation et toute la puissance de l'adversaire ». La plus sérieuse tentative à ce sujet semble avoir eu lieu à Téhéran, un an et demi plus tard. Elle aurait visé, outre Churchill, Roosevelt et Staline... mais ici il faut faire la part de la propagande soviétique (puis poutinienne), qui tient pour acquise l'existence d'une opération de commando, dirigée par Otto Skorzeny, que l'espionnage soviétique aurait fait avorter in extremis. Skorzeny, un officier SS chargé par Hitler de missions spéciales à partir de 1942, nia dans de nombreux écrits d'après-guerre avoir préparé concrètement une telle action, mais reconnut avoir été consulté sur un projet de ce genre, agité par Hitler et le chef de la branche extérieure du RSHA, Walter Schellenberg. Cf. Laslo Havas, *Assassinat au sommet. Téhéran, 1943*, Paris, Arthaud, 1968.

2. L'actrice de cinéma Lil Dagover (1887-1980) et la soprano Tiana Lemnitz (1897-1994) n'ont rien de très exotique sinon que la première est née à Java de parents allemands rapatriés quand elle avait 10 ans. En revanche l'actrice de théâtre et de cinéma Olga Tchekhova (1897-1980), apparentée à Anton Tchekhov, était de culture et d'éducation russes bien que ses parents fussent originaires d'Allemagne. Elle avait fréquenté Hitler personnellement. Cf. Antony Beevor, *The Mystery of Olga Chekhova*, Londres, Penguin, 2004, tr. fr. *Le mystère Olga Tchekhova*, Paris, Calmann-Lévy, 2005.

demandé à pouvoir séjourner de façon tout à fait non officielle, afin de ne causer de souci à personne. En réalité il voulait juste échapper à la tyrannie du protocole. Il n'est pas allé voir *Faust* ou un opéra, mais *L'Étudiant pauvre* et *Le Comte de Luxembourg*, et s'y est royalement amusé. Justement, pour les princes balkaniques, il ne faut pas perdre de vue qu'ils peuvent s'éloigner de leur pays au plus pour huit jours – le roi Boris me l'a expressément assuré –, s'ils ne veulent pas perdre leur trône dans l'intervalle.

Dans l'atmosphère politique des Balkans saturée d'attentats, de révolutions etc., les hommes de l'élite politique balkanique sont heureux quand ils peuvent voir chez nous un spectacle comme *La Veuve joyeuse* et ne sont pas obligés d'assister aux représentations théâtrales octroyées par le protocole, dans lesquelles ils ont droit aux lueurs des poignards, tout comme à la maison ! Je connais un seul prince balkanique[1] qui ait pu s'absenter de son pays plus de huit jours sans s'attirer des ennuis, c'est le vieux shah de Perse, qui avant la guerre mondiale faisait tous les ans son voyage à l'étranger. Mais c'était un cas extrêmement exceptionnel.

Et quand le protocole prévoit aussi qu'on doit traîner chaque étranger dans tel ou tel musée et minuter rigoureusement le temps à passer devant chaque tableau, temps au bout duquel quelque accompagnateur, sans égard pour les désirs du visiteur, frappe le sol avec un bâton à pommeau d'or pour faire signe d'avancer, le protocole fait aussi une grave erreur. Aussi longtemps qu'il n'adaptera pas son programme aux mouvements naturels de l'être humain, il ne fera que rendre plus pénible la vie des hôtes.

Combien différemment travaille le protocole du ministère des Affaires étrangères à Paris ! À l'arrivée d'une visite d'État on organise un cortège grandiose à grand renfort de soldats en brillant uniforme puis une réception à l'Élysée, et ensuite le visiteur a quartier libre pendant six jours. Sur la manière dont il occupe ce temps libre la presse parisienne, d'ordinaire si bavarde, sait rester d'une sage discrétion, qui ne peut qu'éveiller la sympathie de l'hôte étranger.

Un Balkanique qui a passé de cette façon du bon temps à Paris ne pense, à son retour, qu'à renouveler l'expérience l'année suivante,

1. *Sic*, dans les notes de Picker. Genoud dit « oriental ». On ne sait s'il a réfléchi par lui-même que l'Iran était assez peu balkanique, ou si la rectification figurait déjà dans l'exemplaire Heim-Bormann.

en un voyage officiel à Paris d'au moins huit jours. Comme pour un tel voyage officiel il a bien sûr besoin d'un motif officiel, la France a toujours tiré grand avantage de cette façon habile de traiter les étrangers.

Nos diplomates devraient, avant de mettre en œuvre leurs techniques diplomatiques, se mettre une fois dans la peau d'un tel homme d'État balkanique. Les villes dont il vient sont en général d'une dimension telle qu'il connaît parfaitement même chaque porteur de bagages. Comme les princes de l'Inde, il a été accouplé avec sa femme en son jeune âge, comme un taureau avec une vache[1]. Un tel homme pousse certes un grand soupir de soulagement, quand il peut, en ayant l'assurance que la presse reste discrète, s'offrir une fois une belle fille. C'est pourquoi on devrait laisser au visiteur étranger, à Berlin ou à Vienne, quelques jours de liberté. Cela apporte de bonnes relations politiques et un gros tas de devises.

Ainsi, lors de ma propre visite à Rome, le Duce a veillé à ce que j'aie assez de temps pour aller voir tranquillement toutes les œuvres d'art qui m'intéressaient. Par la suite, j'ai toujours veillé, dans la même mesure, à ce que les hommes d'État italiens soient encadrés le moins possible par le protocole. Le résultat a été stupéfiant. Les Italiens viennent nous visiter l'un après l'autre avec un grand enthousiasme. J'ai donc dit à Göring que lui et moi nous libérerions chacun une heure ou une heure et demie pour causer avec ces Italiens, de façon à leur fournir un prétexte pour un voyage en Allemagne[2]. Le reste du temps, ils pourraient se confier aux soi-disant soins des spécialistes berlinois des dents, du cœur, de l'estomac, etc.

4 avril, midi

La philosophie politique des Japonais, qui est aujourd'hui l'une des principales bases de leurs succès, ne s'est maintenue comme principe de vie du peuple japonais que parce que dans le même temps il a été préservé du poison du christianisme.

Tout comme dans l'islam, il n'y a dans le contenu des croyances de la religion d'État du Japon aucun terrorisme[3], mais seulement

1. Le mépris envers les États balkaniques devient d'une lourdeur extrême.

2. Hitler n'éprouve pas le besoin de le préciser, mais de tels entretiens ont aussi leur utilité politique, pour prendre le pouls de l'allié italien et l'orienter dans les voies désirées. Le nom de Göring n'est pas prononcé par hasard : le Reichsmarschall a été souvent impliqué dans les relations germano-italiennes.

3. *Terrorismus* : le mot désigne ici la peur de l'enfer, censée être distillée à jet continu par le judaïsme et le christianisme tandis qu'elle serait ignorée de l'islam, qui se contenterait de mettre en valeur les félicités du paradis. La lecture du Coran, directe ou indirecte, est ici très sélective !

l'espoir de la félicité. Le terrorisme n'est absolument rien d'autre qu'une croyance juive diffusée par le christianisme et, même chez nous, n'a fait que troubler les esprits. Car toutes les représentations terrorisantes dans le domaine de la foi ne sont bonnes qu'à enlever aux gens leur optimisme et à les plonger dans une lâcheté sans fond.

Une fois qu'on est parvenu en Allemagne à chasser de nouveau Juifs et chrétiens[1] de la vie politique, on voit seulement maintenant par l'évolution de l'Angleterre ou de l'Amérique jusqu'où ces éléments peuvent conduire un peuple. Un seul exemple : tout cette infirmité de fumier artistique juif que mon action contre l'art dégénéré a éradiquée en Allemagne se négocie aujourd'hui à prix d'or en Angleterre et en Amérique. Et l'ensemble du monde bourgeois là-bas, à l'unisson de ses critiques d'art, n'ose rien dire là-contre. On ne peut dire qu'une chose devant cela : lâcheté, ton nom est bourgeoisie. Bien que la Juiverie, par le fait qu'elle a acquis des positions dominantes dans la presse, le cinéma, la radio et l'économie et qu'en outre, en Amérique, elle domine les sous-hommes et avant tout les nègres par la force de son organisation[2], ait déjà passé à la bourgeoisie la corde au cou tant en Angleterre qu'en Amérique, nos vaillants bourgeois tremblent rien qu'à l'idée d'articuler un seul mot sévère contre les Juifs.

Ce qu'on voit aujourd'hui se développer dans la politique intérieure de l'Angleterre et des États-Unis, c'est la même chose que ce que nous avons eu chez nous en 1918 : le Juif, qui ne recule devant aucune impudence partout où il peut s'insinuer ; les prêtres, qui cherchent à conserver aux dépens du peuple leurs méchants privilèges, et par-dessus tout un roi aveugle. Le roi anglais actuel ne diffère vraiment, dans tout son comportement, en rien de Guillaume II, qui crevant de peur en 1918 reculait devant toute décision et était constamment prêt à amener le pavillon. Sous un tel monarque le Juif peut vraiment se propager et s'étendre à sa guise, et aussi répandre son poison dans l'univers bourgeois. Mais le plus beau c'est que ces idiots de bourges, en Angleterre comme en Amérique aujourd'hui tout comme chez nous autrefois, défendent le point de vue que sans les Juifs il n'est point d'économie, parce que sans les

1. La mise à l'écart des Juifs a certes été accomplie au pas de charge sous le Troisième Reich, mais celle des chrétiens se fait avec une sage lenteur. Papen est encore ambassadeur à Ankara, le général Blaskowitz, auteur de protestations contre les exactions des SS en Pologne, n'a pas été chassé de l'armée et va recevoir un commandement important en France en 1944, l'aristocrate protestant Schwerin von Krosigk conserve jusque dans le testament de Hitler son ministère des Finances...

2. Les Juifs sont apparentés aux Noirs, et par leur déficience raciale, et parce qu'ils les enrôlent dans leurs manigances.

Juifs la circulation de l'argent ne se fait pas. Exactement comme si avant la forte emprise des Juifs dans la vie économique, par exemple au Moyen Âge, il n'y avait jamais eu de prospérité économique !

Aussi mon point de vue est que notre future couche dirigeante doit recevoir une éducation tellement sévère qu'elle soit une fois pour toutes affranchie d'une telle lâcheté.

Je suis partisan d'un droit de l'héritage absolument sévère, faisant qu'un seul enfant hérite de tout[1] et que les autres soient lancés dans la vie en étant obligés de gagner leur argent par eux-mêmes. Si un père aime vraiment son enfant, il doit veiller à lui donner pour tracer sa route, outre une bonne succession, une bonne éducation.

Une bonne éducation doit tendre à ce que

a) le caractère de l'enfant soit orienté vers le bien ;
b) il soit muni d'un savoir solide ;
c) il soit cohérent dans ses buts et dans les moyens pour les atteindre.

Si le père a beaucoup d'argent, il doit en outre en donner le moins possible à son enfant. Celui qui veut bien élever son enfant doit toujours avoir en tête que la nature ne connaît pas d'égards.

Tant qu'a prévalu ce droit paysan de l'héritage, la paysannerie est demeurée saine. L'un héritait de la ferme, les autres de rien ou presque. La conception anglaise de la noblesse suit exactement le même modèle : un seul descendant hérite du titre de noblesse, pendant que tous les autres restent les mains vides. Ce n'est que si on ne laisse pas les alouettes tomber toutes rôties dans la bouche du jeune qu'on le préserve de devenir lâche et paresseux. Aussi j'ai donné des instructions pour qu'également dans les territoires de l'Est les fermes du Reich soient indivisibles. Seul le fils le plus capable peut hériter de la ferme de ses parents. Les autres devront tracer leur voie dans la vie eux-mêmes.

Cela est bon aussi pour la famille. Car dans la famille aussi un seul peut être le chef, si elle veut durer à travers les générations avec le patrimoine qu'elle a acquis[2].

Comme on ne peut pas envelopper un homme dans du coton sa vie durant, le Reichsleiter Bormann a raison de donner en exemple

1. On remarque qu'il ne s'agit pas nécessairement de l'aîné : un cadet, s'il est plus doué et plus dynamique, doit avoir des chances de se voir désigner comme l'héritier unique. On retrouve ici l'affection de Hitler pour les cadets, liée à son exaltation des familles nombreuses pour des raisons démographiques, et peut-être aussi à son histoire personnelle.

2. Hitler prend tous ses exemples dans des sociétés rurales ou dans le passé. Sans doute a-t-il conscience que la spoliation de tous les héritiers, sauf un, est difficilement concevable dans une société industrielle, et on ne le voit guère insister là-dessus dans le reste de l'ouvrage : cette sortie tient plus du rêve et de l'idéal que de la directive.

l'éducation sévère de nos internats. Seuls des hommes courageux et capables peuvent être affectés au service de l'État. Et seuls des hommes très braves doivent pouvoir le diriger. Car dans les couches inférieures c'est la vie elle-même qui pratique sa dure sélection, en sorte que ces couches peuvent se montrer impitoyables envers des dirigeants lâches. C'est seulement ainsi qu'on peut expliquer que le mouvement venu d'en bas ait balayé en 1918 le château de cartes vermoulu de la monarchie. Il aurait suffi qu'un seul monarque allemand demeure comme le roi Boris à la tête de ses divisions et explique qu'il ne songeait nullement à s'effacer pour que l'effondrement nous fût épargné. Car le destin est bienveillant et clément, il ne laisse s'écrouler que ce qui est irrémédiablement vermoulu. Même s'il n'existe plus qu'un rameau fort, le destin le laisse vivre. Mais ces chiffes molles de princes allemands gardaient, dans leur angoisse, tellement peu de capacité de jugement qu'ils ne virent même pas l'absurdité d'une nouvelle comme celle de la capitulation de la deuxième division de la Garde[1]. Le fait que l'Angleterre soit dans une situation semblable, la pourriture jusqu'à l'os qui sévit également là-bas se constatent au spectacle de l'archevêque de Cantorbery déployant en chaire le drapeau soviétique.

On n'a pas le droit de plaindre les gens que le destin a condamnés à leur perte. Et de la même façon qu'un homme déviant (*verzogen*) comme l'actuel roi d'Angleterre est entraîné dans une dégringolade absolue par les Juifs, les prêtres et une bourgeoisie lâche, de même nous devons être heureux que nos potentats vermoulus aient été jadis entraînés vers un sort semblable. La pitié pour nos princes d'autrefois serait une faute complète. On peut au contraire se réjouir que grâce à leur élimination le plus gros obstacle à l'unité allemande ait disparu. On ne doit surtout avoir aucune pitié pour celui à qui manque la force nécessaire pour vivre. Seuls méritent la pitié le fantassin ou le chercheur qui malgré un travail honorable ne peut prendre pied nulle part. Mais même à leur égard la pitié doit évidemment trouver ses limites, et se borner aux ressortissants de sa propre nation[2].

1. Référence probable au combat de Vrigne-Meuse, les 10 et 11 novembre 1918, où étaient engagés plusieurs régiments de la Garde prussienne, dont le 2e, mais non la 2e division, alors au repos. Un régiment français avait audacieusement franchi la Meuse, semant une certaine panique dans les lignes allemandes avant un ressaisissement qui aurait pu lui être fatal dans la journée du 11, si l'armistice n'était survenu en fin de matinée. Cette démonstration du mordant de l'armée française avait probablement décidé le haut commandement allemand, qui tergiversait, à signer l'armistice dans la crainte d'une grande offensive – qu'il était effectivement prévu de déclencher si la signature tardait. Hitler utiliserait donc cet épisode pour faire accroire, de son côté, que la guerre pouvait très bien continuer. Cf. Alain Fauveau, « Le dernier combat. Vrigne-Meuse, 10 et 11 novembre 1918 », *Revue historique des armées*, n° 251, 2008, p. 18-34.

2. Encore un condensé de la doctrine nazie et de ses contradictions. Le destin favorise les couches dirigeantes qui ont le courage de s'assumer comme telles « même s'il n'y reste qu'un rameau fort ». Mais si le destin a pour instrument Hitler et que le rameau est étranger, pas de quartier !

La nature est, comme dans tous les domaines, dans le domaine de la sélection aussi la meilleure des pédagogues. On ne peut penser à une meilleure construction de la nature que l'obligation d'un dur combat qu'elle impose pour l'ascension des êtres vivants. Il est significatif à cet égard que les couches supérieures, qui ne se sont jamais préoccupées des centaines de milliers d'émigrés allemands ni de leur misère, se mettent maintenant à éprouver de la pitié pour les Juifs, alors que les Juifs ont des complices dans le monde entier et sont les champions de l'adaptation aux différents climats[1]. Les Juifs prospèrent partout, même en Laponie et en Sibérie.

Tout l'amour qui s'exprime par de la pitié doit, par une couche dirigeante non pervertie, être réservé sans partage à ses propres compatriotes. Le christianisme est ici une bonne maîtresse d'école. Car dans la polarisation de l'amour sur le dieu unique désigné par lui il est le plus fanatique, le plus exclusif et le plus intolérant. Exactement aussi fanatique, exclusif et intolérant doit être le penchant de la couche supérieure allemande en faveur du compatriote allemand capable qui accomplit fidèlement et bravement son devoir envers la communauté.

Mon penchant, ma sympathie appartiennent donc en priorité au fantassin allemand qui à l'avant du front a dû résister à cet hiver. Également dans la sélection des chefs il faut penser que la guerre c'est aussi la vie, qu'elle représente même de la vie l'expression la plus forte et la plus classique et que seuls ont le droit de devenir des chefs ceux qui à la guerre aussi ont tenu virilement leur rang, avec ténacité et courage. La fermeté du caractère est pour moi la valeur suprême. Un caractère ferme peut aussi coexister avec un savoir restreint. Les hommes les plus fermes, les plus courageux, les plus intrépides, avant tout aussi les plus tenaces, sont désignés pour commander dans la Wehrmacht. Mais dans la direction de l'État également on a besoin de tels caractères. Faute de quoi la plume fait dépérir ce que l'épée a conquis.

On peut presque dire que le politicien doit dans son domaine être encore plus courageux que le soldat qui sort de sa tranchée pour affronter l'ennemi. Car la décision courageuse d'un seul politicien

1. En ce début de printemps 1942, les exécutions massives commencent à battre leur plein à Belzec, Treblinka, Maidanek et Auschwitz, cependant qu'on met la dernière main aux installations de Sobibor. Dans cette phrase, Hitler déploie tout son art du clair-obscur : il insinue qu'il ne s'agit que de déplacer et non de tuer les Juifs, et que leur faculté d'adaptation climatique les rend particulièrement aptes à supporter le voyage ; en même temps il prétend que cette politique, au moins vis-à-vis des Juifs allemands, suscite des oppositions dans les « couches supérieures », ce qui, au début d'un processus entouré de secret, est bien improbable, d'autant plus que le regroupement d'une bonne part des Juifs d'Allemagne dans des immeubles spécifiques et toutes sortes d'autres mesures ségrégatives ont habitué les Allemands à voir les Juifs disparaître de leur horizon et à ne pas se préoccuper de leur sort.

peut épargner la vie d'une quantité de soldats. Les politiciens ne doivent donc jamais être pessimistes. L'idéal serait qu'on puisse tuer[1] tous les pessimistes. Car au moment décisif leur science produit toujours des constats négatifs.

Cet hiver a justement enseigné qu'un homme doit être un formidable optimiste, s'il ne veut pas échouer en raison du poids de ses connaissances. Car cet hiver avait suggéré à l'esprit des puits de science une foule d'analogies avec des situations qui s'étaient terminées de façon catastrophique, en sorte qu'on peut conclure clairement : les puits de science font passer beaucoup trop facilement, en temps de crise, la girouette du positif au négatif et se trouvent régulièrement soutenus, dans leur irrésolution, par le sentiment populaire. Tandis que son ignorance, ou bien sa saine compréhension des hommes, indique toujours à l'optimiste courageux et actif une issue, même s'il ne dispose pas de la même quantité de savoir.

Grâce à Dieu, les optimistes sont majoritaires dans notre peuple. D'ailleurs c'est là-dessus aussi que l'Église a monté son affaire. Car son enseignement ne dit en définitive rien d'autre qu'une indication à l'optimiste qu'après cette vie vient encore une autre vie, encore plus riche d'espérance, s'il se place à temps dans les rangs de la bonne confession – j'ai failli dire fraction ! Mais avant tout, les personnes qui portent l'optimisme en dépit de l'éternelle objectivité des hommes sont les femmes, qui dès les premières semaines reconnaissent en leur enfant toutes les capacités et ne cessent jamais d'y croire[2].

5 avril, midi

(S'adressant au docteur Morell :)

Il faudra veiller à ce que les Français n'exploitent pas sous un autre nom notre Germanin, qui nous a demandé des années de recherche, comme s'il s'agissait d'un produit français[3].

Il devra absolument y avoir dans le traité de paix une clause disant que les Français ne pourront plus exploiter les brevets qui leur ont été attribués en vertu du traité de Versailles. Il est complètement absurde

1. Contrairement à « *beseitigen* » (écarter), un verbe souvent présent dans la bouche ou sous la plume hitlériennes pour désigner le traitement des Juifs, et faisant chez les historiens l'objet de gloses infinies pour déterminer s'il s'agit ou non, dans son esprit, d'un euphémisme désignant le meurtre, « *umbringen* » est dépourvu de toute ambiguïté : il s'agit, dans tous ses emplois, de la mort, infligée aux autres ou à soi-même. Les traducteurs francophones sont donc dans l'erreur (pour Jouan) ou pratiquent une charitable dissimulation (pour Genoud) lorsqu'ils parlent respectivement de « tordre le cou » aux pessimistes et de les « éliminer ». La première expression laisse certes peu de chances de survie, mais elle est trop familière et imagée pour rendre compte de ce que l'orateur a en tête... et réalisera par des pendaisons spectaculaires aux quatre coins du Reich en 1945 : tuer les pessimistes. Quant à « éliminer », puisqu'il s'agit de dirigeants politiques, le lecteur risque fort de comprendre qu'il s'agit simplement de les relever de leurs fonctions. Picker ajoute un commentaire intéressant : « Mon voisin me glisse que ce sont Brauchitsch et Halder qui sont visés par cette remarque ». Comme si Hitler allait extraire l'ancien général en chef de sa retraite, pour le châtier de façon définitive d'un pessimisme qui, en décembre précédent, ne lui avait valu qu'un limogeage ! Et fusiller par la même occasion Halder, le second de Brauchitsch, qui ne s'était pas solidarisé avec son chef et avait alors accepté le joug direct de l'optimiste Führer. Quel qu'il soit, ce voisin fait partie lui aussi, à sa façon, des optimistes : il réduit autant que faire se peut la portée des incitations au meurtre qui émaillent le discours du prophète nazi.

2. Hitler compte autant, pour arriver à ses fins, sur les femmes que sur les hommes, voire un peu plus : cf. *Les tentatrices du diable. Hitler, la part des femmes*, Paris, L'Archipel, 2005, p. 209-220.

3. Germanin est le nom commercial du suramin, un médicament antiparasitaire mis au point par les laboratoires Bayer en 1905. Reconnu efficace contre l'affection tropicale dite « maladie du sommeil » dans les années 1920, il intéresse nécessairement plus les Français et leur vaste empire africain que les Allemands, dont le chef confirme ici qu'il ne songe décidément pas à récupérer le Togo, le Cameroun ou le Tanganyika. La revanche contre le traité de Versailles se bornera ici à rapatrier les profits des brevets.

de continuer à faire connaître à l'étranger les brevets allemands en les déposant. Le Brésil lui-même, qui n'a encore jamais rien produit dans le domaine des inventions, croit pouvoir lever la protection des brevets et se servir lui-même des nôtres. Je souhaite donc que dans le futur les brevets allemands soient gardés secrets, une fois pour toutes[1].

Je me suis avisé depuis longtemps que certains peuples, comme les Russes et les Japonais, qui ne produisent eux-mêmes aucune découverte judicieuse, se procurent, quand ils veulent fabriquer un produit, un exemplaire de ce produit, par exemple une machine-outil, en Amérique, en Angleterre et en Allemagne, si possible avec des croquis, puis à partir des trois machines en font une quatrième, qui naturellement est la meilleure. Jusqu'où l'impudence peut aller dans ce domaine, je l'ai mesuré en une année de collaboration avec les Soviets. Exploitant sans scrupule ma situation délicate, ils ont fini par demander à acheter des appareils de visée d'artillerie, des croiseurs, oui, des navires de guerre complets avec les plans. Comme j'étais sur le fil du rasoir, j'ai même dû leur livrer un croiseur lourd. Dieu merci, j'ai pu éviter de leur donner l'artillerie, en retardant la livraison des équipements de détail. Mais j'ai dû faire alors un constat qui me servira de leçon une fois pour toutes : Quand des techniciens russes sont apparus chez nous pour acheter une machine, et que dans les usines concernées nous leur eûmes tout présenté, ils nous ont alors expliqué qu'ils voulaient voir dans un coin précis d'un atelier précis un prototype qu'ils ont parfaitement décrit. Grâce à l'organisation du communisme, ils avaient donc créé un système d'espionnage qui même à ce moment fonctionnait parfaitement[2].

Après leur première guerre contre les Russes, les Finlandais sont venus me trouver et m'ont proposé que leur pays devienne un protectorat allemand. Je ne regrette pas d'avoir, à l'époque, refusé. Car la conduite héroïque de ce peuple, qui sur six siècles a été en guerre pendant cent ans, est au-dessus de tout éloge.

Il est beaucoup plus juste de se faire un allié d'un tel peuple de héros que de chercher à l'incorporer au Reich allemand, car il n'en

1. L'Europe allemande autarcique limitera donc au maximum ses connexions internationales et ne vendra même plus ses brevets, à la fois par égoïsme et pour ne pas avoir à recourir à un arbitrage en cas de litige.

2. Hitler veut dire que pendant la période où le pacte germano-soviétique était en vigueur (du début de la guerre au 21 juin 1941) l'URSS était « parfaitement » renseignée sur la recherche allemande de pointe en matière d'armement, malgré six ans de dictature et de répression anticommuniste. Le souci de faire détester et craindre une pieuvre juive internationale l'emporte ici, et de beaucoup, sur celui de la vraisemblance. L'ennemi serait à la fois incroyablement apte à lire dans le jeu allemand, et incroyablement inapte à le faire discrètement.

résulterait que des inconvénients. Les Finlandais sur l'un de nos flancs et la Turquie sur l'autre, voilà la solution absolument idéale pour notre système politique sur nos flancs.

Indépendamment de ces considérations, sur le plan climatique la Carélie et le reste ne conviennent pas non plus à nous autres Allemands. Si j'avais à visiter nos soldats là-bas et qu'ils me demandent pourquoi nous voulons coloniser ces terres stériles que les Russes eux-mêmes n'ont jamais songé à habiter, je ne pourrais qu'approuver leurs plaintes. La Norvège mérite un jugement différent car elle présente grâce au Gulf Stream des conditions climatiques plus favorables[1]. C'est pourquoi le Reichsführer des SS ne doit pas se bercer de l'espoir de remplacer les colonies pénitentiaires russes du canal de Mourmansk par les détenus de ses camps de concentration[2]. J'ai besoin beaucoup plus urgemment de cette main-d'œuvre pour construire dans le vaste espace russe les usines d'armement nécessaires. D'ailleurs, l'espace russe qui est en train de passer sous notre souveraineté présente tellement de problèmes que nous aurons du travail pour des siècles. Dans la région centrale, il faudra d'abord cultiver les marais qui s'étendent à perte de vue en plantant des roseaux etc., pour que les extraordinaires vagues de froid russes soient endiguées dans les futurs hivers. En outre il faudra planter sur une vaste échelle des orties de culture, car d'après les recherches d'une firme de Hambourg on peut à partir de leurs fibres fabriquer un produit très supérieur au coton[3]. Au surplus il devient urgent de reboiser l'Ukraine, pour remédier aux pluies torrentielles, qui sont là-bas une véritable plaie. Il faut savoir gré aux chasseurs, qui pour satisfaire leur passion de la chasse ont fait en sorte que 37 % du territoire allemand soit couvert de forêts, alors que par exemple tout autour de la Méditerranée les forêts ont été supprimées sans qu'on s'avise de leur nécessité et sans que cette nécessité induise une politique forestière raisonnable[4].

(Après une question sur l'avenir de Leningrad:)

Leningrad doit être détruite. Comme l'a rapporté l'un des trois invités venus aujourd'hui recevoir la croix de chevalier avec feuilles de chêne, le nombre des habitants de Leningrad est tombé, en raison

1. Le manque de rigueur de Hitler par rapport à ses propres théories se laisse voir ici : pour expliquer que les Finlandais resteront de simples alliés alors que les Norvégiens seront assimilés et deviendront allemands, il ne cherche pas une seconde à démontrer que ceux-ci seraient moins « nordiques » que ceux-là. Au contraire, le « peuple de héros » finlandais semble, racialement, le meilleur. C'est l'opportunité géographique et stratégique qui l'emporte ici, sous couvert de considérations climatiques : la Norvège est intéressante pour son ouverture sur l'Atlantique, et sans doute aussi pour son rôle dans le transit du fer suédois, tandis que la Finlande, fière d'une indépendance obtenue contre le colosse russe, fera une excellente sentinelle contre tout retour en force de ce « péril asiatique », en complétant le glacis de puissances amies constitué autour du grand Reich par la Turquie, l'Italie et, quand elle se sera résignée, l'Angleterre (cf. *supra*, entrée du 31 mars au soir).

2. Ici est pris un tournant important, par rapport aux documents préparatoires à la Solution finale élaborés depuis 1940, jusqu'à la conférence de Wannsee incluse : il était souvent question d'ouvrir des camps très à l'est, en utilisant notamment les installations soviétiques. Heydrich s'était par exemple confié à Goebbels dans ce sens, en septembre 1941 (cf. François Delpla, *Une histoire…, op. cit.*, p. 378). Non seulement Hitler exclut désormais cette solution, mais il la met sur le compte d'une lubie de Himmler, à laquelle il est temps de le faire renoncer. À cette évolution on entrevoit deux raisons possibles : l'espoir de faire signer à Staline un traité de paix qui lui laisse des territoires importants à l'est de la Baltique, et le lancement de la Solution finale, qui rend moins crédible et moins utile le mythe d'une « déportation dans des camps vers l'est ».

3. Le point s'est avéré exact, mais les difficultés d'extraction de la fibre rendent encore aujourd'hui le produit plus cher.

4. La raréfaction des forêts méditerranéennes est due essentiellement à un phénomène qui porte aujourd'hui le nom de « réchauffement climatique ». Il s'en était produit un, pour des raisons extra-humaines, à partir de 10000 av. J.-C. environ, qui avait notamment entraîné la désertification du Sahara. Des mesures tout à fait anachroniques de protection des forêts auraient pu effectivement permettre d'en sauvegarder une partie. Mais Hitler, loin de pressentir que le climat est sujet à des variations naturelles, a de la nature une vue fixiste. On lui fait des infidélités, elle se venge et le national-socialisme est, sur ce plan aussi, le vecteur d'un progrès mondial par un retour aux sains principes.

de la famine, à 2 millions. Si on pense que d'après l'ambassadeur de Turquie en Russie elle-même, il n'y a plus rien de convenable à manger dans la ville des diplomates[1], que les Russes se rabattent toujours plus sur la viande des chevaux morts, on peut se représenter à quel niveau la population de Leningrad va encore tomber. La destruction de la ville par les bombardements et l'artillerie a aussi déjà apporté sa contribution à la besogne d'anéantissement (*Vernichtungswerk*). À l'avenir la Neva devra former la frontière entre la Finlande et nous. Les ports et les chantiers navals de Leningrad devront disparaître aussi. Car il ne peut y avoir qu'un maître dans la Baltique, qui sera une mer intérieure allemande. Et pour cela il faut une fois pour toutes veiller à ce qu'aucun port de quelque importance ne subsiste à la périphérie de notre Reich[2]. En dehors de cette zone, nos besoins maritimes seront pleinement satisfaits par l'agrandissement de nos propres ports et des ports de la Baltique, de telle sorte que nous n'aurons aucun besoin de celui de Leningrad, d'ailleurs gelé pendant la moitié de l'année[3].

5 avril, le soir

(Au cours du dîner, le Reichsführer SS déclare qu'à son avis on en finira au plus vite avec le problème français si chaque année on procède à un prélèvement de sang parmi la population germanique de la France. On devra chercher à amener dès leur plus jeune âge les enfants de cette couche dans des internats allemands pour les y détourner de leur nationalité française fortuite et leur faire prendre conscience de leur sang germanique, donc de leur appartenance au grand peuple allemand.)

Quant à moi, je ne suis pas particulièrement friand de toutes les tentatives de germanisation, tant qu'on ne réussit pas à les fonder sur une conception du monde. Pour la France, il ne faut pas oublier que sa réputation militaire n'est pas due au comportement spirituel majoritaire de sa population, mais seulement au fait que les Français ont exploité quelques conjonctures militaires continentales favorables pour eux (spécialement à la fin de la guerre de Trente Ans).

1. Le corps diplomatique a quitté Moscou menacée pour Kouybichev en novembre précédent. Cette périphrase semble indiquer que Hitler n'a pas encore mémorisé ce nom.

2. Tant pis, donc, pour les Finlandais, qui devront restreindre leurs ambitions dans ce domaine et ne devront ni récupérer les installations de Leningrad ni profiter de leur destruction pour développer ailleurs un grand port et des chantiers navals !

3. Il se confirme que la Finlande aura essentiellement une fonction de marche militaire, et pas la moindre vocation industrielle ou commerciale : c'est uniquement le Reich qui drainera et exportera les richesses du « grand espace », et qui l'inondera de ses produits.

Partout où ils se sont heurtés à une Allemagne consciente d'elle-même ils se sont pris une raclée, par exemple sous Frédéric II, en 1940 et ainsi de suite. Le fait que sous la conduite du génie militaire corse Napoléon ils aient remporté des victoires de portée mondiale n'entre pas en ligne de compte. La masse des Français n'a que des penchants bourgeois, de telle sorte que ce serait déjà pour la France un coup sévère que de voir retirer les jeunes pousses germaniques de sa couche dirigeante[1].

(Le RFSS oriente ensuite la conversation sur les expériences qu'il a faites avec le chef nationaliste hollandais Mussert : « J'ai été frappé par le fait que Mussert cherchait à rapatrier sa légion. Il avait tenté de m'expliquer que la légion hollandaise stationnée pour l'instant à l'Est lui était nécessaire pour soutenir militairement sa prise du pouvoir en Hollande. Mais je ne lui ai laissé aucun espoir et je lui ai plutôt fait observer à ce sujet qu'une fois la guerre terminée il n'obtiendrait pour la Hollande qu'un nombre de soldats correspondant à l'effectif des légionnaires qui se battent actuellement sur le front de l'Est. Car pour la défense du pays il n'aura pas besoin d'une armée hollandaise, étant donné qu'après la guerre cette défense nous incombera en définitive. L'entretien d'une armée importante pour des fonctions de représentation n'était pas non plus nécessaire. »)

Devant moi, Mussert a fait aussi une déclaration assez remarquable à propos du serment des légionnaires. Je lui ai demandé en conséquence s'il pensait qu'il avait été facile pour moi de diviser ma patrie autrichienne en un grand nombre de petits Gaue, pour la débarrasser de ses tendances séparatistes et lui faciliter l'intégration dans le Reich germanique. Après tout, l'Autriche a une histoire propre de plus de cinq siècles, non dépourvue de périodes de véritable grandeur. Dans la discussion de ces questions avec les Hollandais et les Norvégiens il faut bien sûr avancer très prudemment. Il faut toujours se rappeler que la Bavière, en 1871, n'aurait jamais été disposée à se fondre dans la Prusse ; elle s'est seulement laissé persuader par Bismarck de se prêter à la formation d'un ensemble plus vaste, uni par le sang, appelé Allemagne. Je n'ai pas non plus expliqué aux Autrichiens, en 1938, que je voulais

1. En présence d'une proposition mécanique et maximaliste de Himmler (acclimater en France la politique de sélection raciale qu'il pratique déjà en Pologne, consistant à repérer les enfants d'allure aryenne et à les faire élever en Allemagne), Hitler fait son tri : il ne donne son feu vert qu'à des prélèvements de « sang germanique » dans la « couche dirigeante ». Pour les besoins de la cause, les Français moyens sont présentés comme des bourgeois, et leur réputation militaire, fruit d'opportunités historiques, n'en fait pas pour autant des membres de la race supérieure. Ni des sentinelles auxquelles il faudrait confier sur l'Atlantique un rôle de vigie contre les entreprises américaines. Ce moment est l'un de ceux où Hitler humilie le plus son valet Himmler devant témoins. Le chef SS redore petitement son blason en présentant sa politique raciale en Hollande et en espérant (ou en sachant) qu'elle sera mieux agréée.

maintenant les rattacher à l'Allemagne : j'ai plutôt toujours indiqué que je voulais les réunir avec les Allemands dans un « Grand Reich allemand ». C'est ainsi que nous devons toujours, vis-à-vis des Germains du Nord-Ouest et du Nord, faire valoir qu'il s'agit du Reich germanique, du Reich tout court, qui a simplement trouvé dans l'Allemagne sa principale source de force[1], sur le plan de la vision du monde et sur le plan militaire[2].

(Le RFSS souligne ces paroles du Führer en remarquant qu'entre les habitants actuels de la Hollande il ne saurait être question d'un clair sentiment commun d'appartenance. Il a ainsi constaté chez les Frisons hollandais que du point de vue du sang ils ne se sentent nullement liés aux autres habitants de la Hollande et également qu'on ne constate pas chez eux une conscience nationale hollandaise qui s'appuie sur une notion convaincante d'État hollandais. À son sens, les Frisons de Hollande aimeraient beaucoup mieux s'unir aux Frisons d'outre-Ems, auxquels ils sont également apparentés par le sang. Le maréchal Keitel appuie ce point de vue en se fondant sur sa propre expérience et estime que les Frisons d'outre-Ems ne demandent également qu'à s'unir avec ceux de Hollande en une même entité administrative.

Le Chef réfléchit un moment là-dessus puis explique :)

S'il en est ainsi, on doit réunir les Frisons d'en deçà et d'au-delà de l'Ems en une seule province. Il faut en parler un jour à Seyss-Inquart[3].

(Le Reichsführer SS fait état ensuite de la création de deux établissements d'enseignement pour garçons et d'un pour filles qui seront implantés en Hollande sous la dénomination, approuvée par le Führer, d'écoles du Reich[4]. Un tiers des élèves viendront de Hollande et deux tiers d'Allemagne. Après un certain temps de formation, les Hollandais devront aller aussi dans des Napolas allemandes. Pour s'assurer que l'éducation des enfants dans ces écoles sera orientée dans le sens du « Reich germanique », il a refusé d'avoir recours à des financements hollandais et les fera financer entièrement par Schwartz, le trésorier du Reich. Pour la Norvège il prévoit la création d'écoles semblables, qui seront aussi entièrement financées par le trésorier national du NSDAP. Si nous voulons empêcher que du sang germanique se retrouve dans la couche dirigeante

1. Le mot à mot donnerait : « sa source de force la plus forte ». Hitler est souvent lourd, mais le traducteur doit s'efforcer de ne pas en rajouter et l'expression « *die krätfigste Kraftquelle* » passe tout de même mieux.

2. Hitler montre ici à la fois son doigté et sa rouerie. En intégrant les Hollandais dans le Reich il compte bien entendu les assimiler comme Bismarck a assimilé les Bavarois, mais en ménageant leur fierté nationale par toutes sortes de transitions. Il rappelle qu'en Autriche l'un de ses procédés a consisté à développer les particularismes locaux pour faire reculer l'idée d'un ensemble autrichien : en somme, on divise les gros morceaux, pourvus d'un riche passé national, pour les rendre plus digestes. Il considère le précédent autrichien comme particulièrement pédagogique puisqu'il peut faire état du sacrifice qu'il lui a coûté, en escomptant à bon droit être cru.

3. Parmi les transitions à observer dans l'intégration au Reich de la Hollande et de ses habitants, Hitler se montre intéressé par l'idée de grignoter leur territoire en leur chipant une province frontalière, présumée plus allemande que le reste.

4. Encore une précaution destinée à ne pas froisser les populations intégrées dans le Reich : à partir de cet instant, les établissements scolaires sélectifs et politisés appelés Napolas (abréviation de *Nationalpolitischen Erziehungsanstalten*) ne recevront plus ce nom, mais celui de Reichssschulen, dans les territoires nouvellement occupés, même s'ils sont rattachés à l'administration des Napolas, sous l'égide du ministre Rust et la direction effective d'un inspecteur membre de la SS, August Heissmeyer. Cf. François Delpla, *Une histoire...*, *op. cit.*, p. 200-201. En Hollande, la Reichsschule de garçons est installée en 1942 à Fauquemont-sur-Gueule (dans un monastère jésuite), et celle de jeunes filles à Heythuyzen.

des peuples que nous dominons et se retourne ensuite contre nous, on doit avec le temps placer toutes les jeunes pousses germaniques de valeur sous l'influence d'une telle éducation.)

Cette conception est juste. On ne doit en aucune circonstance faire la faute de vouloir former par un simple enrôlement dans la Wehrmacht des ressortissants d'autres nations qui nous paraissent être de bon sang, sans nous être assuré au préalable qu'ils ont une vision correcte du Reich allemand. C'est pourquoi je suis sceptique quant à l'utilisation intégrale sur notre front de l'Est des légions étrangères. Il ne faut jamais perdre de vue que chacun de ces légionnaires, s'il n'est pas pénétré de son appartenance par le sang au Reich germanique, c'est-à-dire à une nouvelle unité plus grande appelée « Europe », ne peut que se considérer comme un traître envers son peuple. Les dangers que recèle une telle situation sont apparus lors de l'effondrement de la monarchie danubienne[1]. La monarchie danubienne aussi avait cru pouvoir gagner à elle les autres peuples, par exemple les Polonais, les Tchèques et ainsi de suite, en leur donnant une instruction militaire dans l'armée autrichienne. Mais au moment décisif elle a été bien forcée de constater que ce sont justement ces hommes qui ont été les porte-drapeaux contre elle. C'est pourquoi cela ne va pas, si l'on cherche à faire combattre le Reich germanique sous l'ancien drapeau allemand. Pas plus qu'en 1871 on ne pouvait faire entrer la Bavière dans l'empire allemand sous le drapeau prussien, on ne peut unir les peuples germaniques sous le drapeau noir-blanc-rouge de l'ancien empire allemand. C'est pourquoi j'ai donné au NSDAP dès le départ, en tant que porteur de la réunion de tous les Germains, un nouveau symbole, qui doit devenir aussi le symbole de tous les Germains, le drapeau à croix gammée.

Gardons-nous notamment d'une plus grande germanisation des Tchèques et des Polonais.

(Himmler ajoute qu'il cherche à mettre les Polonais échec et mat, en tant que nationalité historiquement la plus coriace en les prenant fermement en tenaille entre des populations allemandes. Il a convenu avec Frank, gouverneur général de la Pologne occupée, que le district

1. Il s'agit de l'éclatement, en 1918, de l'empire d'Autriche-Hongrie.

de Cracovie avec sa capitale du même nom, purement allemande, et le district de Lublin devaient être peuplés d'Allemands. À partir de ces deux bastions on refoulera lentement les Polonais.)

Je ne pense pas qu'il soit opportun de traiter les Polonais avec beaucoup d'égards. Autrement, on ferait les mêmes expériences que jadis encore et encore, lorsque des parties du territoire polonais ont été annexées. Si à travers tout cela la nation polonaise a subsisté, c'est qu'elle n'avait pas à prendre les Russes, comme maîtres, au sérieux, et qu'elle a réussi, en Allemagne, à manœuvrer de telle sorte dans la vie politique qu'elle s'y est acquis, notamment dans le catholicisme politique, une position clé.

Avant tout il faut veiller à ce que les Allemands ne se mélangent pas avec les Polonais, ce qui offrirait un nouvel apport de sang germanique à la couche supérieure polonaise. Le Reichsführer SS a tout à fait raison de dire que les généraux polonais qui nous ont opposé une résistance vraiment sérieuse en 1939 étaient presque exclusivement de sang allemand. Nous avons expérimenté de longue date le fait que les descendants d'Allemands qui ont le plus de valeur s'intégraient dans la couche supérieure des pays hôtes et perdaient leur germanité, tandis que c'était seulement le tout-venant qui se rassemblait dans les communautés allemandes subsistantes et se reconnaissait allemand.

Du reste, il faut être tout aussi prudents avec les Tchèques qu'avec les Polonais. Ils sont rompus depuis cinq siècles à jouer les sujets sans éveiller la méfiance. Au temps de ma jeunesse, combien de Tchèques se sont installés à Vienne, en ont appris très vite le dialecte et se sont ensuite habilement introduits dans les hauts postes de l'État, de l'économie, etc. !

On ne doit jamais perdre de vue que cette guerre, lors de la paix, ne sera gagnée que si on maintient un Reich pur et de haute qualité raciale. Car par exemple notre force vis-à-vis des États-Unis, qui n'auront désormais guère plus d'habitants que nous, sera la dimension très supérieure de notre noyau racial germanique, et le fait qu'il comporte quatre cinquièmes de Germains[1].

1. *Sic*. On voit mal de quoi pourrait être fait le cinquième non germanique d'un « noyau germanique » ! En tout cas Hitler se gargarise d'une prétendue cohésion raciale, numériquement et qualitativement supérieure au rival américain de l'Allemagne agrandie. Genoud, comme d'habitude, survole : « Face aux États-Unis, dont la population est à peine supérieure à la nôtre, notre force réside dans le fait que les quatre cinquièmes des nôtres sont de race germanique. »

L'attitude[1] des milieux dirigeants après l'effondrement de 1918-1919 est méprisable.

Beaucoup d'industriels s'étaient alors efforcés d'empêcher que des armes qui avaient coûté des années de dur travail à la recherche allemande viennent à être connues des ennemis. Mais les bureaux centraux ne leur ont apporté aucun soutien, ils les ont même placés dans les pires situations et les ont exposés à des accusations de haute trahison[2]. Pourtant, lors de l'exécution du diktat de Versailles, il n'y avait aucun moyen de vérifier s'il y avait 50 000 canons ou seulement 30 000 comme il était prévu. Je reconnais que la trahison se faisait en grand en Allemagne à cette époque. Mais les autorités de l'État auraient pu réserver aux traîtres le traitement que Pöhner et Frick leur ont infligé à Munich. Lorsque, grâce aux micros installés dans les locaux de la commission ennemie de l'armement, ils apprenaient qu'un traître cherchait à communiquer des renseignements aux étrangers, ils envoyaient aussitôt des policiers qui, se faisant passer pour des Français, le priaient de sortir et l'arrêtaient une fois dehors.

Si on avait vraiment voulu faire obstacle au désarmement de l'Allemagne, même le traité de Versailles laissait des possibilités suffisantes. Qui aurait pu nous empêcher de construire des vedettes rapides en grand nombre, vu que les unités de ce tonnage n'étaient pas limitées ? Pour tous les autres bateaux de guerre on aurait pu augmenter beaucoup le tonnage par rapport à ce qu'on était contraint de déclarer officiellement.

Par exemple, nul n'aurait remarqué que le tirant d'eau des croiseurs lourds ne correspondait pas du tout à la déclaration officielle. De même on aurait pu transformer l'armée de 100 000 hommes en une école de sous-officiers et d'officiers et, par l'abaissement de la durée des engagements à quelques petites années, former tellement d'hommes au maniement des armes qu'on aurait toujours disposé en cas de besoin d'une armée de 800 000 à 900 000 hommes. Mais évidemment il n'aurait pas fallu confier de telles tâches à des poules mouillées. Quand j'ai ordonné pour la première fois de fabriquer des canons de 210, quelque poule mouillée de subordonné a réduit

1. Dans les notes de Picker, cette seconde partie des propos du 5 avril au soir figure avant l'autre, qu'on vient de lire, sur les questions de germanisation. En inversant l'ordre, Heim et Bormann ont sans doute voulu mettre l'accent sur ces dernières comme si Hitler avait voulu les aborder de but en blanc, alors qu'elles étaient venues de proche en proche, par le biais des considérations sur Vichy et Darlan, conduisant Himmler à suggérer un écrémage racial de la France. Effectivement, cette page sur les mesures de germanisation applicables respectivement à la France, à la Hollande, à la Pologne et à la Bohême est de première importance pour montrer à la postérité germanique en cas de victoire, mais aussi aux historiens, à quel point Hitler veillait personnellement sur ces processus et orientait sans ménagement son Reichsführer SS.

2. Hitler évoque par cette expression sa propre défense lors de son procès de 1924 : les autorités considéraient comme de la « haute trahison » l'attitude des Allemands qui dénonçaient le traité de Versailles ou sabotaient son application, alors que leur propre attitude était une trahison caractérisée.

ma commande de 60 à 6. J'ai dû faire bien comprendre à ces seigneurs que, quand on décide de violer des prescriptions de traité, cela n'a strictement aucune importance de le faire en petit ou en grand. Personne non plus n'aurait pu nous empêcher de faire à la frontière franco-allemande des bunkers en béton et de les faire passer pour des caves de centres pour enfants, d'hôpitaux, etc. Lors du déclenchement d'une guerre franco-allemande nous aurions eu à notre disposition l'équivalent de notre mur de l'Ouest[1].

Aujourd'hui, il incombe à nos bureaux de la Wehrmacht de s'assurer que les Français ne sont pas en train de faire quelque chose de ce genre. J'ai été frappé par le fait que l'amiral Darlan, le vice-chef de l'État français, dans son adresse aux Français, à côté d'une foule de choses inoffensives a déclaré que des précautions pour l'avenir faisaient aussi partie des buts de sa politique. Je n'ai hélas pas encore trouvé l'occasion de lui demander le sens de cette mystérieuse déclaration. Le cas échéant, je lui aurais fait remarquer qu'il nourrissait clairement des pensées qui ne m'étaient pas étrangères au début de mon combat. Mais que c'est une entreprise peu avisée que de vouloir berner avec des tours de débutant un vieux prestidigitateur expérimenté (*einen alten langjährigen Taschenspieler*). Le devoir de la France pour les cinquante prochaines années est avant tout d'apurer la dette de Versailles[2].

6 avril, midi

La plupart du temps on a confié la sauvegarde des intérêts allemands à l'étranger à des consuls honoraires, qui s'intéressaient seulement au titre, et à des dossiers précis, sans se soucier en rien des affaires de l'Allemagne ni de l'assistance à ses ressortissants expatriés. Après la guerre nous devrons donc rebâtir notre appareil extérieur de fond en comble, et renoncer presque complètement au système des consuls honoraires. Il est certes plus onéreux de recourir, à l'instar des Anglais, à des diplomates de carrière bien rémunérés, mais le succès justifie la dépense. Car le travail des diplomates est bien d'orienter dans la bonne direction les investissements allemands vers le pays

1. Dans tout ce passage, Hitler affabule et se contredit. Il faudrait trancher : soit les Alliés étaient des ennemis tracassiers qui ne s'en laissaient pas conter, soit ils étaient des naïfs faciles à berner et des paresseux qui ne vérifiaient rien. Le besoin de charger Weimar pour exalter le Troisième Reich est tel qu'on s'affranchit de la logique la plus élémentaire. Mieux, la pensée dérive : le premier argument est recevable (il n'est pas facile, à travers tout un pays, de vérifier s'il reste 30 000 canons ou 50 000), les suivants le sont de moins en moins. Par exemple, le fait que l'armée de 100 000 hommes ne devait comporter que des soldats de métier servant au moins douze années (article 174) et des officiers engagés pour vingt-cinq ans (article 175) était inscrit noir sur blanc dans le traité et une violation de ces clauses était difficile à dissimuler.

2. Voilà qui ressemble fort à un pouce baissé, indiquant que Darlan a fait son temps. Il va être remplacé par Laval douze jours plus tard.

hôte et, par des rapports appropriés, d'inciter la Wilhelmstrasse à prendre les mesures nécessaires. On n'a pas non plus besoin, quand les postes à l'étranger fonctionnent selon ce modèle, d'un appareil central volumineux, mais on peut se débrouiller, à ce niveau, avec une poignée d'hommes[1].

(Le Führer voudrait alors savoir si le fait de conférer à des étrangers des distinctions honorifiques donne de bons résultats. L'ambassadeur Hewel[2] faisant une réponse affirmative mais assortie de restrictions, le Führer poursuit :)

J'ai autrefois mûrement réfléchi à ce problème. Il se trouve en définitive que les décorations, à part celles qui sont pourvues de brillants, contrairement aux étuis à cigarettes en or à 670 marks pièce, ne nous coûtent qu'entre 2,5 et 25 marks. Ces frais rapportent encore et toujours les succès attendus de la délivrance des décorations. Car, exactement comme ils courent après les titres, les hommes raffolent des décorations. Même si elles ne sont pas méritées, il faut en tenir compte.

Cependant, je ne suis pas favorable à ce qu'on fasse du commerce avec les titres et nomme, par exemple, un vice-consul contre 10 000 marks, un consul contre 500 000 et un consul général contre un million. L'Allemagne impériale avait cru pouvoir arrondir ses fins de mois de cette façon, en monnayant le titre de conseiller commercial.

J'ajoute qu'avec les titres comme avec les décorations il faut rester très prudent si on veut maintenir leur valeur. Ainsi, le vieux Fritz donnerait un coup de pied dans la fourmilière du conseil d'État prussien, cette tentative misérable de renaissance prussienne, s'il avait à connaître cet organe impuissant[3].

7 avril, le soir

Quand on se penche sur l'histoire de la révolution de 1918-1919, on doit constater qu'elle ne se fondait nullement sur des considérations idéologiques mais était conduite par une vermine qui avait quitté peu avant quelque prison ou lieu de répression. En

1. Une nouvelle fois, l'administration de leur empire par les Anglais est érigée en modèle.

2. Cf. *supra*, t. 1, entrée des 25-26 janvier.

3. Le conseil d'État (*Staatsrat*) était la chambre haute de l'État libre de Prusse instauré en 1920. Longtemps présidée par le maire de Cologne Konrad Adenauer, elle est convertie par le nouveau régime, le 8 juillet 1933, en un organe purement honorifique, dont les membres nommés par le ministre-président Göring ne se réunissent jamais. Cette sortie de Hitler semble indiquer qu'il avait mal admis cette concession à l'ordre ancien, et en fait porter la responsabilité à Göring – alors que de toute évidence il avait en son temps approuvé cette réforme, et cette transition vers la dissolution de la Prusse dans l'ensemble allemand. En tout cas ce propos augure mal de la survie de cet organisme au retour de la paix.

lisant des rapports sur le déroulement de la révolution à Cologne, Hambourg ou dans toute autre ville, force est de constater encore et toujours que ce prétendu mouvement populaire a consisté, de manière générale et universelle, en pillages et en exactions. D'où le fait qu'on ne peut éprouver que du mépris pour les lâches qui ont cédé la place à cette lie[1].

Si aujourd'hui en quelque endroit du Reich une mutinerie éclatait, on y répondrait par des mesures immédiates. Pour commencer :

a) dès le jour de la première manifestation, tous les dirigeants de courants adverses, dont certes ceux du catholicisme politique[2], seraient tirés de leurs maisons, arrêtés et exécutés ;
b) tous les internés des camps de concentration, je les ferais abattre dans les trois jours ;
c) tous les éléments criminels inscrits préalablement sur des listes, sans faire de différence entre les incarcérés et ceux qui sont en liberté, je les ferais également, dans les trois jours, regrouper pour une exécution et abattre.

Le fait d'abattre ces quelques centaines de milliers d'hommes composant la vermine ferait apparaître comme inutiles d'autres mesures, car ainsi la mutinerie, faute de mutins et de suiveurs, s'éteindrait d'elle-même. La justification morale de ces exécutions, je la trouve dans le fait que tous les Allemands idéalistes ou bien exposent leur vie au front, ou bien vouent toutes leurs forces à la victoire de l'Allemagne soit dans les usines d'armement, soit dans d'autres lieux de travail de leur région[3].

C'est un véritable scandale que les Églises[4] reçoivent de l'État allemand des subventions énormes, au contraire de tous les pays profondément catholiques, l'Espagne exceptée[5]. Si je ne me trompe, elles reçoivent aujourd'hui encore 900 millions de marks. Cela n'empêche pas qu'une part majeure du travail des prêtres consiste à saper la politique national-socialiste, de même que l'Église catholique a toujours cherché, lors des moments de tension dans la vie nationale, à gagner sans scrupules, au détriment de la communauté allemande, des positions de pouvoir. Les malheurs de l'empereur et de l'empire n'ont jamais constitué pour les curés une occasion de

1. Voilà une vision d'un mouvement populaire digne des plus frustes discours bourgeois sur les classes dangereuses. Hitler ne dit pas toujours cela, notamment lorsqu'il vilipende les vieilles élites wilhelminiennes et va jusqu'à louer le parti socialiste d'en avoir purgé l'Allemagne (cf. *supra*, t. 1, entrée du 31 janvier). Ici il les trouve lâches d'avoir cédé à une « lie » ! Cette évolution donne la mesure de sa peur de l'opinion publique en cas de défaite militaire, et de sa détermination à faire des bains de sang plutôt que de céder le pouvoir. C'est ainsi que les dirigeants révolutionnaires qui avaient fait de la prison, comme Karl Liebknecht et Rosa Luxemburg, sont assimilés à des délinquants de droit commun profitant de leur liberté pour retourner à leurs activités prédatrices.

2. Hitler montre qu'il craint particulièrement de voir les hommes du parti catholique Zentrum refaire surface à la faveur de la défaite, et briguer sa succession.

3. Hitler détaille ici les consignes de meurtre que, dans la nuit du 14 au 15 septembre 1941, il disait avoir données à Himmler. Préparant son offensive d'été en Russie, qu'il sait être celle de la dernière chance, il enfonce le clou : dans l'éventualité d'un échec, il n'abandonnera pas la partie et, au contraire, profitera de son pouvoir pour mettre hors d'état de lui nuire les meneurs d'une éventuelle révolte, en calculant très large. Il ne s'agirait pas tout à fait de mesures préventives, puisqu'on attendrait « la première manifestation ». Mais on sait que le régime s'entend à justifier une répression par des troubles qu'il a suscités lui-même.

4. Tout naturellement, après avoir imaginé de futurs troubles sur le modèle de 1918 et donné des consignes pour que le catholicisme n'en profite pas, Hitler repart dans une charge contre l'Église et rêve de la mettre au pas.

5. Cette assertion tout à fait fausse unit dans le même mépris le gouvernement franquiste et les gouvernements allemands antérieurs à celui de Hitler, qui a dû reconduire leurs largesses pour ne pas provoquer une crise préjudiciable à l'union nationale en vue d'une guerre prochaine – d'où l'idée, récurrente en ces Propos, que la fin de la guerre verra le début d'une épreuve de force entre l'État et le christianisme. En fait, les pays qui ont signé des concordats avec le Vatican financent de diverses manières la vie religieuse. Cf. Jean Julg, *L'Église et les États. Histoire des concordats*, Paris, Nouvelle Cité, 1990.

démontrer leurs sentiments allemands mais toujours, au contraire, de pratiquer leurs trafics égoïstes. On peut donc véritablement regretter qu'un grand homme comme Luther, qui a si fortement ébranlé l'Église catholique dans ses fondements, n'ait trouvé pour lui succéder que des épigones. Autrement il n'aurait jamais été possible de restaurer en Allemagne l'Église catholique sur une base solide, au moins relativement, et d'assurer ainsi sa survie jusqu'à l'époque actuelle.

Je me demande sérieusement si on ne pourrait pas utiliser la plus grande partie des millions donnés jusqu'ici à l'Église pour installer des fermes armées à l'Est. Himmler m'a dit que la construction et l'équipement d'une telle ferme revenaient à 23 000 marks[1]. De cette façon on pourrait sans s'endetter mettre plus de trois mille fermes avec leur équipement dans les mains des candidats militaires qui, après douze ans de service, voudraient se tourner vers la profession de paysan. On devrait seulement inciter d'emblée ces candidats militaires à épouser des filles de paysans ou originaires des campagnes[2]. En outre il faudrait au cours de leurs douze ans les envoyer dans une école agricole du secteur où ils seront installés, pour leur donner une formation approfondie. Il faudra nécessairement créer un grand nombre d'écoles agricoles lors de la création des fermes armées, étant donné que dans le Reich à venir les conditions de l'économie rurale seront si différentes d'un endroit à l'autre que seule une formation du futur fermier dans la région où il sera installé s'avérera utile.

Je voudrais réduire les subventions de l'Église catholique à 50 millions, au maximum. Le mieux sera de les verser aux prélats, qu'on pourra charger de la répartition, car une « juste » répartition par l'Église pourra apparaître comme garantie officiellement. Avec ces 50 millions on pourra obtenir plus qu'avec les 900 millions précédemment payés. Car : Puisque les prélats pourraient en disposer à leur guise, en raison de cette largesse ils me lécheraient les bottes à en juger par tous les précédents historiques. Et s'il est possible d'acheter les prélats avec de l'argent, c'est un devoir de le faire[3]. Je suis également d'avis que si un prélat veut profiter de la vie il ne faut surtout

1. Le mouvement SS joue ici le rôle d'un *brain trust* qui fournit au chef des données chiffrées. Quant au mécanisme des transferts de fonds, il obéit à la logique fondamentale du nazisme, l'opposition des contraires : l'argent alloué à l'Église, ferment de dissolution de la nation, doit être transféré vers les marches orientales qui permettent l'extension du Reich et sa consolidation.

2. Hitler reprend une idée déjà exposée le 27 juillet ; toutefois, la clause matrimoniale s'est assouplie : le mariage avec une fille de paysan était alors une condition sine qua non pour qu'un vétéran obtînt une ferme.

3. L'immoralité est conçue comme un devoir du patriote allemand en général et du cadre nazi en particulier, soit qu'il la pratique lui-même, soit qu'il induise chez autrui la tentation de la pratiquer, dès lors qu'il s'agit de servir les intérêts de l'État contre ses ennemis.

pas l'en empêcher. Seuls sont dangereux les ascètes fanatiques aux yeux enfoncés[1].

Après cette guerre je prendrai des mesures qui rendront considérablement plus difficile à l'Église catholique la captation des jeunes. Je ne tolérerai plus en effet que dès leur dixième année des enfants se destinent à entrer dans les ordres, un âge auquel ils n'ont encore aucune idée de ce que c'est que d'assumer le célibat et tout ce qui s'ensuit. Après la guerre, seul pourra se décider pour une carrière ecclésiastique celui qui aura 24 ans révolus et aura accompli son service du travail et son service militaire. Celui qui alors voudra encore assumer le célibat, bon sang, qu'il devienne prêtre ! Dire qu'il y a des fous qui m'ont proposé d'astreindre les dirigeants du Parti à cette absurdité du célibat !

De ce point de vue il est intéressant de savoir comment jusqu'ici on a rempli les monastères. Pour les femmes, l'occasion d'entrer au couvent survient le plus souvent en raison d'un facteur sentimental. Pour les hommes en revanche il ne s'agit pas le plus souvent d'une affaire de sentiment ou de raison, mais d'une contrainte matérielle extérieure, etc[2]. Au cours des procès contre des religieux, j'ai dû constater dans beaucoup de cas que des chômeurs avaient été poussés vers les cloîtres par la misère et que quand par la suite ils s'en étaient échappés les curés les avaient repris et les y avaient ramenés. C'est pourquoi il sera heureux qu'on puisse, grâce à la dissolution des monastères, rendre leur liberté personnelle à maints hommes aptes à travailler et désireux de le faire. La dissolution des monastères ne présente pas de grandes difficultés, vu que la plupart ont une personnalité juridique et peuvent en conséquence être liquidés moyennant un accord privé avec le supérieur. Il n'y a qu'à lui servir une pension de 500 marks, et à ses plus proches collaborateurs une pension de 200 ou de 100 marks, et ils seraient prêts dans bien des cas à renoncer à leur existence cloîtrée[3]. Dans l'ancienne Autriche, on a fermé de cette façon environ mille monastères.

Il est regrettable que, dans son conflit avec l'Église catholique, l'Église évangélique ne puisse s'affirmer comme un adversaire à la hauteur. J'ai pu le constater déjà lors des formalités de la réception

1. Hitler donne l'exemple d'une caricature repoussante destinée à faire haïr l'ennemi, tout en se décrivant lui-même pour une bonne part : il s'est déjà vanté tant et plus et de son ascétisme, et de son fanatisme.

2. Fatigue ou paresse, Hitler depuis quelques semaines se dispense le plus souvent d'aller au bout de ses raisonnements ou de ses énumérations par des « etc. ».

3. L'ennemi catholique est décidément vénal ! Donc de plus en plus juif.

annuelle du corps diplomatique. Le nonce et l'évêque qui l'accompagnait étaient si magnifiquement habillés qu'ils représentaient l'Église avec une dignité vraiment grande. Les représentants de l'Église évangélique avaient des cols douteux et des redingotes crasseuses, et dans cet accoutrement ils gâtaient tellement tout le tableau que je leur ai fait savoir que j'étais prêt à mettre à leur disposition pour la prochaine fois des costumes convenables aux frais de l'État. Ces représentants sont de tels petits-bourgeois qu'ils ont essayé un jour de discréditer à mes yeux l'évêque du Reich en me rapportant qu'il avait dépensé 1 400 marks pour une nouvelle chambre à coucher et une antichambre. Je n'avais pu que leur répondre que, s'ils avaient réclamé pour l'évêque du Reich, à titre de pape de l'Église allemande, une subvention de 30 000 marks, je n'aurais rien trouvé à redire et aurais débloqué les fonds[1]. Mais en parlant ainsi ils s'étaient condamnés eux-mêmes. Des gens de cette sorte ne font même pas le poids pour constituer, vis-à-vis de l'Église catholique, un adversaire non négligeable. Ils manquent même d'honorabilité. C'est ainsi qu'une fois le maréchal du Reich Göring, au cours de la bataille pour déposer l'évêque du Reich, avait fait transcrire une conversation téléphonique où le pasteur Niemöller, faisant allusion à une audience chez Hindenburg, avait dit : « Nous avons donné au vieux une extrême-onction. Nous l'avons si bien embobiné qu'il va remiser définitivement ce putassier d'évêque ! » Quand le même jour Niemöller vint me voir avec des paroles hypocrites émaillées de citations bibliques, lorsqu'il voulut s'en prendre à l'évêque du Reich j'ai fait lire par Göring le contenu de cette écoute. Göring se tenait debout, jambes ouvertes, comme autrefois Bismarck lors de la proclamation de l'empire à Versailles. Les envoyés de l'Église évangélique se sont alors tellement recroquevillés de peur qu'on avait l'impression qu'ils n'étaient presque plus dans la pièce. Le président du Reich von Hindenburg, auquel je rapportai l'incident un peu plus tard, tira un trait sur toute cette polémique par cette remarque : « Chaque petit pasteur se prend vraiment pour un pape[2]. »

1. Hitler avait essayé vainement, en 1933, d'unifier les protestants allemands en une Église centralisée, avec le concours de Ludwig Müller (1883-1945), auquel il avait fait décerner le titre d'« évêque du Reich ». Une résistance s'était fait jour sous la conduite du pasteur Niemöller (1892-1984), animateur d'une « Église confessante » regroupant environ un tiers des croyants En revanche, le titre de « pape de l'Église allemande » n'a rien d'officiel et Hitler avoue ici le but de la manœuvre : faire apparaître les catholiques et leur pontife comme un corps étranger. Hitler a fini par enfermer Niemöller à Sachsenhausen en 1937 ; à l'époque de cette tirade il est à Dachau, et aux premières loges pour subir le traitement que Hitler promet aux internés en cas de « menace de crise » pour « priver la révolution de ses chefs ».

2. On pourrait remarquer que Hitler, en assimilant le maintien de Göring à celui de Bismarck lors de la proclamation de l'empire allemand, donne lui-même beaucoup de lustre à « toute cette polémique ». Quant aux dirigeants de l'Église confessante, reçus vraisemblablement par lui après leur assemblée constitutive du 21 septembre 1933, ils ont surtout péché par amateurisme vis-à-vis de la police, et il est compréhensible que la révélation d'une écoute par Hitler en un moment choisi les ait décontenancés.

8 avril, midi

Au début de mon activité politique, j'ai donné comme consigne que l'important n'était pas de gagner la bourgeoisie, qui au fond n'aspirait qu'au calme et à l'ordre, et était lâche dans son comportement politique, mais d'enthousiasmer les travailleurs pour mes idées. Toutes les premières années du temps de la lutte ont été par suite vouées à gagner les ouvriers au NSDAP. On s'est servi pour cela des moyens suivants :

1) Tout comme les marxistes, j'ai diffusé des affiches du rouge le plus criard.
2) Je me suis servi de camions publicitaires, littéralement tapissés d'affiches rouge vif, hérissés de drapeaux rouges et équipés de haut-parleurs.
3) J'ai veillé à ce que tous les adhérents du Mouvement s'abstiennent dans les réunions de porter des cravates ou des cols et viennent en vêtements simples pour mettre en confiance les travailleurs.
4) J'ai cherché à effrayer les éléments bourgeois qui, sans être de vrais fanatiques, voulaient se lier au Parti, par une propagande criarde, par les vêtements vulgaires des participants des meetings et d'autres mesures semblables, afin d'écarter d'emblée de nos rangs les poules mouillées.
5) Les adversaires politiques, je les ai écartés de nos salles avec mon service d'ordre de manière si énergique que la presse adverse – qui sans cela aurait fait un silence de plomb sur nos réunions – s'étende sur les blessures corporelles qui se produisaient dans nos réunions et, ainsi, attire l'attention sur les réunions du NSDAP.
6) J'ai envoyé quelques orateurs dans les cours d'art oratoire des autres partis, afin d'être au courant des thèmes qu'aborderaient nos objecteurs et, quand plus tard ils ouvriraient la bouche lors de nos réunions, de leur opposer des rebuffades appropriées. Je suis toujours venu à bout des femmes du camp marxiste qui intervenaient dans nos discussions en les faisant

rire à leurs dépens à propos des trous de leurs bas ou du fait que leurs enfants étaient négligés ou par des procédés analogues. Comme on ne peut pas convaincre des femmes par des arguments faisant appel à la raison ni les faire évacuer par le service d'ordre sans encourir des reproches de la foule, c'était la meilleure méthode.

7) J'ai avant tout, quand j'intervenais dans la discussion, toujours parlé en improvisant et fait pousser des cris d'interruption par des membres du Parti, ce qui, en ayant l'air de venir de l'auditoire, renforçait l'effet de mes déclarations.
8) Lors des descentes des commandos d'évacuation de la police, je faisais attirer leur attention par des femmes sur des adversaires situés près de l'entrée ou même sur des inconnus, car la police se conduit en pareil cas comme un chien de combat déchaîné, sans raison ni discernement, et c'est la meilleure façon de détourner son attention et même de s'en débarrasser.
9) J'ai fait disperser des réunions d'autres partis par des membres du Parti qui se présentaient comme des pacificateurs et sous ce masque déclenchaient des bagarres, etc.

Par ces moyens j'ai réussi à gagner tant de bons éléments de la population ouvrière que dans l'une des dernières campagnes électorales avant la prise du pouvoir j'ai fait organiser pas moins de 180 000 réunions[1].

Dans le ralliement des ouvriers au Mouvement, Julius Streicher[2] s'est acquis des mérites particuliers. Il faut grandement lui savoir gré d'avoir conquis la capitale du marxisme, Nuremberg, bien que la population – dans la mesure où elle s'intéressait à la politique – n'ait été composée que de Juifs et de travailleurs organisés dans le SD ou le KPD. En attaquant obstinément les Juifs, il a réussi à séparer le monde ouvrier de ses chefs juifs, bien que le monde ouvrier de Nuremberg fût composé surtout de métallos, c'est-à-dire d'hommes point sots et fermement attachés au marxisme[3]. Ces mérites de Streicher ne devront jamais être oubliés dans son bilan.

Streicher était également expert dans la tactique des réunions car les interventions des leaders syndicaux dans les discussions il ne

1. Cette vision romancée de la « période de lutte » tend à faire accroire que Hitler a bâti d'abord sur un socle ouvrier, avant d'enrôler une bourgeoisie réticente. En fait, le mot d'ordre « gagner la classe ouvrière en l'arrachant au marxisme » avait débouché sur l'échec retentissant des élections de 1928. Mais Hitler avait, dès la fin de l'année précédente, constaté son impuissance à grignoter les bastions socialistes et communistes, et commencé à réorienter sa propagande en direction des couches moyennes. C'est en profitant d'un premier résultat spectaculaire de cette tactique aux élections de 1930 qu'il avait ensuite intéressé et séduit suffisamment de grands bourgeois pour se voir confier la chancellerie. Cf. Ian Kershaw, *Hitler*, t. 1, Londres, Lane, 1998, tr. fr. Paris, Flammarion, 1999, p. 437-439.

2. Le Gauleiter de Nuremberg a déjà été longuement encensé dans la nuit du 28 au 29 décembre 1941 et le 22 février.

3. Il y avait certes des industries à Nuremberg mais pas plus de « marxistes » que dans la Ruhr ou à Berlin. Ce titre de « capitale du marxisme » semble être là pour magnifier le « conquérant » Streicher et l'ensemble du mouvement nazi, qui aurait installé sa propre capitale à l'épicentre de la domination juive.

les a pas simplement ridiculisées et sabotées, il les a rendues presque impossibles, quand il s'employait à convaincre les ouvriers qui intervenaient dans la discussion.

9 avril, midi[1]

Cette guerre, tout comme la Première Guerre mondiale[2], a provoqué dans le domaine technique une normalisation à grande échelle. Tout comme dans la période qui a suivi la Première Guerre mondiale, il y aura après cette guerre un danger que le champ de la normalisation s'étende encore. Ce serait indésirable pour des raisons économiques aussi bien que militaires.

Du point de vue économique il n'y a qu'à suivre le modèle des États-Unis d'Amérique. Là-bas, l'industrie automobile s'est bornée à la fabrication de quelques modèles et grâce à une normalisation poussée les prix ont tellement baissé que les travailleurs de ces usines ont pu acheter des voitures avec leur propre épargne[3].

Nous, au contraire, nous avons développé un modèle après l'autre et, par des concessions répétées envers les demandes passagères du marché nous n'avons cessé de modifier les modèles existants. C'est ainsi que nous avons besoin d'un stock énorme de pièces détachées différentes d'une même partie de moteur, alors qu'aux USA ces pièces détachées sont largement normalisées.

Pour des raisons militaires, il nous faut restreindre après la guerre la production automobile allemande à 10 ou 12 modèles, pour orienter le génie de nos ingénieurs vers une simplification drastique des moteurs. Nous ne devrons pas obtenir une augmentation de la puissance par la construction de cylindres différents, mais par une augmentation du nombre des cylindres normalisés. Les tableaux de bord aussi devront tendre à une simplification drastique. Mais le plus important est de créer un moteur unique, qui s'adaptera aussi bien aux roulantes de campagne qu'aux ambulances, ainsi qu'aux véhicules de reconnaissance, aux tracteurs et aux châssis pour le transport des canons lourds. Le moteur de 28 CV de Volkswagen ferait parfaitement l'affaire pour ces usages militaires.

1. Dans les notes de Picker, cet extrait date du soir, tout comme le suivant.

2. Première occurrence de l'adjectif ordinal, après des mois pendant lesquels Hitler appelait « la guerre mondiale » le conflit précédent. Il s'est fait à l'idée que l'arrivée dans la lice des États-Unis et du Japon augmentait l'envergure de l'affrontement en cours, et justifiait l'attribution à la Grande Guerre d'un numéro.

3. C'est ce dont se vantait le constructeur automobile Henry Ford (1863-1947). Cf. *supra*, t. 1, entrée du 2 février au soir.

Cette guerre fournit justement la meilleure démonstration du fait qu'en campagne les grandes vitesses ne mènent à rien. Il faut donc nous débarrasser complètement de la folie de l'auto. Si les véhicules militaires que j'ai cités, roulantes, ambulances, etc., roulent à 10 ou 30 km/h, cela suffit amplement.

Le moteur unique qu'il faut viser devra satisfaire à deux conditions :

1) être refroidi par air ;
2) pouvoir être changé facilement.

Cette facilité de changement doit être recherchée parce que – comme cette guerre l'enseigne – la pose de pièces détachées offre plus de difficultés que la récupération d'un moteur demeuré intact sur un véhicule dont seul le châssis est mort. Il va de soi que cette recherche du moteur unique doit s'accompagner d'une simplification drastique des méthodes de travail.

(À la suite d'une remarque de Hewel, d'après laquelle l'ambassadeur italien Alfieri est considéré comme incompétent dans les milieux berlinois, le Führer s'insurge :)

Cet homme a rendu de tels services dans les relations d'amitié italo-allemandes qu'en regard ses faiblesses ne comptent pas. Dans le moment critique où le soulèvement de 1934 en Autriche a conduit Mussolini à la seule faute politique de sa vie, Alfieri a opté pour l'Allemagne. Il incombait alors à une poignée d'hommes de mettre en garde Mussolini contre la trompeuse amitié et les intrigues des Français et de leurs amis italiens, et de le dissuader de prendre des mesures plus sérieuses. Il a rendu là un service inestimable non seulement à l'Italie, mais à l'Allemagne. Car une Allemagne désarmée aurait offert aux forces militaires coalisées de l'Italie, de la France et de l'Angleterre un champ de bataille qui, à la fin de la confrontation, ne l'aurait cédé en rien à la situation qui régnait à la fin de la guerre de Trente Ans[1].

Un homme politique doit donc en classer un autre avant tout d'après sa valeur positive et considérer les services qu'il a rendus. En politique on peut se guider uniquement sur les faits réels et on ne peut jamais dire que telle ou telle chose se serait passée autrement

1. Dino Alfieri (1886-1966) était en juillet 1934, lors de l'attentat des nazis autrichiens contre Dollfuss, affecté à Rome à des tâches culturelles, et Hitler était mal placé pour apprendre (sinon de sa bouche, une fois qu'il fut ambassadeur) qu'il avait modéré la réaction de Mussolini, si tant est qu'il l'ait fait. Ministre de la Culture en 1937, il est nommé ambassadeur auprès du Saint-Siège au début de la guerre, puis ambassadeur à Berlin le 12 mai 1940 en remplacement de Bernardo Attolico. Vraisemblablement Hitler n'entend parler de lui et ne s'intéresse à lui qu'à partir de ce moment. Inversement, la carrière d'Alfieri ne témoigne d'aucune prédilection particulière pour l'Allemagne, dont il ignore la langue (c'est en français qu'il s'entretient avec Ribbentrop). La réprobation par le chef nazi des propos de Hewel sur sa réputation d'incompétence à la Wilhelmstrasse tient peut-être tout simplement au fait que Hitler n'a présentement qu'à se louer de ses services, et craint que Mussolini ne le remplace en croyant lui plaire. Les mémoires d'Alfieri, rédigés juste après la guerre, témoignent du fait qu'il entendait situer l'alliance autant que possible sur un pied d'égalité et tenait notamment à pavoiser son ambassade le jour anniversaire de l'entrée en guerre de 1915... contre l'Allemagne (ce que n'avait pas fait Attolico, d'après lui). Il méprisait Ribbentrop pour mieux complaire à Hitler et ne signale qu'une crise arbitrée en sa défaveur : lorsque, le 30 mai suivant, le bombardement de Cologne détruit le consulat italien, il s'y rend immédiatement et se fait renvoyer à Berlin par les SS avant d'avoir pu pénétrer dans la ville ; il se résigne après avoir menacé de passer outre et demandé l'arbitrage suprême. Cf. *Due dittatori di fronte. Roma-Berlino 1939-1943*, Milan, Rizzoli, 1948, tr. fr. *Deux dictateurs face à face*, Genève, Cheval ailé, 1948.

si la décision des hommes influents avait été différente ou si une guerre avait tourné différemment. Si par exemple la bataille des champs Catalauniques n'avait pas signifié la victoire de Rome sur les Huns, le bond culturel de l'Occident n'aurait jamais été possible et le monde culturel d'alors aurait connu un crépuscule comme celui que nous offrent les Soviets. L'usage du mot « si » doit être absolument prohibé en politique. Car où en serions-nous aujourd'hui, « si » les Tchèques avaient été dotés de quelque imagination et les Polonais de quelque sens des réalités et d'un peu plus de conscience dans leur travail ? C'est justement le fait que le Polonais soit un rêveur et le Tchèque un réaliste qui nous a permis de régler rapidement les relations, et dans l'ancienne Tchéquie et dans l'ancienne Pologne[1].

Il n'y a pas lieu non plus de se demander ce qui serait arrivé si le front albanais n'avait pas été stabilisé par l'intervention de Mussolini[2]. Il serait arrivé alors, à un moment où notre propre marche vers le sud-est n'avait pas encore fait des progrès suffisants, que tous les Balkans se seraient embrasés. Le pire était, à cet égard, qu'on ne pouvait pas se fier aux déclarations d'amitié des Russes. Ainsi, on n'aurait vraisemblablement pas réussi à faire consentir le roi de Bulgarie à l'arrivée de commandos civils allemands pour préparer l'avancée allemande, car toute sa personnalité est celle non d'un loup mais d'un renard et par conséquent il n'aurait pas pris volontiers un tel risque. Car à ce qu'on sait le renard choisit toujours de préférence des chemins où en cas de besoin il peut faire disparaître ses traces de pas.

À l'occasion, lors des difficultés rencontrées sur le front albanais, je me suis alors demandé ce qu'il convenait de faire si des unités militaires reculaient sans ordre et ne pouvaient être arrêtées. J'en suis venu à penser qu'il n'y avait pas d'autre moyen que de procéder à des exécutions. Mais ce n'est pas le petit fantassin qu'il faut exécuter, ce pauvre diable qui doit porter tout le poids de la guerre, et se coltiner en plus les difficultés du ravitaillement, la vermine, etc. Il faut bien plutôt fusiller le commandant suprême de l'unité qui recule, et on ne doit pas même épargner la personne du plus gradé des généraux[3].

1. Hitler ne saurait avouer plus clairement qu'en 1938 sa menace de guerre contre la Tchécoslovaquie était un bluff et qu'il comptait sur le réalisme des Tchèques pour faire baisser la tension in extremis (ce qui se produisit lors des accords de Munich), tandis qu'en 1939 il voulait la guerre et escomptait que l'esprit « rêveur » des Polonais les inciterait à se lancer dans l'aventure avec témérité. Mais l'aveu est rare, il s'y laisse entraîner par son raisonnement sur l'histoire contrefactuelle et cet aveu ne saurait équilibrer les passages antérieurs et postérieurs où il prétend qu'il a fait la guerre à la Pologne à son corps défendant, parce que le soutien des bellicistes anglais la rendait intransigeante sur la question de Dantzig.

2. En voilà une bien bonne ! En attaquant la Grèce le 28 octobre 1940, Mussolini n'a pas stabilisé le front albanais, il l'a créé... puisque dès le 14 novembre il s'est fait repousser, et poursuivre sur le territoire de l'Albanie, que l'Italie avait envahi en avril 1939. Pourtant, le 4 janvier précédent, Hitler avait stigmatisé l'attaque du 28 octobre comme l'une des « trois grosses fautes » du commandement italien. Le point commun entre les deux passages est que la personne du Duce est épargnée.

3. Les vaillants soldats grecs n'ont pas déployé en Albanie une puissance offensive de nature à engendrer des paniques que Mussolini aurait enrayées par des fusillades, et l'hiver explique la stabilisation du front, à la mi-janvier, plus que toute disposition italienne. Hitler exagère fort le mérite de son allié, ainsi que le danger d'un « embrasement des Balkans » dans l'automne de 1940. Au passage, il glisse une incidente sur le danger soviétique : certes, si Staline avait été d'humeur à se rapprocher de Churchill, l'occasion eût été belle de hâter la fin de la guerre en occupant les Balkans, mais d'une part Staline était loin d'une telle idée et d'autre part Hitler maîtrisait, quoi qu'il en dise, la situation, tant à Moscou qu'à Rome, à Sofia ou même à Athènes, où il laissait espérer sa médiation au dictateur Metaxas. On se souvient qu'il avait, en décembre, puissamment aidé les Italiens à entraver les mouvements de la flotte britannique, par l'envoi en Sicile d'une force aérienne commandée par Kesselring, et qu'il évoquait ce succès avec beaucoup de contentement, le 9 février. Enfin, il greffe sur ces considérations une nouvelle sortie sur la cruauté applicable en cas de crise et évoque pour la première fois, du moins dans les Propos, l'idée de fusiller des généraux. Il n'était pas allé jusque là lors de la crise de l'hiver précédent en URSS. L'un des généraux qui avaient retraité sans ordres, Hans von Sponeck, avait été condamné à mort le 23 janvier 1942, mais sa peine commuée un mois plus tard en un emprisonnement de six années. Il sera cependant exécuté le 23 juillet 1944, trois jours après le putsch, pour intimider ses collègues. Cf. http://www.historic.de/Militar/Personen/Sponeck/Graf%20Sponeck.htm.

9 avril, le soir

Il est tout de même proprement singulier que des peuples aussi chrétiens que les Anglais et les Américains, en dépit de toutes leurs prières, se prennent d'aussi solides raclées de la part des Japonais expressément païens. Il apparaît que le dieu des Églises n'est pas vraiment du côté des sœurs qui prient en Angleterre et aux USA, mais de celui des héros japonais[1].

Il faut dire qu'il n'y a pas de miracle à ce que les Japonais, à partir de leur attitude religieuse, obtiennent de plus grands succès que les Anglais et les Américains chrétiens. Car chez eux le peuple réserve les plus grands honneurs aux héros, qui en donnant leur vie apportent la plus haute contribution à l'existence et à la grandeur de la patrie. Inversement dans les Églises chrétiennes les plus grands honneurs vont aux prétendus saints, par exemple des gens qui ont réussi à se tenir pendant des années sur un pied, ou qui, au lieu de passer leur vie à répondre au sourire des filles, dormaient sur un lit d'épines. Il y a là quelque chose qui cloche, comme dans tant d'aspects du christianisme.

Il n'y a pas non plus de miracle à ce que le christianisme propagé par l'Église catholique prêche non point l'optimisme mais le pessimisme et, au contraire de la philosophie japonaise de l'État, n'exalte pas les hommes par la peinture des félicités éternelles dans l'au-delà, mais les impressionne constamment par l'évocation des tourments de l'enfer.

On peut inspirer à un enfant, dès l'âge de 3 ans, des représentations angoissantes qui le suivront toute sa vie. Combien de gens ont, à l'âge adulte, une certaine peur des endroits sombres et par-dessus tout de l'obscurité parce qu'ils ont été angoissés dans leur petite enfance par la croyance que dans les endroits sombres se cachait un croquemitaine, un voleur ou quelque chose de ce genre !

Tout comme de tels sentiments d'angoisse peuvent difficilement être extirpés de l'homme, il est également difficile de délivrer un homme des images de torture que l'Église catholique lui a inculquées en son jeune âge. Devant cela, tout homme raisonnable est obligé de

1. Les États-Unis sont en rodage, l'Angleterre plus aguerrie doit être au four et au moulin en raison notamment de la défection de la France, et les défaites en question se passent d'explications surnaturelles. Le sarcasme est vulgaire, et ne pourra être renouvelé longtemps.

constater que tout cet enseignement religieux est une pure et vaste bêtise. Car comment serait-il possible que l'homme soit embroché, rôti et tourmenté de mille façons tandis que le corps ne peut participer sans transition à une résurrection ne serait-ce qu'en raison de sa décomposition naturelle ? Et quel non-sens que de présenter le ciel comme désirable quand d'après l'Église n'y vont que ceux qui ont raté leur vie, par exemple des arriérés mentaux ou des gens de cette sorte ? On ne peut trouver pourtant aucune satisfaction à rencontrer là-bas tous ceux qui, malgré la parole biblique « heureux les pauvres en esprit[1] », vous ont embêté ici-bas avec leur sottise. Et comment cela pourrait-il charmer un homme, de ne croiser dans le ciel que des femmes repoussantes à l'esprit insipide ? Et puis on dit que seul va au ciel celui qui a le moins de péchés possible à son casier. Bien que le nombre des péchés augmente avec l'âge, cependant aucun ecclésiastique n'est disposé à quitter la vie dans sa jeunesse, mais au contraire les cardinaux sexagénaires cherchent à prolonger leur existence le plus possible. On est obligé de constater, en considérant l'ensemble des croyances catholiques, qu'il s'agit d'un assemblage incroyablement rusé d'hypocrisie et de commerce, exploitant le fait que l'homme s'accroche à ses habitudes acquises. Car un ecclésiastique cultivé ne peut ajouter foi au non-sens que raconte l'Église. La meilleure preuve en est que l'Église d'aujourd'hui ne peut plus tenir pour vraie toute l'imposture des indulgences et ce qui allait avec mais préfère plutôt se taire à ce propos[2].

Beaucoup de gens raisonnables ne restent aujourd'hui dans l'Église que parce qu'ils pensent que l'homme doit dans la vie être retenu par quelque chose et que, avant que quelque chose vienne se mettre à la place, l'Église malgré tous ses manques c'est encore mieux que rien. Hélas ceux qui pensent ainsi oublient que l'Église n'inculque pas la morale à la population par un patient travail d'éducation, mais par la contrainte. Si l'Église, appliquant la loi de l'amour, avait prêché seulement l'amour pour mettre en œuvre ses conceptions morales, elle ne serait sûrement pas allée aussi loin. Elle avait donc aussi, appliquant son vieux principe que la main droite doit ignorer ce que fait la gauche, imposé sa loi morale avec

1. Tout comme l'inefficacité de la prière quand des malheurs arrivent, l'utilisation de cette parole d'Évangile (Heureux les pauvres en esprit car le Royaume des Cieux est à eux – Matthieu 5, 3) pour prétendre que le christianisme exalte la bêtise ou la déficience mentale fait partie des critiques les plus vulgaires de cette religion. Hitler n'est décidément pas regardant quand il cherche des raisons d'espérer.

2. Curieuse inexactitude : l'indulgence, en tant que dispense totale ou partielle de la peine prévue pour un péché en échange d'un acte de piété ou d'un service rendu à l'Église, est toujours en vigueur et les conciles, jusqu'à Vatican II inclus, n'y ont pas trouvé à redire. La Contre-Réforme a seulement débouché, en la matière, sur la limitation de la commercialisation de cette pratique, qui avait par exemple aidé à financer la construction de Saint-Pierre de Rome, un abus qui avait été en partie à l'origine de la rébellion luthérienne. En pensant que l'Église « préfère se taire », Hitler surestime sa décadence et la désaffection des fidèles à son endroit.

la dernière brutalité – entre autres en brûlant vifs des milliers d'êtres de valeur. Nous sommes aujourd'hui beaucoup plus humains que l'Église[1].

Le commandement « tu ne tueras point ! », nous le faisons observer en pendant le meurtrier tandis que l'Église, aussi longtemps qu'elle a disposé d'un pouvoir exécutif, le martyrisait de la façon la plus odieuse, le coupait en quatre et que sais-je[2].

Maintenir la morale d'un peuple est une tâche que l'homme d'État peut accomplir aussi bien que n'importe quelle Église. Il lui suffit de donner force de loi aux dispositions qui se trouvent dans la couche la plus saine du peuple et de placer de façon claire et distincte la force au service de ces lois.

10 avril

(Hitler vient de consulter la liste des nouveaux ministres bulgares[3]*.)*

Un très grand nombre de personnalités dirigeantes en Bulgarie ont obtenu en Allemagne un titre de docteur ou un diplôme d'ingénieur[4]. C'est pourquoi j'aimerais qu'on facilite l'obtention de ces titres par les étrangers. Tout étranger qui fait des études universitaires en Allemagne et en revient avec un titre de docteur ou d'ingénieur s'efforcera, pendant le reste de sa vie, de ne pas nous nuire. Dans l'avenir, il sera de toute façon difficile à une série de villes universitaires comme Erlangen, Giessen, peut-être même Wurzbourg, de garder la tête hors de l'eau. Le recrutement d'étudiants à l'étranger ne devrait pas leur faire de mal. Mais avant tout il faudrait peut-être s'occuper de faire venir des étudiants étrangers à Heidelberg, car l'université de Heidelberg jouit, dans l'ensemble du monde anglo-saxon, d'une excellente réputation[5].

10 avril 1942, le soir

Il faut faire une différence entre la propagande destinée à l'étranger et celle qui s'adresse au pays.

1. Propos sinistre si on le rapporte à ce qui se passe dans les camps d'extermination, où les Juifs sont « humainement » gazés avant d'être incinérés.

2. Nouvelle inexactitude : Hitler ignore ou feint d'ignorer que l'Église, par exemple après les condamnations à mort prononcées par l'Inquisition, n'officiait pas elle-même mais, selon la formule consacrée, remettait le condamné « au bras séculier ».

3. Dans les notes de Picker, ce passage est daté du 12 avril au soir.

4. C'est le cas notamment de Bogdan Filov (1883-1945), premier ministre depuis le 16 février 1940 et notoirement germanophile.

5. Les universités allemandes ont connu sous le Troisième Reich une baisse des effectifs d'étudiants qui effectivement menaçait l'existence des plus petites. Les trois citées se portent bien aujourd'hui. L'idée de privilégier malgré tout Heidelberg pour le recrutement d'étudiants étrangers procède sans doute du souci de resserrer tous les liens possibles avec l'Angleterre.

Les émissions radiophoniques destinées à l'Angleterre doivent comporter beaucoup de parties musicales, correspondant aux goûts des Anglais afin qu'ils prennent l'habitude en nombre croissant, lorsqu'ils ne trouvent pas de programme qui leur convienne sur les émetteurs anglais, d'écouter les nôtres. La partie informative de nos émissions en anglais doit se borner aux faits et s'abstenir de tout jugement de valeur.

Par exemple la mention des intérêts d'affaires de la haute finance anglaise dans certaines industries d'armement, dans la guerre elle-même et dans la façon dont elle est conduite doit être faite de telle façon que l'auditeur anglais en tire les conclusions lui-même. La mention des faits bruts fera son effet en vérifiant l'adage : « goutte à goutte l'eau creuse la pierre ».

Vis-à-vis de notre peuple, on ne doit bien sûr pas, dans les informations radiophoniques, se limiter aux faits, mais ajouter une appréciation claire des faits, dans le sens d'un éclairage intelligent. Car on peut élever le peuple à son meilleur niveau de performance, au moyen de la propagande, par des jugements de valeur clairs et frappants. C'est pourquoi je recommande que, dans nos bulletins d'informations, on parle constamment de « l'ivrogne Churchill » et du « criminel Roosevelt »[1].

11 avril, le soir

Le Mythe de Rosenberg ne doit pas être considéré comme un écrit officiel du Parti. J'ai résolument refusé, en son temps, de donner à ce livre le statut d'un document pontifical[2] du Parti, car dès son titre il est mal embarqué. En effet, on ne peut pas dire qu'on veut opposer le « mythe du XXe siècle », c'est-à-dire quelque chose de mystique, aux conceptions spirituelles du XIXe siècle, mais on doit, en tant que national-socialiste, dire qu'on oppose la foi et la science du XXe siècle au mythe du XIXe siècle.

Il est remarquable que l'essentiel du lectorat de cette œuvre rosenbergienne ne se situe pas chez les vieux adhérents du Parti. On a même eu dans la période suivant la parution les pires difficultés

1. On pourrait ironiser sur cette façon d'élever le niveau ! Cependant, Hitler ne prétend pas augmenter au sein de son peuple la finesse d'analyse de la situation internationale, mais un « niveau de performance » au sein d'une guerre. Cette approche rejoint celle de *Mein Kampf*, où Hitler reproche à la presse allemande de 1914 d'avoir tempéré, au nom de la décence et du bon goût, l'enthousiasme des foules devant les premières victoires (Adolf Hitler, *Mein Kampf*, Munich, Eher, 1925 et 1927, tr. fr. *Mein Kampf/ Mon Combat*, Paris, Nouvelles Éditions latines, 1934, p. 167-168).

2. *Sic* : *parteipäpstlich*. Le mimétisme avec le catholicisme, cette branche du judaïsme, bat son plein.

pour épuiser la première édition. Ce n'est que lorsque le livre fut évoqué dans une lettre pastorale qu'on a réussi à écouler les 10 000 premiers exemplaires. Et la seconde édition n'a été possible que parce que le cardinal Faulhaber de Munich a été assez sot pour citer et condamner des phrases du *Mythe* lors d'une réunion d'évêques. Puis, lorsque le livre a été mis à l'Index, car on imputait au Parti une hérésie, la demande est à nouveau montée. Enfin, lorsque l'Église en est venue à combattre de toutes ses forces les écrits portant les pensées rosenbergiennes, les tirages ont grimpé à 170 000 voire 200 000 exemplaires. Je me réjouis toujours quand je peux constater que ce sont nos adversaires qui ont de ce livre une connaissance précise. Pour ma part, comme beaucoup de Gauleiters, je n'en ai lu qu'une petite partie, car pour moi aussi son langage est trop dur à comprendre[1].

Ce n'est pas la liberté individuelle qui est la marque distinctive d'une haute culture, mais au contraire la limitation de la liberté individuelle par une organisation qui englobe le plus possible d'individus de la même race[2].

Quand on laisse aux hommes leur liberté individuelle, ils se comportent comme des singes. Nul ne peut supporter que l'autre ait plus que lui. Et plus ils habitent près les uns des autres, plus grandit l'hostilité entre eux. Plus on desserre les rênes tendues de l'organisation étatique et donne d'espace à la liberté individuelle, plus on dirige les destinées du peuple dans la voie de la décadence culturelle[3].

Je ne peux que sourire des éternels discours sur la communauté, puisque les grands bavards disent que la communauté se crée par la parole. Quand, dans ma région, la jeunesse villageoise et les valets des fermes environnantes se rassemblaient au cabaret, cet instinct de sociabilité s'exprimait toujours, l'alcool aidant, par des bagarres et des coups de couteau. Seule l'apparition du gendarme ressoudait toute la compagnie en une seule grande communauté.

C'est précisément la force et elle seule qui crée la communauté et la maintient. Il ne faut donc pas condamner Charlemagne d'avoir imposé par la force une organisation étatique contraignante pour

1. Voilà Rosenberg définitivement remis à sa place, celle d'un pion idéologique que le joueur avance ou recule en fonction de sa stratégie. Le nazisme est décidément un totalitarisme aux multiples visages ! Son *Mythe du xxe siècle*, paru en 1930, a été mis à l'Index le 14 février 1934, et son auteur excommunié. Mais ni *Mein Kampf* ni son signataire ne subirent jamais le même sort car l'Église s'efforçait de croire qu'il y avait dans le nazisme deux tendances, dont l'une, moins antichrétienne que l'autre, méritait d'être encouragée (cf. François Delpla, *Une histoire..., op. cit.*, p. 109). Le cardinal Michael von Faulhaber (1869-1952), archevêque de Munich depuis 1917, incarne bien les ambiguïtés de la hiérarchie catholique allemande vis-à-vis du nazisme, par exemple lorsque dans ses sermons de 1933 il défend l'Ancien Testament puis précise qu'il ne faut pas voir là une défense des Juifs actuels. Cf. Menahem Macina, « Le cardinal Faulhaber et l'antisémitisme nazi des années trente », *Bulletin trimestriel de la Fondation Auschwitz*, n° 64, juillet-septembre 1999, p. 63-74.

2. Encore une formule résumant une bonne part de la doctrine de l'intéressé.

3. Nous sommes ici au cœur de la contradiction la plus fondamentale du nazisme. Il sait exalter, à ses heures, la créativité de l'individu qui s'oppose au groupe (à commencer par le chef lui-même), mais cette créativité ne mène qu'à la décadence si elle ne prend pas place dans un projet national, militant et militaire, unifié.

ce qu'il estimait être le bien du peuple allemand. Et quand Staline a appliqué sur le peuple russe, ces dernières années, des méthodes analogues à celles que Charlemagne avait appliquées sur le peuple allemand, il faut songer à sa décharge au bas niveau culturel antérieur du peuple russe. Staline aussi est parti du constat qu'il fallait unir les Russes dans une organisation étatique rigoureuse, si on voulait assurer politiquement le combat pour la vie de toutes les peuplades réunies dans l'URSS et rendre possibles des prestations que le particulier ne peut s'adjuger par ses propres forces – en matière de connaissances médicales par exemple.

Pour dominer les peuples des régions soumises au Reich dans l'Est, le principe le plus important est donc de satisfaire le plus largement possible l'aspiration à la liberté individuelle, d'interdire toute organisation étatique et de maintenir ainsi les membres de ces peuplades au niveau culturel le plus bas possible.

On doit toujours partir de l'idée que ces peuples ont pour premier devoir vis-à-vis de nous de nous être utiles sur le plan économique. Nos efforts doivent donc tendre à extraire par tous les moyens des territoires russes occupés tout ce qui peut en être extrait en matière économique. Pour que les habitants livrent leurs produits agricoles et mettent leur force de travail à la disposition des mines et des usines d'armement, on peut créer une incitation suffisante en leur permettant d'acheter dans des magasins les produits industriels, etc. qu'ils désirent.

Si en plus de cela on voulait se soucier du bien-être de chaque particulier, on ne pourrait s'en sortir sans une organisation étatique calquée sur la nôtre et on ne récolterait que haine. Car plus les hommes sont primitifs, plus fort ils éprouvent comme une contrainte toute limitation de la liberté individuelle. Ajoutez à cela que par une organisation étatique on leur mettrait en main une possibilité de se retrouver unis dans un grand ensemble et même de retourner et d'utiliser contre nous éventuellement cette organisation. Le plus qu'on puisse mettre en place, en fait d'organisation administrative, c'est donc une administration communale, et encore, seulement dans la mesure où elle est nécessaire pour

entretenir la force de travail, c'est-à-dire pour satisfaire les besoins quotidiens des particuliers.

La constitution même des communautés villageoises devra se faire de telle sorte que des communautés voisines ne puissent s'associer en unités plus grandes. C'est pourquoi en aucun cas il ne faut permettre la création d'Églises rayonnant sur des régions russes étendues. Il pourrait être dans notre intérêt que chaque village ait sa propre secte, développant sa propre conception de Dieu. Si même de cette manière des villages développaient leurs propres pratiques magiques, comme chez les nègres et les Indiens, nous ne pourrions que nous en féliciter, car cela ne ferait qu'augmenter le nombre des tendances centrifuges dans l'espace russe.

Quand j'ai dit à l'instant qu'il ne fallait pas mettre en place une grande organisation étatique et qu'il fallait seulement charger nos commissaires de la supervision et de la régulation économique, il va de soi que toute autre forme d'organisation est interdite aux peuples dominés.

Il ne devra donc pas arriver là un instituteur qui soudain voudrait imposer aux peuples soumis l'école obligatoire. Des capacités de lecture et d'écriture chez les Russes, les Ukrainiens, les Khirgizes et ainsi de suite ne pourraient que nous desservir. Car les meilleures têtes auraient ainsi la possibilité d'acquérir certaines connaissances en histoire, qui leur permettraient d'en venir à des pensées politiques qui d'une façon ou d'une autre auraient toujours leur pointe tournée dans notre direction. Il vaut beaucoup mieux installer dans chaque village un haut-parleur retransmettant la radio, ce qui permettrait de raconter les nouvelles et de susciter des conversations, que de les rendre capables de se forger de manière autonome des connaissances politiques, scientifiques, etc. Il ne faudra pas non plus se laisser aller à donner aux peuples subordonnés, dans ces émissions, des notions sur leur propre histoire antérieure, il vaut mieux les abreuver de musique et encore de musique. Car la musique joyeuse favorise la joie au travail. Et si les gens ont beaucoup d'occasions de danser, cela sera généralement bien vu. Nous en avons fait l'expérience au temps du Système[1].

1. Ici sont visés les cabarets et dancings de la période weimarienne, véritable divertissement pascalien par rapport aux soins requis par la patrie asservie.

La seule chose qui doive être organisée dans l'espace russe conquis, c'est la circulation. Car l'ouverture d'un pays par des moyens de circulation est une des conditions essentielles pour le tenir en main et l'exploiter économiquement. Les populations soumises devront donc elles aussi apprendre le code de la route. Mais c'est bien le seul domaine où il nous faille les former.

En ce qui concerne l'hygiène des populations soumises, nous ne pouvons trouver aucun intérêt à leur faire partager nos connaissances, et leur donner par là une base tout à fait indésirable pour une augmentation énorme de la population. J'interdis donc de faire là-bas des actions de nettoyage à notre manière. Même la vaccination devra y être réservée aux Allemands. Il y aura des médecins allemands seulement pour s'occuper des Allemands dans les zones d'implantation allemandes. Ce serait aussi un non-sens de faire profiter les populations soumises de nos connaissances dans le domaine des soins dentaires. Il faudra cependant procéder avec prudence, pour éviter que notre tendance se remarque. Si quelqu'un qui souffre des dents veut absolument voir un dentiste, il faudra faire une exception[1].

La plus grande folie qu'on pourrait faire dans les territoires occupés serait de donner des armes aux peuples dominés. L'histoire enseigne que tous les peuples maîtres ont connu leur crépuscule quand ils ont accordé des armes aux peuples qu'ils dominaient. Oui, on peut même dire catégoriquement que le fait d'armer les peuples soumis est la condition sine qua non de la disparition des peuples dominants. C'est pourquoi il est nécessaire que nous assurions le maintien de la sécurité par nos propres troupes dans l'ensemble de l'espace russe occupé. Les territoires occupés de l'Est devront donc être quadrillés par un réseau de points d'appui militaires.

Tous les Allemands vivant dans cet espace devront avoir un contact personnel avec eux, c'est-à-dire se sentir personnellement liés à eux. Du reste, ils devront être organisés d'une façon suffisamment rigide pour qu'une politique allemande de colonisation, planifiée de longue main, puisse enfoncer dans l'espace soumis par nous un coin allemand de plus en plus puissant[2].

1. Quel doigté dans l'oppression !

2. Une idée analogue au projet qu'exposait Himmler le 5 avril à propos de la Pologne : Cracovie et Lublin devaient être « des bastions » à partir desquels les Allemands refouleraient les Polonais.

12 avril, midi

Quand il fut décidé que les jeux Olympiques se tiendraient en Allemagne, le ministère de l'Intérieur du Reich m'a soumis deux projets de stade, l'un qui revenait à 1,1 million et l'autre à 1,4. Aucun de ceux qui y avaient travaillé ne s'était avisé que les Jeux étaient pour nous une occasion unique d'acquérir des devises et d'améliorer notre réputation à l'étranger. Aujourd'hui encore je souris en pensant à la stupéfaction muette de ceux à qui j'annonçai que pour la construction du stade je débloquais une première tranche de 28 millions. Le stade nous en a coûté au total 77, mais il a rapporté un demi-milliard en devises.

Cet exemple montre clairement que nous autres Allemands devons apprendre à nous affranchir des demi-mesures et rechercher des solutions complètes, qui visent à atteindre les plus grands succès. Wallenstein[1] avait raison, le jour où il refusa de faire une armée de 5 000 hommes en disant qu'il ne pouvait en faire qu'une de 50 000. C'est une ineptie évidente de dépenser un seul pfennig pour une armée qui ne soit pas assez forte, le cas échéant, pour combattre et pour vaincre.

Il est décisif, pour la conduite d'une guerre, de forger exclusivement les armements du temps de paix en fonction des performances guerrières exigées et du succès qu'on veut obtenir. Un homme comme Schacht a hélas complètement méconnu cela et a ainsi compliqué considérablement mon œuvre de réarmement[2]. Schacht ne cessait de venir me trouver pour me dire qu'on pouvait tirer de l'économie allemande au plus un milliard et demi par an comme contribution au réarmement, si on ne voulait pas que l'économie s'effondre. Aujourd'hui, après qu'on lui en a demandé cent fois plus, cette économie travaille tout comme avant à plein régime.

Il importe d'avoir encore et toujours en tête pendant cette guerre qu'en cas de défaite nous perdons tout. Nous devons en conséquence faire tous nos efforts pour nous en tenir résolument à ce mot : victoire ! Si nous vainquons, le nombre de milliards des dépenses militaires n'aura strictement aucune importance. Car ils

1. L'épisode a lieu en 1623. Albrecht von Wallenstein (1583-1634) était un noble tchèque qui s'était mis au service de l'empereur Ferdinand II, et le héros d'un drame de Schiller (1799).

2. Hitler avoue ici crûment qu'il a réarmé en vue de faire la guerre.

sont déjà compensés rien que par les réserves de minerais de l'espace russe tombées depuis un an entre nos mains.

Ceux qui deviennent enseignants appartiennent hélas à un type d'homme impropre à la lutte au sein des professions libres. Les hommes qui sentent en eux-mêmes la force de réaliser et de créer quelque chose ne deviennent pas enseignants ou du moins instituteurs. Je n'ai gardé dans l'ensemble que des souvenirs désagréables des maîtres de ma jeunesse. Déjà dans leur apparence extérieure ils étaient sales, ils se distinguaient par des cols malpropres, des barbes négligées, etc. Pendant la période entre les deux Reich, la social-démocratie a attiré à elle cette catégorie d'hommes, et par toutes sortes de cours spécialisés elle leur a conféré une morgue culturelle que rien ne justifie.

Quand on lit les produits intellectuels des instituteurs, quand on entend parler de leurs opinions politiques ou quand on regarde leurs doléances, on ne peut que constater encore et toujours qu'il s'agit là d'un prolétariat tout particulièrement sot et dépendant, exactement créé pour être un pilier du Système qui aujourd'hui, Dieu merci, a été vaincu. Alors quand ces gens s'imaginent que l'État ne les paye pas assez, on doit leur répliquer que chaque sous-officier de l'armée accomplit un meilleur travail d'éducation qu'eux. Apprendre le b.a. ba aux petits garçons et aux petites filles n'est quand même pas du grand art. Là-dessus on peut s'étonner que ces instituteurs puissent supporter d'enseigner à longueur d'année la même chose à leurs élèves. Pour une besogne aussi répétitive c'est la femme qui est, physiquement et psychiquement, la plus appropriée. La femme n'éprouve pas de gêne à mettre au monde un enfant après l'autre et à les élever, toujours de la même façon. Lorsqu'elle est sténodactylo, la femme se trouve devant un travail la plupart du temps mécanique, avec des répétitions constantes. La femme est donc particulièrement apte à enseigner aux lecteurs débutants les rudiments de la lecture et de l'écriture. Il faut donc veiller à ce que, parmi les deux millions de femmes qui en Allemagne ne se marient pas de leur vie, le plus grand nombre possible trouvent, dans une carrière d'institutrice, l'occasion d'exercer une activité correspondant à leur instinct maternel.

Il y a quelques années, les instituteurs m'ont demandé de compléter leur travail d'enseignement des enfants en les chargeant d'une mission éducative en dehors de l'école. Quand on observe le succès de la Jeunesse hitlérienne, on peut se féliciter que j'aie résolument refusé cette requête. Comme les enseignants, à quelques très rares exceptions près, ne savent pas diriger la jeunesse avec une pleine autorité, j'estime juste de former des vétérans pour leur confier l'enseignement dans les classes primaires avancées. Comme nos vétérans, avant d'entrer dans la Wehrmacht, sont passés par la Jeunesse hitlérienne et le Service du travail et par là connaissent de première main le travail d'éducation du Mouvement, ils aborderont d'emblée avec la bonne approche les tâches éducatives auprès des élèves. On devra seulement, dans les deux dernières années de leur service de douze ans, les envoyer dans des écoles normales, pour leur donner à eux aussi un bon niveau de savoir et les mettre sur la voie d'une capacité à enseigner. Si on procède ainsi avec les vétérans, et qu'on réussit à enthousiasmer suffisamment de vétérans pour qu'ils aient cette capacité, nous obtiendrons pour nos écoles primaires des éducateurs qui non seulement apporteront grâce à leurs douze ans de service une expérience suffisante dans le domaine de la formation des hommes, mais se tiendront devant les élèves comme des personnalités et non comme des sagouins[1].

Les instituteurs ont tenté autrefois de se faire de la publicité avec un slogan selon lequel le maître d'école prussien avait gagné la guerre de 1866. C'est un pur non-sens. La victoire prussienne d'alors est due à la supériorité du fusil à aiguille et à d'autres facteurs qui n'ont rien à voir avec l'influence des instituteurs. La seule chose vraie, c'est que l'enseignement allemand était pendant tout le siècle dernier d'une qualité extraordinaire comparé à celui des autres pays. Si on voulait lui opposer la situation dans les collèges anglais ce serait une grave erreur, car les résultats des collèges anglais tenaient à la qualité des élèves au départ, recrutés seulement dans les couches supérieures du peuple anglais[2]. Les écoles allemandes, au contraire, se souciaient de toutes les couches de la société et les performances moyennes de leurs élèves ne sont absolument pas

1. Hitler avait déjà parlé le 27 juillet 1941, de façon plus sommaire, de confier à des vétérans des fonctions d'instituteur. L'idée a cheminé dans son esprit et les modalités se précisent.

2. Hitler est suspect de croire que cette qualité tient à quelque supériorité biologique héréditaire plutôt qu'aux conditions sociales.

comparables aux performances moyennes des élèves triés des collèges. Cependant il faut réussir, par un aménagement du système éducatif allemand, à atteindre des performances dans le domaine scolaire qui dépassent largement celles des collèges anglais. C'est en visant cet objectif que j'ai fait mettre en place les Napolas, qui s'appellent maintenant « écoles du Reich[1] ».

J'ai donné pour mot d'ordre fondamental aux écoles du Reich de sélectionner dans toutes les couches de la population, de rassembler et de former des jeunes gens et des jeunes filles. Le but de cette formation doit être qu'ils soient durs physiquement, d'un caractère bien trempé et d'un esprit élastique[2]. Je compte atteindre ce but grâce au matériel pour les enseignants que j'ai fait mettre à la disposition des écoles du Reich. Car ces enseignants partagent avec leurs élèves toutes les activités de formation, même les plus dures, et ne se dispensent ni des sauts en parachute ni des exercices motorisés.

Que l'on puisse grâce aux écoles du Reich atteindre des résultats tout à fait extraordinaires pour la jeunesse allemande, les résultats des jeux Olympiques me l'ont clairement révélé[3]. Tandis que les Anglais, malgré leurs collèges, n'ont obtenu que 8 médailles d'or, la jeunesse sportive allemande en a gagné 33. Que ne réalisera pas la jeunesse allemande sur le plan sportif, quand dans les écoles du Reich elle recevra absolument partout une formation qui affirme l'esprit sportif à 100 % !

12 avril, le soir

Il faut se montrer très prudent dans les communications faites aux alliés. Même chez les Italiens j'ai pu hélas constater qu'ils n'étaient pas suffisamment discrets au sujet de ce que je leur communiquais, quand une fuite sur ce que je leur avais communiqué ne nuisait pas directement à leurs intérêts. Ils n'ont même pas craint dans de tels cas de faire part dans leur propre presse de certains projets d'avenir. C'est pourquoi je ne fais part aux alliés que de ce qu'il faut absolument qu'ils sachent, et seulement au moment où il faut absolument qu'ils le sachent. Pour le reste je les laisse tâtonner dans

1. Pourtant le terme de Napola est resté d'usage courant, seules les nouvelles « écoles du Reich », ouvertes à partir de 1942, étant désignées sous ce nom dans la plupart des ouvrages.

2. Formule calquée sur une phrase du chapitre ultime du premier tome de *Mein Kampf* : le chef nazi attend de ses adeptes qu'ils soient « agiles comme des lévriers, résistants comme le cuir et durs comme l'acier de Krupp ».

3. Vantardise ridicule ! Les performances des athlètes allemands de 1936 ne pouvaient avoir été améliorées qu'à la marge par l'œuvre scolaire d'un régime installé depuis trois ans et demi.

l'ombre, et quand ils cherchent par des questions à me faire prendre position sur un point précis, je fais des réponses évasives.

Dans ce domaine, il y a des leçons à prendre chez les Anglais sur ce qu'il ne faut pas faire. Car on peinerait à trouver dans le monde une presse qui, en diffusant des informations recueillies « dans les milieux bien informés », bavarde autant que l'anglaise. Oui, les papotages de la presse vont si loin en Angleterre que le gouvernement, à cause de l'influence de ces papotages sur l'opinion publique, a été contraint de mener des opérations, telle l'opération de Norvège, qui ne cadraient pas du tout avec ses plans de guerre généraux[1]. Les Russes sont, de ce point de vue, beaucoup plus habiles. Tout à fait en dehors du fait qu'ils ne révèlent rien dans leur presse de leurs intentions militaires, ils ont dissimulé tout ce qui concerne leur armée par une gigantesque opération de camouflage. Toute la guerre de Finlande de 1940 (*sic*), de même que la marche russe en Pologne, qui ont été menées avec des tanks et des armes hors d'âge et des soldats aux piètres uniformes, étaient une seule et même manœuvre de camouflage, car la Russie avait alors déjà à sa disposition un armement qui en faisait une puissance mondiale, comparable seulement à l'Allemagne et au Japon[2].

22 avril, midi

Une de mes premières discussions sur le réarmement s'est produite en 1933 avec le Dr Luther[3], alors président de la Reichsbank. Car sans l'aide de la Reichsbank, étant donné le déficit budgétaire du Reich de 2,7 milliards et les déficits correspondants des Länder, il aurait été complètement impossible de commencer le réarmement.

Lors de cette conversation, j'ai expliqué à Luther que l'Allemagne, faute d'un réarmement qui lui rendrait son ancienne puissance militaire, serait complètement étouffée. Après avoir exposé mes plans pour le réarmement pendant deux heures au Dr Luther, celui-ci m'a assuré qu'il voulait m'aider, en tant qu'homme doté d'un sens national, et qu'il était prêt à débloquer 100 millions sur les moyens de la Reichsbank.

1. Contradiction avec l'affirmation, omniprésente dans les médias allemands et réitérée par Hitler dans un propos du 9 février au soir, que l'attaque allemande en Norvège n'avait fait que devancer de peu une intervention britannique.

2. C'est plutôt Hitler qui camoufle ! Il n'y a aucune raison de penser que l'URSS ait voulu se faire sous-estimer sur le plan militaire lors de son avancée en Pologne de septembre 1939 puis, deux mois plus tard, lors de sa guerre contre la Finlande (commencée le 30 novembre 1939), en une seule et même manœuvre d'intoxication. Hitler continue de se chercher des excuses et de prétendre que son attaque du 22 juin 1941 était indispensable pour parer à une agression dangereuse pour toute l'Europe et ourdie de longue main. Au passage, il présente l'Allemagne et le Japon comme plus puissants militairement que les États-Unis et la Grande-Bretagne.

3. Hans Luther (1879-1962) a été maire d'Essen, ministre des Finances et chancelier (1924-1926). Il préside la Reichsbank entre deux mandats de Hjalmar Schacht, du 12 mars 1930 au 19 mars 1933. Sa mission à Washington durera jusqu'en mars 1937.

J'ai d'abord cru avoir mal entendu, car je m'imaginais qu'un financier devait avoir quelques connaissances dans le domaine du prix des armes. Mais quand Luther, à qui j'avais répété ma question, eut indiqué le même montant, j'ai prié le président du Reich de le relever de ses fonctions. Mais cela n'allait pas sans complications, car la Reichsbank était alors encore un établissement bancaire international. J'ai alors mené une négociation amiable avec Luther. Je lui ai dit que certes il avait la possibilité légale de se maintenir à son poste de président de la Reichsbank malgré le manque de bases pour une coopération entre nous deux, mais que c'était moi qui disposais du pouvoir et que, si l'intérêt de l'État était en jeu, je n'hésiterais pas à m'en servir contre lui. Sur un conseil rusé de Meissner[1] j'ai ensuite offert à Luther, pour prix de son retrait volontaire de la Reichsbank, le poste d'ambassadeur à Washington, car là-bas il serait hors d'état de nuire. Puis on alloua à Luther, pour sa retraite, une rallonge de 50 000 marks annuels et il se laissa embobiner pour accepter cette solution en expliquant avec un regard brillant d'honnêteté que bien sûr c'était par pur patriotisme qu'il se rangeait à mon avis.

J'ai ainsi acheté contre espèces sonnantes la possibilité de mettre à la tête de la Reichsbank une personnalité de rang international. Il s'agissait du Dr Schacht. Schacht a reconnu que sans y mettre des milliards le réarmement de l'Allemagne serait dérisoire. Il joua le jeu jusqu'à 8 milliards, bien que l'évocation d'un tel chiffre rendît perplexe le ministre des Finances, Schwerin von Krosigk. Malheureusement, le général en chef de l'époque, Blomberg, commit la maladresse de déclarer qu'aux 8 milliards il faudrait tout de suite ajouter une tranche supplémentaire de 12. J'ai reproché à Blomberg ce manque de discrétion. Comme les spécialistes financiers ne sont toujours, en dernière analyse, qu'une bande de filous, il n'y a pas la plus petite raison de se montrer entièrement honnête avec eux[2]. Au contraire, on ne faisait que leur rendre plus facile l'octroi de nouveaux milliards si on les demandait par petits paquets. Car à leurs propres yeux et, si cela tournait mal, aux yeux du public, cela leur permettrait de dire qu'ils avaient été trompés.

1. Cf. *supra*, t. 1, entrée du 18 janvier au soir.

2. Morale typiquement hitlérienne : face aux Juifs et à tous les autres menteurs qui contrarient les efforts de l'Allemagne pour augmenter sa puissance, la malhonnêteté est non seulement un droit mais un devoir. Hitler glisse au passage une justification du renvoi de Blomberg, sous le prétexte d'un scandale moral, en février 1938.

En ce qui concerne la personnalité de Schacht il est intéressant de remarquer que sur les huit premiers milliards il s'octroya un pourcentage, à hauteur de 500 millions. Il s'y entendait, pour arnaquer, comme nul autre. Mais justement, à cause de son art de duper autrui, on ne pouvait alors se passer de lui. Avant chaque conférence de la Banque internationale à Bâle, la moitié de la profession bancaire s'inquiétait de savoir si Schacht serait là. Et sitôt sa présence annoncée, les financiers juifs accouraient du monde entier. Là les tours de prestidigitation de Schacht démontraient qu'un Aryen intelligent pouvait, même dans ce domaine, en remontrer aux Juifs. C'est de Schacht qu'est venu plus tard le plan consistant à dévaloriser les actions allemandes détenues à l'étranger au titre des réparations, à faire ensuite racheter ces papiers par des intermédiaires à un cours de 12 à 18 %, à les investir ensuite dans l'industrie allemande au cours forcé de leur valeur nominale et à affecter les 80 % et plus obtenus par ce moyen dans un dumping à l'exportation qui nous rapporta plus de trois quarts de milliard en devises.

Je fais un grand mérite à Schacht d'avoir caché à tout le monde la création de ce fonds de devises. Car il s'est produit à plusieurs reprises des situations dans lesquelles, si ce fonds avait été connu, tous les moyens auraient été mis en œuvre pour y puiser. Il suffit de penser à l'époque où on ne savait plus comment payer les salaires des fonctionnaires, ou à cette situation dans laquelle le manque absolu de caoutchouc incitait à mettre en œuvre n'importe quel expédient. Je ne révélai moi-même l'existence de ce fonds qu'en 1938, quand la nécessité de cette guerre fut certaine. Car à ce moment il est devenu clair pour moi que toutes les puissances en guerre allaient chercher à acheter sur le marché mondial tout ce qui était possible et par tous les moyens. Même une réserve de devises ou d'or allait nécessairement devenir, pour qui ne l'aurait pas convertie en moyens d'armement, un papier ou du métal sans valeur. J'avais donc donné l'ordre à Funk d'acheter immédiatement, avec ces devises, ce qui nous manquait chez nous comme matières premières pour l'armement. Malgré tous ses grands services, je ne pouvais plus dès lors recourir à Schacht, car il se réjouissait tant chaque fois qu'il pouvait gratter

100 marks en embobinant quelqu'un qu'il avait fini par appliquer sur moi aussi ses méthodes de franc-maçon et m'avait confondu avec ses collègues en franc-maçonnerie.

On annonce[1] la fermeture du Metropolitan Opera de New York[2]. Il est faux que la fermeture de ce grand Opéra américain résulte uniquement de raisons financières. La vraie raison de la fermeture de cet Opéra doit être recherchée dans le fait qu'il lui manquait tout simplement les forces pour maintenir plus longtemps un répertoire d'opéras convenable. Quiconque s'y connaît en matière d'opéra sait que les grands opéras sont d'origine allemande, italienne ou française et que pour les représenter il n'y a presque que des artistes allemands ou italiens qui sont formés de façon satisfaisante. Comme les chanteurs allemands et italiens font défaut pour le moment, l'administration culturelle américaine n'est clairement plus en situation, avec les chanteurs américains qu'elle a encore à sa disposition, de mettre sur pied une distribution convenable.

Je considère comme juste que la presse se penche particulièrement sur cette affaire, car elle trahit la conception de l'esprit et l'état de la culture aux USA.

23 avril, midi

(Le Reichsführer SS oriente la conversation sur l'ordre SS, donné par lui il y a deux ans, qui engage chaque SS bien portant à s'occuper de la conservation de son sang. Vu les pertes qu'a subies dans cette guerre la SS, justement en hommes jeunes et non mariés, il se félicite d'avoir donné cet ordre à ce moment. De cette façon, le sang de ces hommes se conserve dans un enfant au moins.)

Le rajeunissement du sang sous l'influence des SS apparaît aussi à Berchtesgaden d'une façon remarquable. À cause de la forte émigration des bons éléments de la population, j'ai trouvé là lors de la construction de mon Berghof une population très mélangée, dont le rajeunissement m'a beaucoup tenu à cœur. On le doit à la Leibstandarte, si aujourd'hui on voit courir dans la contrée beaucoup d'enfants beaux et forts. Il faut donc surtout, partout où on

1. Passage figurant dans les notes de Picker sous la date du 22 avril à midi.

2. La nouvelle est fausse et le *Met* va notamment donner la *Flûte enchantée* en juillet puis en novembre.

trouve concentrée une population de sang médiocre, envoyer des troupes d'élite pour le rajeunissement. Déjà en dix à vingt ans ce sera une bénédiction. Je me réjouis donc que ce soient justement des troupes d'élite telles que la Leibstandarte qui regardent leur devoir de mettre des enfants au monde comme un devoir envers le peuple. En ce moment justement où nous sommes obligés de verser notre sang de valeur, la conservation de l'espèce doit nous tenir particulièrement à cœur. Il faudra donc envoyer un jour des troupes d'élite au repos dans la région des lacs Mazures ou en Forêt-Noire.

Le peuple allemand, s'il veut compter dans l'histoire, doit rester un peuple de soldats caractérisé. Si cela retirait à l'économie trop de forces de travail, il faudrait même faire venir des pays dominés par le peuple allemand des forces de travail et les faire travailler pour nous. À l'homme allemand il faut donner une éducation très dure, mais lui permettre en même temps une vie sainement joyeuse. Si l'homme allemand doit être disposé à être soldat et à donner sa vie sans conditions, il doit aussi avoir la liberté de vivre sans conditions. Le combat et l'amour vont de pair. Le bourgeois qui ergote à ce sujet devra être bien content de consommer les restes. Avec la doctrine chrétienne de l'abstinence dans le domaine de l'amour, il ne faudrait rien accorder au soldat, pour lui conserver sa capacité de combattre. Un homme raisonnable ne peut de toute façon que sourire, quand un saint de l'Église catholique comme saint Antoine veut ôter à l'homme sa plus grande occasion de joie en l'incitant à « se flageller soi-même avec un fouet ».

Il faut aussi prendre garde à ce que le peuple allemand, s'il veut rester un peuple de soldats, ne distribue aucune arme dans les mains des populations soumises ou dans les territoires occupés. C'est le secret de la force de l'ancienne Rome, d'avoir permis aux seuls citoyens romains de porter les armes, dans tout l'empire. À quel point le fait de porter des armes donne un comportement fier, on le voit vraiment déjà en observant les Tchèques d'avant 1938 et ceux d'aujourd'hui, qui sont l'incarnation de la servilité.

Si l'Angleterre aujourd'hui est en échec aux Indes, cela tient entièrement à ceci qu'elle n'a plus la force de régner comme un

peuple de conquérants. Les Anglais ont cependant trop surestimé leur histoire pendant les dernières décennies et se sont laissé détourner d'une stricte observance de la sagesse des siècles glorieux de leur histoire. De même que je ne peux m'empêcher de voir les Américains comme des parvenus quand ils cherchent à se glorifier de leur histoire à travers le monde, de même je ne peux m'empêcher de décrire les Anglais comme des roquets prétentieux lorsqu'ils croient, du haut des trois cents ans pendant lesquels ils ont marqué l'histoire, pouvoir se permettre de voir de haut les mille ans de l'empire germanique et son histoire. Notre existence remonte à Arminius, ou au moins à Théodoric[1], et a possédé parmi ses empereurs des personnalités du plus grand format. Bien qu'ils aient été porteurs du sentiment de l'unité allemande, leur souvenir a été en partie éclipsé parce que le passé de l'État allemand n'a, depuis le XVe siècle, guère été enseigné qu'en Autriche. Dans tous les autres États l'enseignement de l'histoire allemande est tombé dans l'oubli avec le XVe siècle au profit de l'histoire de chaque dynastie et de ses intérêts particuliers. C'est donc un devoir de l'historiographie allemande, de faire d'abord revivre les empereurs allemands aux yeux de notre peuple et de les dépeindre au mieux, d'une plume dramatique, par exemple dans leur combat contre la papauté[2].

Quelle personnalité éminente était entre autres Rodolphe de Habsbourg, en la personne duquel ses électeurs croyaient avoir mis sur le trône une incarnation de la faiblesse ! Quand, pour se concilier l'Église, il aida symboliquement un prêtre à monter sur un cheval, c'était là une manœuvre de propagande tout à son honneur. Car une fois son élection assurée, il a défendu avec une énergie de fer les intérêts de l'empire, sans ménager les positions de l'Église. C'est ainsi qu'il a

1) acquis quelques fiefs héréditaires à titre de couverture ;
2) mis à la raison Ottokar de Bohême ;
3) rendu son unité à l'empire allemand.

L'Église catholique s'est méprise sur lui exactement de la même façon que sur le Sicilien Frédéric II qui, devenu empereur allemand à 21 ans, a conquis l'empire[3].

1. Arminius comme Théodoric (v. 455-526 ap. J.-C.) ont affirmé l'excellence du sang allemand au sein de la grande geste des peuples aryens par des victoires contre leurs maîtres romains. Le second, un Goth élevé à la romaine lors d'une captivité à Byzance en tant qu'otage, a succédé à son père comme roi des Ostrogoths et soustrait l'Italie au pouvoir d'Odoacre, qui avait pris Rome et mis fin à son empire d'Occident en 476.

2. Le 4 février, Hitler avait regretté que les dramaturges allemands n'aient pas, comme Shakespeare, pris pour héros des souverains nationaux.

3. Rodolphe de Habsbourg (1218-1291) a restauré le Saint-Empire après le Grand Interrègne (1250-1273) en se passant de la bénédiction du pape. Hitler lui sait particulièrement gré d'avoir utilisé l'Église pour se faire élire, puis fait preuve d'ingratitude une fois le résultat acquis. Frédéric II de Hohenstaufen (1194-1250) avait été couronné empereur en 1215 avec le soutien du pape, avant d'être excommunié en 1227.

23 avril, le soir

Cela me réjouirait tout particulièrement de rencontrer à nouveau le Duce[1], pour aborder avec lui les différents problèmes politiques et militaires de l'heure. Si j'ai pour lui une aussi extraordinaire estime, c'est avant tout parce qu'il est un homme d'État sans pareil. Sur les ruines du déclin italien, il a diffusé une nouvelle idée de l'État, grâce à laquelle il a gagné tout le peuple. La période de lutte de ses fascistes présente infiniment de points communs avec notre propre période de lutte et le combat des fascistes, rien qu'à Vérone, a coûté 6 600 morts[2]. Le Duce a aussi identifié comme personne le danger bolchevique et sur le front de l'Est il a envoyé, en effet, trois bonnes et efficaces divisions. Le Duce m'a personnellement assuré qu'il n'avait aucun doute sur les conséquences d'une entrée du rouleau compresseur russe en Europe et qu'il était fermement persuadé que, faute d'une élimination du danger russe par mon attaque, la chute de l'Occident n'aurait pas tardé.

Pour moi, donc, il est insupportable de voir le Duce relégué au second plan quand je le rencontre où que ce soit en Italie et que la cour débarque au grand complet. Toutes les surprises amicales que le Duce me ménage, le seigneur arrogant que constituent ces bons à rien d'aristocrates les gâche par sa présence et son vacarme creux. Ils ont cherché à me gâcher jusqu'au spectacle agréable de quelques jeunes beautés, élèves de l'académie de Florence, en les traitant de pataudes et en dénigrant les danses de ces jeunes filles. Mais je les ai remis en place d'une telle façon que le spectacle a pu continuer sans plus être troublé. En fin de compte, ce ne fut pas non plus pour moi particulièrement satisfaisant de me trouver assis encore et toujours au milieu des affreuses femmes de la cour italienne, ce qui nous amène à considérer encore que précisément, pendant les longues années du fascisme, cette cour a rendu le travail de Mussolini encore et toujours plus difficile, et aujourd'hui encore fait les yeux doux à l'Angleterre. À ce sujet, rien ne parle une langue plus claire sur la qualité humaine de ces aristocrates que le fait, par exemple, que la princesse héritière italienne n'a jamais été capable de me faire

1. Cela va se faire à Salzbourg, le 29 avril.

2. Affabulation : Vérone est, avec Ancône et Bologne, l'une des rares villes où l'armée s'est opposée à la « marche sur Rome » ordonnée par Mussolini à ses partisans le 27 octobre 1922. Mais le roi Victor-Emmanuel a précisément refusé de décréter l'état d'urgence pour « éviter une effusion de sang ». Cf. Pierre Milza, *Mussolini*, Paris, Fayard, 1999, p. 304-305.

servir un repas chaud. La plus petite ménagère allemande, me recevant chez elle, met un point d'honneur à me servir non seulement le meilleur des repas, mais un repas à la bonne température. Mais ces descendants dégénérés d'antiques lignées princières se révèlent comme des incapables dans tous les aspects de la vie pratique, y compris celui-là.

Quel plaisir alors que de pouvoir s'entretenir avec une femme aussi intelligente et sympathique qu'Edda Mussolini[1] ! À quel point elle diffère des précédentes, on le mesure au fait qu'elle s'est portée volontaire pour servir comme infirmière auprès des divisions italiennes du front de l'Est et qu'elle est déjà en route pour les rejoindre.

24 avril, midi

Pour moi, les heures décisives de cette guerre sont pour l'instant l'occupation de la Norvège en 1940 et le combat défensif contre les Soviets au cours de cet hiver.

Si j'accorde une aussi grande importance à l'occupation de la Norvège, c'est que rétrospectivement on peut encore s'étonner que la puissante flotte anglaise n'ait pas réussi à briser ou à contrecarrer cette opération couverte par la petite marine allemande. Si l'opération de Norvège avait alors échoué, les conditions pour de grands succès de nos sous-marins n'auraient pas été réunies. Car sans la côte atlantique de la Norvège, le travail de nos sous-marins que ce soit contre les ports du centre ou du nord de l'Angleterre aurait été impossible ; et des opérations sous-marines dans l'océan Glacial Arctique auraient été tout bonnement impensables. Ce n'est que depuis la réussite de l'opération de Norvège qu'on mesure à quel point l'audace et la largeur de vues, pendant la guerre mondiale, avaient manqué du côté allemand. Il semble aujourd'hui très étonnant que la principale bataille navale de la Première Guerre mondiale ait été livrée dans le Skagerrak[2], qui n'est pour nous aujourd'hui qu'une petite portion de l'espace maritime que nous contrôlons.

Si le commandement dans la Première Guerre mondiale a fait fiasco dans ce domaine, c'est en grande partie parce qu'on n'avait pas

1. Edda Ciano (1910-1995), fille aînée de Mussolini, se voit ici refuser son nom d'épouse, signe du peu d'estime de Hitler, dès ce moment, pour son mari Galeazzo.

2. Il s'agit de la bataille du Jutland (31 mai-1er juin 1916).

fait de la construction de la flotte allemande l'affaire du peuple tout entier[1]. Je me souviens bien de la difficulté qu'on avait à Munich, en 1912[2], pour se procurer un livre sur la marine ou sur les colonies. Aussi après la prise du pouvoir, lors de la reconstruction d'une flotte de guerre, j'ai fait aussitôt soutenir l'œuvre de rénovation par la propagande. C'est seulement ainsi que j'ai réussi à faire de notre petite marine de guerre une arme chère au cœur de tout le peuple. C'était la meilleure caution possible pour que les vieux navires de ligne extraits de cimetières de bateaux au début des années 1920 puissent être remplacés par des unités neuves, dont la construction s'inspirait intelligemment des techniques maritimes les plus modernes, et dont les équipages ne provenaient pas seulement de la population des zones côtières, mais de toutes les régions de l'Allemagne. Cette fière voie fut jalonnée par la construction du *Emden*[3], suivie de celle des douze premiers torpilleurs modernes[4], puis des croiseurs 3K (Köln, Karlsruhe, Königsberg), qui furent suivis par les navires de la classe « Deutschland[5] » et enfin par ceux de la classe « Haute mer[6] ».

24 avril, le soir

(Dans le train du Führer, sur le trajet Wolfsschanze-Berlin :)

L'histoire des cours princières allemandes est la meilleure illustration du fait que les meilleurs mariages ne sont pas ceux qui se fondent uniquement sur des considérations de raison. De même que dans tous les domaines c'est ce qui est vrai qui dure, de même le mariage qui traverse le mieux la vie est celui qui se fonde sur l'inclination mutuelle des deux partenaires. Seul un tel mariage garantit une éducation impeccable des enfants et constitue ainsi une précieuse cellule pour le peuple allemand.

Je ne suis donc pas favorable à ce que les demandes de mariage avec des étrangères que nos soldats formulent encore et toujours et qui tiennent à une certaine misère sexuelle, soient satisfaites, sinon en petit nombre. Si on est profondément convaincu que pour faire un bon mariage il faut que les époux éprouvent une attirance réciproque, alors il faut faire obstacle, autant que possible, aux mariages

1. Le haut commandement allemand n'a pas osé engager son immense flotte, avant et après la tentative de sortie du Jutland, tout bonnement parce qu'elle était inférieure à l'anglaise et se serait fait hacher menu. Qu'elle ait été « l'affaire de tout le peuple » n'y aurait pas changé grand-chose et cette réflexion n'est qu'une occasion de vanter l'art du Troisième Reich de faire agir les Allemands en vue d'un but commun. En revanche, un chef comme Hitler, expert en surprises politiques et militaires, aurait peut-être su faire prendre des risques à la Kriegsmarine et élargir ses horizons.

2. Un mensonge de *Mein Kampf* est répété ici, vraisemblablement à dessein : Hitler a déménagé de Vienne à Munich en 1913 et non en 1912 ; cette datation lui permet d'échapper au soupçon, fondé ou non, que ce déplacement ait eu comme cause principale ou unique la volonté d'échapper au service militaire. Cf. Anton Joachimsthaler, *Korrektur einer Biographie*, Munich, Herbig, 1998, ch. 1.

3. *Sic*. Il doit s'agir de la modernisation du croiseur (le troisième de ce nom) lancé en 1925, en service jusqu'aux derniers mois de la guerre.

4. Les torpilleurs de la classe 1935, mis en service entre novembre 1935 et avril 1939.

5. Le *Deutschland*, rebaptisé *Lützow* à la veille de la guerre (cf. *infra*, entrée du 4 juillet), l'*Admiral Scheer* et l'*Admiral Graf Spee*.

6. Cette classe « Hochsee » est inconnue dans les nomenclatures. Sans doute s'agit-il d'une appellation propre à Hitler pour les croiseurs lourds *Admiral Hipper*, *Blücher*, *Prinz Eugen*, *Seydlitz* et *Lützow*, officiellement regroupés sous le terme de « classe Admiral Hipper ».

Au total, ce paragraphe montre que, contrairement à certains préjugés, Hitler accordait une grande importance et manifestait une grande sollicitude à sa marine de guerre.

fondés sur un épisode sexuel occasionnel. La masse des demandes qui m'ont été soumises me donne raison à 80 %. Quand je compare les photos des soldats auteurs de demandes et celles des étrangères avec lesquelles ils demandent à s'unir, je ne peux que me dire qu'un véritable mariage allemand avec ces étrangères pour la plupart tordues, de traviole ou affreuses ne peut ni être heureux dans la durée ni, du point de vue de la race allemande, laisser espérer de bons résultats. Je suis donc favorable à ce qu'on tolère des écarts discrets plutôt que d'autoriser des mariages qui seraient le fruit d'un certain relâchement[1].

Il va de soi qu'on doit veiller à ce que seul se marie celui qui est sain et de race correcte.

Quel rôle extraordinaire joue l'attirance réciproque des parents d'un enfant, on le voit dans le fait qu'à l'époque où des considérations d'intérêt empêchaient le mariage d'êtres qui s'aimaient une foule de grands hommes sont sortis des asiles pour enfants trouvés[2].

Je trouve par conséquent que ces asiles étaient une institution extraordinairement bienfaisante. Ils donnaient à la mère qui n'était pas épousée par le géniteur de son enfant, et qui était exposée par suite au danger d'un ostracisme moral pour elle et son enfant, la possibilité de déposer ni vu ni connu son enfant dans le tourniquet d'un asile et de savoir ainsi son avenir assuré pour ses années de croissance.

Il revenait à l'hypocrisie morale du XIXe siècle de faire disparaître cette institution bienfaisante du Moyen Âge et d'accabler la mère célibataire et son enfant sous la plus grande honte, y compris dans les cas où un sentiment véritable avait présidé à la conception.

Nous pouvons nous féliciter d'avoir par nos écoles du Reich, ces établissements d'éducation nationaux associés à des internats, de nouveau créé une institution qui permet d'offrir aussi aux enfants de bonne race nés hors mariage une éducation correspondant à leurs qualités. Ces écoles du Reich sont en outre un refuge idéal pour les enfants de ménages traversant des crises sévères, qui laisseraient sur leurs années de jeunesse une foule d'impressions négatives qu'ils devraient traîner toute leur vie sous une forme ou sous une autre.

1. Hitler veille personnellement à corriger les effets indésirables de sa propre politique : le fait d'envoyer au loin des troupes d'occupation fait courir le risque de rencontres inopportunes sur le plan « racial », et il convient de faire la part du feu ; on les tolérera tout en les empêchant de déboucher sur des mariages et des naissances légitimes. Quant à l'invasion croissante du Reich par des travailleurs étrangers, ses conséquences sentimentales sont combattues avec moins de ménagements. Cf. François Delpla, *Une histoire...*, *op. cit*., p. 304.

2. L'idéologie nazie révèle ici toute sa souplesse : aux SS on demande un arbre généalogique « aryen » sur plusieurs siècles, et d'un autre côté, pour favoriser la natalité, on dit grand bien des enfants de père inconnu ! De même, le 19 octobre, Hitler professait (à tort) que les génies allemands étaient « souvent le cinquième, le septième, le dixième ou le douzième » de leur fratrie. Dans les deux cas on peut soupçonner une part de plaidoyer pro domo, Hitler, dont le grand-père paternel était et reste inconnu, étant le quatrième enfant vivant de son père et le couple parental en ayant perdu plusieurs en bas âge avant sa naissance. On remarquera qu'il se garde de donner des exemples d'enfants trouvés devenus illustres.

Car le fait de maintenir uniquement pour les enfants un mariage en crise sévère ne donne pas de bons résultats pratiques. Je m'en rendais compte chaque jour chez mes vieux compagnons du Parti, qui avec les tâches que je leur confiais progressaient lentement vers un niveau de plus en plus élevé et gagnaient en maturité, que leurs femmes ne pouvaient tout simplement pas suivre. Dans de tels mariages une scène succède à l'autre et une séparation plus ou moins complète devient inévitable. Je comprends qu'un homme aspire à compléter sa vie par une femme qui s'approche de son être et de ses qualités, qui s'élève avec lui, et par là constitue vraiment un complément de sa vie. Mais on ne peut édicter dans ce domaine de règles générales. Il faut toujours décider au cas par cas. Si dans l'exemple que je viens de donner on incline à donner raison à l'homme, il existe bien d'autres cas où on ne peut pas imposer à la femme le maintien du mariage. Je n'ai aucune compréhension, par exemple, pour les maris qui se croient autorisés à maltraiter leurs femmes, à les torturer moralement ou à les laisser tomber sur le plan matériel[1].

25 avril, midi

(Le Führer répond à une question du ministre Frick sur la récente évasion du général français Giraud[2] :)

Il faut tout mettre en œuvre pour remettre la main sur cet homme. Autant que je sache, ce général est un homme en soi très capable, et on ne peut pas savoir, au cas où il passerait à l'opposition française – les hommes de De Gaulle – s'il n'en deviendrait pas la tête pensante[3]. Parmi les soldats capables de l'histoire, une foule d'exemples montrent que ce ne sont pas seulement des hommes de 30 à 50 ans – qu'on pense à Napoléon et plus encore à Alexandre, qui n'avait que 20 ans – mais aussi de nombreux hommes qui seulement à partir de la soixantaine, ou en étant septuagénaires, ont accompli les grands exploits de leur vie[4].

Pour moi, l'évasion de ce général, dont on avait rendu la captivité la plus légère possible, est un bon indice des vrais sentiments des Français. En conséquence il faudra garder la tête froide vis-à-vis

1. Le nazisme peut recouper parfois des préoccupations humanistes de son temps, en s'opposant frontalement aux idées réactionnaires, par exemple sur la question des « femmes battues » qui fait l'objet dans la deuxième moitié du XXe siècle de premières législations spécifiques dans les pays développés. Comme sur les questions de pollution et de tabagisme (cf. *supra*, entrée du 12 mars), il ne faut pas se hâter de parler d'« aspects positifs », le but étant encore et toujours l'émergence d'une communauté nationale vigoureuse, agressive et facile à mobiliser.

2. Henri Giraud (1879-1949), fait prisonnier le 19 mai 1940 alors qu'il commandait la 9e armée française, s'est évadé le 17 avril de la forteresse de Koenigstein et sa présence vient d'être signalée à Vichy. Quant au ministre de l'Intérieur Wilhelm Frick, souvent égratigné dans les Propos, sa présence n'est mentionnée que ce jour-là, lors d'un déjeuner qui a lieu à Berlin. Il est vraisemblable qu'il n'ait jamais été invité à la Wolfsschanze.

3. Hitler pourrait difficilement dire cela s'il s'était documenté un tant soit peu sur de Gaulle. Sans doute le prend-il encore pour un simple militaire et un aventurier qui joue la carte anglaise. Sa vision se modifiera du tout au tout par la suite, sans qu'on sache au juste quand et comment. Témoin une lettre signée de Himmler et citée hélas incomplètement dans le dernier tome des mémoires du Général, en 1959. Cf. François Delpla, *Une histoire…*, *op. cit.*, bonus en ligne « La cour finale de Hitler à de Gaulle », http://www.delpla.org/site/articles/print.php?id=24.

4. Encore une auto-consolation : les exploits diplomatiques et militaires du Reich et de son chef entre 1933 et 1941 pourraient n'avoir été qu'un prélude !

des Français pendant la durée de l'armistice, et tout autant lors de la conclusion du traité de paix, et prendre des décisions fondées sur l'expérience historique en répudiant une sentimentalité dont le cas Giraud montre la vanité. Il ne suffira pas à cet égard de se borner à conserver les îles de l'Atlantique[1]. Si nous voulons assurer notre suprématie sur le continent, nous devons également conserver des points d'appui sur l'ancienne côte atlantique française. Bien plus, il ne faudra pas oublier qu'une grande partie de l'histoire de l'Allemagne s'est déroulée dans l'ancien royaume de Bourgogne, que ce pays est donc une vieille terre allemande que les Français nous ont volée au temps de notre faiblesse.

(Le Dr Goebbels se demande si une livre de pommes de terre a la même valeur nutritive pour l'homme qu'une livre de viande[2].)

D'après les textes qui nous sont parvenus sur la nourriture des soldats de la Rome antique, nous savons que les fruits et la bouillie constituaient leur menu principal. Les soldats romains avaient la viande en horreur, et sa consommation apparaissait surtout lorsque les difficultés du ravitaillement l'imposaient. Aussi les images nous montrent que ces soldats avaient une denture magnifique, ce qui contredit l'idée que la viande serait nécessaire pour avoir une bonne denture. Les siècles n'ont pas modifié cet état de choses ; car quand aujourd'hui on va en Italie, on trouve chez les Italiens les mêmes habitudes alimentaires et les mêmes belles dentures[3].

Quand on obéit à la nature elle-même, il faut constater que les enfants sont détournés de la viande par un instinct particulièrement puissant. On constate aussi que les petits des tribus nègres qui se nourrissent surtout de plantes sont nettement plus robustes que d'autres, parce que leurs mères les allaitent pendant quatre ou cinq ans. Le chien, mangeur de viande, est loin d'égaler les performances du cheval herbivore. Et le loup, qui mange surtout de la viande, n'accomplit sans signes de fatigue que deux à trois kilomètres, tandis que le chameau, c'est-à-dire un herbivore, ne commence à tirer la langue qu'au bout de six à sept jours. Malheureusement, la majorité de nos savants n'ont pas les idées assez claires à ce sujet. Il est cependant prouvé que des maladies comme le béribéri peuvent disparaître

1. Hitler parle par ailleurs (cf. *infra*, entrée du 22 juillet, midi) des îles Anglo-Normandes, nommées îles de la Manche en allemand comme en anglais. Il doit donc s'agir ici de Sein, Belle-Île, Noirmoutier, etc. Ce projet d'annexion n'est évoqué qu'ici et on peut s'interroger sur son degré de sincérité, de telles conquêtes jurant avec le projet d'une alliance avec la Grande-Bretagne. Sans doute s'agit-il encore d'une menace, destinée à favoriser ladite alliance. On peut en dire autant de l'éventualité de points d'appuis allemands sur le scl français continental. L'annexion de la Bourgogne, en revanche, est peut-être envisagée plus sérieusement, dans le dessein d'affaiblir drastiquement la puissance française.

2. Les deux parties de cette séquence ont été inversées dans la version Heim par rapport aux notes de Picker, sans doute pour que l'attention du lecteur soit attirée davantage par la question du sort qu'il convient de réserver à la France que par une discussion sur l'alimentation.

3. Une impression bien subjective, qui doit sans doute plus à une observation personnelle, doublée du souci de vanter le régime végétarien, qu'à des études statistiques.

en huit jours au maximum grâce à une alimentation végétarienne – à savoir par la consommation de pommes de terre crues.

Mais celui qui consomme majoritairement des végétaux ne doit pas oublier que c'est à l'état cru que les végétaux, dans l'alimentation, présentent leur plus haute valeur nutritive. De même que le moucheron consomme la feuille vivante, la grenouille le moucheron et la cigogne la grenouille, de même toute alimentation n'est véritablement rationnelle qu'à condition de consommer des choses vivantes à l'état brut. À elle seule l'étude des vitamines montre déjà que la cuisson détruit les éléments les plus précieux. En revanche il paraît que, en cas de doute, on détruit ainsi non seulement les composants chimiques, mais aussi les bactéries.

Si nos jeunes enfants sont aujourd'hui mieux portants que ceux du Reich impérial ou du temps du Système, la moindre cause n'est pas à mon avis le fait que la plupart de nos mères se sont laissé convaincre qu'elles contribuaient mieux à la santé de leurs enfants en leur servant des racines crues, ou des choses analogues, qu'en leur servant du lait bouilli[1].

Chancellerie du Reich, 26 avril, midi

(Goebbels, avant le départ pour la séance du Reichstag, a raconté son expérience de l'attitude politique des artistes. Même un homme comme l'acteur Jannings[2] a dû récemment être rappelé par lui de nouveau à l'ordre, sur le fait qu'il devait s'abstenir de propos hostiles à l'État. Il avait répliqué qu'on devait encore pouvoir s'exprimer dans la conversation, et n'avait admis qu'après une longue discussion que ses propos pouvaient donner lieu à des bruits hostiles à l'État ou à des paroles d'autre nature hostiles à l'État.)

Moi aussi, j'ai dû faire tant et plus le constat que les acteurs et les artistes sont de tels rêveurs qu'on doit de temps en temps les ramener à la réalité, d'un doigt levé[3].

1. Dans tout ce passage, Hitler fait passer ses marottes idéologiques bien avant les sciences expérimentales !

2. Emil Jannings (1884-1950) est l'un des acteurs de cinéma allemands les plus célèbres.

3. C'est un peu court ! Heim et Bormann, mais aussi Picker avant eux (il éprouve le besoin de préciser que le déjeuner lui-même était court) n'ont retenu que la nécessité de surveiller les paroles des artistes, passibles au demeurant de sanctions bien légères par rapport à celles qui sont évoquées « en cas de crise » : un simple doigt levé, supposé suffire à discipliner ces bavards irresponsables. Mais Goebbels en dit beaucoup plus dans son journal : Hitler commence par des imprécations contre le bombardement de Rostock (commencé dans la nuit du 23 au 24 avril, il va se poursuivre jusqu'à celle du 27 au 28) et des précisions sur les représailles allemandes contre la station anglaise de Bath (en disant qu'il rendra coup pour coup jusqu'à ce que les Anglais cessent leurs « bombardements de terreur »). Comme le 27 à midi (cf. *infra*), Picker parle du nouveau bombardement de Rostock, il ne pratique pas lui-même de censure à cet égard : peut-être n'était-il pas là quand Hitler et Goebbels en ont causé.

Berlin, 26 avril, le soir

(Le Gauleiter Forster[1] *a attiré l'attention sur les œuvres d'art de Dantzig qui se trouvent présentement à Cracovie et posé la question de leur rapatriement à Dantzig*[2]*.)*

Je suis fondamentalement contre. Si on commence comme cela sur un cas particulier, toutes les régions et toutes les villes possibles se démèneront pour attirer à elles toutes les œuvres qui ont quelque rapport avec elles. Le bourgmestre Liebel de Nuremberg, par exemple, quand nous avons occupé la France, aussi vite qu'un peu plus tard lors de l'entrée en Serbie et dans les territoires russes, est intervenu auprès de moi afin d'obtenir, pour sa ville, toutes les pièces artistiques auxquelles il était possible d'attribuer une origine nurembergeoise.

Si on satisfait ces demandes, on court le risque de priver les musées de leur homogénéité ou d'enlever aux œuvres l'environnement dans lequel l'artiste les a volontairement placées et d'enlever par là même une partie essentielle de leur valeur artistique.

De même lorsque j'ai visité les œuvres saisies à Vienne lors de la confiscation des biens juifs, j'ai obstinément pris parti pour le maintien à Vienne de tout ce qui pouvait y compléter des musées. Et tout aussi obstinément, contre le gré des Viennois, pour que le reste des œuvres d'art soit envoyé là où elles pouvaient servir à l'ouverture de nouveaux musées, par exemple les œuvres de Franz Hals à Linz pour le musée d'art moderne, les pièces tyroliennes à Innsbruck, etc. J'ai pu prendre cette décision, bien qu'elle ne fût pas du goût de mes chers Viennois, d'un cœur d'autant plus léger qu'à Vienne, en raison des cinq cents ans de règne de la maison Habsbourg, il s'est accumulé tant de trésors artistiques que rien qu'avec ce qui dort dans les caves et les greniers on pourrait remplir à ras bord trois nouveaux musées. Rien qu'en Gobelins il y a quelque mille merveilleuses pièces faites à la main dans les dépôts dont le public n'a encore aucune idée. Mes chers Viennois, que je connais bien, étaient si chatouilleux là-dessus que lors de la visite de quelques tableaux confisqués de Rembrandt ils ont essayé, à leur

1. Albert Forster (1902-1952), Gauleiter de Dantzig pendant les années 1930 et souvent reçu par Hitler, nommé Reichsstatthalter et Gauleiter de Dantzig-Prusse-Occidentale peu après la conquête de septembre 1939, est un auditeur de plus en plus assidu de ces propos. Il vient rapporter ses expériences et prendre des instructions : son Gau sert en quelque sorte de laboratoire et, pour Hitler, d'observatoire de la colonisation des territoires de l'Est.

2. Apparemment Hitler n'éprouve pas le besoin de s'épancher sur un de ses actes politiques les plus importants de toute la guerre – et éprouve peut-être au contraire le besoin d'en distraire son esprit, par des considérations sur l'art. Il a, dans son discours de l'après-midi devant le Reichstag, parlé sans fard de l'hiver russe, non seulement passé mais à venir, en laissant entendre qu'il avait failli être fatal mais que l'armée allemande, en ayant surmonté cette épreuve, était plus certaine que jamais de la victoire. Elle serait en tout cas fin prête pour affronter un second hiver... ce qui donnait à penser que lui-même n'attendait pas des prochaines offensives un effet foudroyant. Ayant ainsi averti les députés que la guerre risquait de durer, il leur avait demandé de voter une loi lui donnant les pleins pouvoirs sur la justice et la fonction publique.

manière passionnée, de poser en principe que les toiles authentiques devaient rester à Vienne, tandis qu'ils voulaient bien laisser partir à Linz ou à Innsbruck les toiles de maîtres inconnus. Ils ont alors ouvert des yeux comme des soucoupes quand j'ai décidé que les œuvres authentiques, à moins qu'elles ne comblent une lacune dans des musées viennois, seraient envoyées dans d'autres musées alpins ou danubiens.

(Le Führer s'adresse à Speer:)

Aujourd'hui Budapest est de loin la plus belle ville sur le Danube. C'est pourquoi je mets un point d'honneur à bâtir à Linz une ville danubienne allemande qui surpasse de loin Budapest et apporte la preuve que l'esprit et la créativité artistique des Allemands dépassent de beaucoup ceux des Magyars. Je compte non seulement aménager les berges de façon grandiose mais mettre en œuvre un programme exemplaire de construction de logements. La rive du Danube recevra, outre un grand hôtel de la Kraft durch Freude, une mairie d'après des plans du professeur Giesler[1], un siège de Gau et une maison commune du NSDAP d'après des plans de l'architecte Fick[2], un siège de commandement militaire et un stade olympique[3], entre autres.

En ce qui concerne les ponts, avant tout pour faire contraste avec Budapest, je prévois de faire construire un pont suspendu exceptionnel sur le Danube. En outre, sur la rive opposée du Danube sera construit un bâtiment qui abritera principalement, n'en déplaise à la pseudo-science catholique, les trois visions du monde de Ptolémée, de Copernic et de la doctrine de la glace universelle ; dans sa coupole, un planétarium ne satisfera pas uniquement la soif de savoir des visiteurs, mais aussi les besoins des travaux de recherche[4]. Pour l'aménagement intérieur je suivrai largement les conceptions du professeur Troost. C'est donc par un hasard singulier qu'une esquisse dessinée et coloriée par moi selon les idées du professeur au quartier général avec les crayons rouge, bleu et vert dont j'y dispose, a été envoyée à Frau Troost par erreur, à la place d'une carte de vœux d'anniversaire[5].

1. Hermann Giesler (1898-1987), l'un des architectes préférés de Hitler, a été chargé l'année précédente de la transformation de Linz. Il apportera à Hitler dans son bunker terminal une maquette qui donnera lieu à une photo célèbre, le 9 février 1945. Cf. « Das Auge des "Dritten Reiches" », http://www.spiegel.de/einestages/hitlers-kameramann-walter-frentz-das-auge-des-dritten-reiches-a-947893.html, *Spiegel Online*, 10 septembre 2008.

2. Roderich Fick (1886-1955), architecte, membre du parti nazi depuis 1937, a notamment construit quelques bâtiments dans le domaine du Berghof.

3. Hitler comptait, après sa victoire, monopoliser l'organisation des jeux Olympiques et il l'avait dit à Speer au printemps de 1937 (cf. Albert Speer, *Erinnerungen*, Francfort, Ullstein, 1969, tr. fr. *Au cœur du Troisième Reich*, Paris, Fayard, 1971, ch. 5). Cette parole indique que le projet mûrit et qu'il envisage, outre Germania, plusieurs sites pour les compétitions. À moins qu'il ne veuille maintenant tout centraliser à Linz, nouvelle Olympie ?

4. Ce projet d'observatoire avait été décrit dans la nuit du 20 au 21 février, de façon plus détaillée. Entre-temps, l'idée de consacrer tout un étage à la théorie pseudo-scientifique de Hans Hörbiger sur la « glace universelle » s'est précisée. Dans les deux occurrences, la finalité antichrétienne de l'institution est mise en avant.

5. Paul Ludwig Troost (1878-1934) était l'architecte préféré de Hitler, avant Albert Speer. Après sa fin prématurée, Hitler resta très proche de sa veuve Gerdy (1904-2003), dont il appréciait les talents de décoratrice (cf. *supra*, t. 1, entrée du 26 janvier).

Dans la confection des plans pour la direction du Gau du NSDAP et de la maison commune du Parti, une grande joie m'a été apportée par le Reichsleiter Bormann lorsque, apprenant en quoi ils consistaient, il m'a spontanément offert de mettre à ma disposition les fonds nécessaires[1]. Mais comme le trésorier national du Parti voulait allouer ces crédits, je n'ai pas fait usage de ceux de Bormann, dont je lui suis hautement reconnaissant.

Dans les dix années qui suivront la guerre, Linz devra devenir la nouvelle capitale danubienne de rang mondial. C'est justement en tant qu'artiste que cette idée m'enthousiasme toujours plus, car Linz possède ce qu'une architecture, aussi grandiose soit-elle, ne peut donner à une ville : un site exceptionnellement beau. C'est justement ce site, en dehors des liens personnels qui m'attachent à la ville, qui m'a inspiré l'idée d'un remaniement d'une telle dimension. Si les Viennois craignaient que cela amoindrisse leur position de monopole et leur capacité de régner sur la vie culturelle de la zone alpestre et danubienne, ils auraient tort. Loin de moi l'idée de rabaisser Vienne, tant elle repose sur des fondements solides. Mais ce serait un crime, pour ménager les Viennois, d'omettre de faire de Linz, au mépris de son site exceptionnel, la perle du Danube.

Ne serait-ce que rendre la monnaie de leur pièce aux Hongrois, qui se sont si habilement défilés devant toutes les fatigues et les privations de cette guerre et qui devront le payer dans tous les domaines après la fin de la guerre, il faudra de toutes nos forces faire de Linz la plus belle ville qu'on puisse imaginer. [En outre, d'un point de vue historique, ce serait une impardonnable farce si la capitale des descendants d'Attila et de ses Huns était la plus belle ville sur le fleuve des Nibelungen.]

Munich, 27 avril 1942, midi

(Hitler s'entretient avec le Pr Giesler et le ministre Esser[2] au sujet des territoires de l'Est.)

Lors de la prolongation que recevra nécessairement le réseau ferré sur les itinéraires de l'Est, il faudra des lignes ferroviaires qui n'auront

1. Dans sa ville d'enfance devenue la « perle du Danube », Hitler veut édifier, pour le Gauleiter d'une part et le NSDAP d'autre part, des palais dignes de la grandeur de sa « mission ». Il semble normal que le trésorier national, Schwartz, mette la main à la poche, en tout cas plus que Martin Bormann, même s'il ne s'agit pas de ses deniers personnels mais de ceux de Hitler, que gère le Reichsleiter. Et comme il s'agit de la cassette de Hitler, sa mise à contribution n'aurait rien d'une générosité appelant une reconnaissance particulière. Cette phrase est donc des plus flagorneuses et on pourrait soupçonner Bormann de l'avoir fait rajouter par Heim. Mais elle figure dans les notes de Picker et a donc bel et bien été prononcée par Hitler. Il faut croire qu'il tient à souligner les mérites de Bormann, fût-ce de la manière la plus incongrue, probablement pour renforcer son autorité.

2. Hermann Esser (1900-1981) est l'un des plus anciens compagnons de Hitler. Ministre du Tourisme après la prise du pouvoir, il s'est illustré par un pamphlet antisémite, *Die jüdische Weltpest*, Munich, Zentralverlag des NSDAP, 1939.

aucune commune mesure avec celles de l'ancien Reich. S'il va de soi qu'une liaison rapide avec Constantinople nous est indispensable, nous aurions tout autant besoin d'une liaison rapide entre la Haute-Silésie et le bassin du Donetz. Je pense qu'il faudra prévoir pour ces lignes des trains roulant sur la base de 200 km/h. Les voitures rapides de nos trains actuels ne seront évidemment pas adaptées à ce trafic. On devra fabriquer des wagons plus larges, dotés de préférence d'emblée de deux étages, dont celui du dessus surtout offrira de bonnes possibilités de vue sur le paysage. Puisque ces wagons ne pourront pas rouler sur les voies normales, mais sur des voies considérablement élargies – autour de quatre mètres d'écartement –, il importe de construire ces voies en double ou en triple, pour pouvoir faire circuler les trains de marchandises simultanément dans les deux sens. Je pars d'emblée du principe que la ligne principale, par exemple celle vers le bassin du Donetz, devra être à quatre voies. Ce n'est qu'ainsi que notre espace de l'Est, en particulier sur le plan économique, pourra être mis en valeur selon nos vœux[1].

Si la réalisation d'un tel programme ferroviaire comporte évidemment son lot de grandes difficultés, il ne faut pas nous laisser effrayer pour autant. Car tous les discours sur la construction d'un réseau de voies d'eau ne sont que bavardage creux, comme le montre suffisamment le fait qu'à l'Est il y a grosso modo sept mois d'hiver et que ce climat interdit l'utilisation régulière des voies d'eau[2].

Berghof, 30 avril, le soir[3]

Je déplore qu'il n'y ait aujourd'hui en Allemagne que deux ténors héroïques, qu'on trimballe d'un bout du pays à l'autre pour chanter ici ou là. La faute en incombe aux directeurs d'Opéras et aux grands chefs d'orchestre, qui ne se sont pas assez souciés de former la relève nécessaire. À cause de leur paresse, les bons éléments de la génération nouvelle sont obligés de gagner d'abord leur pain sur des scènes de province, et là, plus ils chantent, plus on leur offre de rôles. Mais comme un jeune chanteur ne peut interpréter des rôles dans les registres les plus différents sans abîmer sa voix, la fin de la

1. Ce passage, l'un des plus souvent cités, sert ordinairement à illustrer la mégalomanie de Hitler. Rapporté au contexte de la guerre, et d'une résistance soviétique au moins égale à celle de l'année précédente tandis que, dans le Pacifique, les Américains font déjà figure honorable, cette perspective d'une pénétration vers l'est de convois gigantesques sur des voies surdimensionnées a tout l'air d'un fantasme compensateur.

2. Ici figure dans les notes de Picker un paragraphe sur le bombardement de Rostock, générateur d'un grand affolement et de 40 000 personnes à reloger. La catastrophe a été amplifiée par une première et fausse alerte qui a créé un attroupement à la gare, amenant l'intervention de l'armée pour faire rentrer les gens chez eux, à l'aide d'une distribution de chocolat et de beurre. Le fait que ces lignes n'aient pas été retenues dans le texte mis en forme par Heim pourrait suggérer que lui-même ou Bormann ont censuré une allusion à une catastrophe imputable au régime... si ce n'est que Picker ne note aucune réaction de Hitler, à qui il a apporté un télégramme relatant le bombardement avant de quitter son service.

3. Celui qui parle n'a plus que trois ans à vivre. Il vient de passer deux jours avec Mussolini (qui trépassera un jour avant lui), à Salzbourg. Cet événement ne lui inspire apparemment aucun commentaire sinon, deux jours plus tard, une brève allusion au décor de la rencontre, le château de Klessheim.

pièce est toujours la même : la perte d'un talent de chanteur qui avait la capacité de se développer. J'ai donc prié le chef de l'orchestre de l'Opéra de Munich de former à partir d'une jeunesse apte, par un enseignement approprié de trois à cinq ans, une troupe d'opéra qualifiée destinée au théâtre de Linz. J'ai pris ce parti parce que je juge meilleur de porter des voix à leur plus haut point de performance par une formation prudente étalée sur des années, plutôt que de laisser les choses au hasard. Par principe cela m'est égal si pour ce faire je dois accorder des crédits de formation pendant des années à tout un ensemble de chanteurs, pourvu que j'aie la garantie qu'on ne leur confiera que des rôles pour lesquels ils sont faits.

Si un grand nombre de directeurs de théâtre empruntent cette voie que j'ai tracée pour le recrutement de la troupe de Linz[1], nous aurons en peu d'années à notre disposition une foule de bons chanteurs d'opéra. Les directeurs de théâtre ne devront cependant jamais perdre de vue qu'ils devront sélectionner des chanteurs et des chanteuses que l'on aura à regarder ; sinon, il n'y aura plus besoin de représentations d'opéra et au contraire on pourra se contenter d'une simple lecture à vue de la partition.

Entre toutes choses cependant il faut que cesse ce non-sens que les théâtres croient devoir offrir toujours du neuf avec des spectacles invités, quand ils ne font par ces invitations que ruiner leur propre troupe. Il est bien préférable que les théâtres poussent leurs propres artistes à donner le meilleur d'eux-mêmes et, quand ils sortent du lot, ne se les laissent pas enlever par Berlin. Car là ils ne seraient toute leur vie que le second ou le troisième interprète prévu pour un rôle.

Mais il n'importe pas seulement d'améliorer la valeur des chanteurs en leur donnant une solide éducation, et la formation des chefs d'orchestre est tout aussi importante. Si on avait disposé de beaucoup de bons chefs à l'époque du Système, le scandale Bruno Walter n'aurait guère été possible. Il était considéré comme un zéro absolu à l'Opéra de Vienne, quand la presse juive de Munich attira l'attention sur lui. Voilà soudain que par un petit jeu coquin dans la presse de Munich et de Vienne il est porté aux nues comme le chef le plus génial d'Allemagne. C'est l'Opéra de Vienne qui en a

1. Ici se manifeste la préférence de Hitler pour l'émulation entre des chefs bien choisis plutôt que pour les règlements centraux et les directives.

fait les frais. Car avec son orchestre de grand style il n'a réussi par ses interprétations, en quelques brefs échantillons, qu'à produire de la musique de brasserie et à ruiner complètement l'opéra lui-même[1].

Quand on se fut débarrassé de lui par une mutation, il s'est avéré qu'on manquait gravement de chefs véritablement capables, si bien qu'on dut faire venir à Vienne Knappertsbusch, qui certes avec ses cheveux blonds et ses yeux bleus était un Germain, mais croyait pouvoir faire de la musique seulement avec du tempérament et sans la moindre oreille. Assister à un opéra dirigé par Knappertsbusch est une torture. Comme il tue quasiment les chanteurs sous le volume de l'orchestre, dans lequel les cuivres écrasent complètement les violons, le chant d'opéra n'est qu'une criaillerie où les chanteurs ont l'air de têtards. En sus le chef lui-même se livre à une telle débauche de contorsions et autres simagrées qu'on ne peut même pas le regarder[2].

Le seul chef dont les gestes de direction ne sont pas des enfantillages mais partent de son être est Furtwängler[3]. Une de ses plus grandes performances est ce qu'il a fait de l'orchestre philharmonique de Berlin, qui malgré des subventions d'État très inférieures[4] surpasse de loin celui de Vienne. Si cela tient en partie, comme on le raconte, au fait que Berlin contrairement à Vienne possède des violons de Stradivarius, il faudrait le vérifier. Mais un rôle essentiel est joué par le fait que le Philharmonique de Berlin possède deux instrumentistes de très grand talent dont le plus âgé a 23 ans et le plus jeune 19, et dont le son cristallin de leurs violons donne vraiment à penser que le coup d'archet d'un jeune de 20 ans vaut mieux que celui d'un sexagénaire.

Pour donner à l'Opéra de Linz un chef vraiment bon, j'ai demandé à Clemens Krauss[5], du Théâtre national bavarois, de me former un artiste approprié.

---

1. Bruno Walter (1876-1962) n'est pas seulement un pianiste, un compositeur et un chef invité dès les années 1920 par les orchestres les plus réputés de la planète, c'est aussi un artiste d'origine juive profondément inséré dans la vie intellectuelle viennoise et en contact étroit avec deux de ses vedettes israélites, Gustav Mahler et Sigmund

Freud. Si Hitler ignore peut-être ce dernier lien, la relation entre Mahler et Walter n'a pu lui échapper, ni l'antinazisme de Walter, quittant Berlin pour Vienne en 1933 puis Vienne pour Paris en 1938. C'est un Ennemi par excellence, et le fait que Hitler lui dénie tout talent musical est un des signes les plus flagrants de son fanatisme.

2. Hans Knappertsbusch (1888-1965), « certes un Germain », doit également la piètre estime de Hitler à des raisons politiques, car il méprisait les nazis et ne s'en cachait pas. Or ce chef est, de tous ceux qui sont cités, le plus brillant dans la direction des opéras de Wagner. Ce sera encore l'opinion de Wieland, petit-fils du compositeur et ancien protégé de Hitler (cf. *infra*, entrée du 3 mai au soir), quand il lui donnera à diriger *Parsifal* et le *Ring* au festival de 1951 – des prestations immortalisées par le disque et souvent tenues pour les meilleures du siècle. Hitler, lorsqu'il avait fréquenté le festival de Bayreuth en 1925, 1933 ou 1934, n'avait guère pu être insensible à son talent, d'autant que son apparence physique avait tout pour lui plaire ; en 1933 il dirigeait depuis onze ans l'Opéra de Munich et ce n'est qu'en 1936 qu'il fut démis de cette fonction. Les présentes injures ne sauraient donc être pleinement sincères et donnent la mesure du besoin de Hitler, à ce stade de la guerre, de dénigrer les personnalités distantes à l'égard du régime.

3. Wilhelm Furtwängler (1886-1954), l'un des meilleurs chefs d'orchestre allemands et l'un des préférés de Hitler. Ses relations modérément conflictuelles avec le nazisme ont été étudiées par Audrey Roncigli, *Le cas Furtwängler. Un chef d'orchestre sous le IIIe Reich*, Paris, Imago, 2009.

4. Cette connaissance des finances du Philharmonique de Berlin pourrait s'expliquer par le fait que, pour aider son chef à comprendre qu'il fallait épurer de leur composante juive et le personnel, et le répertoire, le pouvoir nazi lui avait temporairement coupé les vivres en 1933. Cf. Fred Prieberg, *Trial of Strength. Wilhelm Furtwängler and the Third Reich*, Londres, Quartet Books, 1991, p. 42-44 ; Mischa Aster, *Sous la baguette du Reich. Le Philharmonique de Berlin et le national-socialisme*, Paris, Héloïse d'Ormesson, 2009, ch. 3.

5. Clemens Krauss (1893-1954) dirige l'Opéra d'État de Bavière à Munich de 1937 à 1944. Le 19 janvier précédent, Hitler le classait parmi les trois premiers chefs allemands avec Furtwängler et Busch. Or ce dernier avait choisi l'exil en 1933 et Hitler, ce jour-là, en faisait porter la responsabilité au sectarisme politique et au manque de sens artistique de son Gauleiter Mutschmann (qui, d'évidence, n'avait pu le persécuter qu'en accord avec une autorité supérieure). Le fait qu'en ce 1er mai il omette de mentionner Busch tout en déniant le moindre talent à Knappertsbusch montre une impatience et une méfiance accrues envers les milieux artistiques.

Berghof, 1er mai, midi

Je suis très reconnaissant au Pr Giesler pour la transformation du château de Klessheim, qui a été remis en usage comme résidence d'accueil des hôtes étrangers du gouvernement à l'occasion de la visite du Duce. Avant tout, la distribution de l'espace est conforme aux besoins de représentation d'une grande puissance, car loin de l'enfilade de lieux étroits qu'on trouve chez les petits potentats, il y a toujours un grand espace entre le portail et l'escalier puis entre l'escalier et la salle de réception.

Il est important que nos architectes s'habituent à voir grand dans les questions de répartition de l'espace. C'est la seule façon d'empêcher qu'on voie des villes dans lesquelles les maisons sont simplement juxtaposées et accolées, comme Zwickau, Gelsenkirchen, Bitterfeld et d'autres. Si on m'exilait dans une telle ville sans culture, cela m'anéantirait aussi sûrement que si j'étais exilé à l'étranger[1]. C'est pourquoi je suis fermement décidé à faire en sorte que même dans la plus petite ville un morceau de culture pénètre et qu'ainsi l'aspect de nos villes atteigne lentement et continûment un meilleur niveau. Il y a certes du vrai lorsqu'on déclare que la culture, dans une ville, dépend largement du passé de cette ville. Bayreuth, Weimar et Dresde en sont des exemples classiques. Peut-être même n'est-il pas possible de donner à une ville un aspect conforme à notre sensibilité culturelle si quelque grand homme n'a pas respiré autrefois dans ses murs[2]. Mais nous devrions pour le moins chercher à doter jusqu'aux petites villes d'un représentant du Parti qui ne soit pas seulement porteur de l'idée de grandeur nationale-socialiste, mais également de la pensée culturelle. Et même si nous échouons à trouver une telle personnalité pour diriger le district (*Kreis*), il faut pourtant avec l'aide du Parti et de ses membres faire en sorte que partout le Kreisleiter devienne au moins le point de cristallisation d'une certaine vie culturelle. Dès qu'un tel point de cristallisation existe, la possibilité aussi se fait jour d'un progrès dans le domaine de la culture. Par exemple, il ne suffit pas qu'il y ait quelque part un musée où on emmène les écoliers, mais nos dirigeants doivent

1. Ce besoin de sentir sous ses pieds une terre allemande doit être véritable pour celui qui ne visite un peu longuement que l'Italie (une Italie révérée à la fois comme une matrice culturelle et un appendice de la germanité) – et va aller passer l'été en Ukraine, un territoire qu'il considère d'ores et déjà comme allemand.

2. Une phrase figure ici chez Genoud sans correspondance aucune avec le texte de Picker : « C'est eux [les grands hommes] qui lui donnent [à la ville] ce reflet d'humanisme qui s'identifie à la longue avec leur image. » Nous sommes devant l'un des rares cas où le propos est enrichi après coup. Il l'est par une phrase très hitlérienne, qu'on peut donc soupçonner d'avoir été ajoutée par le locuteur lui-même : elle fait de la ville une entité humaine, qui porte l'empreinte d'un grand homme natif de l'endroit.

aussi avoir à cœur qu'un nombre croissant d'hommes du Service du travail et de la Wehrmacht fréquentent les musées et qu'ainsi peu à peu s'éveillent dans tout le peuple l'intérêt et la passion pour l'art. On doit d'abord éduquer le regard de la jeunesse : en grand d'abord puis en petit ! Car c'est seulement ainsi qu'elle deviendra capable de discerner les beautés d'une œuvre d'art non seulement dans ses grands traits, mais également dans ses détails[1].

3 mai, midi

Lors des deux attentats qui ont vraiment mis ma vie en danger, j'ai été sauvé non par la police, mais par des hasards extraordinaires.

Lors de la réunion du 8 novembre 1939 à la Bürgerbräukeller, ce n'est que parce que je suis parti dix minutes avant l'heure fixée, échappant ainsi à l'attentat, en raison d'un rendez-vous important à Berlin qui rendait impérieux que j'aille immédiatement là-bas[2].

Ma vie a été épargnée lors de la deuxième tentative d'attentat parce que son auteur, un Suisse, qui m'avait guetté au Berghof pendant trois mois, m'avait manqué régulièrement pendant mes promenades et, alors qu'il voulait ensuite prendre position à Munich, fut auparavant contrôlé par un employé des chemins de fer ; en le trouvant porteur d'un billet Berchtesgaden-Munich dans un train pour Munich, il l'avait interrogé sur le but de son voyage et avait ainsi appris que, sous prétexte de remettre une lettre au Führer, il avait séjourné plusieurs mois à Berchtesgaden ; devenu méfiant devant ces déclarations, il l'avait fait arrêter. Lors de l'enquête on a trouvé ensuite sur lui une enveloppe fermée adressée au Führer, mais elle était vide ; après ce constat, l'homme a fait des aveux complets[3].

---

1. Ici l'utopie nazie se fait sympathique : que le Kreisleiter, représentant du Führer dans un district de dimension restreinte, soit choisi selon des critères où la sensibilité artistique tient une place croissante, et qu'il draine vers les musées non seulement les écoliers mais les adultes, quel démocrate n'y souscrirait ? Cependant, les propos élitistes ambiants laissent pressentir que la mise en œuvre sera purement cosmétique, et que l'élévation du niveau de la culture populaire restera un vœu pieux.

2. Cet indice n'a été exploité jusqu'ici à ma connaissance que par le très controversé Martin Allen, dans un livre sur le philonazisme de l'ex-roi d'Angleterre Edward VIII, devenu le duc de Windsor. Supporter de Hitler, il en serait devenu carrément l'espion pendant la drôle de guerre et son agent traitant aurait été Charles Bedaux (1866-1944), né français, naturalisé américain, concepteur mondialement connu de méthodes de management, automobiliste sur tous les continents, possesseur d'entreprises de conseil dans de nombreux pays, et familier des dirigeants allemands dans l'espoir de récupérer celles que le Troisième Reich lui avait confisquées. C'est avec cet affairiste, affirme Allen sans répondant documentaire probant, que Hitler avait rendez-vous, pour causer du duc. Cf. *Hidden Agenda. How the Duke of Windsor Betrayed the Allies*, Londres, Macmillan, 2000, tr. fr. *Le roi qui a trahi*, Paris, Plon, 2000, p. 168 (ce livre s'appuie notamment, comme les deux autres ouvrages de l'auteur, sur de faux documents introduits dans les Archives nationales anglaises, sans que l'affaire ait été éclaircie ni jugée à ce jour). Bedaux va décéder mystérieusement dans une prison de Floride le 18 janvier 1944, après avoir été arrêté par les Américains en Afrique du Nord. D'un autre côté, une littérature abondante, sans plus de preuves, fonde sur le départ inhabituellement précoce de la direction du NSDAP l'affirmation que les nazis avaient préparé l'attentat. On pense plutôt aujourd'hui que l'ouvrier Georg Elser (1903-1945) avait agi seul, au vu des comptes rendus de ses interrogatoires qui révèlent qu'il avait pour cela et les compétences et la discrétion requis.

3. Hitler reprend ce récit avec quelques variantes un mois plus tard, le 4 juin, après l'annonce du décès de Heydrich des suites d'un attentat. Ce second récit, connu par les notes de Picker, n'est pas repris dans le document Heim-Bormann, sans doute pour éviter un doublon. Il mentionne l'auteur de la lettre vide : Daladier, le chef du gouvernement français au début de la guerre. Ce détail plaiderait pour la vraisemblance de l'épisode, ainsi que la chronologie qui le place après l'attentat commis le 8 novembre 1939 par Elser : pendant la drôle de guerre, entre cet attentat et la chute de Daladier survenue en mars 1940, il était plausible que Daladier cherche à atteindre Hitler par un intermédiaire suisse et qu'un assassin se munisse d'un tel alibi. Une chose étonne cependant : le domaine du Berghof étant alors clôturé et quadrillé de patrouilles SS, il est inconcevable qu'un individu dépourvu de laissez-passer ait pu espérer croiser un Führer en promenade. Ce récit imprécis d'un épisode édifiant, inconnu par ailleurs, pourrait donc se rattacher, non à la série des 42 tentatives répertoriées de tyrannicide, parvenues à des stades de préparation et d'exécution très divers, sur lesquelles on peut mettre des noms, mais à celle des intoxications destinées à modeler l'histoire d'un Reich exemplaire et immaculé, perpétuellement menacé

Les déclarations de ce Suisse ont donc été pour moi très instructives car elles ont renforcé mon opinion que contre un assassin idéaliste déterminé qui met résolument en jeu sa vie, il n'existe pas de parade. J'ai alors pleinement compris pourquoi dans l'histoire 90 % des attentats avaient réussi[1]. La seule mesure préventive qu'on puisse prendre est de vivre irrégulièrement et d'entreprendre des déplacements, que ce soit à pied, en voiture ou lors de voyages, tout à fait irrégulièrement. Mais même cela, ce sont des mesures de précaution et rien de plus.

En conséquence, je donne à tous mes déplacements un caractère d'improvisation, sans jamais avertir la police. J'ai donné au chef de mon commando de sécurité, Rattenhuber, et à mon chauffeur, Kempka, la stricte consigne de tenir mes sorties absolument secrètes, en précisant qu'ils devaient appliquer cette consigne même si de très hautes autorités les approchaient pour avoir des informations.

Car dès que la police apprenait quelque chose sur mes déplacements, elle sortait de son comportement habituel et cela suffisait pour qu'elle mette les gens en alerte, sans réfléchir que tout ce qui sort de la règle se remarque.

La meilleure illustration de la chose se produisit lors de l'entrée en Autriche, quand j'allai à Vienne et à Presbourg. Sur le trajet Vienne-Nikolsbourg comme sur le trajet vers Presbourg la police avait tout mis en alerte, ce qui était d'autant plus dangereux qu'elle ne disposait pas des forces adéquates. En outre, ses inspecteurs de la criminelle avaient des habits civils tellement voyants (par exemple des manteaux de loden ou des impers Klepper, des choses de ce genre) que – tout comme moi – n'importe quel futé les reconnaissait au premier regard. Après avoir, à un moment, donné l'ordre de prendre un itinéraire différent de celui prévu, et prescrit de respecter même les feux rouges, je suis passé partout sans encombre.

La protection de la police ne joue un rôle particulier que dans des occasions où le temps, l'horaire et le programme ont été strictement définis. Même alors certes on constate que les agissements de la police donnent l'alarme, provoquant des attroupements et par là des difficultés colossales. Mais il faut s'accommoder de ce que des jours

d'infiltration par des toxines extérieures. La Juiverie poursuivait le Sauveur de ses assiduités, l'obligeant à protéger sa personne en raréfiant ses contacts avec le peuple, mais au sein de celui-ci la Providence suscitait des patriotes vigilants qui l'aidaient à protéger son envoyé.

1. Une statistique étrange et sans doute même inversée. En France par exemple, aucun monarque n'a été mortellement blessé depuis 1610, y compris les deux Bonaparte, souvent visés, et seulement deux présidents de la République, Sadi Carnot (1894) et Paul Doumer (1932). Hitler devrait avoir en mémoire, en particulier, la balle reçue par Clemenceau en pleine élaboration du traité de Versailles, le 19 février 1919. Après lui, Charles de Gaulle et Fidel Castro offrent de bons exemples de cibles manquées.

comme le 1er mai, le 9 novembre, la fête de la moisson à Bückeberg avec ses 700 000 participants et la parade de l'anniversaire à Berlin[1] on ne puisse empêcher qu'il se trouve parmi ces multitudes des idéalistes munis de fusils à lunette ou de choses analogues, qui me visent et tirent sur moi depuis quelque coin. Par conséquent, il importait que de tels coins fussent attentivement explorés ; avant tout, de nuit, il fallait faire en sorte qu'ils soient éclairés par les projecteurs de la police et non, comme cela s'est vu un jour à Hambourg, qu'ils soient tous dirigés vers ma voiture ! Dans ces occasions officielles il faut éviter au maximum les voies étroites. C'est ainsi qu'à Berlin l'un des points névralgiques les plus dangereux est l'arrivée devant l'Opéra Kroll[2], large seulement de cinq mètres.

Comme il n'y a pas de protection à 100 % contre les auteurs idéalistes d'attentats dans de telles occasions officielles, je me plante tranquillement debout dans la voiture. De cette façon se confirme encore et encore le proverbe « le monde appartient aux audacieux ». Si un idéaliste voulait me descendre ou me tuer par une bombe, la position assise ne me serait d'aucun secours. Cependant, le nombre des tueurs idéalistes qui pourraient être dangereux pour moi diminue sans arrêt. Parmi les bourgeois et les marxistes on trouverait difficilement des gens prêts à mettre leur vie en péril dans un attentat[3]. Seuls sont dangereux, donc, les idéalistes excités par les curés en chaire ou les gens animés d'un sentiment national dans les pays présentement occupés par nos troupes. Pour eux aussi les possibilités sont restreintes, du fait de ma longue expérience. Par exemple la nuit, quand je me déplace en voiture et que nous prenons un virage, il est devenu presque impossible de tirer sur moi ou sur mon chauffeur depuis la voiture suivante car j'ai tiré depuis longtemps les leçons de l'attentat contre Rathenau et fait installer à l'arrière de ma voiture un phare avec lequel je peux aveugler les conducteurs des voitures qui me suivent[4].

1. Énumération intéressante des fêtes nazies que Hitler juge nécessaire d'honorer de sa présence. La fête de la moisson avait eu lieu tous les ans de 1933 à 1937 sur la colline de Bückeberg, près de Hameln, le premier dimanche après la Saint-Michel (29 septembre) ; en 1938, elle avait été annulée deux jours avant (le 30 septembre) « en raison de la mobilisation des moyens de transport à d'autres fins » – une manière de faire pression sur les pays qui allaient signer quelques heures plus tard les accords de Munich en faisant croire jusqu'au bout que le Reich s'apprêtait à faire la guerre si on ne lui cédait pas les Sudètes. Les quatre fêtes, assez mal réparties dans l'année, concernaient donc le Führer (parade d'anniversaire, à Berlin, le 20 avril), l'industrie et ses ouvriers (1er mai), l'agriculture et ses paysans (fête de la moisson, qui suit de près le congrès de Nuremberg tenu dans la deuxième semaine de septembre) et le Parti (9 novembre). Il y a d'autres dates importantes, comme l'anniversaire de la prise du pouvoir (30 janvier), celui de la refondation du Parti en 1925 (27 février) ou le jour du Souvenir des héros (deuxième dimanche de carême, généralement en mars), mais la forme des commémorations est plus variable et moins ritualisée.

2. Ce théâtre sert de lieu de réunion au Reichstag depuis la crémation de ses locaux propres : un attentat serait un juste retour des choses, mais Hitler se méfie !

3. Elser était pourtant de tendance communiste. C'est donc avec beaucoup de partialité que Hitler situe le danger principal du côté des chrétiens.

4. Lors des trajets en voiture, Hitler ne se mettrait pas seulement dans la peau du chauffeur mais aussi dans celle d'un garde du corps ? Il ne serait pas absorbé dans une réflexion sur ce qu'il va faire à l'arrivée ou, s'il voyage en compagnie, dans une conversation ? Sans doute fait-il tout cela à la fois ! Mais il veut probablement moins ici faire accroire qu'il est un surhomme qu'évoquer la traque permanente de sa personne par un ennemi implacable et le fait qu'il y est, lui, attentif.

3 mai, le soir

Je ne veux pas qu'on fasse d'entorse aux dernières volontés d'un défunt, tant qu'elles ne portent pas gravement atteinte aux droits de l'État et du peuple.

Si on laisse faire des entorses aux dernières volontés, on court le risque de créer pour plus tard des précédents qui entraîneraient des conséquences de plus en plus démesurées par rapport à ce qu'on prévoyait au départ. J'avais dû affronter ce problème lors de la mort de Ludendorff. Ludendorff avait en effet disposé expressément dans son testament qu'il ne voulait être enterré ni dans le cimetière des Invalides à Berlin ni au mémorial de Tannenberg, mais à Tutzing[1]. Si irritante que cette dernière volonté fût pour moi, je l'avais respectée en considérant le danger d'un précédent.

Le même principe me conduit à défendre sans restriction la conception suivant laquelle doivent être respectés les droits et les titres de propriété des personnes morales, c'est-à-dire des collectivités, des villes, des Gaue et des Länder. Si on y touche, on porte atteinte aux fondements les plus essentiels du labeur humain et on ruine d'avance le travail de l'avenir.

Si par exemple une collectivité rassemble une collection de trésors artistiques et, faute de titres de propriété qui lui en assurent la possession sans limite de temps, un personnage puissant s'en saisit au bout d'un siècle et disperse les objets dans toutes les directions, cela va décourager toutes les collectivités de droit public qui, sans cela, consacreraient une part de leurs ressources à la création d'établissements culturels[2].

Malheureusement le ministre de l'Éducation du Reich a, en tant que responsable de la production culturelle allemande, peu de compréhension pour ces choses. Il n'a pas hésité un jour à me proposer de transférer l'école des Mines de Leoben à Linz, quand on eut formé le projet d'ouvrir à Linz un institut technique. Le fait que la perte de son école des Mines – tandis que Linz ne présentait pas la moindre des conditions d'environnement naturel, notamment en matière de mines –, entraînerait la ruine complète de la ville de

1. La commune où il résidait en compagnie de son épouse Mathilde von Kemnitz.

2. Hitler lutte contre les caprices des dirigeants locaux et les particularismes.

Leoben parce que la vie des habitants, le nombre des logements, etc. sont entièrement dépendants du fonctionnement de l'école des Mines, tout cela passait au-dessus de la tête du camarade Rust.

C'est une ineptie aussi complète que commet le ministère de l'Intérieur du Reich, dans son désir d'uniformisation bureaucratique, quand il retire à une ville comme Lindau sa qualité de chef-lieu et laisse ainsi s'atrophier son rôle de centre culturel du lac de Constance[1]. Même une ville comme Brunswick serait complètement à plat si on lui retirait sa qualité de capitale régionale sans contrepartie.

Pour le cas où il m'arriverait quelque chose, j'ai passé expressément la consigne à Göring de ne pas se laisser convaincre de changer quelque chose au statut de Brunswick[2], justement. Le ministère de l'Intérieur du Reich a malheureusement tendance à plaquer des schémas partout. Il échappe complètement à ses juristes qu'une ville de 25 000 habitants peut être un gros bourg paysan qui peut être administré au mieux par un lien on ne peut plus direct avec le président d'arrondissement mais aussi un vieux foyer de culture, qui doit être administré en fonction de ses besoins propres et doit pour cela conserver à l'intérieur du district la liberté d'une personnalité autonome.

Dans ce domaine aussi on peut penser qu'il y a beaucoup à apprendre des Romains. Exactement comme eux ne concentraient le pouvoir dans une seule main que dans les périodes de crise, en dehors desquelles ils le partageaient entre un grand nombre de personnalités, de même la localisation et la construction des villes n'avaient jamais lieu que dans un espace choisi en fonction des nécessités politiques et culturelles ou encore des besoins de l'heure. Nous aussi devons veiller à ce que les réformes territoriales ne soient entreprises qu'après l'examen le plus attentif de tous les facteurs pertinents. Aussi ai-je, sur la suggestion du Reichsleiter Bormann, interdit pour la durée de la guerre les fusions de districts. J'ai aussi veillé à ce qu'une ville comme Berlin ne cherche pas, en profitant des conditions créées par la guerre et des difficultés des autres villes, entre autres, pour construire, à tirer toute la couverture à elle. Plus une ville est grande, plus forte est sa tendance à devenir en tout une métropole et à tout

1. Rust et Frick sont décidément, malgré les services éminents rendus dans la « période de lutte », devenus des têtes de Turc.

2. Brunswick, en allemand Braunschweig, vieille ville hanséatique de 200 000 habitants, la deuxième de Basse-Saxe après Hanovre, a conservé lors de l'unification de 1871 un statut d'État libre que n'ont modifié ni Weimar ni le Troisième Reich. Elle sera incorporée au Land de Basse-Saxe en 1946. Hitler tient au statu quo pour des raisons culturelles.

attirer vers elle. C'est ainsi que Vienne a au long des siècles fait venir dans ses murs tous les trésors artistiques et entraîné par là le dépérissement, dans le domaine de l'art, de tous les autres secteurs alpestres et danubiens. On doit éviter que dans l'aménagement de ma ville, Linz, un phénomène semblable ne se produise [pas[1]] aujourd'hui, et qu'un homme fort ne cherche à garnir les lieux culturels de Linz aux dépens de Munich. En conséquence, je n'ai fait venir à Linz que des œuvres que j'avais achetées sur le marché libre et qui de cette façon n'étaient enlevées à aucune autre ville. Si, en faisant quelques petites exceptions dans le désir de compléter au mieux un musée – celui de Linz par exemple –, on méprisait les droits et titres de propriété d'une collectivité, d'un Gau ou d'un Land, on ferait sombrer tout l'édifice juridique des droits et des titres de propriété et il n'y aurait plus aucune limite[2]. Il suffit ici de penser aux efforts du bourgmestre de Nuremberg, Liebel[3], pour faire revenir à Nuremberg tout ce qu'ont fait des artistes du cru pour se représenter le combat de tous contre tous qui se déclencherait facilement autour des œuvres d'art existantes. C'est d'ailleurs un point de vue tout à fait erroné de vouloir à toute force qu'une œuvre d'art appartienne uniquement à l'endroit où elle a été créée. Une véritable œuvre d'art transcende toujours les limites de sa ville, pour faire la renommée de son créateur et de sa ville au dehors, dans le monde. Mussolini l'a parfaitement compris et en conséquence, par exemple, m'a offert le célèbre Discobole[4].

---

1. Le texte porte : « *Man müsse verbeugen [...] nicht etwas ähnliches geschehe.* » Hitler s'est embrouillé dans les négations.

2. Belle illustration du fait que Hitler, quand il dit pis que pendre du droit et de ses praticiens, ne jette pas le bébé avec l'eau du bain. Homme d'ordre, il révère « l'édifice » qu'il a trouvé en arrivant et l'incorpore à ses instruments de domination, tout en cherchant à le dépoussiérer, à l'adapter de plus près aux besoins de sa « communauté nationale ».

3. Il a déjà été longuement question de ce bourgmestre le 17 décembre.

4. Cf. Françoise Frontisi-Ducroux et François Lissarrague, « La vache et le discobole », *Ítaca. Quaderns Catalans de Cultura Clàssica*, n° 21, Societat Catalana d'Estudis Clàssics, 2005, p. 19-29. Les auteurs expliquent la genèse du succès de cette statue en Occident après sa

découverte, et le fait qu'elle avait supplanté, dans le prestige de son auteur, Myron, une statue de vache plus célèbre encore dans l'Antiquité, mais non retrouvée : « La statue découverte en 1781, toujours propriété privée à Rome, fut en effet achetée par Hitler en 1938 et installée à Munich, avec l'accord de Mussolini. Une photo officielle montre le dictateur et la statue ensemble ; Hitler ne regarde pas la statue, il pose à côté d'elle, adossé à l'antique comme pour marquer une généalogie, pour souligner un droit de propriété dont on connaît l'enjeu politique et racial. Rendue en 1948 à l'Italie, cette version est aujourd'hui au musée des Thermes, à Rome. Depuis cette date, le Discobole est entré dans la conscience collective comme une icône de la Grèce, emblème de l'olympisme, figurant sur les billets de banque ou les timbres grecs, alors que la statue est à Rome. On est ainsi passé de fragments épars à une statue identifiée, nommée, assignée à un auteur : le Discobole de Myron. Il est rare de voir ainsi naître un "classique", plus rare encore de voir comment la tradition archéologique supplante la tradition littéraire, comment le discobole passe devant la vache, si célèbre parmi les auteurs anciens, mais dont nous n'avons aucune image assurée. » Il est plus rare encore, jusqu'à nos jours, de repérer une trace culturelle du nazisme et de ses plus folles obsessions dans des endroits présumés honorables de la culture occidentale (un autre exemple emblématique étant le parcours de la flamme olympique dans les semaines précédant les Jeux, une invention nazie et très probablement hitlérienne de 1936 alors que ce flambeau, apparu en 1928 aux Jeux d'Amsterdam, n'avait pas quitté les stades, ni cette année-là, ni en 1932 lors des Jeux de Los Angeles. Cf. Daphné Bolz, *Les arènes totalitaires. Hitler, Mussolini et les jeux du stade*, Paris, CNRS éditions, 2008).

Cette allusion à Mussolini, la première depuis une semaine, survient à la veille d'une rencontre rapide entre les deux hommes à Salzbourg, le 4 mai. Le fait que Hitler soit aussi discret suggère qu'il est préoccupé et perplexe à l'approche de ce rendez-vous. Il doit pressentir que le Duce va faire une tentative pour l'inciter à rechercher une paix de compromis avec Staline, en profitant des succès initiaux de la prochaine offensive de printemps, pour se concentrer sur l'ennemi anglo-saxon. Il a d'autant plus de raisons de le pressentir s'il est informé d'une conversation entre l'ambassadeur italien en Allemagne, Dino Alfieri, et Ribbentrop, dans le train de ce dernier en route vers Salzbourg, ce 3 mai en début d'après-midi. L'ambassadeur avait soumis au ministre « à titre personnel » l'idée d'une paix de compromis après quelques victoires et s'était heurté à un mur. Puis il en avait parlé à Ciano et enfin à Mussolini, avant sa rencontre avec Hitler. Le Duce avait déduit de l'attitude de Ribbentrop que Hitler non plus ne céderait pas et qu'il était « inutile de se rompre les cornes ». Cf. *Due dittatori*..., *op. cit.*, ch. 18, « À Salzbourg, on parla de paix... ».

Le pire danger pour la signification culturelle de nos villes d'art, je le vois dans le fait que la bureaucratie ministérielle berlinoise pourrait acquérir encore plus de poids qu'elle n'en a déjà. La bureaucratie ministérielle berlinoise confond en effet le rôle d'une administration centrale qui doit juste indiquer des directions et n'intervenir que là où des dommages se produisent, et un unitarisme destructeur de toute vie au dehors. Il y a donc un grand danger dans le fait que depuis une vingtaine d'années cette bureaucratie a grandi presque exclusivement de son propre mouvement ; ainsi, un homme comme le chef de la division communale du ministère de l'Intérieur du Reich, Suren, par le seul fait qu'il avait occupé un certain temps certaines fonctions, a dû être nommé secrétaire d'État, bien que dans un nombre incalculable de cas son travail ait été plus nuisible qu'utile[1].

Il va donc falloir truffer cette bureaucratie[2] du maximum possible d'hommes efficaces recrutés au dehors, dans tout le pays. De telles personnes, également utilisables sur le plan pratique, on peut seulement les former si on leur donne la possibilité de faire la preuve de leurs aptitudes dans des administrations autonomes. Plus le Reich sera décentralisé, plus on trouvera facilement, pour les instances centrales, des gens efficaces qui sauront bien à quel endroit il faut donner à l'administration des directives générales et à quel endroit ils doivent intervenir.

Si on laisse la pratique expérimentée jusqu'ici se poursuivre dans l'administration ministérielle, le résultat sera d'ici quelques années une désillusion nationale. Car les gens qui réalisent quelque chose et se tiennent dans le réel sur leurs deux jambes se plairont-ils toujours, comme maires d'agglomération ou préfets, à voir des projets longuement fignolés avec leurs collaborateurs soumis à la décision d'un vermisseau dans un ministère berlinois et tout leur travail anéanti en tous lieux par une décision négative ? Que les ministères berlinois, lorsqu'ils s'occupent du détail, ne tombent juste que rarement, c'est forcé. Car les hommes installés dans un ministère sont nécessairement dépourvus de la moindre largeur d'esprit, car ils ont gravi une série de petits échelons de fonctionnaires pour parvenir à leur poste,

1. À l'occasion d'une de ses sorties rituelles contre la bureaucratie, Hitler livre quelques informations importantes. Une étude de 2002 a révélé que la politique antijuive avait été souvent d'initiative locale, par exemple lorsqu'il s'agissait d'exclure les Juifs du bénéfice de l'aide sociale, alors que le ministère de l'Intérieur montrait moins de zèle. C'est ainsi qu'il faut comprendre la rage du dictateur contre Friedrich-Karl Suren (1888-1969), et contre l'avancement à l'ancienneté qui lui avait valu d'accéder à une fonction de secrétaire d'État... ce que ne confirme d'ailleurs pas la fiche qui le concerne aux Archives fédérales http://www.bundesarchiv.de/aktenreichskanzlei/1919-1933/011/adr/adrsz/kap1_1/para2_552.html. Selon cette source, Suren, chef de la division des communes depuis 1932, et président de la commission d'aide sociale, est mis en disponibilité en 1943 (sans autre précision chronologique : s'agit-il d'un effet, *via* Bormann et Frick, de sa présente mise en cause par le chancelier ? ou a-t-il fallu attendre le remplacement de Frick par Himmler, en août, à la tête du ministère ?) et recasé l'année suivante au tribunal administratif. Cf. Wolf Gruner, *Öffentliche Wohlfahrt und Judenverfolgung. Wechselwirkungen lokaler und zentraler Politik im NS-Staat (1933-1942)*, Munich, Oldenburg, 2002 et Hans-Christian Jasch, « Staatssekretär Wilhelm Stuckart und die Judenpolitik: Der Mythos von der sauberen Verwaltung », *Studien zur Zeitgeschichte*, n° 84, Munich, De Gruyter, 2012, p. 158.

2. Une expression des plus instructives sur la conception hitlérienne de la politique : les vieilles institutions restent en place et de ce point de vue le nazisme n'est pas du tout révolutionnaire. Il l'est en revanche par la façon dont il leur soustrait des missions confiées à des organisations dépendant de lui et du Parti, et aussi par une pratique consistant à « truffer » les administrations d'individus partageant ses vues. La décentralisation permet ainsi, paradoxalement, un contrôle plus étroit : elle permet de voir à l'œuvre, devant des problèmes concrets, un certain nombre de cadres et d'en « truffer » ensuite les administrations centrales. Les organisations locales du Parti sont naturellement appelées à jouer un grand rôle dans ce processus de sélection, à commencer par les Gauleiters.

qui pour eux est très important, alors que pour des hommes engagés dans des réalisations d'envergure il est dérisoire. Quel homme de théâtre capable, par exemple, se laissera enlever de sa place pour occuper au ministère de la Propagande un emploi de conseiller en matière théâtrale à 700 ou 800 marks par mois ? La vie du conseiller ministériel, en effet, c'est son petit égoïsme de bureaucrate.

Par conséquent, je me soucie au plus haut point qu'une ville comme Bayreuth ne se trouve pas un jour obligée pour des raisons financières de soumettre la programmation de ses espaces culturels et de se plier par là à des injonctions ministérielles. Je suis par conséquent avec un intérêt particulier la carrière des deux fils de Frau Winifred Wagner[1] et j'espère qu'ils pourront continuer l'œuvre de leurs père et mère. En outre je mettrai tout en œuvre ma vie durant pour assurer la conservation de la ville de Bayreuth et de ses établissements artistiques.

Pour favoriser au mieux la conservation de nos grands établissements culturels, il convient d'en laisser la gestion aux villes dans lesquelles ils se trouvent actuellement. Aussi vrai que Berlin est belle et adaptée à son rôle de métropole politique et militaire – qu'on songe seulement à la parade pour chaque anniversaire du Führer –, elle n'est pas faite pour être une métropole culturelle. Pour cela il lui manque d'abord l'atmosphère.

Je suis également opposé à la création d'autres villes de la dimension de Berlin. Cela suffit amplement au Reich d'avoir une ville de cinq millions d'habitants, Berlin, deux de deux millions, Vienne et Hambourg, et un grand nombre d'un million. Faire grandir encore nos grandes villes, pour orienter vers elles toute la vie culturelle de vastes régions, c'est un non-sens. C'est aussi pourquoi j'ai dit à Christian Weber que c'était une idiotie de vouloir réunir Starnberg[2] à Munich. Au contraire, on doit laisser Munich exactement comme elle est, pour lui conserver vraiment son caractère.

Certes j'aurais pu si je l'avais voulu organiser à Munich les congrès du Parti. Mais justement, comme je veux créer en Allemagne un ensemble complet de petites, de moyennes et de grandes villes, qui soient les pôles de la vie culturelle allemande, j'ai

1. Wieland (1917-1966) dirige le festival depuis sa reprise, en 1951, jusqu'à sa mort, puis Wolfgang (1919-2010) jusqu'à la sienne.

2. Une station lacustre à 25 kilomètres de Munich, devenue depuis l'installation du chemin de fer en 1854 un lieu de promenade pour ses habitants.

aéré la représentation du Parti et placé, par exemple, son congrès à Nuremberg, où pendant dix jours, il baigne la ville d'un faste rappelant exactement celui des anciens jeux Olympiques[1]. C'est au nom de considérations analogues que j'ai refusé d'enlever à Leipzig le tribunal du Reich et que j'ai vu d'un bon œil qu'une haute autorité du Reich comme le Tribunal administratif s'installe à Vienne. Après la guerre je devrai conférer avec le Reichsführer SS Himmler pour parler des établissements d'enseignement et de recherche de la science médicale. Car il faut reconnaître que la science médicale ne peut pas et ne doit pas être fragmentée entre une médecine SS, une médecine de la marine de guerre, une médecine de la police, une médecine des civils, etc[2].

4 mai, le soir

Comment payerons-nous les dettes de guerre ? Pas de problème :

1) Les gains territoriaux apportés par l'épée du Reich, comme je l'ai déjà dit il y a peu, apportent une telle augmentation de la richesse nationale qu'ils équilibrent plusieurs fois les frais de la guerre.
2) L'enrôlement de 20 millions de travailleurs étrangers dans l'économie allemande procure un gain qui surpasse largement les dettes contractées pour la guerre par le Reich. Il n'y a qu'à calculer combien rapporte le fait qu'un étranger est payé, contrairement à un Allemand qui touche 2 000 marks par an, seulement 1 000 marks.

Il est pourtant remarquable que cela ait échappé jusqu'ici à presque tous les dirigeants de l'économie allemande. Au ministre de l'Économie du Reich lui-même, le membre du Parti Funk, j'ai dû commencer par expliquer, à l'occasion d'un calcul du produit national brut, à quel point en fait le niveau de vie du peuple allemand était rehaussé par les travailleurs étrangers et par la baisse du prix du travail que cause leur enrôlement (si l'on compare l'écart du coût entre les travailleurs allemands en Allemagne et les travailleurs allemands à l'étranger).

1. Comparaison rare et d'autant plus intéressante. Il n'y a pas, dans le cadre du congrès de Nuremberg, la moindre compétition sportive mais ce qui rapproche les deux manifestations, dans l'esprit du chef nazi, c'est l'exaltation de l'homme aryen.

2. La SS n'a sans doute pas vocation à régenter toute l'activité d'enseignement supérieur et de recherche. Mais la médecine est une discipline aux enjeux « raciaux » tellement forts que son organisation fera l'objet, avant tout, d'une concertation entre Hitler et Himmler. Au demeurant, le meilleur moyen d'obtenir que la médecine allemande ne soit pas fragmentée en une médecine SS, une médecine de la marine de guerre, etc., c'est de placer le tout sous la coupe de Himmler !

Enfin l'histoire enseigne qu'aucun peuple au monde n'a été jusqu'ici tué par les dettes. Il en ressort qu'on ne peut qu'ordonner à notre économie, dans les fabrications d'armement que la guerre implique, d'agir avec un optimisme de 100 % sur le plan financier.

5 mai, midi

(Le Führer raconte en plaisantant qu'il a lu avec le plus vif intérêt, au cours de la nuit précédente, l'ouvrage de Petri en deux volumes que le journaliste Frentz[1] *a mis à sa disposition, intitulé* Germanisches Volkserbe in Wallonien und Nordfrankreich.*)*

J'y ai prélevé avec intérêt l'information que d'après les noms de lieux, etc., il s'agit là de vieilles terres germaniques qui nous ont été volées et dont la restitution peut être réclamée de plein droit. J'ai lu d'un trait les deux volumes[2].

5 mai 1942, le soir

(Bormann fait remarquer qu'à chaque nouvelle visite du Duce[3] *on voit toujours de nouveaux visages dans son entourage, ce qui semble démontrer que le Duce renouvelle fréquemment ses collaborateurs.)*

Certainement il ne peut pas faire autrement, car le Duce sait tout comme moi qu'on ne peut faire de plans à long terme qu'avec des collaborateurs qui conservent longtemps leur place. Si le Duce éprouve le besoin de changer souvent la garde, c'est donc avant tout parce que :

a) le matériel humain à sa disposition pour les postes de direction ne comprend pas suffisamment de spécialistes pour qu'il puisse garder tous ces hommes longtemps dans leur poste ;
b) les meilleurs hommes du Parti doivent sans cesse être proposés pour les postes de préfets, car les préfets sont nommés par le roi et le roi aurait la possibilité de faire facilement un affront au Duce si celui-ci présentait des fascistes insuffisants[4].

J'en connais un rayon sur la difficulté de trouver pour les postes de direction les bonnes personnes. Sans cesse je dois reprendre les

1. Walter Frentz (1907-2004), l'ancien cameraman de Leni Riefenstahl que Hitler a chargé, au début de la guerre, des actualités cinématographiques. Il avait également fréquenté la terrasse du Berghof, tantôt pour tenir la caméra, tantôt pour enseigner son maniement à Eva Braun. Il n'est pas nommé dans les notes de Picker, ni à aucun autre endroit des deux volumes de Genoud : sans doute Bormann a-t-il fait ajouter ce nom en pensant qu'une mention de ce collaborateur serait agréable à son maître. Cf. *Das Auge des Dritten Reiches. Hitlers Kameramann und Fotograf Walter Frentz*, Berlin, Deutscher Kunstverlag, 2007, tr. fr. *L'œil du Troisième Reich*, Paris, Perrin, 2008.

2. Voilà qui donne une idée des priorités de lecture de cet homme très occupé : la « traque du sang allemand », que ce soit pour justifier des transferts de population ou des conquêtes de territoires, y tient une grande place.

3. Cette allusion fugitive à la rencontre des deux dictateurs de l'Axe à Salzbourg, le 4 mai (cf. *supra*, entrée du 3 mai au soir) va être l'occasion d'un vif éloge par Hitler de certains de ses collaborateurs, et notamment des Gauleiters Schirach, Lohse, Koch, Lauterbacher et Terboven.

4. Hitler avait déjà commenté dans la nuit du 6 au 7 janvier la fréquence des « relèves de la garde » dans le fascisme italien ; il ajoute ici une explication par le fait que Mussolini est obligé de tenir compte de la Cour.

mêmes. Même pour pourvoir les postes de commissaire du Reich dans les territoires de l'Est je n'ai pu éviter de faire appel à deux anciens Gauleiters comme Lohse et Koch[1]. C'est pourquoi je m'efforce de maintenir le plus longtemps possible les dirigeants dans leurs postes, afin de faire vraiment avec eux de l'excellent travail. Le Reichsleiter Bormann a pleinement raison de dire à ce sujet que des hommes à qui on confie des missions de courte durée n'atteignent jamais les mêmes performances ni ne peuvent s'acquitter de leurs devoirs avec la même efficacité que ceux qui ont des missions de longue durée. Si on ne donne pas à un Gauleiter l'assurance que sa mission va durer, il se laisse gouverner dans tous ses plans par deux idées :

1) Comment le successeur pourra-t-il poursuivre la tâche entreprise et les plans arrêtés ?
2) Comment le successeur va-t-il juger le plan et les tâches entreprises pour son exécution ? Ne va-t-il pas dire à propos des constructions en cours que l'emplacement est mal choisi, que les crédits ont été gaspillés et d'autres choses de ce genre ?

La difficulté de trouver les hommes adéquats pour les postes dirigeants se fait jour déjà dans le fait que moi – qui ai trouvé une direction de premier ordre pour les SS, le NSKK, le RAD, etc. –, je n'ai pu découvrir l'homme qu'il fallait pour les SA, de sorte que ce corps, la troupe de choc de l'époque précédant la prise du pouvoir, est devenu aujourd'hui une organisation qui souvent ne prend pas conscience à temps de ce qu'il faudrait faire ou ne sait pas bien le réaliser[2]. Justement quand je repense à ce qui s'est passé dans la

---

1. Hinrich Lohse (1896-1964), nazi depuis 1923, a développé le Parti dans le Gau du Schleswig-Holstein, qui fut en 1928 son premier bastion électoral ; il ajouta à son titre de Gauleiter celui d'Oberpräsident, après la prise du pouvoir. Il a été nommé le 25 juillet 1941 commissaire du Reich pour l'Ostland et a installé ses bureaux à Riga, tout en conservant ses fonctions à Kiel et en faisant de fréquentes navettes entre les deux villes. Quant à Erich Koch (1896-1986), Gauleiter de Prusse-Orientale de 1928 à 1945 et en sus Oberpräsident de la région à partir de 1933, il étend son domaine à des districts polonais à la fin de 1939 puis à celui de Bialystok après l'invasion de l'URSS. Il est ensuite, et en sus, commissaire du Reich en Ukraine de juillet 1941 au

printemps de 1944. Les nominations précoces de ces deux Gauleiters dans le « nouvel espace » témoignent moins d'une pénurie de cadres que d'une politique : il s'agissait de nazifier au plus vite ledit espace, en installant à ses deux extrémités (pays Baltes et Ukraine) des nazis de longue date qui avaient fait leurs preuves à la direction du NSDAP dans deux régions importantes. On retrouve ici la prédilection de Hitler pour ses vieux compagnons (lorsqu'ils se révèlent aptes à prendre les virages attendus d'eux) et sa propension à reproduire, lors de nouveaux développements, des étapes anciennes de sa progression. Il n'est pas étonnant que ces noms l'amènent à évoquer aussi Terboven, qui est non seulement un Gauleiter envoyé préparer l'annexion d'un pays « germanique », mais un compagnon des premiers temps et un vieux complice d'assassinat, par son rôle de leurre avant la Nuit des longs couteaux.

2. Que voilà une version édifiante des relations entre Hitler et la SA, et de leur sanglant épilogue du 30 juin 1934 ! La Nuit des longs couteaux, principal et même unique bain de sang « aryen » avant le putsch manqué (mais véritable, lui) du 20 juillet 1944 (si l'on excepte le meurtre de 70 000 handicapés, commencé dans l'automne 1939), avait pour prétexte la préparation par la SA d'un putsch et les SS avaient massacré quelques dizaines de ses cadres, à commencer par le chef d'état-major Ernst Röhm, dont les médias nazis avaient, en sus, stigmatisé le penchant pour les jeunes recrues masculines. Or Hitler avait fait brusquement revenir Röhm d'un exil en Bolivie, motivé par une disgrâce en 1925-1926, en décembre 1930 ; il était de toute évidence informé de ses penchants et savait tenir là un prétexte pour le limoger à volonté. L'organisation elle-même avait été, depuis la venue de Himmler à la tête des SS au début de 1929, politiquement marginalisée, en dépit de sa croissance numérique. Sa violence et son débraillé étaient maniés par Hitler (qui s'était nommé commandant en chef de la SA en destituant son prédécesseur, Franz Pfeffer von Salomon, le 12 août 1930) comme un bouledogue pour inquiéter la bourgeoisie et mieux la rassurer ensuite, lorsque Hitler se montrait capable de maîtriser l'animal. La Nuit des longs couteaux était précisément le point d'orgue et le point final de cette tactique qui s'était révélée d'une grande utilité dans la venue de Hitler au pouvoir, puis dans l'accaparement de l'État par les nazis. L'organisation ainsi châtrée de ses éléments les plus en vue était devenue un pilier discret du régime, sous la conduite de Viktor Lutze, le successeur de Röhm. Hitler se moque gentiment de Lutze dans les *Propos* à plusieurs reprises, et ne craint pas ici de le dévaloriser en tant que chef. Lutze décédera un an plus tard (le 2 mai 1943) des suites d'un accident de la route et fera l'objet de funérailles nationales.

SA je me félicite d'avoir trouvé à l'époque en Schirach, pour notre mouvement de jeunesse national-socialiste, l'homme qu'il fallait. Il ne fait pas de doute que le mérite de la construction du plus grand mouvement de jeunesse du monde revient à Schirach. Il est pourtant venu me voir tout jeune et a commencé par s'occuper pendant des années, avec un grand mérite, de la construction de l'organisation étudiante[1]. Ses collaborateurs et ses disciples étaient aussi de sacrés gars, par exemple Lauterbacher[2] et Axmann. J'approuve donc le Reichsleiter Bormann lorsqu'il dit que Lauterbacher est un excellent Gauleiter pour Hanovre et que le Reichsmarschall[3] s'est exprimé avec satisfaction sur son travail en tant qu'Oberpräsident. Axmann, grâce à sa blessure de guerre, a encore augmenté le prestige déjà immense dont il jouissait auprès de la jeunesse masculine et féminine, il fait figure à présent de modèle de virilité militaire auprès de la jeunesse. Je suis heureux aussi d'avoir, en la personne de Terboven[4], trouvé le chef adéquat pour le plus difficile de nos commissariats du Reich, celui de Norvège. Comme il me l'a encore dit

---

1. Cet éloge sans mélange de Baldur von Schirach (doublé d'une autocongratulation pour l'avoir repéré et promu) précède de peu une tirade beaucoup plus réservée (cf. *infra*, entrée du 1er septembre) sur son action à Vienne, où il a été nommé Gauleiter le 7 août 1940, tout en gardant un œil sur la Jeunesse hitlérienne, avec le titre d'inspecteur. Son successeur comme Reichsjugendführer est Artur Axmann (1913-1996). Ce dernier perd son bras droit sur le front de l'Est en 1941.

2. Hartmann Lauterbacher (1909-1988), après avoir été le plus proche collaborateur de Schirach à la direction de la Jeunesse hitlérienne, est nommé Gauleiter suppléant (en août 1940) puis Gauleiter (à partir de décembre 1940) du sud de Hanovre et de Brunswick. En avril 1941 il succède en outre à Viktor Lutze comme Oberpräsident de la province prussienne de Hanovre (en cette qualité, il dépend du ministre-président de Prusse qui n'est autre que Göring, d'où le satisfecit du Reichsmarschall que Hitler évoque). Le compliment ici décerné tient sans doute pour une part au fait qu'il avait regroupé les Juifs dans une quinzaine de ghettos surpeuplés avant de les déporter précocement « vers l'est », en décembre 1941. L'opération était connue sous le nom d'Aktion Lauterbacher. Cf. Wolfgang Leonhardt, *"Hannoversche Geschichten". Berichte aus verschiedenen Stadtteilen*,

Norderstedt, 2009, p. 77 sq. Pendant son passage à la direction de la Jeunesse hitlérienne, il avait beaucoup voyagé à l'étranger, rencontrant notamment le fondateur anglais du scoutisme, Baden-Powell, à Londres en novembre 1937, et lui transmettant une invitation de Hitler. La déclassification d'un dossier du MI5 sur cette affaire, en 2010, a agité les médias londoniens. Cf. « Quand Baden-Powell prenait le thé avec le chef des Jeunesses hitlériennes », http://lci.tf1.fr/science/histoire/2010-03/le-pere-du-scoutisme-baden-powell-invite-a-rencontrer-hitler-5762739.html, LCI, 8 mars 2010. Voilà qui donne à penser que Lauterbacher n'avait pas été seulement, à 31 ans, le plus jeune des Gauleiters, mais, depuis un âge encore plus tendre, un homme de confiance de Hitler, tôt remarqué par le chef dans l'entourage de son homme lige Schirach et utilisé dans ce domaine de prédilection du Führer qu'était le tissage de liens avec la Grande-Bretagne.

Lauterbacher a le rare honneur de signer, trois semaines plus tard (le 26 mai) un article de fond en première page des journaux, intitulé « Le commandement du moment. Agir de façon responsable et rapide – c'est l'impératif de l'heure ! ». Est-ce un effet direct de ce propos, que Bormann aurait fait connaître aux journaux par le truchement de Goebbels ou d'Otto Dietrich, ou bien Lauterbacher est-il désigné par d'autres voies comme un cadre en pleine ascension ?

Quatre ans plus tard, presque jour pour jour, le 27 mai 1946, Lauterbacher, alors prisonnier des Anglais, est cité comme témoin à Nuremberg par l'avocat de Schirach et déclare avec aplomb que tous deux avaient avant la guerre l'impression que Hitler ne la souhaitait pas, et n'ont nullement préparé la jeunesse à la faire.

3. Göring est souvent désigné par ce seul titre, qu'il est seul, il est vrai, à porter, de même que « Reichsführer SS » désigne Himmler. Bormann est lui aussi souvent appelé par son seul titre de Reichsleiter, alors qu'il a une vingtaine de collègues ! Il est le seul, cependant, à vivre en permanence dans l'entourage de Hitler.

4. Cf. *supra*, t. 1, entrée des 1er-2 novembre 1941. Ce Gauleiter de toute confiance, maintenu à son poste jusqu'à l'effondrement final, échappe à une arrestation et à une exécution certaines en se faisant sauter avec son bunker d'Oslo, le 8 mai 1945. Avant d'être envoyé en Norvège comme commissaire du Reich le 24 avril 1940, il avait ajouté à son titre de Gauleiter d'Essen (obtenu en 1928) celui d'Oberpräsident de Rhénanie le 5 février 1935. Entre autres services, il avait rendu à Hitler celui de contribuer à l'effet de surprise de la Nuit des longs couteaux, en invitant le Führer à son mariage en Rhénanie le 29 juin 1934. Le surgissement du Führer pour présider aux arrestations et aux exécutions de SA en Bavière quelques heures plus tard était, de ce fait, parfaitement inattendu.

aujourd'hui même, il serait sur des sables mouvants s'il ne se montrait pas impitoyable. C'est pourquoi il a fait arrêter les enseignants qui ont cru devoir saboter les mesures allemandes, pour les envoyer travailler à des fortifications. Hélas les marins préposés au transport de ces professeurs ont déployé une fois encore une débauche bien allemande de bons sentiments. Ils ont d'abord annulé le transport par mer en raison d'un manque de gilets de sauvetage, au lieu de penser que pour ces Norvégiens ce serait un plaisir de se faire torpiller et envoyer au fond par leurs amis Anglais[1].

Si je dispose pour la plupart des postes de direction d'hommes parfaitement qualifiés pour leurs fonctions, cela tient en grande partie au fait qu'ils ne doivent pas leur ascension à des études juridiques, mais à des succès dans l'école de la vie. Le seul juriste, parmi mes collaborateurs, qui soit vraiment bon à quelque chose est Lammers[2]. Lammers sait en effet qu'il est là pour trouver des fondements juridiques à ce dont l'État a besoin, et ne mélange pas les abstractions juridiques avec la vie pratique. Chez lui cela tient à ce que, malgré sa formation juridique, il a acquis un solide bon sens.

Sans cette foule de bons collaborateurs, je n'aurais certainement pas pu progresser autant dans mon travail politique.

Mais si quelques-uns aujourd'hui vont plus loin et, dans leur enthousiasme devant le redressement de notre peuple, veulent me donner l'autorité d'un prophète, d'un second Mahomet ou d'un second Messie, je peux leur répliquer très clairement que je ne trouve pas en moi la moindre qualification pour le prophétisme ou pour me poser en Messie[3].

6 mai, midi[4]

(Une nouvelle d'Ankara vient d'être diffusée, selon laquelle l'agence d'information turque aurait licencié toute une série de collaborateurs juifs. À ce propos, le Führer rappelle que l'opinion publique est faite par les Juifs dans tous les pays en guerre avec l'Allemagne – comme c'était le cas en Allemagne même pendant la république de Weimar.)

1. Hitler fait preuve à l'occasion d'un humour plus léger.

2. Hans Lammers (1879-1962) est sous-secrétaire d'État au ministère de l'Intérieur du Reich de 1922 à 1933. Ayant quitté en 1932 le DNVP pour le parti nazi, il est nommé par Hitler secrétaire d'État à la chancellerie du Reich dès la prise du pouvoir et le reste jusqu'en 1945. Il est donc, avec Bormann, l'un des relais essentiels des volontés de Hitler en politique intérieure depuis le début de l'opération Barbarossa.

3. Une précision d'autant plus intéressante que Hitler exalte souvent l'islam aux dépens du christianisme et que sa double fonction de chef religieux et politique est souvent rapprochée de celle de Mahomet. Ici s'affirme le côté irréligieux de la religion nazie : elle ne doit pas s'incarner dans une figure sacrée, mais seulement dans le peuple dont Hitler n'est que l'éveilleur, et dans ses réussites collectives dont il n'est que le guide provisoire.

4. Le mot « midi », présent chez Picker, manque chez Genoud.

De tout temps le Juif s'est glissé dans tous les postes en vue qui permettent d'influencer l'opinion publique d'une façon ou d'une autre et il s'est ainsi acquis une position démesurément dominante dans la presse, le cinéma et tout ce qui crée les facteurs qui forment l'opinion publique. Il ne s'est pas borné à chercher à exercer sur ces facteurs une influence directe, mais il agit d'une manière encore plus forte de façon souterraine, par l'intermédiaire de ce qu'on appelle les agences. Particulièrement dangereuses sont les agences de publicité dans les mains des Juifs, car par la suppression des annonces les Juifs peuvent provoquer la faillite d'un grand quotidien. Il a été particulièrement instructif pour moi de voir comment Hugenberg et Rothermere, qui voulaient suivre résolument une politique nationale, en ont été dissuadés par le fait que les Juifs menaçaient de leur retirer les annonces. Lord Rothermere, qui autrefois avait publié dans ses journaux deux articles favorables au mouvement de Mosley, m'a décrit lui-même un jour au Berghof la façon dont les Juifs avaient procédé et l'impossibilité d'y faire obstacle, du moins à court terme[1].

J'ai tiré ma force du fait que les journaux du NSDAP, contrairement à tous les autres grands organes, ont été d'emblée rendus indépendants des agences juives de publicité et ont ainsi constitué un ensemble économique complètement invulnérable. Les expériences positives que m'a values cette indépendance de la presse du Parti m'ont incité à rendre le Parti lui-même complètement invulnérable économiquement. J'ai pu le faire dès l'instant où j'ai trouvé en la personne du trésorier national du Parti Schwartz une personnalité qui a si habilement orienté vers les divers canaux de dépenses les fonds recueillis par des contributions, des meetings, etc. qu'il a encore été possible de financer la campagne finale de 1932.

Les meetings les plus lucratifs, en dehors de ceux qu'organisait Mutschmann[2], l'ont été par le membre du Parti Ley[3]. En étant présenté généralement comme un monstre, j'ai tellement piqué la curiosité à mon sujet des industriels et de leurs épouses qu'ils ont payé jusqu'à 200 marks pour une place à l'une de mes réunions de Cologne.

1. Alfred Hugenberg (1865-1951), chef du DNVP et patron de presse, a eu des relations en dents de scie avec Hitler de 1929 à 1933 ; il est ici défendu en tant que patron de presse, entravé dans sa liberté par une prétendue mainmise des Juifs sur la publicité. Lord Harold Rothermere (1868-1940), propriétaire de nombreux journaux britanniques, s'est beaucoup investi dans le rapprochement anglo-allemand pendant les débuts du Troisième Reich, après quoi il a, d'après Hitler, été détourné par les Juifs de cet élan salutaire. Il pensait ne pas pouvoir leur résister, *à court terme* : par cette nuance, Hitler réaffirme l'existence d'une lutte finale entre la Juiverie et les Aryens, et son espoir d'être en train de la gagner. Sur Oswald Mosley, cf. *supra*, entrée du 12 janvier.

2. Martin Mutschmann (1879-1947) est Gauleiter de Saxe depuis 1925.

3. Robert Ley (1889-1945), Gauleiter de Rhénanie de 1925 à 1931, devient alors spécialiste des questions ouvrières à la direction du Parti, ce qui l'amène à présider le Front du Travail (la confédération qui remplace les syndicats dissous), à partir du 2 mai 1933. Il en dirige également la branche chargée de l'organisation des loisirs, dite Kraft durch Freude (la Force par la joie). Inculpé à Nuremberg, il se suicidera avant l'ouverture du procès.

Hélas les fonds récoltés lors des réunions ont été perdus par les entreprises journalistiques leyennes (*Leyschen*). Ley avait négligé le fait que les imprimeries du Parti étaient la ruine des journaux du Parti. Car les imprimeries du Parti devaient imprimer lors de chaque campagne de réunions des tracts pour tout le Gau, sans que le payement soit assuré. Un homme comme Müller, qui en son propre nom et pour son propre compte tenait l'imprimerie du *Völkischer Beobachter*, n'aurait accepté des commandes de tracts que contre payement comptant et pouvait refuser d'autres commandes en expliquant simplement que ses travailleurs ne pouvaient pas vivre de sentiments, mais seulement des salaires qu'il leur versait[1]. En revanche, les imprimeries du Parti étaient payées d'idéalisme par nos chefs locaux, ce qui, étant diamétralement opposé à l'essence même des affaires, signifiait inévitablement la ruine de l'imprimerie.

Si j'ai réussi pendant toute la période de lutte à piloter sans dommage le *Völkischer Beobachter*, alors que quand je l'avais acquis il venait de subir sa troisième faillite, il faut en remercier d'abord le Reichsleiter Amann[2]. Il s'est affirmé comme un homme d'affaires malin en ne se chargeant jamais d'une affaire qui n'en fût pas vraiment une au sens plein du mot, et en renonçant immédiatement à toutes les autres. C'est justement cette façon de traiter les affaires qui a rendu possible que la maison d'édition du *VB*, Eher-Verlag, soit devenue avec les années le plus grand trust de presse du monde, à côté duquel les entreprises de presse des rois américains de la presse font figure de naines. Pour apprécier ce résultat à sa juste valeur, il faut se représenter que lors de son acquisition le *VB* avait 7 000 abonnés, ne recevait aucune publicité et n'avait même pas en caisse de quoi payer son papier.

Si je comprends quelque chose au monde des affaires, je ne le dois pas qu'un peu aux soucis éternels que m'a causés la presse du Parti. Le pire est survenu en 1932 quand, pour pouvoir subvenir aux besoins de la presse, des campagnes électorales et de tout le travail du Parti, j'ai dû signer une foule de reconnaissances de dettes. De même que j'ai signé ces reconnaissances de dettes autrefois pour le NSDAP en ayant conscience que, si le travail du NSDAP ne

1. Adolf Müller (1884-1945) et sa rigueur financière ont été longuement évoqués le 30 novembre 1941.

2. Max Amann (1891-1957), déjà longuement encensé le 22 février, est à la fois un ancien officier du régiment de Hitler et un heureux homme d'affaires, qui gère les éditions du NSDAP et profite du monopole qu'il s'est arrogé sur la pensée.

menait pas au succès, tout serait perdu, de même aujourd'hui je signe encore des reconnaissances de dettes pour le Reich avec une solide confiance en notre victoire et avec la conviction que – si cette guerre n'avait pas une issue victorieuse – tout serait également perdu et que donc on ne saurait avoir fait trop de dettes dans le combat pour la victoire[1].

7 mai, le soir

(Une dépêche de Reuters vient d'annoncer la perte du cuirassé anglais de 10 000 tonnes Edinburgh.*)*

Nous pouvons dire que nous avons habilement soutiré cette nouvelle aux Anglais. Le pilote du sous-marin à nous qui a coulé le navire, comme le naufrage n'avait pas été observé, s'était borné à dire qu'il avait torpillé l'*Edinburgh*. Le communiqué de l'OKW s'était également exprimé sur le sujet avec prudence. Le fait que les circonstances du torpillage nous donnaient la ferme certitude que le navire avait coulé et qu'en conséquence nous avons fait des déclarations disant la chose à demi-mot a obligé les Anglais à reconnaître le naufrage.

Deux leçons s'en dégagent :

1) L'Allemand respecte beaucoup la vérité. Mais il doit se garder de le faire de façon trop pédante. C'est ainsi que je reçois constamment des nouvelles du front selon lesquelles les troupes de l'avant ont le sentiment que leurs performances ne sont pas appréciées à leur juste valeur dans les communiqués prudemment équilibrés de l'OKW.
2) Quand on est convaincu d'une chose, que ce soit en matière politique ou militaire, il faut l'affirmer sans détour devant le monde entier, sinon on ne pourra jamais amener des hypocrites comme les Anglais à reconnaître la vérité.

1. À partir de souvenirs sur le combat qu'il a mené au moyen de sa presse, en faisant pièce aux journaux inspirés, dit-il, par les Juifs, Hitler en vient à conjurer ses angoisses par le souvenir des affres financières de l'année 1932, où des campagnes électorales à répétition avaient ruiné le Parti. De fait, il avait été au bord du suicide en décembre, après le recul électoral du 6 novembre et les risques de scission que cette contre-performance avait provoqués dans le NSDAP. Le témoignage le plus probant à cet égard est celui de Leni Riefenstahl : cf. François Delpla, *Les tentatrices..., op. cit.*, p. 156-158. Cette évocation est donc à double tranchant : elle permet de se remonter le moral en se disant que le beau temps vient après la pluie, que les plaies d'argent ne sont pas mortelles et que la victoire rend avec usure ce qu'elle a coûté, mais elle actualise du même coup le souvenir d'une période suicidaire, qui préfigure l'issue finale.

8 mai, midi

Je ne tiens pas à faire de la Crète une base allemande. Car une base allemande « Crète » nécessiterait une flotte allemande spéciale en Méditerranée, ce qui constituerait une source constante de conflits avec la Turquie. Car la présence allemande dans l'île de Crète n'est rien d'autre en pratique pour les Turcs que le début d'un affrontement entre Allemagne et Turquie au sujet des Dardanelles. Le seul héritage de notre occupation de la Crète pourrait donc bien être l'installation sur l'île d'un centre de Kraft durch Freude[1].

8 mai, le soir

(Le Führer attire l'attention sur le fait que le parlement britannique a déjà tenu vingt séances secrètes[2].)

Jusqu'ici, nous n'avons rien appris de concret sur ce qui s'est dit dans une seule d'entre elles. Cela donne une idée de la force du sentiment d'appartenance nationale de la race anglaise.

11 mai, le soir

On pourrait produire en Allemagne dix fois plus de miel que les apiculteurs en produisent actuellement. Il faut toujours avoir à l'esprit le fait que dans l'Antiquité et au Moyen Âge le miel d'abeille était le principal édulcorant et qu'on l'employait même pour sucrer le vin. Et la vieille boisson allemande appelée *Met*, qu'on servait encore à la kermesse dans mon enfance, était à base de miel. De même le premier gâteau exporté était un gâteau au miel, à savoir le gâteau au miel de Nuremberg.

12 mai, midi

C'est chez un peuple une volonté tout à fait compréhensible, d'enterrer ses grands hommes dans un monument national spécial. Même si Ludendorff, comme il en a exprimé le désir, repose

1. Une prémonition des villages de vacances qui fleuriront après la guerre en Méditerranée. D'autre part, la crainte de frictions avec la Turquie si l'Allemagne s'incrustait en Crète est curieuse, puisque par ailleurs ce pays est conçu comme un loyal allié, qui gardera une porte de l'Europe allemande. Le retrait allemand de cette base de départ idéale pour des actions contre l'Égypte procède au moins autant de l'éternel désir d'une paix avec la Grande-Bretagne, dans laquelle ce retrait servirait de monnaie d'échange.

2. De toute la guerre il n'y en eut que cinq importantes, c'est-à-dire consacrées à entendre les explications du premier ministre à un moment clé de la guerre en permettant à d'éventuelles oppositions de s'exprimer : le 20 juin et le 17 septembre 1940, le 25 juin 1941, le 23 avril et le 10 décembre 1942. Les autres étaient simplement tenues secrètes pour des raisons de sécurité aérienne ou en raison de l'inscription à l'ordre du jour de questions militaires « sensibles », ainsi que l'explique le leader travailliste Herbert Morrison le 19 décembre 1945. À cette date donc les Communes n'ont délibéré en séance secrète à un moment crucial que trois fois. En s'imaginant que le nombre est bien supérieur et que le gouvernement a fait en sorte que beaucoup de ces séances passent inaperçues, le comploteur Hitler se montre ici exagérément complotiste ! Deux autres remarques sont appelées par ce bref propos : 1) Hitler est encore et toujours à la recherche d'excuses ; 2) il montre envers le Royaume-Uni des sentiments contradictoires : il admire sa cohésion nationale tout en l'estimant influençable par les manigances anti-allemandes et anti-aryennes de la Juiverie.

aujourd'hui à Tutzing, je n'abandonne pas l'idée d'amener Frau Ludendorff à donner son accord pour le transfert de Ludendorff dans la Soldatenhalle de Berlin[1]. Cet accord ne pourra bien sûr être obtenu que si Frau Ludendorff reçoit l'assurance qu'elle-même après sa mort reposera auprès de son mari. La famille de Hindenburg, également, n'avait autorisé l'inhumation du Vieux Monsieur au mémorial de Tannenberg qu'à la condition que sa femme aussi y serait enterrée près de lui. Cette stipulation reflète le sentiment allemand de la famille et doit en conséquence être absolument respectée. Car, s'agissant des grands hommes, leur propre femme a été la plupart du temps l'unique camarade qui s'est tenu fidèlement auprès d'eux jusqu'à la mort et qui, par le fait que dans les moments difficiles sa foi en eux ne faiblissait pas, a été pour eux une invincible source de force[2].

12 mai, le soir

Malheureusement, toute notion d'une économie allemande a disparu chez nous, lorsque les spécialistes de l'économie nationale ont trouvé une écoute chez les politiques.

Rien que dans le domaine des corps gras, quelle différence cela ferait aujourd'hui si on s'était soucié en temps utile de la pêche à la baleine et de l'utilisation des baleines ! Car l'huile de baleine n'est pas seulement bonne contre le rachitisme, mais c'est le corps gras qui se conserve indéfiniment. Du fait que nous avons aujourd'hui une expérience qui nous permet de tirer profit de 88 % de la baleine, par exemple la viande pour des conserves, la peau comme cuir, les fibres musculaires comme élément d'une étoffe indéchirable ; l'organisation de la pêche à la baleine est pour nous une question d'une actualité inouïe.

(Le Gauleiter Forster remarque que la ville de Thorn avait en 1830 une population majoritairement allemande, dont il ne restait cependant en 1939 que de maigres vestiges[3].)

Cela tient à la politique prussienne en matière de peuplement, complètement erronée depuis cent cinquante ans. Pendant ce siècle

1. Un point déjà abordé le 3 mai au soir, sans que Hitler indique qu'il n'a pas dit son dernier mot. On comprend mieux, à cette lecture, pourquoi Hitler ménage Mathilde von Kemnitz, veuve de Ludendorff depuis le 20 décembre 1937, qui fait pourtant l'objet dans ces propos de remarques cinglantes (notamment le 26 janvier au soir). Himmler avait d'ailleurs entrepris une enquête sur la pureté raciale de ses origines, sans en faire part semble-t-il à Hitler : cf. François Delpla, *Une histoire..., op. cit.*, p. 208. La veuve a barre sur lui tant qu'il espère pouvoir la convaincre de transférer Ludendorff dans la Soldatenhalle, un panthéon des héros militaires germaniques commandé à l'architecte Wilhelm Kreis (1873-1955) et destiné à prendre place à côté du quartier général des forces armées, dans Berlin redessiné par Speer et rebaptisé Germania. Voilà qui donne une idée des priorités de Hitler : Mathilde lui tape toujours sur les nerfs mais il l'épargne en tant que veuve et réserverait même les plus grands honneurs à sa dépouille.

2. Eva Braun joue-t-elle en cet instant le même rôle auprès de celui qui parle ? Elle ne vient certes jamais à la Wolfsschanze, mais les amants s'entretiennent souvent par téléphone. Cf. Guido Knopp, *Hitlers Frauen und Marlene*, Munich, Bertelsmann, 2001, tr. fr. *Les femmes d'Hitler*, Paris, Payot, 2004, p. 95.

3. Il s'agit d'une ville de Poméranie dont le nom polonais est Torun.

et demi le gouvernement prussien a fait des territoires allemands de l'Est une véritable colonie pénitentiaire, dans laquelle il ne nommait comme enseignants, fonctionnaires et officiers que des gens qui avaient commis quelque délit ou dont quelque reproche dans leur façon de servir avait motivé l'éloignement.

Toutes les fautes commises par la Prusse dans ces régions doivent – c'est ma décision ferme – être corrigées dans les dix ans. Je demande que dans dix ans les Gauleiters puissent annoncer que ces régions de l'Est sont totalement allemandes[1].

(Forster affirme que ce but peut être atteint dans son Gau de Dantzig-Prusse-Occidentale. Cependant on aura besoin pour cela des hommes les plus capables de l'ancien Reich, à savoir autant que possible des gens de moins de 40 ans, car pour les quadragénaires et les gens plus âgés s'applique l'adage : « On ne transplante pas les vieux arbres. »)

Bien sûr il faut essentiellement envoyer vers l'Est des forces jeunes. On doit leur insuffler la fierté de ne pas aller se coucher dans un lit tout fait mais d'avoir la possibilité de faire, grâce à leur propre potentiel, quelque chose de grand. Que grâce à un service satisfaisant dans l'Est ils soient ensuite promus plus vite que les camarades de leur âge restés dans le vieux Reich, qui se sont contentés de prolonger le service dans un poste déjà existant, cela va de soi. C'est seulement de cette façon que l'appel vers l'Est revêtira le caractère d'une distinction.

Le but à long terme de ma politique à l'Est, c'est qu'environ cent millions[2] de Germains aménagent dans cet espace un domaine de colonisation. On doit tout mettre en œuvre pour envoyer là-bas un million d'hommes après l'autre, avec une ténacité de fer. Dans dix ans au plus tard, je souhaite apprendre que dans les territoires réunifiés avec l'Allemagne ainsi que dans ceux occupés par nos troupes (Dantzig, Prusse-Occidentale, Warthegau, district gouvernemental de Zichenau et district de Bialystok) vivent au moins vingt millions d'Allemands[3]. Qu'on puisse là-bas créer les conditions culturelles requises pour les habitants, même les Polonais en ont fait la démonstration, en donnant à Gotenhafen[4] un visage agréable par la création de belles et larges avenues.

1. Il s'agit des régions polonaises occupées par la Prusse entre le XVIIIe siècle et 1918, réintégrées au Reich en 1939 sous le nom de Wartheland. Hitler profite d'une visite du Gauleiter Forster pour fixer l'échéance d'une germanisation totale, par le refoulement des Polonais plus à l'est et l'arrivée de colons dynamiques, en lieu et place du rebut envoyé là par la Prusse et le Deuxième Reich.

2. C'est-à-dire plus que la population du Reich lors de l'entrée en guerre, qui avoisinait 80 millions. Pour obtenir un tel résultat, il faudrait à la fois une forte natalité en Allemagne, un vol massif de nouveau-nés blonds dans toute l'Europe et une politique audacieuse d'assimilation et de transplantation des populations frontalières présentement intégrées dans le Reich et considérées comme allemandes ou germanisables, notamment les Scandinaves.

3. Un cinquième de l'objectif de « long terme » précité serait donc atteint en dix ans dans les régions les plus proches du Reich.

4. Il s'agit de Gdynia, une bourgade de la baie de Dantzig devenue polonaise en 1919 et transformée en port de commerce et de guerre par ses nouveaux propriétaires. En 1939, les Allemands ne lui redonnent pas son ancien nom germanique (Gdingen) et la baptisent « Port des Goths » (Gotenhafen). Le nazisme est passé par là, sans qu'on sache si Hitler a soufflé l'idée au Gauleiter Forster ou si celui-ci était assez bon nazi pour la trouver lui-même : il ne s'agissait pas de recouvrer les territoires perdus par Guillaume II mais de poser les bases d'une expansion beaucoup plus vaste. Avant d'être occupée par des Slaves, la région de la Basse-Vistule avait été, depuis le Ier siècle ap. J.-C., le berceau d'une civilisation gothique exhumée à la fin du XIXe siècle, la « culture de Willenberg ». Cette rebaptisation est conforme aux vues d'un conquérant qui justifie ses prétentions sur la Crimée en arguant qu'elle avait autrefois été peuplée majoritairement de Goths (cf. *supra*, t. 1, entrée du 5 novembre 1941 au soir) et parle de la rebaptiser Gotenland, ou qui prétend avoir des droits sur toute terre où des Allemands sont passés (cf. *supra*, t. 1, entrée du 2 novembre). Cela dit, il est piquant, et rare, de le voir présenter les Polonais comme des urbanistes dont il faudrait s'inspirer dans l'aménagement du « grand espace ».

(Le Gauleiter Forster intervient pour dire qu'à son avis, même en temps de guerre, il ne faut pas se voiler la face devant les besoins culturels les plus criants. Par exemple, il y a pour tout Gotenhafen trois petites salles de cinéma mais pas une seule grande et pas la moindre grande salle de réunion, si bien qu'on ne sait pas, quand des navires font relâche dans le port, où envoyer les marins qui brûlent d'aller à terre. Il dispose certes des matériaux pour construire une grande salle de réunion pouvant aussi servir de cinéma, mais ne peut mener à bien cette construction en raison des directives sur la guerre totale[1] *qui font qu'on lui a refusé les travailleurs nécessaires, soit soixante prisonniers russes.)*

Il ne faut pas négliger dans ce cas la nécessité pratique au nom du fait qu'elle mobiliserait provisoirement soixante prisonniers de guerre. Si le Gauleiter Forster a en effet tous les matériaux à sa disposition, il faut lui donner les prisonniers de guerre pour la construction.

J'ai la conviction absolue que justement dans les territoires de l'Est il faut toujours être attentif aux exigences de la vie pratique et ne pas s'entêter à suivre les instructions bureaucratiques de Berlin. Le gouvernement prussien a fait trop d'erreurs dans les territoires récupérés à l'Est pour qu'on puisse commencer par des excès de théories.

Si on cherche à expliquer le recul du peuplement allemand dans ces régions, on en vient à conclure qu'il a eu surtout deux causes : l'Église et la noblesse. On sait combien l'Église catholique, dans son combat politique, a fait cause commune avec l'ethnie polonaise. On sait moins que la noblesse allemande également, dans ces régions, n'a pas cru nécessaire d'entretenir les contacts les plus étroits avec ses compatriotes et de placer les intérêts allemands avant tous les autres. Elle a préféré de beaucoup frayer avec la noblesse, fût-elle polonaise. Un comportement qui a été beaucoup favorisé – là-dessus le Gauleiter Forster a pleinement raison – par la passion de la chasse – cette franc-maçonnerie verte. Les efforts pour maintenir le peuplement germanique ont même reçu de la noblesse le coup de grâce quand elle a entrepris, dans une mesure croissante, de dépouiller de sa terre le petit propriétaire allemand et de remplacer les ouvriers agricoles allemands par de la main-d'œuvre polonaise[2].

1. On voit que cette idée est dans l'air longtemps avant de servir de slogan à Goebbels dans un célèbre discours de février 1943.

2. Il n'est pas toujours aisé de remplacer la lutte des classes par celle des races !

Le fait que le gouvernement prussien n'ait pas réussi à s'opposer à ces efforts témoigne d'un regrettable manque de connaissances historiques. Car ce n'est pas par hasard que les empereurs allemands avaient semé le sud-est du Reich de petites exploitations, ils l'avaient fait consciemment pour installer sur ces marches-frontières un maximum de peuplement allemand. Si nous voulons redresser les erreurs du siècle passé dans les terres de l'Est, nous devons mener une politique allemande radicale en matière de population. Exactement comme l'ordre Teutonique ne s'est pas imposé en prenant des gants, mais s'est avancé avec la Bible dans une main et l'épée dans l'autre, de même nos hommes affectés dans l'Est doivent imposer comme des combattants de la vision du monde nationale-socialiste nos intérêts de peuple, au besoin par la force brutale.

Il y a beaucoup de leçons à prendre dans le comportement des Français en Alsace. Les Français ont, sans égard pour les souffrances de la génération d'alors, extirpé violemment l'influence allemande et pratiqué de façon méthodique des injections de peuplement français et de culture française. Si on procède de la même façon et si, par une lutte impitoyable pour éradiquer le bilinguisme, tout en expulsant toute population qui ne peut pas ou ne veut pas être germanisée, on crée par une rupture très nette des relations claires, on pourra dès la troisième génération de cette population, au plus tard, vivre de nouveau pleinement en paix dans ces territoires.

Si nous voulons faire de nouveau de l'Alsace et de la Lorraine des territoires purement allemands, il nous faut expulser de cette région quiconque ne se reconnaît pas de lui-même allemand. Le Gauleiter Bürckel[1] a déjà fait des pas dans ce sens, par des mesures tranchantes ; mais même en Alsace il y a encore un quart de million de francophiles qui doivent disparaître. Peu importe, sur le plan des principes, qu'on les expulse vers la France au cas par cas ou qu'on les installe à l'Est. Il n'y aura aucun problème pour combler les vides résultant de ce retrait[2]. Rien qu'en Bade, des milliers de fils d'agriculteurs pourraient être persuadés d'aller s'établir en Alsace ou en Lorraine, car il leur est impossible de rester d'une manière ou d'une autre dans leur petite patrie actuelle. Car la plupart des fermes de

1. Josef Bürckel (1895-28 septembre 1944), un instituteur originaire de Spire, nazi depuis 1921, est Gauleiter de Rhénanie-Palatinat de 1926 à 1935 puis de Sarre-Palatinat quand la Sarre redevient allemande, le 1er mars 1935. Au moment de l'Anschluss, il est muté en Autriche, et aligne ce territoire sur l'Allemagne en tant que Gauleiter et Reichsstatthalter avant de passer le témoin à Schirach, le 7 août 1940. Revenu alors en Sarre-Palatinat, il est chargé de germaniser la Moselle voisine. Il décédera d'épuisement le 28 septembre 1944 alors que les Américains seront aux portes de Metz. Hitler lui décerne à titre posthume la décoration de l'Ordre allemand (cf. *infra*, entrée du 15 mai). Les « mesures tranchantes » dans le sens de la germanisation que Hitler lui attribue ont été prises notamment au lendemain de l'entrevue de Montoire, quand il a expulsé d'un coup vers la zone sud française plusieurs dizaines de milliers de Mosellans qui refusaient de se reconnaître allemands. C'était, pour Pétain qui croyait avoir quelque peu amadoué Hitler à Montoire, une douche froide Il allait de surcroît être obligé de démentir qu'il avait secrètement convenu d'un abandon de l'Alsace-Lorraine, avant tout traité de paix. Une manoeuvre aussi riche d'implications internationales ne pouvait qu'avoir été convenue entre Bürckel et Hitler, qui fait semblant ici de n'y avoir été pour rien. Cf. François Delpla, *Montoire*, Paris, Albin Michel, 1996, ch. 21, « La fin de l'enchantement ».

2. Charité bien ordonnée. Hitler, à propos de l'Alsace, pense d'abord au Reich : il faut expulser les francophiles, et combler les vides par des Allemands. Hitler se préoccupe moins de trouver un point de chute aux partants : ce sera soit la France, soit les terres de l'Est ; le choix ne découlera pas de l'application d'un principe mais sera affaire d'opportunité. Ces immigrés sont de bonne race, on pourra donc en faire des colons allemands à l'Est, après les avoir débarrassés de leur petite patrie alsacienne qu'ils persistaient à regarder comme française. On peut aussi les envoyer dans ce qui restera de la France, en fonction des relations qu'on aura alors avec ce pays.

Bade, à cause de leur faible dimension, ne sont plus aptes à faire vivre une famille de plus de deux enfants.

Dans les territoires de l'Est aussi, ce n'est qu'en procédant avec une rigueur absolue, à la Staline[1], qu'on peut atteindre l'objectif. Mais j'ai la conviction absolue que même eux, dès que le Parti y aura agi pendant cinquante ans, présenteront un visage de part en part germanique.

(Le Gauleiter Forster fait état des difficultés qui surgissent lorsqu'il faut décider de cas particuliers. Quand par exemple un ouvrier polonais, machiniste au théâtre de Graudenz, demande la nationalité allemande en invoquant le fait qu'une de ses grands-mères était allemande, il n'est pas simple de refuser sa demande. On doit bien plutôt réfléchir d'abord qu'il est difficile de trouver un travailleur de l'ancien Reich prêt à venir travailler comme machiniste à Graudenz et que par conséquent en refusant la demande on trouvera difficilement un remplaçant pour le demandeur. Il en va de même pour les infirmières catholiques quand elles sont employées dans des hôpitaux, d'une femme polonaise qui tient le ménage d'un grand invalide de guerre allemand, etc. Il est donc d'avis qu'on doit rendre une décision positive concernant la naturalisation des Polonais sur la base de l'impression générale que donne une personne, si elle ne peut pas prouver de façon indubitable son ascendance allemande mais qu'au vu de son apparence, de son caractère et de son intelligence elle présente clairement des traits germaniques.

Quand le professeur Günther[2], à l'occasion d'un séjour de dix jours comme chercheur raciologue dans le Gau de Dantzig-Prusse-Occidentale, a constaté que dans le nord de la région les quatre cinquièmes des Polonais pouvaient être germanisés, il tient lui aussi cela pour tout à fait possible. On doit même avoir toujours présent à l'esprit, quand on prend les décisions sur les cas particuliers, que la vie est plus forte que les théories, et par conséquent on doit germaniser tout ce qui, à en juger par ses façons de vivre et de penser, mérite de l'être. Au sud et au sud-est du Gau de Dantzig-Prusse-Occidentale il tient en revanche pour plus juste d'installer là pour commencer quelques garnisons militaires pour rafraîchir le sang des noyaux de population qu'on examinera en vue d'une germanisation. Aussi longtemps que dans cette région le

1. En français dans le texte, à un e muet près : « *à la Stalin* ».

2. Hans Günther (1891-1968), auteur prolixe de textes exaltant la race nordique, passait pour l'idéologue du Parti en la matière bien qu'il ne l'ait rejoint qu'en 1932 et que Hitler l'ait tenu à distance.

devenir national des populations demeurera incertain, il est également à conseiller de ne pas leur donner un encadrement de prêtres catholiques venus d'Allemagne, mais de laisser en place les prêtres polonais. Car, en raison de la pression qu'ils sentent peser sur eux, les prêtres polonais sont sensibles à toute influence, au point d'aller trouver le président d'arrondissement allemand chaque fin de semaine pour savoir sur quoi doit porter leur sermon. Ce serait évidemment encore mieux si on arrivait à obtenir de l'évêque polonais qu'il se mette en contact étroit avec le Gauleiter pour que les directives données aux curés sur le sujet des sermons et les annonces à faire passent par lui. C'est ainsi qu'on peut, y compris pendant toute la période transitoire, assurer la sécurité et l'ordre dans le pays.)

Je ne suis pas d'accord, car déjà un certain Charlemagne s'était efforcé sans trêve et sans succès de gagner l'Église à une politique allemande en ayant des évêques dans son entourage[1].

(Comme les déclarations du Gauleiter Forster suscitent des objections diverses et qu'en particulier le Reichsleiter Bormann réplique que quelles que soient les considérations d'opportunité pratique il convient de s'en tenir fermement au principe de ne pas infliger au sang allemand un grand apport de sang de Polacks, qui pourrait modifier désavantageusement sa composition, le Führer prend position d'une manière globale sur le problème de la possibilité de germaniser les Slaves :)

Sur la possibilité de germaniser les Slaves, on ne peut donner de règle générale, car le concept même de Slave a été propagé et adopté par la Russie des tsars dans le cadre de sa politique panslaviste, d'où le fait qu'il englobe des peuples racialement très divers[2]. Il est par exemple totalement absurde de classer les Bulgares parmi les Slaves car ils sont d'origine turkmène. Même les Tchèques ne peuvent pas être classés parmi les Slaves. Il n'y a qu'à laisser pousser la moustache d'un Tchèque pour s'apercevoir, à la façon dont elle tombe, qu'il s'agit d'un descendant de mongoloïdes. Et chez les prétendus Slaves du Sud règne une empreinte dinarique totale. Une germanisation des Croates ne peut donc qu'être approuvée d'un point de vue racial, même si, pour des raisons politiques, il ne saurait en être question[3].

1. Paragraphe omis dans le texte de Genoud. Bormann aurait-il tiré la couverture à lui en le supprimant, pour apparaître comme celui qui avait remis Forster à sa place ?

2. Une fois de plus Hitler se décrit en dénigrant autrui : c'est bien dans sa manière à lui, d'intégrer à la germanité des peuples inattendus, au gré de ses besoins. Il en va ainsi des Sorabes, une minorité d'Allemagne apparentée aux Tchèques, qu'il ne souhaite pas expulser. Cf. *infra*, entrée du 6 août, midi.

3. Probablement parce que la Croatie a été confiée à l'Italie lors de son occupation, en avril 1941. Hitler envisagerait donc de la laisser durablement dans l'orbite de son vassal romain. Il en va donc de la Croatie comme de la Finlande (cf. *supra*, entrée du 5 avril, midi) : un État racialement excellent (comme Hitler l'avait déjà dit le 2 novembre) mais destiné à rester vassal plutôt que d'être intégré au grand Reich, afin de monter la garde à ses portes. Voilà qui marque cependant une évolution, puisque le 29 octobre, au contraire, Hitler avait envisagé d'annexer la Croatie.

Pour ce qui est des mesures de germanisation il ne faut donc pas s'inspirer de quelque concept abstrait et général, mais il faut se demander dans chaque cas particulier si le candidat appartient à une race qui peut s'améliorer en se mêlant à la nôtre, ou si inversement il montre les stigmates d'une race qui en se mêlant au sang allemand produirait, tout comme la juive, un effet nuisible[1]. Si on n'a pas la ferme conviction qu'une naturalisation peut amener une amélioration de notre population, il faut, même si des sentiments très forts plaident en sa faveur, y renoncer. Combien il y a de Juifs blonds aux yeux bleus, dont des avocats sans cesse renouvelés demandent la naturalisation ! Mais chez le Juif justement il est clairement prouvé que, si l'apparence et les dispositions caractérielles peuvent aller jusqu'à s'effacer complètement pendant une ou deux générations, elles se découvrent et réapparaissent en toute clarté à la suivante[2].

En visitant le musée des armures de Graz, une autre considération qui doit être également prise en compte pour les mesures de germanisation m'a frappé. Il y a là, parmi les mille armures exposées, certaines qui sont si petites qu'aujourd'hui pas un habitant de Styrie ou de Carinthie ne pourrait y entrer. Cela prouve à mon avis que les représentants des souches allemandes qui se sont établis en Styrie ou en Carinthie n'en ont pas seulement rafraîchi le sang, mais en outre, grâce à leur sang racialement plus fort, se sont imposés. En conséquence, je suis fermement résolu à envoyer dans les contrées où le sang existant est mauvais des unités militaires de grande valeur raciale, par exemple des formations de Waffen-SS, et à obtenir grâce à elles un rafraîchissement du sang des populations[3].

Si on m'objecte qu'un tel procédé met en péril la moralité du peuple allemand, je ne peux que répliquer que c'est surtout cette morale hypocrite de l'élite des dix mille qui sera lésée, celle qui traîne le Turc dans la boue parce qu'il contracte mariage avec quatre épouses pendant toute sa vie, tandis qu'elle ne voit pas d'objection à ce que des princes prussiens puissent avoir dans leur vie quarante maîtresses ou plus. L'hypocrisie qui se fait jour dans une telle conception me met en rage. Car un prince prussien qui, parmi les quelques douzaines de femmes avec lesquelles il a des relations intimes, les

1. Le raisonnement est logique, à ceci près que les critères pour départager les deux options restent à définir !

2. Si cette réapparition se fait « en toute clarté », il devrait être possible de préciser si l'éclipse des caractères juifs dure une génération, ou deux. Ici encore, Hitler fait fi des lois de Mendel sur l'hérédité (suivant lesquelles la réapparition des caractères récessifs fait l'objet de probabilités et non de certitudes), au profit de ses préjugés.

3. L'idée de « rafraîchir le sang » de certaines régions par l'activisme sexuel de SS encasernés devient obsessionnelle et s'affranchit de toute logique : une élite qualitative est bien incapable, quels que soient son zèle et son endurance, d'ensemencer ces masses, surtout si on la déplace d'une région nécessiteuse à une autre.

renvoie l'une après l'autre et, lassé d'elles, les met au rebut comme des objets inanimés, est regardé par ces tartuffes comme un homme d'honneur tandis que l'homme allemand convenable qui veut épouser la femme à laquelle il a fait un enfant, sans égard à son rang, est noyé par eux sous un flot de commentaires méprisants. Une quantité d'avortements, une foule de femmes saines restées sans enfant, etc. sont à mettre sur le compte de ces tartuffes. Alors qu'il ne peut pas y avoir une plus belle bénédiction qu'un bébé sain pour l'amour de deux êtres. Alors que pour tout homme sensé il est évident que par ce résultat, le bébé, la nature a clairement béni cet amour, ces ridicules bœufs à cornes croient que pour l'union de deux êtres le plus important est l'estampille de l'État et croient pouvoir faire dépendre d'elle le jugement sur l'honneur ou le déshonneur des êtres humains.

L'idéal à mon avis c'est justement que deux êtres se rencontrent et, sur la base d'un amour béni par un enfant, restent toujours ensemble. Comment nos fermes seraient-elles restées dans la même famille pendant sept siècles et plus si le mariage n'avait pas attendu dans la plupart des cas, pour être conclu, la mise en route d'un enfant ? Même l'Église catholique a pris en compte cette circonstance pendant des siècles, en tolérant ce qu'on appelait « l'essai », et le curé alors, quand la venue de l'enfant s'annonçait, rappelait le futur père à ses devoirs. Hélas le protestantisme a rompu avec cette bonne vieille pratique et ouvert la voie à cette hypocrisie morale qui, par des lois écrites ou non écrites, tend à discréditer un mariage motivé par l'attente d'un enfant. Or si on veut être honnête on doit reconnaître que même une bonne part de la noblesse prussienne doit son existence à ce qu'on appelle un « faux pas », commis par une jeune fille de la bourgeoisie[1].

L'illogisme de nos prêcheurs hypocrites ressort du fait qu'ils ont reconnu dans la loi le cas inverse : la dissolution du mariage pour incompatibilité d'humeur. Mais de même qu'il est mauvais de vouloir maintenir un mariage quand l'entente des époux est détruite sans remède, il est tout aussi mauvais de vouloir en empêcher un qui se fonde sur une aussi profonde entente. Plus je vieillirai et

1. Hitler accumule les railleries contre la caste nobiliaire, en Allemagne et à l'étranger (en épargnant toutefois la noblesse anglaise). Après l'attentat du 20 janvier 1944 cependant, impliquant une forte proportion d'officiers nobles, il décrétera devant Goebbels qu'elle forme un « cancer », à éradiquer après la guerre. Elle devient égale en dignité à la Juiverie, même si, pour ne pas désorganiser l'armée, les instructions alors données au juge Freisler consistent à individualiser les poursuites, en évitant de mettre en cause l'appartenance de caste des inculpés. Cf. *Tagebücher*..., *op. cit.*, entrée du 3 août 1944.

deviendrai insoupçonnable de plaidoyer pro domo[1], plus j'insisterai sur ce problème.

En particulier je n'aurai de cesse de remettre du sang nordique partout où la population a besoin d'un rafraîchissement du sang.

Si notre population a reçu des dons divers des divers courants de peuples qui à l'époque des migrations sont passés ici ou là sur notre territoire, de l'un l'élément poétique, de l'autre celui de la pensée ou encore de la musique, c'est pourtant le noyau racial nordique qui s'est perpétué en Basse-Saxe qui a toujours formé la parenthèse englobant le tout. Car c'est dans ce noyau racial que résident l'idée impériale et la froide capacité de construire.

Du reste, je me réjouis de trouver dans les notes sur les déclarations du vieux Fritz des quantités de déclarations analogues. Et quand le vieux Fritz caractérise l'action engagée contre une politique de peuplement précisément déterminée par de telles observations, ainsi que le discrédit du mariage fondé sur la conception prénuptiale d'un enfant, comme du « cannibalisme spirituel », je ne peux que lui donner raison à 100 %.

13 mai, le soir

Ce qui me frappe avant tout dans la politique actuelle des Français, c'est que dans leur volonté de s'asseoir sur toutes les chaises ils ne sont assis sur aucune. La faute au fait que l'âme française est profondément déchirée car il y a déjà rien que sur le front de Vichy cinq orientations différentes et plus, entre les nationalistes antisémites, les cléricaux amis des Juifs, les royalistes, les révolutionnaires, etc. Comme en outre la France manque actuellement d'un homme énergique, aucune solution politique claire n'est adoptée bien que les deux seules voies que puisse emprunter sa politique soient bien définies. La France peut en effet seulement :

a) renoncer à son territoire métropolitain et par le transfert de son gouvernement en Afrique du Nord poursuivre la guerre contre nous avec les ressources de son empire africain ;

1. Hitler à cet instant envisage donc de prolonger son célibat, ce qui jure avec l'hypothèse qu'il envisagerait d'épouser Eva Braun après la victoire. Le coup d'arrêt de l'expansion japonaise dans le Pacifique à la bataille de Midway (5 au 7 juin) n'a pas encore été donné, mais sans doute la bonne tenue des États-Unis en ce début de guerre lui fait-elle mesurer que la victoire se fera, au mieux, attendre longtemps.

b) se lier à la politique des puissances de l'Axe, sauver par là la plus grande partie de son territoire européen en sorte de compenser les cessions inévitables de territoires, au moment du traité de paix, à l'Allemagne, à l'Italie et à l'Espagne, par une avancée en Afrique centrale.

Si la France opte pour la seconde solution, elle aura la chance de participer activement à la guerre contre l'Angleterre et les USA et par là non seulement de s'étendre en Afrique, mais aussi de s'assurer la bienveillance des puissances de l'Axe. Car par l'entrée en guerre de la France le trafic avec l'Afrique du Nord serait un jeu d'enfant, l'Espagne serait poussée à entrer en guerre et la flotte française deviendrait soudain un facteur important de la guerre.

Bien entendu, en faisant ce choix la France miserait tout sur une seule carte. Si elle montrait de la compréhension pour les nécessités de notre politique, il ne faudrait pas non plus qu'elle compte récupérer les positions fortifiées que nous occupons sur la Manche, mais au contraire elle devrait satisfaire les revendications territoriales allemandes, espagnoles et italiennes à ses frontières européennes comme à Tunis et ne pouvoir les équilibrer que par des conquêtes compensatoires en Afrique centrale[1].

Mais si elle choisit la première solution ou persiste dans son comportement hésitant, la France doit bien se dire qu'après la guerre elle devra payer de tous les côtés. Car les États-Unis mettront la main sur la Martinique d'une manière ou d'une autre. L'Angleterre ne songe pas à rendre Madagascar et louchera sur les territoires africains qui ne font pas encore partie de ses dominions (*sic*) dans le sud et l'ouest de l'Afrique avec l'idée de compenser ses pertes en Asie de l'Est. L'Espagne ne se laissera pas plus détourner de ses revendications que l'Italie, et le Japon n'a pas l'intention de rendre l'Indochine qui n'a plus pour l'instant qu'un pseudo-gouvernement français.

Un peuple dont l'avenir est suspendu à une alternative politique aussi tranchée a besoin d'un homme qui tire avec une froideur de glace les conséquences de la situation politique existante. Le maréchal Pétain n'est pas cet homme. Il a certes sur le peuple français une autorité extraordinaire, mais c'est l'autorité du grand âge. Pour des

1. Ce discours avait déjà été tenu à Pierre Laval un an et demi plus tôt, le 22 octobre 1940, et Vichy s'était montré intéressé, à de nombreuses reprises, par l'ouverture de pourparlers sur de telles bases, tant sous le gouvernement de Darlan que sous celui de Laval. C'est à chaque fois Hitler qui n'avait pas donné suite, soit sans explication, soit en prétextant que la France demandait trop. En ce mois de mai, cette période semble close et l'ère s'ouvre des petits arrangements avec un gouvernement Laval, sans que soit évoquée désormais une perspective de paix avant la fin du conflit. Heydrich vient d'ailleurs de passer une semaine à Paris (la première et la dernière) pour causer de la collaboration des polices, en matière antisémite notamment. Ce discours de Hitler n'est donc nullement programmatique, mais entièrement auto-justificatif. Il affecte de vouloir intégrer la France dans son ensemble « européen » et veut qu'on retienne que si cela ne s'est pas fait c'est en raison de l'incapacité vichyssoise de prendre une décision nette. Il faut aussi se souvenir que l'atomisation de la France en un maximum d'éléments était depuis 1940 l'alpha et l'oméga de sa politique dans ce pays, témoin les premières instructions remises à Abetz dans l'été de 1940 et les Propos eux-mêmes, par exemple celui du 27 février. À présent se fait jour un très vague désir de voir le potentiel français engagé aux côtés de l'Axe et peut-être un regret de ne point l'avoir recruté en temps utile au moyen d'un traité de paix qui aurait éloigné définitivement la France de la cause alliée, mais aucun pas n'est esquissé pour rattraper le temps perdu et Hitler cherche surtout, une fois de plus, des excuses : Laval, créature allemande s'il en est, n'est pas un grand homme, qu'y puis-je ? Cf. Barbara Lambauer, *Otto Abetz et les Français*, Paris, Fayard, 2001, p. 177-181.

La marque la plus sûre de l'insincérité de ce discours est l'affirmation que, dans un traité de paix, la France devrait céder définitivement au Reich des ports sur l'Atlantique qu'il est en train de fortifier. Le gouvernant qui ferait avaler cette pilule à son peuple, en un moment où les actions de l'Axe ne sont pas au plus haut, serait effectivement très persuasif ! Mais cela pérenniserait l'hostilité de l'Angleterre. Or Hitler ménage toujours Londres, dans l'espoir de briser la coalition adverse.

décisions dont tout, mais absolument tout, dépend, des hommes aussi âgés que le maréchal Pétain sont seulement handicapés par leur expérience. Déjà en moi-même je le constate car j'y regarde à deux ou trois fois pour des décisions dont j'aurais pris le risque, il y a dix ans, sans hésitation. Un entretien avec Pétain me paraît donc sans objet malgré toute ma considération pour la droiture de cet homme qui comme ambassadeur en Espagne pendant la guerre franco-allemande a toujours salué notre ambassadeur ostensiblement, et qui dans ses rapports à son gouvernement a toujours recommandé l'entente avec l'Allemagne. On pourrait aussi bien – pour prendre une comparaison – confier un grand rôle d'opéra à un chanteur âgé et, quand il exécuterait tant bien que mal ses airs d'une voix rauque, se consoler en pensant que trente ou quarante ans auparavant il avait de l'or dans la gorge. Il est regrettable que, également parmi les collaborateurs de Pétain, personne n'ait les moyens de prendre les décisions claires qui s'imposent. Laval par exemple n'a rien d'autre derrière lui qu'un passé parlementaire. Le gouvernement de Vichy est par suite un gouvernement sans puissance effective, et un tel gouvernement est toujours un fantôme très dangereux. Si la France est aujourd'hui préservée d'un effondrement intérieur et par là d'un meurtre et d'un suicide du fait de ses habitants, elle le doit à nos troupes d'occupation qui constituent actuellement la seule force réelle en France.

Au cours d'une visite des constructions de la côte atlantique, un ouvrier m'a interpellé ainsi : « Nous ne partirons plus jamais d'ici, mon Führer ? Ce serait malheureux, après tout ce travail[1] ! »

La remarque de cet homme recèle infiniment de sagesse, elle montre qu'un homme ne veut abandonner en aucune circonstance un sol et une terre qu'il a arrosés de la sueur de son front. Rien au monde ne peut nous faire restituer la position solide sur la côte de la Manche que nous avons conquise lors de la campagne à l'Ouest et fortifiée par l'Organisation Todt[2], pour nous replier sur la petite baie allemande de la mer du Nord !

La Crimée aussi devra être fortifiée de telle manière que rien ne puisse contraindre le peuple allemand, même dans très longtemps,

1. Autre excuse pour justifier que l'Allemagne ne recherche pas l'alliance de Vichy : il faudrait renoncer à conserver des bases allemandes sur la côte atlantique, et les travailleurs allemands ne seraient pas contents !

2. Cf. *supra*, t. 1, entrée du 17 octobre au soir.

à faire l'abandon du morceau de travail allemand sis là-bas. Il est donc urgent de développer les ports de Crimée et d'installer de puissantes fortifications sur les resserrements (isthmes de Perekop, Tchongar et Kertch) de l'île (*sic*). Là aussi nous devons nous créer une position tellement forte que notre ouvrier qui s'active là-bas acquière de lui-même la conviction qu'aucune force ennemie ne pourra prévaloir contre elle. Mais j'estime une telle assurance suffisante pour la Crimée elle-même car nous avons en mer Noire et par là aussi dans les Dardanelles, en toute netteté, uniquement des intérêts économiques. Comme en outre nous nous désintéresserons de la Méditerranée, j'entrevois à la fin de cette guerre de vastes possibilités d'entente étroite avec la Turquie[1].

14 mai, le soir

Si le *VB*, à partir d'une petite feuille à mille abonnés, est devenu une entreprise qui en a un million, le secret de cette construction et de ce développement doit être cherché avant tout dans le mérite du Reichsleiter Amann, qui avec une rigueur militaire a su tirer de tous ses collaborateurs les plus extraordinaires performances et, d'emblée, éviter toute interférence entre les questions administratives et rédactionnelles. Combien de fois il m'a exposé la santé financière florissante du journal en me demandant de n'en rien dire au rédacteur en chef Rosenberg ni aux autres membres de la rédaction, car cela aurait pour seul résultat qu'ils lui réclameraient des honoraires plus élevés ! Et à quelle ponctualité militaire a-t-il amené, par sa propre rigueur, tous les collaborateurs du *VB* ! Bien qu'il se soit toujours comporté comme si la rédaction et ses membres n'étaient rien d'autre qu'un mal nécessaire, il a pourtant accompli par là un gros travail d'éducation et créé le type d'homme de presse dont nous avions besoin dans un État national-socialiste. Justement chez les hommes de presse il va de soi qu'il ne s'agit pas de créatures qui, à chaque expression d'une opinion, pensent à leur propre avantage économique ou à l'intérêt qu'ils ont eux-mêmes aux résultats financiers de leur journal, à leurs commanditaires, etc., mais d'hommes

1. Hitler dessine de plus en plus nettement les contours de son empire. La répudiation de toute ambition méditerranéenne va de pair avec l'espoir toujours vif d'une entente avec l'Angleterre.

conscients du statut de serviteurs de l'État que leur donne leur influence sur l'opinion publique.

L'une des premières tâches auxquelles je me suis attaqué après la prise du pouvoir a été de réaliser l'unité de la presse allemande en fonction de ce constat. Pour cela je n'ai pas reculé devant des mesures radicales. Car pour moi il était clair qu'un État qui dirige de façon unitaire sa presse par-dessus la foule des rédacteurs en chef et l'a ainsi fermement en main dispose de la plus forte puissance qu'on puisse imaginer.

L'idée de la liberté de la presse est le plus grand danger qui menace tout État. La liberté de la presse n'est précisément pas du tout la liberté pour la presse, mais c'est le droit pour quelques individus de faire ce qu'ils veulent et ce qui va dans le sens de leurs propres intérêts. Et ce, même quand cela va à l'encontre des intérêts de l'État.

Il n'a pas été très simple au début de clarifier ce point pour la corporation journalistique et de la persuader que, faisant partie d'un tout, elle devait le servir. Il a donc fallu sans cesse expliquer qu'en dernière analyse la presse se réfutait elle-même et se nuisait. Car si dans une même ville douze journaux racontent le même fait d'une manière différente, le lecteur en viendra à se convaincre que tout n'est que tromperie. Du coup, l'opinion publique échappe au gouvernail de la presse et, finalement, ne s'identifie plus du tout à elle. La vérification par l'exemple, nous la trouvons en Angleterre. Il faut donc se garder de vouloir déduire de la presse ce que pense le peuple anglais. Cela peut aller jusqu'au point où la presse ne reflète absolument pas la pensée du peuple ; une preuve de cela réside dans le comportement de la presse viennoise vis-à-vis du bourgmestre Lueger avant la Première Guerre mondiale. En effet, bien que cette presse viennoise ait été complètement alignée sur la Juiverie et le libéralisme, le maire d'agglomération Lueger a toujours obtenu aux élections municipales une forte majorité chrétienne-sociale, par conséquent l'attitude du peuple et le comportement de la presse n'avaient plus rien de commun[1].

Si la Luftwaffe est devenue une arme militaire opérationnelle au sens le plus fort du mot, de même la presse est une arme spirituelle

1. À partir d'un nouvel éloge de Max Amann, Hitler se gargarise de l'assurance qu'une presse sous contrôle donne à son pouvoir, et du fait que l'ennemi ne dispose pas d'un tel instrument.

opérationnelle au sens le plus fort du mot. Parfois nous devons en l'espace de trois jours abandonner soudain complètement l'orientation de la ligne politique de nos journaux en opérant un virage à 180 degrés. Ce serait absolument impossible si nous n'avions pas ce puissant instrument complètement à notre main. Le 22 juin 1941 en offre un exemple[1].

Une bonne année auparavant nous avions dû effectuer un retournement de notre position de farouches adversaires de la Russie, en faveur de notre accord germano-russe, qui a représenté pour les vieux nationaux-socialistes un coup de poing dans la figure. Mais heureusement nos camarades du Parti se sont montrés si disciplinés qu'ils ont accepté sans difficulté un tel renversement de la ligne politique. Le 22 juin 1941, totalement par surprise, un nouveau renversement s'ensuivit, qui surgit soudain un matin sans la moindre préparation. On peut faire cela seulement quand on a vraiment pleinement en main la presse, comme une arme opérationnelle dans l'éducation et la conduite d'un peuple.

Une telle conception de l'essence et des devoirs de la presse implique que la profession de journaliste elle-même devienne une activité très différente de ce qu'elle était auparavant. Avant, la profession de journaliste était profondément dépourvue de caractère, parce que le journaliste n'avait que de rares occasions d'exprimer son véritable caractère. Aujourd'hui il sait qu'il n'est pas un rédacteur lambda, mais agit dans le sens de l'intérêt de l'État. Par le fait que le journaliste, par l'évolution survenue après la prise du pouvoir, est devenu un véritable représentant de la pensée de l'État, la profession de journaliste a elle-même revêtu un tout autre visage.

En conséquence, quelques principes doivent être appliqués dans la nation avec la dernière rigueur :

Les problèmes sur lesquels les dirigeants de la nation se cassent la tête et ne sont pas encore arrivés à une opinion tranchée ne peuvent pas être apportés sur le forum de la presse avec une variété de points de vue ; la presse doit bien plutôt attendre jusqu'à ce que la décision soit tombée. Avant une action militaire on ne soumet pas non plus les ordres à la troupe pour la faire discuter préalablement à leur sujet

1. Effectivement, la presse allemande dénigrait l'URSS à la veille du pacte germano-soviétique de 1939, et la ménageait à la veille de l'agression de 1941. La premier de ces effets de surprise a permis d'écraser la Pologne puis la France et le second, s'il n'a point abouti à l'écrasement de l'URSS, a permis de lui porter de terribles coups. Cela peut justifier le contrôle de la presse en temps de guerre, qui a d'ailleurs lieu partout. Mais précisément Hitler se sert de cet exemple pour en tirer une règle générale et sa tirade est loin d'annoncer le relâchement du contrôle au retour de la paix.

et ensuite, si possible, se déterminer d'après sa conception de cette action. Une telle façon de procéder équivaudrait à un renoncement à toute responsabilité, à tout commandement et à toute raison. De même, dans le cas où deux modèles de chars sont en balance, on n'irait pas demander à la troupe lequel doit être produit.

Quand les meilleurs spécialistes du peuple n'arrivent pas sur une question à un avis tranché, c'est à la direction suprême de prendre la responsabilité d'une décision. Car le peuple veut être dirigé. Si le peuple a un jour l'impression que la direction ne sait plus ce qu'elle doit faire, c'est la fin de toute direction. Il appartient à l'honneur d'une direction d'assumer en même temps aussi la responsabilité de se décider. Le peuple pardonne plutôt une faute, que d'ailleurs la plupart du temps il ne perçoit même pas, qu'un certain flottement dans la direction. Car quand, en haut, on reste absolument indécis, en bas le peuple devient nerveux.

Il s'ensuit qu'il est inadmissible que le haut commandement tolère une critique de ses mesures par la base. Des droits dans ce domaine, ce n'est d'ailleurs pas ce que veut le peuple, mais seulement les rouspéteurs du peuple.

Le fait que la masse du peuple se soumet volontiers au commandement tient à ce qu'il n'est pas de constitution virile, mais féminine. De même que la femme, dans son ménage, essaye toujours de se rebeller mais au fond de son âme ne souhaite pas prendre le commandement, de même le peuple ou, pour rester dans l'exemple militaire, une compagnie, ne souhaite pas que le chef, disons le chef de compagnie, sollicite devant chaque situation l'opinion de ses hommes. C'est seulement ainsi qu'on peut expliquer que la masse ait tranché la tête d'un mollasson comme Louis XVI[1] alors que ses mesures n'avaient pas la moitié de la dureté de celles de Napoléon, qu'elle honorait comme un chef digne de ce nom.

Il convient cependant d'ajouter que le peuple n'attend pas seulement de la direction de l'État qu'elle commande, mais aussi qu'elle se soucie de lui. Ce qui donne le plus d'autorité à un officier, c'est le fait de gagner la confiance de ses hommes en se souciant de leur bien-être. Quand il se préoccupe de leur nourriture, de leur sommeil, de

1. L'exécution du roi de France Louis XVI le 21 janvier 1793, qui a scandalisé les élites dans le monde entier, est considérée comme normale par Hitler, qui parle une fois de plus de la Révolution en bonne part. Significativement, l'historien Johann Chapoutot, qui tente de démontrer que « le nazisme » en général vomissait la Révolution française, invoque abondamment Rosenberg et d'autres auteurs, mais ne cite, de Hitler, qu'une phrase ambiguë datée de 1934 : cf. *La loi du sang*, Paris, Gallimard, 2015, p. 100-107.

leurs soucis familiaux, il peut être aussi autoritaire qu'il voudra, ils le suivront aveuglément à travers le feu. Cet exemple montre que les grandes choses de la vie sont exactement sur le modèle des petites.

(Le Reichsleiter Dietrich[1] *intervient pour dire qu'il a vu avec intérêt, dans un film sur le Tibet, que les chevaux sauvages, sur les hauts plateaux tibétains, couraient derrière un leader.)*

Ce qui se passe chez les chevaux sauvages advient de même dans toute communauté d'êtres vivants qui veut s'affirmer. Si le bélier de tête manque, le groupe se dissout, oui, s'atomise, et tout s'arrête. C'est ainsi que les singes par exemple piétinent à mort celui qui n'est pas du groupe. Et ce qui vaut pour les singes vaut à plus forte raison pour les hommes. Aussi Bismarck avait-il pleinement raison quand il expliquait qu'une société humaine se détruit elle-même quand elle renonce à faire de la peine de mort le moyen suprême de défense contre les ennemis de la communauté, par crainte d'une éventuelle erreur judiciaire. Mais toute la vie humaine est constamment exposée à des erreurs. Que deviendrait l'individu et que deviendrait la société, si par peur des erreurs ils devenaient incapables de décider[2] !

15 mai, midi

Aujourd'hui, l'attitude du peuple allemand vis-à-vis des soldats du front diffère du tout au tout par rapport à la Première Guerre mondiale.

Aujourd'hui, les travaux urgents en matière d'armement sont faits par les ouvriers dans des journées de quatorze heures, en renonçant au repos dominical. C'eût été inconcevable pendant la Première Guerre mondiale, sans quoi on aurait pu construire en 1917-1918 tous les chars nécessaires. Pendant la Première Guerre mondiale on a tout gâché en étant trop laxiste avec les déserteurs mais aussi et surtout en faisant preuve, devant les menées des trafiquants, d'une scandaleuse indifférence, qui a favorisé la désagrégation de la patrie. Les collectes – qui aujourd'hui sont faites par le Parti, ainsi celles des métaux, des vêtements d'hiver, des bottes – étaient pendant la Première Guerre mondiale confiées à des sociétés dont le seul rôle

1. Il s'agit d'Otto Dietrich (cf. *supra*, t. 1, entrée des 9-10 janvier).

2. Après Guillaume II, c'est Bismarck qui est érigé en bâtisseur de la race aryenne, par un tout petit bout de la lorgnette : son attachement à la peine de mort, censée prouver qu'une société n'a pas peur de se défendre.

consistait à enregistrer les objets collectés. Cela ne les empêchait pas de facturer au Reich 20 à 24 marks le kilo des cloches qu'elles avaient eues pour 1,60 à 2 marks. En outre ces sociétés, comme par exemple les compagnies pour le recyclage des métaux, du cuir, etc., offraient aux tire-au-flanc tellement de possibilités de s'embusquer que le général Ludendorff se vit contraint en 1917 de commander un recensement général des sursitaires. Mais la *Frankfurter Zeitung* lui est tombée dessus sans qu'il ait la possibilité de l'envoyer dûment promener, en raison de la décomposition déjà avancée. La *FZ*, c'est-à-dire les Juifs se tenant derrière elle, avaient en effet répondu par des menaces, pour le cas où ce recensement aurait lieu, en disant non seulement qu'elle ne pourrait soutenir un prochain emprunt de guerre, mais même qu'elle se verrait obligée de déconseiller aux milieux industriels d'y souscrire[1]. Et c'est au sujet de ces mêmes Juifs, qui autrefois avaient porté ce coup de poignard, que notre soi-disant bourgeoisie aujourd'hui se lamente quand on les refoule vers l'Est. Ce qui est remarquable ici, c'est que cette bourgeoisie ne s'est cependant guère émue autrefois que 200 000 à 300 000 Allemands émigrent chaque année et que 75 % de ceux qui partaient vers l'Australie meurent au cours du voyage[2].

Il n'existe pas de classe plus stupide sur le plan politique que cette soi-disant bourgeoisie. Quand au nom de l'État on nuit, par exemple en le tuant, à un être manifestement nuisible au peuple, alors toute la bourgeoisie hurle que l'État est une brute. Mais quand le Juif, à coups de finasseries juridiques, brise la vie professionnelle d'un Allemand, lui prend sa maison et sa ferme, détruit sa famille et pour finir le contraint à émigrer, et que celui-ci perd la vie au cours du voyage, alors la bourgeoisie appelle l'État dans lequel ces choses sont possibles un État de droit, parce que tout le drame s'est joué dans le cadre des possibilités offertes par les paragraphes. Que le Juif, en tant que parasite, soit l'être le plus résistant aux changements climatiques de la Terre, qu'il puisse vivre en Laponie comme sous les Tropiques, c'est au-dessus de la compréhension de quiconque verse des larmes de crocodile sur un Juif transporté vers l'Est. Mais il s'agit là en général d'un bourge qui se prévaut de sa connaissance de

1. On voit mal en temps de guerre un journal s'opposer à une décision du haut commandement, surtout dans l'Allemagne de 1917 où les militaires éclipsaient largement le pouvoir civil. Hitler pousse ici la passion antisémite, et l'idée que la presse est juive si elle n'est nazie, jusqu'à l'oubli de cette situation. En revanche un recensement eut bien lieu, celui des Juifs mobilisés ou mobilisables, après une campagne aux accents pré-nazis qui les accusait d'être dans une grande proportion des « embusqués ». Il avait été lancé le 1er novembre 1916 et la presse ne l'avait pas empêché d'aller à son terme. Les résultats, publiés seulement en 1922, montraient des taux de morts au combat, d'exemptés, de sursitaires, etc. analogues à ceux de la population générale. Cf. Volker Ullrich, « Die Judenzählung im deutschen Heer 1916 », in *Fünf Schüsse auf Bismarck. Historische Reportagen 1789-1945*, Munich, Beck, 2002, p. 108-129.

2. Redite et exagération.

la Bible et qui pourtant ne sait pas que d'après les récits de l'Ancien Testament le Juif n'a rien à redouter ni d'un séjour dans le désert ni d'une marche à travers de la mer Rouge[1].

Comme si souvent dans l'histoire, quand le Juif est devenu arrogant et que les peuples chez lesquels il s'est introduit ont été trop saignés par lui, aujourd'hui lentement chaque peuple après l'autre reconnaît combien de dommages le Juif lui a causés. Chacun à sa manière cherche alors à en finir avec lui. Il est intéressant de voir à quel rythme la Turquie aujourd'hui, d'après une dépêche, agit contre les Juifs[2].

On[3] sait par expérience que les ordres déprécient leurs décorations lorsqu'ils les décernent à des étrangers. C'est pourquoi je suis toujours très prudent quand il s'agit de décerner la croix de fer à un étranger. Car la croix de fer – la plus belle décoration allemande, dessinée par Schinkel[4] – est une distinction qui dans le monde entier jouit de la plus haute réputation militaire, ce qui fait que chaque fois qu'elle récompense autre chose que des mérites militaires éclatants elle se dévalorise.

Certes je ne méconnais pas l'intérêt que peut présenter l'attribution de décorations à des étrangers. Car les hommes – et avant tout les diplomates – sont également vaniteux à l'étranger et une grande partie d'entre eux peuvent être amenés à prendre des positions plus ou moins pro-allemandes parce qu'ils ont reçu une décoration allemande prestigieuse. C'est pourquoi, pour ne pas laisser se déprécier par une attribution à des étrangers nos décorations allemandes dont certaines ne peuvent être obtenues que moyennant les plus grands services, j'ai créé un ordre spécial pour les étrangers. Je l'ai fait d'un cœur d'autant plus léger que la fabrication de cette décoration revient moins cher qu'un étui à cigarettes en argent ou en or, comme le Reich en offrait auparavant aux diplomates[5]. Par cette décoration, dont le modèle de luxe revient à une vingtaine de marks, on ne court pas le risque que le profit retiré de son attribution soit inférieur à son coût, quand bien même elle serait décernée uniquement pour avoir participé une ou deux fois à un petit déjeuner.

1. L'argumentation charrie des torrents de simplisme et de haine, dans le cadre d'un rapprochement spécieux entre les souffrances des Allemands ruinés par le développement industriel du XIXe siècle et celles des Juifs présentement massacrés par les soins de l'orateur.

2. Elle avait déjà été complimentée à ce propos le 6 mai.

3. Ce qui suit, jusqu'à « maintien du petit nombre des membres », figure dans les notes de Picker avant le passage précédent.

4. Karl Friedrich Schinkel (1781-1841), peintre et architecte berlinois, avait dessiné la décoration en 1813. Hitler avait obtenu au début de la Première Guerre mondiale la croix de fer de seconde classe (banale et donnée à de nombreux soldats dès lors qu'ils s'étaient bien tenus sous le feu) et, à la fin, celle de première classe, beaucoup plus rare et presque jamais décernée à un simple caporal. C'était la seule décoration qu'il portât. Cf. Thomas Weber, *Hitler's First War, op. cit*.

5. Hitler n'est pas coutumier d'une telle ladrerie. Elle ne procède pas d'une disposition de son caractère, mais plutôt d'une volonté croissante d'isoler son Allemagne de l'étranger et de lui conserver jalousement ses richesses.

Le plus difficile pour moi a été de trouver une digne reconnaissance pour des services exceptionnels et véritablement uniques. Après mûre réflexion je n'ai pas trouvé d'autre solution que de créer ici encore une décoration pour exprimer la reconnaissance de la nation. Et j'ai d'emblée posé en principe qu'elle ne serait en aucune circonstance accessible à un étranger.

La question est devenue pressante à la mort du ministre Todt, car Todt s'était non seulement acquis des mérites militaires uniques – qu'on pense aux innombrables vies humaines que son mur de l'Ouest a conservées au Reich[1] – mais s'était incomparablement illustré dans le domaine civil, entre autres par les autoroutes.

L'ordre national que j'ai fondé à l'occasion de la mort de Todt et dont il a été le premier récipiendaire a été créé expressément et exclusivement pour reconnaître les plus hautes performances qu'un homme puisse accomplir au service du Reich allemand. Pour limiter le plus possible le nombre des bénéficiaires, j'ai prévu d'emblée qu'ils constitueraient un chapitre, comme ceux des ordres de chevalerie du Moyen Âge, et que dans ce chapitre existerait, outre un sénat décidant des admissions et des exclusions, une commission de recours dont déjà la simple existence concourrait au maintien du petit nombre des membres[2].

16 mai, le soir

Enseigner le maniement des armes à une nation, c'est l'éduquer à la virilité.

Si les Romains n'avaient jamais enrôlé les Germains dans leur armée, il aurait été difficile au paysan allemand de devenir un soldat rompu au maniement des armes, qui par la suite les a vaincus. L'exemple le plus clair est la personne d'Arminius, qui avait été commandant de la 3e légion romaine et avait pendant sa jeunesse acquis sa formation et son expérience de soldat, grâce auxquelles il put battre les Romains. Ses compagnons d'armes les plus courageux lors du soulèvement contre les Romains avaient tous à un moment ou à un autre servi dans l'armée romaine comme légionnaires[3].

1. Cette fortification, appelée « ligne Siegfried » par l'ennemi, n'avait rien protégé du tout si on considère qu'en 1939-1940 les Franco-Britanniques, comptant sur le blocus et le temps, n'avaient aucune intention d'attaquer. Cependant son existence, amplifiée par les trompettes de la propagande, avait pu concourir à l'adoption de cette stratégie immobile.

2. Le Deutscher Orden des NSDAP va jusqu'en 1944 être décerné à des nazis éminents au lendemain de leur décès (Heydrich, Hühnlein, Lutze, Bürckel, Adolf Wagner, Schmundt), et seulement au début de 1945 à des vivants dont Hitler attend beaucoup de « fermeté » dans l'effondrement final : Hierl (chef du Service du travail du Reich), Hanke (longtemps bras droit de Goebbels, Gauleiter de Breslau et éphémère successeur de Himmler à la tête des SS), Holz (Gauleiter de Franconie) et Axmann (chef de la Jeunesse hitlérienne). Ce palmarès est éloquent. À côté des chefs d'institutions qui sont pour Hitler autant de tentacules (Organisation Todt, RSHA, NSKK – Hühnlein –, Service du travail, Jeunesse hitlérienne) on trouve son plus proche confident militaire, tué dans l'attentat du 20 juillet 1944 (Rudolf Schmundt) et quatre Gauleiters – encore une preuve de l'importance qu'il accordait à cette fonction en apparence subalterne. Hitler avait tenu parole en ce qui concerne le petit nombre des élus, et les quatre récipiendaires vivants auraient été bien en peine de former un chapitre, un sénat ou une commission de recours !

3. Si Arminius avait bel et bien appris le métier militaire dans l'armée romaine, sa victoire sur les légions de Varus en 9 ap. J.-C. n'a pas engendré d'archives permettant de connaître les états de service des officiers des tribus germaniques, ni de mesurer individuellement leur courage ! Hitler brode à partir de quelques lignes de Tacite, et il lui plaît d'imaginer que les Germains ont d'abord été des élèves appliqués des Romains, tout aussi aryens qu'eux.

À toutes les demandes des Tchèques d'obtenir de nous la reconstitution d'une armée – fût-elle de dimension réduite –, c'est donc un « non » catégorique qui doit être la réponse. Car le Tchèque dans sa servilité – lorsqu'il est désarmé – comme dans ses aspirations à la grandeur – dès qu'il a une arme entre les mains – est extraordinairement dangereux. Le spectacle donné par la Tchécoslovaquie pendant ses vingt ans d'indépendance politique en est la meilleure preuve. Au lieu de nouer par sa diplomatie les meilleures relations avec l'Allemagne, les seules raisonnables, l'État tchèque a voulu faire de Prague, au lieu d'une ville certes importante d'Europe, le « nombril du monde ». Ce désir de se donner de l'importance a conduit à vouloir s'asseoir sur trop de chaises politiques, en Europe comme dans le monde[1]. Aucun des hommes d'État tchèques ne s'est ainsi avisé que la présence d'un diplomate tchèque par exemple à Copenhague ne pouvait servir qu'à entretenir un bon à rien qui à partir des articles rassemblés par son attaché de presse écrirait un rapport tous les quinze jours et téléphonerait à Prague de temps à autre pour savoir comment évoluait la politique tchèque.

Mais pour un petit État il n'y a rien de plus beau que de donner un lustre diplomatique à sa capitale et à la société plus ou moins décadente qui habite cette capitale. À un petit État un gouvernement ne peut pas causer de plus grande joie que d'élever un ministre en poste auprès de lui au rang d'ambassadeur. Combien les petits États se haussent du col dans les questions diplomatiques, le fonctionnement de la SDN nous l'a assez enseigné. Plutôt que de payer les contributions dues, ils ont préféré se mettre en devoir avant tout, dans cette instance, de minorer la voix de l'Allemagne et sont aujourd'hui navrés que nous n'ayons pas complètement oublié leur attitude d'alors. Il faut dire que les représentants diplomatiques réunis à Genève constituaient déjà une belle troupe de bons à rien, pour qui le but de la vie consistait à toucher ses indemnités à date fixe, à bien manger, à faire régulièrement des promenades et – *last not least* – à pratiquer l'amour libre. Tout comme, par exemple, au concile de Constance, 1 500 demoiselles de plaisir avaient afflué

1. Hitler vient de faire la même critique à la France de Vichy, pour se justifier de ne pas s'être entendu avec elle sur un traité de paix. Ici, il s'agit d'inciter le gouvernement allemand à une méfiance perpétuelle envers les Tchèques, censés aimer se faire dominer.

pour la distraction des plus hauts dignitaires de l'Église, à Genève aussi lors des sessions on trouvait des essaims de courtisanes.

D'une façon générale, le personnel diplomatique des différentes nations constitue une espèce bien spéciale. En ce qui concerne notre ministère des Affaires étrangères, j'ai été frappé par le fait que lors de notre retrait de la SDN je me suis trouvé obligé de lui forcer la main[1] et que six mois plus tard des diplomates nommés antérieurement par lui à Genève, qu'on avait manifestement oublié de rappeler, y séjournaient encore, et que de son propre mouvement il avait créé pour ses diplomates en 1936 un uniforme tropical arborant les plus grands insignes qu'on ait jamais vus sur un uniforme.

Mais je me suis consolé quand j'ai fait la connaissance des représentants complètement stupides des États-Unis d'Amérique et quand un individu constamment ivre, sir Rumbold, s'est pointé devant moi en tant qu'ambassadeur d'Angleterre avant d'être remplacé par le gâteux irrémédiable qu'était sir Phipps. Dans cette galerie de diplomates compétents le meilleur était encore sir Henderson, le dernier ambassadeur anglais[2].

À quel point les diplomates sont souvent aux antipodes de la vérité, et combien peu ils s'entendent aux questions politiques, force m'a été de le constater une fois de plus récemment, quand on a voulu me faire lancer une proclamation aux Arabes. Il avait visiblement échappé à ces messieurs qu'une telle proclamation – tant que nous ne sommes pas sous les murs de Mossoul – était un non-sens car alors les Anglais fusilleraient préalablement les Arabes qui se soulèveraient pour appuyer notre action[3].

17 mai, le soir

Il y a des journalistes étrangers qui croient nous en imposer en nous reprochant, à propos de notre alliance avec le Japon, de trahir nos conceptions raciales et de susciter le « péril jaune ». À ces vermisseaux on pourrait se contenter de répondre qu'il était justement arrivé à l'Angleterre d'être allée chercher pendant la Première Guerre mondiale l'aide du Japon pour nous donner le coup de

1. En octobre 1933, lorsque l'Allemagne quitte la SDN, il y a encore des conseils des ministres et la décision est débattue le 4 octobre. Il est exact que Hitler force la main des Affaires étrangères en s'appuyant sur le ministre de la Guerre, Werner von Blomberg (cf. Charles Bloch, *Le Troisième Reich et le monde*, Paris, Imprimerie nationale, 1986, rééd. Perrin, 2015, p. 135).

2. Horace Rumbold (1869-1941) représente la Grande-Bretagne à Berlin de 1928 à juin 1933, date de sa retraite, Eric Phipps (1875-1945) prend la suite jusqu'en avril 1937 puis Nevile Henderson (1882-1942) occupe le poste jusqu'à la guerre. Le plus méfiant des trois envers les nazis était Rumbold et il est intéressant de relever qu'il est traité d'ivrogne, tout comme Churchill.

3. Les plus en vue des diplomates qui poussent Hitler à lancer une proclamation aux Arabes, notamment sur la demande du mufti de Jérusalem, sont Wilhelm Melchers (1900-1971), l'expert du ministère pour le Moyen-Orient, et Fritz Grobba (1886-1973), ancien ambassadeur à Bagdad et, après l'entrée en guerre, lui-même affecté au ministère. Une déclaration germano-italienne en faveur du nationalisme arabe, moins catégorique que ne l'eussent souhaité ses adeptes, sera finalement émise après l'entrée de Rommel en Égypte, le 3 juillet 1942. Cf. Charles Bloch, *Le Troisième Reich et le monde, op. cit.*, p. 468-478.

grâce. On pourrait aussi leur jeter tranquillement à la figure que dans ce combat pour être ou disparaître nous nous allierions même, pour vaincre, avec le diable.

En regardant très froidement les choses, l'alliance avec le Japon s'est avérée extraordinairement avantageuse pour nous ne serait-ce que par le choix de la date de l'entrée en guerre du Japon. L'entrée en guerre du Japon est en effet survenue alors que l'hiver russe provoquait progressivement dans notre population[1] la plus grande morosité, et que pesait sur tout le monde en Allemagne le sentiment que l'entrée en guerre des États-Unis était tôt ou tard inévitable. L'interprétation de ses devoirs envers l'alliance par le Japon, en choisissant pour entrer en guerre un tel moment, a produit sur le peuple allemand une impression profonde, et il faut lui en savoir hautement gré[2].

18 mai, midi

Grand est le mérite de notre dernier chargé d'affaires à Washington, le conseiller diplomatique Thomsen, et celui de l'attaché militaire, le général Boetticher. Ces deux hommes se sont révélés être des diplomates sur lesquels aucun bluff n'avait de prise et dont les rapports offraient une vue limpide de la situation du moment. J'envisage en conséquence de donner à ces deux hommes non seulement une distinction éminente, mais aussi, après la guerre, une promotion importante; pour Thomsen par exemple je projette une nomination dans un poste diplomatique particulièrement délicat[3].

---

1. *Bevölkerung* : sans doute, lorsque son moral flanche, le peuple (*Volk*) allemand n'est plus digne de ce nom et n'est qu'une vulgaire « population » ! Cette interprétation est corroborée par le retour du mot « peuple » quelques lignes plus bas, quand l'entrée en guerre du Japon est censée avoir restauré le moral.

2. C'est ce qui s'appelle faire contre mauvaise fortune bon cœur ! Car, tout au long de l'année 1941, le Japon n'a cessé de contrecarrer les souhaits de l'Allemagne. C'est d'abord son ministre Matsuoka, en visite à Berlin et à Rome en passant par Moscou, qui a contre l'avis

pressant de Hitler signé avec l'URSS, lors de son voyage de retour, un pacte de non-agression. Puis Tokyo a refusé d'attaquer Singapour à la mi-mai, ce qui aurait pu porter le coup de grâce à Churchill déjà bousculé en Grèce, en Libye, en Irak et dans l'Atlantique. Ensuite le même Matsuoka, retournant sa veste, a prôné au lendemain du 22 juin une attaque japonaise contre l'URSS... et a été chassé du gouvernement. Enfin l'attaque de Pearl Harbor, procurant certes un renfort bienvenu contre des États-Unis déjà fort hostiles au Reich, était, par rapport à l'art nazi de mettre les agressés dans leur tort, menée d'épouvantable manière, car les ambassadeurs Nomura et Kurusu étaient encore en train de négocier à Washington, ce qui facilitait grandement, pour Roosevelt, la mobilisation nationale. Cf. François Delpla, *Churchill et Hitler*, Paris, Le Rocher, 2012, ch. II/8 et III/3.

3. Cette tirade est remarquable par le souci que montre Hitler de ne pas paraître surpris par la puissance, l'unité et la combativité des États-Unis. Au prix d'un éloge, rarissime, de deux diplomates. Friedrich von Boetticher (1881-1967), attaché militaire à Washington depuis 1933, avait notamment noué des relations étroites avec les généraux Patton et MacArthur. Cf. Alfred Beck, *Hitler's Ambivalent Attaché. Gen. Lt. Friedrich von Boetticher in America 1933-1941*, Lincoln NE, Potomac Books, 2005. Il avait déjà été cité élogieusement par Hitler le 2 février : ce jour-là il était, avec le Français André François-Poncet, l'exception qui confirmait la règle de la nullité du corps diplomatique. Hans Thomsen (1891-1968) a fait fonction d'ambassadeur d'Allemagne aux États-Unis avec le titre de chargé d'affaires, après que Hitler eut rappelé Hans-Heinrich Dieckhoff (le successeur de Hans Luther) au lendemain de la Nuit de cristal, en novembre 1938. Si Boetticher reste en Allemagne après son retour, Thomsen va réellement se voir confier un poste diplomatique de la plus haute importance, l'ambassade de Stockholm... où il va pouvoir continuer à parler anglais, notamment avec l'ambassadeur américain Herschel Johnson et le représentant de l'OSS Abram Hewitt. Les plus grands services, peut-être, qu'il rendra consisteront à faciliter les contacts entre ces gens et le SD de Walter Schellenberg. Par ce truchement, pendant les deux dernières années de la guerre, Hitler et Himmler tenteront de séparer les Occidentaux des Soviétiques en offrant sans ambages les services des SS aux premiers. Hitler nourrirait-il déjà de telles idées ? Un fait plaide en ce sens : Thomsen avait eu des contacts indirects avec le chef de l'OSS, William Donovan, dans l'automne 1941. Il lui avait réclamé un million de dollars pour faire défection et tenter un coup d'État en Allemagne. Il se prévalait d'une connaissance intime de Hitler pour lui avoir temporairement servi de secrétaire (cf. Douglas Waller, *Wild Bill Donovan*, New York, Free Press, 2012, p. 108-109). En fait, il avait simplement été en

(suite du commentaire page 272)

18 mai, le soir

Notre conflit avec la Russie montre de la façon la plus claire qu'un chef d'État doit prendre l'initiative de frapper quand il considère qu'une guerre est inévitable. Dans une lettre trouvée sur le fils de Staline et écrite par un de ses amis peu avant notre attaque, figure textuellement l'idée qu'il veut revoir encore une fois son Annouchka « avant la promenade à Berlin ». Si j'avais prêté l'oreille à mes généraux mal informés[1] et attendu, et si les Russes nous avaient devancés conformément à leurs plans, il aurait été quasi impossible d'arrêter leurs blindés sur le réseau routier excellent de l'Europe centrale[2]. Je suis également très heureux d'avoir réussi à retenir les Russes jusqu'à l'entrée en guerre définitive et en me mettant constamment d'accord avec eux sur leurs intérêts. Car si à l'époque on n'avait pas réussi à cantonner à la Bessarabie leur avancée en Roumanie, et s'ils s'étaient alors emparés des champs de pétrole roumains, ils nous auraient mis en panne de carburant au plus tard ce printemps[3].

---

poste à la chancellerie de Berlin entre 1933 et 1936, ce qui permettait à Hitler de le remarquer et de le promouvoir à une vitesse et à des fonctions inusitées, en se réservant la possibilité de le charger de missions scabreuses, telles qu'une intoxication du gouvernement américain sur la possibilité de corrompre des cadres allemands comme sur celle de liquider le nazisme par un coup d'État. Voilà qui donne un nouveau relief aux imprécations et aux railleries de Hitler contre les diplomates de formation classique ; et qui donne à penser que, lorsqu'il le fait nommer à Washington en qualité de secrétaire d'ambassade en lui donnant Dieckhoff pour supérieur, les jours de ce dernier sont déjà comptés. Ainsi, le maintien d'un simple chargé d'affaires après la crise de la Nuit de cristal aurait eu pour but, entre autres, de placer un nazi de toute confiance à la tête de cette ambassade, au nez et à la barbe des diplomates de carrière qui attendaient le poste. Les rapports Thomsen-Donovan ne sont pas documentés en Allemagne mais le sont aux États-Unis dans des dossiers déclassifiés en 1980, et comportant des interrogatoires de Thomsen réalisés en 1945.

Boetticher, spécialisé dans les relations militaires internationales bien avant 1933, ne semble pas avoir eu des connexions nazies aussi étroites. Peut-être est-il encensé ici avec Thomsen, puis décoré avec lui sur l'ordre du Führer, pour rendre moins voyante la position privilégiée du chargé d'affaires dans la faveur du maître et moins exorbitante sa promotion au rang d'ambassadeur.

1. Voilà une charge gratuite contre la hiérarchie militaire : aucune campagne n'a suscité aussi peu d'opposition de sa part que Barbarossa, et aucun officier n'est connu pour avoir souhaité qu'elle fût reportée à 1942.

2. Hitler est décidément en quête de justifications : le Japon est un allié modèle, la paix avec la France était impossible, le poids des États-Unis avait été correctement évalué, la Russie a été attaquée à juste titre et au bon moment. Quant à la lettre trouvée sur le fils de Staline, il y a des chances qu'elle existe bel et bien, mais qu'il faille l'interpréter tout autrement. Goebbels se vante en effet dans son journal, le 15 juin 1941, de faire courir le bruit d'un prochain voyage de Staline à Berlin, et d'après le témoignage tardif de l'interprète Berejkov le dictateur soviétique aurait mordu à l'hameçon, en télégraphiant à Berlin la veille même de l'attaque qu'il acceptait de venir (cf. Francois Delpla, *La ruse nazie*, Paris, France-Empire, 1997, p. 169) : ainsi s'expliquerait la « promenade à Berlin », Staline ayant, pour mieux arrondir les angles, voyagé en famille. La lettre, si elle était retrouvée et surtout datée, serait précieuse pour documenter cet aspect de la préhistoire de Barbarossa, sur lequel les sources soviétiques sont peu loquaces.

Un propos de Hitler à l'adresse de Goebbels, daté du 15 juin 1941 et consigné le lendemain dans le journal du ministre, est de nature à ruiner l'idée que Hitler a attaqué la Russie parce qu'il craignait une prochaine attaque de sa part. Il y exprime l'idée, répandue dans le monde entier depuis le début de la guerre, que Staline compte sur un épuisement mutuel des puissances ouest-européennes pour tirer un jour les marrons du feu : « Moscou veut se tenir à l'écart de la guerre jusqu'à ce que l'Europe soit épuisée et exsangue. Staline souhaite passer alors à l'action, bolcheviser l'Europe et imposer sa férule. »

3. Pour mieux accréditer l'idée d'un danger soviétique permanent, consubstantiel à une « poussée asiatique » éternelle contre laquelle l'Allemagne, à chaque génération, doit protéger l'Europe, Hitler tire parti des avancées soviétiques autorisées par le pacte d'août 1939 et réalisées prudemment par Staline entre septembre 1939 et juillet 1940. Il se vante de les avoir contrôlées et contenues alors qu'il n'a, bien sûr, jamais été question que Staline, dans la foulée de sa récupération de la Bessarabie (une région disputée entre la Russie et la Roumanie depuis le XIXe siècle et changeant de mains au gré des rapports de forces), pousse jusqu'aux champs pétrolifères roumains, notoirement vitaux pour l'Allemagne !

20 mai, midi

Je suis résolument opposé à toute tentative d'exporter la vision nationale-socialiste du monde. Justement, si les autres États persistent dans leur système démocratique et par là vont au-devant d'une ruine certaine, cela ne peut que nous arranger puisque sur la base du national-socialisme nous devenons lentement mais sûrement le corps national le plus cohérent qu'on puisse imaginer. La jeunesse qui dans dix à vingt ans incarnera l'idée nationale-socialiste n'aura rien connu d'autre que la vision du monde nationale-socialiste et aura été élevée dans un système d'éducation qui la rendra à la fois disciplinée et sûre d'elle. Quel changement fondamental a déjà subi la formation de l'apprenti ! L'apprenti, naguère une tête à claques qui – quand le maître ou un compagnon se grattaient – se mettait à trembler, occupe aujourd'hui, après six mois de formation de base, un poste de travail qui correspond à ses capacités et ainsi lui donne confiance en lui[1].

Si on songe que le rythme de l'éducation de nos jeunes filles dans les principes nationaux-socialistes a fait de semblables progrès et que notre jeunesse féminine d'aujourd'hui travaille, conformément aux besoins de la nation, dans les bureaux, à l'hôpital, aux champs, etc., on ne peut que constater : Encore cent ans de ce travail assidu d'éducation et le peuple allemand sera le bloc de puissance le plus soudé et le plus colossal que l'Europe ait jamais porté[2].

Dans l'éducation de notre jeunesse masculine, il est une chose à ne pas oublier, qu'en fait aucune formation de la jeunesse ne donne un regard aussi ouvert et un chemin aussi idéal vers le travail manuel qu'un emploi dans les hauts-fourneaux, les aciéries ou la fabrication des Panzer, bref dans la métallurgie, et peu importe s'il s'agit de construire des armements ou des machines. Quand je vais dans les usines Krupp d'Essen, j'en prends à chaque fois conscience. Car les travailleurs, là-bas, apparaissent comme des seigneurs, aussi bien dans leur aspect extérieur que dans leur comportement. J'ai pu faire des constatations semblables lors du lancement du *Tirpitz* aux chantiers navals de Wilhelmshafen. Combien j'ai vu, parmi les

1. Cette vision des changements introduits sous le Troisième Reich dans les rapports sociaux, pour être théorique et idéalisée, ne nous instruit pas moins sur la philosophie et les ambitions au long cours du nazisme. Il s'agit encore et toujours, comme en 1920, de « nationaliser la classe ouvrière » en donnant à chaque travailleur, dès ses débuts dans l'entreprise, le sentiment d'œuvrer dans le sens de ses intérêts propres au sein de la « communauté du peuple ».

2. L'empire romain était admiré, le voilà supplanté ! On remarquera que cette euphorie conclut un développement sur les femmes : leur intégration dans la production, loin d'être un pis-aller imposé par la mobilisation des hommes sur le front, est présentée comme un processus permanent et souhaitable, car il favorise la cohésion nationale.

travailleurs, d'hommes beaux, splendides, avec un maintien souverain, noble, et une fierté honorable sur le visage, qui avaient participé sur le chantier à cette grande œuvre et étaient à présent venus à son lancement. Quand après le lancement j'ai inspecté les travaux de la quatrième entrée du port de Wilhelmshafen et suis passé par la même occasion devant une quantité de travailleurs étrangers, j'ai été vivement frappé de voir à quel point ils étaient inférieurs à nos travailleurs allemands et comme ils n'étaient que vermine[1].

Ce qui vaut pour l'ouvrier métallurgiste vaut aussi, dans la même mesure, pour le mineur. Le mineur est et reste l'élite des ouvriers allemands. Car il est extérieurement et intérieurement formé par une profession qui encore actuellement comporte des risques élevés et ne convient qu'à des hommes durs et décidés, intérieurement prêts à surmonter de grands périls. Nous devons donc tout faire pour que le mineur aussi reçoive la part de la reconnaissance nationale qui lui revient. Cela signifie que dès le retour de la paix on doit se soucier tout particulièrement de l'amélioration du standard de vie de cette couche particulièrement méritante de notre peuple[2].

Pour que déjà pendant la guerre la nation montre sa reconnaissance aux ouvriers, j'ai préparé pour cet après-midi une cérémonie d'État au cours de laquelle cent croix du Mérite de guerre de première classe seront remises à des ouvriers, et où en outre une croix de chevalier de la croix du Mérite de guerre sera remise à un contremaître de la fabrication des chars dans la salle des mosaïques de la chancellerie du Reich par un soldat décoré de la croix de chevalier militaire. Le soldat décoré de la croix de chevalier militaire que j'ai désigné pour la remise[3] sera un caporal qui arrive tout droit du front et qui, servant tout seul un canon antichar, a détruit treize blindés russes. Ce fut une joie pour moi de recevoir hier ce caporal car c'est un représentant typique de la jeunesse nationale-socialiste et, bien qu'il ait l'apparence d'un gosse de 17 ans, il témoigne d'une telle assurance qu'il donne l'impression que le monde entier ne pourrait pas l'ébranler.

Le type d'homme qui vient à apparaître dans ce caporal, intelligent, éveillé et durement décidé[4], ce sera ma tâche première de le

1. Quel chauvinisme autoréalisateur ! Il est assez naturel que des travailleurs œuvrant dans leur patrie, en une période où elle accumule les victoires, fassent une meilleure impression (surtout s'ils se sont endimanchés pour une inauguration) que des étrangers rarement volontaires, et sous-payés. Leur supériorité doit plus à la conjoncture, tant militaire qu'économique, qu'à une appartenance raciale quelconque.

2. Ainsi, la race supérieure comporte une hiérarchie. Mais les critères, pour déterminer les mérites, sont peu rationnels. L'excellence des ouvriers métallurgistes doit beaucoup à la nature de leur production (on songe à l'insistance avec laquelle Hitler clame que le jeune hitlérien doit être « dur comme l'acier de Krupp »), et celle des mineurs est censée provenir du libre choix d'un métier dangereux, comme si on était au front et qu'on y décorait les hommes qui se sont portés volontaires pour des missions risquées.

3. Jouan comme Genoud omettent ce détail : en les lisant on ne sait pas que Hitler en personne a désigné cet exécutant.

4. En ce déjeuner du 20 mai, Hitler est en veine de rapprochements simplistes, qui brossent à grands traits une image caricaturale de sa « communauté nationale » et du rôle que lui-même y joue. Il a imaginé personnellement une cérémonie où il préside une communion entre les usagers des armes et ceux qui les fabriquent, et dont le héros central a le grade de caporal... alors que ses exploits auraient dû lui valoir une promotion et qu'elle est probablement imminente. L'emploi du temps surchargé du chef ne l'empêche pas de recevoir personnellement ce personnage emblématique, à la veille de la cérémonie. C'est un véritable passage de témoin entre caporaux !

développer dans notre jeunesse, le jour où les devoirs de la guerre, et par suite du métier des armes, ne seront plus ce qui m'accaparera le plus. Aux types produits par les autres peuples, qui consistent la plupart du temps en brutes, en femmelettes ou en d'autres extrêmes analogues, j'opposerai des hommes de la trempe de ceux qui ont tenu à Narvik ou à Kholm[1].

Exactement comme la guerre de 1870-1871 a été le creuset de l'ancien empire allemand, le Grand Reich sortira des champs de bataille de cette guerre, avec toutes ses souches fondues ensemble. De cette façon on évitera que certaines des souches allemandes viennent au Reich comme un chien battu ; chacune aura la fière conscience d'avoir contribué en versant son sang au plus grand combat que le peuple allemand ait mené pour sa liberté[2].

Du moment qu'on peut tirer de la participation générale de toutes les souches du peuple allemand les plus grandes performances, j'entends que dans ma chancellerie du Parti à Munich des hommes provenant de toutes les souches soient réunis. Également dans les grands travaux, dans la construction des grandes routes et des grands canaux, dans absolument tout ce qui ne peut être créé que par la force rassemblée de la nation, on en arrivera à faire coopérer l'ensemble du peuple. Quand on veut faire quelque chose partout, on gaspille les forces de la nation. De même qu'on obtient les plus grands succès opérationnels en faisant agir la Luftwaffe en formations groupées, de même on doit organiser la vie du peuple allemand de telle sorte que, partout où une grande tâche est à accomplir, toute la force de la nation soit engagée. Une grande gare centrale ne pourra être construite à Munich que si toute la force du Reich se tient derrière ce chantier. C'est pourquoi une direction raisonnable du peuple allemand doit planifier son action de telle sorte qu'année après année elle entreprenne et conduise quelque grande tâche[3].

Un tel emploi de la population allemande ne manquera pas d'avoir des répercussions sur chaque individu. Il retrouvera le sentiment que tout lui est possible et – tout comme le jeune Anglais d'aujourd'hui effectue son apprentissage en Inde – il fera connaissance

1. Du 23 janvier au 5 mai 1942, 5000 soldats allemands encerclés dans la ville de Kholm et dépourvus d'armement lourd ont tenu en respect les troupes soviétiques, avant d'être délivrés. Hitler tire parti instantanément de cette victoire, en l'égalant à l'exploit de son cher général Dietl, chassé de Narvik et trouvant le moyen de survivre avec ses troupes dans la nature environnante avant de revenir en vainqueur dans la ville, en mai 1940. Cependant, ce sont ses propres victoires en France, bien plus que la pression de Dietl, qui avaient entraîné l'évacuation de Narvik par les Alliés : l'exploit des hommes du général Theodor Scherer à Kholm est plus net, et Hitler greffe sur lui une action d'un de ses généraux préférés, nazi de la première heure, pour fondre les deux batailles en un symbole de la « trempe » de la race aryenne. Scherer va être décoré par Hitler deux jours plus tard et la nouvelle publiée, avec son portait, à la une des journaux.

2. Particulièrement choquant, s'agissant d'une guerre d'agression et de conquête, ce mot n'en est pas moins sincère. En Norvège comme en Russie, le Reich agresseur ne faisait, d'après son chef, que se défendre. Si Hitler n'est certes pas dupe de sa propagande qui invoque (et invente) dans les deux cas des actions ennemies imminentes, en revanche il conçoit bel et bien cette guerre comme une tentative de briser un encerclement hostile. De ce point de vue, les batailles de Narvik et de Kholm sont emblématiques de la situation générale.

3. De l'évocation du champ de bataille, Hitler glisse à une anticipation de l'après-guerre. La mobilisation devra continuer, par des chantiers présentés comme des batailles et mobilisant des ressources humaines et matérielles en provenance du maximum de régions et de couches sociales.

avec les confins les plus lointains du Reich à l'Est, ou bien avec la Norvège ou encore n'importe quelle marche frontière du Reich. Ainsi pourra-t-on faire comprendre à l'Allemand, avec l'aide de ses propres expériences, que sans égard pour les inégalités de rang qui existent entre les Allemands, on ne doit laisser transparaître vis-à-vis de l'extérieur aucune différence. Au dernier des Allemands également il faut inculquer comme une évidence absolue que le plus jeune apprenti allemand et le plus petit charretier allemand sont plus proches de lui que le lord anglais le plus élevé[1].

On peut mesurer le changement de mentalité que cela implique quand on se souvient qu'autrefois des princes allemands allaient dans les Balkans comme roitelets et préféraient y passer leur vie plutôt que de chercher leur voie en Allemagne dans une position subalterne – fût-ce celle de balayeur des rues. Si on réussit à éduquer avant tout la jeunesse allemande dans le sens d'une solidarité fanatique et d'un lien fanatique avec le Reich, alors le Reich allemand redeviendra la première puissance d'Europe, comme cela a déjà été le cas une fois, mille ans après la chute de l'empire romain. On empêcherait ainsi une fois pour toutes que le Reich allemand se dissolve à nouveau en petits États qui s'envoient mutuellement des diplomates comme chez eux sont accrédités des diplomates étrangers qui – comme l'ancien ambassadeur français à Munich[2] – intriguent contre l'unité de l'Allemagne.

Un Reich dont les membres seront étroitement solidaires trouvera également le moyen d'en finir[3] avec le problème tchèque. Cela, Hácha[4] l'a très justement reconnu. En tant que juriste de l'ancien État autrichien, d'un point de vue sentimental il considérait certainement l'existence de l'État tchèque d'une manière ou d'une autre comme étrangère au droit, car les Tchèques au cours de l'histoire ne s'étaient jamais montrés aptes dans le domaine politique et même, dans leurs tendances culturelles, s'étaient toujours largement tournés vers la culture allemande de l'État autrichien. Si donc aujourd'hui on élimine sans état d'âme tout ce qui est dangereux en Tchéquie en traitant cependant bien les Tchèques, c'est la bonne voie et pour le grand Reich allemand la conduite évidente à tenir

1. L'Anglais est un modèle, voué à devenir un allié, mais il restera un concurrent.

2. Il s'agit sans doute d'Émile Dard (1871-1947), conseiller d'ambassade à Madrid de 1918 à 1920 et, pendant ce temps, envoyé à Munich comme ministre plénipotentiaire au lendemain de l'armistice, puis nommé ambassadeur de France en Bavière de 1920 à 1925.

3. *Fertig zu werden* : l'idée d'une solution finale déborde son cadre originel. Le « résoudre » de Genoud est faible, le « régler » de Jouan guère moins.

4. Le président tchèque déjà évoqué par Hitler, notamment au soir du 13 janvier.

vis-à-vis des Tchèques. Car ainsi la position sentimentale de Hácha deviendra le bien de tout le peuple tchèque, en sorte que par un sentiment de culpabilité, et au vu du grand travail de colonisation allemand, il en viendra à craindre sa propre éviction s'il ne devient pas un collaborateur zélé du Reich allemand. Seule cette politique explique aujourd'hui que les Tchèques travaillent dans l'industrie d'armement et le reste à notre grande satisfaction et que s'acclimate toujours plus chez eux le cri : « tout pour notre Führer Adolf Hitler ! »[1].

20 mai, le soir

D'innombrables travaux menés par nous, nationaux-socialistes, depuis la prise du pouvoir, ne sont même pas venus à la connaissance du public. Par exemple, nous n'avons soufflé mot des dizaines de milliers d'hommes dont l'existence au temps du Système était misérable et à qui nous avons rendu une vie décente[2].

D'une importance toute particulière sont nos mesures pour donner des revenus convenables aux femmes qui travaillent, ainsi les secrétaires, les vendeuses, les artistes, etc. Comme nous nous sommes occupés de leur assurer non plus de l'argent de poche, mais un salaire correspondant à leur emploi, nous les avons libérées de l'obligation de recourir à des amis pour assurer leur existence.

Ce qui me mettait autrefois le plus en colère, c'était la condition des danseuses. Pendant que des Juifs prétendument humoristes, dans des théâtres comme le Berlin-Metropol, se faisaient 3 000 à 4 000 marks par mois pour débiter chaque soir pendant un quart d'heure des balivernes de bas étage[3], les danseuses touchaient à peine 70 ou 80 marks. Et elles devaient, pour pouvoir assumer leurs tâches, passer non pas un quart d'heure mais la plus grande partie de la journée en entraînements, répétitions, etc.

Cette différence de traitement était une spéculation abjecte. On forçait les pauvres créatures à aller sur le trottoir pour vivre, et on avait ainsi converti le théâtre en un bordel au nom élégant. Sans faire de bruit j'ai fait en sorte que nos danseuses des scènes allemandes

1. Lisant cela, on comprend la déception de l'orateur une semaine plus tard, à la nouvelle de l'attentat contre Heydrich, et ensuite, après sa mort survenue le 4 juin, ses efforts pour faire accroire qu'il a été victime, non du peuple tchèque, mais d'une lie apatride, où le clergé catholique figurera en bonne place (cf. *infra*).

2. Aveu implicite : dans la période ascendante du Troisième Reich, il était inutile et aurait été contre-productif de s'étendre sur le nombre de pauvres dont la condition s'était améliorée. Mais à présent que les difficultés s'accumulent, il est important de rappeler le passif du régime précédent.

3. *Dreckgeschwätz* chez Picker (pour *Drecksgeschwätz* sans doute). Quant à Genoud, il atténue le racisme obtus du propos par une interpolation : les humoristes étaient « généralement » juifs.

touchent aujourd'hui 180 à 240 marks et soient ainsi en mesure de se consacrer entièrement à leur profession. Ainsi fut donnée aux scènes la possibilité :

1) d'engager des danseuses vraiment belles à regarder ;
2) de placer leur travail sous le signe de la formation continue et du perfectionnement artistique ;
3) de les éduquer aussi d'autre manière[1] et de leur rappeler qu'elles doivent se marier jeunes et quitter la scène au plus tard à 34 ou 35 ans.

21 mai, le soir

Quand j'eus refusé tout net de me prêter à des solutions de compromis, par exemple en entrant comme vice-chancelier dans un cabinet von Papen, et quand les efforts pourris du général Schleicher pour, au moyen d'intrigues avec Gregor Strasser, briser l'unité du NSDAP, furent restés sans résultat, la situation politique s'est tendue à l'extrême[2]. Schleicher avait non seulement échoué à trouver au Reichstag une majorité de tolérance, mais dans le domaine de la relance économique, qui était son slogan, on avait vu le chiffre du chômage, pendant ses deux premières semaines de gouvernement, grimper encore d'un quart de million. En janvier 1933, soit après un mois de pouvoir, Schleicher n'avait plus d'autre issue qu'une dissolution du Reichstag et la mise sur pied d'un cabinet militaire reposant uniquement sur la confiance du président du Reich. Mais devant le projet d'une dictature militaire le Vieux Monsieur, von Hindenburg, qui avait placé dans le général Schleicher[3] une très haute confiance, fut saisi d'angoisse. Car au fond de son cœur le Vieux Monsieur était devenu un adversaire de la politisation de l'armée ; en outre, par principe, il n'allait pas plus loin dans l'attribution des pleins pouvoirs politiques que ne le permettait le serment constitutionnel qu'il avait prêté.

Étant donné ce paroxysme de la tension politique, le Vieux Monsieur avait pris contact avec moi par l'intermédiaire de Herr von Papen et par la célèbre entrevue de Cologne avait pour ainsi

1. Encore une allusion à la nécessaire mobilisation patriotique des femmes, ce que confirme la fin de la phrase : il incombe aux théâtres, normalisés sous l'égide de Goebbels, de donner à leur personnel une éducation civique.

2. Hitler revient pour la première fois sur la crise finale de la république de Weimar, quand trois gouvernements se sont succédés en huit mois, celui de Franz von Papen (juin-décembre 1932), celui du général von Schleicher (décembre 1932-janvier 1933) et le sien, à partir du 30 janvier. Schleicher s'était fait fort, auprès du président von Hindenburg, de mettre fin à l'instabilité en débauchant des syndicalistes et une aile du parti nazi, emmenée par Gregor Strasser. Schleicher et Strasser avaient payé cette manoeuvre de leur vie lors de la Nuit des longs couteaux... en étant accusés à tort d'avoir alors, en juin 1934, fomenté un putsch avec Röhm, le chef d'état-major des SA.

3. *Sic* : Hindenburg a droit à sa particule, Schleicher non (de même qu'au paragraphe précédent).

dire sondé le terrain. J'avais alors acquis l'impression que mon affaire prenait bonne tournure. Par conséquent je n'avais laissé subsister aucun doute sur le fait que je ne me prêterais pas à des solutions de compromis. J'avais alors mené avec la dernière énergie la campagne électorale de Lippe et y avais pleinement engagé ma personne[1]. Après l'issue victorieuse de cette campagne, dont on ne surestimera jamais l'importance, l'entourage du Vieux Monsieur a repris contact avec moi. Une rencontre avec le fils de Hindenburg et Herr von Papen fut organisée dans la maison de von Ribbentrop. Dans cette conversation j'ai présenté sans détour ma conception de l'état du développement politique et exposé clairement que toute nouvelle semaine de retard était à mon avis du temps perdu. Seul le regroupement de tous les partis, en dehors des sous-groupes bourgeois qu'il était impossible de gagner d'une manière quelconque, pouvait encore sauver la situation. Et cette union ne pouvait être garantie par moi que si j'étais chancelier du Reich.

Si j'ai pris sur moi à cette époque de mener ces discussions qui m'éloignaient du travail dans le Mouvement, c'est seulement parce que j'accordais la plus grande valeur au fait de recevoir la chancellerie d'une façon légitime, c'est-à-dire en la recevant pour ainsi dire avec la bénédiction du Vieux Monsieur.

En effet c'est seulement la légitimité de mon accession au poste de chancelier qui a pu m'épargner de devoir, avant tout travail constructif, combattre l'opposition des autres forces politiques, et affronter des difficultés du côté de l'armée. La position de la Wehrmacht vis-à-vis de mon entrée à la chancellerie a joué dans ces considérations un rôle prépondérant, car la Wehrmacht, devant une prise du pouvoir non légitime, aurait risqué de devenir le noyau d'un coup d'État du genre du putsch de Röhm, tandis que devant une prise du pouvoir légitime, on pouvait la cantonner dans ses tâches purement militaires suffisamment longtemps pour que, par le rétablissement d'un service militaire, la totalité du peuple, et avec lui l'esprit national-socialiste, fasse irruption en elle et, par une force croissante que rien ne pourrait arrêter, neutralise en elle tous les éléments hostiles au national-socialisme, en particulier dans le corps des officiers.

1. Le parti nazi avait été rudement secoué par le premier recul électoral de son histoire bien que son score restât très élevé, aux élections du 6 novembre 1932. Papen comptait en profiter pour se maintenir au pouvoir mais Schleicher l'avait renversé en proposant à Hindenburg la solution qu'on a dite. Hitler avait alors remonté la pente en neutralisant Strasser à l'intérieur du Parti puis en se rapprochant de Papen, tout d'abord par une rencontre en principe secrète (mais révélée à la presse par les nazis) à Cologne le 4 janvier chez le banquier Schröder. Il est fort abusif de prétendre que Hindenburg ait joué dans ce rapprochement le moindre rôle, mais il est exact que l'élection locale de Lippe, le 15 janvier, avait eu une importance décisive en démontrant que le NSDAP était en train de regagner des voix.

Après que, le 22 janvier 1933, la marche des SA visant la Karl-Liebknecht-Haus de Berlin eut porté un coup terrible au prestige du KPD et provoqué dans Berlin la plus grande effervescence, j'ai été de nouveau convié par Papen à une discussion, le 24. Il m'a informé que Schleicher avait officiellement demandé les pleins pouvoirs pour une dictature militaire. Mais le Vieux Monsieur avait repoussé cette exigence et s'était dit prêt, sur la base d'une union nationale et à condition que von Papen fût vice-chancelier, à charger Adolf Hitler de former un gouvernement, et à lui demander d'assumer la charge de chancelier. J'ai accepté cette proposition sans me laisser entraîner dans la discussion des détails et en posant moi-même comme condition avant tout la dissolution du Reichstag et l'organisation de nouvelles élections. J'écartai la suggestion, avancée prudemment, d'une entrevue de dix minutes avec le Vieux Monsieur au motif que le lendemain je serais absent de Berlin. Après les expériences de l'année précédente, je voulais éviter de susciter dans le Parti l'optimisme infondé qu'une conversation avec le Vieux Monsieur soulevait invariablement.

J'ai mis à profit la conversation avec von Papen pour intensifier les pourparlers menés par Göring sur la formation d'un éventuel gouvernement. Des plus difficiles s'étaient avérées les relations avec les nationaux-allemands[1], car les appétits du conseiller Hugenberg en matière de portefeuilles restaient sans commune mesure avec la force de son parti, et par peur de perdre des voix il ne voulait pas entendre parler d'une dissolution du Reichstag. Après mon absence temporaire de Berlin, le 27, je me suis entretenu moi-même avec Hugenberg, sans parvenir à un résultat acceptable.

Les pourparlers en vue de la formation du gouvernement étaient par ailleurs rendus difficiles par les cercles gravitant autour du général Schleicher, qui à tout propos tentaient de faire de l'obstruction. Le collaborateur le plus proche de Schleicher, le général von Hammerstein[2], chef de l'armée de terre, avait un jour eu l'audace de m'appeler au téléphone pour m'informer que « l'armée ne tolérerait en aucune circonstance mon arrivée à la chancellerie ». Mais si ces messieurs autour de Schleicher s'étaient figuré qu'ils pouvaient

1. Le DNVP, dirigé par Alfred Hugenberg.

2. Kurt von Hammerstein (1878-1943) commandait l'armée de terre depuis le 1er novembre 1930.

ébranler ma résolution par de tels enfantillages, ils s'étaient lourdement trompés. Ma seule réaction avait été de donner la ferme consigne à Göring de n'accepter comme ministre de la Guerre qu'un général en qui j'avais confiance comme celui qui commandait en Prusse-Orientale et qu'on m'avait recommandé, le général von Blomberg[1].

Le 28 janvier, le Système de Weimar rendait l'âme définitivement. Schleicher donna sa démission, Papen reçut du Vieux Monsieur la mission de sonder auprès des partis les possibilités de formation d'un nouveau gouvernement et je fis comprendre de mon côté que je n'accepterais plus une demi-mesure. Comme de juste, la journée du 29 vit se dérouler nombre de négociations. Pendant celles-ci, je réussis à convaincre Hugenberg, en contrepartie du nombre de portefeuilles qu'il demandait, de la nécessité de dissoudre le Reichstag car en raison de la composition de celui qui était en place il était impossible de collaborer avec lui[2]. Dans l'après-midi Göring vint me dire que le lendemain je serais officiellement nommé chancelier et chargé de la formation du gouvernement par le Vieux Monsieur. En fin d'après-midi on fut surpris par la nouvelle d'un comportement véritablement insensé de la clique Schleicher. Comme on l'apprit par le lieutenant-colonel von Alvensleben[3], le général von Hammerstein avait mis en état d'alerte la garnison de Potsdam en l'autorisant à faire usage de ses armes. En outre, on envisageait d'évacuer le Vieux Monsieur vers la Prusse-Orientale afin d'empêcher une intervention de sa part contre une mobilisation de la Reichswehr destinée à contrecarrer la prise du pouvoir par le NSDAP.

Contre cette tentative de putsch j'ai, par l'intermédiaire du chef SA de Berlin, le comte Helldorf[4], fait mettre en état d'alerte tous les SA berlinois. En outre, je me suis entendu avec un homme connu pour être digne de confiance, le commissaire de police Wecke[5], pour qu'il fasse les préparatifs nécessaires pour être en mesure de s'opposer, en engageant six bataillons de police, à une soudaine occupation de la Wilhelmstrasse. Par Herr von Papen j'ai fait part au Vieux Monsieur du comportement de la clique Schleicher. Il a finalement

1. En fait, Werner von Blomberg (1878-1946), en Prusse-Orientale, avait pour chef d'état-major Walter von Reichenau (1994-1942), déjà nazi avant la prise du pouvoir et présenté à Hitler dès 1932. Il y a tout lieu de supposer que c'est lui qui avait « recommandé » son chef, dont il allait être également l'adjoint au ministère.

2. Mensonge caractérisé : l'opposition de Hugenberg à une dissolution ne fut levée que le 31 janvier, après l'entrée en fonction du gouvernement (cf. *infra*). D'autre part, la gourmandise de Hugenberg en matière de portefeuilles fut facilement agréée par Hitler, qu'elle arrangeait, lui permettant de faire apparaître son gouvernement comme pluraliste et de faire accroire que son parti n'aspirait pas à monopoliser le pouvoir.

3. Le journal de Goebbels confirme que Werner von Alvensleben (1875-1947), un politicien conservateur lié à Schleicher et à Hammerstein, a trahi ceux-ci en révélant aux dirigeants nazis leur projet de putsch (probablement une simple menace, que les nazis allaient retourner contre eux) dans l'après-midi du 29 janvier. Les souvenirs de Hitler sont remarquablement précis, soit qu'il ait souvent repassé ces événements dans sa tête, soit qu'il en ait relu récemment un récit, peut-être dans l'idée de graver sa version par un « propos ».

4. Wolf-Heinrich von Helldorf (1896-1944), chef des SA à Berlin, préfet de police à partir de 1935, s'est signalé jusque là par un zèle nazi sans faille ; il acceptera en 1944 de se mettre au service du putsch du 20 juillet et sera exécuté le 15 août.

5. Walther Wecke, né en 1885, policier berlinois et nazi de longue date, avait accédé au poste de chef de la police de Berlin le 5 janvier 1933. Devenu général dans la Luftwaffe, il commande depuis 1939 l'aviation allemande en Slovaquie, pour quelques mois encore – en 1943 il quitte le service pour raisons de santé et meurt à la fin de l'année.

ordonné au général von Blomberg, définitivement retenu comme ministre de la Reichswehr, de se présenter devant le Vieux Monsieur pour prêter serment dès son arrivée à Berlin, prévue pour le lendemain à 8 heures, afin qu'il soit en mesure, en tant que commandant supérieur de la Reichswehr, d'étouffer dans l'œuf d'éventuelles tentatives de putsch.

Le 30 janvier 1933 à 11 heures, j'ai pu annoncer au Vieux Monsieur que le cabinet était formé et que la majorité requise par la constitution pour le nommer existait au Reichstag. Sur ce, j'ai reçu des mains du Vieux Monsieur ma nomination à la chancellerie du Reich.

Cependant, le début de mon travail gouvernemental avec ce cabinet a été tout sauf simple. En dehors de Frick, je n'avais pas un seul ministre national-socialiste dans le gouvernement. Parmi les autres certains, comme Blomberg et Neurath, s'étaient aussitôt déclarés favorables, mais d'autres ne voulaient en faire qu'à leur tête. Le commissaire au Travail Gereke[1], arrêté plus tard pour malversations, s'est même comporté d'emblée comme mon pire adversaire. Aussi me suis-je particulièrement réjoui quand Seldte[2] est venu me dire que les dés étaient jetés : en conséquence son organisation, le Casque d'acier des combattants du front, ne se mettrait pas en travers du développement voulu à l'avenir par moi.

Aux difficultés causées par la mise en place du cabinet s'ajoutait le fait que le Vieux Monsieur ne m'avait investi de la chancellerie que parce qu'il ne voyait plus d'autre issue constitutionnelle à la crise. Cela se voyait avant tout à la série de bornes qu'il avait posée. Il avait ainsi exigé que toute disposition concernant la Reichswehr, le ministère des Affaires étrangères et les nominations extérieures soit arrêtée par lui en dernier ressort. Il avait aussi disposé que je ne serais reçu par lui pour un entretien qu'en présence du vice-chancelier von Papen. Je n'avais obtenu la signature du Vieux Monsieur sur le décret de dissolution du Reichstag – après l'avoir imposé le 31 janvier 1933 lors de la réunion du cabinet – qu'après une dure bagarre et grâce à la médiation de Meissner[3].

1. *Sic* (*Arbeitskommissar*). Günther Gereke (1893-1970) était en fait commissaire à l'Emploi (*Reichskommissar für Arbeitsbeschaffung*) dans le cabinet Schleicher avant d'être reconduit sous Hitler, puis arrêté le 23 mars 1933 et condamné à deux ans et demi de prison pour des malversations commises en 1932. Il devait reprendre après la guerre une carrière politique, en RFA puis en RDA.

2. Franz Seldte (1882-1947), après avoir cofondé et codirigé l'organisation d'anciens combattants Stalhelm (Casque d'acier), est l'inamovible ministre du Travail du Troisième Reich, y compris dans le gouvernement Dönitz de 1945.

3. En fait, le cabinet ne prit pas de décision ce jour-là, la dissolution n'étant envisagée qu'en cas de refus du Zentrum de soutenir le gouvernement. Ce qui permit à Hitler de faire semblant de négocier avec lui le lendemain matin, et d'arguer auprès de Hindenburg, l'après-midi, que ces pourparlers avaient échoué. Le cabinet avait été annoncé comme « présidentiel » lors de sa nomination, ce qui (par une application abusive, mais passée dans les mœurs depuis 1930, de l'article 48 de la constitution) lui permettait de gouverner sans l'aval du Reichstag pourvu qu'il eût celui du président. Hitler se montra alors brièvement démocrate, en plaidant devant le président que son gouvernement « de salut national » serait plus efficace s'il bénéficiait d'une onction électorale. C'est ainsi qu'il obtint l'indispensable signature présidentielle sur le décret de dissolution. Il n'apparaît pas que Meissner ait alors joué un rôle capital. En revanche, son aide avait été précieuse deux jours plus tôt, quelques minutes avant la prestation de serment du cabinet devant Hindenburg, en mettant fin à une altercation entre Hitler et Hugenberg sur le même sujet, au prétexte qu'on ne pouvait pas faire attendre le président. Sur tout ceci, cf. François Delpla, *Hitler, 30 janvier 1933. La véritable histoire*, Saint-Malo, Pascal Galodé, 2013. Ces données semblent contredites par la déclaration que Hitler dit ici avoir faite dans le bureau du président peu après l'entrée du nouveau gouvernement... qui n'avait d'ailleurs pas eu lieu à 11 heures comme prévu mais avec une dizaine de minutes de retard. Hitler tente ici de faire accroire que toutes les formes constitutionnelles avaient été respectées, et jusqu'à l'heure du rendez-vous. Le tout en dépit de la mauvaise volonté de personnes et d'instances appartenant par un biais ou un autre à « l'élite des 10000 ». Si on admet que Hitler a vraiment prétendu disposer d'une majorité au Reichstag, il s'agissait probablement d'une manœuvre pour empêcher Hugenberg de réitérer son opposition à l'idée d'une dissolution, qu'il était en train de manifester avec obstination dans l'antichambre lorsque Meissner, le secrétaire d'État rallié depuis peu à l'idée d'un cabinet Hitler, était venu dire qu'on ne pouvait plus faire attendre le président.

Mais au bout de huit ou dix jours le comportement du Vieux Monsieur envers moi avait déjà changé. Il avait voulu parler avec moi de quelque affaire, mais j'avais fait observer comme c'était mon devoir que je ne pouvais aller m'entretenir avec lui sans être accompagné de Papen, qui à ce moment n'était pas à Berlin. Le Vieux Monsieur avait alors déclaré qu'il voulait me voir seul ; à l'avenir la compagnie de Papen serait superflue. Au bout de trois semaines, le Vieux Monsieur était déjà tellement acquis qu'il s'était montré pour la première fois paternel et avait déclaré en vue des élections du 5 mars : « Qu'allons-nous faire si vous n'avez pas la majorité, nous allons retomber dans la vieille histoire ! » Quand sont arrivés les premiers résultats électoraux, le Vieux Monsieur était déjà tellement bien disposé envers moi qu'il dit avec une voix dégagée et amicale : « maintenant Hitler va gagner ! » Et quand le vote a débouché sur une éclatante victoire du NSDAP[1], il a reconnu sans fard que tout au fond de lui la foire parlementaire lui était restée étrangère et antipathique et que désormais, une fois pour toutes, il fallait en finir avec les élections.

Que le Vieux Monsieur soit demeuré malgré son âge un homme d'envergure, cela s'est vu à l'occasion d'un rapport de l'ambassadeur Nadolny sur les négociations de Genève au sujet du désarmement[2]. Nadolny suggérait de faire droit au souhait des puissances ennemies de voir l'Allemagne désarmer la première, les autres puissances ne le faisant que quelques années plus tard. Après avoir signifié tout net mon refus de cette suggestion et fait à ce sujet mon rapport au Vieux Monsieur, Nadolny est allé lui-même – sans se concerter avec moi – trouver le Vieux Monsieur. Mais le Vieux Monsieur l'a jeté dehors, et a déclaré ensuite qu'on ne devait pas penser que puisqu'il recevait Nadolny il changeait d'opinion ; au contraire, il l'avait congédié en lui disant : « Vous êtes pour Moscou, alors fichez-y donc le camp[3] ! ».

L'incident est d'ailleurs également caractéristique de la manière très particulière qu'avait le Vieux Monsieur de ramener tous les problèmes à un dénominateur très simple. Le Vieux Monsieur avait clairement discerné le jeu sinistre qu'on avait planifié vis-à-vis de nous à la Conférence du désarmement à Genève, à savoir

1. Il ne s'agissait certes pas d'une défaite, le Parti obtenant 44 % des voix contre 33 % le 6 novembre précédent. Cependant le Zentrum et les socialistes maintenaient leurs positions et même les communistes, pourchassés depuis une semaine sous l'accusation d'avoir incendié le Reichstag sans qu'on invalidât pour autant leurs candidats, obtenaient encore 12 % (contre 16 % en novembre). Pour atteindre la terre promise de la majorité absolue, les nazis avaient encore besoin des 8 % du DNVP de Hugenberg. Ce qui n'empêche pas un grand nombre de Terriens de croire, encore en 2016, que Hitler avait été démocratiquement porté au pouvoir. Puisse la présente démonstration de ses mensonges contribuer à dissiper enfin ce mirage !

2. Hitler passe sans transition des élections de mars 1933 aux rapports du Troisième Reich avec la communauté internationale, qui avaient débouché le 14 octobre sur son retrait de la Société des nations. Indice que pour lui, après l'incendie du Reichstag et les élections, les questions intérieures passaient au second plan et l'acceptation de son régime par les autres puissances devenait la question prioritaire.

3. Rudolf Nadolny (1893-1953), diplomate de carrière, dirigeait la délégation allemande à la Conférence du désarmement en 1932-1933. Hitler semble être sur l'incident une source unique, du moins Karl-Dietrich Bracher ne cite que ce propos : cf. *Die nationalsozialistische Machtergreifung. Studien zur Errichtung des totalitären Herrschaftssystems in Deutschland 1933/34*, Wiesbaden, VS Verlag für Sozialwissenschaften, 1962, p. 243. Il se trouve qu'après l'échec de la conférence provoqué par le retrait allemand dont Hitler parle plus loin, Nadolny fut recasé à l'ambassade de Moscou, qu'il quitta au bout de deux ans en raison de la politique exagérément antisoviétique, à ses yeux, de Hitler. Cf. Peter Hahn, *Rudolf Nadolny. Der unbequeme Diplomat*, Badenweiler, Oase Verlag, 2014.

que nous devions souscrire à des demandes auxquelles les autres n'avaient aucune intention de s'astreindre. D'où le fait qu'il avait approuvé le 14 octobre 1933 à une heure de l'après-midi, quelques minutes après que Macdonald à Genève, au cours d'une réunion des membres de la SDN, eut fait connaître à l'Allemagne ses vœux en matière de désarmement, que le gouvernement allemand, par l'intermédiaire du chef de presse du Reich, Funk[1], ait fait connaître à la presse mondiale sa décision de quitter la SDN. Quand le peuple allemand eut, par 95 % des voix, approuvé la sortie de la SDN et par la même occasion ma politique, et par conséquent émis un gigantesque « oui ! », le Vieux Monsieur s'est vraiment réjoui du fond du cœur[2].

Sur la question de la récupération de la Rhénanie démilitarisée également, le Vieux Monsieur était merveilleux et en imposait par son attitude virile. Alors que les ministres avaient dû être gagnés un par un à l'idée d'une marche en avant de la Wehrmacht dans cette zone rhénane. Papen avait même dû trembler parce que les Français dans cette éventualité avaient menacé de prendre de leur côté des mesures d'occupation. Je m'en étais tenu au point de vue que les Français pouvaient tranquillement occuper Mayence, si cela nous permettait de recouvrer la liberté d'action nécessaire pour qu'au moins dans le reste du Reich nous puissions aller et venir, et surtout réarmer, à notre gré[3]. Et la suite m'a donné raison. Certes j'ai à l'époque tenu pour juste de me déplacer moi-même vers l'ouest pour rassurer le peuple allemand ; mais le peuple allemand m'a montré, par un score de 99 % lors de l'élection au Reichstag du 29 mars 1936, qu'il m'avait pleinement et totalement compris.

Il n'était certes pas toujours facile du tout de convaincre le Vieux Monsieur de quelque chose ; mais quand on y était arrivé, il s'engageait corps et âme en faveur de la chose. C'est ainsi qu'au début il ne voulait pas entendre parler de mesures contre les Juifs. Mais quand ensuite, lors d'un déjeuner à la légation de Suède auquel nous avions pris part tous les deux, le roi de Suède eut critiqué les mesures allemandes contre les Juifs, le Vieux Monsieur, de sa voix de basse profonde et sonore, riposta en faisant observer qu'il s'agissait là d'une

1. Walter Funk avait exercé cette fonction, en tant que secrétaire d'État au ministère de Goebbels, avant de succéder à Schacht au ministère de l'Économie le 4 février 1938, et d'être remplacé par Otto Dietrich.

2. La désertion de la SDN par l'Allemagne le 14 octobre 1933 est le premier grand pari risqué de Hitler, mais non le plus célèbre, sans doute à cause de la mauvaise image de ladite Société. Hitler, lui, ne s'y trompe pas, comme le montre le fait qu'il se souvient de l'heure (connue par ce seul texte) à laquelle Hindenburg avait approuvé ce geste. Cela dit, d'étranges inexactitudes se glissent dans son récit. C'est Goebbels et non Funk qui avait lu devant la presse à ce sujet, le 14, une déclaration de Hitler, à une heure tellement tardive que les journaux n'en parlèrent pas avant le 16. Le 14 était un samedi et Hitler inaugurait là le procédé consistant à profiter du week-end pour lancer ses provocations. Il va de soi que l'approbation de Hindenburg avait été recueillie avant, et non après, la publication de la décision. Hitler a raison, en revanche, de dire que le référendum consécutif, assorti d'une réélection sur liste unique du Reichstag élu en mars, avait approuvé, outre la décision, sa politique, car la question ne mentionnait même pas la SDN, tout en s'adressant à l'électeur, et à l'électrice, avec une familiarité inouïe : « Homme allemand et toi, femme allemande, approuves-tu cette politique de ton gouvernement et te disposes-tu à la reconnaître comme l'expression de ta propre conception et de ta propre volonté, et à en faire une profession de foi solennelle ? » Non seulement il avait, par le biais d'une décision de politique extérieure consensuelle (elle semblait rendre au peuple allemand sa dignité, sans guerre et sans que la communauté internationale réagît de façon menaçante), recueilli une adhésion grandiloquente à l'ensemble de sa politique, mais il avait eu l'intelligence de ne pas s'en prévaloir.

3. Ce développement est surprenant car lors de la remilitarisation de la Rhénanie (le 7 mars 1936), Hindenburg était mort depuis un an et demi et l'ancien vice-chancelier Franz von Papen n'avait pas voix au chapitre depuis plus longtemps encore, ayant quitté le gouvernement en juillet 1934 pour l'ambassade de Vienne. Hitler veut-il dire qu'il avait, avant cette date, envisagé en conseil des ministres une pénétration de troupes dans la zone démilitarisée et en avait touché deux mots au président ? L'allusion à Mayence est inédite et intéressante, l'idée prévalant jusqu'à nos jours que les régiments introduits dans la zone le 7 mars 1936 avaient ordre de reculer s'ils rencontraient une opposition française, et les historiens estimant généralement qu'une occasion avait été manquée de mettre ainsi un terme brutal à la carrière de Hitler. Celui-ci aurait-il prévu un moyen terme, consistant à laisser la France prendre en gage une ville pour solde de tout compte ? Ou invente-t-il cette idée après coup ?

affaire intérieure allemande, au sujet de laquelle la décision relevait uniquement de la compétence du chancelier du Reich[1].

De même le Vieux Monsieur eut du mal à se convaincre d'emblée de la nécessité de limiter la liberté de la presse. J'ai donc usé d'un artifice et suis allé trouver le Vieux Monsieur militairement. Je me suis adressé non à monsieur le président du Reich mais à monsieur le maréchal du Reich et ai argumenté par le fait qu'à l'armée aussi on ne pouvait tolérer la critique du bas vers le haut, mais seulement du haut vers le bas. Car où irait-on si le lieutenant voulait juger, c'est-à-dire critiquer, les ordres du capitaine, le capitaine ceux du général et ainsi de suite ? Le Vieux Monsieur l'a reconnu et là-dessus s'est déclaré aussitôt d'accord pour appliquer cette conception à la critique par la presse des mesures gouvernementales, dans les termes suivants : « Là-dessus vous avez tout à fait raison ; seul peut critiquer celui qui commande. » C'est ainsi que le sort de la liberté de la presse fut scellé.

Il faut reconnaître très hautement le mérite qu'eut le Vieux Monsieur à se montrer aussi conciliant et à s'efforcer sans relâche de comprendre mes points de vue. Car il devait fréquemment vaincre ses préjugés, comme le montre une remarque lors de la nomination du Gauleiter Hildebrandt[2] comme représentant de l'État. Cet ancien ouvrier agricole, marmonnait-il, ne pouvait-il se satisfaire d'avoir été élu député au Reichstag, et maintenant laisser enfin les gens en paix[3] !

Dans sa sollicitude envers moi, une fois que je l'eus gagné à la cause, il était littéralement émouvant. Il déclara plusieurs fois qu'il avait un chancelier qui se sacrifiait littéralement pour l'Allemagne et que souvent la nuit il peinait à trouver le sommeil parce que « son chancelier, pour sauver le peuple allemand, volait d'un bout du Reich à l'autre. Il était juste éternellement dommage que cet homme doive être celui d'un parti ! ».

1. Hitler tient décidément à faire patronner ses décisions par Hindenburg. Lequel était loin de partager l'antisémitisme nazi. Hitler ne le prétend d'ailleurs pas, tout en s'arrangeant pour le laisser entendre : c'est à la critique de la politique intérieure allemande par un étranger que le président s'en était pris... s'il faut en croire Hitler car l'anecdote n'est pas, pour l'instant, recoupée. La scène se serait passée le 21 avril 1933 alors que le roi, de retour d'un voyage, s'était arrêté à Berlin pour une journée. La presse du lendemain parle d'un « petit-déjeuner », auquel participaient, outre Hitler et Hindenburg, les principales personnalités gouvernementales, dont les conservateurs Papen et Neurath, mais rien n'est dit des sujets abordés. Hindenburg se serait donc fait piéger : dans une telle assemblée il ne pouvait guère faire autre chose que de cautionner des mesures de son gouvernement critiquées par un étranger.

2. Friedrich Hildebrandt (1898-1948), Gauleiter (et Reichsstatthalter après la prise du pouvoir) de Lübeck-Mecklembourg. Capturé par les Américains en 1945, il sera condamné à mort et exécuté le 5 novembre 1948, à la prison de Landsberg, pour avoir ordonné la mise à mort de quatre pilotes abattus. L'anecdote nous apprend que Hitler soumettait à Hindenburg les nominations des Reichsstatthalters. Quant à la promotion dans des fonctions éminentes de gens exerçant l'une des professions les moins bien considérées, celle d'ouvrier agricole, Hitler en avait déjà fait un mérite à son régime, sans avancer de noms, le 29 octobre au soir.

3. Tout en faisant de la politique, et en arrimant son Reich aux meilleures traditions du précédent (après la parenthèse « juive » de Weimar), Hitler parle avec une émotion non feinte du respect qu'il avait su inspirer au dernier vestige des autorités impériales, et s'amuse de son incompréhension devant la promotion, par le Troisième Reich, d'une nouvelle élite issue du peuple.

22 mai, midi

Il y a aujourd'hui deux catégories d'hommes qui se livrent à l'espionnage[1], la prétendue « bonne société », et le prolétariat. L'entre-deux est trop solide dans ses convictions pour s'adonner à l'espionnage. Si on veut réellement le combattre, il est indispensable de faire en sorte que celui qui s'y livre ait la certitude qu'il le payera de sa vie quelles que soient les circonstances.

Une aussi froide résolution doit être montrée devant une série d'autres actes qui surviennent en temps de guerre, par exemple le vol à la faveur du black-out. Car comment lutter, sinon par des moyens barbares, pendant une guerre, contre des actes commis à la faveur de l'obscurité tels que le vol dans les poches, le viol des femmes et – en ouvrant les portes des maisons, en forçant les caves, etc. – des infractions de toutes sortes : on doit donc dans tous ces cas appliquer la peine de mort automatiquement, que le contrevenant ait 60 ans ou 17.

Si on ne recourt pas à l'intérieur à ces moyens punitifs brutaux en temps de guerre, on court deux dangers :

a) la criminalité se développe et ne peut plus être arrêtée ;
b) le fossé se creuse entre l'homme convenable qui tombe sur le front et le salaud qui à l'intérieur préserve sa vie en commettant des délits, car il sait bien que l'acte x ou y est puni d'après le code d'un séjour limité en prison.

Il faut être au clair là-dessus : la population en temps de guerre se divise d'elle-même en trois groupes : les idéalistes extrêmes, les égoïstes extrêmes et les hésitants[2].

Si on tolère que le salaud à l'intérieur soit traité avec douceur et reste ainsi en vie, tandis que les idéalistes tombent en grand nombre sur le front, on ouvre la voie à une sélection négative et on montre qu'on n'a pas compris les leçons des années 1917-1918 de la guerre mondiale. On n'a donc pas le choix : l'homme au front peut mourir, le salaud à l'intérieur doit mourir. Un État qui n'a pas la force d'appliquer ce principe n'a pas le droit d'envoyer ses idéalistes à la mort devant l'ennemi.

1. Hitler donne ici des directives carrées à l'appareil judiciaire en vertu des nouveaux pouvoirs qu'il s'est fait conférer par le Reichstag le 26 avril (cf. *supra*). Plus que jamais il tisse sa toile en prévision de jours difficiles sur le front intérieur. L'espionnage est le crime par excellence, puisqu'il s'agit d'une ingérence étrangère et « cosmopolite ». Il a partie liée avec la Juiverie pour corrompre le peuple allemand. La « bonne société » bourgeoise et aristocratique est ici une cible naturelle, le prolétariat un peu moins. Hitler oublie sa fierté de l'avoir « re-nationalisé » et retrouve toute sa méfiance envers les masses urbaines, proie facile du marxisme. Il ne fait confiance qu'à l'« entre-deux » (*der Mittelstand*) des classes moyennes.

2. À quelques phrases d'intervalle, Hitler divise la population allemande en trois groupes de manière très différente : « l'entre-deux » tout à l'heure était sain et solide, le voilà flottant au gré des vents.

Les juges actuels ne connaissent pas leurs devoirs. Comme ils étaient en place du temps de nos adversaires et, tout comme les prêtres, se montrent intangibles à travers toutes les vicissitudes, ils conservent une disposition psychique libérale. Je suis donc contraint d'intervenir et j'expulserai impitoyablement de la magistrature allemande tout homme qui aura rendu des jugements contraires à la volonté du peuple et non conformes à un comportement national. Car je suis personnellement responsable d'éviter que se reforme comme en 1918 un front de l'arrière avec des canailles, pendant que les héros vont à la mort dans des engagements militaires. Puisque la discipline du front exige des lois de fer, c'est une injustice vis-à-vis du front de laisser régner la douceur à l'intérieur.

Vis-à-vis des jeunes aussi on doit utiliser d'autres méthodes en temps de guerre qu'en temps de paix et les traitements doux n'ont pas de place. En temps de paix on peut naturellement s'abstenir d'incarcérer les délinquants de 15 à 17 ans et leur administrer à la place une bonne raclée[1] car sinon, s'ils ont quelque sens de l'honneur, ils se sentent honteux toute leur vie et de plus éventuellement ils recevront de la part des vieux détenus des idées et des conceptions criminelles. C'est ainsi par exemple qu'autrefois un homme condamné dans sa jeunesse pour attentat aux mœurs avait appris par d'autres criminels la recette d'un poison mortel qui au bout de vingt minutes ne laissait plus de traces. Je fis interroger ce délinquant, un nommé Seefeld, par la Gestapo, car pour moi il avait commis plus d'actes répréhensibles que les quelques-uns retenus par la justice. Après que la Gestapo l'eut laissé sans boire pendant douze heures dans un local surchauffé, il a avoué en sus 107 meurtres sexuels d'enfants et a indiqué aux policiers les endroits où il avait enterré tous les cadavres[2]. Comme on sait par expérience que le délinquant sexuel finit par tuer, il faut le mettre tôt hors d'état de nuire, même s'il est encore très jeune. C'est pourquoi j'ai toujours été favorable à la plus grande sévérité pour ces éléments asociaux[3].

1. Un leitmotiv déjà rencontré le 2 août au soir et le 5 novembre à midi.

2. L'horloger Adolf Seefeld (né en 1870, guillotiné le 23 mai 1936 et surnommé par la presse « Onkel Ticktack ») tuait des garçons portant des costumes de marin, alors très à la mode pour les enfants, et abandonnait dans des forêts leurs corps non violentés. La cause de la mort fait toujours débat, le froid, après un endormissement hypnotique, étant aujourd'hui le suspect n° 1. La multiplication des aveux après le jugement et un stage aux mains de la Gestapo est véridique, mais l'impulsion hitlérienne n'est documentée que par ce propos. Cf. Hans Pfeiffer, « Das Sandmännchen: Adolf Seefeldt (1933-1935) », in Wolfgang Schüler (éd.), *Serienmörder in Deutschland*, Leipzig, Militzke, 2005, p. 16-36. Le *Völkischer Beobachter* du surlendemain de l'exécution avait résumé l'affaire en mentionnant l'intervention de la Gestapo sans dire qu'elle avait été ordonnée par le chancelier. L'usage d'un poison ne laissant pas de traces est-il un fantasme de Hitler ? Toujours est-il qu'on le suspecte d'avoir fait lui-même usage d'une telle substance pour faire disparaître des gens qui le gênaient et qui ne semblaient pas à l'article de la mort, tels le dictateur grec Metaxas et le roi Boris de Bulgarie. Cf. Helmut Heiber, « Der Tod des Zaren Boris », *VfZ*, 1961/4, p. 384-416. En 2004, un roman policier allemand a regroupé ces thématiques en concentrant tout le mal sur le nazisme. Un poison indétectable est inventé dans la Napola de Bergisch Gladbach ; après la guerre il sert deux fois, en 1976 dans les mains d'un ancien professeur de la Napola devenu un collaborateur du chancelier socialiste Helmut Schmidt, puis dans les années 1990 pour des assassinats d'enfants. Cf. Rainer Sowa, *Der Bestatter in dunkler Vergangenheit*, Bergisch Gladbach, Heider, 2002, tr. fr. *L'Ombre de la Napola*, Paris, Alvik, 2004.

3. Hitler ouvre ici la voie à une extension indéfinie de la peine de mort préventive et, comme cette solution trouverait rapidement ses limites, à l'arbitraire et à la loterie.

29 mai, midi

(Au sujet d'un film sur Lola Montez dont le Dr Goebbels a le projet :)

J'approuve ces idées, mais je mets en garde devant une présentation fausse de cette femme et de la personnalité du roi Louis Ier de Bavière.

Avec Lola Montez on n'a pas affaire à une danseuse au sens de nos danseuses modernes spécialistes du déshabillage mais à une femme d'une intelligence hors du commun et qui voyait loin. Elle avait du caractère et cela se voyait au fait que, malgré toutes les misères que lui faisait l'Église catholique, elle ne se laissait jamais forcer à s'incliner devant elle[1].

Quant à la personnalité de Louis Ier, il faut se garder de le voir avant tout comme un coureur de jupons. C'était avant tout un homme de très grande envergure, et le plus grand bâtisseur européen de son temps. Déjà l'idée de construire un Walhalla, et la manière dont il le fit, révèle un monarque qui voyait plus loin que son petit royaume et considérait les intérêts d'ensemble de l'Allemagne. À cela s'ajoute le mérite d'avoir offert à la nation allemande, avec Munich, un important foyer artistique.

Si malgré cela ce fut l'un des rois de Bavière les plus contestés, cela tient au fait que l'Église n'a cessé de l'attaquer. Et quand on s'en prenait à la danseuse Lola Montez, elle n'était qu'un prétexte. En réalité on visait la tendance libérale[2] très marquée du roi qu'elle avait impulsée et par laquelle il était très en avance sur son temps.

D'où le fait que Louis Ier ne saurait être décrit comme un charmant souverain viennois dans le style d'un Paul Hörbiger, mais il faut le camper en un monarque de grande dignité, et c'est Kayssler qui serait le plus approprié dans son rôle[3].

Dans l'intérêt du Reich, et tout en respectant ses particularités ethniques, j'ai divisé ma patrie autrichienne en une série de provinces, des Alpes au Danube. Je suis bien décidé à agir de même en ce qui concerne les autres parties du Reich. Ainsi par exemple je n'admettrai pas que la Frise-Occidentale continue d'être rattachée à la Hollande. Car ces Frisons sont exactement de la même race que

1. Un bel exemple de l'ambiguïté de Hitler sur la question féminine : prisonnier, sur le plan politique et social, d'une vision qui cantonne les Allemandes dans des fonctions faisant appel à leur prétendu instinct maternel (et partisan de les politiser, mais seulement pour les rallier à des entreprises masculines), il est capable de beaucoup d'émerveillement lorsqu'il évoque les femmes de toute nationalité qui s'en sont affranchies. C'est ainsi qu'il parlait volontiers des quatre « femmes de parade » du Troisième Reich : Leni Riefenstahl, Gerdy Troost, Gertrud Scholtz-Klink et Winifred Wagner. Cf. *supra*, entrée du 26 janvier et François Delpla, *Les tentatrices...*, *op. cit.*, p. 203. Ou encore de la peintre Angelika Kauffmann (cf. *supra*, t. 1, entrée des 15-16 janvier). Cependant, dans le cas particulier de Lola Montez, on constate que sa vision a évolué depuis l'entrée du 27 mars (cf. note suivante).

2. Hitler est décidément, ce jour-là, en veine d'exceptions à ses refrains habituels. Il est rarissime de trouver dans sa bouche le mot « libéral » avec une connotation positive. En l'occurrence, c'est sa pulsion antichrétienne qui prend le dessus et « libéral » est ici presque synonyme de « laïque ». D'autre part, il est plus rare encore de l'entendre dire du bien de l'influence politique d'une femme.

3. Paul Hörbiger (1894-1981) est un acteur d'origine austro-hongroise qui rencontre le succès à Berlin à partir de 1926 et, après l'apparition du cinéma parlant, en devient l'une des principales vedettes allemandes. Il incarne le plus souvent des personnages drôles et sympathiques, d'où le casting hitlérien qui, pour le rôle de Louis Ier, l'évince au profit de Friedrich Kayssler (1874-24 avril 1945).

ceux de la Frise-Orientale, et ils doivent par conséquent être réunis en une seule et même province[1].

30 mai, midi

La revue d'art des Bruckmann régresse par rapport à celle du Dr Hoffmann et à celle qu'édite le ministère de la Propagande.

Je constate que les œuvres du sculpteur Kolbe[2] sont de moins en moins abouties à mesure qu'il avance en âge, alors que Klimsche (*sic*)[3] gagne, dans ses travaux, en grandeur et en importance. On ne peut pourtant pas reprocher à un artiste que les œuvres de sa vieillesse ne soient pas aussi abouties que ses grandes créations. Car avec l'âge la vue aussi se détériore, et chez les sculpteurs justement on demande beaucoup à l'acuité visuelle. S'ils s'élèvent au-dessus d'eux-mêmes en prenant de l'âge, c'est souvent parce qu'ils étaient myopes au départ et ont retrouvé, par la vue plus lointaine que donne l'âge, une acuité visuelle normale.

En dehors de cela, on ne doit pas reprocher à l'artiste, et par exemple faire grief au chanteur, de ne plus chanter aussi bien qu'avant lorsqu'il vieillit[4]. Si dans les œuvres tardives de Lovis Corinth[5] il y en a beaucoup à écarter, il faut se réjouir devant ses fabuleuses productions de jeunesse. Du reste, c'est le devoir d'une politique culturelle intelligente de détecter en leur temps les talents naissants et de les favoriser de telle sorte qu'ils aient les moyens de créer les œuvres les meilleures possible, pour leurs contemporains et pour la postérité.

Cette exigence de toute politique culturelle, des plus importantes, a été délaissée depuis des siècles par les Viennois, qui se vantaient tant du niveau culturel de leur ville, d'une façon quasiment criminelle. C'est ainsi qu'ils ont réussi à affamer littéralement un génie comme Mozart. Même sa dépouille mortelle, on a cru devoir l'enterrer dans la fosse commune, de sorte qu'aujourd'hui personne ne sait exactement où Mozart repose. Tout comme Mozart, ils ont laissé Bruckner et Haydn souffrir de la faim, avant qu'ils aient trouvé un mécène – l'évêque de Linz pour l'un, les princes Esterhazy pour l'autre.

1. Ce paragraphe est le seul qui se trouve dans l'édition Genoud et pas dans celle de Picker. Il est donc reproduit tel quel, sans vérification possible sur une version allemande. Or la question qu'il soulève avait été abordée le 5 avril, à l'initiative de Himmler, et Hitler avait dit qu'il y réfléchirait. Sans doute a-t-il fini par rendre son verdict et, Picker ayant omis pour une raison quelconque de prendre note à ce moment, Bormann a-t-il ajouté cette mention.

2. Georg Kolbe (1877-1947) s'est rallié au régime nazi après trois ans d'opposition en 1936, d'où peut-être ce jugement à la fois indulgent et sévère.

3. Fritz Klimsch (1870-1960) est l'un des sculpteurs préférés du régime. Il signe un buste de Frick et un de Hitler, très flatteur. Cf. Jonathan Petropoulos, *Artists Under Hitler. Collaboration and Survival in Nazi Germany*, Yale University Press, 2014, p. 312.

4. Phrase bancale, corrigée par Genoud sans qu'on sache si elle l'a été préalablement par Heim : « il serait inconvenant de reprocher leur âge aux artistes qui ont vieilli. Il n'est pas question de condamner un chanteur dont la voix a perdu de sa pureté. »

5. Les œuvres postérieures à la Première Guerre mondiale du peintre Lovis Corinth (1858-1925) ne firent pas seulement l'objet d'un tri sévère de la part des nazis, mais furent par eux déclarées « dégénérées », retirées des musées et bradées à l'étranger.

Ce comportement des Viennois envers leurs plus grands artistes montre que les Viennois, ainsi d'ailleurs que les Munichois, ne doivent leurs richesses artistiques qu'à l'action de leurs dynasties régnantes[1]. Il y a cependant une différence fondamentale de ce point de vue entre Viennois et Munichois : Les Munichois montraient à leurs artistes importants, de leur vivant, une certaine reconnaissance. Les Viennois, en revanche, attendaient que leur gloire retentisse dans le monde entier, et ce pouvait être des dizaines d'années après leur mort.

Pour nos actions de politique culturelle nous devons en tirer la leçon suivante : il faut, aux artistes qui font du bon travail, accorder à temps la reconnaissance qu'ils méritent. C'est pourquoi je n'ai pas créé à Munich l'exposition de la Maison de l'art allemand uniquement pour donner aux très grands la possibilité de montrer leurs œuvres au monde entier. Le but de cette exposition d'art est dans une mesure encore bien plus forte de prospecter l'ensemble de la création artistique allemande pour en extraire le meilleur, le soumettre au savoir et à la conscience d'une série d'experts artistiques, offrir au public des œuvres reconnues excellentes et les acheminer vers le marché, même lorsque les artistes ne sont pas encore connus au-delà d'un cercle étroit. Cela constitue en même temps pour les acheteurs des œuvres d'art montrées dans cette exposition la garantie qu'ils ont vraiment acheté quelque chose de bon. Le fait d'accroître la compétition entre les artistes par l'attribution de médailles d'or et d'argent sous l'égide de la Maison de l'art allemand – comme le Pr Hoffmann le propose – va tout à fait dans ce sens et ne peut donc qu'être encouragé.

31 mai, le soir

Les manières de Guillaume II en société étaient parfaitement indignes. Il s'imaginait pouvoir non seulement insulter constamment les gens de son entourage immédiat, mais faire rire l'assistance, par des remarques ironiques, aux dépens de ses invités. Et par ses familiarités balourdes (taper sur l'épaule, etc.) vis-à-vis des

1. Il est curieux d'exempter les dynasties de la responsabilité de la misère des artistes pour en charger leurs peuples, surtout de la part d'un Hitler, plus porté d'habitude à enfoncer les princes en disculpant les masses. Ce qui lui importe ici apparemment, c'est l'idée que l'art doit être dirigé.

autres monarques il a aliéné au Reich beaucoup de sympathies. Un monarque devrait tout de même savoir qu'il doit avoir de la tenue et de la dignité dans son comportement personnel.

L'exemple de Guillaume II montre qu'il suffit d'un mauvais monarque pour anéantir une dynastie. Celui qui veut agir dans l'histoire doit de même savoir qu'une seule génération mauvaise peut mener à l'abîme un peuple entier[1].

2 juin, le soir

(Conversation animée avec l'amiral Krancke[2] *sur les principes applicables dans la construction des moyens de transport :)*

Je pars du constat que la nature a tout prévu et que le plus juste, c'est donc toujours d'observer ses lois, comme en témoigne d'abord le mode de progression de la bicyclette, comparé à celui du piéton. Il me suffit d'enlever par la pensée sur une bicyclette les pneus et les jantes et de l'imaginer rouler sur les rayons, et je retrouve le mouvement de l'homme marchant à pied[3].

Pour l'aéronautique aussi vaut le principe que ce qui fonctionne c'est seulement ce qui correspond à la nature. C'est ainsi que le zeppelin est une construction totalement folle. Que le principe sur lequel elle se fonde, celui du « plus léger que l'air », soit faux, un fait suffit à le prouver : que la nature n'a produit aucun oiseau avec une vessie comme en ont certains poissons. Je refuse donc pour ma part de voler un jour sur un zeppelin, alors que dans des avions je ne crains rien, même dans les orages et les tempêtes[4].

Pour les constructions navales, je pense que si la nature avait accepté comme juste la forme actuelle des bateaux elle aurait donné aux poissons, pour avancer, un moyen de propulsion à l'arrière, au lieu de nageoires sur les côtés. Elle aurait également fait les poissons pointus à l'avant, au lieu de les doter d'une tête avec une forme de goutte plus ou moins marquée. La marine marchande a donc rendu un service des plus douteux en s'éloignant, lors de la construction de la classe « Nelson », qui sert encore aujourd'hui de modèle à notre type de navires, en répandant l'usage du « pointu devant, large à

1. Une leçon de racisme se greffe acrobatiquement sur un portrait individuel : de même que le règne de Guillaume II a, par les insuffisances de sa personne, sonné le glas des Hohenzollern, de même le laxisme weimarien a failli tuer l'Allemagne, que la rééducation nazie est venue sauver in extremis.

2. Theodor Krancke (1893-1973) représente la marine auprès de Hitler de janvier 1942 à mars 1943.

3. Étonnant : les rayons n'ont précisément d'autre fonction que de fixer les jantes, et non d'être en contact avec la route comme les pieds d'un marcheur. La logique s'éclipse, pour faire place à un raisonnement fondé sur des analogies superficielles. Mais le pire reste à venir, dans les phrases suivantes.

4. Le ballon dirigeable, dont le zeppelin est la forme ultime, était la seule manière de voyager dans l'air tant que le moteur à hélice n'était pas inventé, et la nature aurait eu du mal à produire quelque chose d'analogue étant donné la difficulté, pour un animal, de sécréter un gaz plus léger que l'air et d'en remplir une vessie. Une fois les dirigeables pourvus, à l'arrière, d'un moteur à hélice, l'invention de l'avion devenait possible – et survint très rapidement : il suffisait de s'aviser que le transfert de l'hélice à l'avant permettait de se passer du gaz. Dans cette tirade, le fétichisme de la nature l'emporte, chez Hitler, sur le goût de l'histoire comme sur l'émerveillement devant l'inventivité des hommes.

Le premier zeppelin date de 1900, la fabrication industrielle de 1906, l'appareil est utilisé par la seule armée allemande en 1914-1918 avec plus de succès qu'on ne croit communément aujourd'hui et des lignes régulières de transport de voyageurs, qui se révèlent rentables, s'ouvrent après la guerre, notamment entre l'Allemagne et l'Amérique. L'avion est donc loin d'avoir détrôné immédiatement le dirigeable et ils se sont complétés pendant un certain temps, notamment pour des raisons économiques (le dirigeable étant nettement moins énergivore).

L'ire de Hitler contre le zeppelin a sans doute aussi des causes conjoncturelles. Le comte Zeppelin meurt en 1917 et son successeur à la tête de ses usines, Hugo Eckener (1868-1954), est l'un des plus antinazis parmi les patrons allemands, au point de préparer une candidature à la présidence en 1932 pour barrer la route à Hitler, au cas où Hindenburg ne se représenterait pas. Le glas des dirigeables sonne le 6 mai 1937 lorsque le *Hindenburg*, dont le gaz porteur est l'hydrogène, s'enflamme à l'atterrissage aux États-Unis, tuant 36 personnes, alors que les accidents mortels avaient été limités jusque là. Les transports transatlantiques seront désormais assurés par des dirigeables portés par de l'hélium (non inflammable) et surtout par des hydravions, dans le développement desquels Zeppelin et Eckener avaient également

l'arrière». C'est justement dans la construction navale que la forme de la goutte qui tombe doit être recommandée comme la plus naturelle, et il convient, par un semblable épaississement de la proue, de diminuer la pression à l'avant, au lieu de l'augmenter par une proue effilée de tant ou tant de degrés.

En ce qui concerne la bêche, on vient de reconnaître qu'un avant en pointe n'est pas la meilleure solution.

Si on a rompu avec la nature à commencer par la forme des bateaux, il n'est pas étonnant qu'on les propulse par l'arrière, également à l'inverse de ce que la nature a fait pour les poissons. Par l'hélice on provoque une succion, de sorte que le corps auquel elle est appliquée se trouve retenu par le vide créé à l'arrière, effet qu'accroît encore la pression à l'avant. Dans la nature c'est exactement l'inverse : la succion à l'avant, c'est-à-dire l'espace vide d'air avec une force d'attraction, et à l'arrière la pression, c'est-à-dire ce qui fait avancer. C'est ainsi que le poisson aussi avance grâce au travail de ses nageoires et grâce au passage de l'eau à travers ses ouïes. On peut seulement se féliciter que dans la construction aéronautique ce principe de la nature ait été compris et l'hélice placée à l'avant, de façon à entraîner l'avion vers l'avant par sa succion qui pousse vers l'avant.

Que dans la construction navale les principes retenus tant pour la forme que pour la propulsion soient dépassés ne peut plus à mon sens être nié aujourd'hui. Car sur les navires de guerre on voit déjà arriver aujourd'hui le moment à partir duquel l'augmentation de la puissance propulsive ne produit plus l'effet correspondant. Par exemple si un navire de guerre de plus de 45 000 tonnes file 30 nœuds avec un moteur de 136 000 CV et un porte-avions deux fois moins grand 35 nœuds avec 200 000 CV, le compte n'y est pas. Car il est impossible, car irrémédiablement anti-économique, qu'un apport supplémentaire de 75 000 CV sur un navire d'un tonnage moitié moindre ne produise une augmentation de vitesse, par rapport au navire de guerre, que de 5 nœuds. Il faut donc s'attendre à ce que nos ingénieurs maritimes se laissent enfin persuader de considérer les méthodes de construction navale en vigueur comme périmées[1].

investi. Dans le désamour de Hitler, donc, la froideur politique d'Eckener a pu jouer un rôle, et aussi le nom du *Hindenburg*, puisque Hitler, on l'a vu, récupérait systématiquement la mémoire du « Vieux Monsieur » au service de son régime : la fin tragique d'un appareil portant son nom aurait-elle pesé dans sa prise de position sur les noms des navires de guerre, qui devaient être choisis de telle sorte que leur perte ne soit pas reçue comme un mauvais présage (cf. *infra*, entrée du 4 juillet) ?

Précisons encore que si Eckener n'a jamais été persona grata, sa production n'avait pas fait l'objet du moindre ostracisme avant cet accident : le *Hindenburg* avait été au contraire utilisé en mars 1936 dans la campagne du référendum sur la Rhénanie avant d'assurer le retour triomphal en Allemagne du boxeur Max Schmeling, très proche de Hitler (après son combat victorieux contre Joe Louis pour le titre de champion du monde le 19 juin à New York), puis d'être, en août, une des vedettes des jeux Olympiques de Berlin.

Aussi peut-on faire quelques réserves sur un propos de Hitler rapporté par le cinéaste Veit Harlan, lors des jeux Olympiques : « Jamais je ne monterai dans cet engin. C'est un cercueil volant ! Je ne traverserai l'océan que le jour où les avions seront capables de le faire. Ce cigare géant est rempli de gaz parce que les Américains ne veulent pas nous vendre de l'hélium. Tôt ou tard, il explosera » (cf. Veit Harlan, *Im Schatten meiner Filme. Selbstbiographie* [Dans l'ombre de mes films. Autobiographie], Gütersloh, Mohn, 1966, tr. fr. *Le cinéma allemand selon Goebbels*, Paris, France-Empire, 1974, p. 60). Un propos d'ailleurs contradictoire, et peu cohérent avec celui-ci, puisqu'on ne comprend pas si le danger réside dans le caractère antinaturel du « plus léger que l'air » ou dans l'utilisation d'hydrogène au lieu d'hélium... les deux substances étant au demeurant des gaz. Si l'on considère de surcroît que le livre de Harlan est postérieur à ceux de Genoud et de Picker, il est permis de craindre que son souvenir soit influencé par eux. Enfin, son comportement très opportuniste sous le nazisme autorise à croire qu'il était impressionné par le Führer, au point peut-être de lui prêter une capacité excessive de prévision des catastrophes.

1. Que ce soit sur la forme des bateaux ou sur celle de la bêche, Hitler formule ici une de ses plus belles collections de bourdes, en raison de sa divinisation de la nature et des raisonnements purement analogiques qu'elle lui inspire : il en vient à nier que ce qui est taillé en pointe pénètre plus facilement la terre ou l'eau. Le plus curieux est que juste après il invoque à propos de l'aviation « les lois de l'aérodynamisme ».

Si dans l'aéronautique nous sommes nettement plus avancés que dans la construction navale et n'avons obtenu une augmentation de vitesse par rapport aux premiers appareils que par un changement dans la forme, le mérite en revient au Pr Junkers[1] qui, par une étude précise des lois de l'aérodynamisme, c'est-à-dire de la nature, a obtenu cette augmentation de vitesse. Il est donc pleinement incompréhensible de la part de la marine que des inventeurs qui indiquent des voies nouvelles, comme Fulton et Ressel[2], aient été déclarés idiots par elle, simplement parce que de cette façon la navigation pouvait être renouvelée. C'est pourquoi j'ai encouragé la construction du navire du Saxon, avec sa propulsion à l'avant, et sa mise à l'essai. Je me suis également à cet égard occupé qu'on envisage d'emblée de tester des hélices latérales, puisque les nageoires des poissons sont également sur le côté, et que par là sans aucun doute on augmenterait la maniabilité, jusqu'à obtenir la capacité de tourner sur place[3].

Je me suis laissé guider dans ces réflexions par le constat que justement dans le domaine de la technique, chaque fois que l'homme ne progresse plus, des inventions nouvelles sont nécessaires, qui ouvrent de nouvelles voies. Au microscope également, par exemple, on voit arriver le moment où on n'obtiendra plus rien en ajoutant des lentilles, car leur grand nombre avale trop de lumière. Dans ce domaine également il faut une invention nouvelle, qui ouvre des voies[4]. Hélas la mise en place de telles inventions présente beaucoup de difficultés, car rares sont les hommes qui ont assez de décision, c'est-à-dire assez de force, pour désavouer leur propre carrière sur la base d'une nouvelle connaissance, qui peut même éventuellement être due à quelqu'un qui n'est pas de la partie.

Avec quelles difficultés, dans l'ensemble de la vie officielle, la vision du monde de Copernic s'est imposée aux dépens de celle de Ptolémée ! Une vision du monde a alors été ruinée, sur laquelle reposait toute la pensée de l'Église. Pour admettre celle de Copernic chacun devait alors faire preuve du plus grand courage et du plus grand dévouement. Car dans son combat défensif l'Église ne connaissait pas la pitié. De façon compréhensible, car plus un homme ou une organisation pense de façon unilatérale, plus il lui est difficile de reconnaître sa propre

1. Hugo Junkers (1859-1935), industriel et ingénieur, avait attendu la cinquantaine pour s'intéresser à l'aviation et avait à regret exercé ses talents dans le domaine militaire pendant la guerre, alors qu'il était pacifiste et socialiste. Quasiment retraité à l'avènement du Troisième Reich, il fut contraint de céder ses usines à l'État et à son ministre de l'Air, Göring, dès 1933. L'hommage de Hitler à sa compétence, sans la moindre allusion à sa tiédeur politique, illustre sa capacité de mobiliser les compétences et les prestiges au service de ses desseins.

2. L'Américain Robert Fulton (1765-1815) et le Tchèque Josef Ressel (1893-1957) étaient des pionniers de la navigation à vapeur. Il est étrange de voir Hitler se réclamer d'eux alors qu'ils ne proposaient nullement de faire ressembler les bateaux aux poissons !

3. Picker précise en note que le prototype dont il est question est un dragueur de mines équipé d'un propulseur Voith-Schneider. Ce propulseur résulte, notamment, des travaux d'ingénieurs d'origine autrichienne (et non saxonne), dont Ernst Schneider (1894-1975). Hitler n'a pas mémorisé le nom du concepteur du dragueur de mines, qui n'était peut-être pas Saxon d'origine, car une grande partie des activités touchant à la construction navale étaient localisées en Basse-Saxe. Aucun moteur n'était installé à l'avant, mais les innovations tendaient à les faire remonter sur les côtés (mes remerciements à Michel Schiffers pour ces précisions).

4. L'invention du microscope électronique, qu détrônera après la guerre le microscope optique, a beaucoup progressé depuis l'établissement de sa possibilité théorique par Louis de Broglie en 1926. Un premier modèle a même été commercialisé par Siemens en 1939. Les connaissances de Hitler sur le sujet ne sont pas très à jour, bien que, outre la firme Siemens, un grand savant allemand collaborant volontiers avec les nazis, Manfred von Ardenne (1907-1997), soit mêlé de près à ces recherches.

erreur et par là l'écroulement de sa propre base intellectuelle sous l'effet de nouvelles connaissances. C'est ainsi que le destin des inventeurs, dans l'histoire, fut en général toujours le même. Également le maître de poste qui a fait la découverte sensationnelle qu'on pouvait avancer sur des rails avec de la vapeur s'est heurté aux sarcasmes des autres maîtres de poste et de tous les spécialistes de son temps. Le tragique du destin de l'inventeur est même qu'il doit s'attaquer à des questions qui sont réglées, et ce d'une façon que la plupart des hommes considèrent comme immuable. Le moment favorable pour les inventions est donc la guerre, car il est dans sa nature de remettre vite les choses en question[1]. C'est ainsi qu'en matière d'aviation les choses ont plus bougé en trois ans et demi de guerre qu'en trente ans de paix. Il suffit de se souvenir qu'en 1906 est parue une étude disant qu'un avion n'avait d'intérêt que s'il pouvait voler à 40 km/h !

3 juin, le soir

Il est surprenant de voir comme dans l'Antiquité la technique s'ajustait à la guerre.

Les victoires d'Annibal sont aussi inconcevables sans les éléphants que celles d'Alexandre le Grand sans ses chars de combat, sa cavalerie, la technique de ses archers, etc.

À la guerre, le meilleur soldat, c'est-à-dire celui qui remporte le plus de succès, est celui qui possède et qui maîtrise les moyens techniques les plus nouveaux – à savoir non seulement ceux de l'attaque, mais aussi de la défense et de la logistique.

À la guerre, le dilemme « le soldat ou la technique » est le plus faux qui soit. D'où le fait que la stratégie aussi ne vaut que si elle porte au plus haut point la technique et ses applications.

4 juin, le soir[2]

J'ordonne désormais une fois pour toutes que pour les hommes particulièrement menacés les mesures de sécurité soient rigoureusement respectées.

1. La guerre est aussi le moment favorable pour l'ingénierie de la race, témoin le décret d'octobre 1939 autorisant le massacre des handicapés, symboliquement antidaté du 1er septembre.

2. La nouvelle de la mort de Heydrich, blessé à Prague dans un attentat le 27 mai, est arrivée dans la journée. Elle nous prive des impressions de Hitler sur une excursion qu'il a faite en Finlande, pour resserrer les liens avec le maréchal Mannerheim à l'occasion de son soixante-quinzième anniversaire.

Là où la tentation engendre non seulement des voleurs mais des auteurs d'attentats, les gestes héroïques, comme de se déplacer en voiture découverte et non blindée, ou d'aller à pied sans escorte dans les rues de Prague, sont des folies, qui ne sont d'aucune utilité à la nation.

Là où il n'est pas absolument nécessaire qu'un homme aussi irremplaçable que Heydrich s'expose au danger, je ne peux que juger qu'il s'agit seulement de sottise ou de pur abrutissement. Des hommes de la dimension politique de Heydrich doivent avoir pleine conscience qu'on les traque comme du gibier, que de nombreuses personnes se demandent comment les tuer. La police, avec son appareil de renseignement, ne suffit pas à assurer la sécurité. Il lui faut même je ne sais combien de temps, si par exemple une voiture s'écrase contre un arbre, pour déterminer s'il s'agit d'un attentat. Il est aussi bien difficile pour les passagers de déterminer s'il s'agit d'un attentat quand le chauffeur est abattu et que la voiture s'écrase ensuite contre un arbre. Car quand on roule à 90 km/h, la balle arrive bien avant le bruit de la détonation.

Aussi longtemps que la situation dans l'espace vital allemand ne sera pas absolument consolidée et aussi longtemps que le peuple allemand ne se sera pas débarrassé entièrement de la racaille étrangère, aucun dirigeant ne doit perdre de vue la prudence. C'est un commandement catégorique dans l'intérêt de la nation[1].

5 juin, midi

(Vient sur le tapis pendant le déjeuner le taux inhabituel des maladies mentales en Finlande. Comme cause de cette vulnérabilité, on invoque l'influence de la lumière du Nord, et aussi la propension marquée des Finlandais aux rêveries religieuses. Du fait qu'en Finlande les fermes sont souvent éloignées de 50 à 100 kilomètres, les hommes sont condamnés en hiver à la solitude et ont alors le besoin de s'occuper spirituellement, il ne faut pas s'étonner que la religiosité soit particulièrement forte. Le Führer enchaîne :)

1. Dira-t-on encore à cette lecture que ces propos sont un bavardage creux, et non des consignes ?

Il est seulement regrettable que cette religiosité n'ait pas d'autre fondement à sa disposition que les arguties juives de la Bible. Car des hommes religieux qui dans la solitude d'un long hiver cherchent les dernières clartés dans leurs représentations religieuses, et appellent pour cela la Bible à l'aide, ne peuvent que se détraquer l'esprit. Car ils sont obligés de trouver un sens à ce sous-produit juif, alors qu'il n'en a aucun. Par suite ils se perdent dans des dédales de pensées quelconques et sombrent finalement, s'ils ne sont pas très solides, dans la folie mystique.

Il est dommage que la Bible ait été traduite en allemand et qu'ainsi la totalité de ses arguties ait été rendue accessible au peuple. Aussi longtemps que la sagesse, particulièrement celle de l'Ancien Testament, a été accessible seulement dans la langue de l'Église, c'est-à-dire le latin, il n'y avait aucun danger de voir des gens raisonnables en venir à se démolir l'esprit par l'étude de la Bible.

Mais du fait que la Bible est devenue un bien commun, un grand nombre d'humains se sont adonnés à des raisonnements ouverts à la religion qui – en liaison avec la tendance typiquement allemande à se creuser l'esprit – en ont fait sombrer bon nombre, avec le temps, dans la folie mystique. Comme dans l'Église catholique, de surcroît, les prêtres traitaient de saints les insensés, il en est résulté inévitablement des mouvements comme les flagellants du Moyen Âge allemand[1].

En tant qu'Allemand raisonnable, il y a de quoi se prendre la tête à deux mains en se demandant comment des Allemands ont pu être amenés, par la nuisance des Juifs et le verbiage des prêtres, à un comportement qui chez les derviches hurleurs turcs ou les nègres nous fait rire. Et il est particulièrement exaspérant que – tandis que dans de nombreux endroits de la terre les enseignements religieux de Confucius, de Bouddha et de Mahomet fournissaient indéniablement une large base pour les pensées religieuses des hommes[2], des Allemands soient tombés dans des représentations théologiques dépourvues de toute profondeur honorable.

1. Le mouvement des flagellants n'était pas spécifiquement allemand. Ces groupes où l'on se fouettait mutuellement dans les lieux publics pour expier ses péchés dans l'attente d'une fin du monde imminente se manifestèrent de façon endémique en Europe occidentale du XIe au XVe siècle, surtout dans les périodes de crise comme l'épidémie de peste noire du XIVe siècle. Ils incitaient notamment à des pogroms antisémites : on pourrait penser que cela devrait plaire à Hitler, mais ce serait oublier sa haine précoce et permanente des pogroms, ces mouvements de foule étrangers à tout antisémitisme « rationnel » (cf. son premier texte antisémite, une lettre à Adolf Gemlich du 16 septembre 1919, http://www.kurt-bauer-geschichte.at/PDF_Lehrveranstaltung%202008_2009/02_Hitlerbrief_Gemlich.pdf). Il préfère peindre le mouvement sous les couleurs d'une « folie mystique » qui détournait le peuple allemand de ses tâches nationales. Mais dans sa rage antichrétienne, il commet une bourde chronologique de taille, puisqu'un mal médiéval est censé trouver sa source dans une traduction de la Bible publiée au XVIe siècle. Vis-à-vis de ce livre, Hitler est ambigu : il sait gré à Luther d'avoir ainsi fondé la langue allemande, de même qu'il l'admire pour s'être opposé à Rome (cf. *supra*, entrée des 21-22 juillet), mais il n'a que mépris pour le contenu idéologique de son œuvre, et c'est sans doute une des raisons pour lesquelles il cherche à introduire sa propre Bible dans tous les foyers allemands.

2. Le point commun qui séduit Hitler dans les enseignements de Confucius, Bouddha et Mahomet est sans doute l'absence d'une mythologie facilitant des comportements mystiques (au demeurant il se moque des mystiques musulmans que sont les derviches tourneurs – ou hurleurs – turcs). Par ailleurs, il apprécie dans l'islam un paradis riche en félicités charnelles récompensant les héros morts au combat (cf. *supra*, t. 1, entrée du 14 octobre). Ces considérations marquent cependant une évolution considérable par rapport à *Mein Kampf*, qui n'exaltait ni les Arabes ni leur religion dominante. La seule mention de celle-ci, au chapitre 10 du tome 1, regrettait les efforts déployés par les missions catholiques et protestantes dans les colonies, « une activité qui, devant les progrès de la foi mahométane, ne peut enregistrer que de faibles succès » (*op. cit.*, p. 266). Les parts respectives de l'opportunisme et de la sincérité dans cette évolution sont difficiles à discerner (cf. *infra*, Conclusion générale).

Quand on recherche les raisons de ce phénomène, il faut considérer particulièrement à quel point le cerveau humain est influençable. Un enfant par exemple, que dans les premières années de sa conscience on a angoissé en lui parlant de « l'homme noir » qui est tapi dans les endroits sombres, aura souvent du mal, tout au long de ses années de croissance, à se délivrer d'un sentiment d'angoisse en entrant dans une pièce non éclairée, une cave ou quelque chose d'analogue. Une femme reste souvent en proie toute sa vie à des angoisses inculquées de cette façon pendant son enfance. D'un autre côté, des dangers dont on n'a pas fait prendre conscience à un homme ne sont même pas connus de lui. Un enfant auquel on n'explique pas, dans les régions menacées d'attaque aérienne, les dangers des bombardements, vit l'arrivée des avions ennemis et l'entrée en jeu des moyens de défense comme un feu d'artifice bruyant, sans montrer en règle générale le plus petit signe de crainte.

La quintessence de ces constatations, c'est qu'on doit tout faire dans l'avenir pour préserver de larges secteurs du peuple allemand d'un étiolement spirituel, aussi bien s'il s'agit de chimères religieuses que de toute autre forme de dérangement spirituel. C'est pourquoi j'ai ordonné que, dans toute la mesure du possible, on place un observatoire dans toutes les grandes villes, car les observatoires constituent le meilleur moyen d'éducation pour élargir la vision du monde de l'homme, et ainsi empêcher l'atrophie spirituelle[1].

5 juin, le soir

(Un rapport est présenté au Führer d'après lequel le caudillo Franco, par une loi du 22 septembre 1941, a décerné tous les honneurs du grade de maréchal à la Vierge de Fuencisla parce qu'on considère comme un miracle accompli par elle, cinq ans auparavant, le fait que 300 soldats nationalistes, commandés par l'actuel ministre de la Guerre Valera[2], aient tenu la ville de Ségovie face à 15 000 assaillants rouges. On rapporte entre autres au Führer qu'en Espagne une autre sainte a reçu le grade de général parce qu'en tant que patronne d'une église elle avait empêché d'exploser une bombe qui était passée à travers le toit.)

1. L'observatoire est censé lutter de lui-même contre la religion, en favorisant la science. Ce thème a été abordé dans la nuit du 28 au 29 décembre précédent et développé dans celle du 20 au 21 février. Il est significatif que Hitler parle à plusieurs reprises dans ces propos de l'observatoire, assorti d'un musée, qu'il compte faire construire à Linz, une ville qui lui est chère et dont il veut faire un centre culturel du grand Reich.

2. *Sic*, chez Picker et Genoud. Il s'agit en réalité de José Enrique Varela (1891-1951). Le siège de Ségovie avait duré du 30 mai au 31 octobre 1937. La Vierge locale avait été élevée au grade de « capitaine général ».

J'ai les plus grandes craintes sur la suite, si on laisse de pareilles sornettes prendre racine. Je suis avec un grand scepticisme l'évolution de l'Espagne, et en conséquence, même si je visite un pays européen après l'autre, je n'irai jamais en Espagne[1].

7 juin, midi

(Il est à nouveau question de la situation politique intérieure de l'Espagne à propos de la division Azul engagée sur le front de l'Est. Le Reichsleiter Bormann fait remarquer que l'Église catholique n'est pas la dernière à soutenir les tendances monarchistes en Espagne. Le Führer dit que c'est très possible et ajoute :)

Il en va de l'Église catholique en Espagne comme de l'Église catholique chez nous, et en général de la plupart des Églises dans la plupart des pays. Une Église veut au fond, quand elle peut avoir une influence sur le régime politique, seulement soutenir ou tolérer un régime qui ne connaisse et ne reconnaisse aucune autre organisation dans le peuple que l'Église et, par suite, pour la conduite du peuple, compte uniquement sur l'Église comme organisation dirigeante.

L'Église catholique en Espagne ne peut, sans se désister de cette soif de pouvoir immanente à toute Église politisée, approuver le régime actuel de l'Espagne, qui s'est doté d'une organisation propre pour guider le peuple espagnol, la Phalange. Il n'y a par conséquent qu'une possibilité pour les phalangistes, pour s'en sortir avec l'Église catholique : la confiner dans l'entretien des représentations religieuses, c'est-à-dire surnaturelles. Si on laisse à l'Église la plus petite influence sur la conduite du peuple et la formation de la jeunesse, elle veut la totalité, et on s'illusionne si on croit s'en être fait une alliée par des demi-mesures.

Son implication complète dans la société et les intérêts politiques qui en découlent font qu'à mon avis des attaques de l'Église catholique espagnole contre le régime de Franco sont inévitables et que par là le danger d'une nouvelle révolution est du domaine des possibilités. L'Espagne va éventuellement très bientôt avoir à payer de son sang le fait que Franco reconnaisse l'Église comme une puissance

1. L'intention manifestée par ce chef d'État qui a rarement franchi une frontière de plastronner après la guerre dans l'Europe subjuguée est intéressante, de même que l'exception espagnole. Le mépris manifesté pour ce pays tient pour une bonne part à l'influence qu'y exerce l'Église, mais aussi au besoin de chercher des excuses aux difficultés de l'heure, en accusant Franco d'ingratitude et de double jeu.

dans l'État et qu'à l'inverse de l'Italie et de l'Allemagne[1] il n'ait hélas pas réussi une révolution nationale complète[2].

Kállay[3], le nouveau premier ministre hongrois, m'a transmis hier deux « petites requêtes » du régent d'État Horthy, à savoir que a) le bon Dieu et b) moi-même regarderions sans déplaisir un conflit entre la Hongrie et les Roumains. Pour les Hongrois, ce conflit avec les Roumains en serait un avec l'Asie. Car pour la Hongrie les frontières entre l'Europe et l'Asie se situent là où s'arrête l'Église orthodoxe ; car ce ne sont que les régions en deçà de cette limite qui ont participé à l'évolution culturelle de l'Europe et à tous ses événements principaux comme la Réforme, la Renaissance, etc. C'est pourquoi la Hongrie est devenue depuis longtemps l'ennemie de la Russie et n'a pas compris la politique du Troisième Reich quand il en est venu à un arrangement avec la Russie.

En outre Kállay a déclaré que la Tisza avait autant d'importance pour les Hongrois que le Rhin pour les Allemands. Tout comme pour les Allemands le Rhin, c'était pour les Hongrois un fleuve national et non une frontière nationale[4].

Sur le plan de la politique intérieure, Kállay avait mentionné la nécessité d'une réforme agraire, qui cependant se limiterait à un agrandissement des petites propriétés.

Du fils de Horthy il m'a dit que c'était un remarquable fonceur, et a souligné que les troupes hongroises engagées sur le front de l'Est le regardent comme un héros. Je le crois volontiers, car le régent d'État Horthy est lui-même un homme incroyablement courageux.

Du reste, je pense que Horthy a très bien combiné cette affaire. Car si son fils prend du galon dans l'armée allemande, l'Allemagne pourra difficilement s'opposer à ce que les Hongrois l'acceptent comme l'adjoint de son père, et même éventuellement lui confèrent l'éclat de la couronne de saint Étienne[5].

Par ailleurs, les adversaires hongrois de Horthy ne pourraient rien faire contre une telle promotion de Horthy junior dans l'État s'il avait fait ses preuves dans le combat contre le bolchevisme.

Au temps du Système, les proportions géantes de la trahison nationale avaient tellement droit de cité que même les signalements

1. Un tel ordre est rare : il ne doit pas être hiérarchique, mais chronologique !

2. Cette page appelle des commentaires de fond sur le totalitarisme nazi, comme sur l'opportunisme hitlérien : quelques semaines auparavant Hitler se réjouissait que le nazisme ne soit pas un article d'exportation, y compris en Italie et en Espagne. À présent le besoin de se rassurer idéologiquement emporte tout, ainsi que celui d'accabler le catholicisme en tant que variante de la peste juive.

3. Passage présent avant le précédent dans l'édition Picker. Miklós Kállay (1887-1967) a succédé le 9 mars précédent à Lazlo Bardossy. Miklós Horthy (1868-1957) est le chef de l'État hongrois depuis 1920, avec le titre de régent. Kállay quitte son poste le 22 mars 1944 lorsque Hitler, devant l'approche des troupes soviétiques, fait nommer un gouvernement à sa dévotion qui va entreprendre la déportation, longtemps différée, des Juifs.

4. La Tisza (Theiss en allemand) prend sa source en Ukraine, sert de frontière entre l'Ukraine et la Roumanie puis entre la Slovaquie et la Hongrie, avant de bifurquer sur le territoire hongrois qu'elle quitte pour la Yougoslavie, où elle va se jeter dans le Danube juste avant Belgrade. Miklós Horthy et Miklós Kállay, en égalant son importance pour la Hongrie à celle du Rhin pour l'Allemagne, énoncent des prétentions territoriales, vis-à-vis de la Roumanie principalement.

5. Ces plans vont être ruinés par le décès d'István Horthy dans un accident d'avion, le 20 août suivant. Le soupçon récurrent que les nazis aient saboté son appareil n'est pas corroboré par cette tirade.

et les questionnements ayant trait à des secrets militaires trouvaient une expression publique au Reichstag, dans la presse, etc. Lorsque les commissions militaires étrangères ont quitté l'Allemagne en 1925, elles ont laissé derrière elles des agences d'information et des réseaux d'espionnage qui rendaient complètement inutile leur maintien dans le pays et travaillaient à leur plus grande satisfaction en suivant les instructions des attachés militaires[1].

La dissolution morale qui avait permis l'édification de ce gigantesque appareil d'espionnage en Allemagne, et avait débouché sur la forme la plus ouverte et dépourvue de honte de trahison nationale, m'a mis en rage plus d'une fois. Aujourd'hui encore je me souviens d'un cas où un député du Reichstag avait lors d'une séance publique du Reichstag demandé si le gouvernement savait que sur la route x une unité de la Reichswehr était passée avec quatre voitures blindées qui clairement ne répondaient pas aux stipulations du diktat de Versailles, et ce que le gouvernement comptait faire pour y remédier ! Hélas à l'époque je ne pouvais rien faire de plus que de consigner dans des listes les noms de tous les éléments connus pour leurs trahisons, afin qu'au moins ces ordures reçoivent, après la prise du pouvoir par le mouvement national-socialiste, leur juste châtiment.

Si la plus grande partie de cette vermine, en 1933, disparut sans que nous ayons rien à faire, cela tient au fait que pas moins de 65 000 habitants émigrèrent aussitôt après la prise du pouvoir. Il n'a certes pas été établi que chacun avait quelque chose à se reprocher. Mais il est sûr que la plus grande partie a été amenée à quitter le pays en raison de sa mauvaise conscience[2]. Par la suite, certes, beaucoup ont réfléchi et exprimé le désir de revenir en Allemagne. Mais on a évité un flux de retour de ces éléments indésirables en annonçant que chacun irait d'abord dans un camp de concentration puis en menaçant de la peine de mort tout rentrant dont on prouverait qu'il avait commis un délit. C'est ainsi qu'ont été tenus à l'écart du Reich des milliers d'éléments asociaux, qu'autrement il aurait été difficile d'arrêter comme de convertir. Quant au reste, Heydrich lui a brisé

1. Le réarmement clandestin allemand eut, bien entendu, les coudées beaucoup plus franches après le départ des commissions. Hitler fantasme une fois de plus une Allemagne gangrenée d'infiltrations étrangères, avant qu'il y mît bon ordre. D'autre part, il a tort de laisser entendre que tout contrôle avait officiellement disparu dès 1925 : cette année avait vu le départ de la commission interalliée, au profit d'inspections menées par chaque nation victorieuse ; c'est le 31 juillet 1930 que ces dernières cessèrent et à partir de ce moment que les forces armées allemandes ne furent plus observées que par des espions.

2. Il y avait quelques autres raisons possibles de s'exiler, tenant notamment à l'appartenance politique ou « raciale », indépendamment de toute aide apportée aux anciens ennemis sous le « Système » !

les reins avec son SD ; un service qui eut d'autant plus de prix que la justice se révéla inapte à cette fonction[1].

Par son comportement devant les crimes de trahison nationale, la justice m'a souvent exaspéré. C'est ainsi qu'un jour elle a voulu faire grâce à un traître au prétexte que son infraction « primaire » était la contrebande, et qu'il fallait donc le considérer et le punir avant tout comme un contrebandier. C'est seulement avec grande difficulté qu'il a été possible de convaincre le ministre de la Justice Gürtner de la nécessité d'une action impitoyablement dure contre les traîtres à la nation. Même quand l'emplacement de bunkers en Prusse-Orientale fut trahi, Gürtner a voulu plaider auprès de moi l'indulgence parce que le dommage causé était léger. Je lui ai représenté que l'on ne pouvait à ce moment évaluer l'ampleur du dommage, car on ne savait pas si, dans un bunker ainsi dévoilé, un général de division n'allait pas un jour installer son PC, en sorte que par sa destruction le cours de la guerre lui-même pouvait être influencé dans une large mesure. En fin de compte j'ai signifié à Gürtner ma décision irrévocable de faire enlever et abattre par un commando de SS tout traître à la nation puni de façon trop indulgente. Car la trahison nationale est un crime contre la conscience. Tout traître à la nation doit être exécuté sans que l'importance du dommage qu'il a causé entre en ligne de compte.

Le Tribunal du peuple institué pour cela[2] sous l'égide du ministère de la Justice n'a toutefois pas, dans les premiers temps, émis les jugements sévères correspondant à mes souhaits. Il fut même difficile d'adapter la législation aux nécessités politiques évidentes, car ce n'est qu'après moult hésitations que les juristes membres du gouvernement du Reich[3] s'étaient décidés à reconnaître que la trahison nationale était un crime contre la conscience. Dans toutes les discussions menées sur ce sujet, j'ai toujours dû insister sur le fait qu'il n'existe pas de trahison nationale motivée par l'idéalisme. Si on veut absolument attribuer un crime de trahison à un motif idéaliste, il n'existe que le refus du service militaire pour raisons religieuses. À ces éléments qui ne veulent pas combattre à cause de leurs convictions religieuses on doit cependant rétorquer qu'ils ne répugnent

1. Hitler avoue crûment le rôle extrajudiciaire des SS en général et du SD de Heydrich en particulier.

2. Le 24 avril 1934, par une loi sur la « haute trahison ».

3. Il ne s'agit pas uniquement de conservateurs comme Neurath, Schwerin ou Gürtner, mais aussi de nazis comme Frick et peut-être Lammers.

pas à manger ce que d'autres gagnent en combattant, que cela ne s'accorde pas avec une haute conception de l'équité et qu'on doit en conséquence les laisser mourir de faim. Si on s'en est abstenu et si on s'est contenté de fusiller ces gens, soi-disant témoins de Jéhovah, au nombre de 130 au total, on le doit à mon exceptionnelle clémence[1]. Du reste ces 130 fusillades ont fait l'effet d'un orage assainissant l'atmosphère. Des milliers de gens qui pensaient de même, à la nouvelle des exécutions, n'ont plus trouvé le courage de s'abriter derrière quelque verset biblique pour se soustraire au service militaire[2].

Celui qui veut terminer victorieusement une guerre et veut absolument faire traverser à son peuple des temps difficiles ne doit laisser aucun doute sur ce point : dans de telles époques celui qui, activement ou passivement, s'exclut de la communauté nationale sera liquidé par la communauté nationale. Celui qui s'écarte de ce clair principe par une conception de l'indulgence mal étudiée ne peut pas empêcher que se produise une dissolution de l'État, comme on peut en observer le début aujourd'hui dans un pays comme la Suède[3].

7 juin, le soir

(Le Führer est informé par une dépêche du DNB que le gouverneur de Barcelone a interdit l'uniforme phalangiste dans la procession de la Fête-Dieu, ainsi que celui de la Milice phalangiste ou une partie de ces uniformes. Une seule exception a été admise, en faveur du chef régional de la Phalange et de sa suite, qui ont reçu une autorisation expresse. Il ressort de cette information que cette interdiction a été prononcée par les nationalistes à l'encontre des autorités ecclésiastiques, car il y a quelques semaines différents incidents ont eu lieu entre elles et les membres de la Phalange, en tant que parti officiel de l'État. Il est caractéristique que le journal madrilène Arriba[4] *s'oppose à l'interdiction de l'uniforme en affirmant que le port constant de la chemise bleue est un devoir d'honneur et que quiconque s'y oppose doit être considéré comme un être méprisable.)*

On voit bien par cette information que l'État espagnol va au-devant de nouvelles catastrophes. Précisément les curés et les

1. Cette clémence consiste en une mort par fusillade, censément préférable à une mort d'inanition. Une allusion de plus à la sous-alimentation volontairement pratiquée dans les camps.

2. Ces exécutions n'ont pas commencé avant la guerre : contrairement à ce qu'il laisse entendre, Hitler n'a donc pas osé fusiller ces objecteurs de conscience en temps de paix. Le premier à subir ce sort fut August Dickmann, le 15 septembre 1939, au camp de Sachsenhausen. L'événement fut annoncé par Himmler et commenté dans la presse mondiale.

3. Hitler surveille l'opinion publique dans les pays neutres, et commence à constater qu'en Suède elle se fait critique envers le Reich, ce qu'il attribue à une faiblesse du gouvernement : il souhaiterait le voir sévir contre les publicistes traîtres à la race aryenne.

4. Quotidien de la Phalange.

monarchistes – qui sont aussi les ennemis mortels du réveil national de l'Allemagne – se sont regroupés en Espagne pour accaparer la direction du peuple. Il ne faudra pas s'étonner si un jour éclate une nouvelle guerre civile dans laquelle les phalangistes devraient s'allier avec les rouges pour venir à bout de ces ordures de curés et de royalistes. Il est seulement regrettable que le sang versé en commun par les phalangistes, les fascistes et les nationaux-socialistes dans la précédente guerre civile n'ait pas porté de meilleurs fruits. Mais en Espagne il y a toujours quelqu'un qui se laisse pousser à soutenir les intérêts politiques de l'Église. Un homme de ce type est l'actuel ministre espagnol des Affaires étrangères Súñer[1], que j'ai vu avec le plus grand scepticisme dès notre première rencontre bien que notre ambassadeur, dans une méconnaissance sans bornes des réalités, me l'ait toujours présenté comme le meilleur ami de l'Allemagne en Espagne.

Si une deuxième guerre civile a été épargnée au fascisme, la moindre raison n'est pas que l'unité de la nation italienne – à l'exception de Rome – s'est faite contre l'Église[2]. Le fascisme aussi, dès le début, a posé une distinction claire entre ce qui revenait à l'Église d'un côté et ce qui revenait au parti fasciste de l'autre. Quand l'Église a refusé de reconnaître le mouvement fasciste de jeunesse, les fascistes ont bastonné impitoyablement toutes les processions de Rome jusqu'au sud du pays, et ainsi obtenu que l'Église courbe l'échine en l'espace de trois jours.

L'histoire de l'Italie montre absolument que les Italiens ont toujours eu une attitude beaucoup plus réaliste vis-à-vis de l'Église que les Espagnols et, hélas, également beaucoup d'Allemands. Il est quelque peu tragique que, chaque fois que les Italiens ont chassé un pape de Rome, il s'est trouvé un empereur allemand pour remettre de l'ordre au Vatican. Je suis assez honnête pour reconnaître que moi aussi j'ai été sur le point de mettre de l'ordre dans les affaires religieuses. J'ai en effet cherché à apurer la situation peu claire de l'Église évangélique par l'institution d'un évêque du Reich. C'est justement le spectacle de l'Espagne qui m'amène aujourd'hui à me réjouir que mes efforts aient été vains et que par là la Providence,

1. Le jeune avocat Ramón Serrano Súñer (1901-2003) avait épousé en 1932 la sœur de l'épouse du général Franco, alors peu connu, ce qui en fit son beau-frère (*cuñado*) et lui valut plus tard, lorsque Franco, devenu généralissime et dictateur, le prit pour ministre, le sobriquet de *cuñadisimo*. Súñer était aussi très proche de José Antonio Primo de Rivera, fondateur de la Phalange et exécuté par les républicains pendant la guerre civile. Devenu chef de la Phalange (après sa fusion avec un autre mouvement), il est nommé ministre de l'Intérieur en 1938 puis des Affaires étrangères le 18 octobre 1940, en remplacement de l'anglophile colonel Beigbeder dans le cadre d'une lune de miel hispano-allemande scellée par une entrevue Hitler-Franco à Hendaye (23 octobre) et lourde de bruits d'entrée en guerre de l'Espagne au sein de l'Axe. Serrano Súñer avait fait cet automne-là deux séjours remarqués en Allemagne et rencontré Hitler pour la première fois le 25 septembre. Il passait depuis, dans le monde entier, pour l'homme des Allemands en Espagne. Mais à présent Hitler se méfie de lui, et commence à laisser éclater sa haine devant ses familiers.

2. Hitler veut parler de l'unité italienne telle qu'elle s'était réalisée entre 1859 et 1866 sous l'impulsion de Cavour, Mazzini et Garibaldi. Le pape Pie IX, dont les États s'étendaient sur une partie de l'Italie centrale, s'y était farouchement opposé mais n'avait pu conserver que Rome, protégée par les Français en vertu d'une promesse de Napoléon III, jusqu'à la guerre de 1870.

une fois de plus, soit intervenue pour faire « échouer une de mes erreurs ». Car qui garantit que l'évêque du Reich n'aurait pas trinqué un jour avec le pape aux dépens de l'Allemagne[1] ?

Comment l'Église, en particulier la catholique, s'entend habilement à présenter au porteur du pouvoir politique une apparence inoffensive et à se mettre dans ses bonnes grâces[2], j'en ai fait l'expérience lors de la première visite de l'évêque Bertram[3] après la prise du pouvoir. Bertram avait en effet dans son discours formulé l'humble salut de l'épiscopat allemand de manière si solennelle que l'on aurait pu croire, si l'on n'avait pas soi-même expérimenté le contraire, que jamais un national-socialiste n'avait été, à cause de ses convictions, chassé de l'Église, poursuivi ou privé des derniers sacrements.

Par une telle affectation d'humilité l'Église a toujours su se glisser jusqu'au pouvoir et aussi s'insinuer dans les bonnes grâces des empereurs allemands, à commencer par Charlemagne. Sa technique est la technique des femmes rusées qui se montrent d'abord gentilles pour mettre l'homme en confiance puis prennent peu à peu les rênes, et enfin les tiennent si bien en main que l'homme ne doit plus danser que sur leur musique. Certaines poussent même l'habileté diplomatique – tout comme l'Église catholique avec les empereurs allemands – jusqu'à faire croire à leur homme, malgré l'anneau qu'il a dans le nez et par lequel on le mène, qu'il est le sujet et non l'objet.

Il y a quelques jours, l'Église a tenté un nouveau petit tour de ce genre. L'épiscopat de Bohême-Moravie a demandé la permission de faire sonner les cloches et de dire un requiem pour le SS-Obergruppenführer Heydrich. Mais j'ai fait savoir à ces messieurs qu'ils auraient mieux fait de dire des prières pour la préservation de la vie du protecteur adjoint[4].

1. Cf. *supra*, entrée du 7 avril. Il est exact que Hitler avait voulu unifier les protestants sous sa coupe, mais faux que, sous la conduite de l'évêque qu'il avait choisi, Ludwig Müller, un risque de rébellion eût existé, et à plus forte raison un risque de rapprochement avec Rome. Müller faisait partie des « chrétiens allemands », une fraction protestante qui avait révisé la doctrine dans un sens nationaliste et raciste. La résistance de l'Église confessante sous la conduite de Martin Niemöller était donc bel et bien un échec, que Hitler essaye fallacieusement de faire passer pour une grâce de la Providence.

2. Hitler projette ici sur les catholiques sa vision de la tactique des Juifs, formée dès le discours du 13 août 1920 (cf. François Delpla, *Hitler*, *op. cit.* p. 86-87).

3. Adolf Bertram (1859-1945) était depuis 1914 archevêque de Breslau et président de la conférence des évêques allemands, dite « de Fulda ». Il s'agit à la fois d'une représentation permanente des évêques et d'une réunion au moins annuelle dans la ville qui abrite les reliques de saint Boniface. Le 10 février 1931, l'organisation avait, dans une « instruction pastorale », déclaré incompatibles le baptême catholique et l'appartenance au NSDAP. Une déclaration du 28 mars 1933, dans le cadre de la préparation du concordat signé en juillet, avait abrogé cette disposition.

La date de l'entrevue mentionnée n'est pas simple à établir. La presse ne signale pas avant le 26 avril 1933 la moindre réception d'un prélat par Hitler, et ce jour-là il reçoit non pas Bertram mais son adjoint à la direction de la conférence des évêques, Mgr Wilhelm Berning, évêque d'Osnabrück.

4. Tel était le titre de Heydrich dans le protectorat de Bohême-Moravie, où il exerçait le pouvoir en lieu et place du protecteur officiel, Konstantin von Neurath. En ce 7 juin, Hitler parle successivement de la Suède, de l'Espagne et de la Bohême sous l'angle d'une fidélité défaillante au Reich ou à son idéologie. Preuve qu'il commence à s'inquiéter sérieusement de la solidité de ses vassaux et autres obligés. Il insiste à cet égard sur le rôle suspect de l'Église catholique.

8 juin, le soir

[*(Dans le train du Führer, entre la Wolfsschanze et Berlin*[1] *:)*]

(On fait circuler quelques photos du chef de la jeunesse allemande en compagnie de chefs et de cheftaines des jeunes Norvégiens, Danois, Hollandais, etc.)

Il est excellent qu'Axmann ait fait cette guerre comme soldat de première ligne. Le bras qu'il y a laissé ne peut que rehausser sa réputation de modèle auprès de la jeunesse. L'engagement militaire d'Axmann ne manquera pas non plus de produire son effet sur la jeunesse étrangère. J'apprécie fort qu'il cherche à ouvrir toujours plus la jeunesse des pays germaniques au national-socialisme et à l'idée germanique. Car quand la jeunesse est gagnée à une idée, cela joue le rôle d'un levain. Elle promeut et promeut encore cette idée, sans se laisser influencer par les actes des anciens. Même chez les Danois, les anciens peuvent faire ce qu'ils veulent, les partisans de l'idée germanique augmenteront de plus en plus, vu qu'ils se sentiront membres du même noyau racial. En poursuivant tout à fait méthodiquement cette action, je sépare lentement le peuple du vieux roi de Danemark en sapant son trône, exactement comme en Autriche j'ai naguère suscité lentement mais sûrement un divorce entre le peuple et le régime Dollfuss-Schuschnigg[2].

De même qu'en son temps Bismarck a uni toujours plus les Bavarois, les Prussiens, etc. dans l'idée allemande, de même on doit amener les peuples germaniques du continent européen tout à fait méthodiquement aux pensées germaniques. Je préconise même de donner une impulsion particulièrement vigoureuse à ce travail par le changement du nom de la capitale du Reich, Berlin, en « Germania ». Car le nom de Germania pour la capitale du Reich, dans son nouveau rôle représentatif, est propre à créer un sentiment d'appartenance commune quelle que soit la distance entre tous les ressortissants du noyau germanique et cette capitale. Techniquement, ce changement de nom ne présente aucune difficulté comme le montrent les exemples de la germanisation de Gdynia en Gotenhafen et de Lodz en Litzmannstadt[3].

1. Notation omise dans l'édition Genoud.

2. Engelbert Dollfuss était chancelier d'Autriche jusqu'à son assassinat par les nazis locaux le 25 juillet 1934, et avait alors été remplacé par Kurt von Schuschnigg. Cette phrase offre une démonstration courte mais éloquente du fait que Hitler, lorsqu'il entreprend d'appesantir son joug sur un peuple, sait se hâter lentement et, plutôt que de s'opposer frontalement aux élites en place, préfère préparer leur relève en inoculant son idéologie aux générations suivantes.

3. Une grande confusion règne quant à l'apparition du nom de Germania quand il est question des projets d'aménagement de Berlin confiés par Hitler à Speer dès 1937. Il n'apparaît nulle part, à notre connaissance, avant ce 8 juin 1942. Le 11 mars précédent, Hitler avait parlé de Berlin comme de la « capitale du monde » sans avancer l'idée d'un changement de nom. Il ne passera pas à l'acte, sans doute en raison de la tournure de la guerre. Il est difficile de savoir s'il caressait cette idée depuis longtemps ou si elle lui est venue depuis peu.

L'école, tout comme la presse, est un instrument d'éducation du peuple. En conséquence, les intérêts privés ne doivent avoir aucune influence, ni sur sa direction, ni sur son orientation. Comme instrument d'éducation de la jeunesse, l'école n'est cependant pas suffisante. Car elle tend avant tout à charger les jeunes de connaissances. C'est pourquoi j'ai créé en sus la Jeunesse hitlérienne et lui ai donné ce mot d'ordre audacieux que, en elle, la jeunesse sera commandée par la jeunesse. J'ai ainsi obtenu que les « meneurs » soient repérés très tôt au sein de la jeunesse et sortent vite du lot. Au jugement par les enseignants, qui repose plus ou moins sur l'exactitude du savoir, la Jeunesse hitlérienne ajoute ainsi un jugement par la direction de la jeunesse, qui fait reposer la valeur décisive sur le caractère, par conséquent sur la capacité de camaraderie, la dureté, le courage, la bravoure et l'aptitude juvénile au commandement.

La force de frappe de l'école et de la Jeunesse hitlérienne en tant qu'instrument d'éducation repose sur la sélection des éducateurs de la jeunesse. Pour le choix de notre corps de leaders dans la Jeunesse hitlérienne comme pour la composition du corps enseignant, il faut partir du principe que la jeunesse attend, et des chefs de la Jeunesse hitlérienne, et des enseignants, un modèle pour toute la vie, tout comme l'était pour la jeunesse de la Grèce classique l'enseignant du Gymnase sur le plan à la fois spirituel et corporel, au plus haut point[1]. Puisque la jeunesse, de l'âge de 10 ou 12 ans jusqu'à 16 ou 17, est le plus capable d'enthousiasme et fait preuve d'un idéalisme particulièrement marqué, elle a justement besoin pendant ces années, dans une mesure particulière, de personnalités dirigeantes appropriées ; car seuls offrent la garantie pour une éducation ceux dont l'objectif est uniformément clair.

Ce que l'ancien système a altéré dans la jeunesse m'a été brutalement mis sous les yeux par un rapport sur la situation dans le pays de Bade : Là-bas, lors de la prise du pouvoir, la fragmentation du système éducatif allait déjà si loin que dans les écoles confessionnelles il n'y avait pas les mêmes lavabos pour les élèves protestants que pour les élèves catholiques. Quel poison corrosif était déposé dans le tempérament des jeunes par une telle fragmentation de l'éducation,

1. Le 7 septembre à midi, pour son dernier propos avant la grande interruption, Hitler reviendra sur ce modèle éducatif en l'étendant au champ de bataille, sur lequel les élèves grecs accompagnaient leur maître admiré.

le gouvernement d'alors n'en avait visiblement pas pris conscience. C'est justement dans ces années de développement que la sensibilité des enfants se manifeste le plus fortement[1].

Combien de membres du Parti ont été d'abord gagnés profondément aux idées du mouvement national-socialiste par leurs propres enfants ! Ce sont justement les jeunes qui dans d'innombrables cas, enthousiasmés par l'idéologie nationale-socialiste, ont gagné au NSDAP d'abord leur mère puis, avec son aide, leur père[2].

C'est pourquoi dans le domaine scolaire il est particulièrement important d'éveiller et de renforcer chez les enseignants la compréhension des besoins de la jeunesse. C'est pourquoi, quand on réfléchit à la relève, il ne faut pas oublier les gens qui, par leurs aptitudes ou la profession qu'ils ont exercée antérieurement, sont aptes au premier chef à éduquer la jeunesse. Je pense avant tout à la femme et aux vétérans de la Wehrmacht.

Pour l'enseignement élémentaire, à mon avis, ce sont les institutrices et les vétérans qui conviennent le mieux. Cependant on ne doit pas par une formation trop poussée, c'est-à-dire un gavage excessif de cerveau, les rendre idiots, mais on doit leur donner uniquement les connaissances absolument indispensables pour l'enseignement élémentaire. Car aucun instituteur n'a besoin d'une formation universitaire, s'il passe toute sa vie dans un village rural. Mais celui qui fait particulièrement ses preuves dans les rangs des instituteurs mérite d'avoir des possibilités d'avancement. On ne doit pas non plus forcer un officier intelligent à former toute sa vie des recrues car sinon il pourrait se suicider ! De même on doit donc offrir aux enseignants qui se distinguent l'occasion de jouir de possibilités de formation complémentaire, et ne pas les condamner à enseigner éternellement à l'école élémentaire. En particulier la promotion vers l'enseignement secondaire et l'université[3] doit leur être en toutes circonstances facilitée.

(Il est question ensuite de l'administration, de son organisation et du fait que parfois le même travail est effectué deux fois, par deux services différents.)

1. D'où les efforts du ministre Rust et des responsables nazis locaux pour asphyxier, regrouper et fermer au plus vite les écoles confessionnelles.

2. Une nouvelle illustration du fait que Hitler comptait beaucoup sur les femmes pour atteindre les hommes.

3. L'université n'est pas mentionnée dans les notes de Picker. Son ajout résulte, chez Genoud, d'une synthèse avec le paragraphe suivant de Picker, non reproduit : Bormann a fait remarquer que dans certaines régions la pénurie d'instituteurs amène à écourter leur formation et Hitler répond que ce n'est pas grave, pourvu qu'on sauvegarde la possibilité, pour les meilleurs, d'accéder à l'enseignement secondaire ou supérieur.

Cela ne va pas si par exemple dans chaque ministère ou chaque administration centrale d'autre nature on installe un service particulier de presse et de propagande. Pour cela, il y a le ministère de la Propagande et la division de presse du gouvernement du Reich. Ma chancellerie du Reich montre le bon exemple, car je n'y ai créé aucun service particulier pour les questions de presse et de propagande. Ce qui ne m'empêche pas de faire dans ce domaine, et prestement, tout ce que je veux. Pendant mes voyages même je peux dans chaque gare donner des instructions pour que soient préparées des annonces publiques le lendemain matin dans la presse, à la radio, etc., sur n'importe quel sujet politique, par exemple un pacte germano-soviétique[1].

Ce n'est que par un service central coiffant l'ensemble de la presse et de la propagande qu'on peut aussi assurer un guidage unitaire de la presse. Mais un guidage unitaire de la presse est la condition pour que le public ait confiance en elle et qu'elle acquière ainsi la force de frappe d'un instrument d'éducation du peuple. Car seule une presse guidée permet d'éviter, dans le champ politique, culturel et tout ce qui s'y rattache, cette foule de contradictions dans le matériel d'information qui, mise sous les yeux de la population la fait rire, discrédite la réputation de la presse en tant que pourvoyeuse de vérité et ruine la confiance dont elle a besoin pour former l'opinion publique[2].

Le peu de compréhension des cercles prétendument nationaux pour cette question m'a déjà été révélé en 1920 lors d'un affrontement avec l'éditeur des *Eisernen Blätter*, le père Traub. Quand je lui eus expliqué en long et en large que la liberté de la presse devait disparaître au profit d'une presse guidée, parce que la liberté de la presse n'était rien d'autre qu'un blanc-seing pour la diffusion des ignominies juives, ses scrupules le firent littéralement se raidir. La tenue spirituelle des soi-disant « nationaux » dans le genre du père Traub a été bien caractérisée par Dietrich Eckart lorsqu'il a expliqué que les *Eisernen Blätter* devraient s'appeler *Blecherne Blätter*, car autrement on devrait aussi appeler un périodique familial comme *Die Gartenlaube* d'un titre comme *Es braust ein Ruf wie Donnerhall*[3].

1. Évoque-t-il la volte-face d'août 1939 ou caresserait-il l'idée d'un nouveau traité ?

2. Et c'est le même homme qui brocarde l'esprit dogmatique du clergé, des savants, des juristes ou des officiers ! Il devrait être capable de penser que la liberté de la presse va de pair avec celle de la recherche et que les contradictions entre les médias, parfois risibles en effet, ne doivent être surmontées que par le débat. Il ne raisonne ici qu'en guerrier, qui a besoin d'une nation politiquement alignée pour faire face à des ennemis réels ou supposés.

3. *Eisernen Blätter* : Feuilles de fer. *Blecherne Blätter* : Feuilles de fer-blanc. *Die Gartenlaube* : La tonnelle. « *Es braust ein Ruf wie Donnerhall* » (Un appel mugit comme le tonnerre) est le premier vers du poème « Die Wacht am Rhein », écrit par Max Schneckenburger (1819-1949) lors de la crise rhénane de 1840 et devenu un hymne de l'armée allemande pendant la guerre de 1870. Le jeune poète oublié devint alors célèbre, on édita ses œuvres et Bismarck pensionna sa veuve.

Quel instrument d'éducation du peuple de très grande importance représente la presse, les soi-disant « nationaux » ne l'ont jamais compris. En outre, il n'y a pas beaucoup d'instruments d'éducation du peuple de ce calibre. Moi en tout cas je mets la presse sur le même plan que, par exemple, l'enseignement, d'où le fait que je suis d'avis, au sujet de la presse comme au sujet de l'enseignement, que dans leur guidage et dans leur direction les intérêts particuliers du secteur privé ne puissent s'immiscer en aucun cas[1].

22 juin, midi[2]

(Le Dr Goebbels a fait porter la conversation sur le général Rommel. Il constate que des généraux comme Brauchitsch, Rundstedt et d'autres sont loin d'avoir une popularité comparable à celle de Rommel ou de Dietl. Si la presse, tout à coup, cessait de parler d'hommes comme Brauchitsch et Rundstedt, le public les oublierait vite. En revanche, Rommel et Dietl sont l'objet d'une telle vénération dans le peuple qui a fait de leurs noms le symbole des vertus militaires allemandes les plus couronnées de succès ! C'est encore plus le cas pour Rommel que pour Dietl.)

Dietl n'est pas populaire seulement chez nous, mais aussi, tout particulièrement, en Finlande[3]. Mais si Rommel recueille chez nous presque encore plus d'intérêt dans le public que Dietl, cela tient entre autres à deux facteurs :

a) la masse de notre peuple est aujourd'hui tellement au courant des fondements du conflit qu'elle se réjouit hautement de chaque victoire sur l'Angleterre ;
b) comme le Dr Goebbels le remarque fort justement, les Anglais eux-mêmes ont fait à Rommel une publicité inouïe, car ils espéraient, en le mettant en avant, pouvoir expliquer plus facilement leurs défaites vis-à-vis de leur propre peuple.

Cela mis à part, les capacités de Rommel ne sont naturellement pas en cause. Dès le début de l'offensive, il a prédit le cours de la progression vers la mer et de l'assaut contre Tobrouk avec une précision quasi photographique[4]. En outre, il avait également indiqué à

1. Ce passage est très éclairant sur l'élitisme de Hitler. Ni son culte de la masse en action, ni ses tirades sur la lâcheté des intellectuels conservateurs ne signifient qu'il faut balayer les nantis au profit des manants. Les masses doivent absolument être guidées pour ne pas devenir un « ferment de décomposition » dans l'orbite des Juifs. Elles ne doivent pas être guidées uniquement par le Führer que la Providence a fait surgir, tout armé de dons oratoires, mais aussi par tout un personnel qui lui sert de relais : journalistes qui renoncent à leur liberté, enseignants dont un bon nombre doivent être d'anciens soldats. Ni les uns ni les autres ne doivent avoir à se préoccuper des « intérêts particuliers » d'un patron de presse ou d'une Église chapeautant des écoles privées.

2. Il y a donc un trou de deux semaines dans le document « Genoud », réduit à douze jours dans les notes de Picker, dont l'entrée précédente remontait au 10 juin.

3. Le général Eduard Dietl (1890-1944), Bavarois, capitaine à la fin de la guerre précédente et nazi de la première heure, avait été invité, et encensé, le soir du 30 novembre précédent (cf. *supra*). Il vient d'être promu, le 1er juin, au grade de Generaloberst. Depuis juin 1941 il coordonne les efforts de la Wehrmacht et de l'armée finlandaise, avec peu de réussite. Sa mort en Styrie dans un accident d'avion, le 23 juin 1944, n'a pas dû être ressentie par Hitler comme un heureux présage, en pleine bataille de Normandie et en plein démarrage de la dévastatrice offensive Bagration de l'Armée rouge. Son jumeau en hommages hitléro-goebbelsiens, Erwin Rommel, allait lui-même être mis hors de combat en Normandie par un avion américain le 17 juillet suivant.

4. Voilà qui confirme que Hitler lui-même suit de près les opérations de Libye, lui qui espère que des succès sur ce théâtre porteront le coup de grâce au gouvernement Churchill, malmené depuis des mois par les avancées japonaises.

l'avance que les Anglais tomberaient à coup sûr dans son piège et se feraient démolir dans un triangle qui leur paraissait favorable, mais se trouverait sous le feu de la Flak allemande.

Du reste, ce qui a rendu les victoires de Rommel possibles, c'est que chez nous on a compris à temps que la guerre du désert se jouerait moteurs contre moteurs. Tandis que l'adversaire a complètement méconnu les conditions de la guerre du désert parce qu'il s'est fait des possibilités de déplacement des véhicules motorisés dans le désert une représentation fausse. Comme si souvent dans l'histoire militaire, quelque bureaucrate d'état-major, que ne troublait aucune expérience pratique, a pondu une thèse qui a été prise pour vérité d'Évangile. Cette thèse : un véhicule motorisé ne peut se déplacer dans le désert que sur des routes. Comme j'ai toujours été d'avis de soumettre d'abord les thèses de ce genre à la pratique pour vérifier leur validité, j'ai fait faire les essais nécessaires avec des Volkswagen. Les Volkswagen qui font leurs preuves aujourd'hui dans la guerre africaine de façon si éclatante m'ont alors rapidement convaincu de la fausseté absolue de cette thèse.

On peut déjà se fonder sur les expériences de cette guerre pour dire que les Volkswagen sont les voitures de l'avenir[1]. À elle seule la manière dont elles grimpaient sur l'Obersalzberg et rattrapaient puis dépassaient ma grosse Mercedes a de quoi en imposer. La Volkswagen, dans une version qui intégrera toutes les leçons de la guerre, deviendra la Volkswagen européenne par excellence, d'autant plus que grâce à son moteur refroidi par air on peut l'utiliser sans limite en hiver. Je peux concevoir que sa production annuelle sera de 1 million à 1,5 million d'unités.

23 juin, midi

(Le Gauleiter Forster raconte que les cafés de Dantzig sont presque pleins l'après-midi. Comme ils sont fréquentés par un nombre étonnant de femmes seules attifées comme des poupées, la police a déjà cherché à obtenir son autorisation pour un contrôle de ces cafés. Mais il hésite.)

1. Un exemple, pas tellement fréquent, de glissement d'un sujet à l'autre par le biais d'un mot. Ayant évoqué le moteur Volkswagen dans un usage militaire, Hitler, qui a plus que jamais besoin de se rassurer, saute des mérites de son cher Rommel à ceux de la voiture populaire qui symbolise beaucoup d'aspects de son action… et il lui dessine un avenir « européen ».

À juste titre. Maintenant que tout le monde, sauf des exceptions qui tendent à disparaître, y compris les femmes, est engagé complètement dans le processus du travail, il ne faut pas que la police soit sur le dos des gens. Sinon la vie des gens à l'intérieur va devenir une pure vie de bagnard[1].

La tâche de la police est de surveiller les éléments antisociaux caractérisés et de les éradiquer sans pitié. Pour cela, un contrôle des cafés n'est pas recommandable. Car les femmes qui nouent des relations internationales dangereuses ne les entretiennent pas dans les cafés, mais dans ce qu'elles nomment leurs salons. Quant aux femmes dans les cafés, il doit s'agir surtout de femmes qui travaillent, donc de postières, d'enseignantes, d'infirmières, etc., qui après une période de travail cherchent encore un moment de détente. Ou encore de femmes au foyer qui, étant donné le manque de domesticité, ont une charge de travail également plus lourde qu'en temps de paix et ont besoin de détente. Enfin, si on en venait à chasser les poupées les plus marquantes des cafés, on priverait le soldat d'une de ses principales joies pendant les permissions.

Si çà et là quelques abus se produisent, nous devons absolument prendre l'habitude de ne pas appeler immédiatement la police, mais compter davantage sur l'éducation. En définitive, ce n'est pas non plus par la peur du gendarme que le NSDAP a gagné le peuple, mais par l'explication et l'éducation.

Sur le plan du ravitaillement, cela veut dire qu'on doit punir de façon barbare le trafiquant professionnel. Mais il ne faut pas arrêter les trains et les cars pour chercher sur les voyageurs trois œufs achetés en fraude. Quand le paysan, après s'être acquitté de ce qu'il devait livrer, vend le surplus à des amis proches, on ne doit pas chercher à l'en empêcher par des mesures policières. Cela ne ferait que l'inciter à consommer lui-même ces aliments. Ceux qui ordonnent la fouille des trains et des cars pensent sans doute aux conditions qui règnent dans les grandes propriétés du nord de l'Allemagne. Ils ne s'avisent même pas que souvent une petite paysanne, pendant la paix, allait vendre à la ville voisine quelques petits œufs et un ou deux kilos de

1. Une indication précieuse pour distinguer le nazisme des régimes autoritaires plus ordinaires : il a soin de ne pas rendre sa police trop visible et trop présente, il la concentre sur ce qui en vaut, politiquement, la peine.

beurre pour se faire un peu d'argent, car il aurait été trop coûteux de consommer elle-même ces produits.

Si on a le sentiment que les petites transgressions prennent trop d'ampleur et mettent le niveau des prix en danger, alors l'État doit se faire acheteur une deuxième fois, c'est-à-dire en plus des livraisons normales, et tenter de résorber la petite contrebande en payant des prix légèrement supérieurs.

Il faut aussi dans ce domaine intervenir avec beaucoup de prudence, cela va de soi, et ne pas perdre de vue le principe que le paysan qui s'est acquitté de ses livraisons doit pouvoir disposer comme il veut de ce qui lui reste. Cela ne stimule pas seulement sa joie de travailler, c'est important aussi pour la stabilité de la monnaie. Car l'argent qui va au paysan est épargné, tandis que le citadin a toujours tendance, précisément dans les temps difficiles, à convertir son argent en marchandises.

(Selon le Dr Goebbels, l'idée de faire de l'État un acheteur au second degré est un « œuf de Christophe Colomb ». Le Führer demande à Bormann quand on pourra compter sur une réglementation ad hoc, et Bormann répond que les mesures nécessaires sont déjà prêtes, et seront bientôt en vigueur. On a institué un système de primes qui répond aux nécessités[1]*.)*

Il y a de quoi se mettre encore et toujours en colère devant la mesquinerie de certaines mesures qui privent la population de biens de consommation importants, quitte à ce que ceux-ci se perdent dans les entrepôts. Cela m'a mis naguère en rage, quand une information venue de France m'a appris qu'on interdisait au soldat allemand affecté là-bas d'acheter des marchandises dans les magasins français. Aucun de ces messieurs très très futés n'a été capable de concevoir que pour une famille dont des membres sont mobilisés il y a presque comme une reconnaissance dans le fait de recevoir de ces membres des bas, du chocolat, etc. Il a fallu que le Reichsmarschall[2] s'en mêle pour que les commandants comprennent et que l'interdiction des achats soit levée, avec effet immédiat.

1. Encore un indice que ces Propos font, entre autres, fonction de directives. Ils débouchent ici directement sur un décret, permettant à des organismes d'État de drainer les surplus des paysans grâce à des primes.

2. Voilà une illustration du fait, souvent méconnu, que Göring garde à cette date un rôle clé dans le régime. Il ne fait pas, en France, que rafler des œuvres d'art, il oriente tout le pillage économique par le biais de son administration du Plan de quatre ans.

(En ce qui concerne le ravitaillement en fruits et légumes, le Gauleiter Forster rapporte qu'il a autorisé la circulation directe entre le producteur et le consommateur, afin d'éviter que de la nourriture de valeur se gâte en passant par x intermédiaires. Il trouve que c'était une erreur complète de vouloir empêcher par des menaces de sanctions les consommateurs d'acheter des asperges ou des fraises directement chez le producteur. Cette critique de l'inadéquation des mesures de ce genre du ministère du Ravitaillement du Reich rencontre une approbation générale.)

Des idioties comme la menace de sanctions pour la circulation directe du producteur au consommateur dans le ravitaillement en fruits et légumes, on doit faire comprendre une fois pour toutes aux gens dans les ministères que c'est terminé. Ces avis insensés sont également explicables parce qu'on s'obstine à regarder seulement les conditions qui existent dans les régions de grande propriété du nord de l'Allemagne. Il faut pourtant enfin prendre conscience que, justement dans le secteur alimentaire avec toute sa diversité de conditions, on ne doit édicter de règles générales qu'en cas de nécessité absolue.

(Le Dr Goebbels fait observer que du point de vue de Berlin une liberté illimitée de circulation directe entre producteur et consommateur lèse les ouvriers. Car les riches enverront leurs servantes acheter des fruits et des légumes à la campagne, et les oisifs s'y rendront eux-mêmes. L'ouvrier ne trouvera alors dans les magasins de primeurs de Berlin et sur les étals de fruits pas une livre de plus. Répondant à une question du Führer, Bormann dit que l'achat direct des fruits et légumes auprès du producteur est réglementé par le Gauleiter en fonction des conditions locales. Dans quelques Gaue de l'ouest de l'Allemagne, et chez Mutschmann, il est interdit. Le Führer conclut :)

Il faut mettre fin au va-et-vient des fruits, des légumes et du reste à travers l'Allemagne car autrement on en perd trop. Le va-et-vient des pommes de terre, sur lequel Speer m'a montré quelques croquis éloquents, est également une idiotie complète[1].

(Speer ajoute que la bière et les cigarettes[2] elles-mêmes font des voyages inutiles à travers l'Allemagne, dans une certaine quantité. Cela aussi doit, à son avis, cesser[3].)

1. Petit à petit le ministre de l'Armement, nommé en février, étend son domaine de compétence, par le biais des questions de transport.

2. Picker : « d'autres biens aussi et même les cigarettes ».

3. Par un contresens manifeste (mais on ne peut savoir s'il est de lui ou si Heim, déjà, avait mal transcrit les notes de Picker), Genoud considère que Speer n'est pas présent et que Hitler rapporte encore, dans cette phrase, ses propos : « Cela se passe également pour les pommes de terre, ainsi que Speer me l'a montré à l'aide de graphiques. Speer a ajouté que la bière et les cigarettes eux-mêmes (*sic*) faisaient des voyages inutiles à travers l'Allemagne. »

On ne peut tolérer que des cigarettes produites à Dresde soient envoyées à Berlin pour être ventilées et de là renvoyées à Dresde au titre du contingent attribué à la Saxe. Nous ne pouvons pas nous permettre de telles pitreries.

Nous devons organiser le plus rationnellement possible les transports de produits alimentaires dans l'avenir. Si les aliments ne sont pas consommés sur place, il faut les acheminer vers la plus proche des régions déficitaires. Le ravitaillement des grandes villes industrielles doit être assuré par les grandes exploitations agricoles les plus proches. On doit recourir aux grandes exploitations parce qu'elles sont les plus faciles à surveiller et peuvent livrer plus de marchandises que ne pourrait le faire un ensemble de petites exploitations de la même superficie. On doit aussi veiller à une meilleure utilisation des ressources alimentaires dans les grandes villes en augmentant le nombre des cantines d'entreprise, des cantines ouvrières et des cantines populaires, et par là même donner l'occasion aux habitants des grandes villes de consommer une à deux fois par semaine un repas convenable, sans dépense supplémentaire[1].

Le principe le plus important est de faire en sorte que tout ce qui est récolté dans les zones sous influence du Reich allemand parvienne en toutes circonstances aux consommateurs. Si par exemple des œufs se perdent en Ukraine faute de moyens de transport, on doit même les comprimer avec de la paille, qui ne manque pas, pour en faire un combustible alimentant les gazogènes et augmenter ainsi les capacités de transport. L'interdiction des va-et-vient de la bière, comme Speer l'a fort justement remarqué, mettra à notre disposition suffisamment de wagons frigorifiques pour accroître les transports.

24 juin, le soir

Déjà à l'époque où j'organisais le Parti j'ai posé en principe de ne pourvoir un poste que quand j'avais trouvé l'homme adéquat. J'ai procédé également ainsi quand j'ai pourvu le poste de Gauleiter de Berlin. Tandis que les membres anciens du Parti m'accablaient

1. Le rationnement engendre un certain « communisme de guerre » qui ne doit pas être exempt non plus de préoccupations de surveillance et de formatage de l'opinion.

de plaintes sur le fonctionnement de la direction berlinoise, je ne leur ai promis mon aide que quand j'eus trouvé l'homme adéquat en la personne du Dr Goebbels. Car le Dr Goebbels possède les deux choses sans lesquelles on n'aurait pas pu dominer la situation à Berlin : l'éloquence et l'intelligence. En outre, il incarne le type humain du bassin de la Ruhr qui, grâce à son lien étroit avec la fabrication et la transformation du fer, offre un matériau humain d'une valeur exceptionnelle[1].

Lorsqu'un jour j'ai prié Goebbels d'examiner l'organisation du Parti à Berlin, il m'a rapporté que l'encadrement inférieur était mauvais et qu'il avait donc besoin d'avoir carte blanche, sans passer par l'Uschla[2], pour débarrasser le Parti de tous les éléments indésirables. Je ne regrette pas d'avoir alors donné au Dr Goebbels entièrement carte blanche. Car le Dr Goebbels, qui lors de ses débuts n'avait rien trouvé de bon en matière d'organisation du Parti, a dans le vrai sens du terme conquis Berlin. Il a travaillé comme un buffle sans s'attarder aux innombrables crises de nerfs qui étaient inévitables du fait de la sourde opposition de gens comme Stennes[3].

Une sélection de cadres comme celle que le Parti a menée lors du temps de la lutte ne serait plus possible aujourd'hui. Ce sont alors de véritables idéalistes qui ont émergé, prêts à s'engager fanatiquement et jusqu'au bout pour l'Idée. Bormann a parfaitement raison de citer à cet égard le major Dincklage, surnommé « major Sac au dos ». Car Dincklage se déplaçait nuit et jour, pour étendre le Parti et pour discourir. Quand il lui arrivait de passer chez lui, c'était juste le temps de regarnir son sac de victuailles. Et de tels idéalistes émergeaient alors toujours plus nombreux[4].

Quand je réfléchis à la sélection des chefs, je suis obligé de penser souvent au développement en Prusse-Orientale. Aussi longtemps que le Parti y fut dirigé par des vermisseaux, les Junkers de Prusse-Orientale se déclaraient « fermement » en faveur du NSDAP. Comme ils considéraient les hommes du Mouvement uniquement comme des tambours, ils s'en servaient comme de marchepieds pour leur propre pouvoir à venir. Mais quand ensuite je leur ai jeté à la figure, comme Gauleiter, Koch, dans lequel eux aussi ont reconnu

1. Voilà un cas très intéressant de mélange de divers plans, par le truchement des mots. On voit mal comment quelques dizaines d'années de travail métallurgique pourraient améliorer biologiquement une population. La réponse est dans le fer, souvent mis à contribution pour caractériser l'esprit résolu de la race supérieure. Ce passage est à rapprocher de la présentation par le même, dans *Mein Kampf*, du soldat allemand devenu militant nazi : « agile comme le lévrier, résistant comme le cuir et dur comme l'acier de Krupp » (cf. *supra*, entrée du 12 avril, midi). La formule avait été appliquée à Nuremberg, le 14 septembre 1935, veille des lois antijuives, avec une très légère variante, au jeune hitlérien, dans un discours du Führer aux délégués de ses Jeunesses : « mince et élancé comme le lévrier, résistant comme le cuir et dur comme l'acier de Krupp ». Par ailleurs, on croyait savoir qu'un corps puissant, élancé, en bon état et clair par les yeux et la chevelure caractérisait le « type humain » prisé par les nazis et, même si on ne partage pas leur doctrine, il est permis de sursauter en voyant porter aux nues un gringalet boiteux au poil et au regard sombres.

2. L'Untersuchung und Schlichtungs-Ausschuss est le tribunal interne du NSDAP, qui veille notamment à sa « pureté raciale » et dispose d'un pouvoir d'exclusion. Créé par Hitler en 1926, il est dirigé de 1927 à 1945 par l'ancien officier Walter Buch – dont Martin Bormann épouse, le 2 septembre 1929, une fille prénommée Gerda. Il est piquant de voir que l'hostilité de Hitler aux juristes va jusqu'à contourner ceux qu'il a nommés !

3. Walter Stennes (1895-1989), chef des SA berlinois, est exclu de l'organisation et du Parti en avril 1931, après deux révoltes. Après un bref séjour en prison au début du Troisième Reich, il est envoyé en Chine par l'entremise de Göring en mai 1933 et va servir de conseiller à Tchang Kaï-chek jusqu'à sa défaite dans la guerre civile en 1949. Revenu alors en Allemagne, il s'oppose au chancelier Adenauer en le trouvant trop pro-occidental et exagérément hostile à la RDA. Il passe alors pour un agent soviétique mais rompt, semble-t-il, avec ses protecteurs après des échecs électoraux en 1952 et se fait oublier jusqu'à sa mort, sans avoir jamais livré sa version des événements auxquels il a été mêlé. Cf. Uwe Klusmann, « SA-Führer Stennes, von Hitlers Haudrauf zu Stalins Spion », *Der Spiegel*, 17 août 2012. Cette brève et unique mention de son nom par Hitler dans les Propos ne permet pas de savoir s'il est encore un pion dans le jeu nazi.

4. Karl Dincklage (1874-1930) était un des Gauleiters préférés de Hitler, qui assista à ses funérailles en octobre 1930. Il avait été Gauleiter adjoint de Hanovre-Nord de 1925 à sa mort. Hitler s'ouvre de son émotion à Otto Wagener en disant que l'homme s'est tué à la tâche : cf. Otto Wagener, *Hitler aus nächster Nähe*, Francfort, Ullstein, 1978, ch. 7.

un véritable chef, ils se sont aussitôt agrégés au front des adversaires du NSDAP[1].

L'expérience que j'ai gagnée au temps de la lutte dans l'organisation du Parti, je la mets à profit aujourd'hui dans l'organisation du Reich. Si j'ai fait des Gauleiters en quelque sorte des rois régionaux, qui ne recevaient d'en haut que des instructions très générales, de même[2] je donne aujourd'hui à chaque Reichsstatthalter[3] une très grande liberté – y compris quand il se heurte au ministère de l'Intérieur.

Ce n'est que lorsqu'on donne aux Gauleiters et aux Reichsstatthalters des possibilités d'action suffisantes qu'on peut découvrir des talents. Autrement, ce n'est qu'une stupide bureaucratie qui se développe. Car ce n'est que quand on donne des responsabilités au corps des cadres régionaux qu'on obtient des hommes heureux de prendre des responsabilités et par là un réservoir suffisant de chefs capables pour les tâches de direction nationales[4].

La contrepartie des grandes libertés que j'ai données aux Gauleiters et aux Reichsstatthalters, c'est l'exigence d'une discipline absolue vis-à-vis des ordres de la direction suprême. J'ai édicté à cet égard que la direction suprême ne devait pas s'immiscer dans ce qu'on appelle les détails de gestion, car les conditions locales à cet égard sont variées.

Dans cet ordre d'idées, je veux aussi souligner très clairement une chose : rien n'est plus dommageable pour l'organisation d'un État que des entraves trop grandes à l'autonomie administrative. De telles entraves à l'autonomie administrative, les juristes ne cessent de vouloir en mettre. Mais comme déjà Bismarck en 1871 l'a constaté à propos de la France, c'est aussi le manque d'autonomie administrative qui a perdu la France. Car puisque ses petits départements n'avaient aucune possibilité de direction et, partant, aucune marge d'initiative, ils attendaient en toutes choses les instructions de Paris. De mon point de vue, on doit donner à l'autonomie administrative la part la plus large, mais s'assurer en même temps que la discipline vis-à-vis de l'échelon supérieur jouera sans discussion. Quand le

1. Erich Koch (cf. *supra*, entrée du 5 mai au soir) est alors, dans ses fonctions de commissaire du Reich en Ukraine, le type même du nazi « décentralisé », considérant qu'il ne relève que de Hitler et peu sensible aux directives des cadres intermédiaires, qu'il s'agisse de Himmler, de Bormann ou de Rosenberg. Il semble appliquer à la lettre un certain nombre de directives énoncées dans les Propos, notamment en matière de traitement des populations slaves, sur les plans scolaire et sanitaire (cf. Christian Baechler, *Guerre et exterminations à l'Est. Hitler et la conquête de l'espace vital, 1933-1945*, Paris, Tallandier, 2012, p. 290). Son destin d'après guerre est peu commun : prisonnier des Britanniques, extradé vers la Pologne et non l'URSS qui le réclame, il est jugé seulement en 1958 ; condamné à mort mais non exécuté, il croupit en prison jusqu'à sa mort, près de trente ans plus tard.

2. Symétrie un peu bancale entre « *wenn* » et « *so* ».

3. Le titre de Reichsstatthalter a été créé au printemps de 1933 pour désigner les représentants de Hitler dans les Länder. Le mot date de la période bismarckienne : il avait été créé en 1879 pour désigner le représentant de Berlin en Alsace-Lorraine, chargé de faciliter l'intégration de ce territoire au Deuxième Reich.

4. En fait, de telles promotions sont, à cette heure, assez rares. Comme Gauleiters chargés de tâches nationales on ne peut guère encore citer que Goebbels et, tout récemment, Fritz Sauckel, devenu le 21 mars plénipotentiaire général pour l'emploi de la main-d'œuvre. Mais peut-être Hitler dit-il cela parce qu'il compte, dans un après-guerre qu'il espère encore proche, renouveler largement les cadres nationaux, par exemple en faisant un ministre de Hartmann Lauterbacher, vivement loué le 5 mai. Il va d'ailleurs, à la fin de cette séance, annoncer son intention de promouvoir le « Gauleiter de Vienne », Baldur von Schirach.

service hiérarchiquement supérieur intervient, sa volonté doit trancher la question. Alors elle doit absolument être suivie.

À cette décentralisation du pouvoir, d'un côté, doit correspondre de l'autre côté, pour une solide cohésion de l'État, un instrument absolument inébranlable de la force publique, l'exécutif. L'exécutif, en haut duquel est la Wehrmacht, puis la police, le Service du travail, l'éducation de la jeunesse etc.[1], ne peut être que dans une seule main. Si cela est garanti, il ne peut rien arriver à l'État. Le plus dangereux, ce serait que l'exécutif soit, ou veuille être, la direction de l'État. Il y aurait alors un début de rivalité entre des fractions de l'armée, des régions et ainsi de suite, une situation qui a amené la ruine de nombreux États puissants[2].

Quant au choix du chef de l'État, s'il devait m'arriver quelque chose il ne serait pas plus indiqué de faire élire le nouveau chef de l'État par la masse du peuple que le pape par la masse des croyants ou le doge de Venise par la totalité de la population vénitienne. Si la masse du peuple participait à un tel vote, il ne s'agirait plus que d'une question de propagande. Et la propagande pour ou contre des candidats individuels diviserait le peuple. Si un petit cercle – je pense à un sénat – effectue le vote et que les opinions s'y affrontent, cela n'a aucune importance. Il faut juste se débrouiller pour que les différences d'opinions ne soient pas connues à l'extérieur. Une fois que le vote est acquis, celui qui a obtenu le plus de voix devient, comme lors de l'élection du doge ou du pape, désormais le chef de l'État, quelles qu'aient été les différences d'opinons précédant le vote. Par le fait que dans les trois heures après la fin du vote l'armée, le Parti et la fonction publique prêtent serment au nouveau chef de l'État, l'ordre public est absolument préservé.

Je ne me fais aucune illusion sur le fait que ce vote pour le chef de l'État ne placera pas toujours une personnalité absolument exceptionnelle au sommet du Reich. Mais ce sera toujours un homme situé suffisamment au-dessus de la moyenne pour que, aussi longtemps que l'appareil d'État sera en ordre, aucun danger ne soit à craindre pour le Reich[3].

1. Le vide de cet « etc. » peut être comblé à partir de l'énumération des titulaires du Deutscher Orden, en dehors des Gauleiters (cf. *supra*, entrée du 16 mai) : outre les organes énumérés ici, on y trouvait l'Organisation Todt et le NSKK.

2. L'exécutif, dans le vocabulaire de Hitler, n'est pas ce qu'on entend habituellement par là. Il veut parler non pas du gouvernement mais des outils dont ce gouvernement dispose pour faire exécuter ses volontés, soit, principalement la police, les SS et l'armée : la « seule main » dans laquelle ils doivent être regroupés ne peut être que celle de Hitler. Il ne peut s'agir de Himmler, qui dirige la police et les SS mais non l'armée. Il est bien précisé ici qu'il ne doit ni se prendre pour le chef, ni aspirer à l'être.

3. Ces réflexions constitutionnelles ont le mérite de démontrer que, contrairement à une idée reçue, Hitler se préoccupait de sa succession et jugeait provisoire la solution en vigueur, la désignation par lui-même de Göring puis de Hess comme héritiers de ses pouvoirs. La solution retenue est de type aristocratique : une fois disparu le providentiel fondateur du régime, le chef est un *primus inter pares* choisi par l'élite des combattants. Cependant celle-ci ne doit pas être héréditaire. De ce point de vue le nazisme est réactionnaire. Il est incapable d'affronter le suffrage universel, sinon pour faire plébisciter des décisions non débattues publiquement, ou des listes uniques.

L'ancienne élection impériale allemande était déjà en elle-même une formule idéale pour la direction du Reich. Elle a hélas échoué parce que les princes électeurs étaient héréditaires. Comme l'Allemagne pendant des siècles a incarné le concept du monde occidental sans être sérieusement menacée de l'extérieur, ces princes héréditaires ont cru, dans l'intérêt de leurs maisons, pouvoir s'offrir le luxe d'un empereur faible et par là d'un gouvernement faible de l'empire.

Par suite, c'est un principe de fer du national-socialisme qu'aucune charge dans un Gau, dans l'État ou dans le Parti ne puisse être héréditaire. Chaque Gauleiter doit avoir à mon avis un adjoint. On lui enlève dès le départ la tentation d'intriguer, puisque la loi stipule qu'aucun adjoint ne peut succéder à son Gauleiter à sa mort ou quand il quitte ses fonctions pour d'autres raisons. Ce qui fait que les nationaux-socialistes ne pratiquent pas le tir dans le dos. Le Gauleiter adjoint, s'il fait ses preuves, peut espérer devenir Gauleiter dans un autre Gau. La règle veut toutefois que ses activités ne doivent pas avoir conduit à la démission d'un autre Gauleiter[1]. Si un adjoint fait ses preuves, cela se voit au bon fonctionnement de son Gau, car cela ne tient pas uniquement au travail et à la personnalité du Gauleiter, mais aussi au travail et à la personnalité de l'adjoint, car lui aussi a des fonctions précises.

Pour éviter également qu'aux yeux de l'extérieur le Gau puisse un jour apparaître comme un bien héréditaire, j'ai introduit pour les Gauleiters qui n'ont pas conquis eux-mêmes leur région le principe de la mobilité. Par exemple j'ai muté le Gauleiter de Salzbourg en Styrie[2] et envoyé à Salzbourg un autre cadre du Parti, qui avait occupé jusque là des fonctions tout à fait différentes. Un homme dont j'attends qu'il accomplisse encore une fois de très grandes choses est le Gauleiter de Vienne[3]. Mais jamais le fils d'un Gauleiter n'héritera de sa fonction. Quand un chef d'état-major décède, on ne nomme pas non plus à sa place son fils de 18 ans.

(Bormann ayant fait remarquer que le fils d'un professeur de mathématiques n'est généralement pas prédisposé à succéder à son père, le Chef conclut :)

1. Ces dispositions seront reproduites quasiment mot pour mot dans un décret du 24 août sur la fonction de Gauleiter adjoint : cf. Martin Moll (éd.), *Führer-Erlasse, 1939-1945*, Stuttgart, Steinert, 1997, p. 277.

2. Il doit y avoir ici une confusion car le Gauleiter de Salzbourg, Friedrich Rainer, a été muté non en Styrie mais en Carinthie (cf. *infra*, entrée du 2 septembre, midi), tandis que la Styrie a conservé son dictateur local, Siegfried Uiberreither, de 1938 à la fin du régime. En ce qui concerne Rainer, on peut constater que les principes édictés, imités de la France napoléonienne, qui tendent à instaurer une rotation géographique des cadres pour empêcher les Gaue de devenir des fiefs, souffrent une exception car la Carinthie est la région dont Rainer est originaire et Hitler dira, le 2 septembre, que c'est très bien ainsi. Le principe de la rotation entre en contradiction avec l'idée que le Gauleiter doit bien connaître les populations locales, pour les aligner intelligemment sur les vues du Führer.

Le Gauleiter qui a remplacé Rainer à Salzbourg est le SS Gustav-Adolf Scheel (1907-1979). Médecin, il avait été chef des étudiants nazis et des étudiants en médecine du Reich tout en dirigeant le SD dans la région de Stuttgart. Étendant ses compétences à l'Alsace en 1940, il avait fondé le camp de concentration du Struthof.

3. Baldur von Schirach fait de nouveau l'objet d'un vif éloge, après celui du trio de pointe de la Hitlerjugend dans les années 1930 (Schirach, Axmann, Lauterbacher), le 5 mai. Plus dure sera la chute, le 1er septembre, quand tout à coup Hitler raillera Schirach pour s'être « viennoisé »... ce qui est aux antipodes de la définition du bon Gauleiter qu'il édicte ce soir-là : il ne doit être sensible aux idiosyncrasies régionales que pour mieux les intégrer dans un ensemble, sous la houlette du Führer. Ici Hitler laisse prévoir qu'il nommera prochainement le créateur des Jeunesses à un poste très élevé. Peut-être celui de ministre de l'Intérieur, puisqu'il se montre de plus en plus impatient devant les scrupules juridiques de son titulaire, Frick, avant de se décider, en août 1943, à le remplacer par Himmler. Deux mois auparavant, Schirach achèvera de ruiner son crédit en se montrant incapable d'empêcher son épouse de se mêler de politique, pire, en la laissant dénoncer le massacre des femmes juives, devant témoins, au Berghof. Cf. *infra*, entrée du 25 juin 1943.

Il n'y a pas de quoi s'étonner. Les traits de caractère de la mère se retrouvent la plupart du temps chez le fils et non ceux du père. C'est ainsi que le fils d'un industriel de ma connaissance a décidé de ne pas entrer dans l'affaire de son père. Conformément aux vues plus idéalistes de sa mère – d'ailleurs remariée entre-temps – il s'est décidé à devenir soldat, et même parachutiste.

27 juin, le soir

(Le Dr Dietrich fait part au Führer d'une plainte du chef rexiste Léon Degrelle[1]*, actuellement comme on sait sur le front de l'Est en qualité de légionnaire, au sujet des échanges de prisonniers belges : le tour des rexistes ne vient jamais. Les membres du comité belge compétent sont des réactionnaires déclarés, qui essayent par tous les moyens d'écarter les rexistes.)*

J'ordonne qu'on s'occupe immédiatement de donner à Degrelle une influence déterminante dans le choix des prisonniers de guerre belges à libérer : Il doit aller de soi que celui qui trouve de la compréhension dans le Reich allemand soit avant tout celui qui offre la contribution de son sang à l'Est pour l'Europe de demain. Les réactionnaires belges ont été traités jusqu'ici avec beaucoup trop d'égards. Ce fut une faute de ne pas emmener le roi belge en captivité et de le laisser en place, par égard pour son porte-parole italien[2]. Car ce roi belge, s'il n'est pas une tête, est un homme très intrigant et un point de ralliement pour les éléments réactionnaires.

Remarquable est, par contraste avec ces cercles réactionnaires, le comportement des Flamands sur le front de l'Est. Ils se montrent même plus germanophiles et plus intransigeants que les légionnaires hollandais du front de l'Est. Cela tient certainement au fait que les Flamands ont été réprimés ou restreints dans leurs façons de vivre par les Wallons pendant des siècles. Même au Duce il n'a pas échappé que Flamands et Wallons s'entendaient mal. Un jour où il exprimait ses vues sur le visage futur de l'Europe, il regroupait constamment les Flamands et les Hollandais d'un côté, et de l'autre cherchait à mettre les Wallons avec les Français.

1. Léon Degrelle (1906-1994), un militant catholique wallon attiré par le fascisme et le nazisme, rompt avec les politiciens catholiques en 1935 pour fonder un parti « rexiste », dont le succès rapide s'avère un feu de paille. Il s'inféode alors de plus en plus à l'Allemagne, se jette dans la collaboration après l'occupation de la Belgique et tente de se refaire une santé en participant bruyamment à la campagne de Russie.

2. Léopold III (1901-1983, roi de 1934 à 1951) avait signé en tant que chef des armées la capitulation du 28 mai 1940 en restant dans le pays malgré les objurgations de ses ministres. Hitler affecte de regretter sa décision de l'avoir laissé, privé de tout pouvoir, dans son palais au lieu de l'envoyer en exil ou en captivité. Il fait porter le chapeau, comme il arrive de plus en plus au cours de cette année 1942, à Mussolini, dont il laisse entendre qu'il a intercédé pour Léopold (dont la sœur Marie-José est mariée depuis 1930 au prince héritier italien Umberto).

En ce qui concerne le traitement futur des Wallons, le Duce ne me semble cependant pas avoir une vue très juste des possibilités politiques dans le nord-ouest de l'Europe. Les solutions qu'il envisage pour la petite minorité wallonne ne sont guère praticables dans un grand Reich germanique. Quant à moi, je me réjouis qu'il n'y ait ni en Belgique ni en Hollande un gouvernement avec lequel nous soyons tenus de négocier. Ainsi pourra-t-on dicter ce qui se montrera politiquement désirable et par là opportun. Le problème de ces petits États, je le réglerai par des déclarations courtes et succinctes[1].

C'est dans la construction des routes que s'exprime le début d'une civilisation. Comme les Romains, sous César et dans les deux premiers siècles de notre ère, ont aménagé les marais, les tourbières et les forêts des pays germaniques en y traçant des routes et des voies en rondins, de même nous aussi devons aujourd'hui en Russie avant toute chose construire des routes. Quiconque envisage autrement la mise en valeur de la Russie, par exemple par un réseau ferroviaire, met la charrue avant les bœufs. Ce sont pour le moins 750 à 1 000 kilomètres de routes[2] qui sont nécessaires en Russie d'après moi, d'abord pour des raisons militaires. Car sans routes sûres il n'est pas possible que le vaste espace russe soit militairement nettoyé, ni sécurisé dans la durée. Toutes les forces de travail qui dans les villages russes ne sont pas employées dans l'agriculture ou l'industrie d'armement doivent être mises avant tout à la construction des routes.

Quant à la création de nouveaux villages, je pense que dans l'espace russe cette création ne doit pas être envisagée seulement en fonction de préoccupations militaires, mais aussi pour rompre la monotonie des routes immenses[3].

La prise de Tobrouk[4] est un succès tout à fait extraordinaire, qui dans la situation présente doit être presque regardé comme un heureux présage pour le peuple allemand. De même que l'entrée en guerre du Japon est survenue dans la période critique de notre combat à l'Est, le coup porté par Rommel à l'Afrika Korps britannique (*sic*) prend place au milieu des intrigues espagnoles, qu'il me suffira de caractériser en disant que le ministre espagnol des Affaires

1. Mussolini conseille à Hitler de rattacher la Flandre à la Hollande et la Wallonie à la France ou à quelque entité francophone : il n'a pas bien assimilé encore la manière de Hitler, qui s'exprime crûment ici. Loin d'envisager des regroupements linguistiques, il entend atomiser les populations et, surtout, disposer de leurs territoires en fonction de ce qui, au jour de la paix, se montrera « politiquement désirable » et sera fonction, par exemple, des relations à venir avec la Grande-Bretagne.

2. Cela semble bien peu : le scribe aurait-il mal entendu, ou omis un membre de phrase tel que « dans un premier temps » ?

3. L'aménagement du « grand espace » continue de nourrir les pensées du dictateur.

4. Report en fin de page d'un paragraphe qui dans les notes de Picker figurait au début. Une inversion on ne peut plus intéressante : lorsque les notes sont mises en forme par Heim, à la fin de l'été ou au début de l'automne 1942, les lauriers de Tobrouk sont bien fanés et l'offensive vers Stalingrad mal partie. Le spectre de nouvelles difficultés « européennes » se fait jour et la fidélisation des petits alliés comme Degrelle gagne en importance.

étrangères Súñer s'est laissé naguère « honorer » en se faisant remettre un rosaire par le pape[1].

Si les conversations entre Churchill et Roosevelt à Washington ont duré huit jours, la moindre cause ne doit pas en être l'ébranlement décisif de la position anglaise en Méditerranée par Rommel. Car quand les gens sont unis, les négociations ne s'éternisent pas. Mes conversations avec le Duce n'ont jamais duré plus d'une heure et demie. Tout le reste du temps se passait en repas et autres choses de ce genre. C'est seulement pendant la crise albanaise que les conversations ont duré plus d'un jour et demi, car j'avais à remonter le moral du Duce[2].

En partant de cette expérience on peut facilement se représenter l'ampleur des difficultés dans lesquelles se trouvent les Alliés, de leur propre point de vue. Tout à fait en dehors de cela, il faut aussi un grand art d'acrobate pour amener à une position commune les USA, les Russes et les Chinois[3]. Si par exemple Litvinov[4] a été associé à plusieurs reprises aux conversations entre Churchill et Roosevelt, c'est sans doute en grande partie parce que la Russie a dans sa manche, avec la situation en Inde, un énorme atout contre l'Angleterre. Car du moment qu'elle a perdu l'Asie de l'Est, la menace principale pour l'Angleterre vient de ce que, après une rupture des relations entre elle et la Russie, celle-ci pourrait compenser en Inde ses pertes de la guerre. Peut-être même cette option sur l'Inde est-elle l'une des raisons pour lesquelles la Russie exclut en toutes circonstances de se retrouver en guerre avec le Japon. Cela n'est pas mauvais pour nous. Car même sur la question indienne le maintien du pacte de non-agression entre la Russie et le Japon est pour nous un avantage vis-à-vis de l'Angleterre[5].

La question intéressante qui se pose en ce moment est bien celle-ci : Que va faire l'Angleterre dans cette situation ? Il est clair qu'on ne doit pas attendre d'elle des miracles, vu qu'elle s'est déjà, par sa déclaration de guerre alors qu'elle manquait d'armes, ridiculisée. Eux-mêmes[6] cherchent à se sortir de leur situation critique actuelle en répandant les nouvelles les plus diverses et les plus contradictoires. C'est le travail des Affaires étrangères que de discerner les

1. Ériger un cadeau banal en un signe d'étroite allégeance est la preuve d'une grande misère argumentative. Hitler s'efforce de démontrer que le combat mondial des Aryens et des Juifs passe par une joute pour rallier des pays neutres ou mixtes. Les points que la Juiverie est en train de marquer en Espagne par l'intermédiaire de son avatar catholique sont avantageusement compensés par la prise de Tobrouk, qui elle-même rappelle le renfort providentiel procuré par le Japon le 7 décembre 1941 lorsque la victoire semblait changer de camp en URSS par la contre-attaque de Joukov devant Moscou, commencée deux jours plus tôt. Le « raisonnement » fortement empreint de pensée magique (jusqu'à baptiser « Afrika Korps britannique » l'adversaire soi-disant terrassé en Afrique) se poursuit au paragraphe suivant, lorsque Hitler, après avoir compati aux efforts de Roosevelt pour consoler Churchill, souhaite bien du plaisir à un attelage qui s'efforce de faire cohabiter les intérêts américains, russes et chinois.

2. Il est vrai que Roosevelt s'est mis en devoir de consoler Churchill de la perte de Tobrouk, et que les États-Unis et la Grande-Bretagne ont des intérêts difficiles à concilier. Mais les similitudes s'arrêtent là et Hitler se rassure à bon compte, alors que le zèle déployé par Churchill pour accorder les violons devrait au contraire l'inquiéter. Le séjour pendant lequel Hitler avait dû remonter le moral de Mussolini s'était déroulé au Berghof les 19 et 20 janvier 1941.

3. L'omission des Anglais dans cette énumération signifie sans doute que pour l'orateur ils ne comptent plus, car ils se sont mis sous la coupe des Américains.

4. Maxim Litvinov (1876-1951), né Meir Wallach-Finkelstein, ministre soviétique des Affaires étrangères du 21 juillet 1930 au 3 mai 1939 et brusquement remplacé ce jour-là par Viacheslav Molotov, avait été nommé ambassadeur à Washington le 10 novembre 1941.

5. Ces spéculations hasardeuses à propos d'indices ténus (il y a d'évidence d'autres raisons d'associer Litvinov à des tractations américano-anglaises que les affaires indiennes ; avant tout, le souci de répartir les efforts militaires contre l'Allemagne) sont surtout instructives sur l'état d'esprit de Hitler. Non seulement il tient à croire que la menace de perdre l'Inde peut entraîner du jour au lendemain la chute de Churchill ou sa conversion à un rapprochement avec l'Allemagne, mais il en vient à trouver utile le pacte de non-agression soviéto-japonais signé par Matsuoka à Moscou en avril 1941 contre son propre avis. Ce traité, qui lui avait coûté très cher en permettant à Staline de concentrer ses forces contre lui, est maintenant présenté sous un jour avantageux car, en laissant à la Russie les mains libres pour menacer l'Inde, il est censé introduire, dans la coalition adverse, un ferment mortel de division.

6. *Sic.*

solutions qu'à l'heure présente l'Angleterre entend choisir[1]. Mais elles sont difficiles à connaître, sinon par le biais d'une intrigue amoureuse avec la fille de Churchill, et le ministère comme ses hommes, les diplomates, n'ont malheureusement pas fait ce qu'il fallait en temps utile pour engager une telle liaison, alors qu'en cas de succès elle aurait permis de sauver de nombreuses vies de soldats et d'officiers allemands[2].

29 juin, midi

Les compagnons viennois ne cessent de demander si nous voulons encore une fois abandonner Belgrade. « Après l'avoir prise trois fois, nous devrions enfin la garder ! »

En exprimant cette conception, les Viennois ont raison[3] au moins en ceci que dans ce coin du Reich il faudra tracer les frontières d'une manière particulièrement exacte. Sur le fait que nous devons tenir les Portes de Fer sur le Danube et ne les quitter en aucune circonstance, il ne saurait y voir de doute[4].

Le Danube est la voie d'eau qui mène au cœur du continent et par conséquent, dans une Europe unie par nous, doit être géré et maîtrisé comme un fleuve allemand. La régulation de la circulation est-ouest dans ce grand espace se fait ou se paralyse en fonction de l'alternative : le Danube est allemand, ou pas.

Pour le traitement du problème, notre génération doit donc prendre soin que toutes les questions de droit ne soient pas résolues dans les traités de paix. Un chef d'État responsable doit léguer à ses successeurs un plein tiroir de revendications d'un type plus ou moins clair, qu'il pourra brandir dans le futur, le cas échéant, comme de « saintes » revendications à titre de fondement des nouveaux affrontements qui seront un jour nécessaires[5].

(Himmler fait remarquer que le vieux Fritz a commencé les guerres de Silésie avec des revendications successorales assez mal fondées et que Louis XIV ne cessait de procéder avec des titres juridiques prétendus « traditionnels ». Hitler reprend :)

1. Toute l'argumentation repose sur une base des plus fragiles : elle suppose d'une part que les avancées japonaises, loin d'être un feu de paille permis par la mobilisation des adversaires contre l'Allemagne sur des théâtres éloignés, sont définitives ; d'autre part que le Japon, fort de ses succès aux Philippines, dans l'Insulinde, en Indochine et en Birmanie, est en passe de terminer victorieusement sa guerre contre la Chine, qui se traîne depuis 1937. L'URSS ne pourrait donc plus étendre là le communisme, serait obligée d'abandonner Mao Zedong à son sort et ne disposerait plus que de l'Inde pour avancer ses pions – d'où une rivalité mortelle avec la Grande-Bretagne.

2. L'évocation égrillarde de la rentabilité diplomatique d'une approche par les femmes, et de l'incapacité du ministère de Ribbentrop dans ce domaine, commence à ressembler à un disque usé. Mais « la fille » de Churchill (qui en a trois) est mise à contribution pour la première fois, signe d'une détresse croissante autant que d'espoirs chimériques. Churchill est censé se débattre lui-même plus que jamais, après Tobrouk, dans des difficultés politiques et s'épancher sur le sujet auprès de sa famille (ce qui n'est pas entièrement faux : les mémoires de Mary Soames, née Churchill, ont récemment témoigné que la fronde de certains députés l'atteignait profondément en cette année 1942 et surtout après la chute de Tobrouk ; cf. François Delpla, *Churchill et Hitler*, *op. cit.*, p. 424). Churchill est censé détenir la clé : il ne s'agit plus, comme au moment du vol de Hess, de le contourner en prenant contact avec son opposition conservatrice. La menace révolutionnaire induite par l'alliance soviétique et symbolisée par le nom de Cripps est censée ressouder le parti conservateur en incitant son leader à reconsidérer tout le dossier de l'empire, pour chercher les moyens et les alliances qui permettraient de le sauvegarder au mieux.

3. Nouvel éloge, indirect, de Baldur von Schirach.

4. Donc Hitler ne retient pas, à ce stade, l'idée d'annexer Belgrade mais la suggestion de ces Viennois qu'il ne nomme pas l'amène à définir dans cette zone un objectif minimal : le contrôle du Danube et la présence permanente de l'Allemagne à son estuaire.

5. La prétendue nécessité d'une victoire incomplète, pour aider la postérité à ne pas s'endormir, ressemble fort à un début de justification pour un traité qui ne satisferait pas toutes les revendications naguère avancées ou esquissées.

Cela témoigne en faveur de la sagesse du chef de l'État de munir son successeur de tels titres, dans toutes les régions où à vue humaine des problèmes nationaux aigus pourraient surgir. Donc si les moines du mont Athos, dont je préfère ne pas commenter le niveau moral[1], m'ont proclamé successeur des empereurs byzantins, ce document aussi est à conserver.

Je souhaite que les archives consacrées à ce genre de choses ne soient pas conservées aux Affaires étrangères où elles risqueraient de tomber dans l'oubli, mais soient apportées à la chancellerie en tant qu'affaires regardant le Führer, et rangées de telle manière que mon successeur puisse à tout moment les consulter[2].

Je fais ces réflexions sur la base de mon expérience concernant ce difficile exercice de travail historique que j'ai dû moi-même maîtriser. Après nous certainement il y aura des générations qui considéreront sans étonnement la fusion de l'Europe qui est en train de se faire, de même que la plus grande partie de nos contemporains considèrent comme toute naturelle l'unification allemande réalisée par Bismarck. La peine que cela coûte de souder ensemble le nord, le milieu et l'est de l'Europe en une grande unité[3] sera si prestement oubliée que la valeur des moyens que je viens de décrire, on ne saura l'apprécier de nouveau que si on s'y trouve contraint par un rappel brûlant.

Mais je voudrais par la même occasion attirer l'attention sur un point – qu'on ne saurait préciser trop souvent –, à savoir que l'unification de l'Europe ne sera pas rendue possible par des efforts d'unification conjugués d'une foule d'hommes d'État, mais doit être réalisée uniquement par la force des armes. Même la fusion de la Bavière, du Wurtemberg, du pays de Bade, etc. avec la Prusse dans le Reich allemand de Bismarck ne doit pas être attribuée aux sentiments élevés et compréhensifs des princes, mais à l'importance du fusil à aiguille prussien à l'époque considérée. Que l'on pense seulement à l'aide qu'il apporta au comte Holnstein quand celui-ci présenta à signer au roi Louis de Bavière la fameuse lettre adressée à Bismarck et lui proposant de conférer au roi de Prusse la dignité impériale, lettre qui constituait l'ultime maillon de la chaîne des

1. Une nouvelle sortie égrillarde, ayant trait à l'homosexualité.

2. Encore une directive précise à l'usage de Bormann, et une preuve du souci qu'a Hitler de ce qui se passera après lui.

3. Nouvelle confirmation du fait que le sud est laissé à l'Italie, à la Turquie et, si possible, à la Grande-Bretagne.

tractations diplomatiques. Sous les prétextes les plus dérisoires le roi Louis essaya de se dérober à la signature de cette lettre et s'enfuit même dans son lit sous le prétexte d'un mal de dents pour échapper aux représentations de Holnstein. Ce fut une vraie chance, que Holnstein ne fût pas de ces créatures que le respect écrase devant une porte de chambre royale et qui, dans une situation décisive, n'osent l'ouvrir[1].

30 juin, le soir

Cette guerre a, beaucoup plus que la précédente, stimulé le sens artistique.

Ce que les artistes ont personnellement éprouvé en une ou deux années de service sur le front leur inspire des œuvres parmi les meilleures qu'on puisse actuellement montrer dans nos expositions d'art contemporain. Les peintures représentant des scènes de guerre, justement, sont parmi les exemples les plus nets qui démontrent que les vrais artistes sont mûris par la pratique, par le fait de vivre par soi-même des choses fortes, et non par l'impulsion scolaire de l'académie. D'ailleurs les dirigeants, dans les académies, manquent pour la plupart de la lucidité et de la capacité de jugement nécessaires pour aider les véritables talents à percer. Il suffit de se représenter, rien qu'une fois, que les belles marines de von Bock ont été refusées par l'académie de Prusse, bien qu'à l'époque elles fussent presque les seules à rendre fidèlement les paysages de la mer du Nord[2]. La même académie prussienne qui a refusé ces tableaux n'a pas honte cependant d'accrocher aux murs de ses propres expositions des croûtes absolues. Même dans mon exposition de la Maison de l'art allemand elle essaye en permanence d'introduire les barbouillages qu'elle patronne. Mais j'écarte inébranlablement ces horreurs. On connaît mon sentiment sur la valeur des académies. Il est vrai qu'on peut difficilement changer quelque chose au fait que dans ces établissements d'enseignement, sous leur forme actuelle, on n'emploie rien d'autre que des gens incapables de vendre un tableau dans la vie courante. L'alternative, pour le recrutement du corps enseignant

1. Le comte Maximilien de Holnstein (1835-1895) avait accédé en 1866, au sein de la cour de Bavière, à la fonction de « königliche Oberstallmeister » (grand-maître des écuries du roi) qui en faisait le plus proche conseiller de Louis II (1845-1886, roi depuis 1864). C'est là l'une des rares allusions de Hitler à ce souverain bâtisseur, psychotique et wagnérien. La *Kaiserbrief* du 30 novembre 1870. avait été rédigée par Bismarck, lequel avait auparavant créé les conditions militaires, diplomatiques et financières qui faisaient que la Bavière ne pouvait plus rester à l'écart de l'unification. Laquelle est, plus nettement que jamais, érigée en modèle, en miniature et en précédent de l'Europe germanique que l'orateur se prétend en train de bâtir.

2. Adolf Bock (1890-1968), peintre autodidacte, sera même couronné par Hitler du titre de professeur à la date symbolique du 30 janvier 1944. Mais présentement il a mal retenu son nom, qui ne comporte pas de particule. Il a pu être influencé par celui de Fedor von Bock, l'un des principaux généraux de la Heer jusqu'à sa mise à la retraite pour désaccord avec le Führer sur l'offensive d'été en URSS, le 15 juillet suivant.

d'une académie sous sa forme actuelle, est tout bonnement la suivante : ou bien on y affecte des gens capables et ils sont perdus pour la pratique de la création artistique ; ou bien on emploie des nullités dans les académies, et la jeune génération d'artistes ne dispose pas d'éducateurs exemplaires.

Quand on réfléchit à ce problème, on doit poser et résoudre avant tout la question : ne doit-on pas finalement, dans l'intérêt de la création artistique d'une époque, presque se réjouir que seuls des vermisseaux aillent aujourd'hui dans les académies ? Si par exemple dans une académie comme l'académie du cinéma il n'y avait pas seulement Herr Weidemann[1] mais en outre nos plus grands réalisateurs, ne verrait-on pas la qualité de notre création cinématographique baisser immédiatement ?

Une caractéristique des académies actuelles est bien qu'elles cherchent à étouffer tout génie. Dès qu'un génie se pointe dans le champ visuel des médiocres « grands » de ces académies, l'expérience montre qu'ils se hérissent contre lui de toutes leurs plumes.

Si on veut faciliter au génie l'accès des académies, et permettre aux forces créatrices du génie de s'exprimer malgré les tâches de l'académie, il faut changer complètement le caractère de l'académie. Il faut la diviser en une série de petits ateliers, dans le genre des ateliers d'État (*Staatsateliers*). On s'adresserait alors aux plus grands artistes en les laissant libres de choisir, pour le diriger, l'un de ces ateliers rassemblés dans l'académie. S'ils s'y déclaraient disposés, on devrait leur laisser la liberté de choisir les élèves qui par leur application et leurs œuvres antérieures leur sembleraient dignes d'être formés par les plus grands maîtres[2].

Si on organise ainsi les académies, on mettra fin au non-sens qui consiste à faire baragouiner aux peintres les langues étrangères, à les faire jongler avec des concepts mathématiques, etc. Un non-sens qui ne peut provenir que d'une cervelle de moineau. L'objectif suprême d'une académie de peinture sera de nouveau d'apprendre aux peintres premièrement la peinture, deuxièmement la peinture et troisièmement la peinture[3].

1. Hans Jakob Weidemann (1904-1975), un cadre SS du ministère de Goebbels, très actif dans la production de films de propagande. Hitler se montre bien ingrat en le traitant de vermisseau, mais en même temps il montre qu'il a conscience que l'art réclame du talent, et pas seulement de la servilité politique. Que les grands réalisateurs non juifs fassent des films, que des surveillants nazis s'assurent qu'il ne s'y glisse pas d'idées pernicieuses, et tout ira bien.

2. On peut remarquer que, du moins en théorie, Hitler ne demande à ces élus aucune allégeance politique. Le nazisme prétend offrir à la créativité « aryenne » les plus belles occasions de s'exprimer.

3. Les charges contre la culture générale sont de plus en plus fréquentes. Elle n'est pas condamnée pour elle-même, mais au nom d'une vision élitiste mâtinée de considérations personnelles. Hitler lui-même a réussi en autodidacte, et a su se doter des connaissances nécessaires pour guider les destinées d'un empire. La masse, en revanche, n'a besoin d'apprendre que ce qui est nécessaire à l'exercice d'un métier ou d'un autre, fût-il culturel. La multiplicité des matières de l'enseignement public est, au niveau financier, une gabegie, et, au niveau des individus, un facteur de dégoût des études et de papillonnage stérile.

Je peux me mettre en rage encore et toujours quand je vois que dans les écoles normales on fourre dans le crâne des futurs instituteurs une foule de choses alors qu'ils n'auront à apprendre ensuite aux enfants que les rudiments du calcul, de la lecture et de l'écriture. Quel besoin aurait-on de connaissances dans tous les domaines, pour apprendre aux enfants de 6 ans la bonne prononciation de a a a, b b b… ?

C'est aussi un vrai non-sens de vouloir tout enseigner aux enfants à l'école. Quand on les interroge sur tout ça un an ou deux après leur sortie de l'école, ils ont presque tout oublié. C'est donc un devoir de la direction des écoles de bâtir un programme de telle sorte qu'on n'enseigne aux enfants que ce dont ils auront besoin pour devenir des hommes dans la vie. Du reste il est beaucoup plus intelligent de leur faire passer le plus de temps possible en plein air. Car c'est ainsi que nous aurons une jeunesse saine, qui pourra aussi supporter des efforts physiques sans tomber sur les genoux.

1er juillet, midi

(Le général Bodenschatz[1] *informe le Führer qu'un frère du prince de Starhemberg*[2] *sert dans la Luftwaffe comme officier. On a appris il y a peu qu'un autre de ses frères, qui servait dans l'armée de terre, en a été exclu sur l'ordre du Führer. Comme le Starhemberg qui appartient à la Luftwaffe a fort bien fait ses preuves et qu'il est particulièrement bien noté, on n'a pas voulu l'exclure sans soumettre son cas au Führer.)*

Les familles jouissant d'une grande influence politique ont aussi une responsabilité familiale correspondante. Si un membre d'une telle famille use mal de son influence, c'est une chose toute naturelle que les autres membres de la famille en pâtissent. Libre à eux de se désolidariser à temps de la brebis galeuse[3].

Les Japonais poussent si loin le principe de la solidarité familiale que chez eux le devoir évident de chaque famille politiquement ou militairement influente est de retenir ses membres de toute action ou de toute omission nuisibles au pays. Si cela ne réussit pas et que l'honneur national de la famille est terni par le fils dégénéré, tous

1. Karl-Heinrich Bodenschatz (1890-1979), général d'aviation, est l'officier de liaison de Göring auprès de Hitler.

2. Il avait été brièvement question le 2 août de cet aristocrate autrichien qui, après avoir été nazi dans les années précédant le putsch de 1923, avait pris ses distances et lutté contre l'emprise allemande sur l'Autriche en tant que ministre de Dollfuss puis de Schuschnigg, avant de s'exiler au moment de l'Anschluss. Détail intéressant : à ce moment Hitler faisait une différence entre l'aristocrate traître à l'Allemagne et les communistes comme Thälmann, en faveur de ceux-ci... mais il espérait encore terrasser le bolchevisme en quelques mois. Il ne semble pas être encore dans les mêmes dispositions d'esprit. D'autre part, Starhemberg, qui a servi comme aviateur au début de la guerre dans l'armée anglaise puis dans la France libre, désapprouve l'alliance avec l'URSS et vient de s'installer en Argentine, mais Hitler l'ignore peut-être.

3. Encore un indice de la crainte éprouvée par Hitler d'une « crise » intérieure si la situation militaire se détériore – comme elle va le faire quelques mois plus tard avec les premières grandes contre-offensives alliées de Guadalcanal, d'Afrique du Nord et de Stalingrad. Il pose ici le premier jalon de la politique de représailles contre les familles qui se déploiera après l'attentat du 20 juillet 1944 et verra, par exemple, l'arrestation de nombreux membres de la famille von Stauffenberg.

les hommes adultes de la famille se font hara-kiri pour rétablir son honneur.

Le principe de la responsabilité familiale doit aussi être appliqué au cas du frère du traître Starhemberg. Car la famille Starhemberg compte depuis des siècles parmi les plus influentes d'Autriche et par suite aurait dû être consciente, même au temps du Système, de ses responsabilités vis-à-vis du peuple allemand. Mais pourquoi se fâcher à propos de Starhemberg, mieux vaut se réjouir de la prise de Sébastopol[1] !

Le baron von Liebig[2] passait pour animé d'un grand sens national et avait en conséquence été introduit auprès de moi. Mais j'ai été frappé par le type juif prononcé de cet homme. On m'avait pourtant toujours assuré qu'en remontant très loin dans son arbre généalogique on ne trouvait pas la plus petite trace d'un apport de sang non aryen. Mais voilà que par hasard on a découvert qu'une de ses ancêtres était née à Francfort en 1616 de parents entièrement juifs. Ainsi plus de trois siècles séparent la Juive de l'actuel baron von Liebig. Et bien qu'en dehors de cette Juive il n'ait que des ancêtres aryens, son aspect porte clairement la marque raciale du Juif. Cela corrobore ce que j'ai constaté au sujet de l'Anglais Cripps[3], que chez les sang-mêlé, même si la part du sang juif est aussi faible, il se trouve toujours au fil du temps un Juif pur. La race juive est bien coriace ! La meilleure preuve de l'exactitude de cette conception est donnée par la personne de Roosevelt. Roosevelt, qui non seulement dans le traitement des affaires politiques, mais dans sa sophistique, se conduit comme un Juif, s'est vanté lui-même il y a peu d'avoir du « noble sang juif ». Quant à l'aspect nettement négroïde de sa femme, il n'y a pas à l'attribuer à autre chose qu'à une ascendance métissée et à un apport de sang de couleur[4].

Ces exemples devraient ouvrir les yeux de tout être pensant raisonnable sur les gros dangers que recèle le métissage, pour les deux parties. Les races ont été tout simplement façonnées différemment par la Providence[5]. L'assimilation complète du sang étranger n'est pas possible. L'apport racial étranger refait toujours surface.

1. Elle est acquise, sans être tout à fait achevée : ce jour-là le général von Manstein ordonne l'assaut final, qui s'achève le 4 juillet. Le siège avait commencé le 30 octobre précédent.

2. Dans l'édition Picker, ce passage est nettement séparé du précédent, noté « pendant le déjeuner » : celui-ci l'est « après le déjeuner ». Picker parle d'« un certain baron von Liebig », ce qui semble indiquer que personne dans l'assistance ne le connaît et que l'anecdote est ancienne. Il est probablement apparenté au chimiste Justus Liebig (1803-1873), anobli en 1845.

3. Les considérations précédentes sur Cripps ne portent pas trace d'une mise en cause de son « sang » : si Hitler croit en avoir parlé, c'est sans doute qu'il ne se rappelle pas très bien devant quel auditoire il a tenu tel ou tel propos, ce qui est compréhensible. Tout ce paragraphe témoigne d'un ressort profond de sa pensée « raciale » : il s'en prend indistinctement au sang et à l'esprit, le caractère « dégénéré » de celui-ci étant le signe certain d'une imperfection de celui-là... même trois siècles plus tôt !

4. Picker ajoute : « venu de l'Est américain » et, dans son livre, indique en note qu'il s'agit d'une erreur manifeste, Hitler ayant voulu parler du Sud. Il est impossible de savoir si on se trouve devant l'une des innombrables simplifications de la traduction Genoud, ou si déjà le tandem Heim-Bormann avait constaté une erreur et l'avait dissimulée par une omission.

5. Nouvelle preuve, éclatante, du monothéisme hitlérien, cohabitant vaille que vaille avec un panthéisme naturaliste. La nature n'est pas seulement le siège de processus aveugles, indifférents à toute morale, elle a été façonnée par un esprit aussi intelligent que bienveillant.

Notre peuple se nuit à lui-même lorsqu'il accepte que des sang-mêlé servent dans l'armée et acquièrent par là la possibilité d'une égalité avec les gens de sang allemand. Il ne faut pas prendre la responsabilité de charger de nouveau notre sang avec des éléments racialement étrangers. Les exceptions en faveur des sang-mêlé doivent donc être réduites au plus strict minimum[1].

Le signe le plus clair[2] de l'effondrement de l'emprise anglaise sur l'Égypte se trouve dans l'instruction donnée à la presse par le ministère anglais de l'Information de minimiser l'importance d'Alexandrie pour l'empire britannique. Car la direction anglaise de la presse se fonde sur une information de premier ordre et travaille de façon tellement précise que ce n'est que quand un dominion ou un fragment quelconque de l'empire britannique ne peut, aux yeux du gouvernement, absolument plus être tenu qu'elle jongle avec la minimisation et s'efforce d'attirer l'attention du peuple sur d'autres questions impériales[3].

Dans le cas de l'Égypte, cependant, de telles instructions à la presse requièrent une précision particulière. Car tandis que la perte de Hong Kong et de Singapour a surtout frappé de plein fouet les Anglais fortunés, l'Égypte est aussi pour l'homme de la rue anglais un des principaux piliers du bien-être anglais. Dans une perte de l'Égypte, il y a pour Churchill et ses gens de quoi redouter un renforcement considérable de l'état d'esprit oppositionnel. Il ne faut pas perdre de vue qu'aujourd'hui déjà 21 parlementaires britanniques ne redoutent plus de se prononcer ouvertement contre Churchill à la Chambre basse[4]. Si on entend leur clouer le bec aussi par l'introduction de la discipline de vote dans les deux grands partis, Churchill ne peut pourtant pas maintenir sa position seulement par des mesures de ce genre. Ce n'est que s'il réussit, par un traitement habile de l'opinion publique, à détourner de l'Égypte l'attention des Anglais et par exemple à la concentrer sur l'Inde, qu'il pourra empêcher une croissance énorme de l'opposition[5].

1. Il est bien temps d'y songer ! Comme l'a révélé un livre récent (Bryan Mark Rigg, *Hitler's Jewish Soldiers*, Lawrence, University Press of Kansas, 2002), Hitler avait dans ses armées force demi-Juifs et nul autre que lui n'en portait la responsabilité. Mais il n'y avait là aucune entorse à ses principes fondamentaux, parmi lesquels figuraient, en bonne place, l'opportunisme et la planification. La persécution des Juifs était progressive, pour mieux être inexorable. L'extension de « l'espace vital » devait se faire par une série de guerres courtes avant que le monde ait compris ce qui lui arrivait. Ce qui comptait alors c'était la mobilisation du maximum de forces, et il serait toujours temps, en plein triomphe, de s'occuper des « ferments de dissolution » provisoirement tolérés, que la rapidité des événements aurait empêchés de nuire. Il n'en va pas de même si la guerre dure, et Hitler envisage ici la sinistre perspective d'une épuration en plein combat des rangs de la Wehrmacht. Cette fois, c'est la rapidité des succès adverses, induisant une pénurie permanente d'effectifs chez les officiers comme chez les soldats, qui expliquera que les principes édictés restent lettre morte.

2. Ce thème figure dans les notes de Picker juste avant le précédent.

3. Ce passage en contredit d'autres (cf. *supra*, entrée du 12 avril au soir) où Hitler se délecte des révélations que comporte une presse anglaise manifestement peu dirigée. Cela dit, il est vrai que la prise en main du ministère de l'Information par un très proche collaborateur de Churchill, Brendan Bracken, le 21 juillet 1941, a permis de faire passer des directives plus cohérentes et Hitler n'a sans doute pas tort d'estimer que la propagande anglaise prépare sciemment les esprits à ne pas se désespérer d'une perte éventuelle de l'Égypte.

4. Le vote aura lieu, après deux jours de débats, le 2 juillet, soit le lendemain de ce propos et la motion de défiance recueillera 25 voix : les 21 députés dont il est question ici sont ceux qui ont déposé la motion. On voit que Hitler suit les événements de très près.

5. Hitler s'étend bien peu sur la situation en Afrique du Nord, préférant dauber sur les contorsions de la presse anglaise à ce sujet. Un coup d'œil sur la situation de l'Italie est édifiant à cet égard. Mussolini passe deux semaines en Libye dans l'espoir d'entrer au Caire à la tête de ses troupes, tel Napoléon. D'autre part, si l'Axe voulait vraiment s'étendre jusqu'en Égypte, il ne pourrait plus tolérer la présence des Britanniques à Malte, cette base toute proche de la Sicile (et revendiquée par l'Italie depuis son entrée en guerre) qui entrave en permanence le ravitaillement de l'Afrika Korps. L'état-major italien en a programmé l'attaque pour le mois de juillet, en accord avec les Allemands, mais au lendemain de la chute de Tobrouk Mussolini lui-même écrit à Hitler qu'il vaut mieux la reporter sine die pour mieux foncer en Afrique. Cf. Galeazzo Ciano, *Diario 1937-1943*, Milan, Rizzoli,

(suite du commentaire page 386)

(Le Führer prend connaissance d'une dépêche annonçant que Gerede, l'ambassadeur turc à Berlin, est appelé en consultation à Ankara[1]*.)*

La chute de Sébastopol a donc conduit à une éruption, à Ankara, de la haine contre les Russes[2]. Si Gerede doit devenir le ministre des Affaires étrangères de la Turquie, nous ne pouvons que nous en féliciter. Gerede n'a certes pas la stature militaire d'Oshima[3], mais c'est un homme absolument convaincu de la nécessité d'une coopération entre la Turquie et l'Allemagne.

Oshima et Gerede sont bien à l'heure actuelle les diplomates étrangers les plus capables de Berlin. Si Oshima apparaît plus ferme, c'est en grande partie parce qu'il a derrière lui, avec l'armée japonaise, une organisation fermement cohérente, qui comprend la nécessité d'orienter toujours aussi les affaires politiques dans un sens correspondant à l'intérêt national du Japon. Gerede ne peut pas s'appuyer sur un facteur de puissance aussi solide. Il n'a dans sa patrie qu'une armée apolitique et doit donc chercher à servir les intérêts politiques de la Turquie avec l'élasticité d'une épée flexible.

Si Gerede devient ministre des Affaires étrangères, le problème du Moyen-Orient prendra pour nous un tout autre visage. Car l'autre partenaire dans ce secteur, le grand mufti, est un homme qui de toute sa passion nationale voit dans la politique un moyen de servir les intérêts des Arabes, et non un moyen de servir quelque utopie. Avec ses cheveux blonds et ses yeux bleus il donne, malgré son visage de fouine, l'impression d'un homme dont les ancêtres ont compté plus d'un Aryen et qui peut-être vient d'un rameau romain excellent[4].

1980, entrée du 20 juin 1942. On peut déduire de ces éléments que certes Hitler apprécierait le cadeau de la Providence que serait une conquête de la Basse-Égypte, et de son canal, en détournant si peu de moyens de l'objectif soviétique ; mais qu'il se garde de vendre la peau de l'ours devant son entourage et qu'en attendant il continue d'espérer que la menace, tant contre Malte que contre Suez, suffise à provoquer la mise en minorité de Churchill aux Communes. De ce point de vue, son raisonnement recèle un enseignement très général sur ses méthodes : il anticipe déjà un détournement de l'attention des médias anglais du Moyen-Orient vers l'Inde ; or lui-même en avril 1940, au temps de sa splendeur, appelait l'attention des Alliés sur les Balkans, la Suisse et la Hollande alors qu'il concentrait ses moyens devant les Ardennes pour frapper comme un sourd dans la région de Sedan. Il se persuade alors que, de concert avec son allié japonais, il peut obliger Churchill à sonner le tocsin en Inde car sa chute serait certaine si l'opinion s'intéressait trop à l'Égypte. Le premier ministre tomberait alors de Charybde en Scylla. En effet, Rommel n'a pas encore perdu la première bataille d'El-Alamein (qui va voir un nouveau chef anglais nommé sur place par Churchill en personne, Montgomery, bloquer définitivement l'Afrika Korps), les Nippons, après la conquête de la Birmanie, semblent plus que jamais pouvoir déferler sur l'Inde et le groupe d'armées du général List, s'il fait sauter le verrou soviétique devant le Caucase, peut menacer l'Inde par l'ouest. Dramatiser la situation dans la « perle de l'empire » serait donc à la fois, pour Churchill, une figure obligée et un danger mortel. Mais Hitler n'est plus au temps de sa splendeur, lorsqu'il assurait sur le terrain, plutôt deux fois qu'une, les prémisses de ses raisonnements, et il ne peut se remonter le moral qu'en accumulant les hypothèses les plus favorables.

1. Chez Picker, ce passage prend place au début du déjeuner du lendemain (le 2 juillet), après un court paragraphe rapprochant les Panzer des éléphants d'Annibal, omis chez Genoud.

2. Une fois de plus, l'esprit hitlérien sécrète des espoirs chimériques à la moindre apparence de bonne nouvelle.

3. Hiroshi Oshima (1886-1975), attaché militaire du Japon à Berlin en 1936 puis ambassadeur à partir de 1938.

4. Le colonel Hüsrev Gerede (1884-1962), ancien collaborateur de Mustapha Kemal, représente la Turquie à Berlin du 5 septembre 1939 au 27 juillet 1942. Ensuite, il ne devient pas ministre mais reste à Ankara jusqu'à la fin de la guerre, avant de reprendre sa carrière d'ambassadeur à Rio de Janeiro, de 1947 à 1949. La chute de Sébastopol est censée engendrer un changement « du tout au tout » de la situation moyen-orientale, non seulement en jetant définitivement la Turquie dans les bras de l'Axe, mais en favorisant une collusion turco-arabe par le biais du grand mufti de Jérusalem. Aux broderies immédiates sur la simple nouvelle du rappel d'un ambassadeur s'ajoutent une garantie raciale et un rapprochement historique bien précaires : le mufti, en dépit de ses traits sémitiques, présente des signes capillaires et oculaires de bon sang ! C'est un Romain ! Et même, presque, un Japonais. Ainsi se combinent l'orthodoxie nazie et les alliances opportunistes.

Au cours de nos entretiens[1], le grand mufti s'est avéré un très fin renard qui, pour gagner le temps de la réflexion, a fait traduire certains détails non seulement en français mais en arabe, et dont la prudence va si loin qu'il fait consigner sur place certaines choses par écrit. Quand il parle, à chaque mot il pèse vraiment sa pensée. Dans sa finesse hors du commun, il égale presque les Japonais.

Combien les Japonais sont des diplomates habiles, un petit exemple le montre où je dois reconnaître que je suis moi-même tombé dans le panneau. Je ne sais qui avait produit un jour une théorie selon laquelle les Japonais, en raison de problèmes d'équilibre, ne feraient jamais de bons pilotes d'avion. Quand les principaux hommes d'État japonais s'aperçurent que cette fable était, à cause de la crédulité des états-majors, acceptée sans critique par un pays après l'autre, ils ont tout fait pour donner à la croyance en cette ineptie des aliments toujours nouveaux. Derrière ce paravent ils ont pu alors construire une armée de l'air dont les succès à Pearl Harbor ont frappé le monde entier[2].

Le vieux principe politique suivant lequel il ne faut pas détromper les représentants étrangers qui se font des idées fausses qui peuvent nous servir, je l'ai moi-même appliqué avec succès. Lorsque après la prise du pouvoir j'ai commencé à m'occuper du réarmement, je devais toujours compter avec des contre-mesures des puissances occidentales. La fable de divergences de vues entre mes SA et la Reichswehr est venue, dans cette situation critique, à mon aide. L'ambassadeur de France François-Poncet, qui habituellement ne s'en laissait pas conter dans l'appréciation de la situation, a gobé ce bruit d'une façon typiquement française et plus on lui en racontait, plus dans ses rapports il assurait à Paris qu'une intervention militaire française ne serait pas nécessaire car les tensions entre les SA et la Reichswehr culmineraient d'une manière ou d'une autre en une lutte à mort.

Quand le putsch de Röhm fut passé, le gouvernement de Paris se représenta la situation comme si les Allemands avaient commencé à se taper réciproquement sur la tête comme au Moyen Âge, et comme si la France pouvait de nouveau en profiter pour tirer les marrons du feu. C'est ainsi que le putsch de Röhm a encore rendu

1. Hadj Amin al-Husseini (1895-1974), grand mufti de Jérusalem de 1921 à 1948, nommé par les occupants anglais de la Palestine puis exilé par eux en 1937, séjourne en Allemagne depuis janvier 1941 et a été reçu par Hitler le 28 novembre. Du moins c'est ce qu'on lit dans tous les livres, sur la foi d'un compte rendu de conversation trouvé en 1945 dans les archives de la Wilhelmstrasse saisies par les Alliés. (*ADAP*, D XIII, document 515). Nous apprenons ici qu'il y a eu plusieurs entretiens. Celui du 28 novembre était probablement le premier, puisqu'il commence par les remerciements du visiteur pour l'honneur que lui fait le Führer en le recevant.

La noblesse raciale que lui concède Hitler tout en lui prêtant un « visage de fouine », rapprochée des considérations récentes sur l'ancêtre juif isolé qui peut corrompre la lignée de Roosevelt ou du baron von Liebig, fait partie des contradictions les plus criantes de ce recueil. Elle dévoile jusqu'au ridicule combien la théorie nazie en la matière entremêle la rigidité la plus extrême et l'opportunisme le plus plat, avec, brochant sur le tout, l'intuition infaillible d'un Führer guidé par la Providence.

2. Excellente présentation, par pays interposé, d'un des procédés favoris de Hitler en matière diplomatique. Il éprouve d'ailleurs le besoin, dès le paragraphe suivant, de prendre le relais en détaillant une de ses propres ruses, dans une période cruciale.

de grands services et a retenu la France, et au-delà d'elle aussi l'Angleterre, de prendre des mesures militaires pendant si longtemps que pour une attaque de ces pays, en raison des progrès du réarmement allemand, il était trop tard[1].

2 juillet, le soir

J'ai lu un mémorandum du Gauleiter Frauenfeld[2] sur la solution de la question des Sud-Tyroliens. Frauenfeld fait la proposition d'envoyer les Sud-Tyroliens en masse vers la Crimée et de les y installer comme colons. Ainsi ce vieux contentieux avec l'Italie serait enterré une bonne fois. Je trouve la proposition particulièrement excellente. Car il y a peu d'endroits sur terre où un peuple, au cours des siècles, se soit mieux maintenu dans son intégrité. Les Tartares comme les Goths en offrent de vivants exemples. Je crois aussi que la Crimée, du point de vue du climat et des paysages, est particulièrement adaptée au peuplement du Sud-Tyrol[3]. En outre elle est, par comparaison avec les conditions de vie actuelles des Sud-Tyroliens, un pays où coulent le lait et le miel.

Le transfert des Sud-Tyroliens en Crimée ne présente pas de difficultés particulières sur le plan physique ou psychique. Ils n'ont vraiment besoin que d'un fleuve allemand, le Danube, pour les acheminer, et ils sont à destination.

(Le Führer parle à Bormann des livres que celui-ci lui a donnés à parcourir[4] :)

J'ai été particulièrement intéressé par les collections de citations des lettres de Frédéric le Grand sur la religion et de ses *Écrits théologiques*[5]. Ce serait une bonne chose de les rendre accessibles à tous les

1. Voilà un passage très éclairant sur la cécité des décideurs occidentaux à l'égard de la stratégie hitlérienne. André François-Poncet (1887-1978) avait fait l'objet le 2 février d'un portrait tout uniment élogieux. Hitler le présentait comme un partisan de l'entente franco-allemande qui dans ses rapports d'ambassadeur n'avait émis des jugements défavorables sur lui-même que tardivement, et pour garder la confiance de ses mandants germanophobes du gouvernement

français. À présent il avoue qu'il a exploité sa naïveté pour jouer, en un moment crucial, l'un de ses tours préférés, la présentation du Reich comme plus divisé qu'il n'est afin de rassurer l'étranger et d'optimiser les effets de surprise. Comme François-Poncet fera partie des notables français qui se laisseront arrêter et emmener par l'occupant en 1943, c'est le cas de le dire, sans résistance, et enfermer au château tyrolien d'Itter dans des conditions confortables jusqu'à leur libération par les Américains, il profitera de cette « déportation » pour se faire une virginité antinazie. Ses mémoires de 1947, fort sévères pour le Führer tout en antidatant fréquemment sa lucidité, témoignent avant tout de son talent littéraire, et leur triomphale réédition acritique, en 2015, du retard de la France à comprendre à quel point ses élites ont été manipulées entre 1933 et 1939. Cf. André François-Poncet, *Souvenirs d'une ambassade à Berlin*, Paris, Flammarion, 1947, rééd. Paris, Perrin, 2015.

2. Encore un nazi intéressant et méconnu. L'Autrichien Alfred Frauenfeld (1898-1977), qui publiait des nouvelles et gagnait sa vie comme employé de banque, après avoir été comme d'autres invité au congrès de Nuremberg de 1929 et favorablement impressionné par le spectacle, devient Gauleiter de Vienne en 1930 et organise l'année suivante un discret voyage de Hitler, indésirable dans le pays, sur la tombe de sa nièce Geli Raubal, à Vienne. Exilé en Allemagne en mai 1934 il est employé comme orateur par le NSDAP puis s'occupe de la chambre du théâtre au ministère de la Propagande avant d'entamer une carrière diplomatique qui lui vaut un poste de consul à Oslo en mai 1940. Lieutenant dans la Luftwaffe lors des campagnes de France, des Balkans et d'URSS, il a donc été chargé d'un rapport sur la Crimée et cet examen de passage lui vaut d'y être nommé commissaire du Reich en septembre suivant, poste qu'il conservera jusqu'à la retraite de 1944. Il publiera en 1978 des mémoires lourdement négationnistes : *Und trage keine Reu'. Vom Wiener Gauleiter zum Generalkommissar der Krim. Erinnerungen und Aufzeichnungen*, Druffel, Leoni am Starnberger See, 1978.

3. Ce rapprochement particulièrement audacieux entre une région montagneuse semi-continentale et une plaine méditerranéenne donne la mesure de la souplesse de l'esprit hitlérien, lorsqu'il s'agit de présenter une décision sous son meilleur jour. D'autant que la phrase suivante tire parti, elle, des conditions climatiques plus douces en Crimée que dans le Tyrol !

4. Ce passage figure avant le précédent dans les notes de Picker.

5. Indice que, bien qu'il idolâtre depuis longtemps Frédéric II de Prusse, Hitler n'avait pas pris le temps de lire ses œuvres de près et qu'il le fait désormais, en s'efforçant d'y trouver les prémisses de sa propre action.

Allemands – particulièrement aux dirigeants, dont les amiraux, les généraux, etc. Car il en ressort que je ne suis pas le seul à avoir des idées hérétiques, et que je suis au contraire à cet égard en accord avec l'un des plus grands Allemands.

Il est regrettable de constater avec régularité, quand on étudie les livres sur les rapports entre l'État et l'Église, qu'un gouvernement sacrifie très très facilement les intérêts de l'État en faveur d'une idéologie quelconque, ou d'intérêts privés. Ce n'est qu'ainsi qu'on peut comprendre que même une héroïne de la liberté comme Jeanne d'Arc[1] – Shaw l'a montré encore plus clairement que Schiller – ait été trahie par ses contemporains français influents et ait pu être brûlée comme sorcière.

Ce qu'il faut penser dans de tels cas des idées juridiques des tribunaux ressort de l'étude d'Ernst Hauck sur l'hymne allemand[2]. D'après lui, les tribunaux allemands sont allés jusqu'à estimer « éloignés de l'État » les chants de liberté d'un Allemand aussi important que Hoffmann von Fallersleben, parce que les juges n'avaient pas vu, au-delà des petits intérêts de la dynastie régnant dans leur État, les grands intérêts de la communauté du peuple allemand.

Sachant cela, on doit faire grand mérite à la dynastie Habsbourg d'avoir porté haut l'idée allemande, même en un temps où l'empire s'était dissous en une multitude de petits États et était officiellement fractionné par des intérêts dynastiques.

2 juillet, après le dîner

(Le Dr Dietrich présente au Führer un rapport suivant lequel les Anglais ont donné à leur presse les instructions qu'il esquissait la veille au déjeuner. Ces directives tendaient bien à affirmer que l'empire britannique serait ébranlé par la perte de l'Inde, mais qu'au contraire l'abandon de l'Égypte causerait moins de difficultés à l'Angleterre qu'au commandement allemand. Car l'Angleterre pourrait, par la destruction des routes et des ports et le minage du canal de Suez, porter un coup décisif aux voies de renforcement et de ravitaillement de l'Afrika Korps allemand ; l'Allemagne serait alors littéralement tombée dans un piège.)

1. Jeanne d'Arc a beaucoup pour plaire à Hitler, en tant qu'héroïne populaire qui en remontre aux aristocrates et qu'ennemie des Anglais, du moins quand ils prétendent déborder sur le continent. L'anglophobie est tempérée par l'hommage à George Bernard Shaw (1856-1950), un Britannique naguère très *appeaser* qu'il peut présumer encore germanophile.

2. Le philologue et poète Hoffmann von Fallersleben (1798-1874) a composé en 1841 *Das Lied der Deutschen* dont le premier vers, « *Deutschland, Deutschland über alles* », symbolise les ambitions allemandes pour leurs adeptes comme pour leurs adversaires, et dont la troisième strophe, plus pacifique, est depuis 1952 l'hymne de la RFA. Ernst Hauck (1890-1984), auteur-compositeur de chants allemands, a écrit un livre sur ce chant intitulé *Das Deutschlandlied* et publié à Dortmund, chez Volkschaft-Verlag, en 1941. Il y insiste sur la dimension antisémite du nationalisme allemand de Hoffmann von Fallersleben, en se référant expressément à des propos de Hitler. Mais ce qu'en retient ici ce dernier, c'est l'opposition du poète de l'hymne allemand aux particularismes dynastiques.

On ne se serait pourtant pas attendu à ce que les Anglais fassent aussi facilement leur deuil de l'Égypte. Du reste ce mensonge montre que, après la mort de Churchill, nous aurons encore à nous préoccuper de faire disparaître sa jactance que rien ne peut ébranler. Ce qui aujourd'hui importe essentiellement, c'est que notre propagande entre aussitôt en action et répète inlassablement au monde que l'heure de la liberté a sonné pour l'Égypte. Si cette idée est habilement diffusée, elle aura des répercussions énormes dans d'autres pays soumis à l'empire britannique, particulièrement au Moyen-Orient.

De plus, il est essentiel d'inciter le roi d'Égypte à se défaire de la tutelle anglaise le plus nettement possible et à se cacher quelque part en attendant un retour en triomphe et une nouvelle intronisation par nos soins. C'est la tâche de notre ministère des Affaires étrangères d'adresser au roi d'Égypte un signe dans ce sens. Mais espérons qu'il ne sera pas trop malin par rapport à nos diplomates[1].

3 juillet, le soir

(Au moment où le Führer arrive à table, le capitaine aviateur Baur et l'amiral Krancke débattent de la rentabilité respective du transport aérien et du transport maritime.)

Il n'y a pas de souci à se faire. Dès les prochaines décennies, les avions de transport de passagers atteindront une taille qui permettra d'y installer même une salle de bains.

(L'amiral Krancke objecte que même avec un développement aussi extraordinaire de l'aviation la navigation maritime n'aura pas à craindre sa concurrence. Car si gros qu'ils soient les avions pourront difficilement remplacer les bateaux pour le transport du charbon, du bois et du fer. Le capitaine Baur répond que ce ne sera pas nécessaire. Le chemin de fer a bien déjà laissé aux bateaux le transport des tuiles.)

Il faut observer les choses du point de vue de l'évolution. De même que l'oiseau représente une évolution par rapport au poisson volant et celui-ci par rapport au poisson normal, de même le bateau est un stade antérieur de l'avion. Mais c'est à l'avion qu'appartient l'avenir[2].

1. Hitler continue à tenter de faire mesurer aux Anglais le coût de la politique churchillienne. Il faut remarquer qu'une fois de plus la menace excède de beaucoup les actes concrets : sa mise à exécution requerrait un détournement de moyens du front de l'Est vers Rommel… qui restera à la portion congrue. L'antisoviétisme reste l'orientation de base, et au Moyen-Orient Hitler compte essentiellement sur trois facteurs qui ne coûtent pas cher : la chance, la diplomatie et la propagande. D'autre part, le 16 mai, il s'était payé la tête de son ministère des Affaires étrangères qui lui suggérait de lancer une proclamation aux Arabes, en disant qu'elle n'aurait d'effet que quand ses armes seraient aux portes de Mossoul, faute de quoi « les Anglais fusilleraient préalablement les Arabes qui se soulèveraient pour appuyer notre action ». En un mois et demi un « non-sens » est devenu une carte bonne à jouer : belle preuve du rétrécissement de sa main, devant la bonne tenue des forces armées soviétiques et américaines, qui certes reculent mais sans se débander.

2. Encore une assimilation boiteuse entre la nature et la technologie, qui entraîne de grosses déformations dans les deux termes de la comparaison, par des raisonnements grossièrement analogiques. Les oiseaux sont un produit de l'évolution des terrestres dinosaures, et non des poissons volants ! Et Hitler, contrairement à ses conseillers, tient à l'idée que l'avion supplantera le bateau, sous prétexte que son invention est plus tardive et sans prendre en considération une seconde les inconvénients et les risques de l'encombrement du ciel par rapport à celui des océans, ni les différences de consommation énergétique.

4 juillet, le soir

Dans le cas d'un départ à la retraite de notre actuel ambassadeur au Vatican, je ne suis absolument pas d'accord pour qu'on envisage la nomination d'un successeur[1]. Car les relations entre le Reich allemand et le Vatican se fondent sur le concordat. Mais le concordat fut conclu en son temps dans la foulée des concordats avec les différents Länder et de ce fait il est devenu caduc lors de l'incorporation des Länder dans l'État allemand. Le fait que le concordat ait pour fondement ceux des Länder est en effet un élément essentiel du concordat mais n'en fait pas partie intégrante. D'où le fait, à mon avis, qu'une conséquence juridique absolument naturelle de la disparition de l'autonomie des Länder par rapport au Reich est que les prétendues relations diplomatiques du Vatican avec nous sont superfétatoires[2].

La guerre a fait que je n'ai pas encore traduit cette conception dans les faits. Mais d'un autre côté j'ai découragé les efforts du Vatican pour étendre le concordat aux nouvelles régions du Reich. La Sarre, les Sudètes, la Bohême-Moravie, le Gau de Dantzig-Prusse-Orientale, le Warthegau, une grande partie de la Silésie aussi bien que l'Alsace-Lorraine n'ont aujourd'hui aucune relation avec l'Église catholique romaine passant par l'État. Les affaires ecclésiastiques y sont réglées uniquement sur le plan local. Si l'actif nonce du Vatican entreprend par l'intermédiaire du ministère des Affaires étrangères d'exercer une influence quelconque sur les relations de l'Église dans les nouvelles régions du Reich, il n'y a donc qu'à l'éconduire. On doit lui expliquer qu'en l'absence d'un concordat particulier les relations de l'Église dans ces régions sont en définitive à régler entre la plus haute représentation de l'État dans la région, par conséquent le Reichsstatthalter, et la plus haute autorité ecclésiastique de la région considérée. En soi il aurait été naturellement plus indiqué de faire exposer cela au nonce par le ministre Lammers. Malheureusement le ministère des Affaires étrangères, dans son effort constant pour acquérir de nouvelles compétences, s'est laissé embobiner et embringuer par le légat du pape. À lui de voir comment il peut se tirer de cette affaire[3].

1. Le secrétaire d'État Ernst von Weizsäcker (1882-1951) ira cependant à Rome dans l'été de 1943 remplacer Hans Georg von Mackensen (1883-1947), démis le 2 août dans une situation que Hitler, il est vrai, ne pouvait guère anticiper un an plus tôt : Mussolini renversé et prisonnier depuis dix jours, les SS le cherchant pour le délivrer et le remettre en selle, l'armée allemande occupant en catastrophe la péninsule pour ne pas la laisser aux Alliés, le nouveau gouvernement italien prétendant honorer l'alliance avec l'Allemagne mais jouant un évident double jeu, il n'était pas question de se priver de l'observatoire vatican. Ni des possibilités de contacts qu'il offrait, d'où la nomination d'un diplomate chevronné aux multiples facettes, secrétaire d'État sous Neurath puis Ribbentrop et bien vu des milieux conservateurs.

2. Ce raisonnement devrait en principe conduire à la conclusion inverse, et la disparition de l'autonomie des Länder concentrer aux mains du Reich les relations avec le Vatican.

3. Hitler nous la baille belle en prétendant qu'il aurait laissé Ribbentrop se fourvoyer dans des relations trop intimes avec le nonce du pape à Berlin, Cesare Orsenigo, ce qui l'aurait empêché, lui Hitler, de lui faire dire par Lammers qu'il ne serait plus reçu nulle part. Il est évident que sur une matière aussi délicate et pour préserver le concordat de 1933 tout en l'interprétant à sa manière, le Führer ménageait les transitions. Pour la postérité, il cherche ici à faire accroire qu'il n'a jamais transigé, et fait porter aux Affaires étrangères le chapeau des compromissions.

En ce qui concerne l'évolution des relations entre l'État et l'Église, il faut de notre point de vue se réjouir sans réserve que dans presque la moitié du Reich les choses puissent se régler en dehors de l'échelon central du concordat, par les Reichsstatthalters – c'est-à-dire régionalement. Car des règlements uniformes pour le Reich ne pourraient que compliquer l'assainissement que nous souhaitons des relations État-Église, étant donné que l'Église catholique s'efforce toujours de faire une norme générale de la situation qui existe dans nos points faibles, c'est-à-dire là où est en vigueur l'accord qui se rapproche le plus de ses souhaits. Cela veut dire qu'avec un règlement central nous devrions nous aligner sur le maillon le plus faible de notre chaîne, c'est-à-dire sur les régions, du point de vue de la vision du monde, les plus arriérées. Avec une réglementation régionale, cet inconvénient n'existe pas. Avec une réglementation régionale, les Gauleiters peuvent avancer pas à pas dans notre sens, en fonction de l'état idéologique de la population de leurs Gaue[1].

Si par ailleurs je n'estime guère les Américains, je dois avouer que sous ce rapport ils méritent des éloges. Leurs hommes d'État ont vraiment fait reposer l'activité des Églises sur une base raisonnable en leur attribuant le statut d'une association comme les autres. Comme en outre ils ne leur versent pas un centime sur les deniers publics, tout le clergé rampe derrière eux et chante leurs louanges. Rien d'étonnant ! Comme le prêtre veut vivre, mais ne reçoit pas assez de dons volontaires, il est plus ou moins fortement dépendant des subventions publiques. Mais comme la loi n'en prévoit pas, il doit les mériter par un comportement servile envers l'État.

Le jour où nous cesserons de verser chaque année un milliard aux Églises, nos prêtres se départiront aussi très vite de leur aplomb et au lieu de nous invectiver et de venir à nous le front haut, ils nous mangeront dans la main. Avec des subventions vraiment légères nous pourrons alors diriger le clergé dans un sens correspondant à nos souhaits. On pourra alors limiter la distribution à quelques ecclésiastiques. En effet, quand on donne un million à un évêque pour lui et les prêtres de son diocèse, il va garder aussitôt pour sa propre cassette les 300 000 premiers marks, sinon ce ne serait pas

1. Belle illustration des vertus de la décentralisation selon Hitler : des cadres nazis locaux de toute confiance peuvent tâter le terrain et nazifier l'endroit au rythme qui convient. En l'occurrence, il s'agit de faire rentrer au plus vite la religion dans les sacristies.

un vrai prêtre. La répartition du reste entre les prêtres de son ressort donnera lieu à de mignonnes empoignades entre curés, pour notre plus grande joie[1].

Sur un point cependant nous ne devrons pas transiger : les demandes d'intervention des prêtres devront être refusées par l'État, absolument et sans examen. La raison d'un tel refus nous tend les bras. Faute des solides lumières spirituelles de l'Église, des profanes ne sauraient, d'après son propre enseignement, réussir aussi bien à mettre de l'ordre dans ses affaires que le clergé. Comment un pauvre vermisseau étatique, comme moi par exemple, pourrait-il s'acquitter d'une tâche aussi difficile alors que lui manquent les lumières d'En-haut ?

Il revient bien entendu aux Reichsstatthalters, comme pour toutes les autres conventions, de décider de l'attribution des subventions. Le danger que les Reichsstatthalters concluent avec l'Église quelque convention hostile au Reich ou en contradiction avec les intérêts de l'État n'est pas à craindre. Car nous avons chaque Gauleiter bien en main. D'autre part, la plupart des Reichsstatthalters sont dès maintenant plus remontés que moi sur ces questions.

Après la guerre, on en finira avec le concordat. Je me ferai personnellement un plaisir de rappeler à l'Église tous ces cas où elle a violé le concordat. Qu'on pense seulement à l'étroite collaboration de l'Église avec les meurtriers de Heydrich. Ceux-ci ont non seulement trouvé refuge dans une église de la banlieue de Prague, mais également eu la possibilité, grâce aux prêtres complices, de se retrancher dans la crypte[2].

L'évolution des relations entre l'État et l'Église est un bon exemple du fait qu'une imprudence d'homme d'État peut avoir des conséquences qui s'étendent sur des siècles. Quand Charlemagne, à Noël 800, se fut agenouillé dans l'église Saint-Pierre de Rome, le pape – avant qu'il ait eu le temps de réfléchir à la portée d'une telle action symbolique – lui a, hop ! posé une couronne sur la tête. Comme il a laissé faire, il a légué à ses successeurs une force qui a procuré un martyre de plusieurs siècles à la direction de l'État allemand et au peuple allemand[3].

1. Hitler développe une idée déjà émise le 9 février.

2. Jan Kubiš et Jozef Gabčík, parachutés depuis un avion anglais en décembre 1941, ont blessé mortellement Heydrich le 27 mai puis ont été cachés par la Résistance tchèque, qui comprenait un certain nombre d'ecclésiastiques sans être pour autant une émanation de l'Église. Cachés avec cinq autres hommes de leur commando dans les sous-sols de l'église Saints-Cyrille-et-Méthode, Kubiš et Gabčík sont recherchés ailleurs (notamment dans le village de Lidice, dont la population présumée complice est tuée ou déportée le 10 juin) puis dénoncés par un résistant qui voulait sauver sa peau et l'église est investie par les SS le 18 juin alors qu'on s'apprêtait à transférer les fugitifs. Les quatre derniers survivants se suicident le lendemain après avoir utilisé toutes leurs munitions. Les prêtres de la paroisse sont exécutés.

3. Beaucoup d'historiens ont conté l'affaire ainsi et Hitler a dû en lire certains. Napoléon s'est souvenu de l'épisode quand, en la cathédrale Notre-Dame de Paris, le 2 décembre 1804, il s'est posé lui-même sur la tête la couronne impériale en une cérémonie bénie par Pie VII. Ce qu'on peut reprocher au récit de Hitler, c'est de négliger les circonstances de la cérémonie romaine du 25 décembre 800. L'autorité de Léon III venait d'être très contestée à Rome et lui-même, exilé, avait appelé Charlemagne à l'aide. Rétabli dans son autorité, il avait lui-même poussé au couronnement impérial plus vite que Charlemagne ne l'escomptait et n'était probablement pas conscient de la portée historique de son geste, destiné avant tout à affermir son pouvoir local. Ce n'est donc pas un excellent exemple pour accuser l'Église en général de mainmise sur le politique. Cf. Georges Tessier, « Portrait de Charlemagne », in *Le mémorial des Siècles. VIIIe siècle, les hommes de Charlemagne*, Paris, Albin Michel, 1967, p. 88-90.

Comme de tout temps – et encore aujourd'hui – il se trouve des dirigeants assez imprudents pour se faire mettre par d'autres forces une couronne d'or sur la tête, on ne saurait trop insister sur la portée d'un tel geste, souvent considéré comme insignifiant.

Dans le même genre, et tout aussi insensée, est la croyance, au ministère des Affaires étrangères, en la nécessité absolue de répondre à toute note du Vatican. Par le seul fait de répondre on reconnaît déjà l'autorité du Vatican pour s'immiscer dans les affaires intérieures allemandes – même s'il ne s'agit que de religion – et avoir des liens officiels avec nous.

Combien l'Église a compté parmi ses dirigeants de diplomates finauds et quelle prudence est requise face à eux, ce n'est pas seulement l'histoire qui l'enseigne mais aussi le présent, avec une foule d'exemples. Quand après mon entrée dans Vienne j'ai entendu sous ma fenêtre un concert de sifflets et de clameurs et que j'ai appris ensuite que cela s'adressait au cardinal-archevêque de Vienne Innitzer[1], qui venait me voir, je m'attendais à voir un petit prêtre repentant et anéanti. Au lieu de cela, c'est un homme à la démarche assurée qui m'est apparu et s'est adressé à moi avec un visage aussi rayonnant que si, pendant toute la durée du Système en Autriche, il n'avait jamais touché à un cheveu du moindre national-socialiste[2]. Il suffit de se laisser engager dans une conversation avec un de ces frères pour savoir à quoi s'en tenir.

Le nonce du pape, qui fait le discours des vœux en tant que doyen du corps diplomatique lors de la réception de la nouvelle année, cherche à tous les coups à amener la conversation sur la situation de l'Église catholique en Allemagne. Je coupe court d'emblée en lui demandant de façon aimable et intéressée des nouvelles de la maladie de foie du saint-père, et quand ce sujet est épuisé, je commence au plus vite à saluer les autres diplomates. En ne parlant jamais au nonce en une autre occasion et en le faisant toujours éconduire par Lammers, j'ai réussi à éviter tout contact personnel avec le Vatican.

Rosenberg m'a un jour au temps de la lutte soumis un éditorial où il répondait à des attaques de l'Église catholique. Je lui ai interdit de publier cet article. Que Rosenberg se laisse à l'époque embarquer

1. Theodor Innitzer (1875-1955), cardinal-archevêque de Vienne depuis 1932, s'était, d'un point de vue nazi, beaucoup trop compromis avec les gouvernements hostiles à l'Anschluss de Dollfuss et de Schuschnigg. Cela dit, il n'eut pas trop à se forcer pour vanter, après l'Anschluss, beaucoup d'aspects de l'œuvre des nazis.

2. Hitler avait présenté de façon analogue le 7 juin sa première rencontre avec le plus haut dignitaire de l'Église allemande, le cardinal Bertram.

dans une discussion avec l'Église m'a toujours semblé une erreur. Car il n'y pouvait rien gagner d'aucune manière, puisque les catholiques déjà dégagés de leur Église s'étaient déjà opposés intérieurement à elle. En revanche, des catholiques fermement accrochés il ne pouvait attendre, pour ses déclarations « hérétiques », aucune compréhension et il pouvait prévoir que la contre-propagande qui avait cours chez eux le ferait mettre au ban pour une « ingérence dans le domaine de la foi » qui le chargeait d'un péché mortel[1].

Si je me tais en public sur les affaires religieuses, les fins renards de l'Église catholique ne s'y trompent pas. Je puis donc imaginer qu'un homme comme l'évêque von Galen[2] sait qu'après la fin de la guerre les comptes seront réglés avec lui jusqu'au centime. S'il ne réussit pas d'ici là à se faire nommer au Collegium Germanicum de Rome, il peut être assuré que lors de ces comptes pas un iota ne sera oublié[3].

L'attitude de cet évêque von Galen sera du reste également une raison pour abolir le concordat après la guerre, faire mettre à sa place des règlements régionaux et supprimer aussitôt les fonds alloués à l'Église en vertu du traité. Ce sera sûrement pour mes Reichsstatthalters un plaisir d'annoncer à un évêque qui, du point de vue de l'État, fait fausse route que la région, en raison de difficultés financières temporaires, doit hélas à son grand regret supprimer les subventions qui jusque là étaient versées régulièrement[4]. Comme l'Église, quand elle dépend uniquement des fidèles, ne récolte pas plus de 3 % de ce que l'État lui verse actuellement, chaque évêque rampera devant son Reichsstatthalter, après la suppression du concordat et des versements qu'il prévoyait, pour obtenir quelque argent[5].

Il incombera au Reichsstatthalter après la guerre de faire savoir clairement qu'il traitera l'Église comme n'importe quelle association ou confrérie de la région, sans y tolérer l'ingérence de quelque puissance ou force étrangère. Le nonce pourra alors rentrer tranquillement à Rome, et nous nous épargnerons les frais d'une représentation au Vatican.

Seul le ministère des Affaires étrangères pleurera la perte d'un de ses postes diplomatiques.

1. En fait, Hitler était bien content que le parti nazi apparût divisé entre une tendance antichrétienne incarnée par Rosenberg et une autre, plus tolérante, que lui-même semblait sinon diriger, du moins protéger des assauts sectaires de Rosenberg.

2. Au sujet de Clemens von Galen, évêque de Münster, se reporter au tome 1, entrée du 25 octobre au soir.

3. Parodie d'une parole du Christ : « En vérité je vous le dis, jusqu'à ce que le ciel et la terre passent, pas un seul iota, pas un seul trait de lettre de la loi ne passera. » (Mt V 18).

4. Une nouvelle leçon d'hypocrisie à l'usage des cadres du mouvement. Cf. *supra*, t. 1, entrée du 13 décembre, midi).

5. La suppression des subventions régulières et leur attribution au bon vouloir des autorités nazies locales avaient déjà fait l'objet d'une tirade, le 7 avril.

4 juillet, le soir[1]

Il y a toujours de quoi s'étonner que des hommes comme Ulrich von Hütten (*sic*) et Götz von Berlichingen[2] aient eu des conceptions aussi progressistes. On peut presque regretter que derrière leurs combats il n'y ait pas eu une vision du monde forte et cohérente, qui leur aurait donné la force spirituelle d'impulsion et de pénétration nécessaire. À cause de leur mentalité complètement allemande ils auraient cependant mérité que le peuple allemand cultive leur souvenir. C'est aussi pour cela que j'ai suggéré qu'on donne leur nom à de grands bâtiments de guerre.

Je me suis opposé à ce qu'on donne mon propre nom à un navire de combat car autrement tout malheur arrivé à ce navire aurait pu être interprété par des hommes superstitieux comme un mauvais présage pour mon action. Qu'on se représente seulement le cas où un navire portant mon nom devrait rester en réparation pendant six mois ou plus encore. De même par exemple qu'une nouvelle comme la destruction du fort Staline de Sébastopol apparaît aux Soviétiques comme de mauvais augure[3].

Dans un État fondé sur une vision du monde, on doit manier avec grande précaution les dénominations de navires qui évoquent les événements essentiels ou les artisans du combat pour cette vision du monde. Les navires soviétiques *Révolution d'Octobre*, *Marat*, *Commune de Paris*[4] en apportent une preuve drastique. C'est pourquoi j'ai aussi ordonné que le croiseur *Deutschland* soit rebaptisé, car la perte d'un navire de guerre appelé *Deutschland* ferait une plus forte impression dans tout le peuple que celle de n'importe quel autre. Pour les mêmes raisons je n'ai pas autorisé que les porteurs de l'idée nationale-socialiste donnent leur nom à quelque navire de guerre que ce soit. En revanche, on peut toujours donner à un navire le nom d'un homme comme Götz von Berlichingen. Car Götz von Berlichingen jouit d'une telle aura dans le peuple qu'un navire portant son nom pourrait être coulé x fois[5] et un nouveau portant ce nom serait toujours salué avec des applaudissements.

1. *Sic* : même datation que l'entrée précédente.

2. Ulrich von Hutten (1488-1523) était un écrivain humaniste, un propagandiste de la Réforme luthérienne et un nationaliste allemand. Götz von Berlichingen (v. 1480-1562) était un chevalier mercenaire qui prit part notamment à la guerre des Paysans, en 1524-1525.

3. C'est sans doute l'une des raisons pour lesquelles la directive du 23 juillet fait de la prise de Stalingrad l'un des deux objectifs de la campagne (l'autre étant les champs pétrolifères caucasiens).

4. Le cuirassé *Gangut* ou *Révolution d'Octobre*, affecté à la défense de Leningrad, a été endommagé par un bombardement aérien le 21 septembre 1941, puis à nouveau en avril 1942. Le *Marat* (ex-*Petropavlosk*) a été quasiment coulé par des stukas dans la Baltique le 23 septembre 1941. En revanche, le cuirassé *Parizhskaya Kommuna* (Commune de Paris) a participé à la défense de Sébastopol sans subir de dommage important.

5. Dans la traduction de l'édition Picker figure un contresens amusant de Jouan : ce x est traduit pas « dix », alors qu'aucun nombre n'est jamais indiqué en chiffres romains.

(On informe le Führer que le gouvernement du Protectorat organise partout sur le territoire de Bohême-Moravie des réunions où on appelle les Tchèques à la collaboration la plus étroite avec le Reich. Il est rappelé que tous ceux qui ne participeraient pas à cet effort seraient considérés comme des traîtres à la nation tchèque.)

Cette campagne de réunions est le résultat d'une conversation que j'ai eue à l'occasion de la cérémonie d'État à la mémoire de Heydrich. J'ai fait part à Hácha et à la délégation gouvernementale qui l'accompagnait que toute nouvelle atteinte grave aux intérêts du Reich dans le Protectorat ne saurait être tolérée et que le cas échéant la déportation complète de la population tchèque s'ensuivrait, ce qui ne nous posait aucun problème à nous autres qui avions déjà transplanté des millions d'Allemands[1]. Hácha, devant cette déclaration, s'était véritablement effondré, ainsi que ses collaborateurs. Après une pause, ils demandèrent s'ils pouvaient – au moins en partie et, pour ce faire, de façon prudente – faire usage de cette communication auprès du peuple tchèque. Étant donné que je considère les Tchèques comme des travailleurs zélés et intelligents et que par suite le rétablissement de la paix publique dans ce peuple me tient à cœur, en raison des deux grandes et importantes usines d'armement allemandes du Protectorat, j'ai donné mon aval à une déclaration du gouvernement du Protectorat dans ce sens.

Si cette action du gouvernement du Protectorat a été conduite dans un sens absolument proallemand, le ministre d'État Meissner y est aussi pour beaucoup. En effet, quand j'eus reçu ces messieurs tchèques il leur fit encore faire un petit tour de jardin, et à leurs questions angoissées répondit en les assurant que mon information sur une éventuelle déportation des Tchèques était, à sa connaissance, mon dernier mot sur la question. Les messieurs tchèques l'ont si bien compris qu'ils ont clairement fondé leur politique future sur le principe que toutes les intrigues prosoviétiques de Benes[2] et tout le personnel de Benes devaient être éradiqués, et que dans le combat pour le maintien de l'ethnie tchèque il ne devrait également plus y avoir de neutres, mais qu'on vomirait aussi les tièdes[3].

1. Chiffre très exagéré, comme le prouvent les Propos eux-mêmes, où les projets de colonisation sont surtout évoqués au futur.

2. Cf. *supra*, t. 1, entrée du 13 janvier au soir.

3. Le rôle de Meissner est caractéristique de l'utilisation, par Hitler, de porte-parole mettant en garde les gens contre la dureté de son attitude s'ils ne cèdent pas à ses exigences. Il ne dit pas, mais laisse entendre, qu'ils s'étaient réparti préalablement les rôles. Quant à Meissner, il tait l'épisode dans ses mémoires, *Staatssekretär unter Ebert, Hindenburg, Hitler. Der Schicksalsweg des deutschen Volkes von 1918-1945. Wie ich ihn erlebte*, Hambourg, 1951.

Il est clair que les hommes du gouvernement du Protectorat sont contents de pouvoir donner à leur propre peuple de bonnes raisons de dégainer contre le personnel de Benes. Au vrai ils n'avaient pas eu jusque là une occasion aussi idéale de mettre en pratique la phrase « qui n'est pas avec moi est contre moi » et de se débarrasser ainsi de leurs adversaires. En tout cas j'ai déjà eu l'impression, en prenant congé de Hácha et de ses hommes, qu'ils partaient soulagés que je leur aie permis de prévenir leur peuple des conséquences annoncées par lui d'une attitude hostile au Reich.

5 juillet, midi

La sobriété des hommes de l'Italie méridionale est hors du commun. C'est sûrement un million d'hommes qui là-bas vivent de la pêche, des fruits des arbres, etc., donc vivent au jour le jour. Les villes italiennes du Sud ne connaissent pas non plus la famine si elles sont proches de la mer, car la mer en plus des poissons fournit des moules de mer, des araignées de mer et que sais-je encore, toutes choses qui suffisent parfaitement à nourrir des hommes sans grands besoins.

Mais une telle sobriété recèle également un grand danger. Comme la plupart des hommes ont une tendance à la nonchalance, ils perdent trop facilement l'envie de faire quelque chose quand on peut s'en passer pour vivre.

Les dix à quinze mille chômeurs professionnels qui lors de la prise du pouvoir vagabondaient à travers l'Allemagne, et qui même lors du redémarrage de l'économie n'avaient montré aucun penchant pour occuper un emploi régulier, je les ai fait interner au camp de concentration. Car c'est peine perdue d'user de moyens réguliers avec une telle vermine. L'internement au camp de concentration s'est cependant avéré, sur une large échelle, une dissuasion efficace, et a facilité par là la mobilisation des immenses forces de travail que requérait le réarmement[1].

Si l'économie allemande a surmonté ce problème et ses innombrables autres problèmes, et qu'ainsi la poursuite du programme

1. Contradiction : si les paresseux sont sensibles à une menace de sanction, c'est qu'ils ne sont pas irrécupérables. Il est, c'est le cas de le dire, contre-productif de les cataloguer définitivement comme de la « vermine ».

d'armement a été garantie, le moindre facteur n'en est pas le fait que l'État a pris toujours plus la direction de l'économie. C'est seulement comme cela qu'il est devenu possible d'imposer qu'un objectif prenne le pas sur les intérêts de groupes particuliers[1].

Même après la guerre, nous ne pourrons pas renoncer à une direction de l'économie nationale par l'État, étant donné que dans le cas contraire chaque groupe d'intérêts penserait exclusivement à satisfaire ses propres souhaits. L'habitant des côtes, par exemple, qui voit les choses telles qu'il les éprouve tous les jours, considère le gain de terres par la construction de digues encore aujourd'hui comme le dernier mot de la sagesse. En réalité, cette manière de gagner des terres est aujourd'hui naturellement un non-sens, puisque nous avons à l'Est assez de terres à notre disposition. D'un autre côté un progrès agricole dans l'ancien Reich est évidemment encore aujourd'hui désirable, et ne doit pas être empêché par les intérêts de l'industrie. Quand on aura compris que le limon, par sa haute teneur en azote, est un meilleur engrais que les engrais chimiques qui n'ont pas sa richesse en bactéries, on ira le chercher même avec des trains – dût notre industrie pousser les hauts cris. Puisque même dans les larges masses l'égoïsme est de mise, un fonctionnement harmonieux de l'économie nationale est impossible sans une conduite étatique. À quels succès une telle conduite étatique peut conduire, l'exemple de la république de Venise le montre, car le prix du pain y est resté le même pendant cinq cents ans. Ce n'est que le Juif qui, avec son mot d'ordre pillard de la « liberté du commerce », a pu remettre en cause la stabilité de ce prix du pain.

(On explique que la forte croissance des tendances monarchistes constatée en Espagne pourrait tenir en grande partie au fait que Franco espérerait, en cas de restauration monarchique, pouvoir se créer pour lui-même un petit trône[2].)

Je ne suis pas du tout d'accord. Je crois Franco assez malin pour savoir qu'un roi se débarrasserait au plus tôt de lui et de ses hommes, comme porteurs de la marque d'une guerre civile, voire les ferait disparaître[3].

1. C'est là une des proclamations anti-libérales les plus nettes de Hitler, mais une contradiction apparaît : cette direction de l'économie par l'État a pour condition une mobilisation en vue d'une guerre, et le retour de la paix induira nécessairement une détente, à la faveur de laquelle le capital privé tentera de rattraper le temps perdu et de n'en faire qu'à sa tête. Le paragraphe suivant tente de résoudre la contradiction mais n'y parvient guère, sinon par le biais d'un raisonnement à la fois raciste, magique et anti-historique : ce sont les Juifs qui ont tout gâté et l'exemple de Venise est là pour démontrer qu'une direction étatique de l'économie peut assurer des siècles de stabilité.

2. Passage figurant chez Picker avant le précédent.

3. S'il est autant question de l'Espagne depuis quelques semaines, c'est sans doute en raison de la longue visite qu'effectue son ministre des Affaires étrangères Serrano Súñer en Italie (et au Vatican), après avoir visité la France, du 15 au 25 juin. Hitler redoute que la dégradation de sa situation militaire déclenche des forces centrifuges, notamment sous l'impulsion du pape.

Il est difficile de trouver des gens plus bêtes que les rois. J'ai pu en faire personnellement l'expérience. Un de nos anciens potentats, Rupprecht de Bavière[1], m'a envoyé un émissaire un an après la victoire et fait dire par lui que moi, le Führer, je reconnaissais sans nul doute la nécessité de restaurer la monarchie en Allemagne. L'intermédiaire a ajouté, en suivant ses instructions, que dans cette monarchie je ne pourrais certes pas rester chancelier, car ma personne serait un obstacle à l'union de tous les Allemands. Mais on serait généreux avec moi puisqu'on me dédommagerait avec un titre de duc. Cet homme était donc d'une bêtise assez crasse pour ignorer que c'étaient justement les princes qui avaient toujours été dans l'histoire de l'Allemagne un ferment de division et qu'on trouverait difficilement une unité plus forte que celle qui avait lieu sous ma direction. Et on pensait qu'un titre de duc octroyé par un vermisseau allait pouvoir me déloger de cette direction !

5 juillet, le soir

(Il est question de communiqués militaires soviétiques mensongers qui ont trouvé asile aussi bien dans la presse suédoise et suisse que dans celle de l'Angleterre et des États-Unis.)

Ces communiqués militaires sont un véritable baratin juif. Alors qu'ils ne comportent même pas de noms de lieux, le fait qu'ils soient acceptés dans le monde entier par les agences d'information veut simplement dire qu'elles continuent d'être tenues par des Juifs. Hélas, ce n'est pas seulement en Angleterre et en Amérique, mais aussi à Stockholm et dans les villes de Suisse que le verbiage juif est avalé sans conditions par la population. La raison pour laquelle les Juifs rencontrent une telle crédulité, c'est dans le peuple suisse qu'elle se discerne le plus clairement. Le premier s'intéresse là-bas aux questions laitières, le deuxième au prix des céréales, le troisième au commerce des montres, etc. Ce n'est naturellement pas le vieux Tell[2] qui à lui tout seul peut maintenir l'esprit militaire à un niveau élevé. Il s'ensuit qu'aujourd'hui en Suisse on est tombé tellement bas

1. Fils du roi Louis III détrôné en 1918, Rupprecht de Bavière (1869-1955) ne cessa de prétendre à une restauration. Il est cependant douteux qu'il ait fait exactement la démarche rapportée. C'est le rétablissement de la monarchie en Bavière, non en Allemagne, qui l'intéressait et il avait au contraire vu dans la prise du pouvoir par Hitler l'occasion de lui faire prendre de nouvelles distances avec le Reich. Cf. François Delpla, *Une histoire…*, *op. cit.*, p. 76 et Dieter J. Weiß, *Kronprinz Rupprecht von Bayern. Eine politische Biografie*, Ratisbonne, Pustet, 2007.

2. Hitler avait déjà marqué le 4 février son mépris pour le héros de l'indépendance helvétique, Guillaume Tell, en déplorant que Schiller lui ait consacré un drame au lieu de se saisir des empereurs allemands à la façon d'un Shakespeare.

en matière militaire que l'officier suisse qui se représente correctement cette guerre se voit rayé des cadres.

L'un des services les plus éminents rendus au peuple allemand par le NSDAP, c'est d'avoir restauré en lui la conviction que la formation militaire de la génération montante est une nécessité éternelle. Si on veut maintenir cet esprit à un haut niveau, il faut veiller à ce que ceux qui ont participé à la guerre, qui se sont distingués par des succès particuliers et des expériences militaires particulièrement riches, soient employés comme modèles et comme formateurs pour l'éducation militaire des générations montantes. Le corps des officiers de réserve doit également être en toutes circonstances traité avec soin. Car outre la formation militaire de l'individu, les officiers de réserve ont une mission militaire de la plus haute importance envers l'ensemble du peuple, celle d'être parmi les porteurs suprêmes de l'esprit militaire. En outre, les écoles et tous les autres établissements d'enseignement doivent en toutes circonstances entretenir l'intérêt pour les connaissances militaires, qui avait considérablement faibli à l'époque du Système.

Je suis un ardent défenseur de l'idée que dans le combat des peuples c'est toujours celui qui a le meilleur niveau moyen qui triomphe. À mon avis, cela démentirait complètement la loi naturelle, si l'inférieur l'emportait sur le plus fort.

Les Anglais aussi n'ont pu se maintenir pendant trois siècles à l'avant-scène de la domination mondiale que parce qu'il n'y avait rien à leur hauteur sur le continent, ni par la race ni par l'intelligence, pour leur tenir tête. Napoléon n'a pas pu leur faire contrepoids, car il n'a pas trouvé dans l'ivresse (*Rausch*) de la Révolution française une base acceptable pour un nouvel ordre européen. Également dans le reste du continent, après la chute de l'empire allemand, il ne s'est trouvé aucun État qui fût supérieur à l'anglais, que ce soit du point de vue du nombre, de la valeur ou du faste[1].

En raison du développement de l'Allemagne nationale-socialiste, je crois fermement que nous allons réussir, pour des raisons purement biologiques, à dépasser tellement les Anglais que, avec 150 ou 200 millions d'Allemands, nous deviendrons les maîtres

1. Tous domaines dans lesquels, suggère Hitler ensuite, l'Allemagne va dépasser l'Angleterre sous sa direction et grâce à son idéologie.

incontestés de l'Europe. Une répétition de l'antagonisme entre Rome et Carthage est à mon avis impossible. Car le résultat de cette guerre sera tel que, à l'inverse de notre politique de peuplement, chaque million d'Anglais de plus sera une charge pour l'île. De même, un retour à la campagne de la population avant tout citadine n'est pas possible. Autrement cela commencerait par détruire la structure sociale actuelle de l'Angleterre et cela signerait l'effondrement de ce qui reste de l'empire[1]. Le fait précisément que l'on n'a pas perçu ces réalités à temps en Angleterre pour y faire face par des mesures dans l'empire montre que l'Angleterre n'est pas régie par des penseurs, mais par des Juifs et, tout comme la politique suivie en Palestine, le reste des sous-produits politiques juifs est accepté sans critique par les Anglais d'aujourd'hui.

C'est l'une de nos tâches les plus importantes que de préserver la génération qui vient du destin politique qui fut celui de l'Allemagne entre 1918 et 1933 et par conséquent de tenir éveillée en elle la conscience du danger juif. Ne serait-ce déjà que pour cette raison, les festivités d'Oberammergau doivent absolument être maintenues. Car on trouverait difficilement ailleurs une telle mise en évidence par l'art du danger juif, par l'exemple de l'antique empire romain, que dans la représentation de Ponce Pilate lors de ce spectacle ; ce Romain apparaît si supérieur par la race et l'intelligence qu'il se tient comme un roc au milieu de la vermine et du grouillement juifs. Dans la reconnaissance de l'immense importance de ces festivités pour l'édification de toutes les générations futures, je suis complètement chrétien[2].

Comme seule une claire conscience de race peut assurer la conservation de notre race, nos lois raciales doivent être dirigées très clairement contre toute infection de race, et pas seulement contre celle des Juifs. Dans les explications données au peuple allemand sur les lois raciales, il faut insister sans relâche sur le fait que les lois raciales tendent à préserver notre sang d'un apport de sang arménien ou de tout autre sang non aryen[3].

Nous devons tout mettre en œuvre pour porter la conscience de race de notre peuple au même niveau de force que celle des Romains,

1. Le raisonnement se fait d'une telle densité qu'il en devient malaisément compréhensible. Hitler part de l'idée que la Grande-Bretagne ne produit pas tout son ravitaillement et a donc un besoin vital d'exporter des marchandises pour se nourrir. La guerre lui fait et lui fera perdre de plus en plus de marchés, donc toute augmentation démographique sera douloureuse, d'autant plus qu'un retour à la terre d'une partie des paysans devenus ouvriers porterait atteinte à la grande propriété nobiliaire. Or celle-ci est la base matérielle de l'esprit dominateur qui a permis aux Anglais de conquérir un empire. Bloquée démographiquement et économiquement, la Grande-Bretagne ne sera plus, pour la nouvelle Rome germanique, une Carthage à détruite impérativement. C'est encore une manière d'indiquer que la lutte avec elle n'est pas « à mort ».

2. Depuis 1634, les habitants du village d'Oberammergau, dans les environs de Garmisch-Partenkirchen, organisent des représentations théâtrales de la Passion du Christ. Depuis le XIXe siècle l'événement a lieu tous les dix ans, au début de chaque décennie. En 1934 on ajoute une session supplémentaire, à l'occasion du quatrième centenaire. Hitler, qui était déjà venu en 1930, s'y rend par surprise le 13 août, en pleine campagne référendaire (il fait ratifier par les électeurs son accession à la tête de l'État en remplacement de Hindenburg). Lors d'une brève réception à la mairie, il félicite les acteurs et assure la population qu'il soutiendra la manifestation dans l'avenir (c'est-à-dire en 1940 ! elle sera évidemment annulée par la suite pour cause de mobilisation). Cf. Helena Waddy, *Oberammergau in the Nazi Era. The Fate of a Catholic Village in Hitler's Germany*, Oxford University Press, 2010. Hitler récupère ici l'antijudaïsme chrétien, et n'hésite pas à se proclamer lui-même chrétien, s'il s'agit de reprocher la mort du Christ aux Juifs en général. Au passage, il réaffirme sa révérence envers l'empire romain en faisant de Ponce Pilate, alors même qu'il cède à la pression d'un tribunal juif en lui accordant la tête de Jésus, un surhomme trônant au-dessus de la vermine !

3. Il n'y a guère alors d'immigrés arméniens en Allemagne ! Le choix de ce terme pour illustrer l'idée que le sang allemand doit être préservé de tout mélange, et pas seulement d'un apport juif, sonne comme un écho du génocide fondateur de 1915, auquel Hitler se serait référé dans une version contestée de ses déclarations à ses généraux à la veille de la guerre, le 22 août 1939. Cf. François Delpla, *Une histoire...*, *op. cit.*, p. 291-293. La traduction respecte la répétition compulsive, dans ce passage, des mots « race » (*Rasse*) et « racial » (*rassisch*).

au temps de leur épanouissement historique. Inconsciemment chaque Romain pratiquait alors une défense positive contre le mélange avec un sang étranger. Il en allait de même en Grèce, dans sa période éclatante. Le marché d'Athènes avait été secoué de rires, d'après ce qu'on nous rapporte, quand saint Paul avait prêché la cause des Juifs. Si aujourd'hui nous avons aussi peu de témoignages de grand style sur la conscience de race des Romains et des Grecs en leur période éclatante, cela tient uniquement au fait que les judéo-chrétiens, au IVe siècle, ont détruit temple sur temple ; la destruction de la bibliothèque d'Alexandrie est également le fait des judéo-chrétiens[1].

6 juillet, le soir

Pendant le temps de la lutte, je descendais à l'hôtel Kaiserhof[2]. Comme je venais avec une suite importante de collaborateurs, j'avais besoin en général de tout un étage et en comptant les repas de mes accompagnateurs la note se montait à environ 10 000 marks par semaine. Je récupérais ces frais avant tout par des articles et des interviews dans la presse étrangère, qui à la fin du temps de la lutte m'étaient souvent payés 2 000 à 3 000 dollars. Mais au moment de donner ces articles et ces interviews à la presse étrangères je devais souvent subir les foudres de mon chef de la presse étrangère Hanfstaengl, car celui-ci était plus homme d'affaires que politicien et ne jurait que par le gain d'argent. Un jour par exemple où je lui demandais de faire paraître au plus vite un article dans la presse du monde entier, il a perdu un temps précieux à essayer d'en obtenir le meilleur prix. Pas moins de trois fois il vint me voir pour me convaincre de vendre l'article à une publication étrangère quelconque et a cru à la fin pouvoir emporter l'affaire en me présentant une offre de 1 000 livres sterling. Quand, plein de colère, je lui criai : « Hanfstaengl, ne m'énervez pas avec votre avarice ! S'il m'importe que l'article soit lu demain dans le monde entier, les considérations financières ne doivent nullement entrer en ligne de compte ! », il fut stupéfait que je laisse échapper 1 000 livres.

1. Reprise (en plus court) d'une idée développée le 25 octobre précédent. Hitler, qui se réclame de l'Antiquité gréco-romaine, y compris dans sa politique raciale, dit qu'à l'époque elle était pratiquée « inconsciemment » mais ajoute que, si les chrétiens n'avaient pas détruit cette culture, on trouverait probablement dans les textes grecs et latins des exposés racistes explicites.

2. C'est vrai, et il est remarquable que le NSDAP n'ait pas cherché à économiser sur ce poste quand il était notoirement ruiné, à la fin de 1932. La fameuse crise du début décembre qui voit l'éviction de la direction de Gregor Strasser se passe au Kaiserhof, d'après le journal de Goebbels et bien d'autres sources. Lors de la prise du pouvoir également la direction du Parti nichait dans ce palace en attendant d'investir les palais nationaux. Goebbels avait d'ailleurs intitulé la version de son journal parue un an plus tard *Vom Kaiserhof zur Reichskanzlei*. Il faut croire que cette ruine était un peu surjouée, à moins que le raffinement de la direction ait semblé indispensable pour rassurer la bourgeoisie que, d'autre part, on inquiétait par des discours démagogiques et par le débraillé des SA. On peut constater en tout cas que, devant la postérité, Hitler s'efforce de faire croire que ses propres gains de journaliste suffisaient à payer la note.

Avec sa cupidité et son avarice, Hanfstaengl était insupportable. Dans une auberge de campagne, il a mis mal à l'aise toute la compagnie en faisant un énorme esclandre à propos du prix d'une soupe, qu'il n'avait d'ailleurs pas à acquitter lui-même. Le prix de la soupe devait tourner autour de 30 pfennigs. Je fus encore frappé par le fait que, gros mangeur de légumes par économie, il ne commandait jamais lui-même un plat de légumes mais guettait tout autour de la table si l'un ou l'autre convive allait laisser tel ou tel légume. En disant « les légumes, c'est ce qu'il y a de plus sain », il raflait alors tous les restes de légumes dans son assiette. De la même façon le soir il raflait tous les fromages en commentant : « le fromage est si nourrissant ! » Un jour où je lui avais demandé de fournir des pains pour tous les accompagnateurs lors d'un voyage improvisé, il n'apporta pas moins de deux sacs remplis de tartines de fromage alors qu'il savait que la plupart n'en mangeaient pas et il embarqua le reste chez lui avec la plus grande satisfaction.

(Bodenschatz raconte alors une dernière anecdote sur Hanfstaengl qui, d'après Göring, avait aussi manifesté son avarice lors de ses apparitions à Zurich et à Londres[1].)

Moi et ma suite, au cours des tournées électorales, n'avons pas seulement appris à connaître le Reich mais aussi à l'aimer, de l'est à l'ouest et du sud au nord. Comme pour les repas j'étais le plus souvent invité dans des familles, j'ai aussi fréquenté de près des habitants de tout le Reich. Combien souvent j'étais heureux, dans les familles, de constater que le père était dirigeant politique, la mère membre du mouvement des femmes, le fils dans la Jeunesse hitlérienne, la fille au BDM et le frère dans les SA ! Du fait que tout cela se retrouvait une fois par an au congrès de Nuremberg, cette réunion était en petit et en grand une vraie réunion de famille. En grand aussi, car le Parti, dans la période de lutte, par les voyages sans nombre de nos orateurs et des dirigeants du Parti, par les actions générales et les prises de parole, etc., était fondu en une grande famille qui s'était donné rendez-vous au congrès.

Le congrès n'était pas seulement un grand événement extraordinaire dans la vie du NSDAP, mais jouait aussi à maints égards le rôle

1. Genoud : « lors d'un voyage à Zurich et à Londres ».

Ernst Hanfstaengl (1887-1975) ne relate ni de près ni de loin de tels épisodes dans ses mémoires. Cf. *Hitler. The Missing Years*, New York, Arcade Publishing, 1957.

d'un précieux travail préparatoire pour la guerre. Chaque congrès ne mobilisait pas moins de 4 000 trains. Comme les wagons stationnaient jusqu'à Halle et Munich, les chemins de fer ont accumulé une expérience dont on ne saurait surestimer l'importance, dans le domaine des transports militaires[1].

Dans l'avenir également il faut que le congrès conserve son importance. À cet effet j'ai d'emblée fait aménager le terrain du Parti à Nuremberg de telle sorte que dans le futur, au lieu du million et demi qui se rassemblait jusqu'ici, il puisse accueillir au moins 2 millions de personnes à cette occasion. Le Stade allemand, dont Hirth[2] a donné en deux tableaux une image grandiose, ne contiendra pas moins de 400 000 personnes et aura pour ce faire des dimensions comme le monde n'en a encore jamais connu.

7 juillet, midi

On fait beaucoup de bruit autour des fouilles concernant l'habitat de nos ancêtres à l'époque pré-chrétienne. Je n'y suis pas favorable. À l'époque même où nos ancêtres fabriquaient des auges en pierre et des cruches en terre dont nos archéologues font si grand cas, en Grèce on bâtissait une Acropole[3].

Il faut aussi être très prudent dans les affirmations détaillées sur le niveau culturel de nos ancêtres dans le premier millénaire de l'ère chrétienne. Quand par exemple on trouve en Prusse-Orientale une vieille Bible latine, cela ne veut pas du tout dire qu'elle y a été confectionnée. Car vraisemblablement elle a été seulement importée du Sud contre de l'ambre. Les vrais porteurs de culture, non seulement pendant le dernier millénaire avant J.-C. mais pendant le premier millénaire après J.-C., vivaient autour de la Méditerranée. Cela nous semble parfois invraisemblable parce que nous jugeons les Méditerranéens d'après l'état qu'ils nous montrent aujourd'hui. Mais rien n'est plus faux.

L'Afrique du Nord était autrefois une région couverte de forêts, de même que la Grèce, l'Italie et l'Espagne étaient densément boisées lors de l'apogée de la Grèce et de l'empire romain. Dans notre

1. Ces deux paragraphes dressent le portrait d'une Allemagne unie en un tout organique fait pour la lutte, dont les familles sont les cellules et Hitler le cerveau. Tout naturellement le congrès de Nuremberg s'invite alors dans la conversation.

2. Il s'agit du peintre Otto A. Hirth (1899-1969).

3. Idée récurrente (cf. *supra*, t. 1, entrée des 18 au 19 janvier). Elle sert à réaffirmer la parenté « aryenne » entre les Allemands et les Grecs, et à poser une pierre dans le jardin de Himmler. Remarquons toutefois que dans le présent tome Hitler ne le tourne plus nommément en dérision. Sur ce thème du moins, car le 5 avril encore il avait présenté comme une marotte himmlérienne l'idée de transférer les Juifs vers des camps sibériens.

jugement sur l'Égypte également, il faut faire preuve d'une grande prudence. Tout comme l'Italie et la Grèce, l'Égypte dans sa période brillante était une région tout à fait habitable et climatiquement favorable. C'est par conséquent une preuve de la décadence culturelle d'un peuple lorsqu'on voit les hommes défricher les forêts sans se soucier de reboiser dans la même proportion, et ce faisant priver le sage ordonnancement hydraulique de la nature de ses conditions essentielles[1].

Les nombreuses conceptions erronées sur le niveau culturel de nos ancêtres tiennent beaucoup à une représentation inexacte de l'âge de nos villes. Il y a même des villes comme Nuremberg à propos desquelles j'ai été moi-même stupéfait d'apprendre qu'elles n'avaient que sept cents ans d'existence[2]. Si on se fait une idée fausse de l'âge de Nuremberg, la malice des Nurembergeois y est cependant pour beaucoup. Ainsi par exemple le bourgmestre Liebel[3] a escamoté l'anniversaire des 700 ans, comme il me l'a raconté lui-même, pour éviter de détromper les nombreuses personnes qui croyaient la ville plus vieille. Pour ce qui est de la fondation de Nuremberg, on peut tenir pour établi que Nuremberg doit sa naissance à un château salique autour duquel, avec le temps, un hameau s'est formé. La plupart des villes fondées au Moyen Âge, c'est un fait, sont ainsi apparues en s'adossant à un fort. C'est aussi ce qui explique le nombre des villes médiévales dans l'est de l'Allemagne. Comme les forts servaient de refuge aux habitants contre les assauts venus de l'est et que la vermine orientale déferlait alors déjà sans cesse contre nos frontières, on n'aurait pas pu tenir dans l'Est sans cela. Même en Transylvanie, où il n'y avait pas seulement un nombre inusité de forts à la disposition des populations, on devait construire encore et encore des fortifications, et en conséquence on fortifiait même les églises[4].

7 juillet, le soir

(Le général Jodl informe le Führer que des blessés de la division Azul[5], lors du franchissement de la frontière espagnole, se sont vu refuser

1. L'histoire du climat était encore balbutiante à l'époque de Hitler. On savait déjà que le Sahara n'avait pas toujours été désertique, mais personne n'affirmait qu'au début de l'époque pharaonique, vers 3000 av. J.-C., l'Égypte était encore verdoyante, et encore moins qu'au temps de Périclès la Grèce avait un climat très différent de celui du XXe siècle. Hitler est ici en flagrant délit de nordification abusive ! Il postule que pour qu'une civilisation se développe un climat tempéré est une condition sine qua non. C'est cette condition que les Aryens, endurcis par le froid du Nord, étaient venus chercher jusqu'au Moyen-Orient avant de refluer, chassés par un réchauffement excessif, vers l'Europe en général et l'Allemagne en particulier. Quant à la cause du réchauffement, elle est réduite aux effets du déboisement, lui-même évitable si Hitler avait été aux commandes et avait imposé un plus grand respect envers la nature. Il lègue à ses successeurs la mission de figer, en sauvegardant « le sage ordonnancement hydraulique de la nature », le climat de l'Allemagne et de son « grand espace », afin d'y entretenir les meilleures conditions d'épanouissement économique et culturel de la race des seigneurs.

2. Il s'agit plutôt de neuf cents ans, la plus ancienne charte portant le nom de la ville étant datée de 1050 : cf. Harry Bresslau et Paul Kehr (éd.), *Diplomata* 16, *Die Urkunden Heinrichs III. (Heinrici III. Diplomata)*, Berlin, 1931, p. 336-337. Vu la date de publication de cet ouvrage, Hitler est suspect d'avoir connu la vérité et de l'avoir un peu aménagée pour les besoins de sa cause. Il s'agit encore une fois d'inscrire son Reich dans la continuité de la Grèce et de Rome, censément germaniques ou au moins « nordiques », en se démarquant de ceux qui voudraient faire commencer l'histoire au Moyen-Âge.

3. Il a déjà été question de lui le 17 décembre, puis le 26 avril.

4. De l'idée que les villes allemandes ont été fondées plus tard qu'on ne croit souvent, censée démontrer que la civilisation remontait alors de la Méditerranée ci-devant romaine, le raisonnement glisse subrepticement vers l'évocation des fortifications nécessitées par l'éternel danger asiatique.

5. La 250e division d'infanterie de l'armée de terre allemande, officiellement nommée *División Española de Voluntarios* (*Spanische Freiwilligendivision* en allemand), plus connue sous l'appellation *División Azul*, comportait 17 000 soldats espagnols, théoriquement volontaires. Créée le 24 juin 1941 par Franco pour combattre sur le front de l'Est, commandée par le général Muñoz Grandes (1896-1970), elle est engagée à partir d'octobre 1941 dans la région de Leningrad.

l'accès au rapide de Madrid et, lorsqu'ils ont cherché à voyager dans le fourgon à bagages, en ont été chassés par une compagnie d'infanterie, alertée sur l'ordre d'un gouverneur militaire. Le maréchal Keitel ajoute que si la division Azul est mal vue en Espagne c'est déjà à cause de son nom parce que le bleu renvoie à la première Phalange, non liée à l'Église, tandis que pour être reçu dans la Phalange actuelle il faut l'aval du curé de l'endroit.)

L'évolution actuelle de l'Espagne ne me dit rien qui vaille. Il est clair que Franco n'a pas l'envergure pour régler le problème politique espagnol sans l'Église. Les conditions de départ de son action étaient pourtant nettement plus propices que pour moi et Mussolini. Tandis que le Duce comme moi-même avons dû, une fois l'État conquis, attirer à nous l'armée[1], Franco, lui, avait et la puissance politique et le contrôle de l'armée. Mais il est clair qu'il ne peut pas s'affranchir de l'influence de Súñer, bien que Súñer soit quasiment une incarnation de la politique cléricale et joue clairement vis-à-vis de l'Axe un jeu malhonnête[2].

Les prêtres sont bien des abrutis. Car de la façon dont ils tentent d'orienter la situation espagnole vers la réaction et le rétablissement de la monarchie, ils ne réussiront qu'à provoquer une nouvelle guerre civile, et cette fois ils n'y survivront certainement pas.

(Le général Jodl pense que la livre anglaise joue là-dedans certainement un rôle, et que l'Angleterre cherche peut-être par là à ouvrir un « second front ».)

Le système espagnol actuel ne doit en aucun cas être assimilé au national-socialisme ou au fascisme. Comme Todt, qui a employé beaucoup d'Espagnols rouges sur ses chantiers, me l'a dit tant et plus, les Espagnols rouges ne se considèrent pas comme rouges au sens que nous entendons par là. Ils se considèrent comme des révolutionnaires, et montrent par leur zèle et leurs performances dans le travail un comportement digne d'éloges. Nous ne pourrions donc rien faire de plus intelligent que d'en conserver le plus possible sous la main, à commencer par les 40 000 de nos camps, en vue d'une éventuelle nouvelle guerre civile en Espagne. Conjointement avec les phalangistes première manière, ils seraient encore des plus fiables[3].

1. Hitler, sans s'étendre sur ses méthodes de manipulation et de noyautage, avoue implicitement qu'il a dû composer et manœuvrer.

2. La place concédée par le franquisme à l'Église est loin de s'expliquer par l'influence individuelle, à grand renfort d'intrigues quasi juives, de Ramón Serrano Súñer. En cet été 1942 il vit les dernières semaines de sa carrière politique, close le 3 septembre avec son remplacement aux Affaires étrangères par l'un de ses prédécesseurs, Francisco Jordana. Loin d'être un coup de barre anticlérical de la part du régime, et encore moins le signe d'un rapprochement avec l'Allemagne en se séparant de sa bête noire, ce limogeage doit tout au désir de Franco de rééquilibrer ses relations en s'éloignant de l'Axe (modérément) et en se rapprochant des Alliés (timidement), par le sacrifice d'un homme qui incarnait la politique d'Hendaye. Dans ce passage, Hitler fait montre sur le dossier espagnol de beaucoup d'amateurisme.

3. Une indulgence envers des « rouges » exceptionnelle à ce stade de la guerre, et explicable uniquement par l'inquiétude que cause à Hitler le rôle croissant de l'Église en Espagne.

(L'ambassadeur Hewel raconte qu'il a vu à Madrid des soldats sans armes et sans indication de rang travailler à des travaux de voirie sous la garde de soldats armés portant de telles indications. Il comprend qu'il s'agissait de soldats rouges et émet l'avis que, si on veut les employer à des travaux de voirie punitifs, on aurait intérêt à ne pas les employer en uniforme. Le maréchal Keitel constate à ce sujet qu'on ne devrait pas mesurer l'armée espagnole avec nos critères. Désastreuse était par exemple l'impression donnée par la garde d'honneur espagnole lors de la rencontre du Führer avec le général Franco, les soldats avaient des fusils tellement rouillés qu'ils auraient difficilement pu tirer un coup de feu. Quand la rencontre Führer-Franco avait été fixée, l'amiral Canaris avait prévenu le Führer qu'il allait être déçu car il ne rencontrerait pas un héros, mais un louvoyeur – c'est-à-dire un diplomate adepte du louvoiement[1].)

Les gens de Franco peuvent dire qu'ils ont eu de la chance d'avoir pendant la première guerre civile l'assistance de l'Italie fasciste et de l'Allemagne nationale-socialiste. Car comme les Espagnols rouges l'ont toujours assuré, ce n'est pas pour des motifs idéologiques mais faute d'un autre appui qu'ils ont été forcés de collaborer avec la Russie soviétique et avaient dû ainsi s'engager dans un sillage politique non désiré. Un point est hors de doute : si on veut parler d'une intervention du ciel qui a fait basculer la guerre civile en faveur des gens de Franco, cette intervention n'est pas due à la Madone qui a été récemment faite maréchal[2], mais au général allemand von Richthofen, qui a lâché ses avions « du haut du ciel » contre les prétendus rouges[3].

(L'ambassadeur Hewel déclare que la haute société espagnole se caractérise par sa paresse et son refus des critiques.)

Dieu merci, les Espagnols rouges et les phalangistes employés dans l'Organisation Todt sont remarquablement disciplinés, de sorte que nous avons toutes les raisons d'en gagner encore le plus possible pour les mettre à notre service.

Il est malheureusement beaucoup plus difficile de trouver les personnalités adéquates pour assainir la politique espagnole. Car les problèmes résident moins dans la sphère militaire que dans celle

1. L'amiral Wilhelm Canaris (1887-1945), chef des renseignements militaires du Troisième Reich depuis le 1er janvier 1935, connaissait bien l'Espagne et conseillait volontiers le régime sur la façon de la traiter. Keitel en donne ici une illustration. Dans le débat toujours en cours sur la sincérité et la précocité de son appartenance à la résistance antinazie (dont la meilleure preuve serait, ce l'aveu même des tenants d'une adhésion sincère et précoce, son exécution par les SS le 9 février 1945), on entend souvent dire que, envoyé en Espagne dans l'automne de 1940 (pour la dernière fois le 7 décembre) pour mettre au point un assaut germano-espagnol contre Gibraltar, il aurait secrètement conseillé à Franco de n'en rien faire. Cette page montre en tout cas qu'il avait mis en garde Keitel et Hitler contre Franco et ses « louvoiements » dès le mois d'octobre. Tout montre par ailleurs que, dans le maintien de la non-belligérance de l'Espagne, Hitler est le maître d'œuvre : si elle était entrée en guerre, l'Espagne aurait été, et de loin, le pays de l'Axe le plus aventuré dans la gueule du loup anglo-saxon et pour être tenable cette position supposait une vigoureuse assistance allemande, que Hitler jamais ne promit ni n'esquissa, et pour cause. Son investissement majeur était à l'Est, sur le plan théorique dès la rédaction de *Mein Kampf* et de façon irréversible, sur le plan pratique, lors de la décision d'attaquer l'URSS, en juillet 1940.

2. Cf. *supra*, entrée du 5 juin au soir.

3. Les sorties de plus en plus fréquentes contre l'Espagne, trop cléricale pour ne pas être sourdement anti-allemande, participent de la recherche d'un bouc émissaire, l'Italie ne suffisant sans doute plus pour le rôle au fur et à mesure que la résistance soviétique et la mobilisation américaine éloignent l'horizon de la victoire. Mais il importe que l'infaillibilité du chef ne soit pas mise en doute, aussi son soutien à l'Espagne nationaliste (décisif notamment au début de la guerre civile quand les avions de Göring ont fait passer les troupes de Franco du Maroc en Espagne) est-il laborieusement justifié par l'idée que les rouges espagnols ne le sont pas vraiment, que leur combat contre l'Église était des plus justes mais que leur appel au soutien soviétique, dicté par la nécessité, a seul fait pencher l'Allemagne vers le camp franquiste.

de la politique intérieure. Avant tout il faut résoudre la question alimentaire, ce qui est particulièrement difficile étant donné la paresse presque inconcevable de la plus grande partie de la population. Est-ce qu'un général a les capacités politiques requises, l'avenir nous le dira. En tout cas il faut conforter le plus possible la popularité du général Muñoz Grandes[1], car c'est un homme énergique et, par suite, peut-être celui qui promet le plus de venir à bout des problèmes. Je me réjouis fort qu'on ait réussi au dernier moment à empêcher son retrait, manigancé par les hommes de Súñer, du commandement de la division Azul. Car la division Azul pourrait être appelée à jouer une nouvelle fois un rôle décisif dans la liquidation du système clérical actuel[2].

(On rapporte au Führer que les putschistes serbes arrêtés au cours des troubles récents ont à 95 %, et souvent même à 99 %, été déjà condamnés par la justice[3].)

Non seulement cela ne m'étonne pas, mais cela confirme mes propres idées sur les fauteurs de troubles, qui se sont formées en 1918-1919. Si on veut prévenir les révolutions, il faut donc – aussitôt qu'une situation devient critique – tuer toute la lie asociale. Mais cela n'est possible que si les éléments asociaux ont été arrêtés à temps et rassemblés dans des camps de concentration[4].

Le discours suivant lequel on prive ainsi les éléments asociaux de leur vie familiale est un vrai non-sens. Si on leur accorde une vie familiale, on ne fait que créer une cellule germinale de criminalité. Les enfants qui vivent avec des parents asociaux deviennent eux-mêmes des escrocs car l'expérience montre que les hommes asociaux prennent en général des femmes qui leur ressemblent. La période de lutte m'a fourni à cet égard des enseignements précieux. Lors des marches des SA, les femmes communistes se comportaient toujours de la pire façon en jetant sur nos hommes tous les objets possibles. Quand alors ils ripostaient, ces femmes portaient leurs enfants dans leurs bras, mettant par là leur vie en danger. La meilleure preuve que pour elles, au contraire des autres parents, la sécurité et la santé de leurs enfants ne comptaient même pas, et qu'à cet égard également elles ne reniaient pas leur mentalité asociale[5].

1. Agustín Muñoz Grandes (1896-1970) était secrétaire général de la Phalange avant de commander la division Azul.

2. Outre la recherche d'un bouc émissaire franquiste, la logique des espoirs de Hitler en une nouvelle guerre civile, dans laquelle il soutiendrait les rouges contre l'Église, procède sans doute de plans selon lesquels, ayant d'une façon ou d'une autre obtenu la paix à l'Est, il s'occuperait de verrouiller le côté occidental de son empire européen en faisant triompher à Madrid un régime à sa dévotion. Il y a là une évolution importante par rapport à sa tirade du 13 décembre, où il souhaitait que l'Espagne comme l'Italie restent soumises à une forte emprise du clergé, pour mieux faire ressortir la supériorité d'une Allemagne communiant dans la foi nationale-socialiste.

3. Allusion obscure, aucune tentative de putsch n'étant mentionnée dans la presse. Il y a en Serbie, occupée comme toute la Yougoslavie en avril 1941, un gouvernement collaborateur dirigé par le général Nedic, intronisé le 29 août et responsable du maintien de l'ordre intérieur au moyen d'une Garde nationale. Le colonel Draga Mihailovic a refusé la défaite et organisé des maquis dit « tchetniks » par opposition à ceux que met en place le chef communiste Tito, peu implanté en Serbie. Le 11 novembre a eu lieu une rencontre infructueuse entre Mihailovic et le chef de l'Abwehr, après quoi la Wehrmacht a porté des coups sévères, en décembre, aux maquis tchetniks. Un calme relatif règne donc sur ce théâtre, auquel le mot « putschiste » de toute façon ne s'applique guère. Reste la Garde nationale, où il est possible que le SD ait procédé à des arrestations discrètes pour prévenir une collusion avec les Tchetniks. Cf. Stevan Pavlowitch, *Hitler's New Disorder, The Second World War in Yugoslavia*, Londres, Hurst, 2008, p. 52-68.

4. Les directives ont légèrement évolué par rapport aux précédentes tirades sur le sujet. Il s'agissait alors d'exécuter tous les détenus des camps ainsi que des personnalités, notamment catholiques, encore en liberté. À présent se dessine une phase d'internements massifs précédant, le cas échéant, le massacre des déportés.

5. La caricature va bon train, pour nourrir la haine et préparer de futurs massacres. On est loin des propos des 28-29 décembre disant que le chef communiste Thälmann est bien traité dans son camp et sera libéré à la fin de la guerre.

8 juillet, midi

Je me réjouis particulièrement que le convoi anglais en route vers Arkhangelsk ait déjà été réduit de 38 navires à 6 grâce à nos avions et nos sous-marins qui ont envoyé le reste par le fond. Hier déjà, quand nous en avions d'abord coulé seulement les deux tiers, j'ai demandé que Roosevelt ait les honneurs d'une caricature dans le *Kladderadatsch*[1]. Comme c'était surtout du matériel de guerre américain qui avait coulé, il faut représenter Roosevelt recevant des ouvriers américains des chars, des avions, etc. et les jetant à la mer du haut d'une estrade surélevée avec un sourire. Avec comme légende : « Nous ne travaillons pas pour des récompenses ou de l'argent, mais pour un monde meilleur ! »

La liquidation de ce convoi m'amène à constater que celui qui possède un chantier naval a choisi un métier en or[2] !

8 juillet, le soir

Ma chienne Blondi est sous un certain rapport végétarienne, et mange certaines herbes avec une vraie délectation. Il est intéressant que sa consommation d'herbe l'aide aussi à faire passer des coliques. Quand on sait cela, il y a vraiment de quoi s'étonner de voir les animaux aussi raisonnables et de voir avec quelle exactitude ils sentent ce qui est sain pour eux.

J'ai aussi un jour observé comment un chat s'apprêtait à consommer une souris. Il ne l'a pas mise tout de suite dans sa gueule, mais a d'abord joué avec elle en lui laissant apparemment, de façon répétée, la possibilité de s'échapper. C'est seulement quand la souris, après toutes ces allées et venues, fut littéralement trempée d'une sueur d'angoisse qu'il la frappa d'un dernier coup de sa patte et la dévora. C'est clairement dans cet état qu'elle a le meilleur goût et qu'elle est la plus digeste[3].

(Keitel fait remarquer que l'homme non plus ne mange pas la viande à l'état brut et que les Huns eux-mêmes l'attendrissaient en la mettant sous leur selle.)

1. Hebdomadaire satirique berlinois antérieur au nazisme (il date de 1848). Il cessera de paraître à la fin de septembre 1944. Cette saillie prouve à la fois que le journal est sous contrôle et que Hitler pense à utiliser ce vecteur quand il veut railler quelqu'un. La caricature commandée paraît le 26 juillet, avec, mot pour mot, la légende indiquée. Cf. http://digi.ub.uni-heidelberg.de/diglit/kla1942/0465?sid=d99b616303c70734ae2f5a47121d085f.

2. Hitler suit de près l'attaque du convoi PQ-17, qui restera célèbre dans l'histoire pour avoir été le plus durement touché de tous ceux qui ravitaillaient l'URSS à partir de l'Islande par la route de l'Arctique. Le PQ-16 a déjà été sévèrement décimé et on conseille à Churchill d'attendre un temps plus brumeux mais, pour des raisons politiques, il maintient le départ, tout en renforçant le dispositif de défense. Les 36 cargos du convoi ont une escorte rapprochée de 6 destroyers, 4 corvettes, 3 dragueurs et 2 cargos transformés en navires anti-aériens. La force de soutien comporte 2 cuirassés, 6 croiseurs, un porte-avions, 15 destroyers et 8 sous-marins. Le convoi quitte l'Islande le 27 juin. Le chiffre des pertes annoncé par Hitler le 8 juillet est à peine exagéré (seuls 10 cargos parviendront à Arkhangelsk) et il a raison de souligner la forte proportion des navires américains.

3. Cette réminiscence, peu à sa place dans un plaidoyer pour le régime végétarien, rend un son sinistre quand on la rapproche des propos du 1er décembre 1941 où la souris mangée par le chat était une métaphore du Juif, en pleine gestation de la Solution finale.

Vous voulez sans doute dire par là que ce procédé se rapproche d'une cuisson dans son propre jus. L'homme aussi se modifie par la transpiration à l'occasion d'une importante dépense physique. Lors de mes discours devant de grandes assistances, je terminais en nage et perdais deux à trois kilos. Lors des discours en Bavière, comme j'étais forcé pour ne pas me déconsidérer de boire deux à trois bouteilles de bière, et ailleurs je buvais la même quantité d'eau minérale, de ce fait je perdais jusqu'à trois kilos et demi. Peut-être que cette perte de poids n'était pas mauvaise pour la santé. La seule chose qui me dérangeait, c'était que mon unique uniforme de guerre, teint en bleu, teignait en bleu mon linge de corps à chaque rassemblement.

Quand ensuite j'ai cessé de manger de la viande, la sudation a cessé en deux semaines. Même la sensation de soif a régressé considérablement, si bien que je n'ai plus eu besoin que d'une gorgée d'eau de temps à autre pour me désaltérer. Le régime végétarien a donc des avantages tout à fait évidents. Je me demande si ma chienne de berger Bella ne va pas devenir végétarienne avec le temps[1].

9 juillet, midi

La note donnée à la presse sur le voyage en Ukraine du ministre des Territoires de l'Est Rosenberg a le tort de mettre en garde la population civile allemande contre de faux espoirs d'un ravitaillement amélioré grâce à la moisson de cette année en Ukraine. Comme dans un peuple il y a toujours plus de pessimistes que d'optimistes, il est irresponsable de priver les gens dès maintenant, par de telles déclarations de presse, de l'espoir d'une détente dans l'approvisionnement et de leur faire ainsi la vie plus dure que la situation ne l'exige. Au surplus, ces déclarations ne correspondent pas à la vérité. Car on ne peut faire encore actuellement de suppositions sur la possibilité d'améliorer le ravitaillement par une partie de la récolte ukrainienne. Il ne s'agit pas seulement de savoir si la récolte, une fois assuré le ravitaillement de nos troupes de l'Est, laissera un surplus, mais aussi si les excédents pourront être transportés dans l'ancien Reich. Il y a par conséquent uniquement un problème de transport

1. On voit comme Hitler détourne des constats exacts au service de ses lubies : le fait que le chien mange certaines herbes pour se guérir d'une maladie digestive n'a rien qui annonce sérieusement une évolution vers le végétarisme ! Bella a été achetée en 1942 pour tenir compagnie à Blondi, offerte par Gerdy Troost en 1934 : cf. David Irving, *Hitler's War*, New York, Viking Press, 1977, p. 328.

à résoudre pour améliorer la situation alimentaire de la patrie allemande à partir des ressources de l'Ukraine. Mais même s'il s'agissait d'un problème de récolte et que celle-ci s'avérait mauvaise, même alors il ne faudrait pas porter le problème devant l'opinion car de telles observations ne feraient que nourrir à nouveau le pessimisme. On doit précisément prendre toutes les mesures, qui sont déjà en train, pour accroître encore et encore la production dans les régions agricoles en cause, en sorte que la population puisse compter avec le temps sur une fin durable de la pénurie[1].

De plus, il faut se garder de faire porter la responsabilité aux unités en leur reprochant d'avoir, grâce à leur pouvoir d'achat illimité en pays occupé, fait des provisions et empêché leur transport vers la mère-patrie. La Leibstandarte, qui s'est procuré quelque 5 000 porcs et a son propre kolkhoze, a raison là-dessus, tout autant que le maréchal von Kluge, qui s'est procuré lui-même en son temps pour sa 4e armée des provisions pour plusieurs mois. Car quand nos unités stationnées sur le front seront en rade dans la boue et que le ravitaillement ne leur arrivera plus, personne ne pourra les aider et elles ne devront compter que sur elles-mêmes[2].

9 juillet, le soir

(Parlant des événements d'Égypte, Hitler s'adresse en particulier à l'ambassadeur Hewel :)

Dans le cas d'une occupation d'Alexandrie ou du Caire, les Affaires étrangères ne doivent pas s'aviser d'envoyer un représentant en Égypte. Dans la personne de Rommel il y a là-bas un généralissime qui s'est couvert d'une gloire immortelle et qui dès aujourd'hui peut être généralement considéré comme un des plus beaux personnages de l'histoire militaire, si bien qu'une interférence des Affaires étrangères dans ses affaires serait un non-sens.

Du reste je suis d'avis que l'Égypte doit être remise aux Italiens. Car nous n'avons auprès du Sphinx égyptien aucun intérêt, alors que pour l'Imperium italien il est d'une importance vitale. Si dans ces conditions nous allions envoyer un représentant en Égypte,

1. Encore un paragraphe riche d'informations, sur le contrôle de la presse par le dictateur, son mépris des besoins de la population ukrainienne, son souci du moral des civils allemands et son peu de scrupules à l'entretenir par des illusions.

2. Le communiqué de presse sur le voyage de Rosenberg incriminé par Hitler (qui ne semble pas avoir été publié) avait pour inconvénient supplémentaire de laisser entendre que la troupe, par des pillages et des gaspillages, compromettait le ravitaillement du Reich.

nous courrions le risque de créer des cas parallèles. En se fondant sur un tel précédent, les Italiens pourraient naturellement après la conquête, disons, du Caucase, demander aussi l'installation d'un tel résident dans cette région qui nous tient particulièrement à cœur. Cela suffit amplement si un représentant de Rommel approprié est placé auprès du résident italien en Égypte[1].

On me demande souvent pourquoi Rommel jouit d'un tel prestige dans l'opinion mondiale. Il faut invoquer d'abord les discours de Churchill à la Chambre basse, qui le présentent sans relâche comme un génie militaire pour des raisons de tactique. Churchill le fait, cela va de soi, pour ne pas avoir besoin d'admettre que les Anglais, en Libye et en Égypte, se font administrer une raclée par les soldats italiens[2]. Peut-être aussi espère-t-il, en portant Rommel aux nues, pouvoir susciter des disputes entre nous et les Italiens. Mais le Duce est beaucoup trop raisonnable pour ne pas repérer la manœuvre. Aussi a-t-il lui-même reconnu le prestige qu'a acquis Rommel devant le monde entier. L'opération de Churchill et la parade de Mussolini ont eu pour résultat que le nom de Rommel a atteint chez les peuples primitifs d'Afrique du Nord et du Moyen-Orient[3] un prestige incomparable.

Cette situation montre comme il est dangereux de mettre en valeur une personnalité ennemie comme Churchill l'a fait dans le cas de Rommel. Un nom commence soudain de cette façon à acquérir une importance égale à la valeur de plusieurs divisions. Pensons seulement à ce qui se passerait si nous-mêmes mettions toujours plus en avant le nom du maréchal russe Timochenko. À la fin nos propres soldats seraient convaincus de sa capacité hors du commun. Alors, quel effet produit un nom sur des peuples primitifs[4] !

---

1. Altruisme remarquable ! S'il en fallait encore une preuve, il achèverait de montrer que Hitler vise une domination européenne et non mondiale. Mais il s'agit plus encore d'une confirmation que le rêve d'une alliance anglaise n'est pas mort, même si, pour faire comprendre son intérêt à la *gentry* britannique, il faut aller jusqu'à occuper Alexandrie, Le Caire et Suez. Ne pas y installer d'autorité civile, en tenir éloignés non seulement les représentants de Ribbentrop mais

ceux de Franz von Epp, le théorique ministre des Colonies, c'est y laisser aux prises, lors des négociations de paix, l'Angleterre et l'Italie, et faire comme si on avait envahi l'Égypte pour des raisons stratégiques provisoires et pour dédommager un allié, sans la moindre ambition de contrôler depuis Berlin un point névralgique de la navigation mondiale ni de barrer la route maritime la plus directe entre Londres et l'Inde. Grotesque est l'argument que, si le conquérant allemand installait au Caire un administrateur civil, Mussolini pourrait revendiquer sa part dans la domination du Caucase. En revanche, à un moment où ses armées foncent vers ce territoire, Hitler réaffirme ici implicitement son ambition de l'annexer définitivement pour garantir l'approvisionnement pétrolier du « grand espace », après avoir contraint Staline, soudain privé de carburant, à négocier. Enfin, ces dispositions sont vraisemblablement faites pour être connues à Rome et remonter le moral de Mussolini, tout en renforçant le régime fasciste qui entre dans sa dernière année d'existence, avec une épée de Damoclès américaine qui le menace plus directement que le Reich. Nous avons donc ici un exemple de la tactique hitlérienne consistant à viser de nombreux objectifs par une seule et même mesure, même si l'évolution de la guerre en fait un projet mort-né.

2. Décidément, les flatteries envers l'Italie redoublent ! À présent Rommel est éclipsé et ce sont « les soldats italiens » qui, sur la lancée de la prise de Tobrouk, sont entrés en Égypte et assiègent El-Alamein. C'est à se demander, puisque les notes de Picker, contrairement à celles de Heim, ne mentionnent pas les invités, si quelque représentant transalpin ne figure pas parmi eux.

3. On voit ici les limites des entorses faites par Hitler à son orthodoxie raciste, quand il vante l'islam ou le mufti.

4. Ne nous plaignons pas du caractère lourd et répétitif de ce passage : il est caractéristique, sur le plan conjoncturel, du besoin qu'a Hitler de se remonter le moral en vantant son propre talent en même temps que celui de son allié italien, tout en peignant Churchill comme une bête aux abois ; sur le plan des tics permanents de l'orateur, il fait craquer la fine pellicule de bonnes manières qu'il applique à ses rapports avec le monde musulman, en traitant crûment de primitifs tous les peuples concernés, entre lesquels il ne fait pas la moindre nuance. Il vante les Allemands qui, eux, ne sont pas primitifs, quoique... : en eux-mêmes ils seraient sensibles, certes dans une mesure moindre, au prestige d'un nom vanté par la propagande nazie. Le besoin qu'ils ont d'un Führer avisé ne se dément pas, notamment du point de vue de la propagande. Car il faut du doigté pour tenir le bon langage aux peuples en fonction de leur degré de primitivité, comme le montrent les conseils à Mussolini des paragraphes suivants.

La remarque de notre général Crüwell[1], aux mains des Anglais, à qui on demandait comment il trouvait l'hôtel de luxe pour touristes nommé Sheperd, a fait le tour du monde arabe jusqu'à Ankara : « Ce sera un prestigieux quartier général pour Rommel ! »

Quant à la future domination sur l'Égypte, il sera impossible aux Italiens de se désintéresser de ce pays. Ne serait-ce que pour leurs possessions est-africaines d'Érythrée et d'Abyssinie, le contrôle du canal de Suez est vital. Mais ils ne peuvent s'en assurer la disposition qu'à condition de tenir garnison en Égypte. Si les Italiens veulent se maintenir politiquement et militairement en Égypte, ils doivent se garder de montrer vis-à-vis de la population le plus petit complexe d'infériorité. Ils doivent à cet égard prendre modèle sur les Anglais, qui sur la base de leur expérience multiséculaire de domination coloniale ont assimilé un comportement de maîtres propre à faire oublier à la masse des indigènes qu'ils travaillent sous une domination étrangère[2].

Les Italiens doivent encore se garder en gros et en détail de vouloir s'adapter aux coutumes locales. Rommel peut ici servir de modèle. De toute la campagne il ne s'est jamais assis sur un chameau mais il s'est déplacé dans le pays sur un Panzer, sachant bien qu'il ne pourrait jamais chevaucher un chameau comme les indigènes, alors que dans un Panzer il les impressionne considérablement.

Nous devons nous aussi, pour nos territoires nouvellement acquis de l'Est, nous faire à l'idée qu'il ne faut pas récurer chaque jour la population soumise et même lui inculquer peu ou prou le sens de la propreté allemande. Qu'ils passent ou non tous les jours la brosse de chiendent sur eux-mêmes ou sur leurs maisons nous est bien égal. Car notre devoir n'est pas de jouer le rôle de pilote de leur vie quotidienne, mais d'assurer exclusivement la poursuite de nos propres intérêts.

Dans ce but, nous devons créer entre la population allemande des territoires à coloniser et la population indigène la séparation la plus étanche possible. Dans les auberges des indigènes où ceux-ci crachent à la ronde, nous ne devons pas laisser les Allemands descendre. Aux Allemands leurs propres auberges, où les indigènes

1. Ludwig Crüwell (1892-1958), second de Rommel à la direction de l'Afrika Korps, a été fait prisonnier le 29 mai.

2. Hitler pousse la morgue raciale jusqu'à l'absurde, en s'imaginant que plus le colonisateur est méprisant, plus l'indigène assume son infériorité : il en vient à trouver le joug naturel, à s'imaginer qu'il en avait besoin et à penser que son intérêt national est non seulement préservé, mais on ne peut mieux servi.

n'entreront pas. Alors leur manière de cracher ne nous fera ni chaud ni froid.

En laissant les indigènes à eux-mêmes, nous ne heurtons pas inutilement de front leurs habitudes de vie et nous nous créons les conditions pour installer des noyaux de colonisation allemands spécifiques et fermés. Nous éviterons aussi d'autant plus facilement un mélange des Allemands avec la population indigène, si nous empêchons qu'elle s'approprie notre manière de vivre et apparaisse ainsi bientôt comme une part de nous-mêmes.

Pour en revenir au cas de l'Égypte, comme les Italiens ont fait preuve jusqu'ici de beaucoup d'habileté dans leurs contacts avec les musulmans, on veut espérer que dans l'exercice de la domination sur l'Égypte ils ne galvauderont pas cette réputation et ne se perdront pas dans tous les détails possibles de la vie quotidienne. Les devoirs les plus urgents en Égypte, l'irrigation et la construction de routes, les colonisateurs italiens actifs comme des abeilles[1], sous la direction du Duce, s'en acquitteront merveilleusement. S'ils avaient pu tenir l'Éthiopie pendant dix ans, ils auraient vraiment fait du pays, en tant que grands bâtisseurs de routes, un paradis colonial. En Égypte c'est d'autant plus facile que le pays est quasiment autarcique à 100 % et qu'il ne lui manque rien – à part le charbon et le fer[2].

Tout comme en Égypte, je ne me lasse pas de le répéter, dans nos territoires occupés de l'Est, ce qui importe plus que tout c'est la construction de routes. Comme on ne peut quasiment pas faire de travaux d'entretien des routes en hiver, on doit d'emblée les construire de telle sorte que la neige ne puisse s'y accumuler. On doit donc les poser sur des remblais ; car la neige ne tient qu'à l'abri du vent, et les remblais sont donc toujours débarrassés de la neige par les vents d'hiver[3]. Les fondations de ces remblais devront cependant être particulièrement solides, eu égard aux périodes de boue. Là où on dispose de granit, il faut utiliser du granit ; à défaut, il faut prendre de la pierre rouge qu'on trouve dans le lit de beaucoup de rivières[4].

1. Reprise d'un cliché émis le premier jour des Propos, le 5 juillet 1941.

2. Le pétrole également, et toutes sortes d'autres minerais !

3. Hitler précise un point déjà abordé le 9 janvier.

4. Hitler ne cesse d'aller et de venir entre l'Égypte et le « grand espace », en donnant des avis sur le traitement des populations locales et sur les travaux d'équipement. Il donne vraiment l'impression d'espérer que Rommel parviendra à dépasser El-Alamein et à s'emparer de la Basse-Égypte. C'est le 13 juillet que le chef de l'Afrika Korps renonce à attaquer et se met sur la défensive, avant d'être contraint à la retraite en octobre, lors de la seconde bataille d'El-Alamein. L'absence de notes entre le 9 et le 17 juillet nous prive de la réaction de Hitler à l'enlisement de l'offensive.

17 juillet, midi[1]

Dans les environs de notre quartier général de Werwolf on a trouvé dans chaque maison un appareil de télédiffusion. Preuve que les Soviets aussi ont compris non seulement l'importance de la radio, mais ses dangers. La télédiffusion a l'avantage de ne pas être brouillée par des parasites, ce qui pour l'auditeur présente un avantage extraordinaire par rapport à nos récepteurs, dans lesquels l'émission doit sans cesse cohabiter avec de la friture. Mais ce qui pour moi apparaît presque comme un idéal du point de vue de la direction de l'État, c'est qu'elle donne aux autorités la possibilité de réguler la réception. Chez les Soviets par exemple, c'est le commissaire de l'endroit qui fixe aux émetteurs le programme que les auditeurs de l'endroit devront entendre; les influences propagandistes étrangères sont ainsi éliminées d'emblée[2].

Moi aussi, avant le début de la guerre, j'ai donné ordre au ministère de la Propagande d'introduire la télédiffusion en Allemagne. Ainsi aurait-on pu apporter aux auditeurs allemands tous les émetteurs du Reich et en sus toutes les émissions étrangères agréées par le Reich allemand; mais ils n'auraient pas pu écouter les postes étrangers jugés indésirables et non agréés par le Reich allemand. Je regrette profondément qu'on n'ait pas réussi à mettre ces mesures en place avant le début de la guerre. C'est le plus grand raté du ministère de la Propagande. Si le ministre de la Propagande a essayé ensuite de faire porter le chapeau à d'autres services, c'est pourtant lui qui doit être tenu pour responsable. Car précisément, si plusieurs services sont impliqués dans l'exécution d'un ordre, quand quelque chose ne marche pas la faute incombe à celui à qui l'ordre a été donné[3].

À l'avenir l'installation de la télédiffusion en Allemagne devra être une évidence absolue. Car aucun gouvernement raisonnable ne laissera empoisonner son peuple par un autre. Autrement ce serait comme si on introduisait et laissait agir à leur guise une centaine ou un millier de propagandistes d'une puissance ennemie, pour désagréger le peuple allemand et le dresser contre son gouvernement.

1. Hitler a transféré la veille son quartier général de la Wolfsschanze, en Prusse-Orientale, au Werwolf, situé en Ukraine près de Vinnytsia. Il y restera jusqu'au 30 octobre.

2. À cette époque, la télédiffusion, qui consiste à transmettre unilatéralement des signaux vers un grand nombre de clients, se fait soit par ondes radiophoniques, soit par câbles téléphoniques. Il s'agit ici de câbles, permettant à la dictature stalinienne de priver les gens de la radio et de la liberté qu'elle offre dans le choix des programmes. On comprend l'intérêt que Hitler éprouve pour le procédé.

3. Goebbels porte là un chapeau trop grand pour lui. C'est avant tout Hitler qui n'a pas osé mettre en place la télédiffusion auparavant, préférant asseoir sa popularité en démocratisant l'usage de la radio, mais il songe sérieusement à se doter après la guerre d'un tel outil de propagande.

Toutes ces choses doivent, pour être déjà réglées de la bonne manière en temps de paix, être pensées dès le départ en fonction de la guerre. Car la guerre, comme combat à la vie à la mort, a ses propres lois et fait disparaître sans recours les points de vue du temps de paix. Cependant, si devant l'éventualité d'une guerre, la population doit supporter des charges comme un service militaire de deux ou même quatre ans, elle devrait accepter combien plus facilement des petites choses comme le remplacement de la radiodiffusion par la télédiffusion[1].

17 juillet, le soir

Les Italiens s'attribuent toujours tous les mérites possibles, même lorsqu'ils n'ont rien fait de particulier. Mon impression à cet égard se fonde entre autres sur la façon dont les Italiens, lorsqu'ils font l'histoire des débuts du fascisme, présentent la phase finale de la Première Guerre mondiale comme si la victoire des Alliés n'avait tenu qu'à la virilité de leur comportement. Du même ordre est leur affirmation constante que pendant la campagne de l'Ouest, grâce à leur « non-belligérance », ils auraient fixé au moins 60 divisions françaises. Lorsque récemment il a été démontré, par les publications officielles françaises, qu'il n'y avait que 7 divisions françaises postées à la frontière franco-italienne lors de la campagne de l'Ouest et qu'on a pu encore sans difficulté en retirer trois, ils ont été très tristes. Mais ils surmontent vite cela ! Ils pourraient prendre des raclées trois ans de suite, et remporter seulement une fois une victoire, les raclées seraient oubliées et toute l'Italie retentirait de chants de victoire[2].

18 juillet, après le dîner

Dès que nous aurons ouvert les territoires de l'Est par un réseau d'autoroutes, les distances, qui aujourd'hui encore constituent un handicap, ne joueront plus aucun rôle. Que sont déjà mille kilomètres de voyage vers la Crimée, quand on circule à 80 km/h de

1. Hitler nourrit à présent des visées totalitaires dignes du Big Brother de George Orwell, auxquelles il ne nous avait pas habitués. Les ruminait-il secrètement, ou la perspective d'une sortie de guerre, au mieux, imparfaite, en remettant à un avenir indéfini certains projets d'expansion, lui inspire-t-elle l'idée de resserrer de façon durable son contrôle sur les esprits du grand Reich ? Une raison d'opter pour cette dernière explication réside dans le moyen envisagé. Non seulement le rôle des radios étrangères dans le rapport des forces l'impressionne, mais une paix de compromis laisserait subsister des puissances étrangères peu amicales : le grand espace européen, conçu dès le début comme autarcique économiquement, devra l'être aussi culturellement, pour interdire la pénétration de points de vue « non allemands ». Il fait alors de nécessité vertu, en proclamant que la télédiffusion est un moyen « presque idéal » de gouvernement.

2. C'est à peu près ce qui s'est passé entre 1915 et 1918. La victoire finale de Caporetto, favorisée par l'affaiblissement de l'Autriche-Hongrie que l'Allemagne aux abois ne pouvait plus soutenir, avait été précédée de la débâcle de Vittorio Veneto, tellement catastrophique que les Alliés avaient dû dépêcher des renforts en urgence pour empêcher une capitulation italienne. Ce rappel sonne comme un démenti aux flatteries des jours précédents, faites sans doute pour parvenir dans des oreilles italiennes : il s'agit de montrer aux Allemands que ce discours ne doit pas être pris trop au sérieux. On peut aussi penser que Hitler, faute d'avoir pu parvenir au Caire dans l'élan de la prise de Tobrouk pour y installer un gouverneur italien, y renonce, jette le masque et renoue avec son mépris de naguère pour les Italiens.

moyenne ? Sur autoroute on peut accomplir le trajet en deux jours, confortablement. C'est ma décision ferme, de faire ouvrir tout l'espace en deçà de l'Ostwall[1] par un réseau d'autoroutes rayonnant autour de Berlin. Mais la voie habituelle de 7,5 m ne convient pas pour ce système d'autoroutes. Je prévoirai plutôt trois voies, mesurant ensemble 11 mètres, pour que les véhicules ne circulent pas uniquement sur deux voies, mais puissent doubler sur une troisième, par exemple quand des véhicules lents roulent sur le côté.

Quand on pense qu'il y a déjà dans l'ancien Reich 5 000 kilomètres d'autoroutes[2], on reste proprement stupéfait que le cinéma ne se soit pas encore emparé de cette grandiose performance. Contrairement à ce qui se passe en Angleterre et en France, le cinéma chez nous ne s'intéresse pas aux grandes réalisations. Vienne fournit la seule exception. Toutefois elle est représentée jusqu'à l'excès. Pour les autoroutes, je ne connais qu'un seul film qui jusqu'ici en ait fait son décor. Un mauvais film kitsch, ou l'on voit deux couples d'amoureux se poursuivre sur une autoroute. Immense succès en Haute-Bavière. Non seulement le traitement du sujet est misérable, mais on s'est ingénié à choisir l'une des rares portions d'autoroute où le paysage est dépourvu de tout attrait particulier.

Dès que nous pourrons rouler sur les autostrades du Reich de Klagenfurt[3] à Drontheim et de Hambourg à la Crimée, nous aurons là un système de circulation qui raccourcira les distances, tout comme autrefois la construction des routes nationales. Mais ce n'est pas seulement du point de vue des transports mais aussi sous l'angle politique que les autoroutes se sont révélées dès maintenant très précieuses. Leur mérite est d'avoir définitivement aboli et surmonté les frontières intérieures, car sur elles on ne remarque absolument pas qu'on change de région. Quand on traversait autrefois l'Allemagne sur les routes nationales, on avait déjà par les bornes-frontières, mais aussi au moins en raison de l'état de la chaussée, conscience de la différence. L'entrée dans le Mecklembourg faisait comprendre par les nids de poule où on était, car là on pouvait à peine rouler à 10 ou 15 km/h pour ne pas demander l'impossible à la suspension de la voiture.

1. Première apparition de ce terme, calqué sur le Westwall que l'ennemi appelle « ligne Siegfried » et qui, commencé en 1936, protège le territoire allemand vers l'ouest. En ce qui concerne l'est, rien de ce genre n'avait été entrepris, pour deux raisons : il n'était question que d'offensive et non de défensive ; Hitler donnait la priorité, lors du retour de la paix, à un « mur vivant » à base de paysans-soldats, pour contenir toute incursion asiatique (cf. *supra*, propos du 8 août 1941). La construction d'un Ostwall, dit aussi Pantherstellung, va faire l'objet de directives du Führer seulement au milieu de 1943, après la défaite, non de Stalingrad (2 février) mais de Koursk (mi-juillet). Preuve d'une longue hésitation, par peur de briser l'esprit offensif en fixant une ligne maximale d'expansion et en offrant aux troupes l'abri d'une position fortifiée. L'apparition du terme un an plus tôt est un jalon d'autant plus précieux. Il montre que Hitler n'est pas le fou d'offensives qu'on voit souvent en lui et qu'il sait anticiper des mesures défensives, des reculs et des consolidations, tout en se réservant le choix du moment. C'est le 12 août 1943 que Hitler émet le « Führerbefehl n° 10 » ordonnant la « construction immédiate de l'Ostwall », de la Baltique au Dniepr.

2. Hitler se remonte encore le moral par une évocation de ses réussites d'avant-guerre. Il pense aussi à l'avenir et entend cimenter le Reich, c'est le cas de le dire, en incitant le cinéma à magnifier l'unification du pays par son réseau autoroutier.

3. Ville du sud de l'Autriche, capitale de la Carinthie.

Bien sûr, le chemin de fer était aussi un des facteurs d'unification du peuple allemand. Mais au contraire des autoroutes du Reich, sur lesquelles on peut aller en Volkswagen des Alpes à la mer du Nord en seulement trois étapes, l'utilisation du train, par la multiplicité des stations, rend encore sensibles aujourd'hui en partie les différences traditionnelles du paysage. En train, on se voit toujours rappeler qu'il y eut un jour des chemins de fer royaux bavarois, wurtembergeois et même, comme le rappelle justement Martin Bormann, une « Compagnie grand-ducale Friedrich-Franz de Mecklembourg ». Le chemin de fer n'a donc pas surmonté les intérêts dynastiques.

Cet état de fait, justement, est encore une confirmation du fait qu'il n'aurait jamais été possible de créer un Reich uni si on ne s'était pas débarrassé des princes allemands. Chacun d'eux avait cherché à construire et à développer ses chemins de fer exclusivement selon sa fantaisie. Au lieu que les grandes voies autoroutières sont uniformes à travers tout le Reich. Chacun, lorsqu'il circule dessus, peut donc partout, où qu'il se trouve, avoir le sentiment d'être chez lui. Ce n'est qu'après la frontière, nous pouvons nous en vanter, que les nids de poule commencent.

Si avant moi on n'a construit aucune autoroute, cela tient avant tout au fait qu'on n'avait jamais posé correctement la question du financement, au niveau du Reich. On avait par exemple demandé à de petites collectivités locales de financer leur tronçon et on s'étonnait que rien de convenable n'en sortît[1]. Quand j'ai dû envisager le financement des autoroutes du Reich, je suis parti de l'idée qu'il fallait construire quelque 1 000 kilomètres par an, et qu'à cette fin le Reich devait décaisser autour d'un milliard chaque année. J'ai expliqué un jour à Lloyd George[2] comment je m'y étais pris pour trouver ces milliards, à savoir :

a) par le « retour au travail » des chômeurs dans la construction des autoroutes, qui a permis d'économiser chaque année 5 à 600 millions d'indemnités de chômage, et
b) par l'augmentation du rendement de l'impôt sur le revenu et de l'impôt sur les carburants, soit 4 à 500 millions. Ainsi la construction des autoroutes n'a rien coûté du tout au Reich.

1. Un mensonge digne d'un politicien en campagne ! Si Hitler et Todt ont pu mettre en chantier la première autoroute dès juillet 1933, c'est bien parce que le tracé et les acquisitions de terrain correspondantes avaient été réalisés sous Weimar, les travaux étant retardés pour cause de crise économique par les coupes budgétaires du gouvernement Brüning. Cf. François Delpla, *Une histoire...*, *op. cit.*, p. 58-59. La part de Hitler ne se situe donc pas dans le fait d'avoir surmonté les particularismes, mais uniquement dans l'impulsion politique et l'audace financière.

2. Hitler a décidément du mal à faire le deuil de l'alliance britannique. Cet été-là, il va évoquer plusieurs fois David Lloyd George (1863-1945), le premier ministre de la guerre précédente, devenu l'un des grands partisans anglais d'un rapprochement avec le Reich, encore député et influent à la date de ce propos. Il l'avait reçu au Berghof en septembre 1936 et en avait été remercié par des articles élogieux.

Lors de notre conversation sur les autoroutes allemandes, le fin renard Lloyd George m'a interrogé du reste aussitôt sur le soubassement en béton armé des voies. Comme les autoroutes américaines sont construites sur une hauteur de béton de 5 à 6 centimètres, il n'a pas voulu croire que notre hauteur de béton fût de 25 à 30 centimètres. Kempka m'a un jour raconté qu'il avait en conséquence un jour, lors d'un voyage sur une autoroute, sorti un mètre de sa poche pour vérifier l'exactitude de ce renseignement. Si j'ai fait faire d'emblée une couverture de béton armé aussi solide, c'est avant tout pour que le trafic ne puisse avoir un grand effet sur l'état des autoroutes. La guerre m'a donné raison. Même les bombardements n'ont pas causé de gros dégâts aux autoroutes. Mais malheureusement la guerre a modifié leur aspect par l'usage de la peinture noire. Pour éviter qu'elles soient repérées du ciel, il a fallu leur enlever leur belle couleur claire.

Celui qui sait comme les autoroutes sont chères à mon cœur peut se représenter combien cela me coûte, de ne plus pouvoir rouler en voiture sur les beaux et larges rubans blancs, ce que j'ai toujours éprouvé comme une joie particulièrement exquise.

18 juillet, le soir[1]

Pour répondre aux perpétuelles informations de la presse anglaise sur l'ouverture d'un « second front », j'ai chargé le Reichsleiter Dietrich de préparer pour moi une interview dans un journal étranger, au sujet de la guerre à l'Est.

Étant donné que chacun puise dans une telle interview ce qui lui semble important pour lui-même[2], on peut y aborder incidemment, comme par la bande, la question d'un « second front ». Je pense introduire quelque chose comme l'idée que, ayant affaire à des cerveaux militairement enfantins comme les Anglais, nous devons naturellement nous attendre à tout et en conséquence prendre en compte jusqu'au blabla de la presse juive anglaise. Exactement comme en son temps nous avons devancé l'assaut des Soviets par les mesures défensives qui convenaient[3], nous avons fait aujourd'hui

1. Passage présent avant le précédent chez Picker, sous la même date du 18 au soir. Heim a supprimé un paragraphe initial où Hitler disait : « Le tabac, c'est la vengeance de l'Indien contre le Blanc qui lui a fourni le schnaps et ainsi l'a détruit. » L'assertion a-t-elle été supprimée en raison de sa stupidité, ou parce qu'elle mettait sur le même plan le supérieur et l'inférieur ?

2. La traduction de Jouan recèle un contresens majeur : « étant donné que dans une interview chacun parle de ce qui lui paraît le plus important ». Le terme « *herausfische* » (pêche dedans) indique pourtant sans ambiguïté que la phrase vise le lecteur et non l'interviewé. Toute une image de Hitler se profile derrière cette erreur : celle d'un être fruste qui n'en fait qu'à sa tête sans affiner ses justifications.

3. Rapprochement particulièrement incongru entre des mesures vraiment défensives (contre un débarquement) et la prétendue attaque préventive (donc « défensive ») qu'aurait été l'opération Barbarossa. Mais au fond, pour Hitler, c'est tout un : il s'agit de façonner une Europe allemande et contre quiconque ne semble pas prêt à s'en accommoder on se « défend ».

toutes les préparations pour recevoir d'une digne manière le soldat anglais qui serait jeté dans un débarquement par les nuls qui le commandent.

Je traiterai le thème du second front dans des termes qui feront aux Anglais l'effet d'une douche froide. Pour ne pas manquer mon effet, je me garderai de dire que pour le moment je ne crois pas à l'ouverture d'un second front. Je vais plutôt déclarer que, conformément à la précision et à la minutie militaires qui caractérisent l'Allemand, nous parons à toutes les éventualités, y compris celle d'un second front.

Conformément au vœu du Dr Dietrich, l'interview sera donnée à un correspondant étranger qui jusqu'ici a particulièrement secondé le travail de la presse allemande. Peu importe qu'il représente un grand ou un petit pays, ami ou neutre. Car une fois imprimée – là-dessus le chef de la presse du Reich a tout à fait raison –, l'interview se retrouvera d'une façon ou d'une autre dans les journaux du monde entier[1].

Naturellement, je pourrais aussi exposer mes idées sur le thème du « second front » dans un discours public. Mais il est dangereux de faire des discours sans qu'existe pour cela un motif plausible. Car autrement les gens intelligents repèrent tout de suite le cheveu sur la soupe, à savoir qu'un tel discours ne sert qu'à instruire l'auditeur sur une question précise. Et quand cette intention ressort trop, l'effet recherché se dissipe d'emblée. Mais si la question du « second front » est abordée dans une interview sur les problèmes de la campagne à l'Est, le nécessaire peut être dit dans quelques incidentes, sans avoir l'air d'y toucher[2].

19 juillet, midi

Lorsqu'un croiseur est coulé, la perte humaine peut aller jusqu'à 2 000 vies. Si on fait de petites unités équipées de tubes lance-torpilles avec un seul marin pour tout équipage, on ne risque plus qu'une fraction de cette perte et, clairement, on peut viser des objectifs plus ambitieux qu'avec un croiseur.

1. Aucune interview de Hitler n'est parue en 1942, or on voit ici que le projet était assez avancé. Faut-il mettre son annulation en rapport avec le piétinement de l'offensive contre l'Égypte ?

2. Un passage particulièrement précieux pour mesurer à quel point Hitler soigne ses effets dans ses déclarations publiques.

J'ai demandé un jour au comte Luckner[1] pourquoi il faisait toujours ses voyages autour du monde sur de petits bateaux. Luckner m'a répondu de façon lumineuse que les équipages des grands bateaux en prenaient toujours, d'une façon ou d'une autre, de petits, lorsqu'il arrivait quelque chose au grand ; on pouvait donc en prendre tout de suite de petits.

Du reste, Luckner était un conteur tellement talentueux que même moi je l'ai un jour écouté, totalement captivé, pendant des heures. Quand un jour, ensuite, quelqu'un m'a dit que telle ou telle déclaration de Luckner n'était pas conforme à la vérité, j'ai été contrarié par cette affaire comme un enfant qu'on prive de son cadeau de Noël[2].

L'un de mes anciens serviteurs était un marin de naissance. Jour et nuit il cherchait à me caser des « histoires de marin », dont le plus sot aurait discerné qu'elles étaient inventées de A à Z. Du coup, je lui ai dit un jour que je m'entendais moi-même à raconter des histoires[3] et qu'il ne devait pas chercher à me surpasser dans ce domaine. Mais même cette déclaration n'a pu tarir le flot de ses histoires de marin, et j'ai dû me séparer de lui[4].

Ce qui m'a toujours avant tout frappé dans les histoires de marin, c'est en effet le rôle particulièrement important qu'y joue la superstition. Il en va visiblement ici des marins comme des acteurs. Il y a dans leur vie une quantité de situations dont ils ne peuvent prévoir l'issue et dont la maîtrise leur échappe. Le marin ne sait pas quand une tempête, ou même un ouragan, va siffler à ses oreilles, comme l'acteur, en se rendant le soir au théâtre, s'il ne va pas recueillir un ouragan de sifflets de la part du public. C'est ainsi qu'ils deviennent superstitieux.

Du reste, je considère la superstition comme un facteur avec lequel il faut compter quand on conduit des hommes, même si on est soi-même très au-dessus de cela et si on en rit. C'est ainsi qu'en une occasion j'ai déconseillé au Duce d'entreprendre comme prévu une action militaire le 13 du mois. Je trouve tout aussi erroné de faire lancer un navire le vendredi, alors que tous les vieux marins expérimentés considèrent comme dangereux de sortir le vendredi.

1. Le comte Felix von Luckner (1881-1966) a fait une longue carrière de marin civil et militaire ; à ce dernier titre il est devenu mondialement célèbre pour avoir, à partir d'un navire à voile, capturé et coulé 16 cargos ennemis dans le Pacifique en 1916-1917 et l'avoir raconté dans un best-seller, *Seeteufel. Abenteuer aus meinem Leben*, Francfort, Koehler, 1921, tr. fr. *Le Dernier Corsaire (1914-1918)*, Paris, Payot, 1927. Civil et cosmopolite depuis 1922, un temps installé aux États-Unis, revenu en Allemagne pendant le Troisième Reich, il n'a avec son gouvernement que des relations d'affaires, ternies par un procès pour des rapports avec de trop jeunes filles en 1939. D'où sans doute la réserve dont Hitler fait preuve à son égard, tout en ne pouvant s'empêcher de louer son talent de conteur.

2. Hitler exprime ici qu'en général il maîtrise son emploi du temps et minute ses entretiens en fonction du résultat recherché. Quant à la joie des enfants à Noël, il avoue à l'occasion qu'il peut encore l'éprouver lui-même (cf. *supra*, t. 1, entrée des 24-25 janvier).

3. Aveu rare et intéressant.

4. Dans un paragraphe qui ne figure que chez Picker, Hitler s'est fait expliquer par l'amiral Krancke ce que signifie l'expression « histoire de marins » (*Seemannsgarn*) ; elle fait référence d'après Krancke à l'ennui que les marins combattent en fabulant sans arrêt. Ce qui veut dire, non pas que ce serviteur avait été employé sur un navire, mais qu'il était un menteur congénital. Non nommé chez Genoud, l'homme l'est chez Picker. Il s'agit de Krause, que Hitler avait déjà présenté le 24 janvier comme un affabulateur maladif. Il éprouve donc un étrange besoin de diffamer une nouvelle fois cet obscur valet... puis, dans la version définitive, y renonce.

Il est difficile de mesurer la puissance de ce genre de chose. Car les gens qui croient à ce genre de chose entrent en effervescence à la moindre crise.

Quand, cet hiver, les difficultés sur le front de l'Est atteignaient leur point culminant, il s'est trouvé un nigaud pour produire la thèse que Napoléon avait comme nous commencé sa campagne de Russie un 22 juin. Dieu merci j'ai pu aussitôt, en m'appuyant sur des experts reconnus, couper court à ce bavardage avec l'affirmation qu'en réalité Napoléon avait commencé son avance en Russie seulement le 23 juin.

Il ne faut pas non plus sous-estimer l'importance de la supercherie des horoscopes, qui rencontrent un crédit particulier chez les Anglo-Saxons. Quel mal cela a fait au commandement britannique, lorsqu'un Anglais en vue a publié un horoscope sur cette crise, concluant à la victoire de l'Allemagne ! Les journaux anglais ont exhumé et publié tant et plus les prédictions de cet homme qui ne s'étaient pas réalisées, pour neutraliser le puissant effet de cette nouvelle.

Pour juger de toutes les questions qui ont trait à la superstition, il faut partir de l'idée que ces choses cent fois ne se vérifient pas, et qu'on n'en fait jamais prendre conscience au public ; mais si une seule fois les choses se passent comme annoncé la nouvelle se transmet de génération en génération et engendre une croyance indestructible[1].

21 juillet, le soir

C'est un trait caractéristique du Français que le bourgeois aisé comme l'officier supérieur, l'artiste important comme le politicien éminent, possèdent dans quelque village – la plupart du temps celui de ses ancêtres – une villa avec un parc bien entretenu. Ainsi trouve-t-on dans presque tous les villages français, parmi les maisons toutes simples, une ou plusieurs belles villas appartenant à un avocat, un filateur, un peintre, etc.

1. Ces considérations sur la superstition sont parmi les plus ambiguës du recueil. La cohabitation se fait jour comme jamais, dans l'esprit de Hitler, entre un robuste bon sens (notamment dans le dernier paragraphe où il relève que l'esprit humain, infiniment sensible aux coïncidences qui semblent vérifier les prédictions, l'est beaucoup moins à leur absence) et un penchant pour l'irrationnel. Et là encore les autres ont bon dos : s'il a choisi le 22 juin pour attaquer l'URSS, c'est probablement parce que l'anniversaire de la signature de l'armistice franco-allemand lui semblait faste, en dépit de celui de l'entreprise napoléonienne qui allait sonner le glas du Premier Empire. Et lorsqu'il s'est agi de démontrer que Napoléon avait attaqué le lendemain, ce n'était sans doute pas uniquement pour rassurer les Allemands crédules, mais bien aussi leur chef. Cela dit, l'information était exacte ! La date consacrée du 22 juin est celle à laquelle Napoléon avait stimulé les troupes par un ordre du jour fameux, mais il leur avait bel et bien fait franchir le Niémen le lendemain. Je remercie Bruno Roy-Henry pour cette précision.

La couche dirigeante de France dispose, puisqu'elle passe chaque année deux ou trois mois dans ces villas d'été, d'un lien avec la campagne dont l'importance politique ne doit pas être sous-estimée. Car avec le temps les propriétaires des villas ont appris à connaître tous les habitants du village et ont parlé avec eux. Ils en sont venus ainsi à connaître sans grande difficulté les soucis et les joies même des couches les plus frustes de la population ainsi que les besoins[1] petits et grands de la campagne. Il ne saurait y avoir dans un État une meilleure protection que celle-là contre la coupure entre la couche dirigeante et le monde[2].

22 juillet, midi

Les habitants des îles Anglo-Normandes que nous occupons[3] se sont toujours considérés seulement comme des membres de l'empire britannique, mais non des sujets de la couronne d'Angleterre. Le roi d'Angleterre est encore aujourd'hui pour eux seulement le duc de Normandie. Si pendant l'occupation allemande nous adoptons vis-à-vis d'eux le bon comportement, ils ne nous poseront en conséquence aucun problème.

Quand on me propose de coloniser ces îles en installant des Frisons ou des gens de la région d'Ems, je ne tiens pas cela pour juste ; car les Frisons et les gens de la région d'Ems sont, en tant que paysans des Marches, avant tout des éleveurs, et les habitants des îles des horticulteurs. Si les Anglais avaient conservé ces îles, ils auraient pu à partir de là nous donner maints coups d'épingle, il leur suffisait de les fortifier et d'y construire des aérodromes pour les chasseurs. Quant à nous, nous nous sommes maintenant installés avec les fortifications adéquates et par le stationnement permanent d'au moins une division nous nous assurons qu'elles ne retomberont pas un jour aux mains des Anglais.

Après la guerre Ley pourra obtenir ces îles, car avec leur merveilleux climat elles offrent pour Kraft durch Freude des possibilités idéales de loisir et les installations de cure, étant donné que les

1. *Nöte*. René Jouan traduit par « notes ».

2. C'est le Hitler anti-aristocratique et soucieux de communion nationale qui s'exprime ici ; il montre une compréhension certaine pour la France républicaine, ce qui ne veut certainement pas dire qu'il renonce à dépecer son territoire et envisage de restaurer sa puissance. Il s'agit plutôt de prendre modèle sur certains de ses traits, comme Rome avait imité la Grèce.

3. Jersey, Guernesey et le reste de l'archipel ont été occupés sans combat le 30 juin 1940.

îles sont d'une manière ou d'une autre bien pourvues en hôtels, ne nécessiteront presque pas de constructions nouvelles.

Les Italiens auraient pu se procurer une possession du même ordre si au début de la guerre ils avaient mis la main sur Malte. Malheureusement, en déclarant qu'ils se considéraient comme « en état de guerre », ils se sont tout d'abord privés d'action militaire. Et ce après qu'en Norvège nous leur avions montré comment procéder. Les Italiens d'aujourd'hui, en moyenne, sont certes des mangeurs plutôt que des lutteurs. Quelle allure toute différente ont les hommes des tribus caucasiennes, qui apparaissent comme absolument les meilleurs et les plus fiers qu'on puisse rencontrer aux confins de l'Europe et de l'Asie[1] !

22 juillet, le soir

Qu'on ne laisse pas nos juristes imposer une réglementation excessive dans les territoires occupés de l'Est !

Un trait typique des juristes c'est que d'après leur doctrine en tant que chancelier du Reich je peux certes édicter légitimement des lois et des décrets portant sur des millions ou des milliards, mais que ma signature sur un testament qui peut ne porter que sur 23 marks doit, pour être valable, être certifiée par un notaire[2]. J'ai d'abord dû édicter une loi avant que cette ineptie ne disparaisse. Certes, tant que je serai là, il n'y a pas de danger du côté des juristes, car si nécessaire je passe outre sans hésiter à leurs avis. Mais je crains le pire de la part des juristes quand un jour je ne serai plus là.

Depuis peu, je me suis donc donné la possibilité de les prendre au collet quand ils sont nuisibles. Jusqu'ici, ils n'étaient responsables que devant leurs tribunaux disciplinaires, où est en vigueur le vieux principe : « Les loups ne se mangent pas entre eux. » Maintenant, c'est du passé[3]. Pendant la période de lutte, j'ai accumulé personnellement une vaste expérience avec des représentants de cette corporation. Quand on me dit : « Oui, vous parlez là des juristes du temps de la lutte, la génération actuelle est totalement différente ! », je peux seulement constater : déjà la formation des juristes est une

1. L'esprit de Hitler vagabonde, pendant ce déjeuner, entre l'allié anglais espéré, l'allié italien maltraité et l'ennemi soviétique à anéantir. L'Angleterre devra payer pour son retard, ici en cédant les îles Anglo-Normandes, ce qui n'exclut pas qu'elles puissent servir de monnaie d'échange pour faciliter la paix. Car Hitler ne veut y fonder d'autre établissement qu'un centre de vacances qui pourrait trouver place en bien d'autres endroits, et il refuse d'y installer des colons allemands, sous un prétexte étrangement léger (les Frisons qu'on lui suggère sont des éleveurs et non des horticulteurs ; qu'à cela ne tienne, on doit pouvoir trouver des cadets à doter dans des régions d'horticulture, en Allemagne et plus encore, par exemple, en Hollande !). L'Italie reçoit sa fessée, devenue quotidienne, pour un grief intéressant : sa « non-belligérance » de la drôle de guerre. Effectivement, Mussolini s'était prudemment abstenu, en attendant de voir comment le vent allait tourner. Mais il n'aurait tenu qu'à Hitler, lors de leur entrevue du Brenner le 18 mars 1940, de lui laisser entendre qu'il allait frapper un grand coup, sans forcément lui dire que c'était en Norvège, et qu'il serait bon que dans la foulée l'Italie entre en guerre pour s'emparer de Malte. Hitler fait d'ailleurs d'une pierre deux coups, puisque lui-même s'abstient, depuis deux ans, de saisir Malte en dépit de plusieurs occasions induites par ses efforts pour ravitailler l'Afrika Korps : il pense de bonne guerre de reprocher à l'Italie de n'avoir pas fait ce geste. Quant à l'URSS, il est intéressant de voir que pour une fois Hitler s'intéresse à une population locale : il trouve racialement excellentes les « tribus caucasiennes », parmi lesquelles il compte sans doute chercher des collaborateurs pour monter la garde en ces confins extrêmes de son empire.

2. Hitler s'était déjà longuement étendu sur cette question le 29 mars.

3. On se souvient que, le 26 avril précédent, Hitler s'était arrogé le pouvoir de démettre directement les juges et avait fait entériner cette réforme par le Reichstag.

telle escroquerie que la génération suivante en vient d'elle-même à nager dans les mêmes eaux.

Du reste, on ne peut pas considérer comme une profession décente celle où on passe toute sa vie à défendre des canailles. Et là, la ferveur des plaidoyers est aussi dans la plupart des cas proportionnelle à la situation de revenus du client. L'avocat Luetgebrune[1] pouvait même aller jusqu'à pleurer quand la situation de sa canaille et le montant des honoraires semblaient le justifier. Où est le sens de la justice de MM. les juristes quand ils soufflent en plein tribunal à ces criminels des moyens de défense et, par d'habiles questions, cherchent à leur éviter d'être confondus et condamnés ? On a là, devant ce spectacle, presque le sentiment que le renard éduque un renardeau. Si autrefois on enterrait les acteurs dans le carré aux bestiaux[2], c'est le juriste aujourd'hui qui mériterait d'y être enterré. Rien ne se rapproche plus d'un juriste qu'un criminel, et y compris dans leur caractère international il n'y a entre les deux aucune différence.

Il n'y a pas d'autre possibilité, pour rendre la profession de juriste à nouveau décente, que son étatisation. Dans l'état actuel des choses, on ne peut pas du tout comprendre, avec la meilleure volonté du monde, que le juriste ait droit à un titre de docteur[3].

22 juillet, après le dîner

Les Soviets auraient pu devenir un danger inouï pour nous si par le slogan du KPD « plus jamais de guerre ! » ils avaient réussi à étouffer l'esprit guerrier dans le peuple allemand. Car dans le temps même où chez nous ils combattaient pour le triomphe du pacifisme par la terreur du KPD, la presse, les grèves, bref par tous les moyens, ils fabriquaient en Russie un armement gigantesque[4]. Sans égard pour les rêveries humanitaires propagées en Allemagne, ils y ont affecté les forces de travail humaines avec une efficacité étonnante et ont appris aux travailleurs soviétiques par le système de Stakhanov non seulement à travailler plus vite que la moyenne des travailleurs en Allemagne et dans les pays capitalistes, mais aussi

1. Walter Luetgebrune (1879-1949) avait été l'avocat de Ludendorff lors du procès du putsch de 1923. Il adhère au parti nazi (après avoir été membre du DNVP) en 1931 et devient conseiller juridique des SA et des SS. Il édifie une fortune dès 1933 dans l'aryanisation d'entreprises juives. Proche de Röhm, il est incarcéré à l'occasion de la Nuit des longs couteaux, le 3 juillet 1934. Détenu plusieurs mois et exclu du Parti, il est réintégré en 1938 ; autorisé à reprendre son métier d'avocat, il borne son activité aux conseils juridiques à l'adresse des entreprises. Cf. Rudolf Heydeloff, « Staranwalt der Rechts extremisten: Walter Luetgebrune in der Weimarer Republik », *VfZ*, 1962/4. En faisant de lui l'archétype de la filouterie avocassière, Hitler se montre peu reconnaissant pour les services rendus « au temps de la lutte ».

2. Allusion à une coutume catholique, d'ailleurs locale et essentiellement parisienne. Les comédiens étaient censés exercer une profession diabolique, et exclus comme tels des sacrements, ce qui se remarquait surtout quand on ne pouvait leur faire des funérailles en bonne et due forme. La coutume persista en France jusqu'à la Révolution. Hitler, féru de théâtre, pourrait ici s'en donner à cœur joie contre l'Église, mais en l'occurrence il poursuit sur la lancée d'une tirade contre les juristes. Notons tout de même l'outrance de l'expression « le carré aux bestiaux » alors que n'importe quel bout de terre non consacrée pouvait faire l'affaire, par exemple le carré réservé, dans les cimetières, aux enfants morts sans baptême. Cf. Jean Dubu, *Les Églises chrétiennes et le théâtre (1550-1850)*, Presses universitaires de Grenoble, 1997.

3. Hitler est décidément d'humeur totalitaire, au point de mettre de côté sa haine des fonctionnaires. La profession d'avocat est jugée trop dangereuse pour demeurer libérale. À ce prix seulement les juristes seront fondés à se dire et à être dits docteurs. De la foi nazie, sans doute.

4. Belle illustration, sous le couvert d'une attaque contre le communisme, de la double nocivité du Juif, à la fois ferment de décomposition local et comploteur mondial ourdissant la destruction de l'Allemagne.

plus longtemps[1]. Plus nous arrivons à percevoir les conditions qui régnaient en Russie, plus nous pouvons nous réjouir d'avoir frappé à temps. Car dans les dix prochaines années seraient nés en URSS une foule de centres industriels de plus en plus difficiles à atteindre, et ils auraient donné aux Soviets un armement presque inconcevable alors que l'Europe, pendant ce temps, aurait sombré jusqu'à n'être plus, pour les plans soviétiques de domination mondiale, qu'une proie sans défense.

Rire du système de Stakhanov est d'une incomparable sottise. L'armement de l'Armée rouge est la meilleure preuve que ce système est, pour tirer parti de la mentalité des travailleurs russes, d'une efficacité inouïe. Pour Staline aussi nous devons avoir un respect absolu. C'est déjà à sa manière un type génial ! Il connaît très bien ses modèles, comme Gengis Khan, etc., et ses plans économiques sont si vastes qu'il n'y a vraiment que nos Plans de quatre ans pour les surpasser. Il n'y a pour moi aucun doute, également, qu'en URSS, contrairement aux pays capitalistes comme par exemple les USA, il n'y a aucun chômage[2].

(Bormann, qui vient de rentrer d'une visite dans les kolkhozes ukrainiens voisins du GQG, donne ses impressions sur la population ukrainienne :

« À voir les enfants, on n'imagine pas que plus tard ils auront le plat visage slave de leurs parents. Les enfants sont blonds aux yeux bleus, comme la plupart des humains de type est-baltique ; et puis ils sont joufflus et ronds, et ont l'air vraiment sympathiques. Par contraste, nos rejetons nordiques sont dans leur enfance en majorité semblables à de jeunes poulains maladroits, ils paraissent avoir des jambes trop maigres et trop longues, des corps et des visages étroits et anguleux ! À voir les enfants ukrainiens on peine donc à imaginer à quel point leurs visages ronds seront plus tard aplatis et grossiers. Du reste, quand on roule dans la campagne, on rencontre peu d'hommes adultes et des quantités incroyables d'enfants[3].

Cette richesse en enfants pourrait un jour nous donner du fil à retordre ; car cette richesse en enfants est une race qui en grandissant deviendra bien plus dure que notre propre peuple. On ne voit ici nulle

1. L'exploit du mineur Alekseï Stakhanov (1906-1977), qui le 31 août 1935 aurait extrait 102 tonnes de charbon au lieu des 7 normalement exigibles, avait été élevé à la dignité d'une invention dépassant celle du travail à la chaîne par Taylor et prouvant la supériorité du communisme sur le capitalisme. Car l'initiative du travailleur et l'émulation reprenaient tous leurs droits. Cf. Lewis H. Siegelbaum, *Stakhanovism and the Politics of Productivity in the USSR, 1935-1941*, Cambridge University Press, 1988. Ici Hitler, tout à la fois, tire parti de la propagande stalinienne et s'y laisse prendre dans une large mesure.

2. Certes, mais la productivité laisse déjà beaucoup à désirer et le stakhanovisme voit ses résultats gonflés par la propagande. Celle du nazisme ne s'y était guère laissé prendre jusqu'à l'échec de la guerre-éclair à l'Est, mais à présent nécessité fait loi. Comme beaucoup d'autres, cette sortie tend à la fois à faire redouter le danger soviétique et à chercher des excuses au régime nazi et à son chef.

3. Bormann n'a pas l'air conscient que c'est chose normale en temps de guerre, la grande majorité des pères étant mobilisés.

part des gens avec des lunettes, la plupart ont des dents impeccables, ils sont bien nourris et éclatants de santé de la jeunesse au grand âge.

Les dures conditions dans lesquelles ces hommes vivent depuis des siècles ont entraîné un processus de sélection naturelle particulièrement dur. Si l'un de nous boit un verre d'eau non purifiée, il tombe malade. Ces gens vivent dans la crasse et la saleté et boivent une eau presque incroyable tirée de leurs puits et de leurs cours d'eau et ils restent éclatants de santé. Nous devons soir après soir absorber de l'Atebrin pour ne pas attraper la malaria, et ces Russes ou soi-disant Ukrainiens sont immunisés contre la malaria comme contre le typhus bien qu'ils cohabitent avec les poux. Si maintenant, sous une administration allemande régulière et donc dans des conditions de sécurité très améliorées, cette population devait se multiplier encore plus vite, ce ne serait pas seulement contre notre intérêt, mais au contraire la pression démographique de ces Russes ou de ces soi-disant Ukrainiens[1] *deviendrait de nouveau dangereuse, dans un temps même pas très éloigné. Nous ne saurions avoir d'intérêt que dans le fait que ces Russes ou ces soi-disant Ukrainiens ne se multiplient pas trop vite ; car un jour nous voulons vraiment que tout ce pays anciennement russe soit colonisé par les Allemands*[2]*. »)*

J'ai lu récemment dans un prospectus quelconque qu'il faudrait interdire la vente et l'usage des produits anticonceptionnels dans les territoires occupés de l'Est. Si un idiot essayait réellement de mettre en pratique une telle interdiction dans les territoires occupés de l'Est, je l'abattrais de mes mains[3]. Étant donné la fécondité de la population indigène, c'est la meilleure chose pour nous si les filles et les femmes d'ici avortent le plus possible. Un commerce soutenu des produits anticonceptionnels dans les territoires de l'Est doit donc être non seulement toléré mais presque encouragé car nous ne pourrions avoir le plus petit intérêt à une augmentation de la population non allemande. Mais nous devons bien sûr d'abord appeler les Juifs à l'aide[4], pour imposer la circulation des produits de cette sorte.

Le danger que la population indigène se multiplie encore plus sous notre domination qu'avant, je le tiens pour acquis. Car il est inévitable que sous une administration allemande l'ensemble des conditions de vie des indigènes deviennent meilleures et mieux

1. Bormann met un soin servile à ne parler des Ukrainiens qu'en les flanquant d'un « soi-disant », pour les assimiler aux Russes et ne pas avoir l'air de cautionner ceux qui, comme Rosenberg, conseillent à Hitler de ménager les nationalités minoritaires d'URSS afin de saper la domination russe.

2. Le très servile Reichsleiter épouse la nouvelle mode lancée par son maître. Les Soviétiques pouilleux et proches de l'animalité des premières semaines de la campagne se métamorphosent en une race redoutablement robuste. Il n'est pas sûr que Hitler soit enchanté d'un retournement aussi complet, mais il profite de l'occasion pour renouveler ses directives antinatalistes.

3. Une expression rare en ces pages, donnant la mesure de l'indignation qu'inspire à l'orateur toute politique qui tend à favoriser la croissance démographique des inférieurs.

4. Si c'est une plaisanterie, elle bat tous les records de lourdeur macabre des précédentes ; et pourtant on voit mal Hitler dire sérieusement qu'il a besoin de réintroduire des Juifs à l'Est après les avoir soigneusement éradiqués, à seule fin d'y faire circuler le poison des objets anticonceptionnels.

assurées. Nous devons par conséquent en toutes circonstances prendre des mesures de précaution contre une augmentation de la population non allemande. Dans ces conditions ce serait pure folie de créer pour la population non allemande des territoires occupés de l'Est un service de santé sur le modèle allemand. La vaccination et les autres mesures sanitaires de prévention ne sont absolument pas à envisager pour la population non allemande. Chez les indigènes il faut déjà étouffer le désir d'y recourir. On doit pour cela répandre tranquillement parmi eux la superstition que la vaccination est une chose très dangereuse[1].

Il est encore d'une extraordinaire importance d'éviter d'éveiller chez eux, par une mesure quelconque, une conscience de maître. À cet égard il faut être spécialement prudents, car il importe précisément, pour notre travail, qu'ils aient le contraire d'une telle conscience. C'est pourquoi il ne faut en aucun cas donner à la population non allemande une éducation de haut niveau. Si nous tombions dans cette faute, nous susciterions nous-mêmes la formation d'une résistance à notre domination. On doit certes leur donner des écoles, avec une entrée payante. Mais il ne faut pas y laisser enseigner autre chose que, au plus, la signification de la signalisation routière[2]. Le contenu de l'enseignement de la géographie doit se borner à dire que la capitale du Reich s'appelle Berlin[3] et que tout homme doit dans sa vie avoir vu une fois Berlin[4]. En dehors de cela, il suffira amplement d'apprendre à la population non allemande, par exemple aux Ukrainiens, à lire et à écrire quelque chose en allemand ; l'enseignement du calcul et du reste est superflu. Également en ce qui concerne l'éducation scolaire des non-Allemands il ne faut jamais oublier qu'on doit appliquer dans les territoires occupés de l'Est les mêmes méthodes que les Anglais dans les colonies. Tout le fatras des « Lumières » qui commence par l'arrivée des curés allemands est donc un non-sens. Le général Jodl a tout à fait raison quand il interdit une affiche en ukrainien pour signaler qu'il est défendu de traverser les voies de chemin de fer. Peu nous importe qu'un Ukrainien de plus ou de moins se fasse passer sur le corps. Si je suis favorable à ce qu'on fasse apprendre l'allemand dans les

1. Voilà encore une directive précise, d'un cynisme absolu.

2. Cette répétition d'une idée émise le 11 avril introduit un développement détaillé sur le reste des programmes à mettre en œuvre dans les écoles du « grand espace » destinées aux populations autochtones.

3. L'idée de la rebaptiser Germania, émise le 8 juin, n'a pas encore force de loi, y compris dans l'esprit du chef.

4. Il ne s'agit pas, du moins pour les Slaves intégrés dans le grand Reich, d'un équivalent du pèlerinage à La Mecque (même si ce précédent peut avoir une influence), mais d'un séjour fait pour impressionner les dominés par le constat de la puissance écrasante des dominants. Hitler avait émis l'année précédente une idée voisine : « Une fois par an on fera venir un groupe de Kirghizes dans la capitale du Reich, pour impressionner leurs esprits par la force et les dimensions de nos monuments de pierre » (cf. *supra*, entrée des 8-9 août).

écoles par la population indigène, c'est uniquement pour créer les conditions linguistiques de notre domination. Il ne faut pas qu'un indigène se dérobe à un ordre allemand en disant « *nicht verstanden* ». Pour la même raison on doit enseigner aussi dans les écoles, à la place de l'alphabet cyrillique, l'alphabet latin. La plus grande faute que nous pourrions commettre serait de trop choyer la population indigène. Pour qu'avec le temps, par l'effet des relations de la vie, nous n'en venions pas insensiblement à une attitude de mollesse, il est nécessaire que nous soyons complètement séparés de la population indigène.

Une installation d'Allemands dans des villes ukrainiennes est à empêcher en toutes circonstances. Même une installation des Allemands dans des baraquements à l'écart des villes ukrainiennes serait préférable à leur insertion à l'intérieur. Car autrement ils ne seraient pas longs à introduire la propreté et tout ce qui s'ensuit. Les villes russes, ou ukrainiennes, ne doivent absolument pas, en aucune façon, être améliorées ou même embellies. Car ce n'est pas notre travail d'assurer à la population indigène un meilleur niveau[1]. À la longue les Allemands devront donc habiter des villes et des villages nouvellement construits, qui très clairement devront être exempts de toute présence russe ou ukrainienne respectivement. Les maisons à bâtir pour les Allemands ne devront en conséquence pas non plus ressembler à celles des Russes ou des Ukrainiens. Ni des enduits d'argile ni des toits de chaume ne devront rappeler des modèles russes ou ukrainiens[2].

Dans l'ancien Reich les choses ont évolué avec le temps de telle sorte qu'on a fini par tout voir par le petit côté et tout réglementer dans le détail. La moindre raison n'en est pas naturellement qu'en Allemagne nous autres Allemands vivons littéralement les uns sur les autres et que par suite la police doit intervenir à tout moment pour que l'ordre règne. Mais toute cette réglementation recèle un grand danger : un Allemand qui s'expatrie, et par exemple plante sa tente dans un dominion anglais, respire aussitôt plus librement parce qu'il peut se mouvoir et agir plus à son gré, et le voilà bientôt éloigné de sa patrie allemande.

1. Ce ne sera pas le travail des habitants non plus, privés qu'ils seront de moyens matériels et de capacités de décision. La stagnation et l'encrassement seront la règle.

2. Voilà des plans d'apartheid qui ne laissent rien au hasard.

Nous n'avons pas le droit de tomber si peu que ce soit dans la faute de cette éternelle manie de la réglementation, en aucune circonstance, dans les territoires occupés de l'Est. Si nous ne voulons pas dresser inutilement contre nous la population indigène, nous ne devons brider la liberté de vie que lorsqu'il y va de nos intérêts essentiels.

Dans l'ancien Reich nous allons déjà aujourd'hui si loin que Berlin veut avoir son mot à dire dans la nomination des bourgmestres de tout le pays. On a été jusqu'à interdire l'association des éleveurs de chiens et j'ai dû intervenir pour que « l'Organisation des chiens » soit de nouveau autorisée. Les réglementations de l'ancien Reich iront bientôt si loin que même les associations de chasseurs de hannetons ont reçu de Berlin un statut avec des prescriptions concernant leur gestion, leurs revenus, leur trésorerie, etc., si bien que le trésorier peut se retrouver en justice s'il y a un écart de 6 à 10 marks dans ses comptes. Je souhaite en conséquence que dans les territoires occupés de l'Est Berlin ne régisse que les grandes lignes. La décision dans les affaires courantes doit se faire localement, par le commissaire de district concerné.

Une autre façon de prévenir la réglementation inutile dans les territoires occupés de l'Est sera d'y réduire l'administration allemande à sa plus simple expression. Le commissaire de district sera ainsi obligé de collaborer largement avec les autorités indigènes. Mais cette collaboration ne devra naturellement pas engendrer une administration ukrainienne unifiée jusqu'au niveau du commissaire général ou même du commissaire du Reich[1].

24 juillet, le soir

Quand on me dit qu'il n'est pas possible de faire de bons SS avec les Hollandais, je n'ai qu'à me rappeler les dessins de Spitzweg[2] sur le soldat des États du sud de l'Allemagne qui tricotait des bas. Il a suffi de vingt années pour le métamorphoser, ce soldat ! Un peuple comme le hollandais, qui a été capable d'établir une ligne aérienne avec l'Asie orientale[3] et qui a pu donner de solides marins, doit

1. Hitler radote en expliquant de façon répétitive qu'il faut maintenir dans l'ignorance les masses slaves subjuguées, tout en donnant à cet égard des consignes de plus en plus concrètes et détaillées. Il en deviendrait presque antinazi par l'absurde et cette page pourrait être une parodie signée du meilleur Bertolt Brecht ou, plus près de nous, de Bernard-Marie Koltès, tout en empruntant à Marguerite Duras son intitulé : « Un barrage contre le Pacifique ». C'est un fait, les dominés font plus d'enfants que les dominants et la diffusion des méthodes anticonceptionnelles n'y change pas grand-chose. C'est un fait, l'espérance de vie progresse partout au XXe siècle en temps de paix. C'est un fait, chez les dominés se dégage toujours une élite éduquée, fût-ce au fond des prisons, qui réclame sa place et, faute de l'obtenir, sonne la charge. On ne saurait en tirer d'autres conséquences que démocratiques, souvent après une résistance farouche de l'ordre ancien, dont le nazisme est la forme extrême et désespérée.

2. Carl Spitzweg (1808-1885) était un poète, un peintre et un caricaturiste bavarois.

3. La compagnie KLM (Compagnie royale aéronautique), créée en 1919, assure des vols réguliers vers l'Insulinde (Amsterdam-Batavia) depuis 1929. Il s'agissait alors de la ligne commerciale la plus longue du monde.

aussi pouvoir, dans ses meilleurs éléments, être gagné de nouveau à l'esprit militaire[1]. Il suffit de ne pas perdre confiance dans le noyau sain du peuple, et tout ira bien.

Comme cela m'a ému d'entendre un homme d'affaires de l'envergure de Kirdorf me promettre certes tout son concours matériel pour le Mouvement, mais m'expliquer en même temps : On ne devait pas attendre de lui qu'il croie au succès du combat. Un peuple qui a subi un empereur comme Guillaume II était à son avis trop avachi dans sa couche dirigeante pour pouvoir connaître une renaissance. Que Kirdorf, dans son pessimisme, ait été trop défavorable à notre peuple, un fait le prouve : les anciens monarques et les lignées des anciennes familles régnantes ont été oubliés chez nous déjà de leur vivant. Qui se préoccupe par exemple aujourd'hui de Rupprecht de Bavière ! Combien peu de raison recèle la royauté, et comme il est court le chemin entre le trône et l'asile !

Seul le cas belge est problématique : Si on réussissait à expulser le roi belge moyennant une pension de mettons un demi-million et, à l'aide de cette mise au placard luxueuse, à le couler sur le plan politique, je ne pourrais que m'en réjouir. Le colonel allemand qui lui a été affecté comme officier de liaison a déjà été tellement bien embobiné par lui qu'il ne manquerait plus qu'une décoration de l'ordre de sa maison royale pour en faire un pantin patenté ! Quelle fierté eût montrée en la circonstance un colonel anglais, il n'y a qu'à penser au geôlier de Napoléon pour s'en faire une idée.

En Hollande Dieu merci les choses ont été plus simples, en grande partie parce qu'en la personne du prince de Biesterfeld un parfait crétin s'est trouvé sur le trône. Avant son mariage avec Juliana il est venu me trouver pour prendre congé et s'est conduit alors avec une servilité digne d'un gigolo. Deux jours plus tard il faisait déjà en public une déclaration selon laquelle dès son plus jeune âge il s'était senti hollandais[2].

Feu le prince consort, mari de la reine de Hollande Wilhelmine, était également un crétin typique coiffé d'une couronne. Il n'a pas eu honte de me pomper peu après la prise du pouvoir 7 millions et demi de florins contre l'assurance qu'il interviendrait

1. Ce texte complète un propos du 24 juillet, par lequel Hitler approuvait implicitement Himmler d'avoir découragé le nazi hollandais Mussert dans son espoir de constituer une armée locale. Il faut restaurer l'esprit militaire néerlandais, mais dans le cadre du grand Reich et de son mouvement SS.

2. Le prince Bernhard von Lippe-Biesterfeld (1911-2004) a épousé Juliana, fille de la reine Wilhelmine, le 7 janvier 1937. Il servait auparavant dans la SS. Il est en juillet 1942 pilote de guerre en Grande-Bretagne. Il a traité Hitler de tyran et exprimé son espoir en la victoire anglaise à la BBC le 25 juin 1940.

énergiquement en faveur d'un renforcement de l'influence allemande en Hollande.

Ce n'est pas seulement sur les trônes, mais aussi parmi les prétendus « dix mille supérieurs » que la sottise et la jactance se sont donné rendez-vous. Combien de fois j'ai dû défendre le Duce, en m'opposant à certains cercles de la société, par le rappel que sans lui l'Italie serait aujourd'hui communiste ! Et combien de fois ces mêmes cercles m'ont donné pour un homme mort ou blessé à mort[1] !

En ce qui concerne le Duce justement, le Reichsleiter Bormann a bien raison de parler, au vu de sa collection de photos, de l'immense popularité de cet homme. Pendant mon voyage en Italie une foule de détails m'ont prouvé combien il était populaire auprès de la majorité de son peuple. Mais il est incontestable que ce que le Duce et, sous sa direction, le fascisme ont accompli est inouï, que l'on pense indifféremment aux innombrables usines, aux constructions nouvelles d'écoles et d'hôpitaux ou aux réalisations coloniales. À ce propos il ne faut pas perdre de vue le délabrement de l'Italie lorsque le Duce a commencé. Cependant il a aussi vaincu le communisme en Italie non par la force militaire, mais seulement par une Idée. Il a le mérite d'avoir affronté pour la première fois de façon décisive la force intérieure du communisme et ainsi démontré au monde qu'on pouvait encore, même au XXe siècle, redonner à un peuple le sentiment national. C'est là un mérite d'une importance unique, tout comme on estimera un jour que le mien est principalement d'avoir préservé l'Europe du déferlement asiatique[2].

Ce qui cependant complique extrêmement le travail politique du Duce, c'est que ses droits ont été trop étroitement circonscrits par la Couronne. Ce n'est pas possible, quand un chef d'État doit conduire une nation, que l'armée prête serment à quelqu'un d'autre. De même une firme commerciale ne peut pas être dirigée de manière responsable par un chef d'entreprise si un autre possède une majorité d'actions et par là peut à tout moment mettre en question le pouvoir du chef.

Cela amène forcément une quantité de difficultés, si la législation de l'État et la force de l'État ne sont pas réunies dans une seule

1. Mais Hitler a fait le mort, souvent ! Il a littéralement mis en scène sa sous-estimation par les puissants, allemands ou étrangers, et se prévaut ici, sans le dire, du fait que ses ruses ont fonctionné. La Nuit des longs couteaux, où il se serait décidé la mort dans l'âme à exécuter une partie de l'élite nazie en raison d'un ultimatum de l'armée, est le meilleur exemple. On peut aussi citer les accords de Munich, lorsque des « raisonnables » de diverses nationalités auraient réussi à calmer un Hitler excité qui voulait ne faire qu'une bouchée de la Tchécoslovaquie… l'obligeant à en faire deux (les Sudètes en octobre 1938 et le reste en mars 1939).

2. Être un héros, c'est avant tout protéger l'humanité d'un fléau judaïque ou asiatique.

main. Quand nous autres Allemands émettons un jugement sur le Duce, nous devons être attentifs à tout cela[1]. En définitive, c'est au Duce que l'Allemagne doit que l'Italie ne soit pas, dans cette guerre, du côté des Alliés. Si les résultats de l'alliance avec l'Italie ne nous satisfont pas à tout point de vue, cela tient précisément au fait que le roi et la Cour ont des possibilités trop grandes d'emprise sur les forces armées et sur la vie de l'État. Même les préfets, encore aujourd'hui, sont nommés en Italie par le roi. Le Duce dit certes que cela ne lui fait aucunement peur, qu'il a pris ses précautions. Le danger, par exemple, que quelques préfets travaillent en sous-main contre lui est annihilé par le fait qu'il a toujours placé à ces postes ses meilleurs fascistes. Mais dès qu'un préfet change, il doit en un éclair faire une proposition, faute de quoi un membre de la camarilla de la Cour serait nommé sur ce poste.

Et à quel point cela importe, je l'ai moi-même mesuré à Rome. Je n'en croyais pas mes yeux, de voir avec quelle impudence la reine se conduisait devant le Duce et comme la camarilla se poussait toujours au premier rang. La nécessité de la Milice fasciste n'aurait pu être, pour moi, mieux démontrée. Quand je dis cela au Duce, il se contenta de rire et d'expliquer que certes dans ces conditions on ne pouvait pas se contenter de se débrouiller avec la seule force de la police d'État.

Au lieu de reconnaître que comme leurs collègues des États balkaniques ils seraient, en cas de victoire du bolchevisme, pendus ou brûlés par les rouges, et en conséquence d'être aux petits soins pour le Duce, les dix mille de l'élite italienne s'ingénient à lui créer, dans son combat contre le bolchevisme, une difficulté après l'autre. À quel point ils se font ainsi les fourriers du communisme, ils s'en rendent visiblement aussi peu compte que les veaux dont on dit : « Les veaux les plus stupides choisissent eux-mêmes leur boucher[2]. »

26 juillet, midi[3]

La présence de gisements de pétrole dans le Caucase, dans les environs de Vienne et dans le Harz, fait penser à l'existence d'un

1. Une nouvelle fois, le discours anti-italien récurrent non seulement épargne le Duce, mais est compensé par son éloge.

2. Ce nouveau discours sur l'Italie résume bien les différentes facettes, pour Hitler, de la question. Le mérite de Mussolini est grand, mais essentiellement rétrospectif. Il a préservé l'Europe du communisme en montrant qu'il était possible de lui résister par la réconciliation de la classe ouvrière et de la nation, dessinant un modèle qui a inspiré l'Allemagne. Mais en ne voulant ou en ne pouvant dominer la Cour et l'aristocratie, il s'est lié les mains et a plutôt enseigné à Hitler ce qu'il ne fallait pas faire. Cela suggère que pour le présent l'Italie est un allié peu utile et pour l'avenir, en cas de nouveaux revers militaires, peu sûr.

3. Tout ce passage est inconnu de Picker et ne se trouve donc que chez Genoud, sans qu'il soit possible de vérifier la traduction.

filon dont on aurait sous-estimé l'importance[1]. Il n'y a pas lieu de s'en étonner. Comme dans le cas du minerai, les trusts auraient immédiatement acheté les terrains pétrolifères nouveaux avec l'intention de ne les exploiter que dans la mesure où cela ne contrarie pas leurs intérêts, leur but principal étant d'empêcher que d'autres puissent les exploiter. À ce sujet, il faut savoir gré aux Soviets d'avoir supprimé les monopoles et éliminé les intérêts privés. C'est ce qui leur a permis d'organiser sur tout leur territoire la prospection et l'extraction systématique du pétrole, en établissant sur les cartes de grands tracés d'ensemble afin d'orienter constamment les recherches. De cette façon, ils ont rendu visibles les filons d'or noir actuellement repérés et exploités, complétant ce travail par des forages de contrôle exécutés aux frais de l'État. Nous avons dans ce domaine beaucoup à apprendre d'eux[2].

Que n'eussions-nous pu tirer des sources de la région de Vienne, si l'État s'était préoccupé à temps de leur exploitation[3] ! Avec les puits de Roumanie et du Caucase[4], cela nous ôterait tout souci pour l'avenir immédiat. Il ne faut pas oublier toutefois que les ressources pétrolières ne sont pas inépuisables. C'est la raison pour laquelle, aujourd'hui comme hier, je demeure un partisan convaincu de l'utilisation des gazogènes pour toutes les voitures des services publics, en particulier celles du Parti.

Si je lutte pour cela, c'est non seulement par esprit de prévoyance, mais avec l'idée d'abaisser le prix de revient des transports. Le parcours effectué avec un litre d'essence à 40 pfennigs ne coûte que 12 pfennigs en utilisant le gazogène. Dans les pays nordiques, en particulier en Finlande, on dispose de charbon de bois à profusion. Chez nous c'est le lignite. En Ukraine ce sont les agglomérés à base de paille, car là-bas d'inouïes quantités de paille pourrissent chaque année sur place.

26 juillet, après le dîner[5]

(Après le dîner, le Führer aborde la question des liens entre les dirigeants du Parti, de l'État et de la Wehrmacht et demande à Bormann

1. Le 5 juillet précédent, Hitler fantasmait un renouvellement automatique du pétrole dans les entrailles de la terre ; à présent, le voilà imaginant que plusieurs gisements très éloignés pourraient former un « filon ».

2. Ainsi, les Slaves bolchevisés ne seraient plus des Juifs inaptes à toute besogne utile et de purs ferments de décomposition ?

3. Est-il nécessaire de préciser qu'après 1945, dans les périodes où le prix du pétrole justifiait les plus coûteuses recherches, l'Autriche n'est pas devenue un pays producteur de cette denrée ?

4. Ici la peau de l'ours est carrément vendue, alors que le groupe d'armées A est encore à plus de 500 kilomètres de Bakou.

5. Picker introduit ainsi ce passage : « Le Reichsleiter Bormann a fait rédiger la remarque suivante pour transmission immédiate au ministre de la chancellerie du Reich Lammers.

Quartier général du Führer, le 26 juillet 1942 »

si on s'occupe présentement de faire qu'aucun député au Reichstag ne siège au conseil d'administration d'une entreprise privée. Le Reichsleiter Bormann répond que l'ordre n'a pas été donné d'emblée, mais sera répercuté à la fin de la guerre. Il propose que le Dr Lammers fasse un point précis sur la situation dans son prochain exposé. Le Führer, qui se refuse à croire que son instruction à ce sujet ne soit pas encore passée dans les faits, ajoute :)

Aucun serviteur de l'État ne doit posséder d'actions. Aucun Gauleiter, aucun MdR[1], aucun dirigeant du Parti, etc. ne doit plus à l'avenir être membre d'un conseil d'administration, sans qu'on tienne compte du fait qu'il y siège ou non. Car même si l'intéressé, faisant abstraction de ce lien, se conduit comme un pur Caton, s'il ne sert et ne représente que les intérêts de l'État, la population n'aura pas confiance en lui. Dans l'ancien système économique, les grandes entreprises économiques n'auraient pas pu s'en sortir sans avoir des agents dans l'État. C'est pourquoi elles avaient introduit dans leurs conseils d'administration et dans d'autres postes rémunérés des députés, des hauts fonctionnaires ou des aristocrates, et elles récupéraient par une ou deux grosses commandes de l'État les sommes qu'elles leur versaient en tantièmes, gratifications de directeurs, etc. La Compagnie des vapeurs du Danube, par exemple, payait chaque année aux 12 députés qu'elle avait fait entrer dans son conseil de surveillance 80 000 couronnes par tête et récupérait plusieurs fois ce million par les moyens de pression que cela lui donnait pour éliminer toute concurrence, aux dépens de l'État. Il faut en conséquence empêcher par principe que des députés, des hommes du Parti ou des fonctionnaires se laissent manipuler par des intérêts économiques.

Le peuple a devant ce genre de chose le nez particulièrement fin. Je suis donc heureux de m'être décidé, lorsque je voulus devenir propriétaire et eus le choix entre ma résidence actuelle de Berchtesgaden et une exploitation agricole à Steingaden, pour le Berghof. Car sous peine de compromettre la rentabilité du bien, j'aurais dû l'investir moi-même dans la production du célèbre fromage de Steingaden. Alors, quand pour quelque raison ridicule le prix du fromage aurait

1. Membre du Reichstag.

augmenté, on aurait dit aussitôt : Rien d'étonnant, le Führer est personnellement intéressé au prix du fromage[1] !

(Le maréchal Keitel corrobore cette déclaration par un petit fait concernant Vita-Milch, une firme fortement favorisée par l'État sous l'ancien ministre de l'Agriculture Hugenberg. Lorsque les camions de lait sortaient de ses propriétés pour vendre son lait avec d'ostensibles inscriptions publicitaires en faveur de Vita-Milch, on faisait un peu partout des remarques sur le fait qu'il voulait clairement utiliser l'action du Reich pour favoriser son propre commerce du lait.)

Également un serviteur de l'État qui quitte ses fonctions n'a pas le droit de passer dans une firme privée avec laquelle il avait des rapports de service. C'est évidemment pour ses relations, et non par exemple pour ses compétences industrielles ou économiques, que le secteur privé l'appelle. Si ce n'était pas le cas, les directeurs de cette sorte ne seraient pas payés 36 000 marks ou plus. Ce n'est que par le travail de toute une vie qu'un homme qui s'est élevé par lui-même dans l'entreprise peut accéder à un poste de directeur et – si le sort lui est particulièrement favorable – qu'à un âge avancé qu'il peut jouir d'un pareil revenu. Rien que par là on voit combien cette situation est immorale.

L'industrie est tapie derrière de telles relations comme le diable derrière une âme juive[2]. D'où le fait que si on tolère qu'un Gauleiter se laisse manipuler par des intérêts économiques en tant que porteur d'actions ou membre d'un conseil d'administration, on ne pourra pas empêcher que des Kreisleiters ou des bourgmestres suivent la même voie. Ce sera le début de la corruption.

Pour toutes ces raisons, il faut faire en sorte qu'un serviteur de l'État qui a placé son patrimoine dans des paquets d'actions le place désormais en obligations d'État. Il en allait ainsi – comme le maréchal Keitel le rappelle fort justement – dans l'ancienne armée. Même l'officier de la vieille armée impériale n'aurait pu placer dans des obligations industrielles ni son patrimoine ni la dot de sa femme, mais il n'avait le droit d'acheter avec que des titres recommandés par l'État, pour toutes valeurs en papier. À juste titre ! Car ce n'est qu'ainsi qu'était garanti que l'officier, comme tout fonctionnaire

1. Cette hésitation entre le Berghof et une ferme en plaine n'a pas laissé d'autres traces, alors que, dans les Propos comme dans une documentation par ailleurs abondante, la genèse et la précocité du choix de l'Obersalzberg s'étalent. Il s'agit là très probablement d'une fausse fenêtre à finalité pédagogique, pour ériger la vie privée du Führer en parangon d'incorruptibilité.

2. Belle formule et belle illustration du fait que pour Hitler, après des années d'aryanisation de l'économie, et de ghettoïsation puis de déportation et d'assassinat des Juifs allemands, le Juif rôde encore par son esprit et la vigilance ne doit pas se relâcher.

d'État, liait ses intérêts privés uniquement à ceux de l'État. En définitive, l'État n'est pas là pour hisser quelqu'un dans une position élevée qui mette à sa disposition une foule de relations, et observer ensuite comment l'intéressé vole de ses propres ailes.

(L'amiral Krancke demande quel sera le traitement d'un serviteur de l'État qui fait une découverte.)

Si un fonctionnaire fait une invention révolutionnaire, elle sera simplement achetée par l'État, et il recevra de l'État un dédommagement approprié, sous forme de rente.

(Nouvelle question de l'amiral Krancke : doit-on permettre l'entrée dans une entreprise privée d'un officier en retraite ?)

Je doute qu'un commandant en retraite soit seulement capable de tenir avec succès dans le privé un poste de comptable. Lorsque des officiers ont été versés dans l'économie de marché après la Première Guerre mondiale, nous avons eu assez d'expériences négatives. Du reste, on doit parmi les hommes qui quittent le service de l'État distinguer ceux qui sont congédiés pour incapacité et ceux qui le font pour entrer dans une entreprise.

Pour empêcher qu'un serviteur de l'État envisage un jour de passer dans le privé, il faut éviter que pour les grosses commandes de l'État se constituent des monopoles. Pour les grosses commandes de l'État, il faut toujours qu'il y ait en concurrence trois ou quatre firmes. Ce n'est qu'ainsi qu'on peut empêcher que les serviteurs de l'État qui ont à traiter des affaires se voient offrir des ponts d'or par certaines firmes. Pour la même raison il faut faire en sorte que dans l'attribution des grosses commandes ce soit un consortium qui décide et que ses membres soient changés souvent. Au bureau de l'armement par exemple il faut toujours faire venir des gens du front qui n'aient aucune relation avec l'économie. Et il faut les changer si on cherche à les influencer par toutes les invitations possibles – à la chasse particulièrement. J'insiste sur la chasse sous ce rapport, parce qu'elle a pour un officier le même attrait qu'un anneau de diamants pour une femme. L'économie privée le sait bien, car son raffinement corrupteur s'appuie sur une expérience incroyablement vaste. Ainsi seulement s'explique que l'économie, dans ses tentatives

de corruption, fonce aussi hardiment. Même à moi on a cherché un jour à soutirer une signature en me faisant miroiter un paquet d'actions – pour une cause humanitaire !!! – et à partir de cette signature du Führer on aurait ensuite au moyen d'une publicité habile récolté des sommes énormes. L'alchimiste Tausend, tirant parti du fait que Ludendorff était tombé dans le panneau et avait autorisé l'usage de son nom en relation avec des recherches sur la fabrication de l'or, avait soutiré à un petit groupe d'industriels pas moins de 3 à 4,5 millions, dont à lui seul Herr Mannesmann avait déboursé 900 000[1].

À lui seul, le fait qu'un officier de l'envergure de Ludendorff ait été la proie de toutes sortes de charlatans et d'affairistes prouve qu'il n'est pas opportun de lâcher dans l'économie privée un officier renvoyé pour incapacité. Dans la tentative de Ludendorff de fonder un journal avec le capitaine Weiss[2] également, l'incapacité de l'officier en affaires s'est fait jour tout autant.

Comment ça se passe dans la sphère économique, on le constate en voyant que même un homme d'affaires comme Roselius[3], qui retire du café la caféine, la vend chèrement pour la fabrication de médicaments et de produits chocolatés et vend quand même son café décaféiné plus cher que le normal, même un homme comme lui s'est fait posséder par un charlatan qui prétendait tirer d'une eau boueuse, par un procédé naturel, la meilleure des eaux potables. Roselius m'a amené l'homme peu après la prise du pouvoir. Pour cela je m'étais hélas laissé forcer la main par des prières répétées de Roselius. Mais dans l'« inventeur » j'avais dès ses premières phrases reconnu un escroc[4], et je le mis dehors.

C'est alors précisément que le ministre des Cultes est tombé sur un autre prétendu inventeur, qui se faisait fort de pouvoir fabriquer de l'essence avec du charbon et de l'eau. Keppler également s'est laissé mener en bateau pendant trois quarts d'année par ce coquin, qui lors de ses expériences apportait à ses croyants de l'essence. Quand la situation est devenue pour lui critique, il a cherché à obtenir du Reichsführer SS un sauf-conduit. Mais le Reichsführer – qui avait d'abord lui-même ajouté foi à la chose – le fit installer au camp

1. La firme Mannesmann, spécialisée dans la fabrication des tubes d'acier, est l'une des plus productives au monde dans ce domaine. Le prétendu alchimiste Franz Tausend (1884-9 juillet 1942) vient de mourir au cours de sa seconde incarcération, la première peine ayant été purgée de 1929 à 1933. Si cette première condamnation était consécutive aux extorsions de fonds qu'il avait fait subir à Ludendorff et à des industriels en se prétendant capable de fabriquer de l'or, la seconde faisait suite à de menus larcins qu'il faisait pour survivre après sa libération, plus personne ne le prenant au sérieux. À moins que... Le bruit court que Himmler s'était laissé aller à croire en ses pouvoirs et lui avait donné une nouvelle chance. Un seul témoin corrobore cette affirmation, mais il est de poids puisqu'il s'agit d'Adolf Eichmann, écrivant ses mémoires en 1960-1961 dans une prison israélienne. On a mis son témoignage en doute au motif qu'après tout ce temps il avait pu confondre ce cas avec celui de Heinrich Kurschildgen, évoqué deux fois par Hitler (cf. *supra*, t. 1, entrées du 12 novembre 1941 au soir et du 27 janvier au soir) en passant charitablement sous silence la naïveté de son propre Reichsführer SS. Mais c'était du pétrole que Kurschildgen prétendait fabriquer et, outre la difficulté de confondre l'or noir et le métal doré, Eichmann a une bonne raison de ne pas se tromper sur le nom, qui signifie « mille » et dont il dit qu'il était « remarquable » : « *Dieser Goldmacher hiess merkwürdigerweise Tausend* ». Cf. Franz Wegener, *Der Alchemist Franz Tausend. Alchemie und Nationalsozialismus*, Gladbeck, Kulturförderverein Ruhrgebiet, 2006, p. 116-151. Eichmann ne dit d'ailleurs pas que les expériences aient eu lieu dans un camp de concentration, mais au contraire que Himmler avait fait aménager un petit laboratoire dans une cour où le personnel de l'état-major du SD faisait ses entraînements quotidiens. En rapprochant ces mémoires et le présent propos, on peut considérer que l'hypothèse du meurtre dans sa cellule d'un escroc qui avait dupé le chef SS est au moins plausible.

2. Wilhelm Weiss (1892-1950) était l'un des principaux cadres de la presse nazie. Il avait notamment succédé à Rosenberg en 1938 à la rédaction en chef du *Völkischer Beobachter*. Cette tentative infructueuse de lancer un journal avec Ludendorff doit dater du bref compagnonnage du général avec les nazis (1922-1924).

3. Ludwig Roselius (1874-15 mai 1943) avait profité de sa réussite dans la fabrication et le commerce du café pour devenir l'un des principaux mécènes allemands.

4. L'honneur est sauf : la direction suprême de l'Allemagne ne s'est jamais laissé prendre une seconde aux boniments d'un charlatan !

de concentration, afin que, jusqu'au succès de son invention, il ait dans cette sympathique atmosphère du temps et des loisirs pour mener ses expériences[1].

(Si de telles escroqueries sont possibles chez nous, dit le Reichsleiter Bormann, qu'est-ce que cela doit être aux États-Unis!)

La force de l'Allemagne se trouve dans le fait que les hommes du Parti, de l'État et de la Wehrmacht n'ont aucune participation dans des entreprises privées. Celui de ces hommes qui a encore aujourd'hui des liaisons de cette sorte doit donc se décider clairement : soit il renonce à ces liens, soit il doit quitter ses fonctions officielles[2].

27 juillet, le soir

(L'ambassadeur Hewel dit avoir appris par le commissaire de la ville voisine qu'un grand nombre de Russes se présentent aux heures ouvrables à son bureau pour obtenir des permis de circuler. Manifestement ils veulent se rendre en Crimée. Certains sont venus de Leningrad avec femme et enfants. Le Führer explose :)

C'est un comble ! Je veux dégarnir la Crimée pour y faire venir des colons allemands et les Kommandanturs locales tamponnent des permis de circuler pour se rendre en Crimée à toutes sortes de Russes ! Et c'est par hasard qu'on apprend une telle énormité !

S'est-on déjà demandé pourquoi une grande partie de la population indigène se déplace ? D'abord il y a naturellement l'attrait pour le Sud. Ils savent aussi qu'il fait plus chaud en Crimée que dans le nord de la Russie, d'autant plus que leur garde-robe est réduite et que le dernier hiver a été dur. À cela s'ajoute qu'ils ignorent l'attachement au sol natal du paysan allemand. Déjà au temps des tsars des millions d'hommes arpentaient ces régions. L'espoir d'échapper à l'impôt n'était pas le moindre de leurs mobiles, si bien que l'émigration commençait toujours quand les collecteurs du tsar débarquaient dans les villages.

Si on veut juger correctement la mentalité de la population indigène dans les territoires occupés de l'Est, on ne doit jamais perdre

1. À présent, Hitler se permet d'égratigner un peu Himmler, tout en laissant entendre qu'il s'est vite ressaisi. Autre détail nouveau et intéressant : la mise en cause du ministre des Cultes Hans Kerrl, dont Hitler avait brocardé en décembre précédent, à l'occasion de sa mort subite à Paris, la politique trop molle envers les Églises (cf. *supra*, t. 1, entrée du 14 décembre). Cette façon de lui mettre de nouveaux péchés sur le dos ressemble à un hallali contre le christianisme.

2. Ce discours, si l'on considère l'ensemble des deux tomes, est celui qui ressemble le moins à un propos de table et le plus à la dictée d'une consigne destinée à une application immédiate et générale, *via* Bormann et Lammers. Cette manière de réformer précipitamment l'administration civile d'un pays en guerre est tout à fait insolite. Elle exprime sans doute une crainte, qui tourne à la panique, que les milieux patronaux trouvent pendant une débâcle le moyen de réinvestir l'État pour mettre fin au nazisme ou, ce qui pour Hitler reviendrait au même, le réorienter en fonction de leurs intérêts étroits. Mais cette crainte n'est pas exclusive d'un espoir : celui d'une victoire rapide si la réorganisation de l'offensive à quitte ou double décidée trois jours plus tôt (par la directive n° 45 ; cf. Nicolas Bernard, *La guerre germano-soviétique, 1941-1945*, Paris, Tallandier, 2013, p. 261 sq., et *infra*, conclusion du tome 2) débouchait sur une installation solide dans le Caucase. Il faudrait alors aménager au pas de course le grand espace, notamment par la création d'un oléoduc Caucase-Allemagne dont les tubes seraient en grande partie fournis par Mannesmann : cet énorme marché offre une autre raison de trancher d'urgence les liens qui pourraient subsister entre les agents de l'État et les milieux d'affaires, tout en dénigrant Mannesmann au passage.

de vue qu'il s'agit là d'une foule de nomades, que l'instinct de vagabondage existe chez les individus comme dans leurs troupeaux et qu'également ils quittent un coin de terre quand il a été pâturé, cherchant ailleurs une meilleure verdure. Ce n'est qu'ainsi qu'on peut comprendre que les Russes abandonnent même un objet aussi précieux qu'une brouette, quand elle gêne leurs déplacements.

On doit appliquer les talents allemands d'organisation à faire cesser ces migrations, et le goût de voyager passera aux indigènes. J'imagine très bien l'apparition soudaine de livrets de voyage, à faire tamponner dans des endroits précis, puis l'interdiction d'emprunter certaines voies, et l'obligation d'emprunter certaines autres[1], etc. Pour couronner le tout, on se crêpera le chignon en Allemagne pour savoir quels bureaux réguleront le nomadisme : les autorités militaires, les services politiques ou bien, devant le risque qu'un vagabond un jour franchisse la dernière borne-frontière de l'immense Reich de l'avenir[2], les Affaires étrangères[3].

28 juillet, midi

(On se demande si un silo contenant 100 000 tonnes de céréales tombé entre nos mains à Morosowskaia[4] doit être vidé et les céréales envoyées en Allemagne ; cela représenterait deux millions de sacs et par conséquent 40 millions de pains de 7 livres.)

Cent millions, cela me rappelle un combat que j'ai dû livrer comme un lion pour que cette quantité soit allouée aux Souabes afin qu'ils continuent à disposer de leurs spätzle[5].

Je ne suis pas du tout partisan d'une distribution uniforme des vivres dans tout le Reich. C'est qu'il faut être raisonnables, laisser aux Souabes leurs spätzle et aux Munichois leur bière, donner aux Viennois un supplément de vrai café et avant tout du pain blanc, et plus de charcuterie aux Berlinois. Car c'est ainsi, le moral de la population dépend largement de telles attentions à leurs habitudes de vie.

Quant aux céréales de Morosowskaia, je considère que le mieux est de les enlever et d'en faire bénéficier les ouvriers employés aux travaux les plus pénibles dans l'ancien Reich.

1. Hitler se montre ici expert en persécution progressive, ce qui suggère fortement qu'il a personnellement prêté la main à l'évolution des mesures de cette sorte prises en Allemagne entre 1933 et 1939, puis dans les territoires occupés par la suite.

2. Il n'est pas aisé de renoncer à un rêve aussi vaste !

3. Hitler se moque lui-même de la « polycratie » dont certains observateurs ont fait l'alpha et l'oméga de son régime, en oubliant trop souvent son propre rôle. Ici, il édicte une loi sur le contrôle d'une population et compte laisser divers services s'en disputer l'application.

4. Une bourgade soviétique à 80 kilomètres de Stalingrad.

5. Il s'agit de pâtes alimentaires qu'on fabrique chez soi en Souabe et dans les régions environnantes de France, de Suisse, d'Autriche occidentale et d'Italie alpestre.

29 juillet, midi

Pendant la Première Guerre mondiale, il fallut attendre 1918 pour que l'armée libère les 80 000 ouvriers nécessaires pour construire des sous-marins, tandis que le nombre des ouvriers que nécessitait la production des chars d'assaut fut refusé encore en 1917[1].

La direction militaire de la guerre de 1914-1918 a commis là une faute capitale, en se privant d'une amélioration de la technique guerrière permettant d'économiser les effectifs humains. Mais c'est la clé du succès dans toutes les guerres, de posséder toujours l'arme techniquement la meilleure.

Il s'agit aujourd'hui pour nous de conserver notre avance dans le domaine technique, qui jusqu'ici a rendu possibles nos grands succès. Ainsi pourrons-nous aussi poursuivre la guerre avec seulement un tiers des pertes que l'ennemi prétend nous infliger et la terminer victorieusement.

Du même point de vue, c'est aussi une folie de conserver dans la Wehrmacht pour un service armé les ouvriers qualifiés pour la construction des sous-marins. Le résultat qui s'ensuit, c'est que faute de sous-marins nous ne pouvons pas empêcher d'arriver à Arkhangelsk un convoi anglais de 1 000 Panzer et plus, et d'autant d'avions. Il faut alors affronter ce matériel avec l'armée de terre et la Luftwaffe dans de sanglants combats singuliers, ce qui nous vaut la perte de x fois la quantité de travailleurs nécessaire pour construire des sous-marins.

Si pendant la Première Guerre mondiale, sur les 2 millions de soldats morts nous en avions retiré 500 000, par exemple après la bataille de Cambrai, pour les affecter à la fabrication des blindés et particulièrement des chars, à coup sûr le nombre des tués n'aurait pas dépassé le million. Là-dessus il faut en outre avoir à l'esprit que la mort est une affaire de quelques minutes tandis qu'un ouvrier qualifié peut forger pendant 365 jours par an les armes les plus abouties de son temps et épargner ainsi à des centaines de soldats le sacrifice de leur sang.

1. Le 15 mai, cette pénurie de main-d'œuvre due à la frilosité du commandement avait été présentée comme décisive dans l'issue de la guerre : une façon de suggérer qu'arc-boutée contre le reste du monde l'Allemagne avait été à deux doigts de vaincre, ce qu'elle devrait donc faire maintenant qu'elle a des alliés, et se situe en tous domaines à la pointe de la technique. Ici affleure une sous-estimation dangereuse des ingénieurs adverses et de leur mobilisation, qui va engendrer dans bien des domaines une supériorité technique lors des débarquements de 1944.

Aussi cruciale que la fabrication des sous-marins est du reste celle des dragueurs de mines. Car sans les dragueurs de mines les transports de minerai depuis la Suède ne peuvent plus conserver tout leur volume car les Anglais ont miné les parcours nécessaires en jouant le tout pour le tout. La conséquence d'une pénurie de dragueurs de mines est donc une réduction des approvisionnements en minerai pour les usines d'armement, et doit être comparée à une augmentation des tués sur le front.

En outre, si en n'augmentant pas le nombre des dragueurs de mines nous permettons aux Anglais de miner les routes importantes nécessaires à nos sous-marins, les mines anglaises seront pour nos sous-marins aussi un grand danger. La construction de dragueurs de mines et la mise à disposition des travailleurs nécessaires sont donc une obligation aussi forte que la libération des travailleurs spécialisés pour la construction des sous-marins nécessaires.

Enfin, en détachant ces affectés spéciaux, nous ne devons pas oublier que, plus il y aura de sous-marins et de dragueurs de mines en service, et plus il faudra en réparer. Pour cela aussi il faudra libérer des forces de travail – afin que ces armes puissent garder leur plus haut niveau d'efficacité[1].

29 juillet, le soir

Le monument à la gloire des sous-marins, à Laboe, avec sa proue de navire renversée, est absolument kitsch. Nous pouvons nous réjouir d'avoir trouvé pour la figuration symbolique en pierre de cette guerre, en la personne du professeur Kreis, un artiste dont les projets pour les monuments à construire sur chaque champ de bataille sont véritablement saisissants[2].

(Bormann montre au Führer des photos des œuvres exposées à la biennale de Venise.)

Cela rappelle fortement les réalisations de l'« art dégénéré », que je ne considère pas seulement comme des ratages techniques, mais comme des pâtés presque incroyables.

1. La question des affectés spéciaux – les travailleurs, en général industriels, mobilisés sur leur lieu de travail – se pose dans tous les pays qui font la guerre avec des armées de conscription et le pouvoir civil peine souvent à convaincre les chefs militaires de renoncer à une partie de leurs effectifs. Or Hitler passe beaucoup de temps avec ses généraux et c'est surtout à eux qu'il devrait tenir ce langage. Il le fait sans doute, et aborde ici la question pour souligner que les affectés spéciaux ne sont pas des lâches, qu'ils participent comme les autres à l'effort de guerre et qu'ils protègent par leur production les camarades du front. Il se prépare aussi des excuses et des boucs émissaires pour le moment où la production d'armes baissera, faute de minerai de fer.

2. Il s'agit de Wilhelm Kreis, l'architecte chargé de la Soldatenhalle dont il a été question le 12 mai.

Pour juger cette exposition, il est également caractéristique que d'après un rapport que j'ai devant moi le public ait ri bruyamment devant certaines œuvres. Cela n'arrive pas dans l'exposition de la Maison de l'art allemand à Munich.

Dans l'exposition de la Maison de l'art allemand à Munich, parmi les 10 000 à 12 000 envois 1 200 œuvres ont été retenues, toutes sans exception de premier ordre. La sévérité de la sélection est garantie par le fait que ce ne sont pas des artistes qui y procèdent, mais des hommes comme le professeur Hoffmann et le directeur Kolb[1]. Les artistes ont trop tendance à accepter pour l'exposition des œuvres de moindre valeur, pour faire briller les leurs par contraste.

Mais l'intérêt de l'exposition de la Maison de l'art allemand à Munich ne tient pas seulement au fait que tous ceux qui acquièrent une œuvre peuvent l'accrocher dans leurs demeures avec la conscience tranquille, mais en outre au fait qu'elle contribue à éduquer les artistes. Du fait que je ne démords pas du point de vue qu'un prétendu artiste qui envoie quelque croûte est soit un filou qui a sa place en prison, soit un fou qui a sa place à l'asile ou encore, en cas de doute, doit être recyclé dans un camp de concentration pour s'habituer à un vrai travail, cette exposition est, pour les bons à rien, un véritable épouvantail[2].

1er août, le soir[3]

(Conversation générale sur un livre, Juan in Amerika[4], *que Bormann avait donné à lire au Führer quelques jours auparavant. L'ambassadeur Hewel souligne que non seulement en Amérique, mais aussi en Angleterre, le public gobe tout ce qu'on lui raconte et que c'est encore plus stupide.)*

Cela me rappelle le meeting de Haeuser[5] auquel j'ai assisté à Stuttgart. C'était tout à fait la même chose ! Le drôle, un idiot qui relevait soit de l'asile soit de la prison, traitait les auditeurs de bœufs, de porcs, de bétail, et il y avait pourtant là des gens des plus sérieux ! À Munich Haeuser avait obtenu 29 000 voix car on s'était imaginé

1. Le photographe de Hitler et le directeur de la Maison de l'art allemand, Karl Kolb.

2. Hitler plaisante sans doute un peu, mais de tels avis donnés à un moment crucial de la guerre inciteront bel et bien ses subalternes à user, pour orienter la culture, d'instruments répressifs tels que la prison, le camp et l'hôpital psychiatrique.

3. À partir de cette page et jusqu'à la fin, le texte allemand de référence est celui de l'édition Jochmann (Hambourg, 1980).

4. Un roman d'Eric Linklater (1899-1974) centré sur la fameuse prohibition de l'alcool aux États-Unis dans les années 1920.

5. Philipp Haeuser a déjà été évoqué dans les Propos, le 3 février au soir.

que son Haeuser Partei représentait les intérêts des propriétaires ; le chancelier du Reich Stresemann[1] n'en avait obtenu que 27 000.

(Keitel dit qu'il en va de même chez nous avec les Témoins de Jéhovah.)

Il faut éradiquer cela ! Si la société capitule devant des tendances asociales de ce genre elle se décompose, tout simplement. On ne peut pas tolérer cela. Dans toutes les sociétés animales c'est déjà la règle, que les éléments asociaux soient éliminés. Autrement on peut revivre ce qu'on a dû vivre en 1918, que la faiblesse de ces éléments se retrouve en position de force[2] !

En général les opérations militaires cessaient à l'Ouest fin novembre, début décembre, ensuite elles étaient toujours à l'arrêt. Nous avons encore eu des combats fin octobre, le 27 ; ensuite il se mit soudain à pleuvoir ou à neiger et l'affaire était noyée. Si on réfléchit à ce que nous avons derrière nous à l'Est, les autres n'en ont pas l'expérience ! On s'étonne que les Anglais parlent toujours d'une offensive de printemps en mars. Mais c'est que chez eux en mars c'est le printemps !

En soi c'est naturel : Grâce à l'empire, l'Angleterre est devenue un pays de seigneurs ; autour de la demeure seigneuriale de campagne, le vide géant du parc !

À coup sûr, la masse accepte là-bas avec crédulité ce qu'on lui dit ; mais on entend à présent aussi beaucoup de voix qui critiquent les fausses nouvelles. Le gouvernement se justifie en disant que, eu égard à nous autres, c'est ce qu'il faut dire. Une grande partie des intellectuels anglais disent : nous menons la guerre avec le bluff ! Ils se figurent que cela peut nous intimider. En 1939, à l'automne, ils ont déclaré qu'ils avaient déjà plus d'un million de soldats en France ! J'avais compté avec 35 à 40 divisions. Alors qu'ils en avaient là de 12 à 15, soit environ 350 000 hommes ! Mentir ainsi nous était impossible. Je ne pouvais pas me figurer que dans un communiqué militaire allemand on glisse sciemment des contre-vérités. C'est ce qu'ils font froidement ! On voit bien aussi maintenant à quel point ils enfument leur propre peuple[3] !

1. Erreur : Stresemann, ministre des Affaires étrangères du 13 août 1923 à sa mort, le 3 octobre 1929, n'avait cumulé ce poste avec la chancellerie que pendant les premiers mois (du 13 août au 23 novembre 1923), en dehors de toute période électorale.

2. Le thème de l'élimination nécessaire des « asociaux » pour éviter un nouveau novembre 1918 revient de plus en plus fréquemment.

3. Chez Hitler, la dénonciation des mensonges adverses, tous inspirés directement ou indirectement par les Juifs, induit, de façon implicite ou explicite, le droit et même le devoir d'être soi-même malhonnête.

À lire des descriptions américaines, l'Amérique a les meilleurs renseignements qui soient, les meilleures méthodes de guerre, et tout ce qu'on veut. Quand on lit un livre comme celui sur l'Amérique : ils sont bêtes comme des poules[1] ! La surprise sera un jour d'autant plus grande. L'ébranlement sera énorme quand tout ce château de cartes s'effondrera ! En Asie de l'Est c'est déjà fait[2]. Pourquoi un tel peuple se battrait-il ? Ils ont déjà tout ! Mais le goût de la guerre leur passera vite quand les individus seront contraints de réduire toujours plus leur train de vie[3] !

Il est difficile de parler avec un Américain. Il dit : Regardez combien un travailleur est payé chez nous ! Oui mais prenons maintenant le revers de la médaille. Un travailleur dans une entreprise gagne ses 80 dollars. Mais celui qui est hors de l'entreprise ne gagne rien. Ils ont 13 millions de chômeurs[4]. J'ai vu des images de logements construits par des déshérités avec des bidons d'essence et des choses analogues, et ce n'est pas loin de l'image offerte par les caves misérables des villes industrielles bolcheviques[5].

Par comparaison, notre niveau de vie est inférieur. Mais le Reich possède 270 scènes d'opéra : toute cette vie culturelle, qui là-bas n'existe pas ! Ils ont les vêtements, la nourriture, les voitures et un logement mal bâti, avec un frigo dans l'habitation. Pour nous impressionner, c'est comme si je voulais juger de la culture du XVIe siècle par les latrines de l'époque ; à l'époque on ne plaçait pas là la valeur autant qu'à d'autres endroits[6] !

Il y a quelques jours j'ai lu un autre livre, un livre sur l'Espagne. Ce que l'Espagnol met le plus haut, l'Américain l'ignore et l'Espagnol ne sait rien de ce qui intéresse l'Américain. Au fond les Américains vivent comme des cochons dans une étable carrelée[7] !

(Bormann parle des cadeaux que Franco fait à l'Église, par lesquels il augmente presque chaque jour le pouvoir de celle-ci.)

En Bavière, c'était exactement pareil ! Held[8] a donné des forêts à l'Église pour une valeur de 30 à 40 millions, forêts qui étaient revenues à l'État au moment de la sécularisation. L'Église s'entendait à équilibrer l'en deçà et l'au-delà. Les pauvres croyaient qu'ils devaient rester pauvres, eux et leurs enfants et les enfants de leurs

1. Le roman satirique de Linklater pris pour argent comptant dans une estimation du potentiel américain : on se console comme on peut !

2. Donc MacArthur, qui en mars a quitté les Philippines pour l'Australie et clamant : « je reviendrai », n'est qu'un minable bluffeur. Ce que l'Occident a cédé aux Japonais l'est définitivement, et annonce de nouveaux abandons.

3. Hitler manœuvre verbalement en recul : les Américains montrent une combativité qui le surprend (sans qu'il l'avoue), mais patience : ils n'ont pas encore compris que les frais de la guerre allaient se répercuter sur leur niveau de vie et, dès qu'ils le constateront, leur combativité baissera.

4. Exagération ahurissante : il s'agit du chiffre de 1932, à l'apogée de la crise. Après une forte baisse pendant le premier mandat de Roosevelt, le chômage est remonté pendant le second aux alentours de 10 millions, puis les commandes de l'Europe en plein réarmement ont fait redémarrer l'activité, dès avant la guerre. Et Hitler devrait s'en douter puisque dans son propre pays le réarmement avait absorbé rapidement les excédents de main-d'œuvre.

5. Même inexactitude : Hitler se rassure, vraiment à bon compte, en faisant défiler dans son esprit les images classiques de la misère américaine au plus fort de la crise. Jusqu'à identifier quasiment le niveau de vie des États-Unis à celui de l'URSS.

6. Pour couronner le tout, un tableau sans nuances de la culture américaine, vulgaire ou inexistante.

7. Sans crainte de la contradiction, on reconnaît que le niveau de vie moyen est supérieur en Amérique à ce qu'il est en Allemagne, pour vanter la supériorité de celle-ci dans l'accès des masses à une culture de haut niveau et présenter les Américains comme des matérialistes gavés, donc nécessairement moins prêts à exposer leur vie sur le champ de bataille. Même l'Espagne, avec tous ses défauts, promet en cas d'entrée en guerre de se tenir mieux.

8. Heinrich Held, l'un des fondateurs du BVP, ministre-président de Bavière au moment de l'incarcération de Hitler (cf. *supra*, t. 1, entrée des 3-4 février).

enfants, car les autres, ceux qui ici-bas sont riches, n'iraient pas au ciel !

Quand on tient les gens pour très bêtes, on peut avec cela considérer comme juste l'ordre social momentanément établi. C'est ce qui justifie, aux yeux des amis de l'Église, l'armée papiste. Cramer-Klett[1] m'a dit un jour qu'il s'était fait catholique le jour où il avait constaté que Luther avec sa révolution avait ébranlé l'autorité en soi.

D'accord, mais je me dis que si l'homme a reçu un entendement c'est pour s'en servir, et je ne crois pas que puisse s'imposer dans la durée une chose qui contredit la raison humaine. À aucune époque quelqu'un ne peut s'en tenir à un constat démenti par l'état de la connaissance scientifique. Je n'ai pas le droit de traiter de menteur celui qui jure par le système d'Aristote ou celui de Ptolémée, tant qu'il n'en existe pas d'autre. Mais si quelqu'un s'en tient, contre sa raison, à une image du monde dépassée, il devient un menteur. Toute connaissance est en constante évolution. À mes yeux, l'honnêteté interdit à l'homme de se cramponner à des contre-vérités.

L'Église s'est arrêtée à un point de vue où elle circonscrit et explique le mystère avec des représentations très précises. Si elle vit avec son temps, le sol se dérobe sous ses pieds. Par conséquent elle ne s'oppose pas. Cela ne nous dit rien sur l'essence du monde sensible que le prêtre se représente Dieu sous la forme d'une mauvaise copie de l'homme. Le musulman va donc plus loin : d'Allah on ne peut se faire aucune image ! Je vois le plus grand danger en ceci que pour le christianisme la représentation de l'au-delà soumise à un éternel changement est liée à tellement de petites affaires terrestres que, si un jour les petites affaires périclitent, les hommes sont mûrs pour un retour vers le bolchevisme matérialiste ! C'est la tristesse même. Avec cela l'homme lui-même perd le sens de la mesure : il abandonne toute tenue ; il se figure qu'il est le maître de la nature, alors c'est la fin de tout[2] !

Si l'Église d'Espagne poursuit son chemin de manière conséquente, cela va encore se terminer par des bûchers.

C'est un chapitre des plus étonnants que la vitesse avec laquelle Kemal Atatürk en a fini avec ses prêtres ! Il en a fait pendre aussitôt 39[3].

1. L'industriel bavarois Theodor von Cramer-Klett junior est cité à la même date.

2. Hitler a déjà développé ces thèmes, plus longuement, le 14 octobre à midi.

3. En 1925, des troubles importants survinrent en Turquie après la promulgation d'une loi interdisant le port du fèz et imposant celui du chapeau à l'occidentale. Bien que le fèz n'ait rien eu de sacré ni de traditionnel (il résultait d'une réforme du XIXe siècle qui avait déjà fait grincer bien des dents), cette interdiction fut considérée comme sacrilège dans les milieux les plus religieux. La répression fut sanglante et le nombre des exécutions retenu par les historiens n'est pas de 39 mais de 47. Cf. Massimo Introvigne, *La Turquia e l'Europa, religione e politica nell'islam turco*, Milan, Sugarco, 2008, p. 62-63.

Il les a écartés sans hésitation. À Constantinople Sainte-Sophie est devenue un musée! Le Duce m'a dit en 1934 à Venise: le pape devra quitter un jour l'Italie, il ne peut pas y avoir deux maîtres!

Dans le peuple espagnol se sont rejoints des éléments gothiques, francs et maures. On peut parler de l'Espagnol comme d'un courageux anarchiste. L'époque arabe – les Arabes regardent les Turcs de haut, comme des chiens! – fut pour l'Espagne la plus riche culturellement et spirituellement, la plus distinguée et la plus heureuse. Ensuite est venu le temps de l'anéantissement des hérétiques. Cela conduisit à une cruauté sans cesse renouvelée. Le pope russe n'était pas haï, mais méprisé, un vrai parasite vivant aux dépens de sa communauté, à commencer par le gâteau de Pâques[1]. Les princes russes n'ont jamais été esclaves de l'Église, à la grande différence des espagnols et aussi des allemands. Le religieux espagnol est haï. Là-bas, ils seront exterminés.

Tous ceux qui ont observé la carrière de Franco disent: cela conduit à une nouvelle révolution. Le reste du monde ne peut pas être séparé de l'Espagne comme par une muraille de Chine. La fin sera une explosion. Ici aussi une loi élémentaire: Les parasites ne savent pas que par leur cupidité ils minent le sol sur lequel ils marchent. L'Église d'aujourd'hui n'est qu'une société coopérative fondée sur la promotion de la bêtise humaine. Si en 1936 je ne m'étais pas décidé à envoyer les premiers Junkers, Franco ne s'en serait pas sorti. Aujourd'hui, c'est arrivé grâce à sainte Isabelle! Isabelle, la catholique, était la plus grande putain[2] ; elle a obtenu du pape la Rose d'or au moment même où notre Louis, à cause de Lola Montez, est passé près de la crucifixion! Le malheur de l'Espagne, ce fut la mort de Mola[3]. C'était la meilleure tête. Franco est arrivé là-dessus comme un cheveu sur la soupe. L'esprit le plus mauvais est sans aucun doute Serrano Súñer: il a la tâche de préparer l'Union latine; c'est le fossoyeur de la nouvelle Espagne[4]!

1. Une brioche typique appelée « *paska* ».

2. Il ne s'agit probablement pas de la moralité d'Isabelle Ire (1451-1504), reine de Castille à partir de 1474, et d'un doute jeté sur la sainteté de son mariage avec Ferdinand d'Aragon, à l'origine des frontières actuelles du royaume, moins Gibraltar perdu en 1704. L'ire hitlérienne est tout entière déclenchée par l'inféodation de la souveraine à l'Église catholique. Il est vrai qu'au Vatican elle a été longtemps en odeur de sainteté, surtout pour avoir, en finançant Christophe Colomb, procuré à la chrétienté des millions d'âmes amérindiennes, mais ce qui enrage sans doute le plus Hitler, outre le rôle d'Isabelle dans la mise en place de l'Inquisition et de ses bûchers, c'est qu'elle ait persécuté les Juifs tout en étant du dernier bien avec Rome : comme si sa lucidité sur la nocivité d'Israël rendait inexcusables des tendresses envers sa maléfique succursale. Cf. Joseph Pérez, *Isabelle la Catholique. Un modèle de chrétienté ?*, Paris, Payot & Rivages, 2004.

3. Emilio Mola (1887-3 juin 1937), l'un des plus capables parmi les généraux espagnols soulevés contre la République le 18 juillet 1936, accepta en septembre de se placer sous l'autorité de Franco, nommé généralissime. Commandant des armées du Nord, il fut tué dans un accident d'avion. Rien ne permet de dire que, s'il avait vécu, il aurait supplanté Franco. Ici encore Hitler, mécontent du dictateur espagnol, cherche des excuses : il laisse entendre qu'il a frayé avec lui faute de mieux et par malchance. Et l'idée d'une deuxième guerre civile dans un avenir proche, où l'Allemagne ne soutiendrait pas le même camp, devient obsessionnelle. Sur Lola Montez, cf. *supra*, entrée du 27 mars.

4. L'Union latine fut tout d'abord une union monétaire créée en 1865 entre la France, la Belgique, l'Italie et la Suisse ; elle compta jusqu'à 26 pays (mais non l'Allemagne ni l'Angleterre) avant d'être mise en sommeil en 1914 puis officiellement dissoute en 1927. L'expression ressert entre 1940 et 1942 pour désigner des projets d'action commune entre la France vichyste, l'Espagne, le Portugal et l'Italie. Hitler, qui veut que l'Allemagne domine d'une façon ou d'une autre l'ensemble du continent européen, ne voit évidemment pas d'un bon œil ce genre d'union régionale. La « nouvelle Espagne » devrait, pour lui plaire, être une dictature populiste qui mette au pas ses vieilles élites cléricales et monte la garde sur son créneau atlantique pour le plus grand profit de son seigneur germanique. Cf. David Mataix, *L'Europe des révolutions nationales, 1940-1942. L'impossible Union latine*, Paris, L'Harmattan, 2007.

Quoi qu'en pense Hitler, la carrière politique de Serrano Súñer touche alors à sa fin : elle s'achève le 3 septembre suivant, lorsque Franco le remplace aux Affaires étrangères par le général Jordana.

3 août, le soir

Une des choses les plus caractéristiques dans la nature : dans certaines termitières, tout le groupe meurt au moment où la reine meurt. Quand une reine des abeilles tombe malade, le désordre apparaît dans tout le peuple. Il y a des fourmis qui font des cultures de champignons pour nourrir des poux. Elles soignent les poux, les sortent au soleil puis les ramènent près des cultures de champignons. Puis elles en font une bouillie particulière, avec laquelle elles nourrissent toujours la reine.

La question est : où commence une véritable pensée humaine[1], et où s'agit-il simplement d'instinct ? On peut faire la différence : La chienne s'occupe de ses petits. Les chiennes n'ont pas été éduquées, mais chacune s'en occupe de la même façon. C'est un instinct héréditaire, à ne pas confondre avec l'intelligence, qui fait prendre des décisions sur la base de faits précis. Le plus primitif est la nutrition et la reproduction : des instincts donnés à tout être.

J'avais dans mon enfance une grande habitude d'observer les abeilles, parce que mon vieux père était un grand apiculteur. Hélas cela me valait de nombreuses piqûres, au point de risquer d'en mourir. Les piqûres d'abeille étaient chez nous des plus courantes. La mère retirait de mon vieux père jusqu'à 45 ou 50 dards quand il revenait de vider les rayons. Il ne mettait rien. Tout ce qu'il faisait, c'était de fumer. Encore un prétexte pour fumer un cigare[2] !

Dans l'histoire du monde, c'est toujours le faible qui a le moins de partisans. C'était le cas dans l'empire russe. Le dernier tsar, qui était un faible, n'avait personne derrière lui. Le peuple courait derrière les chiens sanglants. Ce n'est pas différent à l'Ouest. Nous ne pouvons remporter une victoire que par une dureté obstinée et constante. Cela contredit beaucoup de membres de notre élite de dix mille, qui ont toujours tôt fait de se poser en médiateurs, en lignes de téléphone[3] de la faiblesse. Combien de fois j'ai entendu l'objection : Avec vos méthodes brutales vous n'arriverez à rien ! Je ne serais arrivé à rien sans ces méthodes ! Le soldat également suit

1. *Wo beginnt ein gewisses menschliches Denkvermögen ?* Avec l'homme, semble-t-il. Mais pas pour Hitler. Les savants et les philosophes aujourd'hui n'hésitent pas à parler d'une pensée animale… mais il ne leur vient pas à l'esprit de la qualifier d'humaine. S'agissant des chiens par exemple, il estime que l'élevage des chiots procède d'un instinct, mais le 22 janvier, il prêtait à ces animaux des pensées.

2. Hitler infléchit la présentation de son père et de sa relation avec lui qu'il avait esquissée dans *Mein Kampf* (*op. cit.*, p. 18-28). Il se moque gentiment de ses travers, comme il l'avait fait le 1er janvier à propos de son état de fonctionnaire qui, à l'en croire, le dispensait de penser. Dans les deux cas il lui donne du « mon vieux père ». Il ne met plus en avant le fait que ce père avait contrarié sa vocation d'artiste.

3. Cette métaphore, qui modernise celle des « ferments de décomposition », va se retrouver le 30 août à propos d'un prétendu pilotage juif des partisans soviétiques.

le plus volontiers un chef dur mais juste. Celui qui est un véritable chef, ils lui courent derrière[1].

4 août, midi

La chaleur était insupportable quand nous étions engagés au sud de Bapaume en 1916. J'avançais sur la route, pas une maison, pas un arbre, même l'herbe était séchée, un vrai désert ! La plus grande surprise pour moi dans la dernière campagne fut de revoir Arras. Ce qui n'était alors que de la terre était maintenant des prairies en fleurs et des blés ondoyants, tandis que sur la crête de Vimy c'était encore le karst, les trous de grenade sensiblement comme autrefois ; ce sera encore pareil en Champagne.

Le soldat reste indéfectiblement attaché à la terre où il a versé son sang. Un flot composé de millions d'hommes se ruerait là-bas pour revoir les lieux des combats si nous pouvions libérer la circulation vers la France. Dans la partie flamande de la Belgique, devant Ypres, le paysage a complètement changé : Là ce sont des rangées de maisons qui sont sorties de terre !

La route était une véritable plaie pour nous, malheureux fantassins. Encore et toujours nous devions nous écarter pour laisser passer ces maudits artilleurs : Pour sauver notre peau, il fallait s'enfuir dans les marécages ! La réponse, un flot d'injures, dont « cochons de chiens » était la plus douce ! Mais vraisemblablement le vacarme les empêchait d'entendre !

Ma première impression d'Ypres : les tours, comme à portée de main ; nous étions près de Wytschaete. Mais le petit fantassin depuis son trou avait seulement un horizon incroyablement restreint. Ceux de nos compatriotes qui seront chargés de diriger la reconstruction de Lübeck, je les enverrai d'abord à Ypres : cinquante couleurs de tuiles différentes du rose saumon au violet, avec de l'or au milieu, cette nouvelle Ypres est un conte[2] !

Autrefois les brodeuses de dentelle étaient assises devant les maisons, toujours entourées d'un grand nombre de soldats qui les

1. Encore un passage où Hitler condense une partie importante de sa doctrine : l'opposition à la bourgeoisie et à l'aristocratie (qu'il n'est pas question de supprimer, mais de surveiller et de priver de pouvoir), l'assimilation des communistes à des animaux sanguinaires, celle des dirigeants occidentaux de l'heure à des communistes (le complot juif brochant implicitement sur le tout), le principe du chef, l'exaltation de la dureté. Cependant un trait renvoie à la conjoncture de cet été 1942 : la propension de l'élite « des dix mille » à se poser en médiatrice, au lieu d'opter pour la lutte. C'est de ce point de vue qu'il va falloir la surveiller tout particulièrement. Mais là encore, plus que la surveillance policière et la répression, l'habileté manœuvrière sera mise à contribution. Beaucoup de candidats médiateurs, prenant contact avec l'ennemi en pays neutre, seront des nazis fidèles jouant des personnages de dissidents inquiets, non seulement en raison de la situation militaire, mais à la perspective d'une marée « rouge » déferlant sur l'Europe. Il est édifiant de rapprocher ce passage de deux manœuvres contemporaines : celle de Dieter Wisliceny, maître d'œuvre de la Shoah en Slovaquie, et celle de Walter Schellenberg, promettant aux Anglais, sous certaines conditions, le remplacement de Ribbentrop par quelque personnalité plus anglophile aux Affaires étrangères avant la fin de l'année. C'est en juillet 1942 que Wisliceny commence à échanger des Juifs contre de l'argent en négociant avec le rabbin Weissmandl ; c'est au début d'août que Schellenberg, d'après ses propres mémoires, va trouver Himmler pour lui soumettre, en tremblant de sa propre audace, des idées « défaitistes » ; il obtient alors un feu vert pour prendre contact avec le consul anglais de Zurich, Eric Cable, prétendument à l'insu de Hitler. Cf. François Delpla, *Une histoire…*, *op. cit.*, p. 409-416. Si ces manœuvres, et bien d'autres du même genre, ne donnent pas tous les fruits espérés, elles permettent du moins au nazisme de concurrencer sur leur terrain les conspirateurs allemands antinazis qui cherchent eux-mêmes le contact avec l'Occident, et de brouiller les pistes.

2. Reconstruire un Reich plus beau qu'avant, ou au moins aussi beau, en relevant les ruines des bombardements, va devenir l'une des méthodes favorites de Hitler pour remonter son moral et celui de ses interlocuteurs à la suite des raids alliés. Témoin sa dernière rencontre avec Leni Riefenstahl, en mars 1944 : cf. François Delpla, *Les tentatrices…*, *op. cit.*, p. 200-201.

regardaient travailler : Ils achetaient là de véritables dentelles flamandes ou brabançonnes, et on les envoyait ensuite à la maison.

Si en France un soldat s'achète du chocolat ou achète des bas pour sa femme, je suis absolument au côté du maréchal du Reich. Ce n'est pas nous qui avons commencé la guerre ; si la population française n'a rien, cela nous est égal ! Je voulais qu'ici aussi nous achetions quelque chose. Mais ici il n'y a rien que de la crasse[1] !

4 août, le soir

(Au Dr Dietrich :)

Je caractériserais cela ainsi [l'institution en Angleterre de tribunaux américains pour les soldats américains] : Les Turcs se sont débarrassés de cela. Maintenant les Anglais prennent leur place ! La chute de l'Angleterre au rang d'une nation de second ordre[2] ! Un débarquement à l'ouest, c'est impossible avec leurs troupes médiocres, ils seraient obligés d'y affecter les meilleures. Mais cela veut dire mettre en jeu leurs dernières et leurs meilleures forces[3] !

Pour ce qui est de l'aviation, leurs spécialistes se diront : L'Allemagne est en mesure de doubler en un éclair sa force de combat et d'attaquer simultanément en trois ou quatre endroits. Ils n'ont pas les forces[4] !

Je crois que les militaires feront des pieds et des mains pour échapper à cela, surtout au moment où les politiques seront devenus tellement prudents qu'ils se déchargeront de la responsabilité sur n'importe qui. Les généraux feront des memoranda, d'après lesquels ça ne marchera pas, et les passeront aux politiques. Les politiques diront : « Seule une entreprise d'envergure peut réussir », de façon à pouvoir dire en cas c'échec : « Nous l'avions bien dit ! » Les militaires plaideront : Là c'est sans retour ! Si cela échoue, tout est perdu !

Malgré tout cela : la déclaration de guerre de 1939 ! Ils n'avaient absolument pas d'armes et ils l'ont faite quand même ! Ils avaient alors, je crois, six divisions. Ne pourraient-ils pas aussi aujourd'hui se laisser prendre à des racontars d'émigrés ? Les militaires alors aussi étaient contre. Il y a des gens là-bas à qui l'effondrement de

1. À peine la France se voit-elle asséner une phrase raciste digne de la guerre à l'Est (peu importe que sa population n'ait rien à consommer, si son travail contribue au confort de la nôtre) que la hiérarchie reprend ses droits : les Slaves sont pires que les Français puisqu'il n'y a même pas chez eux de ressources à piller ! Ils se vautrent dans la « crasse ». Sur la prise de position de Göring dont Hitler se déclare solidaire, cf. *supra*, entrée du 23 juin.

2. L'empire ottoman avait signé depuis le XVIe siècle avec diverses nations européennes puis au XIXe siècle avec les États-Unis des traités appelés « capitulations », aux termes desquels chaque pays jugeait avec ses propres tribunaux sur place les délits commis par ses nationaux. Ces dispositions avaient été abolies par le traité de Lausanne en 1923. Pour Hitler il est de bonne guerre de faire ce rapprochement afin de montrer comme l'Angleterre s'abaisse devant les États-Unis, mais cela ne va pas sans mauvaise foi : c'est uniquement pour la durée et dans le cadre de la guerre contre Hitler que le Royaume-Uni fait une telle concession à son puissant allié.

3. Encore une façon de se rassurer. Personne ne tenterait un débarquement en Europe avec ses troupes de second ordre, et celles-ci en revanche pourraient être lancées dans les brèches ainsi créées.

4. La maîtrise du ciel normand par les Alliés, avant et pendant la bataille, sera de l'avis général un des facteurs les plus importants de la réussite du débarquement de 1944. Cette réflexion est donc particulièrement sotte dans la bouche du chef d'un pays qui est déjà lui-même en proie à des bombardements dévastateurs, que son aviation, soi-disant apte à frapper en plusieurs points simultanément, est bien en peine d'empêcher. Et comme il n'est pas sot, force est une fois de plus de conclure qu'il fait flèche de tout bois pour rassurer, et lui-même, et son auditoire.

l'Angleterre serait totalement indifférent : les Juifs. Et puis d'autres qui disent : Si les Russes perdent, nous serons coupables de la guerre, il y aura un procès et nous finirons à la Tour[1]. Les militaires pourront alors se défendre : Nous avions averti ! Mais pas les gens qui étaient pour : les politiciens et les Juifs. Ces gens pourraient aujourd'hui recommencer ! D'un autre côté : Ils se diront nous cherchons querelle à un adversaire qui a cassé les dents à tout le monde. En 1940 ils s'alignaient avec 138 divisions françaises, 18 hollandaises, 34 à 35 belges. Avec les dix divisions qu'ils ont aujourd'hui à leur disposition, ils ne peuvent pas le faire ! Si nous réussissons, par les mesures prises en ce moment, à augmenter les hésitations devant pareille histoire, c'est tant mieux ! D'ici au printemps prochain, nos travaux en seront à un point tel que l'attaque des bases de sous-marins ne sera plus possible. Ils prennent peu à peu l'allure d'un nouveau mur de l'Ouest ! Je puis me représenter comme les adversaires de Roosevelt agissent dans l'ombre[2].

5 août 1942, midi

La succession des plats dans les repas de fête ! Je pense que c'est de toute façon une indignité pour l'homme que de placer l'histoire au niveau de la nourriture ! Le plus désagréable de tout, c'est qu'il faut de deux à trois heures pour le défilé des services et qu'on reste constamment assis à côté de quelqu'un qui a été choisi pour d'autres raisons que l'attrait qu'il présente ! Le tragique pour moi : Depuis que je suis devenu chef de l'État, je reçois les dames les plus honorables ! J'aimerais mieux aller sur le *Robert Ley*[3] et être placé à côté d'une sténodactylo ou d'une vendeuse !

Tous ces repas, c'est de la fanfaronnade. Les inventeurs : la méchante bande des cuisiniers ! Tous ces grands cuisiniers sont complètement idiots, ils enfument les gens et se complaisent ensuite dans des expressions qui ne leur font jamais autant plaisir que quand on n'a aucune idée de ce qu'elles recouvrent. Une soupe n'en est plus une ! Au lieu d'un pot-au-feu par exemple, on servira, je crois, un Walterspiel[4] ! Ils éprouvent une véritable joie à dire à quelqu'un :

1. La Tour de Londres, en fait une puissante forteresse commencée dès la conquête de 1066 et utilisée comme prison depuis le début du XIIe siècle.

2. Ce passage heurté et confus tresse en un frêle bouquet les raisons d'espérer. Les atouts allemands sont valorisés et fétichisés : le mur en construction sur l'Atlantique est assimilé à la ligne Siegfried (le premier Westwall) qui avait suffisamment impressionné l'ennemi pour qu'il n'ose l'attaquer pendant que l'armée allemande était occupée en Pologne. Ce précédent sert de présage favorable. Mais alors Hitler avait réussi à créer un effet de surprise, sinon en attaquant la Pologne, du moins en le faisant de façon aussi rapide et massive ; à présent, c'est l'ennemi qui peut se concentrer sur un objectif en disposant du choix, et du lieu, et du moment (il s'apprête pour commencer à frapper en Afrique du Nord ; mûrie pendant des conversations d'état-major à Londres, la décision va être arrêtée entre Churchill et Roosevelt les 7 et 8 août ; cf. Warren Kimball, *Churchill & Roosevelt. The Complete Correspondence*, Londres, Collins, 1984, t. 1, p. 555-556). Quant à l'argument suivant lequel l'Angleterre a déclaré la guerre sans être préparée à la faire, il se mue en son contraire dès qu'on songe que, cette fois, elle se prépare, tout en disposant d'un allié qui équilibre, et audelà, la perte des divisions françaises, belges et hollandaises. Quant aux divisions britanniques, loin de stagner à 10 (leur nombre engagé dans la bataille des Flandres en 1940) elles se monteront en 1945 à 38 d'infanterie et 11 blindées, dont la grande majorité sont déjà créées à cette date. Hitler montre ici une forte propension à mélanger les réalités de l'heure et celles, infiniment plus heureuses, de 1939-1940.

3. L'organisation Kraft durch Freude a lancé le 29 mai 1938 ce paquebot de croisière portant le nom de son chef. Il sera incendié par des bombes anglaises dans le port de Hambourg le 9 mars 1945. Hitler avoue par la bande son besoin de compagnies féminines plus agréables qu'« honorables ».

4. Les frères Walterspiel sont les chefs du restaurant de l'hôtel *Vier Jahreszeiten* de Munich.

devinez ce que vous mangez là ? C'était ainsi avant la guerre : en toute occasion de fêtes, un repas à dix ou douze services !

Je suis allé une fois en Suisse en 1923[1], j'ai mangé à Zurich et j'étais tout perplexe devant la foule des plats. Quel est l'idéal de vie d'un si petit État ? Avec l'Autriche nous avons reçu de si merveilleuses régions alpestres que personne n'a plus besoin de visiter la Suisse, avant qu'elle ne soit crucifiée sur la croix et n'ait accepté le joug allemand.

(Au Dr Dietrich :)

La Suisse a-t-elle aujourd'hui adopté dans sa presse un profil un peu plus bas ? Ils ne sont plus aussi méchants qu'autrefois ! Le summum de la méchanceté, ils l'avaient lors de notre différend avec la Yougoslavie. Ils ont pensé que maintenant c'était fini, le fond de leur âme est alors apparu. « Voleurs de pays ! » criaient-ils à l'adresse de nos postes-frontières.

J'ai été surpris récemment de voir combien les Finlandais boivent ! Je crois que plus on va vers le nord, plus les gens tiennent l'alcool.

On dit qu'Aden est la pire fournaise de la planète. Je garantis que de ma vie je ne franchirai jamais la mer Rouge, j'en aurais sûrement une apoplexie !

Notre ancien adhérent, le prince Arenberg, m'en a dit long sur l'époque pionnière de nos colonies. Il avait pris douze ans de prison, dont il avait purgé six, pour avoir tué un nègre qui l'avait attaqué[2]. Quand les autres disent que nous ne savons pas coloniser : C'est qu'avec nos méthodes nous ne pouvons pas avoir de colonies ! C'était son avis, sur la base des expériences qu'il avait dû faire.

Arenberg avait l'une des plus vieilles Benz que j'aie vues de ma vie. Il ne se priva pas de me conduire avec à Kempten[3], lorsque je dus aller en Suisse. Sur le plat la vitesse était respectable. Si une côte se présentait ou si on ouvrait la capote, on était en danger de rester sur place. Il passait constamment les vitesses. Nous avons ainsi pétaradé pendant des heures. Nous ne dépassions le 45 que dans les descentes. L'homme était millionnaire, mais c'était sa marotte !

1. Il était allé collecter des fonds en Suisse alémanique, du 26 au 28 août. Cf. Harald Sandner, *Hitler. Das Itinerar, Aufenthaltsorte und Reisen von 1889 bis 1945*, Berlin, Berlin Story Verlag, 2016, t. 1, p. 341.

2. Ce membre de la famille Arenberg ne doit pas être son chef (à partir de 1919) Engelbert-Maria von Arenberg (1872-1949), un député catholique dont la carrière n'offre guère de place à six années d'emprisonnement, mais peut-être quelque cadet.

3. Ville principale de l'Allgäu, à mi-chemin entre Munich et Zurich. Cependant c'est à Lindau que les deux hommes avaient fait étape le soir du 25 août 1923 (cf. Harald Sandner, *Hitler*..., *loc. cit.*).

À l'Est cela va finir, quand nous les aurons coupés du Sud et de Mourmansk: Sans pétrole, rien ne va plus! À l'Ouest ce sera fini pour peu que nous transférions en France la moitié de nos forces. Ce sera possible dès que les centres russes de fabrication d'armes et de ravitaillement seront détruits[1].

5 août, le soir

(Invité: le maréchal Kesselring[2])

Les Italiens savent coloniser: dix ans de domination italienne et Addis Abeba serait devenue une belle ville! Une tragédie: Balbo aurait été le digne successeur du Duce[3]! N'importe comment, un condottiere, un personnage de la Renaissance. Le nom d'un homme est un capital en soi!

Il est une chose qu'il faut que je dise: Les Italiens peuvent, par leur perpétuelle tendance à fuir, m'exaspérer; mais sur un plan purement idéologique, il n'y a qu'avec eux que nous puissions marcher aujourd'hui! Quand je lis l'histoire de la révolution fasciste, je croirais lire l'histoire du Mouvement. La même bourgeoisie lâche et paresseuse, qui ne croit à rien, se tient à l'écart de tout affrontement et vit dans la crainte d'exciter les rouges! Quand j'ai voulu aller pour la première fois à Ingolstadt, on m'a objecté qu'il n'y avait pas eu un tel meeting depuis quinze ans et que le prolétariat y verrait à juste titre une provocation!

La différence entre les Italiens et nous: Le Duce n'est pas devenu l'unique dictateur de l'État. Les zones d'évitement[4] persistent, particulièrement dans le corps des officiers: Dès qu'un effort particulier est demandé par lui, on en appelle au roi! Cela crée pour un chef national des difficultés sans nom. Mais je dois à la vérité de dire que, si la monarchie avait été rétablie en 1920 au moment du putsch de Kapp, nous l'aurions soutenue[5]. Nous n'avons réalisé que petit à petit qu'elle était dépassée. Le seul qui ait pris énergiquement position contre la dynastie Habsbourg était Schönerer[6]; mais c'était pour se rallier à celle de Prusse.

1. L'enchaînement des idées est révélateur. Des considérations sur les repas officiels amènent une critique de la sophistication et un éloge de la simplicité dans les mots, les actes et les personnes, puis l'évocation d'un repas pris en Suisse ouvre l'appétit du conquérant pour le pays lui-même et déclenche un déchaînement contre sa politique ; soudain arrive la réminiscence d'un récent voyage en Finlande et, par contraste, l'évocation du climat étouffant d'Aden ; voilà qui induit une allusion à la colonisation allemande et ramène sur le tapis le voyage helvétique, car le chauffeur avait eu maille à partir avec des administrateurs bornés pour s'être défendu contre un indigène ; c'est alors que la préoccupation majeure, la guerre à l'Est, fait une timide apparition, comme on dit d'un soleil qui perce les nuages mais n'en est pas moins le soleil : tout est censé s'arranger très vite du nord au sud de ce front oriental, au point que l'esprit déplace déjà les troupes vers l'ouest, pour la phase finale et triomphale du conflit.

2. Ceci est la première mention d'un invité depuis le 3 mars. Il est peu probable que Hitler n'ait, entre-temps, invité personne. Ce sont plutôt les notes de Picker qui omettaient de mentionner les invités.

3. Italo Balbo, né en 1896, aviateur de renommée internationale et organisateur de l'armée de l'air italienne, par ailleurs dirigeant fasciste, est mort en Libye le 28 juin 1940 lorsque son avion a été abattu par sa propre DCA. Son nom vient sans doute dans la conversation en raison de la présence du général Albert Kesselring (1885-1960), commandant de la Luftwaffe en Italie depuis novembre 1941 après un premier séjour en Sicile à la fin de 1940 (cf. *supra*, t. 1, entrée du 9 février). Il est avec Rommel le héros de Tobrouk : après avoir réussi à protéger le ravitaillement de l'Afrika Korps, il avait apporté aux chars un soutien aérien décisif.

4. *Ausweichstellen* : une expression remarquable, caractéristique de la conception hitlérienne du totalitarisme. L'autorité peut être décentralisée, mais il ne doit pas subsister la moindre « zone d'évitement », qui échappe au contrôle éventuel du dictateur.

5. Aveu rare et précieux, qui confirme que Hitler ne s'est vu en Führer de la nation allemande qu'après son putsch raté et pendant son séjour en prison. En mars 1920, le putsch de Kapp contre la république de Weimar avait été mis en échec par la population berlinoise, notamment au moyen d'une grève générale. Hitler, accouru avec Dietrich Eckart depuis la Bavière, était arrivé trop tard pour y participer.

6. Sur Georg von Schönerer (1842-1921), cf. *supra*, t. 1, entrée du 17 décembre.

Le Duce ne peut pas s'éloigner longtemps de Rome, sinon le nid d'intrigues commence à s'animer. Balbo avait également cet avantage d'être aussi influent dans l'armée que dans le Parti. La fatalité joue parfois de ces tours : c'est la Flak qui l'a abattu[1] !

Aussi longtemps que les bateaux avancent, que les avions volent, que les fantassins courent, un problème ne sera jamais tout à fait résolu : faut-il un commandement unique du haut en bas, ou des commandements séparés pour les trois armes ? Dans bien des cas c'est un commandement unique du haut en bas qui est à recommander.

La Norvège, nous l'aurons enfin définitivement en main quand le chemin de fer de Kirkenes sera en service ! Les Anglais ont fait une idiotie, ils n'ont jamais cru que les Italiens s'empareraient un jour de leur voie ferrée. Si j'étais anglais, je m'arracherais les cheveux. Si on voulait être méchant, on dirait que Rommel a attendu pour attaquer que les Anglais aient achevé la voie jusqu'à Tobrouk.

Nous devons à tout prix descendre dans la plaine de Mésopotamie et priver les Anglais du pétrole de Mossoul. Alors toute la guerre s'arrêtera. Dès à présent les Anglais n'ont plus que Haïfa comme possibilité de ravitaillement.

D'après les statistiques, les Russes tiraient du Caucase encore récemment 92 % de leur pétrole[2] ! Les gens d'ici sont tous très bien nourris. On a le sentiment que l'État soviétique a été malgré tout pitoyablement trompé par les paysans. Cela doit aller mal dans l'Oural et en Sibérie, ainsi que dans les grandes villes.

Il est à espérer que le ministère de l'Est ne mettra pas en œuvre ici de concert avec celui de l'Intérieur les mesures punitives allemandes contre l'avortement : il y a encore ici colossalement beaucoup à voler[3] ! Pour nos fonctionnaires nous devrons pourtant trouver aussi un débouché ! La seule chose qui soit bonne là-dedans c'est que je ne serai plus là pour le voir, sinon il y aurait de quoi se maudire d'avoir conquis des territoires[4] !

Les Anglais nous sont supérieurs dans ce domaine. Ce sont de formidables bureaucrates. Mais tellement malins que le bureaucratisme ne joue pas en faveur d'étrangers aux dépens de leur État. Par

1. L'avion transportant Italo Balbo, gouverneur de Libye après avoir été ministre de l'Air, a en effet été abattu par un canon anti-aérien italien au-dessus de Tobrouk.

2. Kirkenes est la ville la plus septentrionale de la Norvège, à 40 kilomètres de la Finlande et à 200 de Mourmansk. La pensée de Hitler virevolte entre les questions civiles et militaires, les infrastructures de transport et les problèmes de commandement, le « temps de la lutte » et la guerre actuelle. Elle bondit d'une extrémité à l'autre de l'espace qu'il contrôle, tout en faisant une brève escale dans l'Autriche de sa jeunesse. Elle va ensuite s'attarder dans l'espace oriental en cours de conquête, pour une réitération des consignes sur l'oppression des populations indigènes.

3. *Organisieren* signifie « voler » : Genoud commet ici un contresens de taille (« il y a du pain sur la planche pour nos fonctionnaires »). La non-répression de l'avortement est censée, en supprimant des bouches à nourrir, faciliter le transfert des provisions vers le Reich.

4. Hitler prédit une dure lutte de son parti pour éviter que des fonctionnaires épris d'ordre et de routine ne ruinent son œuvre raciale dans les territoires conquis sur les Slaves… et il prédit la défaite du Parti, en plaisantant à moitié. C'est l'occasion d'un nouveau développement admiratif sur l'Angleterre, qui sait éduquer ses fonctionnaires de telle sorte qu'ils soient assez « malins » pour concilier le sens de l'organisation avec des mesures favorisant leurs compatriotes.

là l'Angleterre maintient la bonne distance et le respect nécessaire. À cela s'ajoute encore le pire de tout : l'épouillage énerve les indigènes. Notre ardeur à civiliser énerve ces gens de façon absurde. Et à la fin ils se disent : Ils ne nous sont pas supérieurs, ils sont comme nous[1] !

6 août, midi

Comme l'Allemagne apparaît maintenant petite ! L'Anglais, mais aussi le Russe, ont une haute opinion d'eux-mêmes fondée sur les grands espaces. J'espère que c'est ce que nous sommes en train d'obtenir ! Il faudrait écrire sous peu un livre : *L'État idéal du futur, un problème de reproduction et de nourriture*. L'homme normal, afin de se laisser guider plus facilement, sera nourri d'herbe ! Il est certain que la tuberculose du bétail est beaucoup plus fréquente chez celui des étables que chez celui qui vit dans les prairies[2]. Dans ma patrie les vieux paysans se figurent : Surtout pas de grandes fenêtres, pas de lumière, sinon on a moins de lait ! Dans le nord de l'Allemagne, où le bétail vit constamment à l'air libre, il n'y a pour ainsi dire pas de tuberculose ! Dans le Waldviertel le bétail est presque toute l'année à l'étable. Comme c'est dangereux, les médecins l'ignoraient jusqu'à une date récente. Une grande partie des fermes là-bas sont si petites qu'on ne peut même pas y entretenir des bœufs : ce sont les vaches qu'on attelle[3].

Nous avons en Allemagne quelques régions vraiment misérables : une partie de la forêt bavaroise, la Rhön, le Waldviertel, une partie du Rauhe Alb. Si on se représente comment les paysans là-bas doivent s'échiner ! Si les forces de travail dépensées là-bas pouvaient être dépensées ici, on récolterait cinq fois plus !

Quand j'étais encore enfant, toute la région de ma petite patrie était parsemée de *Findlings*, des blocs rocheux erratiques. Les paysans se sont mis à faire sauter les *Findlings*. Cela doit être des dépôts glaciaires, des moraines se sont déposées. Cela s'étend jusqu'à la Basse-Autriche. En tout cas, cela rend le paysage agréable, sympathique.

1. Bel aveu : prenez un « inférieur pouilleux », éduquez-le à l'occidentale et adieu la différence censément biologique !

2. Cela tient sans doute plus à la propagation microbienne dans un espace confiné qu'aux vertus de l'herbe consommée sur place !

3. Le Waldviertel est la région pauvre des confins austro-tchèques dont sont originaires tous les ancêtres de Hitler, et où il a passé certains étés de son enfance chez des cousins. Il n'en parle jamais sous cet angle, préférant évoquer des scènes vécues à Linz ou à Steyr. C'est comme en contrebande qu'il glisse ici quelques souvenirs personnels, sous le couvert d'un raisonnement sur la paysannerie en général. Il noie d'ailleurs un peu plus le poisson dans la phrase suivante, en évoquant pêle-mêle le Waldviertel et d'autres régions déshéritées.

Nous avons dans le Reich allemand une seule région semblable à l'Ukraine, la cuvette morave au nord de Vienne, à l'est de Brno, au sud-est d'Olmütz : un pays d'une incroyable fertilité[1].

Ce qui m'a le plus étonné ce fut, au début de la guerre mondiale, l'énorme zèle des petits propriétaires flamands. Là j'en ai vu, des choses ! Là on ne laisse rien perdre. Quand des colonnes de chevaux passaient, les enfants étaient à l'affût sur leur chemin et ils se précipitaient dès qu'un cheval lâchait du crottin. Chaque mètre carré est mis en valeur, exactement comme en Hollande. D'un autre côté, c'est une tendance très dangereuse. Les hommes perdent la vision du grand espace vital, dont pourtant, en définitive, notre sort dépend. Celui qui possède le grand espace vital doit devenir le maître des autres, quand il tourne sa force vers la colonisation intérieure.

Quand les grands espaces vitaux furent délimités, l'Allemagne était prise dans des luttes religieuses. Catastrophique pour l'Europe fut le moment où Pierre le Grand fonda Saint-Pétersbourg. C'est pour cela que Saint-Pétersbourg doit complètement disparaître de la surface de la terre. Moscou également. Ce n'est qu'alors qu'ils se retireront en Sibérie. Ce n'est pas en occupant les vieux villages russes que nous aménagerons notre espace vital, l'Allemand doit, sur le plan de la colonisation, se hisser à un autre étage. Nous n'avons jamais rencontré un espace vide. Le peuple allemand a absorbé le Sud autrichien et le Nord autrichien était également peuplé. La population, d'origine serbo-wende, est encore là aujourd'hui. Cela n'a rien à voir avec les Slaves. Cela fait partie des races fondamentales de l'Europe[2].

Les cent millions de Slaves dérisoires, nous les absorberons ou nous les refoulerons[3]. Si quelqu'un ici parle d'en prendre soin, il faut le mettre au camp de concentration. À l'époque de la moisson, nous installerons un marché dans les centres d'une certaine importance, où nous apporterons notre camelote. Sur le même marché seront vendus des céréales et des fruits. Celui qui aura vendu pourra acheter tout de suite. La contre-valeur de nos produits sera fixée à un montant sensiblement supérieur à leur prix de revient. La différence ira dans les caisses du Reich, et ainsi seront récupérés les frais de la

1. Voilà qui confirme que le pays tchèque, qui pour l'instant n'est que « protégé » par le Reich, est d'ores et déjà considéré comme une partie intégrante de l'Allemagne.

2. Il s'agit des Sorabes, également appelés les Wendes ou les Serbes de Lusace, qui habitent toujours cette région (Lausitz en allemand), une province orientale de l'Allemagne à cheval sur la Prusse et la Saxe. Alors qu'ils parlent une langue slave et sont proches parents des Tchèques, Hitler a choisi, pour se simplifier l'existence, de nier leur caractère slave, sans oser les dire aryens : ils sont rattachés aux « vieilles races de l'Europe », une façon de prétendre qu'ils sont sédentaires et n'ont rien à voir avec les Slaves envahisseurs et migrateurs. Moyennant quoi le Troisième Reich avait accentué la politique de germanisation entreprise par Bismarck : leur langue avait été interdite en 1937 et leur association culturelle, la Domowina, fondée en 1912, dissoute en 1941. Cf. Hélène Yèche, « Les Sorabes, une minorité invisible ? », *Revue belge de géographie*, 3/2013.

3. Il est question dans cette page de tolérer quelque État slave en Sibérie, l'important étant qu'en Russie d'Europe il ne reste pas de grande métropole : les Slaves qui y resteront, cantonnés dans des villages et des bourgades, seront facilement dominés par les zones de peuplement germanique. La peau de l'ours continue d'être vendue alors que les offensives vers Stalingrad et le Caucase progressent de plus en plus lentement.

guerre. Voilà qui donnera un élan puissant aux usines de machines agricoles et à d'autres productions industrielles comme le matériel de transport et les biens de consommation. La cotonnade la plus simple et la plus bigarrée est ici un trésor. Pourquoi contrarierais-je leur goût pour les couleurs ? J'ai grand peur que le ministère de l'Est veuille civiliser les Ukrainiennes. Elles représentent pour nous un apport sain, quand elles viennent à nous. Il y a là encore des souches germaniques en grand nombre. D'où sortiraient sinon ces enfants blonds aux yeux bleus ? Ce qui peut nous servir nous le prendrons encore et encore pour le cultiver chez nous. Le reste demeurera sur place[1].

6 août, le soir

La plupart de nos paysans manquent d'argent liquide, en raison d'une insuffisance de la taille des exploitations. Je me suis souvent demandé s'il ne faudrait pas rétablir une sorte de dîme en permettant aux paysans de payer leurs impôts en nature. L'intermédiaire touche par exemple pour des pommes de terre trois ou quatre fois plus que ce qu'il a payé au paysan. Le paysan serait gagnant s'il payait son impôt en pommes de terre. Et l'État pourrait valoriser les pommes de terre à un prix correspondant à celui que touche aujourd'hui l'intermédiaire, de telle sorte que la baisse de l'impôt sur le chiffre d'affaires serait compensée. Nous avons des professions où l'argent peut servir de mesure, mais le revenu du petit paysan n'est pas clairement constatable. Cela ira mieux quand l'agriculture allemande sera dotée d'une nouvelle réglementation de la propriété, fondée sur la rentabilité. Dans le Wurtemberg et le pays de Bade cela va particulièrement mal. Par d'éternels partages successoraux, les exploitations sont devenues de plus en plus petites. Cela ne me fait rien du tout d'expulser d'Alsace trois à cinq mille paysans : j'en tirerai suffisamment des régions de Bade et du Wurtemberg ! Au Moyen Âge, une *Hufe*[2] suffisait pour se nourrir. L'assolement triennal a aussi nécessité plus de terres. Aujourd'hui notre terre est surpeuplée. C'est incroyable, la quantité d'hommes qui ont émigré en

1. Tout en renouvelant son antienne sur le traitement à réserver aux Ukrainiens, Hitler édicte une consigne nouvelle : il s'agit, comme Himmler le fait déjà en Pologne depuis plusieurs années, d'enlever des enfants d'apparence aryenne pour les élever en Allemagne.

2. Unité de surface d'environ 12 hectares.

Amérique. Ah si nous avions encore les Germano-Américains ! Pour autant que l'Amérique possède des gens bien, la plupart sont venus d'Allemagne[1] !

Le droit anglais de la noblesse a ceci de sain que seul l'aîné est noble. L'inverse chez nous : une masse de nobles, qui ne peuvent ni vivre ni mourir. Encore une chose à changer à l'avenir. Toute la construction de l'État devra être menée selon des points de vue très froids et logiques.

Si nous pouvons un jour nous établir à l'Est[2], c'en sera fini des difficultés. Une fois que les deux cents premiers auront quitté un terroir, ils attireront le reste. La terre, c'est ce qui séduit le paysan. Ce sont quelques centaines de milliers d'hommes qui ont émigré de Salzbourg et de la Haute-Autriche vers la Prusse-Orientale ! Ce sont seulement les paysans de Courths-Mahler[3] qui le soir venu contemplent le ciel étoilé. Le paysan suit le rythme du sol, et en vit. La beauté des forêts n'a pas été découverte par le paysan mais par le professeur[4]. Là où est le meilleur sol nous avons la meilleure race. Cependant la race n'est pas devenue meilleure grâce au sol, mais les plus capables se sont assuré la possession des meilleurs sols.

C'est pour cela que la paysannerie est le fondement le plus solide du peuple[5], car il s'agit de la profession la plus risquée qui soit. Laissez pour voir le travail d'un travailleur urbain ou d'un fonctionnaire dépendre du hasard ! C'est une saine éducation pour l'esprit de décision, au risque de se tromper. L'éducation dans les villes, chez nous, est de nature à produire des gens qui veulent toujours jouer à coup sûr. Plus personne ne prend de risques. Quand on le fait on est assuré, et la compagnie d'assurances s'assure elle-même.

La France, avec ses 59 % de population paysanne[6], a encore une base saine. C'est un tragique destin quand une nation perd sa base paysanne. La grande propriété anglaise n'a plus aucune idée de la pratique agricole. Ajoutez à cela que le fameux gazon anglais demande beaucoup de travail[7].

Il faut laisser cela aux Italiens : Quand autrefois nous sommes allés à Florence – j'avais en tête que le sud de la France devait être un paradis –, quelle belle image, lors de l'arrivée en Italie ! C'est aussi

1. Hitler ne croit pas si bien dire, s'agissant des Juifs ! Et des nommés Einstein et Oppenheimer, en particulier. Le premier a convaincu Roosevelt de l'importance militaire des recherches nucléaires, et le second travaille d'arrache-pied à la mise au point de la bombe atomique, dans le cadre du projet « Manhattan ».

2. *Wenn wir einmal im Osten siedeln können* : pour la première fois la formulation se fait dubitative !

3. Hedwig Courths-Mahler (1867-1950) écrivait des romans d'amour mettant en scène des paysans.

4. Dans cette phrase Hitler nuance ses sentiments habituels, et envers le paysan, et envers le professeur. Pilier de la race, le premier est cependant grossier et incapable d'apprécier la nature dans laquelle il est immergé ; le professeur est trop détaché de la réalité, mais c'est lui qui remarque et enseigne la beauté de la forêt. Cependant l'orthodoxie reprend ses droits dès la phrase suivante, qui vante l'esprit de décision du paysan par opposition à la frilosité du fonctionnaire.

5. Ici affleure l'une des dimensions du nazisme, enracinée dans le romantisme allemand et la pensée raciale qui lie le sang et le sol. Chez Hitler, cette dimension cohabite avec l'exaltation de la modernité technique et la reconnaissance du fait qu'elle doit peu aux zones rurales. D'autres écoles professeront que le goût du risque anime bien davantage les entrepreneurs urbains que les paysans englués dans une routine ancestrale.

6. Confusion : toute la population rurale (c'est-à-dire habitant dans des agglomérations isolées de moins de 2000 habitants, selon les statisticiens français) n'est pas employée dans l'agriculture, loin s'en faut.

7. Encore une pensée favorable à la France – plus que jamais politiquement soumise, au moment où Laval accepte son marchandage le plus scabreux, consistant à livrer 10000 Juifs réfugiés en zone libre. Moyennant le maintien d'une telle soumission, Hitler veut bien la considérer comme racialement du bon côté, et envisager d'en faire une auxiliaire de la domination germanique. Quant aux Anglais, qui ont notoirement sacrifié leur agriculture pour importer une partie de leur alimentation depuis la révolution industrielle, ils ont ainsi obtenu que leur élite soit coupée du peuple et ne connaisse plus du travail de la terre que l'entretien du gazon. Une ambiguïté persiste : Hitler admire cette noblesse hautaine et accapareuse autant qu'il la méprise.

cela, la force du Duce. Il m'a dit un jour : Führer, je n'ai qu'un petit pourcentage de ma population dans les grandes villes !

7 août, le soir

Les marais Pontins peuvent aujourd'hui être cultivés parce qu'on a pu donner de la quinine aux travailleurs employés là-bas, alors que les précédents efforts avaient échoué du fait de la malaria, qui décimait les ouvriers. On a fait des canaux avec un débouché sur la mer, rien d'autre que ce que César avait déjà envisagé et que certains papes avaient tenté. Les villes des marais ont été faites dans un style colonial froid, mais elles sont très saines. Après la fin de la guerre, le Duce pourra en l'espace de dix à quinze ans entreprendre une œuvre immense de colonisation.

Le colosse russe court à sa perte en raison de son manque de mobilité[1]. L'empire britannique se meurt de l'étroitesse de la métropole. À une certaine politique traditionnelle ils se sont obstinément accrochés, alors que les conditions et les circonstances avaient complètement changé[2].

Si aujourd'hui Churchill va chez Staline, il va y avoir un choc[3]. Il lui dira : J'ai perdu dix millions d'hommes. C'est Cripps qui m'a mis dans cette situation : S'il n'avait pas parlé, les Allemands n'en seraient pas arrivés là[4] !

C'est ce qu'il y a de pire : dans une négociation, que celui qui la dirige ne puisse revenir en arrière car on sait que c'est lui qui a le pouvoir de décider. C'est ce que je ne fais jamais ; j'envoie toujours un autre. Je lui dis : Dès que des difficultés se présentent, retirez-vous, vous devez parler avec moi[5] ! Le Duce aussi procède ainsi !

8 août, le soir

(Invité : le chef du Travail allemand, Hierl[6])

Ce sont les Goths qui se sont maintenus le plus longtemps en Crimée. Au XVIIIe siècle encore il y eut un procès dans lequel

1. Une parole bien imprudente alors que se rassemblent les forces qui, quelques semaines plus tard, munies des armes fabriquées dans des usines repliées à la hâte, encercleront la 6e armée allemande aventurée à Stalingrad. Mais Hitler a besoin de croire et de dire de telles choses. Probablement étend-il à l'ensemble de la société et de l'économie russes l'impression d'un manque de mobilité qu'ont donnée jusqu'ici la tactique et la stratégie de l'Armée rouge : elle avait tendance à attaquer sur place et sur tous les fronts à la fois, tandis que la Wehrmacht déployait ses divisions avec souplesse.

2. Nouvelle allusion à l'impasse, selon Hitler, de la politique churchillienne, qui prétend continuer à régenter l'Europe en y favorisant un équilibre entre plusieurs puissances, alors que l'étroitesse de la base de l'empire exigerait qu'on lui consacre toutes les ressources militaires et toutes les attentions de la métropole.

3. Il y va. Le bruit commence à courir dans les rédactions, sans confirmation officielle : cf. Pierre Limagne, *Éphémérides de quatre années tragiques*, Lavilledieu, De Candide, 1987, t. 2, entrée du 7 août 1942.

4. Traduction : les Allemands ont appris les préparatifs militaires soviétiques contre eux par une indiscrétion, qui ne pouvait venir que de l'ambassadeur anglais Cripps, et leur réaction préventive a coûté 10 millions d'hommes à l'URSS. Sans doute Hitler estime-t-il cette légende suffisamment assimilée par son auditoire pour pouvoir y faire une allusion aussi incompréhensible au profane.

5. Hitler décrit adéquatement sa tactique de négociation, consistant à envoyer des émissaires tâter le terrain sans l'engager. Il trouve donc Churchill très imprudent d'aller se jeter en personne dans la gueule du loup soviétique. En même temps c'est une preuve de sa soumission, et d'une pollution de l'organisme anglais par le poison juif.

6. Konstantin Hierl (1875-1955) est depuis 1935 le chef du Service du travail allemand, un rouage essentiel du pouvoir nazi, permettant de prendre en main les jeunes adultes masculins avant le service militaire et les jeunes femmes avant la maternité. Il a laissé des mémoires (*Im Dienst für Deutschland, 1918-1945*, Heidelberg, Kurt Vowinckel Verlag, 1954) dont le chapitre sur Hitler est analysé par Nicolas Patin dans *Parlements*, n° 13, 2010/1. En ligne : http://www.cairn.info/revue-parlements1-2010-1-page-104.htm.

figuraient des gens qui ne parlaient pas d'autre langue que le goth. Aucune puissance au monde ne pourra nous en chasser !

Nous avons des groupes d'armées qui sont de véritables entreprises agricoles : Ils se procurent par eux-mêmes tout le ravitaillement nécessaire !

Le combat contre les partisans est semblable aux guerres indiennes d'Amérique du Nord[1]. La race la plus forte vaincra, et c'est la nôtre. En toutes circonstances nous assurerons l'ordre là-bas.

Je peux me représenter ceci : Nous ne devons pas laisser circuler longtemps la monnaie actuelle. Nous devrons introduire ici un jour une nouvelle monnaie. En automne nous devrons installer près des gares d'un côté un marché analogue à une foire allemande, et à côté mettre en place un centre de collecte des céréales. Il devra y avoir là des colifichets, comme c'est le cas chez nous dans les campagnes. L'industrie saxonne en recevra une impulsion inouïe. Nous obtiendrons une industrie d'exportation. Son inventivité pourra se déployer de nouveau. L'industrie saxonne avait fourni les colonies, elle fabriquait les colifichets à bon marché tandis que les jouets venaient de Thuringe. C'était bon pour notre balance commerciale[2].

Face aux Turcs, nous avons dans les Bulgares un allié sur lequel nous pouvons compter. Les Finlandais ne souhaitent qu'une chose : la Carélie orientale et la disparition de Saint-Pétersbourg. Celui qui réside à Saint-Pétersbourg se voit en maître de la Baltique. Une deuxième grande puissance au bord de la Baltique est pour nous insupportable. Elle pourrait infester de mines ses eaux basses. Ici il faut en venir au principe de l'Antiquité : la ville doit être détruite et le sol égalisé. Quelle rage j'ai eue lorsque la Luftwaffe a refusé de bombarder Kiev[3] ! Il faudra pourtant le faire un jour, car les habitants voudront s'y réinstaller pour dominer la région.

Nous gagnerons complètement les paysans. Ils respireront ! Pour la première fois on leur payera quelque chose ! Il s'agit en grande partie d'un peuplement de qualité. Où sont donc passés les vieux restes de Goths ? La langue peut se perdre, mais le sang reste, où que ce soit !

1. Une comparaison acrobatique mais, quant à l'issue finale, rassurante ! Les Amérindiens ne disposaient précisément pas d'une unité nationale dont le siège eût été hors d'atteinte de l'armée fédérale américaine.

2. Hitler, dont les armées viennent d'achever la conquête de la Crimée, est en train d'aménager cette région par la pensée dans la perspective d'une germanisation éternelle. De là il dérive vers le territoire ukrainien environnant et relie plus clairement que jamais son occupation aux anciennes colonies africaines du Deuxième Reich. Ce seront les mêmes usines de Saxe et de Thuringe qui fourniront les objets bon marché dont les indigènes, comme des nègres, raffoleront ! Au point de les payer très au-dessus de leur prix de revient, pour le plus grand bien de la balance commerciale.

3. Hitler aurait manqué d'autorité sur Göring à la mi-septembre 1941 au point qu'il lui refuse ce qu'il lui avait accordé bien volontiers le 14 mai 1940 à Rotterdam (le bombardement punitif d'une agglomération après une capitulation) ? C'est tout à fait inconcevable. Il s'agit donc d'un prétexte rétrospectif. Au moment et surtout au lendemain de la prise de Kiev, Hitler espérait ardemment un traité de paix avec Staline et, même si celui-ci devait reconnaître au Reich la possession de l'Ukraine, le fait de soumettre immédiatement sa capitale à un pilonnage aérien n'aurait guère incité l'ennemi à traiter. Cette affirmation prend place dans un développement sur les villes russes qui devront être rasées, Kiev s'ajoutant maintenant à Leningrad, qui avait rejoint Moscou le 25 septembre précédent.

Les Américains sont toujours heureux, encore maintenant, de ramasser de l'or, et ne voient même pas que cette affaire est déjà complètement dépourvue d'intérêt.

On peut dire ce qu'on veut sur nos politiciens de café du Commerce, mais en face des experts militaires de la presse anglaise ce sont des Moltke !

Je le réalise pleinement aujourd'hui : on ne peut habiter aux colonies sans du whisky anglais.

9 août, midi

(Invités : Ribbentrop, Lammers, Himmler, Bürckel, Simon[1]*, Robert Wagner*[2]*)*

Les Anglais sont une petite bouture à partir de nous. Ils ne sont pas responsables de la sécurité de l'Europe[3]. L'Allemagne est prête à prendre cela sur elle. Nous devons régler les relations en Europe par de durs ukases. Nous voulons laisser les questions balkaniques ouvertes, pour pouvoir encore livrer des armes là-bas un certain temps. Si la Hongrie, dans l'état que je lui connais maintenant, fait la guerre à la Roumanie, Antonescu lui fera la peau[4].

Les Viennois pourtant devront bien un jour obtenir justice. Dans 10 000 cafés de Vienne on traite ainsi la question hongroise : Les Berlinois n'entendent rien à la Hongrie. C'est pour nous une marche. Nous l'avons délivrée des Turcs. Il n'y aura de paix à cet endroit que quand il sera de nouveau libéré. Pourquoi ne la prenons-nous pas ? La Slovaquie également – c'est déjà bien qu'elle soit indépendante, mais à la fin des fins elle doit nous appartenir !

Par là les Viennois sont encore davantage grands-allemands que tous les autres. Ils sont pénétrés du sentiment d'avoir une mission à accomplir, tout en se permettant de râler à l'occasion. Belgrade était un trou ; ce n'est que le prince Eugène qui l'a rendue célèbre[5].

De l'Est nous tirerons annuellement 10 à 12 millions de tonnes de céréales. Sur place, je crois que nous devrons installer des usines de spaghetti ; on a tout ce dont on a besoin pour cela ; on pourra

1. Le Gauleiter Gustav Simon (1900-18 décembre 1945) est chef de l'administration civile au Luxembourg.

2. Robert Wagner (1895-1946), devenu Reichsstatthalter et Gauleiter de Bade peu après la prise du pouvoir, est un pionnier des mesures antisémites de toute nature. Avec Josef Bürckel il s'occupe activement de germaniser l'Alsace-Lorraine. La présence de trois Gauleiters rhénans au déjeuner et au dîner veut probablement dire qu'ils sont venus causer avec Hitler des questions régionales, et notamment des mesures répressives à appliquer au Luxembourg et en Alsace-Lorraine, en ces temps d'incertitude militaire. Mais ces questions ne sont abordées au cours d'aucun des deux repas : Hitler préfère sans doute parler alors du « grand espace » oriental pour rappeler à ces Gauleiters occidentaux le cadre général dans lequel s'inscrit leur mission.

3. Cette formulation s'inscrit dans une longue série, tout en marquant une aggravation dans le jugement : à présent, le puissant rameau nordique qui avait montré le chemin de la domination sur les peuples de couleur n'est plus qu'une petite bouture de l'Allemagne !

4. Avec un cynisme monumental, le chef allemand édicte que son pays assurera la sécurité de l'Europe en y entretenant des foyers de division et même de guerre ! Cela rejoint l'interdiction signifiée naguère aux États du Sud-Ouest de se regrouper en une « Union latine » (cf. *supra*, entrée du 1er août).

5. Eugène de Savoie (1663-1736), élevé en France, s'était mis au service des Habsbourg pour combattre les Ottomans et avait, de concert avec le duc de Marlborough, ancêtre direct de Churchill, battu les armées de Louis XIV dans la guerre de Succession d'Espagne (1701-1714). C'est lors de la troisième guerre austro-turque (1716-1718) qu'il s'était illustré en enlevant la place forte de Belgrade au sultan, en 1717. Hitler semble oublier qu'à l'époque la domination autrichienne ne dura que vingt ans, la ville étant reprise par les Turcs en 1739.

ensuite, à partir de là, fournir un appoint aux régions industrielles de l'Ouest déficitaires sur le plan alimentaire.

Il faut remarquer : Chaque homme qui, ici, acquiert une importance dépassant le clocher de son village doit être aussitôt liquidé[1].

9 août, le soir

(Invités : Bürckel, R. Wagner, Simon)

Il reste encore ici un million de tonnes de blé de la récolte de l'an dernier. Quand cela aura été réglé et quand nous aurons les gisements de pétrole : Ce pays a produit par an 13 à 14 millions de tonnes ! Même si nous étions moitié moins bon organisateurs que les Russes, cela ferait encore six millions. L'an prochain, après la prochaine récolte, cela doit réussir complètement ! Une chose que nous n'avons pas prise en compte auparavant : il y a tous les trois jours un orage, qui oblige à interrompre le travail. C'est une véritable serre ici : 50 degrés de chaleur, puis des trombes d'eau puis à nouveau la chaleur[2].

Si la boue n'était pas venue en octobre dernier, nous nous serions rués sur Moscou comme un rien ! Maintenant nous sommes assez malins pour tout arrêter à la première pluie[3]. Après la guerre, l'Allemagne n'a pas à se creuser pour savoir quelles tâches l'attendent !

Nous deviendrons, y compris pour le coton, l'État le plus autarcique de la terre. La seule chose que nous n'aurons pas c'est le café, mais nous récupérerons bien quelque part une colonie qui en produit ! Nous aurons du bois en suffisance, du fer sans limite, les plus grandes réserves de manganèse du monde, du pétrole, tout baigne ! La force de travail allemande affectée ici, ah, juste ciel ! Pour le paysan la terre est tout. La beauté du paysage rural ? Quand la graisse jaillit du sol ! Ce sera vraiment une pure joie, dans l'avenir, de travailler !

Staline est d'un côté un monstre, de l'autre un géant. Les questions sociales lui sont indifférentes. Les gens peuvent crever, cela lui est égal. L'Europe aurait été submergée comme par les Huns s'il avait disposé de dix ans de plus. Sans l'armée allemande, il en aurait

1. L'idée du meurtre expéditif de tout résistant potentiel suit comme son ombre celle du pillage économique.

2. Encore un consciencieux exercice d'optimisme : le ravitaillement de l'Allemagne bénéficiera dès l'année suivante de 6 millions de tonnes de blé ukrainien grâce à des mesures d'organisation, à une meilleure connaissance des conditions climatiques et à la résolution des problèmes de transport par l'apport du pétrole ex-soviétique.

3. Hitler avait, quelques mois plus tôt, attribué à une intervention de la Providence les conditions atmosphériques qui avaient empêché une avance allemande imprudente (cf. *supra*, t. 1, entrée des 17-18 janvier).

aujourd'hui fini avec nous. La stupidité de nos masses lui aurait ouvert les portes[1] !

Nous avons derrière nous le pire des hivers. Dans cent ans des millions de paysans allemands habiteront là[2] !

11 août, le soir

(Invités : Speer, général Reinecke[3])

Le mark allemand doit être un étalon monétaire d'une solidité inébranlable, le plus stable du monde. Ici à l'Est il n'existe en vérité que la monnaie naturelle. Nous aurons un Ost-mark spécifique. Si le rapport est de 1 à 5, celui qui vient avec 100 marks recevra 100 Ost-marks, l'État empochant la différence. Et il aura autant ici avec 100 Ost-marks que dans le Reich avec 100 marks. Les prix sont différents et devront toujours rester très différents, ce qui permettra à l'État de tirer parti de la différence et de solder de cette façon nos dettes de guerre. Le but doit être d'éponger annuellement au moins 10 à 20 milliards de dettes de guerre de telle sorte que nous, seule nation de cette guerre dans ce cas, soyons délivrés de la dette de guerre en dix ans et puissions concentrer nos moyens dans une large mesure sur la colonisation.

Je ne peux pas forcer l'adversaire à nous rembourser les dettes de guerre. Je ne crois pas que nous obtiendrons quelque chose de l'Angleterre. Si l'Anglais venait demain, il voudrait maintenant conclure la paix sur la base : chacun assume ses coûts ; je répondrais vraisemblablement : Bien ! Nous sommes proprement payés ! Les profiteurs de cette guerre, ce sera nous. Nous sortirons gros et gras de cette guerre. Nous ne cédons plus rien ; nous prenons tout ce dont nous pouvons avoir besoin. Si les autres protestent, cela m'est complètement égal. Nous avons la colonie la plus rentable du monde. D'abord elle est proche de nous, ensuite elle a une population saine[4], enfin elle fournit tout jusqu'au café exclu. En l'espace de cinq ou dix ans, les colonies des autres seront démonétisées ! Le moins cher pour nous, c'est la paix[5] !

1. Un paragraphe très dense, qu'il faut se garder de lire à moitié. Hitler érige à la fois Staline en modèle et en repoussoir. Il espère l'égaler en détermination et en absence de scrupules, mais non en barbarie, du moins au sens d'une absence de civilisation. Au passage, il exalte son régime militariste et autoritaire, indispensable pour empêcher les masses allemandes « stupides » (*blödsinnig*) de se jeter dans les bras des communistes.

2. Deux formules incantatoires en cascade : si nous n'en sommes pas plus loin, c'est la faute d'un hiver exceptionnel et même, dans sa rigueur, unique ; puisque nous avons surmonté cette épreuve, nos projets seront à coup sûr réalisés.

3. Hermann Reinecke (1888-1973), officier de carrière depuis 1905, s'est spécialisé sous le nazisme dans la formation politique des officiers. Chef de section à l'OKW, en charge notamment des prisonniers de guerre, il dirigera notamment le corps de 1 000 « officiers politiques » (*Nationalsozialistischer Führungsoffiziere*-NSFO), institué le 22 décembre 1943, dont la mission consistera à enseigner l'idéologie nazie aux soldats dans le cadre d'exposés et de discussions. Cf. Andreas Kunz, « Wehrmacht und Niederlage. Die bewaffnete Macht in der Endphase der nationalsozialistischen Herrschaft, 1944-1945 », *Schriftenreihe des Militärgeschichtlichen Forschungsamtes*, vol. 64, Munich, 2005, p. 240-248. Il siège aussi au Tribunal du peuple et contribuera à la condamnation des putschistes de juillet 1944.

4. Une allusion, sans doute, aux maladies tropicales qui handicapent les colonies des autres.

5. Tandis que Hitler ne cesse de dire que la France devra « apurer la dette de Versailles » (cf. *supra*, entrée du 5 avril au soir), il exempte ici l'Angleterre de toute réparation au nom d'un raisonnement suivant lequel, sans réparation ni indemnité aucune, l'Allemagne sera bénéficiaire et s'acquittera beaucoup plus vite des dettes contractées que ses ennemis. Il compte donc toujours sur une victoire décisive à l'Est suivie d'une paix rapide avec l'Angleterre moyennant des conditions « généreuses », et il polit déjà les arguments par lesquels il justifierait devant son opinion publique une telle générosité.

Le devoir des prêtres est depuis toujours de miner la puissance de l'État. Aussi longtemps que nous les tolérons, ce n'est que justice. Chaque peuple a les prêtres qu'il mérite. Comme je ne peux changer cela en ce moment, il est normal que je leur décerne des éloges. Mais un jour je mettrai une fois pour toutes une fin définitive à ce combat de l'histoire allemande. Même si cela chagrine beaucoup de monde, je ferai sentir aux prêtres la force de l'État, d'une manière qui les étonnera. Pour l'instant je me contente de les observer. Si je pensais qu'ils deviennent dangereux, je les liquiderais. Ce serpent relève toujours la tête quand l'État perd de sa force. C'est pourquoi il faut l'écraser[1].

Avons-nous besoin d'une légende juive[2] ? Le destin de quelques sales poux juifs, d'épileptiques, qu'est-ce que cela peut nous faire? Le comte Preysing[3] est une pure charogne. Les pires charognes sont celles qui se présentent d'abord sous un masque d'humilité. Là on peut dire : les monstres ! À côté, un inquisiteur ecclésiastique est un modèle de naturel. La méchanceté va de pair avec l'hypocrisie. Il faudra en finir un jour avec cela. Combien peu utiles sont les prêtres, on le voit bien aujourd'hui. Nous avons un ennemi qui se fait tuer par millions sans avoir un seul de ces menteurs[4]. L'Église catholique ne souhaite qu'une chose, que nous périssions.

Quand Eckart était à Landsberg, un petit curé vint le voir : Eckart, vous avez peut-être déjà pensé à ce qui se passerait s'il vous arrivait quelque chose, ce que par Dieu nous ne voulons pas espérer, mais ce qui est le lot de chacun un jour ou l'autre. Dites donc, répliqua Eckart, j'ai déjà réfléchi plus que vous sur ces histoires d'au-delà ; s'il y a un au-delà, auquel vous croyez, je peux en tout cas vous être plus utile que l'inverse ! Suintements d'hypocrisie, avec des flèches empoisonnées derrière !

12 août, midi

Je n'ai jamais encore vu un mariage solennel. Le mariage est pourtant un acte sacré, l'union d'êtres de sexe différent, peut-être moins émouvante pour l'homme que pour la femme[5], mais tout

1. Hitler sera en fait, en 1945, beaucoup plus prudent et méticuleux que cela. La répression se concentrera sur le défaitisme et point du tout sur les Églises en tant que telles. Cf. François Delpla, *Une histoire..., op. cit.*, p. 474-477.

2. Cette expression désigne ici le christianisme, ainsi que ses textes sacrés, comme le montre la suite : l'Évangile est réduit à une affaire de guérison d'épileptiques.

3. Konrad von Preysing (1880-1950), d'origine bavaroise, est l'archevêque de Berlin, et l'un des prélats allemands les plus liés à la Résistance. Hitler semble bien s'en douter. Il avait d'ailleurs côtoyé le journaliste munichois antinazi Fritz Gerlich, assassiné lors de la Nuit des longs couteaux, dans la rédaction du périodique *Der gerade Weg*.

4. La religion orthodoxe reste tolérée en URSS dans d'étroites limites, que la mobilisation patriotique n'a que légèrement assouplies : il n'a pas été question d'introduire des aumôniers dans l'Armée rouge.

5. Bien que Hitler compte beaucoup sur les femmes dans sa mobilisation patriotique, fasse preuve de compréhension envers les mères célibataires et prône le mariage d'amour, il reste traditionaliste en matière familiale, témoin cette idée que la cérémonie du mariage serait plus émouvante pour l'épouse que pour l'époux, qui aurait d'autres centres d'intérêt.

de même. Or que font les assistants ? Rien d'autre que de charrier sans cesse la fiancée et le fiancé ! Je suis allé une fois à un mariage – la noce Thiersch[1] – où chacun s'est fendu d'un discours obscène qui se voulait spirituel. Qu'est-ce qui pousse à faire cela ?

Pour ce qui est du kitsch national, nous sommes encore des enfants par rapport aux Anglais. C'est curieux comme là-bas le kitsch et le bon goût se côtoient. J'ai eu un jour en main un livre d'architecture sur les châteaux anglais : de grandes pièces, fantastique ! Les bâtiments officiels de Londres sont peut-être historiques, mais la politique se fait dans les châteaux campagnards !

Le Club national à Berlin[2] ! C'est vers 1921 que j'y fus introduit par Gansser[3]. Ces gens n'avaient pas la moindre idée de la façon de résoudre la question allemande. Ils ne sentaient rien venir ! L'un de ces messieurs me dit que les espoirs du peuple allemand reposaient sur Kahr[4] ! Plus on s'éloignait de la Bavière, plus croissait la dimension de Kahr. Une nullité ! Et c'est avec ça qu'on voulait alors se sauver ! C'est là que j'ai appris à connaître le vieil amiral Schröder[5]. Il fut notre premier adepte.

Le lendemain je suis allé au casino de la Pariser Platz. Schröder a fait sur tout le monde la meilleure impression. Un tel taureau chargé d'énergie !

Mon programme de 1921-1922 avait transporté d'effroi la plupart des bourgeois. Et si quelqu'un allait apprendre qu'ils avaient seulement écouté cela ! Nettoyer l'Allemagne de tous les éléments étrangers, introduire le service militaire et restaurer l'armée allemande, liquider la liberté de la presse, liquider les parlements des Länder ! Mais c'étaient là de criants blasphèmes ! Des gens se sont parjurés en prétendant qu'ils n'avaient jamais rien entendu de tout cela ! Schröder, qui se montra tout de suite d'accord, un homme d'action des plus capables, un fanatique, ennemi des compromis ! Il était à la marine ce que Lützow[6] était à l'armée de terre. Hutier[7] était une personnalité nationale, une belle personnalité, mais il avait, je crois, une petite fibre catholique en lui. Quand je déniche un homme comme Schröder quelque part, je me l'attache dans l'instant.

1. Hitler confiait ses livres à Frieda Thiersch (1889-1947), spécialiste renommée de reliure, proche de Gerdy Troost, fille de l'architecte munichois Friedrich von Thiersch (1852-1921) et demeurée célibataire. On ne sait à quel membre de la famille rattacher cette allusion.

2. Le Berliner Nationale Klub, une association de nationalistes influents, fondée en 1919 sous la présidence du général von Hutier, sur lequel Hitler émet dans la suite du propos un jugement nuancé.

3. Un industriel longuement évoqué dans la nuit du 16 au 17 janvier.

4. Le ministre-président de la Bavière en 1920-1921 puis en 1923, jusqu'au putsch. Lui reprochant l'échec de celui-ci, Hitler l'avait fait tuer lors de la Nuit des longs couteaux. Il l'avait évoqué le 5 novembre au soir puis dans la nuit du 3 au 4 février. Pour autant, ce qu'il en dit ici n'est pas invraisemblable : en novembre 1923, les droites allemandes plaçaient volontiers leur espoir dans une « régénération de l'Allemagne par la Bavière » et il était compréhensible que son chef politique apparût, vu de l'extérieur, comme un sauveur potentiel.

5. August Ludwig Schröder (1854-23 juillet 1933) avait notamment commandé toute l'infanterie de marine allemande pendant la guerre précédente. C'est donc, avant Ludendorff, le premier chef prestigieux de la guerre mondiale que Hitler ait gagné à sa cause. Son fils Ludwig, né en 1884, officier de marine puis d'aviation, est entré dans la SS le 20 avril 1941 en même temps qu'il prenait ses fonctions de commandant militaire en Serbie. Il y a imposé aux Juifs et aux Tsiganes, dès le 31 mai, le port d'un brassard jaune, avant de périr dans un accident d'avion le 28 juillet.

6. Ludwig von Lützow (1782-1834) était un des reconstructeurs de l'armée prussienne à la fin des guerres napoléoniennes. Il avait créé et dirigé les corps francs.

7. Oskar von Hutier (1857-1934) était pendant la Première Guerre mondiale l'un des généraux allemands les plus novateurs, les Français eux-mêmes ayant appelé « tactique de Hutier » sa « tactique d'infiltration ». On voit que le fait d'aller à la messe commence à devenir pour Hitler un sujet de méfiance envers un officier, quel que soit son talent.

Schröder avait déjà quitté le service quand il reçut l'ordre de lever un corps de marine ; ce que nous pouvons faire aujourd'hui, c'est un jeu d'enfant, par comparaison avec les conditions de l'époque : Il n'avait absolument rien ! Et il partit bientôt en opération avec son corps de marine ! C'est dans la bataille de la Somme que j'ai vu pour la première fois une division de marine. En face nous ressemblions à des petits cochons. Nous avions été mis au repos à Ostende. Le régiment était dans un tel état que, à ce que je crois, une troupe russe après une retraite à pied de 500 kilomètres fait l'effet d'un régiment de la Garde, par comparaison avec nous[1]. J'ai un peu vogué sur le sas d'un sous-marin, là ils étaient tirés à quatre épingles ! On se sentait tout de suite mal devant ces élèves modèles[2].

(À l'amiral Krancke :)

De là vient aussi le fait que devant la marine l'armée de terre ressent un complexe d'infériorité ! Nous devions découper nos manteaux pour avoir des bandes molletières et ressemblions à des ballerines. Ils arboraient des uniformes pourvus de bandelettes et de bandes molletières. Nous admirions chacun d'eux. Ensuite nous fûmes heureux de regagner nos tranchées !

12 août

Avec ce savon de guerre je peux me laver les mains sans limite et elles ne se crevassent pas. Il faut que je le fasse à cause du chien. Avec le savon du temps de paix, c'est impossible. À quoi cela tient-il ?

La fabrication de graisse à partir de la houille n'a pas été très concluante. L'impulsion était venue du Reichsmarschall. Je n'étais pas pour. Devons-nous faire du savon avec les graisses végétales, et pour cela manger de la graisse de houille[3] ?

À l'avenir il n'y aura plus que des servants de mitrailleuse et des tireurs d'élite. Chaque fusil devra avoir un viseur, afin que chaque coup porte.

La danse a été la première expression musicale de l'homme. La plus belle danse qu'on puisse imaginer est bien la valse : la plus merveilleuse combinaison de mouvements et de musique ! Puis

1. Le régiment List, dans lequel Hitler avait fait la guerre, était présenté comme une unité d'élite par la propagande nazie. L'historien Thomas Weber a récemment retouché le tableau en montrant qu'il s'agissait d'une troupe fort médiocre : *Hitler's First War. Adolf Hitler, the Men of the List Regiment, and the First World War*, Oxford University Press, 2010, tr. fr. *La première guerre d'Hitler*, Paris, Perrin, 2012, ch. 7. Hitler lui donne ici étonnamment raison. En revanche, lorsqu'il évoque la bataille de la Somme, il joue sur les mots de manière à laisser entendre qu'il y a participé, ce qui est faux (*ibid.*, p. 188). Du reste, son régiment ne pouvait pas être à la fois à Ostende et à Bapaume ! Au lieu de « dans » la bataille, il devrait dire « pendant ». L'escroquerie est la même lorsqu'il prétend avoir regagné les « tranchées », que, en tant qu'estafette régimentaire, il n'a jamais vues que de loin.

2. Le corps de marine des Flandres était sous le commandement direct de l'amiral Schröder.

3. Les corps gras constituent l'un des plus gros déficits de l'Allemagne sur le plan alimentaire ; Hitler a déjà évoqué cette question le 12 mai à propos de l'huile de baleine.

la Schuhplattler[1] de Haute-Bavière : tout est resserré, un homme, là, n'est jamais ridicule ! Mais les danses de société actuelles, quel vacarme ! Quand on voit dans un film une danse sans musique, c'est insupportable !

Une chose remarquable : les groupes professionnels dans lesquels on devient beaucoup plus vieux que dans les autres professions sont ceux des acteurs et des officiers. Rien d'étonnant : ils sont toujours en contact avec la jeunesse[2] !

On ne peut pas dire que la vie à la montagne soit bonne pour la santé de tout le monde. Quand je pense à Frau Endres, à ma propre sœur, à Elli que nous avons fait venir de l'Osteria[3] ! Et regardez notre petite Wolf : si elle reste six semaines là-haut, il faut qu'elle aille à Nauheim[4].

Il y a des gens qui font l'ascension du Hoher Göll en bottes, avec en plus un manteau s'il pleut ! Je ne comprends pas cela ! En soi les bottes ne peuvent pas être saines, elles ne laissent aucun air passer ! Le Knobelbecher[5], c'est autre chose, il laisse entrer l'air. Il n'y a pas de doute que le vêtement le plus sain qui soit c'est la culotte courte avec des chaussures basses et des chaussettes montantes ! Pour moi au début c'était une torture de mettre un pantalon long ! Par -8 ou -9 °C je me promenais encore en culotte courte. Le sentiment de liberté que cela procure, une merveille !

Ce fut l'une des plus dures épreuves que j'aie affrontées. Je ne l'ai fait qu'à cause des Allemands du Nord ! Je ne sentais même pas quand il faisait -2 ou -5 °C. Une partie de notre jeunesse actuelle porte déjà la culotte courte tout l'hiver. Ce n'est qu'une question d'habitude ! Une unité SS Hochland portera dans l'avenir la culotte courte[6] !

Nous avons déjà, dans la Wehrmacht, assoupli considérablement la réglementation vestimentaire ! Les pionniers en caleçons de bain ! Tout le travail près des batteries ! Cela donne à la troupe le sentiment d'être dirigée par des gens raisonnables ! Si les subordonnés ont le sentiment que les supérieurs manquent de raison, c'est très mauvais ! Aujourd'hui une compagnie se rapproche d'une équipe sportive. La troupe et les officiers ne font qu'un !

1. Déjà vantée le 17 février au soir.

2. Une réminiscence des plus intéressantes. Les mémoires d'Otto Wagener, découverts tardivement et publiés en 1978, nous ont en effet appris que Hitler s'était entiché vers 1930 d'une théorie irrationnelle due à un savant allemand du XIXe siècle par ailleurs sérieux, Karl von Reichenbach (1788-1869). Il pensait avoir découvert une énergie, qu'il baptisait « force odique » capable de passer d'un objet à un autre et notamment d'un corps humain à un autre. Elle baissait avec l'âge, mais pouvait se régénérer par un contact physique avec des jeunes, qui l'avaient en excès. Wagener expose un jour cette théorie à Hitler, qui s'enthousiasme : « Voilà pourquoi un officier reste si plein de jeunesse – parce qu'il est constamment parmi des jeunes ! Et c'est ce qui explique la solidarité d'une compagnie, d'un corps franc, d'une section de SA : car l'ensemble forme une communauté odique. Non, cela ne peut être imité par aucun parti politique dont les dirigeants sont trop jeunes ou les membres trop vieux. Il ne peut jamais devenir une communauté odique – mais, Wagener, nous allons changer tout cela ! Le mystère de l'organisation politique est résolu, et l'organisation des SA aussi ! Elle n'est pas déterminée par la race, elle dépend de cette question ! » (cf. Otto Wagener, *Hitler aus nächster Nähe*, *op. cit.*, ch. 7). Il est probable que cet enthousiasme soit retombé assez vite car aucun autre témoin n'en parle, mais on voit qu'il a laissé des traces.

3. Frau Endres se prénomme Elsa et, d'après Anton Joachimsthaler qui cite le témoignage d'une amie, avait elle-même été employée à l'Osteria (le restaurant munichois habituel de Hitler) avant de tenir la maison du Berghof, en remplacement d'Angela Raubal ; il se pourrait donc qu'elle ne fasse qu'une avec « Elli » et que le scribe ait mal compris. Cf. Anton Joachimsthaler, *Hitlers Liste*, Munich, Herbig, 2003, p. 458.

4. Christa Wolf (1900-1985) est la doyenne des secrétaires de Hitler. Nauheim est une ville thermale de Hesse.

5. Le Knobelbecher est une chaussure de marche.

6. Hitler a longuement fait l'éloge de ce vêtement le 17 février au soir.

En Russie on voit encore aujourd'hui de magnifiques costumes, qui avaient visiblement été cachés en partie[1].

Je suis également partisan qu'on fasse de la Baltique une mer intérieure allemande[2].

16 août, midi

Je cherche toujours à agir en tout au mieux et à me préparer au pire.

Draganoff, exactement le nez[3] et les gestes du roi Ferdinand! Tout le monde le prendrait pour le Vieux, s'il mangeait un peu plus afin d'avoir un peu de ventre, et s'il revêtait l'habit adéquat! Il m'a dit: Je ne sais même pas ce que je dois faire à Madrid, mais je ferai tout ce que je peux pour l'Allemagne[4]!

L'histoire est véritablement ce qu'il y a de plus trompeur. Les Bulgares se conduisent actuellement comme si l'évolution de la situation dans les Balkans leur devait tout. En fait, tiré à hue et à dia par sa cupidité d'un côté et sa peur de l'autre, le roi était si hésitant qu'il avait besoin en permanence d'être stimulé par nous! Le Vieux[5] a écrit des lettres pour exposer aux Bulgares que leur heure était venue.

Ces Balkaniques sont singuliers. Ils ont un talent incomparable pour la parole! Dans ce corps diplomatique il y avait de ces figures! Le Hollandais avait une femme jeune et très belle. Il ne se souciait que d'une chose: surveiller sa petite colombe; si quelqu'un parlait avec elle, il devenait tout de suite très nerveux, alors que le Roumain était à cet égard tolérant. Il se disait que, à côté des centaines d'écarts de conduite, ce n'était rien! Elle dormait seize heures par jour et paraissait extraordinairement jeune! Elle me présenta une dame mûre, c'était sa fille! Il y avait aussi une altesse royale, princesse égyptienne, celle d'Iran. Une jeune femme vraiment magnifique. Elle prenait des leçons de peinture et changeait constamment de professeur.

Si j'ai trouvé un jour un homme antipathique, c'est bien le Belge[6], un coquin futé, un rusé renard. Maintenant nous l'avons

1. Ce point est tout à fait douteux, le régime stalinien s'étant plus intéressé aux réserves alimentaires des paysans qu'à leurs mœurs vestimentaires. Mais Hitler ne voit dans le système soviétique que grisaille, dans tous les domaines.

2. Cela présupposerait l'annexion de la Suède et de la Finlande. Si le sort de la première, au vu des paroles rancunières de Hitler à son égard, semble scellé, il a en revanche hautement prôné l'indépendance de la Finlande, le 5 avril. Serait-il en train de changer d'idée ?

3. Genoud écrit : « les traits ».

4. Parvan Draganov (selon l'orthographe française en usage) est ambassadeur de Bulgarie en Allemagne depuis 1937 ; il deviendra ministre des Affaires étrangères en 1944. Il passe pour l'un des rares conseillers du roi Boris qui aient osé le contredire. Cf. Stephane Groueff, *Crown of Thorns. The Reign of King Boris III of Bulgaria, 1918-1943*, Lanham, Madison Books, 1987, p. 72.

5. Il s'agit de l'ex-roi Ferdinand, contraint à l'abdication par la défaite de 1918 et résidant en Allemagne. Cf. *supra*, entrée du 2 avril, midi.

6. Après avoir annoncé qu'il allait parler des ambassadeurs balkaniques et commencé par celui de Hollande, puis mentionné l'épouse de l'ambassadeur d'Iran, Hitler saute sans crier gare des diplomates aux souverains : ce Belge n'est autre que Léopold III (1901-1983), un des rares monarques demeurés dans leur pays envahi en 1940 ; il se refuse à tout rôle politique et a été assigné à résidence par l'occupant allemand au château de Laeken.

sur les bras ! Nous avons alors commis une grosse sottise. Je peux mettre cela au nombre de mes bêtises. J'aurais dû le traiter comme un prisonnier de guerre ! D'un autre côté : Sa sœur est la princesse héritière italienne[1] ! C'est une tragédie, personnellement c'est la seule personne sympathique de toute la cour italienne, une femme naturelle ; maltraitée psychologiquement là-bas !

Staline : un anarchiste élevé dans un séminaire ! Il faut maintenant demander dans la presse si à Moscou ils ont aussi chanté des psaumes, Churchill et lui[2] ! Si Churchill est allé là-bas, je ne peux m'empêcher de faire un rapprochement avec cette affaire de convoi, il attendait un résultat énorme. Il voulait aller à Moscou fort de ce résultat, puis en revenir. J'ai la ferme conviction qu'ils avaient anticipé une grosse affaire ! Sinon, pourquoi le déplacement de la flotte de l'Est ?

S'ils avaient mis la main sur la Crète, ç'aurait été un coup sévère ! Pour tenir la côte africaine, la Crète est indispensable. Ils le disent eux-mêmes ! L'action a échoué, je crois, parce que les trois porte-avions ont été touchés. On ne peut pas faire quelque chose comme ça sans une forte couverture aérienne ! Je ne sais pas si nous ne devrions pas leur jeter à la figure qu'ils avaient planifié un débarquement en Crète. J'ai là-dessus, une nouvelle fois, une intuition. Il serait décisif de savoir s'ils avaient embarqué des troupes. À Malte, ils n'ont pas besoin de troupes. S'ils ont en plus perdu un croiseur, ils ont de quoi se faire de la bile[3]. Dans le nord de la Norvège, nous ne savions pas non plus ce qu'ils avaient en tête. Ce n'est qu'après coup que nous avons pu le constater. C'est avant la Norvège – lors de l'affaire de l'*Altmark*[4] – que le vieux Chamberlain a dit que j'avais manqué l'omnibus !

Il y avait en Angleterre des gens très superstitieux, comme on l'a vu autrefois avec l'histoire du duc de Windsor ; c'était un mauvais présage. Le roi incarne l'empire !

---

1. Marie-José de Belgique (1906-2001) a épousé en 1918 le prince Umberto d'Italie. Il n'est pas impossible que Hitler, lorsqu'il était forcé de rencontrer la cour italienne, ait été sensible à son charme (elle avait presque l'âge de Geli Raubal) et qu'il avoue ici à mots couverts

un moment de faiblesse, le souci de contenter la princesse l'ayant emporté sur celui d'éloigner au plus vite Léopold de ses sujets. Mais si cette raison a pu jouer, des raisons politiques pouvaient aussi le faire, et de façon plus déterminante. Le jour de la décision, le 27 mai 1940, il est intéressant d'arrêter l'hémorragie des petits souverains réfugiés à Londres ; l'Allemagne, qui recherche la paix, a intérêt d'une part à montrer qu'elle domine la situation en Europe, d'autre part à se montrer peu gourmande en annexions : le fait de signer avec Léopold et de le laisser dans son palais peut donner à penser que la Belgique n'a été envahie que comme une voie de passage, et pourrait être évacuée.

2. Une réflexion symétrique de celle du 4 avril, lorsque Hitler s'était indigné que l'archevêque de Cantorbery ait « déployé en chaire le drapeau soviétique ». Le christianisme est stigmatisé comme l'un des ciments de la collusion occidentalo-soviétique contre la grandeur de l'Allemagne.

3. Hitler échafaude l'hypothèse que le séjour de Churchill à Moscou (qui a commencé le 12 août et va se terminer le 17) avait été fixé pour lui permettre de triompher à la suite d'un raid victorieux de sa « flotte de l'Est » qui aurait permis la reconquête de la Crète (base anglaise enlevée par des parachutistes allemands en mai 1941). En fait, Churchill est venu accorder les violons de la coalition, peu après son séjour aux États-Unis. Quant à la « flotte de l'Est », ce n'est pas une escadre méditerranéenne que la Navy désigne ainsi, mais l'ensemble de ses unités d'Extrême-Orient.

4. Le 16 février 1940, la marine anglaise avait arraisonné dans les eaux territoriales norvégiennes un cargo allemand censément civil et autorisé comme tel par la marine norvégienne, alors qu'il transportait des prisonniers de guerre anglais, ainsi triomphalement délivrés grâce à la fermeté et à l'audace du ministre de la Marine, Winston Churchill. Cela n'a pas grand-chose à voir avec le diagnostic imprudent « *Mr Hitler had missed the bus* » émis par le premier ministre – effectivement âgé – Neville Chamberlain devant les Communes le 4 avril 1940 : il voulait dire que les armées alliées étaient désormais prêtes et que Hitler avait manqué l'occasion d'attaquer pendant leur période de préparation... ce qui fut du pire effet six jours plus tard, quand Hitler fondit efficacement sur la Norvège. Hitler rappelle ici un échec allemand en montrant qu'il avait pris bientôt une revanche éclatante, et associe Churchill à Chamberlain dans le ridicule d'avoir crié trop tôt victoire. En même temps il malmène la chronologie, le 4 avril étant assez éloigné du 16 février et le « *missed the bus* » n'ayant rien à voir avec l'affaire de l'*Altmark*.

16 août, le soir

Churchill et ses camarades ont décidé la guerre quelques années avant 1939 dans quelques châteaux ! Ma source : Lady Mitford[1]. Elle et ses sœurs en savaient long par leurs accointances familiales avec des gens influents. L'une a lâché un jour que dans tout Londres il y avait seulement trois canons de DCA, après quoi sa sœur la regarda stupéfaite. Elle me dit : Je ne sais pas si Mosley est l'homme de la situation et s'il a la capacité d'empêcher une guerre entre l'Allemagne et l'Angleterre !

Au moment où l'Angleterre a établi le service militaire pour tous, les dés étaient jetés contre nous ! Ensuite les drôles se sont impatientés ! Si l'affaire avait traîné encore trois ou quatre ans, ils auraient eu une armée de 25 à 40 divisions qu'ils auraient pu envoyer sur le continent[2] !

Le travailleur français est incroyablement habile. Ses machines et ses usines, on peut les estimer démodées, mais le travail est de première classe. Ils sont également capables d'effectuer des réparations en un temps incroyablement court. Je trouve que chez nous on perd le maximum de temps à constater les dommages[3] !

J'ai – réarmement – toujours mené la bataille pour une année, l'homme s'élève avec ses objectifs[4] ! La première année, de 1933 à 1934, 3 milliards ont été donnés à la Wehrmacht, en 1934 les crédits ont dépassé 5 milliards et avant l'entrée en guerre 92 milliards avaient été dépensés pour la guerre ! Ce n'était absolument jamais arrivé. Les crédits de guerre avant la guerre mondiale se montaient à un milliard !

Personne n'a jamais pu me dire qu'il voulait faire quelque chose et qu'il n'avait pas reçu l'argent. Au grand jamais il n'arrivait que le Reichstag ait son mot à dire. Ce qui comptait, c'était que je dise oui ou non ! Au moment où je me suis décidé à supprimer l'étalon-or, les moyens n'ont joué aucun rôle, aussi longtemps que j'avais encore des chômeurs. Je devais payer 7 millions de chômeurs totaux et 4 de partiels, pour cela il fallait débourser 5 milliards ! Nous aurions économisé des milliards de devises si la Wehrmacht s'était mise tout

1. Il s'agit probablement de Diana (1910-2003), épouse Mosley, la seule des six sœurs à être lady et à fréquenter Hitler avant 1939, Unity (1914-1948) étant plus assidue mais célibataire. Une fois de plus Hitler prétend qu'un clan anglais avait prémédité la guerre depuis longtemps d'une manière à la fois conspiratrice et indiscrète, puisque la famille Mitford, pro-allemande à des degrés divers et à deux exceptions près (Nancy, toute à son œuvre romanesque, et Jessica, devenue communiste), aurait été au courant. Diana Mitford avait épousé le chef des fascistes anglais, Oswald Mosley, à Berlin en 1937, avec Hitler et Goebbels pour témoins. Cf. François Delpla, *Les tentatrices...*, *op. cit.*, ch. 11.

2. D'après Hitler, les Juifs qui ont poussé l'Angleterre à la guerre étaient stupides, car en faisant preuve de patience devant l'invasion de la Pologne ils auraient pu construire à loisir une armée qui lui poserait à présent beaucoup plus de problèmes. Encore une façon de dire qu'il a attaqué à temps – la Pologne cette fois et non l'URSS –, tout en inversant les rôles ! et de se consoler des difficultés présentes en se disant que sans ses initiatives la situation serait bien pire.

3. Ici ce sont les qualités de la force de travail française qui font office pour Hitler de butin consolateur, tout en lui permettant de retomber sur ses pieds « raciaux ».

4. Le souci de prétendre qu'il n'avait pas planifié dès 1933 une guerre d'envergure ne perd pas ses droits. Il est très important de faire accroire à la postérité que l'Allemagne n'a jamais fait que se défendre. Sage précaution en préambule d'une énumération triomphale de ses efforts de réarmement entrepris dès 1933 !

de suite aux matériaux de remplacement, au lieu de compter sur des matières premières de provenance extérieure. Quand je disais que nous devions nous mettre sur le pied de guerre : Les parties de la Wehrmacht n'ont emprunté ce chemin que sous l'empire des nécessités de la guerre ! Que n'a-t-on pas inventé pour m'amadouer ! On exigeait 1,8 fois la production annuelle mondiale de cuivre quand je demandais de produire des navires de guerre ! Pendant la guerre mondiale nous disposions de réserves constituées pendant trente ans, là nous n'avions rien ! Combien je me suis énervé en ces années pour qu'on exécute uniquement ce que je voulais ! C'est un combat encore que j'ai dû livrer contre ce bon Fritsch lors du rétablissement du service militaire. Ce sera 36 divisions ! Il ne faut pas chercher d'excuse en disant que les moyens n'ont pas été volontiers accordés !

(À Jodl :)

Quand vous dites que vous avez dû rabattre de vos demandes, année après année, 40, puis 60 puis 80 %, c'est avec Blomberg que cela se passait ! Il a été accordé plus de moyens à la Wehrmacht qu'elle ne pouvait en utiliser. Combien de fois j'ai fait un esclandre parce que telle ou telle chose n'avait pas été commandée ! Il y avait des chocs toutes les semaines ! La Wehrmacht ne voulait pas ! Il y avait là des gens qui travaillaient dans mon dos ! Même un dépassement du budget n'aurait pas eu d'importance ! La Luftwaffe dépassait le sien de deux milliards tous les ans ! Il pouvait survenir une crise quand le chômage serait résorbé. Ce fut le cas seulement de 1937 à 1938. Jusque là il n'y avait que des problèmes de devises[1] ! À une question de ma part Schacht répondit que nous avions au moins 1 500 millions d'avoirs à l'étranger. C'est sur cette base que j'ai établi le Plan de quatre ans. Il n'y a jamais eu de bataille pour les moyens, le Reichsmarschall aussi avait tous les moyens ! Aujourd'hui également rien n'échoue faute d'argent ! Je n'ai protesté que contre les doses homéopathiques des commandes de la Wehrmacht.

L'industrie venait me trouver : Nous devenons fous avec ces commandes ! Aujourd'hui dix obusiers, demain deux mortiers et le tout à l'avenant ! Là où la production a besoin d'une période de lancement de quatre à huit mois ! J'ai fait passer à la production en série,

1. L'historien n'a pas grand-chose à redire à cet historique. Hitler a bel et bien impulsé l'effort de réarmement, tout en lui donnant une cohérence en fonction de ses objectifs.

et sans limite ! La marine pourrait aujourd'hui disposer de quatre navires de plus, des lourds, tout était là, l'acier, les travailleurs ! Ma politique économique consistait à sélectionner le meilleur. Il y a des choses contre lesquelles j'ai protesté : le fait par exemple qu'on affectait trop les crédits à l'entretien des bâtiments afin qu'ils restent présentables. Les demandes faites par la Wehrmacht à partir de ses crédits, je les ai appuyées. La bêtise d'attribuer à l'industrie des moyens destinés à la Wehrmacht a été enterrée par le Plan de quatre ans. Commander à quelqu'un 500 000 sacs à dos et lui donner de l'argent pour construire l'usine, ça, c'est un non-sens !

Jamais la marine n'a présenté des demandes, c'est toujours moi qui l'ai fait et la marine qui les a réduites. Jamais l'armée de terre ne m'a présenté une demande mais les demandes étaient présentées par moi et l'armée, dans l'exécution, hésitait ! Cela allait jusque là : je dus retirer à l'armée une affaire, afin qu'elle fût tout simplement menée à bien ! Il s'agissait du mur de l'Ouest[1] ! Si la guerre n'était pas survenue, Heligoland[2] n'aurait pas non plus été terminé. La première réponse de la marine avait été de lui dénier toute utilité ! Seul le Reichsmarschall était feu et flamme. Pour les Panzer, il en allait exactement de même ! On disait qu'ils n'avaient de valeur que s'ils étaient petits et légers, que tout le reste était un non-sens. J'ai bataillé constamment pour les chars lourds ! La télédiffusion ! J'ai ordonné qu'on la fasse. Le ministère de la Propagande l'a sabotée parce que le ministre des Postes avait dit que la technique n'était pas au point[3] !

Le ministre des Postes n'a jamais manqué d'argent ! Avant la guerre je suis allé chez Krupp et j'ordonnai là-bas, puisque l'armée ne bougeait pas, afin de faire quelque chose pour la motorisation, d'équiper avec cela les Panzer IV, les formations SS ; à peine la guerre fut-elle déclenchée que l'armée de terre se pointa : Ça, nous en avons besoin pour nous ! Après l'introduction du service militaire en 1935, j'ai demandé qu'on commence immédiatement les fortifications ! On n'a rien fait sinon des broutilles. Puis l'armée a enfin fait des plans, pour jusqu'en 1952 : Là il n'y avait que quelques places-fortes ! Ce n'est pas que l'armée de terre n'ait pas eu les moyens, mais l'état-major le voulait ainsi ! J'ai dû faire changer cela par la

1. Belle démonstration de la souplesse que donnait à Hitler le noyau de nazis compétents et fidèles qu'il avait su se constituer, et qui lui permettait en cas de besoin de stimuler les structures étatiques ou de les suppléer. L'armée hésite à se lancer dans la construction de fortifications à l'Ouest ? Qu'à cela ne tienne, Todt est là pour y remédier… en attendant de diriger un ministère de l'Armement créé pour lui, en mars 1940.

2. Cet archipel allemand au sud-ouest du Danemark sert de base aux sous-marins pendant les deux guerres mondiales.

3. Un point déjà abordé le 17 juillet, midi en faisant porter tout le chapeau à Goebbels. Cette redite à peu d'intervalle suggère que Hitler s'affole quelque peu et cherche à toute force à (se) convaincre qu'il n'est pour rien dans les complications de l'heure.

contrainte. Rien n'a changé aujourd'hui. Cette fois il n'y a même pas d'excuse. Pour cela il y avait le ministère de la Guerre du Reich, qui n'avait qu'à venir à moi et dire : nous avons besoin de ça et de ça !

Je ne me suis jamais disputé en ces années avec les gens des finances ! Je n'ai jamais discuté avec Schacht sur les montants qui étaient en définitive à accorder. Je lui disais : Ces montants sont nécessaires. Est-ce que le mark jusqu'ici en a souffert ? Son cours s'est maintenu grâce à l'autorité de l'État et à notre nouvelle politique économique. Vous n'êtes pas là pour me dire que cela ne va pas, mais pour faire ce qu'il faut ! Il n'y avait absolument aucun problème d'argent ! L'opposition fondamentale était chez Schacht. Sa présentation des choses était telle qu'un jour en 1937 Stülpnagel[1] lors d'une discussion s'écria : « Alors pauvre Allemagne ! » Il ne pouvait pas jouer les oiseaux de mauvais augure avec moi, car il n'avait rien à dire. En ce qui concerne Krosigk : il venait, je lui disais cher Herr von Krosigk la chose doit se faire, là vous vous trompez, un État n'est jamais mort de banqueroute économique, mais seulement lorsqu'il a perdu une guerre ! L'homme clé en matière financière était mon camarade de Parti qui était exactement du même avis que moi, le meilleur homme du ministère des Finances : Reinhardt. Il a anticipé avec justesse le montant des impôts. Nous sommes passés de 5 milliards à 24 sans inflation et sans dévaluation contrairement à tous les autres pays[2] !

J'ai entendu dire il y a quelques jours : chaque loi qui est présentée est rejetée par trois personnes, Schacht, Stanislaus[3] et Neurath. Tous les autres ministres sont d'accord. Aucune affaire ne regarde d'ailleurs ces trois-là, car ils ne sont pas membres du cabinet. À la fin une affaire mûrit entre trois ou quatre ministres, pour éviter les tirs de barrage. L'un défend l'État de droit, l'autre l'orthodoxie financière. Je dois sortir de mes gonds !

---

1. Ici on peut hésiter entre le général Otto von Stülpnagel (1968-1948), nommé commandant des troupes d'occupation en France en octobre 1940, et son cousin Carl Heinrich von Stülpnagel (1996-1944), qui lui a succédé au début de 1942. Dans les années 1930 Otto dirigeait

l'école de la Luftwaffe, tandis que son cousin, après avoir commandé une division à Lübeck, servait à l'état-major de l'armée, mais seulement à partir de novembre 1938 : le souvenir de Hitler est peut-être chronologiquement un peu flou. Quant à Schacht, éliminé du ministère de l'Économie officieusement en 1937 et officiellement le 4 février 1938, il a encore son mot à dire sur les questions monétaires jusqu'à son éviction de la direction de la Reichsbank, en janvier 1939.

2. Ainsi le dictateur aurait singulièrement manqué d'autorité, sauf peut-être vis-à-vis du commandant de la Heer Werner von Fritsch, auquel il aurait su imposer sa conception du rythme de formation des unités nouvelles après avoir rétabli la conscription, le 16 mars 1935. Pour mettre en doute, ou en ordre, ce récit il suffit de considérer qu'il ne voulait pas faire la guerre tout de suite et, pour éviter une action ennemie préventive, devait absolument avancer masqué – ce à quoi concouraient les lenteurs et les incohérences dans le réarmement qu'induisaient la frilosité du commandement, celle de Krosigk et les restes de prudence de Schacht, enfin le pessimisme du ministre des Postes Wilhelm Ohnesorge qui avait déteint sur Goebbels. Avec lui-même, seuls deux nazis auraient pleinement compris les nécessités et agi dans le bon sens, Göring et le secrétaire d'État aux Finances Reinhardt. Ainsi les retards et les lenteurs mêmes concouraient au but à atteindre pourvu que tout fût prêt le jour de l'attaque, ou du moins que tout fût en avance sur les préparations ennemies correspondantes.

Fritz Reinhardt (1895-1969), spécialiste de la fiscalité, nazi depuis 1926, Gauleiter de Haute-Bavière, formateur des orateurs du Parti de 1928 à 1933, est le type même du nazi de haut vol infiltré dans l'appareil d'État lors de la « mise au pas » (*Gleichsschaltung*) consécutive aux élections du 5 mars 1933 (il devient secrétaire d'État aux Finances le 6 avril). Le 24 janvier, cependant, Hitler avait dit du mal de lui en l'assimilant à Krosigk !

3. Ce Stanislaus pose problème, aucune haute personnalité ne portant ce nom. Jochmann fait l'hypothèse que ce pourrait être un surnom désignant Schwerin von Krosigk – qui fait effectivement partie des derniers ministres conservateurs, comme Schacht (privé de portefeuille le 4 février 1938, mais demeuré dans le gouvernement... qui ne se réunit plus). Il est étonnant de trouver ici Neurath, conservateur certes mais chassé du ministère le même jour de 1938. Il avait certes reçu un lot de consolation avec la présidence théorique d'un conseil jamais réuni, mais cela est loin de lui donner voix au chapitre dans la confection des lois. Cette sortie pourrait être un jalon vers l'expulsion totale de Schacht, évincé du gouvernement en janvier 1943.

Un jour j'ai dit à ces messieurs : La nation allemande a supporté les Grandes Invasions, les guerres romaines, le déferlement des Huns, des Magyars et des Mongols, la guerre de Trente Ans, les guerres frédériciennes et napoléoniennes, elle me supportera bien encore[1] !

16 août

(Immédiatement avant de passer à table, à l'entrée dans le Kasinobau, et au début du repas : le major Engel rapporte que sur l'aéroport de Königsberg un officier de la Kommandantur de la place avait saisi des produits alimentaires d'officiers d'aviation à bord d'un avion qui venait d'atterrir. Ces produits avaient été dirigés vers une officine de recyclage. Le Führer est hors de lui :)

Ce sont des procédés dont on peut simplement dire qu'ils ont été inventés par les ennemis de l'État pour exaspérer les soldats ! Le voilà, le remerciement de la patrie ! Sabotage de la volonté nationale de résistance ! Je vais suivre ce cas. Qu'il s'agisse de services de la Wehrmacht ou bien de douaniers, cela m'est complètement égal, ils iront en prison !

Je vais maintenant agir à la barbare. Qu'est-ce que je peux prélever sur l'Est ? Des trésors artistiques ? Il n'y en a pas là-bas ! Il ne reste que ce peu de bouffe ! Il ne peut rien lui arriver de mieux que de rejoindre la famille du soldat dans la mère patrie. Le soldat chez lui vit nettement plus mal qu'au front. Celui qui a conçu cela, précisément encore un juriste ! Le ministre des Finances du Reich !

Dommage que Bormann ne soit pas là[2].

20 août, midi[3]

(Invités : Lammers, Thierack, Rothenberger[4])

Je viens de lire qu'un homme avait été puni, pour cruauté envers un animal, de trois mois de prison parce qu'il avait donné un coup à une poule qui s'était introduite dans son jardin. Je ne trouve pas cela juste. Je trouve qu'à côté de cela la chasse au lièvre est d'une cruauté

1. Voilà peut-être la parole la plus intelligente de ces deux volumes ! L'Allemagne survit, avec cependant une tache honteuse sur quasiment toutes ses familles, ses couches sociales et ses régions, qui prendra peut-être mille ans pour se fondre dans le paysage, si l'humanité vit jusque là.

2. Un indice que, quand il est là, ce genre de sortie se traduit automatiquement par une directive, sans que le chef ait à y revenir.

3. Ce développement est reproduit (en allemand, retraduit d'après Genoud) et commenté par Lothar Gruchmann en 1964 dans le n° 1 des *Vierteljahrshefte für Zeitgeschichte*, p. 86-101. L'article s'intitule « Hitler sur la justice ». Cf. http://www.ifz-muenchen.de/heftarchiv/1964_1_4_gruchmann.pdf

4. Otto Georg Thierack (1889-1946) vient prendre les consignes et prêter serment avant de prendre les commandes du ministère de la Justice, demeuré sans titulaire après la mort de Franz Gürtner le 29 janvier 1941. L'intérim avait été assuré par le secrétaire d'État Franz Schlegelberger (1876-1970). Curt Rothenberger (1896-1959) sera le secrétaire d'État de Thierack. Lequel, de surcroît, remplacera Hans Frank à la tête de l'Association des juristes nationaux-socialistes. Ces nominations sont annoncées le 24 mais les journaux précisent que Hitler a étendu les pouvoirs du ministère par le décret suivant, daté du 20 : « Pour accomplir les tâches du grand Reich l'administration de la justice doit être forte. Je charge donc le ministre de la Justice et lui donne pouvoir de bâtir, en accord avec le ministre du Reich et chef de la chancellerie du Reich [Lammers] et avec le chef de la chancellerie du Parti [Bormann], une administration de la justice nationale-socialiste et de prendre toutes les mesures nécessaires pour cela. Il peut à cet effet déroger au droit existant. » C'est là une conséquence des nouveaux pouvoirs en matière de justice que Hitler s'est arrogés le 26 avril, et qu'il délègue en quelque sorte au ministère après avoir changé son encadrement... et chapitré les deux nouvelles têtes de l'institution à l'occasion d'un déjeuner à la Wolfsschanze.

sans mesure. À mon avis, on devrait alors traiter de la même façon tout chasseur qui tire sur un animal[1] sans le tuer. Quand on pense que ces gens sont salués d'un « hallali ! » tandis que l'autre reçoit trois mois de prison, le peuple ne va pas comprendre ! Le chasseur en vient à tirer sur le gibier pour apaiser sa soif de meurtre, l'autre se défend contre un dérangement, sans vouloir tuer l'animal. Qu'on puisse être mis hors de soi par un poulet qui revient toujours, j'en sais quelque chose.

Nous avions à Leonding quand j'étais enfant un jardin, à côté une femme qui poursuivait sans arrêt ses poules à travers notre jardin. Un jour j'ai chargé une vieille arme et j'ai tiré dans le tas. Depuis j'ai lu qu'on avait le droit en pareil cas de confisquer la poule et de ne la rendre que contre dédommagement. Un tel procès pour une fichue poule[2] !

C'est une autre affaire si un homme qui passe sa vie à voler s'empare d'une poule. Là je peux dire : son comportement est nuisible à l'effort de guerre ! Je crois que la justice doit toujours être attentive au mobile, qui n'est pas toujours le même ! J'ai moi-même eu beaucoup affaire à la justice, parce que j'avais un certain nombre de peines à purger. Le mufti à Landsberg m'a dit un jour qu'il ne savait pas très bien si on devait infliger des punitions par vengeance, ou comme moyen de dissuasion ou d'amélioration. Je lui répondis que pour le puni c'était tout un !

Je crois vraiment aujourd'hui qu'on ne peut pas poser des critères immuables et rigides. Si en temps de paix un jeune homme de 18 ans arrache un sac à main à une dame, je ne le condamnerai pas à mort pour autant. Maintenant il y a la guerre et le black-out. Les femmes travaillent en grand nombre dans l'économie. Si aujourd'hui le fait de leur rendre plus difficile l'accomplissement de leurs devoirs ne fait pas l'objet d'une dissuasion par les mesures les plus effrayantes, alors nous ne pourrons pas maintenir la production de guerre au niveau requis. Pour prendre un exemple : Les criminels berlinois ont fait que beaucoup de femmes n'osent pas rentrer chez elles la nuit après l'usine, de peur qu'il leur arrive quelque chose. C'est une chose énorme : L'homme combat sur le front et la femme

1. Version Genoud. Chez Jochmann, «*ein Her*» est une coquille probable pour «*ein Tier*».

2. L'amour des animaux ne va pas, chez Hitler, jusqu'à la sensiblerie ; au contraire, il reproche au plaignant et au juge d'avoir fait beaucoup trop de cas de la souffrance infligée à cette volaille.

n'ose pas rentrer à la maison ! D'où le fait que la sanction doit varier beaucoup en ces matières.

Cela peut aller jusqu'au point où certaines choses qui comportent un risque d'épidémie, par exemple les rapts d'enfants ou les accidents de la route[1], deviennent comme une peste ; alors des dizaines de milliers de morts sont bien pires que de sévir immédiatement et résolument. Il s'agit souvent là d'une flammèche qui menace de devenir une flamme, à écraser à temps sans pitié ! Prenons les effractions dans les caves. Je suis obligé aujourd'hui dans les grandes villes de les faire communiquer entre elles. Si on laisse des gens en profiter pour voler les pauvres, adieu la protection antiaérienne. C'est exactement comme si j'autorisais le vol avec effraction. Le front intérieur se liquéfierait. Un seul bombardement touchant son but signifie aujourd'hui 2 000 morts. La vie des hommes au front n'a aucune valeur. Le même État, pourraient-ils se dire, qui demande cette contribution comme allant de soi est hors d'état de protéger la vie de nos familles ! Par conséquent nous devons ici faire la différence, avec la raison la plus brutale. Si quelqu'un tape sur la tête d'un poulet, ce n'est pas un délit contagieux. C'est un cas isolé sans danger d'infection. Alors que dans l'autre cas je dois dire que si quelqu'un pille systématiquement les jardins où de pauvres diables font pousser quelques légumes, on ne saurait prendre des mesures trop brutales pour étouffer dans l'œuf de telles tentatives !

Il faut donc veiller – cela doit arriver par l'éducation et par une intervention des plus hautes autorités judiciaires – à faire savoir à toute la nation que l'État est décidé à briser par les moyens les plus barbares toute tentative de désordre, ce qui fait qu'on doit avoir toujours présent à l'esprit que, face à la nécessaire sous-estimation de la vie humaine sur le front, la surestimation de la vie des mauvais éléments à l'intérieur est une réalité qui recèle un danger public.

Sur le juge repose la conservation du peuple. Toute guerre conduit à une sélection négative. Le positif meurt en masse. Déjà le choix des armes dangereuses est une sélection. Les très courageux deviennent aviateurs, vont dans les sous-marins. Mais il y a maintenant aussi à l'intérieur de l'arme en tout temps l'appel : Qui se

1. La peine de mort contre les chauffards, il fallait y penser ! Sans grand effet, en l'occurrence, sur les statistiques de mortalité routière, ni, probablement, sur les tribunaux. Une parole en l'air, prouvant une obsession du meurtre qui rapproche Hitler de la reine d'*Alice au pays des merveilles*, désireuse de couper toutes les têtes. Quant aux rapts d'enfants, on sait aujourd'hui que l'abolition de la peine de mort n'en augmente nulle part le nombre, mais à l'époque les statistiques de ce genre sont encore rares.

porte volontaire ? Et ce sont toujours les braves qui alors tombent. Pendant ce temps on prend soin du corps et de l'âme du coquin intégral. Celui qui est allé une fois dans une prison a la certitude absolue qu'il ne lui arrivera rien. Si on se représente cela sur trois ou quatre années, cela donne peu à peu un déplacement du centre de gravité de la nation : un épuisement d'un côté ; une parfaite conservation de l'autre ! La prison aujourd'hui n'est pas une punition. Dans le chaudron de Volkhov[1], on repose dans l'eau plutôt que sur une couchette, sans sommeil, offert sans remède aux intempéries et souvent sans nourriture !

Maintenant c'est pourtant ainsi dans un peuple : La grande masse n'est ni bonne ni mauvaise. Elle n'a ni le courage ni la noirceur pour le meilleur ni pour le pire. Ce sont les extrêmes qui font pencher la balance. Si je décime le bon tout en conservant le mauvais, alors se produit la situation de 1918, à savoir que 500 ou 600 charlatans font violence à toute une nation. Le pôle idéaliste n'est plus là !

Parmi les Berlinois, ce sont huit membres du Parti qui tombent au front contre un non-membre. Un grand nombre de mes chefs SA, d'innombrables Kreisleiters et chefs de districts ! Si d'un autre côté je n'extirpe pas sans pitié la pègre, une crise se produira un jour. Je ne suis certainement pas un homme brutal, mais sur ce point je suis un être raisonnable. J'ai mis mille fois ma propre vie en jeu ; si je m'en suis sorti, c'est par chance. Mais je me dis : en temps de guerre, on n'a le droit de montrer aucune sentimentalité dans aucune circonstance ! Dans la paix je peux dire : Cela un jour était une erreur ! Dans la guerre il s'agit d'un principe de fer, qui n'admet aucune exception. Cela peut me peiner personnellement, mais il n'y a rien d'autre à faire.

Après la guerre mondiale, j'avais un point de vue bien plus humain encore que la justice. Dans toutes ces choses il faut se montrer très froid et logique, et dans la guerre se laisser conduire par la conscience qu'il y a des choses qu'il ne faut pas laisser démolir et à propos desquelles on ne doit pas montrer d'indulgence mais bien plutôt une sévérité extrême. Devant un traître à la patrie, cela n'a aucune importance de savoir s'il a causé un dommage petit ou

1. Autour de cette ville l'Armée rouge avait mené, pour tenter de dégager Leningrad, une contre-offensive du 7 janvier au 4 avril et une forte troupe allemande avait été enfermée pendant des semaines dans un « chaudron ».

grand. Il est des crimes contre la conscience qui retranchent un être de la communauté nationale. Qu'un traître à la patrie s'en sorte vivant doit, ne serait-ce que pour l'exemple, être interdit dans cet État. On doit bien cela à ceux qui laissent femme et enfants pour mettre leur vie en jeu. Là-dessus je peux être dur comme de la pierre. Cela doit pénétrer toute la justice. Elle doit apprendre à agir dans le sens du sentiment populaire.

L'un a tué un lièvre et récolté trois ans de prison. J'aurais pris l'homme et l'aurais envoyé dans une compagnie de chasseurs SS. Je n'ai pas un amour fou pour les braconniers, je suis végétarien, mais je vois en eux l'élément romantique de la chasse. Je n'aurais absolument pas pu gagner certains districts si j'avais écarté les braconniers. D'un autre côté, je reconnais qu'on ne peut pas laisser détruire les forêts. Ma sympathie va au forestier.

Il est intéressant qu'en général dans le peuple, dès l'enfance, on trouve une position très saine sur la question de savoir si une mesure est souhaitable pour préserver le bien commun. Quand aujourd'hui une femme envoie un colis à son mari, trois fois, et qu'il est volé, la femme dit aussitôt : Ce porc, il faut le tuer ! C'est un sentiment primitif. Elle se prive de cela, un vaurien arrive et le lui prend ! C'est une saine réaction populaire.

La communauté nationale ne repose pas sur des esthètes littéraires décadents. Mais il est caractéristique que quand ceux-ci tombent sur un homme de cette espèce, ils changent de point de vue. J'ai connu un homme, le comique Pallenberg[1], un Juif, qui jugeait exactement les Juifs. C'était aussi un personnage d'intellectuel androgyne. Il avait placé son argent dans une banque hollandaise et, l'ayant perdu, il devint antisémite !

Le cas Seefeld. J'ai dit à Gürtner : s'il y a 36 meurtres, il faut établir comment ils ont été commis. Douze cas étaient prouvés. Gürtner hésitait. Je lui dis que je souhaitais que l'homme fût pris en main par la Gestapo ; il ne lui arriverait rien, sauf peut-être des coups. Si j'avais reçu en une fois tous les coups que j'ai reçus dans ma vie, j'en serais mort ! C'était nécessaire, sans cela on n'aurait rien fait de moi[2]. Le drôle a alors avoué 107 meurtres, dont M. le ministre

1. Max Pallenberg (1877-1934), chanteur et acteur, s'illustra notamment dans *L'Opéra de quat'sous*. Élargir l'exaction d'un voleur à toute sa « race » n'est guère une réaction saine, même si elle émane d'un intellectuel !

2. Une des rares confidences de Hitler sur les châtiments corporels reçus de son père, dont a témoigné sa sœur Paula lors de ses interrogatoires en 1945-1946. Cf. http://www.oradour.info/appendix/paulahit/paula01.htm

n'avait pas eu connaissance ; les explications du meurtrier ont révélé qu'il avait utilisé une méthode que notre science ne connaissait même pas. Je ne soulève ce cas que pour que nous soyons au clair là-dessus : On doit aussi dans ce domaine se montrer parfois dur[1].

La justice n'a pas sa fin en soi. Elle sert l'ordre social des hommes, un organisme auquel nous devons la culture et le progrès. Tous les moyens sont bons s'ils servent ce but. Est faux tout ce qui ne va pas dans ce sens. Ce n'est pas le devoir de la justice, d'être douce ou dure. Son seul devoir est d'être à la hauteur de cet objectif.

Le législateur ne peut pas embrasser la dernière possibilité de commettre un crime ni avoir pensé d'avance à tous les cas. Là le juge doit le suppléer. Le législateur n'a certainement pas voulu qu'un délinquant soit acquitté. Là on doit mettre en œuvre les moyens qui semblent appropriés au cas, afin d'appliquer une peine au contrevenant et de protéger la société. Soit le législateur met en place une grille dans laquelle tout est prévu et mentionné. Cela engendre un juriste de la pire espèce, un juriste qui n'a pas le courage de prendre une responsabilité. L'autre voie : qu'on décrète une loi-cadre[2] ! Alors la formation du juge doit être différente de ce qu'elle a été jusqu'ici.

Le corps des juges doit être la crème de la nation ; avec du doigté et de l'instinct, le juge doit comprendre et compléter le législateur. Il est nécessaire qu'il acquière un regard des plus élevés sur les intentions et les buts de la législation et sur l'intégralité de la tendance souhaitée dans laquelle il a à rendre des jugements. Il peut se faire que dans la paix on prenne en compte plus qu'avant, en général, des points de vue humains. Le contrôle de cela n'est pas une entrave aux prérogatives du juge, mais la mise en place d'une coordination entre le vœu du législateur et la fonction judiciaire, qui doivent poursuivre le même objectif. Il faut en finir avec l'idée que le juge est là pour dire le droit, y compris si cela entraîne le monde à sa perte. C'est clairement une folie. Au contraire, la règle doit être : Assurer l'ordre social de l'humanité, c'est le devoir primaire ! La magistrature doit être le corps le mieux payé de l'État, un corps d'élite que sa formation ne doit pas inciter à s'abriter derrière le législateur, mais à faire preuve de courage et de responsabilité !

1. Le cas de Seefeld avait été abordé le 22 mai avec des variantes intéressantes : Hitler ne donnait pas le nombre initial des victimes connues (« quelques cas avoués ») et disait qu'il était intervenu parce qu'il le soupçonnait d'être très inférieur à la réalité, alors qu'à présent il dit que l'accusé a été torturé pour lui faire avouer son mode opératoire. Il dit surtout qu'il était passé par Gürtner, alors que dans le récit précédent on avait l'impression que la Gestapo s'était purement et simplement emparée du détenu. Sous cette forme, l'anecdote devient une directive présageant le rétablissement de l'usage de la torture dans les interrogatoires. Dans des cas précis et limités sans doute, mais on sait ce qu'il en advient, à plus forte raison dans un État qui ne se dit pas « de droit ».

2. *Rahmengesetz* : ce concept rappelle l'*Auftragstaktik* ou « liberté prussienne », cette disposition des règlements militaires prussiens permettant à un officier d'enfreindre les ordres devant une situation imprévue, pourvu que leur but fût sauvegardé.

On pourrait dire que dans ce cas la justice n'est que la putain de celui qui a le pouvoir ! Elle n'a pas besoin de le devenir ! Celui qui a le pouvoir est lui-même lié. Un corps de juges hautement conscient de sa responsabilité et heureux d'assumer sa responsabilité ne couvrira pas des actes honteux. S'ils ont lieu, ce n'est pas à la justice d'y faire obstacle. Ni la justice romaine, ni celle du Moyen Âge, ni la justice moderne ne l'ont pu. Si un État manque d'une organisation interne qui vise à la sélection du meilleur, la justice ne peut pas améliorer le législateur, mais : Si un législateur décent est là, la justice peut lui être d'une aide puissante et concourir par là à renforcer la communauté du peuple et ainsi les fondements des idéaux dont procède une constitution étatique correcte.

Le juge a là une tâche immense. Il doit prendre ses responsabilités avec la même joie que celui-là même qui fait les lois : travailler en union étroite avec le faiseur de législation, pour qu'ils préservent ensemble l'ordre social des éléments destructeurs et le conservent avec les moyens que l'époque implique. Alors le législateur n'a pas non plus besoin de faire sans cesse de nouvelles lois. Qu'il ne s'aventure même plus à édicter des lois avec des limites nettes entre la prison, le bagne et la peine de mort. Devrait suffire une loi-cadre, d'après laquelle on peut aller de la prison à la peine de mort. La justice rend des jugements tout à fait uniformes : Seulement la prison, le bagne ou la peine de mort sont envisagés ! Si un juge condamne à mort et me demande d'user de mon droit de grâce car cela lui est pénible, c'est une inconséquence du législateur. Si j'ai une loi-cadre et que le juge comprend de quoi il s'agit, alors il se mettra dans les cas litigieux aussitôt en contact avec son ministre. La justice doit collaborer étroitement avec la raison d'État[1]. La raison d'État est tout simplement quelque chose d'important.

Nous devons davantage nous débarrasser du soi-disant Sénat ! La formation dans les écoles supérieures doit changer du tout au tout ! Je tiens pour profondément désirable qu'on ne laisse le juge unique prendre des décisions responsables qu'à partir du moment où il a acquis une certaine maturité. J'exclus qu'on puisse être juge sans avoir effectué un service d'État dans le Mouvement.

1. Si cette conception de la justice avait triomphé en Allemagne à l'issue de cette guerre il y aurait eu là une pépinière de Dreyfus aryens ! Car si un officier était condamné pour espionnage par un conseil de guerre au su de la nation, à supposer qu'il soit encore en vie et que sa famille réussisse à prouver son innocence, le magistrat prendrait les instructions du ministre et l'application de la « raison d'État » pour « sauver l'honneur de l'armée » ne ferait guère de doute.

Le juge doit s'y connaître dans le domaine dans lequel il exerce. Comme cela se présente aujourd'hui, il lui manque les conditions nécessaires pour jeter sur la vie un regard plus profond. Une de ces conditions est qu'il vive économiquement dans une position qui lui donne ce regard. Par exemple pour les procès concernant l'automobile : j'ai vécu un cas où le juge pensait que le compteur de vitesse marchait au gaz ! Il savait seulement qu'on doit mettre à un endroit de l'essence et à un autre de l'eau. Comment cet homme peut-il rendre un verdict dans un tel domaine ? L'expert auquel il recourt est peut-être un vieux filou qui s'est attaché à un point uniquement pour avoir à faire quelques rapports de plus !

Il me semble opportun de détacher un grand nombre de petites affaires pour les confier à des juges honoraires, insérés le plus possible dans la nation. Qu'est-ce qui n'est pas aujourd'hui aplani par le Parti, d'une manière ou d'une autre ! Autrefois on avait des consuls honoraires. Pourquoi ne trouverait-on pas encore des gens à même de liquider bénévolement des affaires sans importance ?

Je suis d'avis que, si le juge est un fonctionnaire, l'avocat doit en être un aussi ! Si on croit que ce n'est pas possible, alors je dois dire que je fais confiance au juge pour dire le droit selon sa conscience. Alors pourquoi quelqu'un ne pourrait-il pas avec le meilleur de son savoir et de sa conscience conseiller quelqu'un d'autre sur la manière de se défendre ? J'ai rassemblé mes expériences. Si deux personnes sont en conflit, une seule peut avoir raison. Cela tient à celui qui a l'avocat le plus expérimenté ! Ensuite, au montant du litige ! Lors de mon premier procès, je pensais que l'avocat était un homme d'honneur. Il me dit : c'est un litige plus important ! Sans méfiance je répondis : D'accord, si vous le dites ! J'ai vu les conséquences après coup : mais c'est tout à fait indécent ! J'ai vu des petits paysans se faire plumer. Là on peut simplement dire que le pauvre diable est sans défense. On le presse jusqu'à ce qu'il n'ait plus rien, et alors le procès touche à sa fin ! Maintenant je réalise[1] que tout notre système juridique est à nettoyer de ces choses. Tout comme le juge l'avocat doit être fonctionnaire, et le médecin également.

1. Si nous avons vu Hitler distribuer des mauvais points au système judiciaire tout au long de ces deux volumes, cette dissertation, l'une des plus longues et des plus construites, révèle, dans l'incertitude croissante qu'engendre la situation militaire, un besoin aigu de donner à l'État des consignes répressives claires en levant les obstacles juridiques qui pourraient encore, après bientôt dix ans de nazisme, entraver le bras séculier.

En définitive, il ne peut y avoir qu'un intérêt, celui de l'affirmation de ce qui est juste. J'ai une fois eu un avocat que le courage n'étouffait pas. Au bout de deux jours de procès j'avais l'impression d'être l'accusé. Et dire qu'il y a encore des tribunaux avec jurés ! Autrefois on pensait que c'était le fin du fin ! Jusqu'en 1918 j'abordais les juristes en me figurant que c'était la plus haute incarnation de l'homme ! Mon vieux père était un homme d'honneur. Président de tribunal d'État, conseiller de justice ! Je ne savais même pas qu'un conseiller de justice était un particulier qui défendait des canailles. Dans un procès où je déposais comme témoin contre un membre de conseil de soldats, un salaud nommé Sauper, quand j'eus fini ma déposition le conseiller de justice se leva et me posa quelques questions, auxquelles je répondis comme un débile sans cervelle. Vous étiez au front ? Vous avez l'insigne des blessés ? La croix de fer de première classe ? Quel poste occupiez-vous exactement ? Quand alors un homme désertait les lignes, qu'était-il à vos yeux ? Je le méprisais au plus haut point ! Alors il se dresse et dit : Je récuse ce témoin, il est partial ! J'ai cru tomber de ma chaise ; le membre du conseil de soldats fut acquitté. Plus haut il y avait un officier, qui repoussa sa chaise, vint à moi et me serra la main : Allons-nous-en, nous n'aurons rien perdu ! C'est ainsi que j'ai fait mon expérience.

Je suis renommé pour traverser lentement les villages en voiture. Un jour mon chauffeur a eu une contravention pour excès de vitesse dans un village des environs de Nuremberg. L'affaire vint à l'audience. Oui, Herr Hitler, dit le juge, pourquoi avez-vous contesté ? Parce qu'il n'est pas vrai que nous ayons roulé à plus de 30 à l'heure. Le juge : Ici, tout le monde a été condamné pour excès de vitesse ; alors je ne peux pas faire une exception pour vous ! J'avais pris avec moi l'avocat qui m'avait été affecté par mon assurance ; une assurance qui nous soutirait tous les ans des sommes phénoménales. Pour qu'il n'ait pas à venir en voiture, nous sommes allés le chercher avec la mienne. Le tribunal ramena l'amende de 30 à 10 marks, et j'ai reçu trois semaines après de mon avocat une note de plus de 400 marks. Là-dessus j'ai dit : on m'y reprendra, à contester ! L'avocat général vint me trouver : Je suis très intéressé d'avoir

fait votre connaissance personnelle ! Le lendemain, les journaux de Roth am Sand[1] écrivirent : Hier les vagues de l'histoire mondiale sont parvenues jusqu'à notre paisible bourgade !

À mon avis, il faut rendre interchangeables les rôles de juge et d'avocat. Un fonctionnaire doit pouvoir faire les deux. S'il a à défendre une canaille finie, il peut encore dire : On pourrait peut-être trouver une circonstance atténuante là-dedans ou encore là-dedans. Mais déployer toute sa force de persuasion, non[2] ! De grandes réformes sont nécessaires dans ce domaine. On ne peut pas les faire en une fois. Toutes les réformes iront de pair avec la formation d'une nouvelle magistrature[3] !

20 août, le soir

Il y a toujours des gens pour dire que le mieux est de donner une telle place, dans la guerre, à la technique qu'on peut s'arranger pour mener la guerre avec un petit nombre d'hommes hautement qualifiés. À cela je réponds : Dans la pratique toutes ces considérations font fiasco du fait qu'une arme ne se montre efficace qu'en se combinant avec plusieurs autres. Les effets d'une arme isolée se modifient avec le temps, l'un dans l'autre, de telle sorte qu'on a les plus grandes chances avec les combinaisons les plus réussies. Même dans l'Antiquité il n'y a pas eu d'époque où on ait pu mener une guerre avec une seule arme. L'adage selon lequel les dieux sont avec le plus gros bataillon a sa pertinence. On ne s'en sort pas bien sans une certaine force numérique. Tout le reste n'est que tentative de faire de nécessité vertu[4] ; sinon, il n'aurait pu se faire que, à la longue, les petits peuples soient dominés. Si la Russie avait jeté toutes ses forces contre les Finlandais, ils auraient été submergés[5]. Ce n'est que dans l'attente du déclenchement de la guerre à l'Ouest que les Russes ont renoncé à la Finlande[6]. Ils voulaient aussi s'emparer rapidement des

---

1. Une petite ville proche de Nuremberg.

2. Ainsi il faudrait réglementer les droits de la défense, ce qui reviendrait de proche en proche à les nier. On n'aurait plus un avocat

que pour la forme. Ce fonctionnaire, non seulement alternerait au fil des procès le rôle d'avocat et celui de juge mais, n'ayant le droit de plaider que les circonstances atténuantes, serait lui-même le premier juge de son client. Or l'inconvénient d'une défense qui plaide mensongèrement l'innocence est inexistant pour la société, du moment que la culpabilité est prouvée et le juge compétent ; c'est pour le client qu'elle est dangereuse puisqu'elle le prive précisément des circonstances atténuantes. On a donc ici l'impression que Hitler pourchasse non seulement le délinquant, mais le mensonge, cette arme des Juifs dont il a dû à son grand regret user contre eux, comme si leur anéantissement devait ouvrir une ère de transparence généralisée.

3. Ces propos émis à table sont clairement autre chose que des « propos de table » : à la fois une séance de travail pour donner des consignes d'action urgente à un nouveau ministre, en présence de Lammers désigné comme son interlocuteur au sommet de l'État, et une dissertation philosophique exposant les vues à moyen et long terme du régime.

4. Tout de même, Hitler, en 1940, a placé toute sa mise sur un petit nombre bien formé maniant une technologie d'avant-garde, face à des effectifs adverses plus nombreux et globalement mieux entraînés. Il semble ici redouter que cet exemple n'induise, dans l'avenir du Reich, un abandon de la conscription au profit d'une armée de métier. De même, un peu plus loin, il met en garde contre une imitation de Frédéric II : son art de triompher avec de faibles effectifs ne doit pas faire illusion.

5. Plaidoyer pro domo indirect ! Pendant la guerre de Finlande (30 novembre 1939-12 mars 1940), les Soviétiques avaient sous-estimé les capacités finlandaises de résistance et sous-dosé en conséquence leurs forces d'attaque, avant de les augmenter au bout d'un mois de déconvenues et d'emporter rapidement la décision. L'épisode avait induit dans tous les camps une fâcheuse sous-estimation de la valeur de l'Armée rouge, que ce soit comme allié ou comme adversaire. Hitler a l'air de regretter cette erreur, que par ailleurs il attribue à une ruse machiavélique de Staline (cf. *supra*, entrée du 12 avril au soir).

6. Allusion au fait que les Russes ont signé la paix avec la Finlande, le 12 mars 1940, moyennant des rectifications de frontière alors qu'ils étaient en mesure d'occuper le pays et de l'annexer. Hitler veut dire qu'ils attendaient pour cela que les alliés potentiels du petit État scandinave fussent absorbés par leurs propres batailles. Ce qui n'est pas faux, de même que le désir primordial qu'il leur attribue de consommer l'annexion et la soviétisation des États baltes, qui faisaient l'objet d'une simple occupation militaire depuis octobre 1939.

États baltes. L'histoire de la guerre n'offre aucun exemple où, malgré de grosses erreurs dans le déploiement des troupes, le dernier mot soit allé au petit nombre. Frédéric le Grand a toujours eu la chance que nous nous en tirions par la ruse à travers l'Europe[1].

(Plaisantant :) Il y aurait une belle trouille dans l'humanité si on annonçait soudain qu'un vaisseau spatial a atterri en Amérique ! La guerre cesserait aussitôt ! L'Amérique a une culture purement mécanique. Enlevez cela, l'Amérique s'effondre plus vite que l'Inde. À proprement parler l'Européen, en Amérique, est redevenu un nomade. Il est dommage que le film *L'Empereur d'Amérique* se conclue avec une absence aussi totale d'éthique et de morale. Trenker a fait deux films grandioses en leur genre, *Montagnes en flammes* et *Le Rebelle*. Là il n'avait pas besoin de faire des concessions. Tous ses autres films sont vermoulus, étant largement financés par l'Action catholique[2] ! Il y a maintenant une question qui m'a été soumise : si on peut sortir le film sur Bismarck[3].

Il ne saurait y avoir critique plus tranchante que celle du troisième volume des mémoires de Bismarck ! Quand je l'ai lu j'étais tout retourné. Le plus accablant, ce sont les propres paroles de l'empereur ! Le capital que Bismarck avait accumulé était le plus énorme

1. Cette critique rarissime de Frédéric II, qui aurait pris des risques inconsidérés et n'aurait été sauvé que par une ruse mâtinée de chance, sera bien oubliée en 1945. Hitler accrochera alors ses derniers espoirs au précédent de la guerre de Sept Ans qui avait vu le roi de Prusse, battu sur le terrain et en très mauvaise posture, sauvé par la mort de la tsarine Élisabeth et la prussophilie de son successeur : tout ne serait qu'une question de volonté et d'aptitude à se battre jusqu'au bout, comme il prédit qu'il va le faire lui-même dans son discours du 8 novembre suivant : « [...] tous nos ennemis peuvent être convaincus que si l'Allemagne d'autrefois a déposé les armes à midi moins le quart, c'est un principe chez moi de ne jamais m'arrêter qu'après midi cinq ». En cette fin d'août 1942, Hitler n'estime pas avoir pris trop de risques, mais avoir attaqué au bon moment ses divers adversaires. Il se croit encore en mesure de fortifier son Europe allemande de telle sorte qu'il y développe et entraîne rapidement de « gros bataillons » capables d'en interdire le territoire à ceux de l'Asie et de l'Amérique.

2. Hitler déforme le titre de *L'Empereur de Californie* (*Der Kaiser von Californien*), le premier western allemand et le seul tourné, sous le nazisme, aux États-Unis. Inspiré de *L'Or* de Blaise Cendrars, il met en scène l'imprimeur suisse Johann August Sutter, parti chercher fortune aux États-Unis, parvenant à se créer un grand domaine et ruiné le jour où on y trouve de l'or. Hitler aurait sans doute voulu que le héros fût plus positif et qu'une morale plus claire accusât l'or « juif » de tout corrompre en ruinant les efforts d'un pionnier aryen.

La relation de Hitler avec le réalisateur qui assume le rôle-titre, Luis Trenker (1892-1990), acteur et réalisateur de cinéma italo-autrichien, est peu claire. *Montagne en flammes* date de 1931 et *Le Rebelle* de 1932. C'est alors que se noue la relation entre Hitler et Leni Riefenstahl, proche de Trenker. Ce dernier réalise de nombreux films, sur un rythme soutenu, de l'époque de Hindenburg à celle de Helmut Kohl. Cependant, il publie en 1947 un faux journal d'Eva Braun, inventant des orgies au Berghof avec la participation de Leni, et écope, sur plainte de cette dernière et de la famille Braun, d'une lourde condamnation. On peut se demander s'il avait lui-même quelque lien occulte avec l'entourage du Führer, s'il a simplement cherché à nuire à Leni Riefenstahl, ou s'il a tout bonnement voulu gagner de l'argent.

3. Un sujet oublié aussitôt qu'abordé, au profit d'une comparaison entre Bismarck et Guillaume II. *Bismarck* est un film réalisé en 1940 par Wolfgang Liebeneiner, avec Paul Hartmann dans le rôle-titre. Il comporte un seul épisode antisémite à la façon nazie, mais de taille : Ferdinand Cohen-Blind (1844-1866), l'homme qui avait tenté de tirer sur Bismarck le 7 mai 1866, à la veille de la guerre austro-prussienne et dans l'espoir de l'empêcher, avait vécu quelques années en Angleterre ; il est donc censé agir sur ordre de Londres, alors qu'il était revenu en Allemagne quatre ans avant son acte. Les histoires du cinéma font sortir le film en 1940, ce qui rend incompréhensible la phrase de Hitler. En fait, la sortie, commencée à Berlin en décembre 1940, avait été homéopathique, expérimentale et surveillée de près par le SD qui notait les réactions de la foule. Cf. David Welch, *Propaganda and the German Cinema, 1933-1945*, Oxford University Press, 1983. Goebbels note dans son journal le 16 septembre 1942 qu'il envoie à Hitler un compte rendu enthousiaste de la réception du film à Stettin et espère que cela va le décider à en autoriser « la libre diffusion ». Outre le passage anti-anglais mentionné ci-dessus (de nature à faire croire que la Grande-Bretagne est « enjuivée » depuis longtemps et, de ce fait, foncièrement anti-allemande), ce qui peut expliquer les hésitations du Führer est un développement de Bismarck sur l'utilité d'une alliance germano-russe, approprié à l'époque du pacte germano-soviétique mais fâcheux depuis sa rupture.

qui soit : faire converger tous les regards du peuple vers l'empereur. Si seulement l'Allemagne avait eu un souverain doté de tact, de plus d'amour et de goût pour les responsabilités ! Le dernier empereur a tout fait pour indisposer les princes allemands par des discours dépourvus de tact et stupides, sans en tirer les conséquences. Il est simplement stupide de parler d'eux, alors qu'il est relativement plus jeune, comme de ses vassaux. C'est comme si je voulais aujourd'hui parler de Horthy et de Tiso comme de vassaux[1] !

« Le maître de l'Atlantique au souverain de l'océan Pacifique » ! Je ne dirais pourtant pas de moi : le maître de l'Europe ! Mais c'est insensé ! Un souverain d'envergure et pourvu de tact, un homme comme son grand-père[2], n'aurait jamais cessé de faire appel à Bismarck[3] ! Il aurait reçu l'amour de toute la nation allemande. Il aurait été impossible que la social-démocratie prenne une telle place dans la nation allemande ! Le départ de Bismarck a sans aucun doute secoué la nation. Et toute cette façon de le traiter ! En dernière analyse, Bismarck avait forgé le Reich ! Un gamin qui se pardonnait tout à lui-même ! Le soir du renvoi de Bismarck, il a donné un bal ! Sa part de sang juif s'est manifestée dans son cynique manque de tenue[4]. Grandiloquent et pourtant lâche devant chaque décision, traîneur de sabre qui n'a jamais dégainé, et pourtant il y en aurait eu, des occasions d'attaquer ! Le plus grand paon qui soit ! Quand je pense à tous ces potentats allemands, ils sont tous plus insignifiants les uns que les autres ! Avec une exception : le tsar Ferdinand de Bulgarie[5], infiniment rusé, bourré de tact et doté d'une force de décision sans pareille. Si un homme de ce genre avait été à la tête du Reich, il n'y aurait jamais eu une guerre mondiale de ce type !

Je ne ferai jamais à personne cadeau d'un avion, jamais ! Un avion c'est un avion ! Je hais tous ces gens qui soudain s'activent dans le sport. Un homme normal ne devient pas non plus soudain un chanteur. Tous ces gens qui se lancent dans des morceaux de bravoure ! Le Duce aussi, mais c'est ridicule, mais il ne peut pas faire cela ! Quand des gens me disent : Pourquoi ne pratiquez-vous aucun sport ? Eh bien parce que à tout coup je prêterais à rire ! Une fois j'ai appris à conduire une voiture, avec Adolf Müller. Mais j'ai trébuché en

1. En fait, il les considère et les traite comme de passifs instruments mais, officiellement, il n'est pas avare de politesses et d'attentions diplomatiques. Miklós Horthy a été cité le 7 juin, midi. Sur Jozef Tiso, cf. entrée du 30 août au soir.

2. Le roi de Prusse Guillaume Ier (1797-1888), devenu empereur d'Allemagne en 1871.

3. C'est-à-dire qu'il ne s'en serait pas séparé brutalement et que, après son retrait, il aurait continué jusqu'au bout à le consulter.

4. Quelle accusation ! Porte-t-elle sur la lignée Hohenzollern ou sur la dynastie anglaise, le fils de Guillaume Ier ayant épousé la princesse Victoria, fille de la reine du même prénom ? Plutôt que sur la découverte d'un intrus dans les arbres généalogiques, cette sortie semble prendre appui sur le comportement du sujet, tellement vulgaire et tellement peu royal qu'il s'expliquerait nécessairement par un apport sémitique.

5. Longuement présenté le 2 avril.

politique et suis allé en prison. Le gouvernement bavarois aurait été bien heureux de me remettre au trou[1]. Je ne peux pas passer douze heures au volant puis prononcer un discours. Ce serait du pur dilettantisme. J'ai pourtant observé cela chez la plupart de mes chefs. À tout moment il y en a un qui traîne la patte.

Tout d'un coup, cela prend à Furtwängler de faire du ski. Cet homme qui fascine des centaines de milliers de femmes[2] en tant que chef d'orchestre veut s'imposer en faisant du ski. C'est exactement comme si je voulais diriger un orchestre! Il doit faire un slalom et boum, le voilà par terre! Quand des gens sont très célèbres, on attend d'eux quelque chose. Bismarck lorsqu'on lui demanda de se baigner, répondit: je crois que je saurais nager, mais je crois que ce ne serait pas une bonne idée, vu qu'on attendrait de moi des performances que je ne saurais atteindre. Le Duce aussi ne devrait pas faire cela! Cela me met mal à l'aise quand il s'expose. C'est son Italie qu'il doit commander! Quand je pense au nombre de gens que nous avons déjà perdus! Les autres, qui passent toute leur vie à piloter, seraient alors des crétins!

(À Below[3] :)

Vous, est-ce que Kesselring pilote?

Below: il pilote un Storch, pas un gros avion.

Le Führer: Le mieux serait qu'il laisse faire ses pilotes!

21 août, midi

(Invité: le général Gercke[4])

(Plaisantant:) Il est apparu qu'un certain journalisme est nécessaire. Nous avons trouvé, je crois, le ton juste en matière journalistique dans le *VB* en 1932, à l'occasion de nos tournées électorales. Rosenberg craignait une chute considérable. Je suis convaincu qu'à l'époque il doutait de l'humanité entière. Son mépris pour l'homme a été accru par le fait que malgré la baisse[5], le tirage du journal a augmenté. Le titre aurait dû être: *Münchener Beobachter, édition balte*. Le *VB* planait alors à des hauteurs telles que moi-même j'avais du mal à suivre. Je n'ai jamais rencontré une femme qui le lisait.

1. Hitler avait déjà expliqué ainsi, plus longuement, le fait qu'il n'ait pas son permis de conduire, dans la nuit du 3 au 4 février.

2. Hitler disposerait-il de statistiques indiquant que le public des concerts de Furtwängler est à dominante féminine ? Plus vraisemblablement, il fait ici l'aveu qu'il est, lui, particulièrement fier de voir un grand nombre d'Allemandes se presser lors de ses apparitions, et qu'il évite de rompre le charme en se produisant dans des disciplines où il n'excelle pas.

3. Adjutant militaire de Hitler pour les questions aériennes (cf. *supra*, t. 1, entrée du 5 juillet 1941).

4. Rudolf Gercke (1884-1947) est un militaire spécialisé dans la logistique, qui dirige les transports de l'armée de terre.

5. Ici l'interprétation de Genoud, à défaut d'être fidèle, semble correcte : il s'agit non pas de la baisse toute relative des voix nazies entre juillet et novembre 1932, mais de celle du niveau intellectuel, selon les critères de Rosenberg, du quotidien nazi (« en constatant que malgré l'abaissement de son niveau intellectuel le journal progressait »).

Rosenberg voulait commencer par le hisser au niveau nécessaire. Là où se trouve aujourd'hui l'éditorial s'exprimaient des philosophes, de préférence sur des sujets concernant l'Asie centrale ou orientale. Le *VB* devait être fait par des personnes toujours plus cérébrales. Quand le Reichstag eut brûlé, je me rendis au *VB*; cela prit une demi-heure pour qu'on ouvre, après quoi quelques travailleurs parurent et enfin un rédacteur ensommeillé qui ne comprenait rien : à cette heure-ci c'est fermé ! Je lui dis : Monsieur vous êtes fou, il se passe quelque chose d'énorme ! J'ai travaillé avec Goebbels jusqu'au petit matin pour rédiger le *VB*[1].

Avec les familles baltes j'ai eu bien des difficultés. Elles ont quelque chose de négatif et de fondamentalement supérieur que je n'ai jamais de ma vie rencontré ailleurs, avant tout l'aptitude à tout savoir. Ce fut reposant pour moi d'exploiter les listes fournies par la campagne à l'Est : je retrouvais tous nos amis de 1920 ! D'un côté un merveilleux esprit communautaire, une disposition incroyable à l'assistance mutuelle ! Mais, du fait de leur domination sur des peuples inférieurs pendant de longs, de très longs siècles, une mentalité s'est formée chez eux, qui leur fait considérer les humains comme autant de gens qui doivent être guidés comme des Lettons. Naturellement, ils se connaissaient tous entre eux.

Pour les histoires de famille je n'ai aucune intuition. Je suis des plus limités dans ce domaine. Je ne savais même pas autrefois que j'avais des parents. Je ne l'ai appris que depuis que je suis chancelier. Je suis un être complètement attaché à la famille, mais pas à la grande famille. Ce n'est pas mon truc. Je n'appartiens qu'à la communauté de mon peuple. Les Baltes mesurent toute l'intelligence des gens qui entrent en contact avec eux au fait qu'ils savent que le comte Machin est le neveu de la princesse Chose. Mes cousins… je dois d'abord me creuser la tête ! Je trouve tout cela inintéressant et futile. J'avais un homme dans le Parti, il a voulu plusieurs fois m'exposer ce qu'il avait appris par de patientes recherches sur l'histoire de sa famille. Je lui ai dit : Pfeffer[2], cela ne m'intéresse pas ! Il en est resté tout étourdi !

1. Ce récit suggère que la direction nazie improvisait, comme si elle n'avait pas été au courant du projet d'incendie. Mais il prouve plus sûrement qu'elle ne croyait nullement qu'une insurrection communiste était en train de commencer, sinon la mise en sécurité des locaux du *VB* aurait pris, fût-ce très provisoirement, le pas sur l'utilisation de ses rotatives.

2. Franz Pfeffer von Salomon (1888-1968), chef des SA de 1926 à 1930.

C'est certain, tout le monde a des ancêtres. Il n'y a aucun vivant qui n'ait pas des ancêtres. C'est seulement un hasard si pour l'un les registres ont brûlé, et pour l'autre ont été conservés. Il y a des gens qui y passent les quatre cinquièmes de leur temps. D'autres consacrent le même temps à l'avenir de leurs descendants. Pfeffer s'épuisait littéralement à démontrer que sa femme descendait pour le moins de Charlemagne. Je lui ai dit qu'il pouvait très bien y avoir eu un faux pas ! Un adultère avec Napoléon est intéressant, mais avec quelqu'un d'autre ce n'est qu'une affaire malheureuse ! C'est seulement de la part des femmes que l'adultère peut avoir de la valeur. C'est ainsi qu'elles ont encore et toujours assuré la descendance ! Mais elles n'aimaient guère s'en vanter, car l'adultère était commis avec des gens qui ne disposaient que d'une force animale pour injecter de la vie primitive dans la lignée mourante. Mais où seraient tombés les princes allemands, si ce n'était pas arrivé !

Une chose singulière que m'a racontée Sauckel[1] : Les jeunes filles que je fais venir de l'Est font toutes l'objet d'un examen médical. Il en ressort que 25 % sont absolument vierges ! Ce ne serait pas le cas en Haute-Bavière. On a tort de se figurer qu'une vierge est plus recherchée. Cela signifie surtout : Là il ne saurait y avoir grand-chose ! Quand une jeune fille chrétienne est encore vierge, je m'abstiendrai de répéter ce qu'on dit d'elle ! Il est exquis, quand on lit en chaire que la jeune vierge chrétienne Kreszenzia est entrée dans la sainteté du mariage, de voir ricaner cinq ou six jeunes gens qui connaissent la vierge chrétienne sous toutes les coutures ! Cela s'explique ainsi : quand les jeunes couples restent sans enfants, c'est là-bas une catastrophe. Les domaines sont ainsi faits qu'on ne saurait y employer des domestiques extérieurs. Dès 12-13 ans les enfants doivent travailler aux champs. D'où le mariage à l'essai ! Ce n'est que si quelqu'un essaye trop longtemps qu'il est mal vu. On attend de lui qu'alors il épouse la jeune fille.

On peut dire en général que l'amour est, du point de vue de la nature, quelque chose de primaire. Mais à la campagne ils ont d'autres formules. De là il ne sort souvent rien de raisonnable. C'est dans les petites villes qu'on trouve le meilleur sang. Il y a déjà là une

1. Sur Fritz Sauckel, cf. *supra*, t. 1, 17 octobre au soir.

sélection. Les hommes mènent une vie beaucoup plus raisonnable. À la campagne, par périodes, on travaille trop. On ne mange pas de fruits, on boit de l'eau mauvaise. La vie des paysans est incroyablement malsaine. Pour le plus grand effroi des prêtres une vague de liberté arrive l'été quand le Service du travail féminin s'en mêle, dans ses tenues de sport ! Autrefois une fille de la campagne, surtout si son père avait du bien, portait l'un par-dessus l'autre au moins six jupons. Plus il y en a, mieux ça vaut : à cela on voit qu'il y a du répondant ! Il y a vraiment eu un bouleversement colossal. Une vague de santé déferle sur le peuple[1] !

Dans ce domaine Munich est colossalement tolérante. J'en ai été ébahi quand je suis arrivé de Vienne.

Des officiers participaient en costume de sport à une course d'estafettes à travers la ville. Jamais on n'aurait vu cela à Vienne. À Munich je n'ai jamais entendu un reproche sur le fait qu'un curé avait une affaire avec une servante. Toute la communauté bichait de le voir assouvir ainsi ses pulsions. Hé oui, M. le chapelain est encore jeune et ne peut tout évacuer par le cerveau[2] ! C'est pourquoi ce serait une faute si nous avions invoqué les liaisons des religieux avec leurs cuisinières comme argument dans la lutte politique ; le peuple n'y voit rien à redire, au contraire[3] !

21 août, le soir

Si on commence une opération en se disant : Prudence, cela peut échouer, cela va échouer ! Si on veut forcer une décision, on ne peut dire qu'une chose : sus ! Si en Crète nous avions dit : Nous allons tenter, si cela réussit tant mieux ! Sinon on repart ! Ah juste ciel !

Un homme de chez moi, Stelzhamer[4], a fait des poèmes merveilleux, mais en dialecte ! Il serait devenu un équivalent de Bruckner. Il était doué. Si son contemporain Adalbert Stifter[5] avait écrit en dialecte il n'aurait eu que 10 000 lecteurs : Personne ne s'en sort avec cela.

J'ai pris également conscience d'autre chose. C'est un vraiment bon comique, celui qui ne s'exprime qu'en dialecte ! Il n'est pas

1. Comme assez souvent, Hitler se détend par une sortie un peu leste et parfois lourde, mais néanmoins instructive. Il confirme son estime toute relative pour les campagnes, du point de vue de la valeur du « sang », et s'amuse du désordre que ses jeunes travailleuses en short, démodant les jupons, sèment tous les étés dans les calculs matrimoniaux, au grand scandale du clergé.

2. L'original porte un dialecte difficile à rendre en français : « *ist ja a no jung, aus dem G'hirn kann er's a net rausschwitz'n'!* ».

3. Les procès intentés à des religieux à partir de 1936 étaient presque toujours fondés sur l'article 175 du code pénal, qui réprimait l'homosexualité. Plusieurs entrées du journal de Goebbels témoignent du rôle de Hitler en la matière, ainsi celle du 2 avril 1937 (les procès de Coblence concernaient une communauté franciscaine) : « Appel téléphonique du Führer : il veut déclencher les hostilités contre le Vatican. Les procès de Coblence vont commencer. Là-dessus en guise d'ouverture, un horrible crime sexuel commis sur un jeune garçon dans un couvent belge. J'expédie aussitôt de Berlin un envoyé spécial qui part pour Bruxelles et mènera là-bas son enquête. »

Cette page est l'une des plus détendues, des plus bavardes, des plus égrillardes et des plus pauvres en consignes précises. Significativement, Hitler s'est mis en train par des moqueries envers l'intellectualisme de Rosenberg – l'un de ses collaborateurs dont il brocarde le plus les travers et salue le moins les apports.

4. Franz Stelzhamer (1802-1874), écrivain et poète autrichien.

5. Adalbert Stifter (1805-1868), prosateur autrichien.

compris des autres ! Un homme comme Valentin[1] n'est déjà plus compris dans l'Allgau[2]. Pour le suivre, il faut déjà connaître très exactement le haut-bavarois. Il ne peut pas se produire à Berlin. S'il s'était mis au haut-allemand, il serait devenu célèbre bien avant l'apparition des comiques grotesques américains !

Mais avec le temps cela s'égalise. Le pire est ailleurs. Un étranger apprend l'allemand. Il a besoin de deux ou trois ans puis il va à Munich. La première chose qu'il entend est : pardon ? Si un authentique habitant de Giesing[3] s'aperçoit que c'est un étranger, il ne va pas faire l'effort de parler en haut-allemand mais, pensant qu'il s'agit peut-être d'un Prussien, il parle son idiome à l'état pur. Et l'autre est désarçonné devant lui.

On s'efforce de faire venir à l'allemand des Danois, des Norvégiens, des Suédois et ensuite on leur procure à la radio des pièces en dialecte ! On supprime l'écriture dite gothique[4] car on ne va pas loin avec elle, et après on parle en dialecte ! Un de mes camarades de guerre était de l'Allgau. Les premiers jours j'étais devant lui comme un Chinois. Tout cela était bien beau, et le bon Fritz Reuter[5] merveilleux, mais seule une petite minorité peut le lire. Où en serions-nous si Hoffmann von Fallersleben[6] avait composé l'hymne allemand en dialecte ! On peut porter très haut sa petite patrie, mais elle n'est pas le tout. Il faut balayer sa maison de temps en temps, sinon la saleté s'accumule ! Alors c'est plutôt blâmable, quand on entend un Tchèque cultivé qui parle mieux qu'un Allemand !

Il a fallu, pour gouverner l'Allemagne, faire violence à de nombreux dialectes en instituant un allemand officiel ; auparavant la langue officielle était le latin. Le latin serait encore vraisemblablement la langue des services publics, si ce n'était pas arrivé. Il y a une différence entre entendre une messe en latin et recevoir un avis d'imposition en latin. La formule « nous réussirons bien à te faire entrer l'allemand dans la tête ! » date de cette époque. C'était l'époque où les Habsbourg se voyaient comme les empereurs de l'Allemagne.

Je me suis échiné pendant des heures à expliquer à Krosigk : une sténodactylo chez Lammers n'est pas seulement une sténodactylo,

1. Karl Valentin (1882-1948), artiste de cabaret et cinéaste, surnommé « le Charlie Chaplin allemand », rayonnait surtout, hors de Munich, par son cinéma. Enfant chéri de la culture de Weimar, ami de Bertolt Brecht, il fut marginalisé sous le Troisième Reich et ne se produisit plus après 1941. Hitler, en lui rendant cet hommage, lui sait gré de n'avoir pas exercé sa verve aux dépens du régime, sinon par ce trait, qu'il ne pouvait guère ignorer : « *Heil..., heil..., heil...! ja wie heißt er denn nur – ich kann mir einfach den Namen nicht merken.* » (Heil ! Heil ! Heil ! Comment s'appelle-t-il déjà ? Je n'arrive pas à retenir le nom !). Pour comble, il s'exprimait là en un allemand intelligible !

2. Une petite région partagée entre la Bavière et le Wurtemberg.

3. Quartier sud-est de Munich, sur la rive droite de l'Isar.

4. Cf. *supra*, t. 1, entrée du 2 novembre au soir.

5. Fritz Reuter (1810-1874), écrivain et poète en bas-allemand.

6. Le poète Hoffmann von Fallersleben (1798-1874) écrit l'hymne allemand en 1841.

c'est une secrétaire. Il ne voulait pas la promouvoir à un rang de fonctionnaire. Pourtant les choses les plus secrètes lui passent constamment entre les mains ! Il en va de même dans la Wehrmacht. Des gens qui écrivent les choses les plus importantes sont payés misérablement. Je ne peux pas employer une dame qui pour un travail a besoin de quatre fois plus de temps, et celle que j'emploie doit en plus être muette comme la tombe. Seule la meilleure convient. Et je ne peux lui donner plus de 80 ou 100 marks. Il y a de quoi me mettre en rage de voir un sténodactylo masculin, par exemple un greffier de juge d'instruction, avec près de lui du fromage dans un papier ! La seule chose qui le fait taper plus vite, c'est quand il rature après s'être trompé. Avec la Gerbeck, je savais quand je dictais qu'elle ne comprenait pas un mot. Contrairement à Mlle Stahl, qui était autrefois au ministère de la Propagande[1]. Quand on commettait une faute dans la dictée, elle s'interrompait immédiatement et attendait.

22 août, le soir

Les Hongrois n'ont jamais été que des dragueurs. Sur le chapitre de la guerre, ils sont comme les Anglais et les Polonais. La guerre est pour eux une affaire de raison d'État et de bœufs d'élevage. Tous portaient le sabre mais il n'y avait pas de noblesse d'épée. Il n'y avait pas trace du moindre sérieux !

J'ai lu dans un livre sur l'Inde : C'est l'Inde qui éduque les Anglais ! Cela commence dans la rue.

Celui qui témoigne à un mendiant ne serait-ce qu'une seconde de compassion est déchiré par la foule des mendiants. Celui qui montre le plus léger mouvement d'humanité est perdu. D'où leur mépris de tout ce qui est étranger. D'où le grand Anglais typique qui fait comme s'il ne voyait rien. Si l'Anglais est chassé de l'Inde, il y a là-bas des risques de catastrophes imprévisibles. Les profiteurs seront les Soviets, qui s'y préparent. Si mal que cela aille aujourd'hui pour les Indiens, le départ des Anglais n'améliorera rien. Les Anglais gagnent 22 millions et demi par l'opium et l'eau-de-vie. Celui qui y

1. Ilse Stahl, secrétaire et amante du ministre de la Propagande, avait sans doute pris une ou deux fois, lorsque Hitler était en visite chez les Goebbels, des notes urgentes sous la dictée. Ses relations avec le ministre sont documentées par Peter Gathmann et Martina Paul, *Narziss Goebbels. Eine Biografie*, Cologne, Böhlau, 2009, p. 183-185. C'est elle qui avait épousé, le 29 juin 1934, le futur gouverneur de Norvège Josef Terboven et permis à Hitler, qui assistait au mariage en Rhénanie, de surgir à l'improviste à Munich à l'aube du 30 pour donner le coup d'envoi des persécutions de la Nuit des longs couteaux. Il est remarquable qu'il évoque la carrière professionnelle de « Fräulein Stahl » sans la moindre allusion à ce mariage.

trouve à redire est aussitôt mis derrière les barreaux comme ennemi de l'État. Nous, en Allemagne, nous en serons encore tous à fumer la pipe quand nous ferons respecter par les peuples coloniaux l'interdiction de la nicotine[1] !

L'Anglais n'a rien à faire d'une surpopulation en Inde. Elle ne servirait à rien. Il vaut mieux pour lui que la population ne soit pas trop dense. Si nous recevions l'Inde, nous installerions d'abord dans toutes les régions des commissions d'étude, toutes les universités ouvriraient des succursales, pour améliorer la santé de la population. Nous démontrerions que l'Inde a une plus vieille civilisation que nous[2]. Si les Européens sont vaccinés, pas de danger d'infection ! Certes le propriétaire d'une plantation a intérêt à ce qu'aucune épidémie ne se déclare parmi ses travailleurs, mais mieux vaut gagner un peu moins et laisser faire l'ordre naturel du monde !

Je viens de lire quelques livres qu'on devrait faire lire à tout Allemand qui part à l'étranger. Le livre d'Alsdorf[3], il faudrait d'abord l'envoyer au ministre[4]. Il en ressort que ce ne sont pas les Anglais qui ont rendu les Indiens mauvais ! Quand les premiers Européens ont abordé aux limites de l'Inde, ils ont trouvé une ville avec un rempart composé de crânes. Ce n'est pas non plus Cortez qui a enseigné la cruauté aux Mexicains, elle était déjà là. On sacrifiait jusqu'à 20 000 personnes en leur arrachant le cœur ! À côté, ce que Cortez a fait était plein de mesure. On n'a pas besoin de s'engager et de rendre les indigènes meilleurs que les Blancs ! Il y a là des gens qui s'indignent si on donne aux indigènes des cotonnades à bon marché. Quoi, faut-il leur donner de la soie ? Nous devons à proximité de toute gare où on embarque des céréales organiser un marché annuel. Le mark ukrainien doit être indexé sur le mark allemand.

Quand Rosenberg pousse ici à une élévation de la culture par d'authentiques sculptures sur bois : J'aimerais lui montrer ce qu'on vend dans ma région près des lieux de pèlerinage ! Là on peut dire : quel manque de goût ! l'industrie saxonne aussi veut vivre. J'ai connu une dame saxonne qui a distribué en Saxe un mouchoir de poche représentant sur un coin Hindenburg, sur un autre Ludendorff, sur le troisième moi et sur le quatrième son mari !

1. Hitler insiste sur la nécessité de ne témoigner aucun respect aux indigènes et de ne pas les éduquer. Il insiste tant qu'il a l'air de douter de la capacité des administrateurs allemands d'appliquer une telle consigne.

2. Cette petite phrase voue aux gémonies deux disciplines, l'histoire et l'anthropologie. De peur d'apprendre aux indigènes leur passé et ses grandeurs, mieux vaut ne pas l'étudier nous-mêmes.

3. Ludwig Alsdorf (1904-1978), spécialiste allemand de l'Inde, professeur à l'université de Münster, a été appelé au ministère des Affaires étrangères en 1941 pour conseiller les services sur le traitement à réserver à Chandra Bose (1897-1945), dirigeant nationaliste indien exilé depuis janvier 1941, venu à Berlin envisager le recrutement d'une unité de Waffen-SS indiens puis parti offrir ses services au Japon. Le livre dont il est question est probablement *Indien*, paru en 1940, et sa lecture est probablement préparatoire à la prestation de serment à Hitler, le 26 août, des premiers membres de la SS Freies Indien Legion, recrutés parmi les prisonniers faits par Rommel.

4. Il ne doit pas s'agir de Ribbentrop, censé le connaître puisqu'il a récemment embauché l'auteur à la Wilhelmstrasse. Ce ministre doit plutôt être Rosenberg, ministre des Territoires de l'Est et invité, en permanence, à imiter sur ses terres les mœurs coloniales britanniques.

Cela me met déjà en colère quand je visite l'exposition de l'artisanat allemand, de voir les étiquettes des décorations à bon marché. D'abord c'est une escroquerie : c'est indiqué 800 marks, puis on apprend que cela exclut le banc, le rideau et le tableau ! Ensuite le comble : tout cet attirail est censé représenter une culture authentiquement artisanale ! Ce n'est pas ce que les gens veulent ! Ils veulent pour 1 200 marks avoir quelque chose de beau ! Qu'un clou ait été fait à la main ou à la machine, l'acheteur ne fait pas la différence. Que signifie « artisanal » ? Les gens s'en fichent ! Pourquoi prendre quelque chose en bois brut, quand je peux le trouver ailleurs parfaitement poli ? Je dois reconnaître franchement que j'ai vu chez Storz[1] des choses qui sont absolument belles. Les gens simples se réjouissent d'avoir un beau buffet. Le travail d'artisan : rien que de la foutaise !

Quand un nègre prend plaisir à porter des colliers pour tout vêtement, pourquoi l'en empêcherions-nous ?

J'ai lu les histoires sur les bûchers de cadavres à Bénarès. Ah, chez nous tous les hygiénistes débarqueraient avec toutes les mesures répressives et ça barderait ! Chaque jour viendraient des chimistes judiciaires pour enquêter sur l'eau. Cela signifierait un nouveau grand ministère de la Santé avec une armée de fonctionnaires ! Les Anglais ont interdit la crémation des veuves mais ont laissé tout le reste. Les Indiens ont de la chance que nous ne les ayons pas colonisés. Ce serait d'abord une torture ! Ils boivent l'eau du fleuve 200 mètres en aval de l'endroit où on immerge les cadavres, et elle ne leur fait rien ! Nous ne le faisons pas, là est la différence[2] !

Les Hongrois ont fait trois bonnes choses à Budapest : 1) ils sont restés fidèles au fleuve ; 2) ils ont mis de beaux bâtiments sur les hauteurs ; 3) ils ont bâti des ponts merveilleux ! Les boulevards également, qui ceinturent le tout, ont de la pompe, une ville grandiose[3] ! Ils ont été immensément riches. Leur arrière-pays comprenait la Croatie, la Slovaquie, la Bosnie et l'Herzégovine. Tous les magnats opulents ont apporté leur fortune à Budapest. Lors de la révolution de 1848, on a doublé la largeur des rues, à l'imitation de Vienne. J'ai envoyé tous les Berlinois à Paris, afin qu'ils comprennent la nécessité

1. Fabrique de meubles fondée en 1906 par Oscar Storz.

2. Une tirade utile pour exempter Hitler d'une assimilation excessive à certains idéologues nazis, épris d'hygiénisme et de pureté.

3. Hitler n'a jamais vu la ville. Il la juge d'après des plans et des photos.

de la transformation de Berlin ! Trois ponts sont toujours moins chers que 55 rues ! Cela me fait de la peine de ne pas avoir vu le nouveau pont de Cologne. Il devait être magnifique[1] !

24 août, le soir

(Invités : Backe[2] et le capitaine Topp[3])

Staline aurait mis en place avec le temps un immense univers industriel dans un mépris total pour les larges masses mais avec une certaine phraséologie et en élevant le niveau de vie de ses cadres subalternes. Le but final aurait été la bolchevisation de l'Europe. C'est un monstre, mais d'envergure, après tout. Il s'est servi des Juifs pour se débarrasser de l'intelligentsia ukrainienne. Puis il a envoyé les Juifs en Sibérie par trains entiers. Je n'exclus pas qu'il se dirige un jour vers la Chine, s'il ne lui reste pas d'autre issue !

De tous les Anglais, c'est Lloyd George[4] qui m'a fait la plus grosse impression. Alors qu'Eden[5] parle un anglais répugnant, son anglais sonne merveilleusement. En voilà un homme d'envergure ! Son mémorandum à l'occasion du traité de paix, un classique ! Il écrit : Ce traité de paix conduira à la guerre. L'idée qu'un peuple comme le peuple allemand puisse être anéanti est une stupidité. Pour l'Angleterre il n'y a qu'un chemin, celui de l'amitié avec l'Allemagne.

Le fait qu'alors les choses se soient passées autrement, nous le devons à vrai dire surtout au Zentrum. Les sociaux-démocrates n'en voulaient pas, d'où aussi la déclaration prématurée de Scheidemann[6].

(Plaisantant :) Pas de doute, pendant la guerre mondiale nous avons appris aux Anglais à rester sans relâche auprès des armes. Ils cessaient ponctuellement de tirer à 5 heures. Alors nos fichues batteries arrivaient et se mettaient à tirer ! Et qu'est-ce que nous avions comme canons ! un jour ils ont renoncé au thé et se sont mis à riposter et c'est ainsi que peu à peu le doux repos du soir s'en est allé ! Nous avions des batteries qui tiraient toute la nuit, les autres ont alors riposté et c'est ainsi qu'on en vint à la façon méchante de faire la guerre !

1. Première et unique allusion au bombardement de Cologne dans la nuit du 30 au 31 mai 1942. Pour la première fois les Anglais avaient engagé plus de mille avions, d'où le nom de code « opération Millenium ».

2. Herbert Backe (1896-1947) est un cadre important du régime. SS depuis 1933, secrétaire d'État au ministère de l'Alimentation et de l'Agriculture, il a succédé à son ministre Walther Darré le 23 mai 1942. Portant de lourdes responsabilités dans les famines en URSS occupée, il se suicidera en prison le 6 avril 1947.

3. Le capitaine de frégate Erich Topp (1914-2005) est un commandant de sous-marin, parmi les plus efficaces. Son U-552, surnommé « Diable rouge », opère dans l'Atlantique Nord. Il est promu le 8 septembre suivant au commandement d'une flottille.

4. Déjà évoqué le 18 juillet, après le dîner.

5. Ministre britannique des Affaires étrangères depuis décembre 1940.

6. Philipp Scheidemann (1865-25 novembre 1939), socialiste et premier chancelier de la république de Weimar, reçoit le texte du traité, élaboré à la conférence de Paris, le 7 mai 1919 et adresse des contre-propositions le 29. Les Alliés les rejettent toutes et enjoignent à l'Allemagne, le 17 juin, de signer dans les cinq jours. Scheidemann démissionne le 19 juin 1919 en déclarant : « Quelle main ne se dessècherait-elle pas qui se mettrait et nous mettrait ces chaînes ? » (cf. Hörst Möller, *La république de Weimar*, Paris, Tallandier, 2005, p. 156). En estimant cette parole « prématurée », Hitler, dans son souci de dédouaner la social-démocratie (ou du moins ses membres « aryens ») pour mieux accabler le Zentrum et, derrière lui, les Juifs, affecte de croire qu'au lieu d'être un aveu d'impuissance la phrase présageait un raidissement national, auquel un complot dans les hautes sphères de l'État aurait brisé les reins.

Quand 500 000 mégots sont jetés chaque dimanche dans les environs de Berlin : Un d'entre eux provoque un feu ! La Westerplatte ne s'est pas embrasée bien que nous ayons lâché des bombes incendiaires[1]. Dans la chancellerie du Reich je vois sur tous les tapis et les meubles la trace des fumeurs.

C'est étrange : maintenant ils ont cessé d'envoyer leurs plaques incendiaires.

25 août

(Invité : Gauleiter Lauterbacher[2])

Le plus grand service rendu par Schacht est d'avoir augmenté nos exportations. Quand il s'agissait de duper les gens, Schacht était impayable ! C'est quand il s'agissait de montrer une conviction profonde qu'il atteignait ses limites. Là un franc-maçon a trompé l'autre[3]. Schacht est entré en opposition quand j'ai dissous la franc-maçonnerie en Allemagne.

La Wehrmacht est le plus naturel des agents de répartition qui soit, quand chaque soldat envoie quelque chose à sa femme, ou à sa fiancée, ou à ses enfants. Si en octobre nous sommes en mesure d'augmenter les rations alimentaires, adieu la stratégie anglaise consistant à nous affamer. Ils croyaient pouvoir nous enfermer facilement comme pendant la guerre mondiale. Avec la Norvège ce fut réglé, puis sont venues les îles Anglo-Normandes et maintenant l'Est. C'est un coup sévère pour l'Angleterre[4].

Celui qui dans la conduite de la guerre ne risque rien ne peut rien gagner. Dans les premières années après la prise du pouvoir, il y avait des gens qui annonçaient sans cesse l'arrivée de l'inflation. Les seuls qui nous aient compris étaient les travailleurs. Pendant des années je leur ai dit : C'est seulement dans la mesure où nous produisons plus que vous pouvez avoir plus d'argent !

Moins on a d'argent, plus on est raisonnable. Les gens les plus riches sont les plus déraisonnables. C'est au point qu'ils en deviennent radins ! Cela est corrigé par les fils, qui dépensent l'argent hérité à pleines mains. C'est pourquoi on doit se garder de fermer les

1. Aveu intéressant : le bombardement de la Westerplatte, entrepôt d'armes polonais à l'est de Dantzig, le 1er septembre 1939, était censé faire démarrer la Seconde Guerre mondiale par un contrefeu opposé aux menées des Juifs, « incendiaires du monde ».

2. Le chef nazi de la région de Hanovre doit peut-être cette invitation au vibrant éloge que Hitler a fait de lui le 5 mai au soir.

3. Hitler veut sans doute dire que Schacht a dupé Roosevelt dans les négociations sur le commerce international. Mais ce sarcasme a un prix : si les francs-maçons se trompent entre eux, leur organisation ne peut plus être présentée comme un dangereux vecteur de complots juifs.

4. Hitler continue d'espérer (cf. *supra*, entrée du 9 juillet, midi) qu'à la faveur d'un déroulement heureux de l'offensive d'été en URSS l'approvisionnement de l'Allemagne pourra être amélioré à l'automne. Lorsqu'il évoque les brèches que les victoires à l'Ouest ont pratiquées dans le blocus britannique, il privilégie étrangement les îles Anglo-Normandes alors qu'il s'est emparé de toute la côte hollandaise, belge et française. Nous avons vu que le 22 juillet il avait l'air de vouloir les annexer, tout en n'y prévoyant d'autre établissement qu'un centre de cure de Kraft durch Freude, ce qui rendrait indolore leur restitution dans le cadre d'une négociation. Cette insistance pourrait indiquer qu'il place plus que jamais ses espoirs dans l'ouverture de pourparlers avec le Royaume-Uni, sans doute en raison de la menace que Rommel fait peser sur l'Égypte.

casinos. Ce sont de merveilleuses institutions. À tous ceux qui ont trop d'argent il faut dire : mon compatriote, joue !

Toute la vie est une éternelle prise de risque. La plus grande prise de risque est la naissance ; tous les parents au bout de huit jours croient constater que leur enfant est le plus intelligent. Déjà au poids on reconnaît cela !

26 août, le soir

(Invité : Raeder[1]*)*

Parfois la bureaucratie arrive à supprimer toute joie de vivre chez les gens ! Quand les soldats rapportent du front de l'Est des colis aux leurs, cela fait 250 000 à 300 000 paquets, un appoint très utile au pays. On n'a pas à intervenir pour empêcher cela ! À mes yeux il est presque indispensable que le soldat apporte ainsi quelque chose à son foyer.

Je me suis récemment beaucoup exprimé sur le formalisme juridique, sur la réforme de l'éducation et sur l'activité législative. Il faut laisser plus de marge de manœuvre à l'individu et, partant, une pleine responsabilité !

Si nous voulions aujourd'hui signer une paix avec la France, ce serait sans objet. Nous ne pourrions pas maintenir son armée dans un état de faiblesse tel qu'elle ne mette pas en déroute l'armée italienne en l'espace de trois ans. Les policiers de Paris y suffiraient ! Nous devrions toujours nous tenir à ses côtés ! Ce que n'ont pas réussi les campagnes de Pologne, de Norvège, de France, de l'Est et la guerre du désert, les Italiens en viennent à bout : ils ruinent les nerfs de nos hommes[2] !

Les grandes victoires de l'histoire mondiale furent obtenues à grand-peine. La vie consiste à surmonter des crises ; simplement l'un y arrive, et l'autre pas ! En 1918, la victoire était aussi proche de nous que des autres. C'est absolument un problème de nerfs. Personne n'a l'assurance du succès. Frédéric le Grand représente un cas exceptionnel. Je ne sais pas si on doit parler de témérité ou d'autre chose ? Toutes les chances étaient contre lui, la Prusse était

1. Erich Raeder (1876-1960), chef de la marine de guerre allemande de 1928 au 30 janvier 1943.

2. Les piques contre l'Italie gagnent en fréquence et en sévérité. Il est vrai que l'offensive contre Stalingrad mobilise, pour protéger son flanc sud, le corps expéditionnaire italien et que dans l'éventualité d'une défaite il est bon de se préparer un souffre-douleur. D'ores et déjà, les Italiens ont été attaqués sur le Don et n'ont pu empêcher la formation, à Serafimovitch, d'une tête de pont qui résiste et résistera à tous leurs assauts.

un État misérable. Je peux seulement dire ceci : nous devons continuer à avoir honte ! Même si nous ne comptons les Italiens que pour des demi-portions. C'est directement une honte ! Mais même la guerre de 1866 était d'une folle audace. La Prusse avait contre elle tous les petits États allemands et la France, l'Autriche était beaucoup plus puissante que la Prusse de l'époque, mais il y a une leçon à tirer de cela : c'est le camp où il y a les Italiens qui gagne[1].

Un État comme la Suisse, qui n'est rien d'autre qu'un abcès dans l'Europe, on ne peut pas simplement le laisser courir[2] ! La susceptibilité des Italiens, c'est la susceptibilité de celui qui a un complexe d'infériorité, une mauvaise conscience. Géographiquement nous ne dominerons jamais la Méditerranée, mais les Français aussi, après le traité de paix, ne pourront pas contrôler grand-chose. J'espère que nous jouirons un jour d'une hégémonie totale[3].

Un État-pou comme la Suède, il faudra le balayer comme les Danois en 1848. Mais nous ne devons pas non plus trop en faire, sinon nos descendants se mettront au lit et commenceront à dormir. Nous devons laisser des problèmes en suspens, une grande armée, une grande Luftwaffe ; l'armée devra être éduquée de telle sorte que, si un jour arrive une génération politique lâche, elle soit une force motrice, comme au Japon. Au fond je crois qu'une paix de plus de vingt-cinq ans est nuisible à toute nation. Les peuples ont besoin d'une saignée pour leur régénération, comme les individus. Autrefois, chez nos ancêtres, le duel jouait ce rôle. *(En plaisantant :)* Puis est venu le barbier, et maintenant le rasoir à lames. Au Moyen Âge, personne ne souffrait d'hypertension sanguine. Ils avaient sans cesse leurs rixes. En Haute-Bavière il y avait chaque dimanche du sang versé. Aujourd'hui la pression sanguine a partout augmenté car le rasoir à lames a remplacé le couteau. C'est une honte, j'ai perdu moins de sang à la guerre qu'en me rasant[4] !

Si Staline avait travaillé encore dix ou quinze ans, la Russie soviétique serait devenue le plus puissant État de la terre pour cent cinquante, deux cents ou trois cents ans. Un tel phénomène ne se produit pas souvent ! Que le niveau de vie général se soit élevé n'est pas douteux. Les hommes n'ont pas souffert de la faim. L'un dans

1. Dans ce paragraphe Hitler cherche une fois de plus à se rassurer en évoquant l'audace payante de Frédéric II, ce qu'il avait fait seulement quatre jours plus tôt, et en ajoutant celle de Bismarck lors de la guerre austro-prussienne de 1866. Par une pirouette finale il relève que les Italiens, à défaut d'être militairement efficaces, portent bonheur à leur camp. Précisons que la France, tout en ayant le plus grand intérêt à la victoire autrichienne, ne s'était pas engagée – grâce à l'entregent de Bismarck qui s'était déplacé jusqu'à Biarritz pour abreuver Napoléon III de promesses fallacieuses. C'est sans doute cela que Hitler appelle « avoir la France contre soi » : la victoire diplomatique de Biarritz valait bien celle, l'année suivante, de Sadowa contre les Autrichiens.

2. Voilà qui présage que la Confédération sera soumise à une sorte de protectorat, plutôt que dépecée suivant ses frontières linguistiques.

3. Hitler envisage dans un premier temps de laisser les puissances sud-européennes, notamment la France et l'Italie, se neutraliser mutuellement, avant de leur imposer dans l'avenir une subordination à l'Allemagne dans la détermination de leur politique en Méditerranée.

4. Toute plaisanterie mise à part, Hitler a l'air d'accorder encore quelque vertu thérapeutique à la vieille pratique de la saignée, quasiment disparue au XIXe siècle pour cause d'inutilité totale (et réintroduite au XXe siècle pour pallier certaines anomalies de la composition du sang). Ici encore il mélange science et idéologie, en prenant les métaphores au pied de la lettre : voulant illustrer l'idée que des guerres périodiques assainissent la société, il postule que l'individu aussi a un besoin physiologique de se battre et de verser son sang.

l'autre on peut dire : Ils ont monté ici des usines, là où il y a deux ans il y avait d'obscurs villages de paysans, des usines de la taille des Hermann Göring Werke[1]. Ils ont des chemins de fer qui ne sont même pas marqués sur la carte. Chez nous on se bat sur les tarifs avant que la voie soit construite. J'ai un livre sur Staline ; on peut dire : C'est une personnalité gigantesque, un véritable ascète, qui a construit cet empire géant avec une poigne de fer. Ce n'est que quand on dit que c'est un État social que c'est une gigantesque arnaque ! C'est un capitalisme d'État : 200 millions d'hommes, du fer, du manganèse, du nickel, du pétrole et tout ce qu'on veut, sans limite. Au sommet, un homme qui dit : Trouvez-vous la perte de 13 millions d'hommes excessive pour une grande idée[2] ?

Les Polonais auraient été balayés comme un rien, et l'Allemagne avec ses 100 000 soldats, avant qu'on ait compris ce qui se passait. À Paris le drapeau rouge aurait été hissé d'une manière ou d'une autre. L'Europe a eu chaud. Cela s'était déjà passé une fois ainsi, pourquoi on ne sait pas ! La Hongrie à la bataille de Liegnitz ! Est-ce l'ampleur des pertes ou la mort, au pays, de Gengis Khan qui les a fait reculer ?

Toute la stratégie anglaise est fondée, pendant toute la guerre, sur l'hésitation et la tergiversation. Si ces idiots avaient continué après avoir lâché la Grèce, ils seraient parvenus à Tripoli et l'auraient prise. C'est à ce moment qu'ils se sont brusquement arrêtés ! Cela montre seulement combien les hommes sont peu capables de penser en termes nouveaux. Qu'était-ce que Salonique ? Ils devraient nous épargner leurs bombes et venir chaque nuit au-dessus d'une ville italienne !

Chez nous c'est plus simple ! Dans la plupart des cas nous n'avons rien d'autre à faire. Si je ne frappe pas à l'Est, c'est l'adversaire qui frappe. Nous courons en permanence le risque d'être anéantis. Le troisième jour, l'opération était sur le fil du rasoir. Si des forces n'avaient pas atterri pendant que l'aéroport était encore sous un feu d'artillerie, c'était perdu[3] ! Cela va mieux quand on sait qu'il faut absolument percer vers l'avant ou périr. L'homme faible, je ne peux le tenir à son devoir qu'en lui disant : si tu recules, tu seras tué ; ainsi tu peux, si ça se passe bien, vivre ! Nous avons dû abattre quelques

1. Créées en juillet 1937 pour exploiter les mines de fer de Salzgitter que l'industrie privée trouvait non rentables, les Hermann Göring Reichswerke vont essaimer essentiellement dans les nouveaux territoires, à partir de l'Anschluss, en s'emparant d'abord de l'essentiel des aciéries autrichiennes puis tchèques. Il s'agit d'une entreprise d'État, que Göring dirige (en fait, il délègue ses pouvoirs à Paul Pleiger) sans en être propriétaire.

2. Cet éloge de Staline, le second après celui du 22 juillet (après le dîner), n'est pas aussi admiratif qu'on le dit parfois. Il le présente comme un conquérant asiatique sans scrupule et sans égards pour ses propres peuples.

3. Cette affirmation détonne dans le contexte de la guerre à l'est car l'offensive ressemblait plus, le troisième jour, à une marche irrésistible qu'à un duel serré. En revanche, la description s'ajuste fort bien à l'audacieuse conquête de la Crète par des raids aéroportés, en mai 1941. Le mot « Crète » a dû échapper au scribe.

centaines d'hommes parce qu'ils disaient que leur conscience ne les autorisait pas à servir. Alors cela a cessé. Nous ne pouvons tout de même pas quitter l'Europe ! En 1914, les Anglais avaient devant eux une Allemagne puissante, et ils ont tenu. Cette fois, ils avaient devant eux l'Allemagne de l'impuissance de Weimar, vue par les émigrés ; et ils les ont crus.

Sans aucun doute, le peuple allemand aussi a éprouvé un jour ce sentiment insulaire de sécurité. La paix de Westphalie a érigé l'impuissance en loi constitutionnelle. J'ai toujours dit à mes hommes : Il ne s'agit pas d'effacer le traité de Versailles, mais la paix de Westphalie. Dans le traité de Versailles, il n'y avait rien d'autre, pour les Français, qu'une réédition de la paix de Westphalie[1].

L'orgueil est en général une force mais il peut aussi conduire à ce qu'on laisse passer l'occasion. Chez les Espagnols c'est allé si loin que même s'ils se retrouvent en haillons ils se présentent encore avec une fierté royale. C'est là une totale inversion de la puissance. Il y a quelques siècles ce phénomène amusa des penseurs espagnols. Un Castillan tire, mais il ne nettoie aucune arme ! Les réserves des Américains : un bobard ! Dans un État capitaliste il est exclu que les provisions dépassent les besoins d'une année[2].

26 août, le soir

Le plus grand profit de l'opération de Dieppe[3], je le vois d'abord dans le renforcement purement psychologique de notre défense, avant tout dans le constat qu'il y a un danger, mais que nous le maîtrisons ; ensuite, dans le fait que les Anglais nous ont offert une belle collection de leurs nouvelles armes. Que quelqu'un passe la mer pour montrer à quelqu'un d'autre une collection d'armes, voilà qui est inédit !

Estimer le niveau d'un objet, par exemple un char, est toujours très difficile quand on n'a pas un autre objet comme point de comparaison. L'avantage pour les Anglais est : ils ont un fossé antichar gigantesque autour d'eux ! Leurs colonies sont très éloignées et

1. Ensemble de traités signés en 1648 pour mettre fin à la guerre de Trente Ans. Il est exact que Hitler les a violemment critiqués dès le début de son action. Il s'inscrivait là dans la tradition du nationalisme allemand du XIXe siècle. Cf. Claire Gantet, « Le tournant westphalien », *Critique internationale*, 2000/1, p. 52-58.

2. Hitler ne lirait-il pas les journaux ? L'adoption de la loi prêt-bail par le Congrès en mars 1941, celle du Victory Program en novembre suivant, rompaient avec cette routine en créant pour l'industrie des débouchés aussi gigantesques qu'assurés, tant pour les besoins intérieurs que pour ceux d'un certain nombre d'autres nations.

3. Ce premier raid allié d'envergure en Europe occupée a eu lieu le 19 août. Les défenses allemandes étaient à la parade et les pertes anglaises et canadiennes ont été lourdes.

peuvent difficilement se détacher de l'Angleterre si elles ne veulent pas tomber dans d'autres mains.

Si nous ne faisons pas à l'Est un énorme réseau ferroviaire, nous ne pourrons jamais remplacer la voie fluviale. D'un autre côté : nous nous sommes trompés sur les canaux ; ils ne sont pas une concurrence pour le chemin de fer ! Une véritable voie d'eau à grand gabarit ferait un pont vers le Don. Mais cela présente un inconvénient : l'eau gèle six mois dans l'année ! Quand on pense à ce que coûtent les canaux, le grand réseau ferré n'est-il pas un bien meilleur choix ?

Le Danube sera un jour l'une des plus grandes artères de circulation ! Il mène vers le Main, vers l'Oder. On introduit ainsi le minerai au cœur de l'Allemagne ; le minerai de manganèse franchit la mer Noire et passe par le Danube, de même pour le pétrole, le charbon, les céréales !

La mer Noire est un bassin riche d'un grand avenir. Nous devons voir que nous ne serons jamais sur le Danube en artisans d'une paix définitive, mais seulement en arbitres, et en nous faisant payer quelque peu chacun de nos arbitrages ! Les Viennois voient en Belgrade leur lointain arrière-pays. « Trois fois par siècle nous devons le conquérir, et le recédons à chaque fois ! »

27 août, midi

Il faut être très clairs là-dessus : de quelles conditions économiques dépend une attaque ? J'ai éprouvé une grande angoisse à l'idée d'un bombardement de la Ruhr. Cela aurait eu pour nous des conséquences catastrophiques. Puis j'ai eu à craindre qu'ils débarquent en Norvège. Aujourd'hui nous avons des moyens de secours : le minerai lorrain, le minerai de l'Est, c'est juste une question d'exploitation ! À l'Est, nous pouvons nous décharger de la fabrication des munitions dans le bassin du Donetz. Tous les articles qui toutes proportions gardées sont simples à fabriquer, on peut en dispenser l'industrie nationale. L'aciérie de Marioupol est toute entre nos mains, en octobre la centrale électrique de Zaporoj sera en

état de marche. Pour commencer on a abaissé le niveau, ensuite on a bouché les trous. Le 1er décembre, le courant sera rétabli[1].

En Espagne il y a deux tendances. Les papistes ont un but : une maison royale qui fasse la paix avec l'Angleterre ; Franco a de méchants désirs concernant l'Afrique du Nord française. Les phalangistes souhaitent pour les Français Gibraltar et un morceau d'Oran[2]. Le danger d'un bloc latin uni s'efface devant les revendications gigantesques qu'on présentera à la France. Les Français, devant les demandes démesurées des autres, rechercheront toujours notre protection. Je voudrais dire au Duce : Si aujourd'hui les Anglais tentent un débarquement, je préfère dans tous les cas avoir une France tranquille. Cela compliquerait quelque peu les choses si la France tout d'un coup se soulevait[3] !

L'Italie n'est pas à même en ce moment de lancer une offensive. Tout le corps des officiers est trop âgé. L'infanterie n'attaque jamais[4] ! Le seul avantage, c'est que l'Italie fabrique des chars, des avions et des canons. Qu'ils s'y consacrent !

(En plaisantant, à l'amiral Krancke :)

Dans l'ensemble des campagnes, on n'a pas assisté à un seul combat entre cuirassés ! Je n'aurais jamais pensé confier à la marine des tâches terrestres. Je voulais prendre la Westerplatte avec des pionniers[5]. La marine a pris cela comme un affront. Alors j'ai dit : Bon, qu'on mette maintenant sur pied quelques brigades de marins ! La marine est responsable de la défense des îles qu'elle s'est accaparées. Si la marine prenait en charge la Crète, comme ce serait à vrai dire son devoir, je pourrais y prélever les troupes terrestres dont je peux avoir grand besoin ailleurs !

28 août, midi

Voilà que Ciano est de nouveau invité à une chasse. Je dois mettre sous le boisseau mes idées sur la chasse. Heureux peuple, qui vit si légèrement ! Quand ils prennent des roustes, c'est oublié en trois jours ; quand ils obtiennent un succès, ils le ressassent pendant l'éternité. C'est l'état d'esprit le plus heureux qu'on puisse

1. C'est compter sans l'aviation soviétique, de plus en plus performante comme toute l'Armée rouge.

2. Je respecte le mot à mot (*wünschen für die Franzosen Gibraltar und von Oran ein Stück*) mais il n'a pas de sens : il y a une faute de transcription. Le sens le plus probable est que les phalangistes veulent que l'Espagne récupère Gibraltar et s'empare d'une partie de l'Oranie, présentement française. Genoud, comme à son habitude, délaye : « Les phalangistes revendiquent Gibraltar et voudraient enlever aux Français une partie de la province d'Oran. »

3. Hitler exprime à nouveau sa crainte d'une union latine et, comme toujours, il encourage les convoitises italiennes et espagnoles vis-à-vis des colonies françaises. Mais pour l'heure il ne peut le dire publiquement car cela révulserait la France, la détacherait de Pétain et encouragerait les Alliés à débarquer. Une fois de plus se fait jour le contrôle étroit du dictateur sur la politique d'occupation pratiquée en France.

4. Voilà qui justifie l'utilisation du corps expéditionnaire italien en position défensive le long du Don.

5. Une deuxième allusion à l'arsenal polonais de la région de Dantzig, dont Hitler regrettait quelques jours plus tôt qu'il ne se soit pas embrasé sous ses bombes incendiaires le 1er septembre 1939. Signe que ce début de guerre raté, au moins sur le plan visuel et symbolique, le préoccupe en ces temps difficiles sur le front de l'Est, où pour la deuxième année consécutive une offensive progresse, mais trop lentement, rendant une victoire sur l'URSS avant l'hiver de plus en plus improbable.

concevoir : l'oubli de toute défaite et l'exaltation de toute victoire[1]. Ciano ne parle pas allemand. Le Duce l'apprend toujours mieux. Si nous écrivions un jour un article comme ceux de la presse américaine sur les Anglais, ce serait fini, vu leur susceptibilité !

Les Américains forment une meute imprévisible. Quand cela va de plus en plus mal, les Anglais sont beaucoup plus courageux que les Américains. Il n'y a même pas de comparaison ! Comment peuvent-ils en venir à reprocher quelque chose aux Anglais ? Du reste, quand on parle des Russes : Ils montraient une force de résistance sans pareille déjà dans la guerre russo-japonaise. Il n'est pas vrai qu'ils montrent aujourd'hui quelque caractéristique inédite. S'il arrive quelque chose à Staline, c'en sera fini du grand empire asiatique. Il s'effondrera exactement comme il a grandi[2].

Dans l'histoire allemande, le Reich a mené sous la direction des Habsbourg une guerre incroyablement dure contre les Turcs. Elle a presque duré trois siècles. Les Turcs auraient été chassés de l'Europe si les Russes ne les avaient pas aidés. C'était l'époque de gloire du prince Eugène. Cela doit nous servir de leçon : Si nous ne venons pas complètement à bout de l'Est, chaque génération devra s'y remettre. Même des races sottes peuvent réaliser, sous la conduite d'un chef, certaines performances. La performance de Gengis Khan dans l'organisation était unique[3].

C'est seulement avec l'empire romain qu'on peut dire que la civilisation a joué un rôle. Le régime arabe en Espagne était quelque chose de remarquable : les plus grands scientifiques, penseurs, astronomes, mathématiciens, une des époques les plus humaines et en même temps un esprit colossalement chevaleresque. Quand plus tard le christianisme est venu là, on peut seulement dire : les Barbares. L'esprit chevaleresque des Castillans est en réalité arabe. Si Charles Martel n'avait pas vaincu à Poitiers : déjà que nous avons chez nous l'univers juif – le christianisme est une chose tellement fade –, alors nous aurions reçu beaucoup plus tôt l'islam, qui enseigne que l'héroïsme est récompensé : le septième ciel réservé au combattant ! Avec cela les Germains auraient conquis le monde, nous n'en avons été empêchés que par le christianisme[4].

1. Hitler lui-même verse dans ce travers : depuis bientôt deux mois il n'a évoqué que des victoires locales et ponctuelles (Tobrouk, Sébastopol, le convoi PQ-17 et Dieppe).

2. Après la mort de Staline l'empire soviétique subsistera près de quarante ans. Par cette aventureuse prédiction, Hitler se rassure comme il peut. L'Allemagne doit pouvoir dominer comme en 1914-1918 une Russie qui n'a rien de plus qu'alors, sinon un chef. Mais l'Allemagne aussi !

3. Le raisonnement raciste est ici parfaitement résumé : les Aryens sont très supérieurs aux Asiatiques quels qu'ils soient mais ceux-ci peuvent être rendus momentanément supérieurs, de la plus dangereuse façon, par le génie organisateur d'un Gengis Khan ou d'un Staline. Mais dans ce passage Hitler saute du coq à l'âne : il cherche surtout à se convaincre que les Américains n'ont rien d'impressionnant et que les Soviétiques ne sont pas invincibles.

4. Où l'antisémitisme ne mène-t-il pas ! Voilà que Hitler se prend à déplorer la victoire du Franc Charles Martel, grand-père de Charlemagne, à Poitiers en 732 – une victoire communément regardée comme un coup d'arrêt porté à l'expansion arabe consécutive à la mort de Mahomet, un siècle plus tôt. Or les Arabes sont des Sémites et sont, dans d'autres contextes nazis, un pur et simple avatar du danger asiatique qui menace l'Occident. Mais par le biais du christianisme, censé ici être plus juif que l'islam (alors que l'Allah musulman est tout aussi hébreu, dans son origine, que le Dieu des chrétiens), la victoire de Charles Martel a introduit le ver dans le fruit. Le christianisme a usé les nerfs de la race germanique, alors que son islamisation, par le culte des guerriers héroïques, lui aurait ouvert les portes de la domination mondiale. Ce raisonnement tiré par les cheveux survient en un moment où Hitler cherche désespérément des alliés, y compris diaboliques (cf. *supra*, entrée du 17 mai), pour prendre à revers l'Angleterre et mettre enfin sa classe dominante à la raison.

Les Roumains et les Hongrois sont des ennemis implacables.

Je viens de relire une description d'après laquelle le Caucase est certainement la région la plus riche en minerais ; il consiste en roches primitives : gneiss et granit. J'ignorais qu'il y avait aussi des gisements de nickel. Le Caucase n'est tombé aux mains des Russes que dans les années cinquante du siècle passé[1].

Horthy a une idée très bizarre : il hait les Habsbourg, comme tous les Hongrois. Quand je juge sobrement toute l'affaire : il aurait été mieux que le jeune Horthy n'ait pas été tué[2] ! La stabilité intérieure aurait été mieux garantie que maintenant. Le vieux a la volonté fanatique de rester en bonne santé. C'est un taureau, autrefois sans doute l'homme le plus courageux de la marine autrichienne. Son aristocratie est pour l'essentiel de sang allemand. Quand on réfléchit aux fondements des races européennes, c'est une société internationale. Vu sa haine des Habsbourg, je considère comme possible qu'il mette en œuvre des plans tendant à restaurer les liens avec Vienne. Il y a un âge où subsiste la capacité de se souvenir de tout, tandis qu'on cesse de pouvoir créer du nouveau[3].

Tout le baroque hongrois pourrait être en Autriche. Rodolphe de Habsbourg était un empereur allemand. Il a eu besoin d'un domaine propre, parce que sans cela il ne pouvait tenir. Il y a juste vingt-cinq ans que la Hongrie a cessé de faire partie de la moitié orientale de l'empire. Jusque là, elle avait toujours appartenu à cet empire.

Le Reich doit seulement se doter d'une digne capitale. Budapest est pour l'instant la ville la plus majestueuse qu'on puisse imaginer. Il n'y a rien de semblable dans tout le Reich allemand. Il y a le parlement, la cathédrale, les ponts ; quand le soir le soleil décline, cela fait déjà une impression puissante. Vienne fait aussi une impression puissante, mais elle n'est pas sur le fleuve. Tous les architectes sont allemands. On voit comme il est important de concevoir une ville comme une capitale. Ce Buda et ce Pest formaient autrefois un bourg campagnard. En un siècle il a grimpé de 140 000 habitants à 1,3 million. Chaque pièce, par exemple l'hôtel de ville, est deux fois plus grande que son pendant viennois. C'est ce que Berlin doit

1. On devrait donc pouvoir lui imposer facilement un autre joug.

2. István Horthy, né en 1904, nommé suppléant de son père en février précédent, vient de mourir sur le front de l'Est, le 20 août, dans un accident d'avion.

3. Hitler craint que l'âge ne produise de tels effets en lui-même (cf. *supra*, t. 1, entrée du 24 janvier). Il prête à Horthy, et à feu son fils, le projet de fonder une nouvelle dynastie en ruinant les ambitions de restauration des Habsbourg et se berce de l'idée que le régent de Budapest, poursuivant la réalisation de ce rêve avec une obstination sénile, se rapproche du Reich dans le dessein de s'appuyer sur Vienne.

devenir[1] ! Je sais aussi que Berlin deviendra quelque chose d'aussi puissant. Une fois que nous aurons enlevé ce château d'eau géant de la partie nord, on aura, depuis la gare du Sud, une perspective de 300 mètres avec vue sur l'arc de triomphe, et dans le lointain la coupole de la halle du peuple !

Je me suis laissé dire que Madrid aussi a un site grandiose !

28 août, le soir

Il y a quelques villes allemandes à protéger absolument : Weimar, Nuremberg, Stuttgart. Je peux reconstruire une usine, mais pas des trésors architecturaux[2] !

Les immeubles hauts résistent bien aux bombes, mais non au souffle. Un vent normal suffit à faire osciller un gratte-ciel de 40 à 80 centimètres. Si soudain un choc survient ! À New York, les fondations atteignent déjà 60 à 70 mètres. Là-dessus il faudrait lâcher des gris porteurs avec 300 à 400 tonnes. Un bombardement comme nous en avons fait à Londres aurait à New York des effets catastrophiques. On ne pourrait plus déblayer les décombres ! Et on ne peut pas là-bas faire des abris anti-aériens dans les caves[3] !

En Amérique, la vision capitaliste du monde, l'étalon-or, est poussée jusqu'à l'absurde. Si cette guerre devait durer dix ans, tous les avions voleraient à 8 000 ou 10 000 mètres d'altitude. Le trafic maritime se déroulerait sous la mer. Le monde normal mènerait une vie très agréable. Une lutte dont on ne voit plus rien ! L'Angleterre deviendrait un tas de ruines, en Allemagne tout homme et toute femme serviraient dans la DCA. Si nous produisons 5 000 canons par an, chacun de nos villages aura alors sa DCA à quoi s'ajouteront des projecteurs, tout le Reich sera divisé en carrés : Aveuglé par des miroirs, le pilote ne verra plus que de la lumière ! Si on place tous les 500 mètres aux angles d'un carré un miroir, on peut déjà dire bravo ! Quand je disais, avant la guerre, qu'on en viendrait à de tels chiffres !

La meilleure méthode de défense anti-aérienne que j'ai vue était dans la marine. La marine a sans aucun doute tiré remarquablement. Sur cent coups tirés, treize au but ! Cela vient du fait que

1. À présent Hitler caresse le rêve d'intégrer la Hongrie dans le Reich en rameutant les souvenirs de l'Autriche-Hongrie. Pour les besoins de la cause, il érige Budapest en un modèle de ville allemande, dont le nouveau Berlin devra s'inspirer.

2. Le 30 mars 1944, quand toutes ces protections se seront avérées illusoires, ce discours sera remplacé par une promesse de reconstructions à l'identique, sur la foi de photographies prises à cet effet, d'après le témoignage de Leni Riefenstahl (cf. François Delpla, *Les tentatrices…*, *op. cit.*, p. 200).

3. L'étude d'un bombardier capable de traverser l'Atlantique pour pilonner New York va absorber une bonne partie de l'énergie des ingénieurs aéronautiques allemands. Cf. François Kersaudy et Yannis Kadari, *Les derniers secrets du Troisième Reich*, Paris, Perrin, 2015, ch. 3.

la marine doit impérativement soigner la précision du tir à partir d'une base sans cesse en mouvement ! C'est pourquoi les chiffres d'avions abattus sont si colossaux. Le meilleur est le 88. Le 105 a le défaut d'engloutir beaucoup de munitions et son tube ne résiste pas très longtemps. Le Reichsmarschall veut constamment fabriquer du 128. Ce 128 à deux tubes a beaucoup d'allure. Si on regarde le 88 en technicien, c'est le meilleur qu'on ait jamais fait, à l'exception du 128[1].

Le destin d'une arme nouvelle dépend souvent du premier qui l'utilise. Si elle tombe dans les mains de quelqu'un qui ne sait pas s'en dépêtrer, ensuite on fait une croix sur elle. J'ai fait cette expérience avec le MG 34. On n'a pas le droit de condamner une arme uniquement parce que quelqu'un n'a pas su s'en dépêtrer. Le MG 34 a tiré par grand froid, dès que la bonne huile a été livrée. Le lanceur de mines allemand que nous avions avant chez les pionniers, entièrement silencieux, fut condamné pour une série de raisons dont aucune, à l'examen des rapports, ne m'a semblé entièrement probante !

Si on s'en tient à l'essentiel, un soldat peut apprendre en trois mois tout ce qui est possible. Le reste, il faut le laisser à l'expérience, qui vient d'elle-même. Aujourd'hui un tel soldat est mieux formé qu'en douze mois de service pendant la paix. La formation en présence de l'ennemi est de loin la meilleure[2].

29 août, le soir

Il n'y avait pas de parti plus mal dirigé que la social-démocratie, et quel attachement lui témoignent ses membres ! On pourrait dire : Oui, parce qu'il n'y avait rien d'autre ! Ce n'est pas vrai !

Par nature l'homme n'est pas fait pour vivre en troupeau, on ne l'y amène que par les lois les plus brutales. C'est plutôt un lapin ; il s'accouple d'individu à individu, comme font les chiens et aussi les lièvres. Un État chez les hommes ne se maintient que par une brutalité de fer. Enlevez les lois, et tout s'effondre en même temps !

1. Ce passage montre un Hitler fort préoccupé par les bombardements alliés, contrairement à ce qu'on lit souvent. Il cherche à la fois à rendre coup pour coup et à améliorer la protection de son territoire.

2. À présent, Hitler se justifie d'avoir commencé la guerre alors qu'il n'avait rétabli le service militaire que depuis quatre ans, en prétendant que n'importe qui peut devenir en trois mois un soldat accompli. C'est aussi une façon de se remonter le moral : l'Allemagne est censée disposer encore d'une confortable réserve de soldats, pour peu qu'elle remplace ses ouvriers par des étrangers.

Les peuples les plus faciles à conquérir sont aussi les plus inconstants. Les Souabes ? Mes rassemblements à Augsbourg furent pendant des années les plus grands fiascos. Mais une fois que j'eus conquis le Wurtemberg, il n'y a plus eu la moindre crise. Ailleurs, il y a eu souvent lors de mon premier passage des tonnerres d'applaudissements, et après huit jours il n'en restait rien. J'ai dû me battre durement pour le pouvoir. En revanche il n'y a aujourd'hui que quelques cercles intellectuels qui sont contre moi, mais ils n'ont aucun savoir consistant. La grande masse ne pense rien sur le régime ; il ne peut en aller autrement !

Dans la Rome antique, dans l'ancien Reich allemand, en Angleterre, il est arrivé trois fois dans l'histoire qu'un pouvoir s'efforce de gagner à lui le peuple et y réussisse. Les Anglais ont commencé par diviser l'Inde[1] : une partie devint colonie de la Couronne, l'autre conserva ses princes. Avec les princes ils avaient des vassaux de la Couronne.

Ici à l'Est nous devons laisser toutes les sectes et Églises possibles. Si quelqu'un s'amène pour créer un groupe, il a mon soutien ! Chaque trou isolé doit avoir son pape ! Une fois dans ma vie j'ai été assez sot pour vouloir regrouper vingt papes régionaux. Le bon Dieu, Dieu soit loué, m'en a empêché : grâce à la sottise de mes papes. Sans quoi j'aurais aujourd'hui deux papes[2]. Qu'est-ce que ça aurait donné ! Une deuxième source de chantage ! Les 17 évêques régionaux, on en vient facilement à bout, mais qu'est-ce qu'un seul peut faire, s'il est fort !

Le vieux Reich allemand n'y est pas parvenu, et pourtant il a survécu dans les esprits comme un facteur qui compte, en un temps où il n'avait politiquement plus aucun poids ! Il faut bien se mettre dans la tête un principe : les États ne peuvent durer que par la persistance des moyens avec lesquels on les a conquis[3] ! Maintenant que les Indiens sont libres, qu'est-ce qui leur reste à faire ? Ils doivent tirer !

Belgique, France, Norvège, voilà des pays qui en soi ne nous sont pas hostiles ; d'ailleurs je ne veux même aucun Français. Les Français qui vivent près de la frontière que nous connaissons, ceux-là étaient allemands il y a quatre cents ans. Si je commençais

1. Hitler érige encore l'Angleterre en modèle, tout en exposant de façon synthétique sa conception du pouvoir : il s'agit d'unir une nation sur une base raciale, en lui faisant dominer d'autres peuples qu'elle aura soin de diviser.

2. Allusion aux efforts faits en 1933 pour appesantir le joug nazi sur l'Église luthérienne au moyen de la nomination d'un « évêque du Reich ». Cf. François Delpla, *Une histoire…*, *op. cit.*, p. 110.

3. *Staaten können auf die Dauer nur mit den Mitteln gehalten werden, mit denen man sie gewonnen hat!* : encore une sentence hitlérienne riche de sens, applicable et appliquée à maintes situations intérieures et extérieures ; elle justifie aussi bien une méfiance croissante envers la population allemande et la préparation d'une répression impitoyable contre elle le cas échéant, que l'espoir de voir l'Angleterre quitter la lutte mondiale pour réaffirmer son autorité en Inde.

à procéder comme l'ancien empire allemand le faisait ! Une chose doit être claire : Si je ne veux pas respecter les particularismes, il me faut imposer un joug étatique impitoyable. La question est : Puis-je les absorber ? Appartiennent-ils à notre sang ? Oui ! Mais ensuite il faut en tirer les conséquences. Il faudra deux siècles pour en finir complètement avec la résistance[1] !

L'État autrichien, un quatrième exemple ! Que n'avait-on pas rassemblé là, et malgré tout ! Le pouvoir central est condamné, si on introduit le suffrage universel direct. On ne voulait plus avoir d'État allemand de crainte qu'il ne tendît à l'empire. Jusque là la minorité allemande avait tellement bien conduit les autres qu'on ne doit pas dire : Seuls les Anglais savent le faire ! Non, ils y ont réussi tout aussi bien. Même en Hongrie c'était le cas. Puis vint l'année 1848. Les Hongrois firent un soulèvement qui fut réprimé, malheureusement avec l'aide des Russes et cependant, quand aujourd'hui on parle de la monarchie, le Hongrois est tout de suite vivement ému. Ils ont aujourd'hui encore le sentiment d'être le dernier éclat de l'ancienne magnificence allemande[2] !

Avec nos 85 millions d'Allemands nous avons chez nous la plus grande partie de la race germanique. Aucune autre nation n'a un pareil pourcentage de sang germanique. Ce serait triste si au sein de la vieille Europe nous ne mettions pas de l'ordre là-dedans. C'est un combat de cent ans qui s'annonce, ce qui est aussi un grand bien : Nous ne nous endormirons pas ! Si quelqu'un dit : Faites attention, vous êtes partis pour vingt ans de guerre de partisans ! Bien, là est aussi en définitive le secret de la domination de petites armées sur un grand nombre de peuples. Dans l'avenir, une division de chez nous ne tiendra pas garnison au camp de Lechfeld ou à Hammelbourg, mais dans le Caucase : Les jeunes ont toujours sauté de joie quand il s'agissait de faire son sac. Je veillerai à ce que cette jeunesse bourlingue. Il faut toujours que ça bouge.

Il nous faut acquérir l'insensibilité de chien des Anglais ! En face d'un empereur allemand le roi d'Angleterre n'était pas plus que l'actuel roi de Danemark ! Les combattants que nous avons affrontés en 1914, quand nous examinions leurs livrets de solde, il

1. Hitler réfléchit tout haut sur le sort à réserver à la France. Un certain nombre de ses habitants pourraient, d'un point de vue purement racial, être intégrés dans le Reich et assimilés, mais les efforts nécessités par l'effacement de leurs particularismes seraient peut-être trop coûteux.

2. Le suffrage universel dans l'empire multinational autrichien avait été proposé puis finalement refusé en 1848-1849. 10 millions d'Allemands contrôlaient 50 millions d'allogènes, principalement Hongrois et Slaves, avec une souplesse que Hitler admire et qui lui fournit la preuve que sa race peut dominer des peuples plus nombreux à la manière des Anglais en Inde. L'introduction du suffrage en 1907 était un fatal ferment de décomposition, comme l'avait été l'appel aux Russes pour mater la révolte hongroise de 1848.

y avait parmi eux des hommes qui avaient fait la guerre des Boers. Ils avaient traîné aux quatre coins du monde. La petite patrie, pour ces hommes, c'était leur régiment ! On peut déjà faire quelque chose avec de tels hommes !

Mon avis personnel est que nous devrons absolument dans le futur en venir au service de trois ans, sans quoi adieu les armes techniques ! Pour celui qui veut faire des études c'est particulièrement profitable, car ainsi il oubliera au moins une partie des bêtises dont on l'a gavé. Ce dont il n'a pas l'usage, il l'oublie nécessairement ! Nous apprenons tous deux ou trois langues, qui sont parfaitement inutiles. En outre, personne ne sait les parler quand il va quelque part. Il n'y a besoin que d'enseigner à chacun certaines bases. Mais la notion des humanités au lycée a été complètement déformée, et au collège moderne (*Realschule*) plus encore. En fait de bases, on reçoit une charge cérébrale démesurée, mais très insuffisante cependant pour se conduire dans la vie. Heureux ceux qui ont la faculté d'en oublier au moins une partie. Ceux qui n'oublient pas cela, ce sont les professeurs, une espèce d'hommes à part, et ce n'est pas un compliment.

En 1933, on apprenait encore à l'université des choses qui étaient déjà reconnues fausses en 1899 par la science indépendante. Si les jeunes ainsi traités lisent toujours plus, il y aura seulement dans cent ans une augmentation des porteurs de lunettes. Le cerveau ne cessera de grossir. Quelle allure auront alors les hommes, nous ne savons pas. Peut-être se plairont-ils. Si cela continue comme notre science le prévoit, il y aura une humanité dont nous pouvons dire que, Dieu merci, nous ne la verrons pas. Le Service du travail équilibre déjà un peu cela.

Pendant mes années d'école, je m'efforçais d'être le plus possible en plein air, mes bulletins en témoignent. Et pourtant je suis devenu très intelligent et j'ai appris d'une autre manière ce que d'autres n'ont pas appris.

Ce que les Grecs entendaient par le lycée, notre éducation s'en est complètement écartée. Les Grecs entendaient par là l'éducation d'un homme harmonieux : Ce qui restait à la fin c'est l'homme

accompli. Chez nous on a simplement cultivé des excès cérébraux. S'il n'y avait pas eu chez nous le service militaire pour tous, nous aurions dégénéré et disparu ! Par lui on a stoppé le processus. C'est l'un des faits les plus importants de l'histoire du monde. De tous mes professeurs, une bonne moitié souffrait de troubles psychiques. La folie pour l'un, l'autre… Je dois le constater après coup. La tâche consiste à former le cerveau du jeune homme. S'agissant d'un enfant de 10 ans, on ne peut déterminer ce dont il aura véritablement besoin. Auparavant les professeurs cherchaient précisément en quoi l'intéressé était faible, afin qu'il se fasse tout petit, au lieu de le faire progresser à partir de ses faiblesses en le hissant vers le talent. Et tout de suite venaient les généralisations. Celui qui ne savait pas résoudre une équation se voyait affirmer qu'il ne ferait rien dans la vie. C'est tout juste si on ne lui prédisait pas la prison[1] !

Jusqu'où cela va encore aujourd'hui, je m'en suis aperçu un jour. Le ministère de l'Intérieur du Reich avait élaboré un questionnaire d'après lequel on devait estimer si une personne devait être stérilisée. Si on avait demandé à ma mère : Pourquoi un bateau en fer flotte-t-il ? Il y avait là des questions aux trois quarts desquelles ma chère mère n'aurait jamais su répondre ! Et je ne serais pas là[2] ! Là-dessus on peut seulement dire : Tout le monde dehors et en route pour l'armée, que les jeunes soient un peu guéris des absurdités emmagasinées pendant huit ans ! Nous étions autrefois un peuple capable d'action et sommes peu à peu devenus un peuple de poètes et de penseurs. Pour les poètes, admettons, personne ne les prend au sérieux ! Mais : Les penseurs, cela ne manque pas dans le monde ! Je peux seulement dire : Sur mon bureau trône le buste de Scharnhorst[3] ; il a commencé à redonner au peuple la santé. Les autres nous ont applaudis pour nos poètes et nos penseurs, car ils savaient bien l'avantage que cela présentait pour eux !

L'une des plus mauvaises élèves était la petite Wagner, à Bayreuth. Elle était le souffre-douleur de tous ses professeurs et soudain elle s'était fait virer. Puis elle a été infirmière au front. Là elle se demanda pourquoi elle ne deviendrait pas doctoresse. Elle se met en route, retourne sur les bancs de l'école, passe l'examen sans difficulté et

1. L'insistance que met Hitler à dénoncer les tares du système éducatif et de ses personnels trahit un besoin récurrent d'expliquer et d'exorciser la brièveté de son parcours scolaire.

2. À qui la faute, sinon à un dictateur obsédé sans lequel la bureaucratie allemande n'aurait jamais soumis des citoyens ordinaires à de tels questionnaires ? Au demeurant, même sous le Troisième Reich, ils ne concernaient que des gens déjà marginalisés.

3. Gerhard von Scharnhorst (1755-1813), reconstructeur et modernisateur de l'armée prussienne après la défaite d'Iena (1806).

entre à l'université[1]. Je ne mentionne cela que pour montrer à quelle vitesse un être, lorsqu'il veut quelque chose, s'adapte à une filière précise. On se trompe quand on tient la jeunesse pour sotte. Elle fonctionne à l'instinct. Un garnement connaît mieux son professeur que le professeur ne le connaît. Le chien comprend ce que je dis, simplement moi je ne le comprends pas[2]. Mais nous sommes dans ce domaine aussi déjà sur la voie d'une amélioration, bien qu'à la tête du système scolaire il y ait une fois de plus un enseignant[3]. Si j'avais eu quelqu'un d'autre sous la main ce serait allé plus vite.

La coupure est déjà aujourd'hui quelque chose d'énorme ! Les professeurs sont des tambours assis sur leur postérieur et le resteront. Un homme véritable ne recommence pas à enseigner l'alphabet pendant trente ans. Cela va à une femme : Quand elle a un enfant, tout recommence à zéro. Il n'y a pas un professeur qui ait créé quelque chose. Si, un : Felix Dahn[4], mais ce n'était pas un professeur. Un homme qui enseigne le français pendant trente ans, pour lui c'est le fondement de la vie. Lisez mes bulletins. J'avais de mauvaises notes en allemand. Cet idiot de professeur m'avait dégoûté de la langue allemande, cet incapable, ce minus : Je ne serais jamais capable d'écrire une lettre ! Imaginez-vous ! Avec un 5 mis par ce crétin, la carrière de technicien m'aurait été barrée. Maintenant, loué et remercié soit le Seigneur, la Jeunesse hitlérienne est intervenue, et l'autre face du jeune peut être prise en compte : Mais il montre des aptitudes au commandement ! Un jeune doit avoir la possibilité légale de faire ses preuves[5] !

30 août, le soir

Après la guerre de Trente Ans, le brigandage a sévi pendant des décennies, la poste devait être escortée par des escadrons de gendarmerie !

On en vient ici pour l'instant au communisme primitif : nous allons devoir faire une razzia, mètre carré par mètre carré, et toujours pendre ! Cela deviendra une vraie guerre indienne[6]. En Estonie et Lettonie, on a mis fin en gros à l'existence des bandes. Mais il faut

1. Verena Wagner, née en 1920, petite-fille du compositeur, dernier enfant du couple Siegfried-Winifred et dernière survivante de sa fratrie, n'a pas toujours été comprise et soutenue par Hitler dans ses projets professionnels. Elle avait d'ailleurs connu une scolarité sans histoire. Cf. François Delpla, *Les tentatrices*..., *op. cit.*, p. 97-99.

2. Hitler donne dans la croyance commune suivant laquelle les aboiements des chiens forment une langue que les humains sont incapables de comprendre.

3. Bernhard Rust.

4. Felix Dahn (1834-1912), historien, poète et militant pangermaniste, était aussi professeur de droit. Hitler a l'air de dire que ce n'était là qu'un gagne-pain.

5. Ces nouvelles invectives contre le système éducatif sont cohérentes avec les besoins moraux et matériels des armées. Le besoin croissant de soldats vide les facultés et Hitler s'efforce de démontrer que ce n'est pas une perte pour la nation, bien au contraire. Relevons aussi que, s'il connaît, approuve et utilise l'attachement des Allemands à leur petite patrie (*Heimat*), il compte aussi sur l'existence d'un corps militaire capable d'intervenir partout et dont la *Heimat* est le régiment... qui avait été pour lui-même une seconde famille.

6. Une des rares références, en ces pages, à la guerre de partisans. Hitler la caractérise comme un « communisme primitif », rassemblant des gens qui ne songent qu'à tuer et doivent être exterminés. Ils sont assimilés à des Juifs, moins en raison de la présence parmi eux de Juifs soucieux d'échapper à la « Shoah par balles » que parce que la Juiverie les actionnerait de loin, « par téléphone » : c'est donc un argument supplémentaire pour faire disparaître celle-ci d'Europe.

savoir une chose : si on n'anéantit pas la Juiverie – les bandes sont en relations téléphoniques avec elle –, tout cela ne sert à rien ! C'est intéressant, comme un petit prêtre catholique – Tiso – nous envoie les Juifs[1] !

Qu'il se passe des choses à l'arrière, c'est merveilleux ! Le pauvre diable à l'avant doit vivre dans un trou à rats, tandis que les autres vivent avec des femmes russes !

Au fond, une morale se cache dans le comportement des Russes vis-à-vis des bordels : On ne s'occupe pas d'une telle chose[2] ! Mais chez nous c'est sacré, parce que les évêques et les archevêques prélevaient autrefois la dîme de la putain. Le prince-évêque de Mayence tirait de ces frasques l'essentiel de ses revenus !

Le fait que les Russes permettent à une femme d'avoir des enfants de plusieurs hommes procède à mon avis de leur intention de faire fusionner leurs différentes races. Il est curieux que les enquêtes faites ici aient établi que les filles jusqu'à 25 ans sont vierges dans la proportion de 80 à 90 %, et toutes en bonne santé. Le temps actuel est inhabituel dans ce pays. La chaleur dure depuis des semaines. Au début de l'année le temps était si mauvais dans le Sud que tous les quelques jours il pleuvait à verse. Après les froides années vingt, nous avons eu toute une série de récoltes miraculeuses. Espérons qu'il en ira de même.

Le fait d'avoir remis en service le réseau ferré russe est un exploit des plus stupéfiants[3].

31 août, le soir

C'est une erreur de croire que les Anglais sont tous arrogants. Au sommet, certes, ce n'est que décadence. Je dois le dire : Nos dirigeants de 1917-1918 avaient plus de tenue[4] !

J'ai demandé à Lloyd George pourquoi sa conception ne l'avait pas emporté à la conférence de la Paix (il était partisan d'une paix modérée). Il m'a dit que Wilson s'était opposé à lui dès le début, et que les Français avaient incité à la haine. Cela ne dépendait pas de lui, il avait tout mis en œuvre ! Après la prise de position du

1. Jozef Tiso (1887-1947), prêtre catholique, devenu chef d'un État slovaque indépendant à l'instigation du Reich le 15 mars 1939. Il ne met pas d'obstacle à la déportation des Juifs slovaques vers Auschwitz que Dieter Wisliceny est en train d'organiser, sauf en ce qui concerne les Juifs baptisés (qui seront liquidés à la fin de la guerre, quand l'armée allemande en retraite occupera le pays). Mais même pour les autres, Hitler lui attribue un enthousiasme excessif : s'il ne fait rien pour les retenir, ce n'est tout de même pas lui qui les « envoie ». Hitler cherche donc une fois de plus à se convaincre que sa politique antisémite est d'intérêt général. Il s'agit, dans tout ce volume, d'une des allusions les plus directes au massacre en cours.

2. Hitler saute de la guerre contre les partisans à l'idée que le fantassin du front de l'Est aspire à des permissions distrayantes ; il se réjouit non sans cynisme que l'athéisme du régime soviétique facilite l'obtention de faveurs féminines tarifées.

3. Cette page dense et décousue embrasse la plupart des thèmes nazis de base en les adaptant à la conjoncture de l'heure. La guerre de Trente Ans, profitable à la France, a plongé l'Allemagne dans un état de décomposition durable ; l'extermination des Juifs est justifiée et urgente ; les femmes russes sont des prises de guerre légitimes ; l'athéisme soviétique a le mérite de lever à cet égard les inhibitions morales ; le bolchevisme pratique de facon volontariste le mélange des sangs de qualité diverse que le national-socialisme se donne pour mission de séparer ; la technique allemande, qui fait d'ores et déjà merveille, peut avec l'aide du Ciel résorber rapidement les pénuries alimentaires du vieux Reich par la mise en valeur du nouvel espace.

4. Une nouvelle allusion à l'abaissement présent des élites anglaises devant l'Amérique. La comparaison avec les élites du Deuxième Reich qui ont lâchement cédé à la fin de la guerre précédente n'est pas faite pour être flatteuse.

gouvernement allemand : Jamais nous ne signerons cela, un deuxième traité avait été élaboré. D'après lui les Alliés renonçaient au corridor, l'Allemagne gardait le Cameroun, la marine conservait quatre croiseurs de bataille et huit grandes unités, et les réparations étaient ramenées à 25 ou 26 milliards. Les Anglais, m'a dit Lloyd George, s'étaient alors attiré la haine des Français. La presse parisienne avait parlé d'une perfide politique anglaise. Il avait été bouleversé de voir qu'à la dernière minute les représentants allemands s'étaient montrés prêts à signer. À la sortie, Clemenceau lui avait glissé : *Voilà*[1] !

Quand une nation se comporte trop chiennement, on peut perdre tout respect pour elle. Ni l'Angleterre ni la France n'étaient en mesure de poursuivre la guerre ! Le peuple allemand était également décidé, à l'été 1919, à reprendre le combat[2].

Une vague de sympathie pour l'Allemagne a déferlé en Angleterre à l'annonce du bombardement d'Almería. Il a fallu des années aux Eden, Vansittart et compagnie pour effacer cela[3]. Il y a peu de temps ils ont fait savoir qu'ils détenaient 11 000 fascistes dans des camps ! Ce qui a brisé les reins du duc de Windsor, c'est le discours selon lequel l'union avec l'Allemagne était la tâche de sa vie qu'il avait tenu aux anciens combattants. Ils étaient alors venus à Berlin, dans une atmosphère véritablement cordiale. C'est un mauvais présage que la façon dont ils ont traité Windsor. On ne touche pas à une telle base ! Toute l'affaire a été machinée par les seuls Juifs, en achetant Churchill, Eden et Vansittart[4].

Les Juifs ont réussi peu à peu à prendre en main la presse. À Rothermere les Juifs ont supprimé toute la publicité. Il m'a dit plus tard qu'on l'avait forcé à abandonner la ligne qu'il avait commencé par adopter. Une nation qui ne se débarrasse pas des Juifs se fait bouffer par eux ! Comment cela a-t-il pu arriver ? On ne peut même plus se le représenter après coup ! Cela a commencé avec le vieux Baldwin. Il était l'un de ceux qui avaient les plus gros intérêts dans l'armement. Il avait besoin du réarmement. Il a certainement gagné des centaines de millions. Un deuxième actionnaire géant était Chamberlain tandis que Churchill, une putain journalistique,

1. Autant il est vrai et notoire que Lloyd George s'était montré plus bienveillant que Clemenceau et Wilson envers l'Allemagne lors de la conférence qui, au premier semestre 1919, avait élaboré à Paris le traité de Versailles, surtout sur la question du montant des réparations, autant il était loin d'être aussi complaisant que Hitler le rapporte et il est douteux qu'il lui ait tenu exactement ce langage. Cf. Antony Lentin, *Lloyd George and the Lost Peace, From Versailles to Hitler 1919-1940*, New York, Palgrave Macmillan, 2001, ch. 5.

2. S'il est exact que les peuples français et anglais étaient peu disposés à repartir en guerre, et si les conditions du traité de Versailles donnaient à nombre d'Allemands des velléités de le faire, l'armistice du 11 novembre 1918, en obligeant le vaincu à livrer ses armes, avait donné à l'Occident une supériorité militaire écrasante.

3. Le 31 mai 1937, une flottille allemande bombarde la ville d'Almería, tenue par les républicains, en représailles d'une attaque d'avions républicains contre le croiseur *Deutschland*. Le président Azaña et le premier ministre Negrín adressent des notes de protestation à différents gouvernements et celui de Londres (dont Neville Chamberlain vient de prendre les commandes) réplique que les représailles étaient justifiées. Cf. Antony Beevor, *The Spanish Civil War*, Londres, Orbis, 1982, tr. fr. *La guerre d'Espagne*, Paris, Le Livre de Poche, 2008, p. 519.

4. Allusion à la crise de la monarchie anglaise en 1936, qui avait vu le roi Edward VIII, à peine monté au début de l'année sur le trône de son père George V, être contraint à l'abdication par le gouvernement en raison de son désir d'épouser une divorcée, Walllis Simpson. Churchill passe pour avoir défendu le roi (et Hitler n'en a cure) mais ce n'est pas exact : il voulait seulement que les ministres respectassent davantage la majesté royale, en étant plus discrets et plus patients dans leurs pressions. En cela il rejoint ce que dit Hitler ici : « on ne touche pas à une telle base ». Cf. François Delpla, *Churchill et Hitler*, *op. cit.*, p. 77. S'il est exact que le prince de Galles s'était montré germanophile et peu choqué par l'arrivée de Hitler au pouvoir, il est faux que pendant sa petite année de règne Edward VIII ait cherché à infléchir dans ce sens la politique anglaise... qui n'avait d'ailleurs pas besoin de l'être, et que sa sympathie pour le Troisième Reich, qui allait devenir notoire après son abdication, ait joué dans celle-ci un rôle quelconque. Ici encore, Hitler échafaude une légende pour faire accroire (et se persuader lui-même) que la Grande-Bretagne est tombée au pouvoir des Juifs par le biais d'une poignée de politiciens.

a reçu un morceau. Churchill est un cochon sans caractère, il n'y a qu'à lire ses mémoires ; là il s'est déshabillé en public. Une nation qui place une telle chose à sa tête[1] !

1er septembre, le soir

Schirach, qui est à Vienne aujourd'hui depuis deux ans, a été complètement pris par l'atmosphère viennoise. Je n'ai pas succombé au charme de Vienne parce que j'avais un sentiment allemand des plus fermes ! À Vienne il y avait avant la guerre mondiale une immense richesse mais il y manquait entièrement cet apanage de Berlin qu'étaient les nouveaux riches ! La cuisine était délectable. Au petit déjeuner on ne mangeait rien. Je crois qu'à Vienne, en 1909-1910, toutes les jeunes filles se nourrissaient à midi, dans les cafés, d'une tasse de café et de deux petits pains ! Le café était, dans les petits cafés, tout aussi bon que dans les maisons réputées ! Dans les restaurants fins également il n'y avait rien d'autre qu'une soupe, un plat principal et un dessert, pas d'entrée ! Une carte à la française ? Cela n'existait pas !

Quand je suis allé pour la première fois à Berlin, mon invitation était rédigée en français ! C'était encore le cas en 1933 à la chancellerie du Reich ! J'ai supprimé cela immédiatement ! Après la guerre, le Viennois moyen était pauvre à en mendier. En 1922 j'allai à l'Opéra. L'Opéra était avant la guerre mondiale un endroit merveilleux ! Là aussi il y avait à l'intérieur une culture inouïe ! Les femmes avec leur diadème, une splendeur unique ! À présent, il y avait à la même place de la racaille juive ! Les Juives laissaient pendre leurs mains pour montrer leurs bijoux ; c'était effrayant ! La loge de l'empereur, je ne l'avais pas vue occupée. L'empereur était complètement a-musical. Je suis le plus grand ennemi des Habsbourg, mais cela m'a irrité sans mesure. Voir cette racaille assise là, quelque chose de répugnant[2] !

Aujourd'hui je suis revenu à Vienne, la crasse a disparu, mais c'est devenu une ville pauvre ! Avant la guerre, quand on marchait dans la ville intérieure, une grande partie des rues avaient des pavés

1. Cette nouvelle sortie contre le parti conservateur britannique ressemble à de la mauvaise littérature communiste traitant Hitler lui-même d'« homme des trusts ». Voilà qu'à présent Baldwin et Chamberlain, si complaisants envers le Reich avant 1939, sont présentés comme des fauteurs de guerre motivés par la possession d'intérêts dans les industries d'armement ! Cela aurait permis aux Juifs d'influencer en profondeur toute la politique anglaise. Hitler cherche à présent à faire oublier le parti qu'il a tiré lui-même de la bienveillance des *appeasers*. Cependant, il discerne encore dans le paysage londonien un clan pire que les autres, qui aurait poussé l'unique germanophile de cette couche dirigeante, le roi Edward VIII, à l'abdication. Outre Eden et Vansittart, ce groupe comprendrait Churchill à qui est réservé un bouquet final. Sa faute suprême est d'avoir, dans ses mémoires, évoqué les châtiments physiques que lui avait valus son médiocre parcours scolaire, alors que dans *Mein Kampf* Hitler lui-même s'était bien gardé d'évoquer les coups reçus de son père. Hitler appelle cela « se déshabiller en public » alors que les formulations de Winston sont plus pudiques. Preuve qu'il vit par procuration ces scènes et s'assimile profondément à son adversaire, tout en s'estimant meilleur que lui. Cf. Winston Churchill, *My Early Life*, Londres, Butterworth, 1930 : « *Two or three times a month the whole school was marshalled in the Library, and one or more delinquents were haled off to an adjoining apartment by the two head boys, and there flogged until they bled freely, while the rest sat quaking, listening to their screams. [...] I experienced the fullest applications of the secular arm.* » Hitler semble s'être décidé récemment à lire ce livre, afin de mieux savoir à qui il a affaire.

2. Hitler révèle qu'il est allé à Vienne en 1922 : un voyage ignoré de ses biographes jusqu'à la reconstitution de ses allées et venues par Harald Sandner (*Hitler, Das Itinerar. Aufenthaltsorte und Reisen von 1889 bis 1945*, Berlin, Story Verlag, 2015). Mais on apprend dans ce livre qu'en 1922 il ne fait qu'un saut d'une journée à Vienne, pour un discours, le 17 juin : cette sortie à l'Opéra trouverait mieux sa place dans l'autre séjour qu'il y fait avant 1923, du 6 au 10 octobre 1920.

de bois, les élégants équipages ! Les relations entre les grands personnages et leurs cochers étaient empreintes de cordialité et de loyauté. En Allemagne il y avait peut-être une seule ville où les différences sociales étaient aussi minces : Munich ! Je n'en veux pas à un Viennois s'il a aujourd'hui la nostalgie de Vienne. Je la rencontre chez ma propre petite sœur[1].

Naturellement, Berlin est une ville bouillonnante, elle est jeune, elle doit d'abord être éduquée. Le vieux Berlin était simple et distingué, puis vint le temps des 19 services – la cuisine était misérable –, puis l'époque de Guillaume II et son style sans goût, les modes de vie ostentatoires, à quoi s'ajoutait encore cette vie de cour ridicule de cette société de porcs ! La femme d'un général comme Litzmann[2] ne pouvait pas être invitée mais n'importe quelle Juive, une Américaine, la reine du porc à Chicago, étaient les bienvenues à la cour ! Le vieux Guillaume était un *grand seigneur*[3], Guillaume II dans tout son comportement une lavette sans caractère ! Chaque lettre de Bismarck a plus de valeur que toute l'œuvre de la vie de cet empereur ! Le parlement en tape à l'œil, mais de plâtre ! Dans le hall, du plâtre et du marbre de Trieste. Aujourd'hui nous devons d'un côté représenter la capitale du monde, et pour le reste avoir du goût : pas d'excès dans le boire et le manger, mais de belles demeures !

Le voyage à Moscou a desservi Churchill auprès des conservateurs comme des travaillistes. Il a fait la chose la plus sotte qu'il pouvait faire ; il a été salué froidement, hostilement, de tous les côtés : pour les uns il est allé trop loin, pour les autres il ne va jamais assez loin[4] !

Je comprends aujourd'hui une déclaration de Goethe, selon laquelle fumer était une des choses les plus répugnantes ! Bien sûr, si c'est juste un brave bourgeois à la vie ennuyeuse : qu'il fume ou non son cigare, c'est du pareil au même ! Mais nous autres nous tourmentons jour et nuit. C'est surtout la nuit que je me tourmente. Je suis convaincu que je ne vivrai pas aussi vieux qu'un petit-bourgeois ! Mais si en plus il fallait que je mène la vie d'un petit-bourgeois, que je fume, que je boive[5] !

1. Paula Hitler (1896-1960) avait déjà été mentionnée très rapidement, dans la nuit du 15 au 16 janvier. Elle occupait à Vienne un emploi de secrétaire pendant l'entre-deux-guerres.

2. Le général Karl Litzmann (1850-1936) s'était illustré sur le front oriental pendant la guerre précédente, notamment lors de la prise de Lodz. Il adhère au parti nazi en 1929 et apporte à Hitler un soutien voyant jusqu'à sa mort. Le 11 avril 1940, Lodz, redevenue allemande, est solennellement rebaptisée Litzmannstadt.

3. En français dans le texte.

4. Et pour Hitler il ne saurait être question de dire qu'il se tient en un juste milieu !

5. Cette sortie sur le tabagisme est sans doute une allusion au gout pour les cigares du leader britannique, dont il vient d'être question. Hitler en tire une comparaison à son avantage : ne fumant ni ne buvant, il est mieux armé pour sa tâche politique ; sans doute espère-t-il également que son intempérance finisse par ruiner la santé de Churchill, voire entraîne sa brusque disparition.

2 septembre, midi

Un boucher a un chien méchant, qu'il a lâché sur des enfants. Un garçon fut mis en pièces. L'avocat général a requis quelques années de prison. L'homme fut condamné à deux ans et demi. Un autre homme récemment a pris trois mois pour avoir donné un coup à un poulet[1].

Un vaurien a dit de moi, premièrement : que j'avais passé toute la guerre à la cuisine de campagne, deuxièmement : que j'avais déserté, troisièmement : que je ne devais qu'à la révolution d'avoir été gracié. J'ai déposé plainte. Le juge l'a condamné à une amende de 50 marks[2]. Le même juge, peu après, a condamné à 80 marks le membre du Parti Zaeper, parce que son chien avait aboyé sur un Juif !

Dire que la justice ne cherche pas à homogénéiser les jugements ! Le juge plonge plus profond dans l'âme des délinquants que dans celles des victimes[3] !

J'ai constaté que depuis la révolution il n'y a plus eu de condamnation à mort de jeunes gens qui, ayant engrossé une fille, l'ont tuée. Il faudrait se pencher sur leurs tourments de conscience ! Meissner m'a présenté cela comme une chose qui allait de soi ; j'ai dit à Gürtner : Êtes-vous fou de me soumettre cela[4] ? Dans de tels cas il faut toujours appliquer la sentence ; vous n'avez même plus besoin de m'en parler ! Pour les criminels professionnels c'est une ère très dure qui va s'ouvrir en Allemagne !

D'un autre côté, des jeunes qui font une fois une bêtise devraient recevoir une mise aux arrêts qui serait ensuite effacée, de façon qu'ils n'entrent pas en contact avec les malfaiteurs et ne reçoivent pas leurs leçons.

Ce n'est plus supportable : d'un côté deux ans et demi pour le propriétaire d'un chien qui a tué un enfant, de l'autre trois ans pour avoir tué un lièvre !

Les braconniers : qu'on les punisse en les intégrant à un commando spécialisé dans la chasse aux partisans ! Qu'un braconnier tue le maître d'une chasse quand il le trouve sur son chemin, cela

1. Décidément, cette affaire qu'il déclare insignifiante ne lui sort pas de l'esprit : il en a déjà parlé le 20 août à midi.

2. Une peine aussi légère pour une diffamation caractérisée envers le Führer est, de la part du juge, une marque de courage et de désintéressement, que l'intéressé oublie de saluer. À moins que l'affaire ne soit pas aussi simple, et qu'il le dissimule volontairement. Car si Hitler n'a pas déserté et, en conséquence, n'a pas dû aux troubles révolutionnaires de 1918-1919 d'échapper à un jugement, en revanche il a bel et bien passé la guerre, en tant qu'estafette régimentaire, à proximité de la cuisine de son régiment et menti sur ce point en laissant fréquemment entendre (y compris dans les présents Propos) qu'il servait en première ligne. La modicité de la condamnation était peut-être destinée à acheter le silence de l'informateur à ce sujet.

3. Cette remarque, compréhensible de la part des victimes, est inquiétante s'agissant d'un chef d'État. Car le juge, lorsqu'il doit évaluer la nécessité et l'utilité d'une peine, se demande si l'accusé peut être réintégré dans la société et, dans les cas difficiles, aucune donnée sur son « âme » n'est inutile. Condamner par principe une telle curiosité équivaut à prôner la peine de mort, ce qui est non seulement cruel mais absurde et ouvre la voie à l'arbitraire le plus total, car on ne va pas tuer tous les accusés.

4. Il faut en conclure que l'indulgence mentionnée au début du paragraphe n'avait cours que sous le régime de Weimar, et que des condamnations à mort étaient de nouveau prononcées sous le Troisième Reich, ce qui amenait le ministre de la Justice à soumettre au Führer des recours en grâce.

remonte au temps où le paysan était torturé s'il tuait un lièvre qui dévorait sa récolte.

Personnellement je ne comprends pas qu'on tire pour le plaisir ! Tuer un cerf avec tout ce cérémonial ! On tire sur un lièvre non pas quand il est assis, mais quand il court, pour que les blessures soient plus grandes !

La Société protectrice des animaux devrait s'en prendre particulièrement aux chasseurs ! L'une des raisons principales des révoltes paysannes était la colère des paysans contre les excès des maîtres de chasse.

(Plaisantant :) Si je plaidais pour un braconnier, ce ne serait pas pro domo. Je peux jurer que de toute ma vie je n'ai pas fait de mal à un lièvre. Je n'étais ni braconnier ni chasseur !

Dans les montagnes, c'est une vraie passion. Ainsi un jeune va escalader dix fois la montagne en une nuit dans l'espoir d'attraper son chamois. À cela s'ajoute le chamois qu'il offre à sa Zenzl ou sa Marei[1]. Cela augmente sa valeur aux yeux des filles. Il n'y a quasiment pas de viande dans ces régions et le gibier est souvent pour eux la seule viande qu'ils consomment. Donc je dois les condamner. On met ces jeunes gens dans un commando pour deux ou trois ans et on en fait des chasseurs de partisans. On aura les meilleurs tireurs qu'on puisse trouver. Les meilleurs gardes forestiers ont toujours été les braconniers. Dans des régions comme le Steiermark, Salzbourg et le Tyrol, si j'excluais les braconniers du Parti, je perdrais des districts entiers.

(Plaisantant :) Ce qui les motive, c'est aussi d'approcher une fille. Le pauvre diable doit courir trois heures en portant une échelle, qui n'est pas légère. Il prend le risque d'être mordu par un chien ou de recevoir un seau d'eau. Toute ma compassion lui est acquise, plutôt qu'à celui qui dans une grande ville dépense cinq ou dix marks. Là il y a un combat autrement difficile à livrer ! D'un autre côté ils ont la vie plus facile. La fête de Marie, à la campagne, n'est pourtant rien d'autre que l'occasion de prendre un rendez-vous pour la nuit, sans oublier les pèlerinages, qui sont partout des occasions de découcher.

1. Noms locaux de la petite amie.

C'est en Carinthie autrichienne que cela se pratique le plus. C'est là qu'il y a les plus belles filles !

Je suis heureux que Rainer[1] soit maintenant en Carinthie. Il est de là-bas. En soi, tous les Gauleiters autrichiens sont bons. Ce qui me chagrine le plus, c'est que l'ancien Gauleiter du Bas-Danube soit tombé. Leopold[2] était un homme si convenable ; il a avec sa compagnie protégé mes meetings en Autriche d'une façon véritablement extraordinaire ! Il était capitaine dans l'armée et en même temps chef de district. Simplement ce n'était pas un orateur. Mais un incroyable idéaliste. Je ne savais pas qu'il était au front, sinon je ne l'aurais pas laissé partir[3] !

2 septembre, le soir

Le musée de la chasse de Christian Weber ! À Munich il y a un musée alpin, mais ce ne sont pas les alpinistes qui y vont, eux vont dans les montagnes, ce sont les non-alpinistes. À Weber j'ai dit : Tu comprends toutes sortes de choses, mais tu ne comprends pas une chose : l'art ! Dans un musée de la chasse à Munich personne n'ira : ni les chasseurs, et encore moins les non-chasseurs !

(Plaisantant :) Que les jeunes fassent du ski, je n'ai rien contre ! Ce que je ne veux pas, c'est qu'un vieux Gauleiter y fasse ses débuts ou que le Reichsleiter monte à cheval[4] !

Je ne crois pas que l'Angleterre penche à gauche. Si la gauche l'emportait, ce serait une catastrophe. Tant que durera la guerre, c'est Churchill qui la fera. Je ne considère même pas comme assuré que Churchill, devant un événement, par exemple la chute de Stalingrad, ne fera pas tout à coup exactement le contraire de ce qu'il a fait jusqu'ici. Un obstacle dans cette direction est que les acteurs ont devant les yeux le procès qu'on leur ferait une fois le jeu terminé. Sitôt que seront rendues publiques les offres que nous avons faites, il se produira en Angleterre une agitation sans précédent[5] ! Si un changement se produit, l'homme n'aura qu'une chose à faire : libérer le lendemain les prisonniers enfermés par Churchill !

1. Friedrich Rainer (1903-1947 ou 1950), originaire de Sankt Veit an der Glan, membre du parti nazi autrichien depuis 1930, membre des SS et du SD depuis 1934, Gauleiter de Salzbourg après l'Anschluss, devient Gauleiter de Carinthie le 11 novembre 1941.

2. Josef Leopold (1889-24 juin 1941), membre du parti nazi autrichien depuis 1926, était Gauleiter de Basse-Autriche depuis 1929.

L'intérêt de Hitler pour les Gauleiters autrichiens se traduit par une surreprésentation dans ces Propos, qui reflète sans doute un attachement sentimental à sa petite patrie.

3. L'essentiel de cette page consiste en plaisanteries faciles sur des sujets maintes fois abordés. Puis Hitler évoque sa chère Autriche et ses non moins chers Gauleiters, pour larmoyer sur la perte de l'un d'eux. Sans doute cherche-t-il à évacuer les tensions nées de réflexions et de discussions difficiles sur l'impasse de plus en plus évidente de sa campagne de Russie.

4. Hitler ne plaisante qu'à moitié : cf. son propos méprisant du 20 août au soir sur Furtwängler à skis. Le Reichsleiter visé est sans doute Bormann, pas nécessairement parce qu'il aurait fait des essais peu concluants d'équitation mais peut-être simplement parce que Hitler se plaît à l'imaginer dans une situation ridicule.

5. Hitler reconnaît ici en passant le principal obstacle auquel il se heurte depuis mai 1940 : il n'entend pas imposer à l'Angleterre la moindre condition de nature à brider sa puissance – pour peu qu'elle admette l'hégémonie allemande sur le continent européen. Les élites britanniques, en particulier conservatrices, sont toutes prêtes à souscrire à une paix aussi « généreuse ». Mais la présence de Churchill au 10 Downing Street non seulement empêche le pays de s'engager dans des négociations mais l'empêche, lui Hitler, de mettre ses « conditions généreuses » sur la place publique, l'obligeant à passer par des émissaires discrets. En effet, toute publication de ces conditions aiderait Churchill à le présenter comme un froussard qui redoute la puissance adverse et mendie la paix.

Ils ont maintenant purgé trois ans. C'est la meilleure préparation pour susciter l'expression de sentiments révolutionnaires.

Ils en finiront avec les Juifs ! Il est après tout possible que Churchill à Moscou ait été traité comme une cible de foire. Les Anglais méprisent et haïssent les bolcheviks. Croyez-moi, le moment approche où cela n'ira plus ! Staline est un maître-chanteur. Qu'est-ce que le drôle n'a pas fait avec nous ! L'Amérique prendra le Canada, et émettra peut-être certains souhaits auxquels les Anglais ne voudront absolument pas souscrire. Des tensions continuelles ! Ils ne peuvent que perdre. Même si au bout du compte ils battaient l'Allemagne, la Russie prendrait pied au sud du Caucase ! Eux-mêmes ne peuvent rien entreprendre contre la Russie. Le sentiment du parti conservateur est contre Churchill.

L'homme qui à mon avis pourrait jouer un rôle de premier plan est Beaverbrook. Il peut dire : J'ai toujours sonné l'alarme ! Ce qu'il y a de plus sensible dans l'être humain n'est pas sa peau, mais sa bourse. Les gens savent bien ce qu'ils ont perdu. Maintenant la perspective de perdre aussi l'Inde ! Si l'Inde se met brusquement à s'enflammer, avec une guerre de partisans, ils peuvent craindre que les Japonais ne réussissent à y prendre pied. Avant le début de la guerre, il n'y avait que 40 % de parlementaires présents[1]. Dans une autre occasion, 254 d'entre eux sont ostensiblement demeurés assis[2]. Il n'y a encore jamais eu en Angleterre de guerre menée contre l'intelligence et à l'instigation d'une petite clique[3]. Les Américains ne quitteront pas non plus l'Islande. Nations sœurs ? Les nations sœurs d'Allemagne ont bien lutté durement pendant des siècles les unes contre les autres ! Si seulement l'Angleterre était intervenue en faveur des Sudistes ! Hélas, ce sont quelques Allemands qui ont poussé Lincoln !

Quand la princesse Hohenlohe est venue me voir pour la première fois, elle apportait une lettre de Rothermere. J'avais fait demander à Neurath si d'après lui je devais la recevoir. Il avait répondu que si nous avions Rothermere avec nous, ce serait une chose énorme. Je devais au moins l'écouter ! Quand le monstre est arrivé je me suis dit, pour Dieu et la patrie, en avant, et je lui ai répondu. Dans sa

1. Dame ! Chamberlain, pour s'assurer l'entière maîtrise de la position anglaise dans la crise de l'été 1939, avait mis le parlement en longues vacances par un vote, en juillet, qui avait vu l'une des dernières défaites parlementaires de Churchill. Cf. François Delpla, *Churchill et Hitler*, *op. cit.*, p. 153.

2. Et alors ? La *standing ovation* tire son prix de sa rareté. Il semble que Hitler fasse allusion à la séance de présentation du gouvernement Churchill, le 13 mai : Chamberlain, devenu le second personnage du cabinet, avait été acclamé par les conservateurs debout, contrairement à Churchill. Ce dernier n'avait reçu sa première ovation debout, de la part des Communes unanimes, que le 4 juillet 1940, au lendemain de l'opération de Mers el-Kébir. La consolidation de son prestige en ce moment décisif avait dû être particulièrement douloureuse pour Hitler, qui la veille croyait bien être en mesure de contraindre l'Angleterre à la paix.

3. Hitler veut croire que la guerre n'est menée que par une « petite clique » et non pas contre lui, mais contre l'intelligence. D'où le développement consécutif sur la presse et ses magnats, Rothermere et Beaverbrook, intelligents mais ligotés par la Juiverie. La « princesse » Stephanie von Hohenlohe (qui ne doit ce titre qu'à un bref mariage avec un cousin des Habsbourg) était une collaboratrice de Rothermere que Hitler, dans les années 1930, ne semblait pas trouver repoussante, et dont il favorisa une liaison avec son propre collaborateur Fritz Wiedemann. Cf. *supra*, t. 1, entrée des 3-4 janvier et François Delpla, *Les tentatrices...*, *op. cit.*, ch. 11.

lettre, Rothermere affirmait qu'il aimerait contribuer par sa presse à un rapprochement anglo-allemand. Un échange de lettres s'ensuivit, dont une était très importante. J'écrivais à Rothermere que je n'avais aucune raison de prendre position contre l'Italie, que je tenais Mussolini pour un personnage d'exception. S'ils pensaient pouvoir contourner un tel homme, ils se trompaient. On ne pouvait pas lui faire barrage, l'Italie s'en sortirait comme l'Allemagne s'en était sortie. Tout ce qu'on préparait contre Mussolini qui représentait l'incarnation du peuple italien – je tenais alors encore les Italiens pour autre chose que ce qu'ils étaient – l'Allemagne ne pouvait pas alors s'y associer !

Alors Rothermere vint me visiter. Elle vint avec lui. Elle logeait dans la villa Bechstein, lui au-dessus. Une jolie cuisinière m'est plus sympathique qu'une dame politisée. Mais la tenue du *Daily Mail* alors, au moment où nous marchions en Rhénanie, n'était pas une aide négligeable pour nous ! Il en allait de même pour le programme naval. Les Anglais qui émanaient du cercle Rothermere-Beaverbrook me disaient tous : Ah, dans la dernière guerre nous étions du mauvais côté ! Rothermere me raconta qu'il s'était uni à Beaverbrook : Il ne devait plus jamais y avoir de guerre entre l'Angleterre et l'Allemagne.

La princesse chercha plus tard à mettre à profit les lettres dans un procès. De toutes elle avait fait des photocopies et voulait obtenir du tribunal l'autorisation de les publier. Le juge – et là on voit malgré tout que ce sont des gens convenables ! – dit qu'il les avait lues entièrement, que leur teneur était à l'honneur des deux parties et qu'il n'avait en conséquence aucun motif pour les livrer au public.

3 septembre, midi

La terre et le sol sont un bien national, qui est seulement concédé à l'individu comme un fief. C'est donc un devoir d'en tirer le plus possible ! Quand le professeur Hoffmann dit que son bien donne les plus hauts rendements de la région, alors je suis d'avis qu'on peut le lui laisser. Du fait qu'il y investit plus qu'un autre, il en tire davantage !

Je viens de lire de nouveau un article dans le *Hoheitsträger*: En Ukraine, le sol ne produira pas plus que chez nous ! Je crois que cet article ne peut avoir été écrit que par des gens qui ignorent absolument tout de l'économie rurale. Si j'investis la même force qu'un paysan de Haute-Autriche, grâce à la terre noire je dois récolter ici davantage ! La plupart des gens des bureaux ne sont arrivés à rien dans la vie pratique. Le Dr. h. c. Wagener devient conseiller économique du Parti et on apprend ensuite : Tout ce qu'il a entrepris s'est achevé en fiasco[1] ! Il en va ainsi dans tous les secteurs de l'État, mais spécialement dans le domaine économique : Les sots sont devenus les supérieurs des habiles ! Quand un anonyme écrit, cela me donne d'emblée à penser. D'après sa sottise, cet article pourrait bien être encore de Krantz[2].

Tout article devrait être signé par son auteur ! Au temps de la lutte, tous les journaux avaient un rédacteur en chef : un idiot qui allait docilement en prison à moins qu'il ne fût député au Reichstag ! Mais ces cochons de nationaux-allemands ont voté la levée de cette immunité ! Cela je n'ai jamais pu le leur pardonner. Quand le Reichstag a été dissous, des inspecteurs de la criminelle étaient à toutes les issues. Les nôtres ont dû s'échapper par toutes sortes d'issues incroyables !

Si nous nous détournions du vin, à ce que je pense souvent, quelles cultures fruitières nous pourrions avoir !

3 septembre, le soir

Franco devrait élever une statue au Ju-52 : Ce n'est que grâce aux Ju-52 que la révolution espagnole a vaincu ! La chance a voulu qu'ils puissent voler de Stuttgart jusqu'en Espagne[3] !

On doit être clair là-dessus : nous ne serions arrivés à rien avec les Anglais si j'avais cédé une seule fois ! Aujourd'hui ils me croient capable de tout, c'est pourquoi ils ont répondu de cette façon à notre demande de rapporter l'ordre de lier dans le dos les mains des prisonniers allemands[4] !

1. Une sortie bien mesquine contre un ancien confident. Elle confirme que leur rupture a été brutale et qu'ils ne sont pas restés en contact. Wagener, après avoir tâté de l'agriculture, a repris pendant la guerre sa carrière d'officier commencée pendant la précédente et va finir général, à la tête de la garnison de Rhodes. Cf. Otto Wagener, *Hitler aus nächster Nähe*, *op. cit.*, Introduction. Cette charge signifie sans doute que Hitler craint de voir surgir des récits de Wagener sur sa personne, et cherche à les déconsidérer d'avance.

2. Le mot *Hoheitsträger* désigne les dignitaires du Parti, de l'échelon local aux Reichsleiters. *Der Hoheitsträger* est un mensuel à leur usage dirigé par Robert Ley, mal conservé et encore peu étudié. Il était confidentiel (les destinataires étaient invités à le garder en lieu sûr) mais, d'après les numéros consultables en ligne, assez simpliste et les articles n'étaient pas signés. D'où le fait que Hitler ne sache qui accuser et soupçonne un nommé Krantz.

3. Nouvelle allusion au pont aérien d'août 1936, qui a permis aux troupes de Franco de commencer la conquête du pays.

4. Le journal de Goebbels (entrée du lendemain) donne les détails suivants : on avait trouvé sur des prisonniers anglais l'instruction de lier les mains des prisonniers allemands lors de leur capture, pour les empêcher de détruire des documents. Hitler avait fait savoir aux Anglais que les prisonniers faits à Dieppe seraient enchaînés à partir du 3 septembre à 14 heures, jusqu'à ce que cet ordre « *unfair* » (en anglais dans le texte de Goebbels) soit rapporté. Deux heures après cette annonce, Londres avait fait savoir qu'il avait bien existé un ordre de cette sorte mais qu'il avait été promptement annulé.

Hitler fait une fois de plus l'éloge de sa cruauté et de fait, c'est en se présentant comme « capable de tout » qu'il a obtenu, entre 1933 et 1940, ses plus grands succès.

Je me promets toujours un avantage du fait que nous soulignons que nous ne faisons pas la guerre au peuple anglais, mais à sa petite clique dirigeante ! Automatiquement nous dresserions contre nous les soldats du front jusqu'au dernier si nous disions : Nous lutterons contre l'empire britannique jusqu'à sa disparition ! C'est qu'il y a là des hommes qui n'ont pas voulu la guerre ! Churchill peut-il expliquer aujourd'hui : Il s'agit d'être ou de ne pas être ? C'est pourquoi je ferme un front qui est en train de se déliter sans mesure en ce moment. Qu'a donc gagné l'Angleterre avec son mot d'ordre : Nous anéantirons le peuple allemand[1] ! Elle a gagné que le peuple allemand est uni comme un seul homme ! Je crois une chose : Les gens qui aujourd'hui sont à la barre mèneront la guerre jusqu'à ce qu'ils se disent que la guerre ne peut plus être gagnée, pourvu qu'ils n'aient pas l'impression que l'arrêt des combats mènerait à un total anéantissement de l'Angleterre ! D'où ma conviction, aujourd'hui comme avant, que malgré tout il est psychologiquement juste de dire : La guerre se mène seulement contre cette clique, et non contre l'Angleterre elle-même[2] !

De même qu'autrefois des princes allemands se sont laissé couronner par les Français[3], de même, peu après l'armistice, le prétendant au trône français s'est adressé à moi[4] : Il obéirait en tout temps aux lois allemandes ! Quel manque de caractère !

Il y a des tableaux qui ne peuvent être appréciés à leur juste valeur par l'œil d'une paysanne non formée. Il y a de jeunes paysans que je ne pourrais pas emmener d'emblée voir *Tristan*. C'est une force des Anglais, de donner au peuple, tranquillement, ce qu'il comprend. Chez nous, presque tout ce qui était bon a été présenté comme kitsch par la racaille juive. Les derniers Makart ne sont certes pas bons, mais il était devenu mentalement déficient.

---

1. Il n'a jamais été question de cela : Hitler serait-il intoxiqué par sa propre propagande ? Il l'est plutôt sans doute par ses obsessions : une Angleterre qui pareillement lui résiste ne peut que vouloir la fin du peuple allemand, ne serait-ce que parce que les Juifs la veulent et qu'une telle politique porte leur marque.

2. Ce paragraphe mérite un décryptement. La phrase « C'est pourquoi je ferme un front qui est en train de se déliter sans mesure en ce moment » semble renvoyer à l'échec de la dernière tentative d'attaque de Rommel devant El-Alamein, le 1er septembre. Le ravitaillement de l'Afrika Korps est alors très difficile en raison de l'efficacité de la marine britannique qui vient de couler plusieurs pétroliers – cf. Galeazzo Ciano, *Diario, op. cit.*, entrées des 2 et 3 septembre – et Hitler a l'air de dire que c'est volontairement qu'il ne fait pas plus d'efforts sur ce théâtre. En même temps il éprouve le besoin de croire et de dire que la position de Churchill est de plus en plus faible et qu'il est bon d'encourager ses adversaires en faisant valoir à nouveau que l'Allemagne en veut à Churchill, mais non aux Anglais et à leur empire.

3. Allusion possible au règne d'Henri II (1547-1559), pendant lequel les princes protestants vaincus par Charles Quint à Mühlberg en 1547 ont pris leur revanche avec l'aide de la France, en la laissant occuper au passage les « Trois-Évêchés » de Metz, Toul et Verdun.

4. Si c'est vraiment peu après l'armistice (*gleich nach der Waffenstillstand*), voilà une information inédite. Les archives ont, pour l'instant, révélé une démarche du comte de Paris (1908-1999, prétendant au trône de France après la mort de son père le 25 août 1940) auprès du consul allemand à Casablanca, Theodor Auer, le 18 février 1942. Cf. *Akten zur deutschen Auswärtigen Politik*, série E, t. 1, Göttingen, Vandehoeck, 1969, doc. 258. Dans le télégramme du consul, daté du lendemain (où on voit Henri d'Orléans s'adresser non à Hitler seul mais à Ribbentrop également), il n'est pas question d'obéir aux lois allemandes mais – conformément aux vues « européennes » que Hitler met en avant après Pearl Harbor –, « d'offrir au Führer, à travers sa personne et le lien historique de sa Maison au peuple français, la garantie pour l'avenir dont l'Allemagne aussi a besoin, de la part d'un peuple voisin de quarante millions d'habitants, pour le nouvel ordre européen ». Il semble donc bien qu'il y ait eu deux démarches, la première plus servile encore, et plus discrète. Dans la polémique qui a agité les milieux monarchistes français après la révélation des Propos, la traduction Genoud a donné une preuve de sa nocivité en négligeant le mot « *gleich* » (« le prétendant français au trône s'est adressé à moi après l'armistice »), ce qui a favorisé l'identification de la présente confidence avec la démarche révélée par le télégramme d'Auer. Cf. Pierre Ordioni, *La fracture. De Londres 1941 à Sétif 1945*, Paris, Nouvelles Éditions latines, 1995, p. 75 sq.

Ils ont dénigré cette production alors que d'autres ont été déclarés bons parce qu'ils étaient déficients mentaux ! Ces têtes de cochons sont arrivés et ont dénigré Piloty, Kaulbach, Keller ! Les premiers Bürkel que j'ai achetés m'ont coûté 200 ou 300 marks ! Cependant il a beaucoup peint, car il en avait besoin pour vivre. Mais pensons à Achenbach ! Ils ont juste épargné Slevogt, le dernier Trübner, et Leibl, tout juste[1].

Mes Spitzweg[2] : C'est la plus belle collection de Spitzweg du monde entier ! Aujourd'hui on les paye 60 000, 90 000 marks ! Récemment j'ai acheté un Defregger[3] pour 90 000 marks. C'est cher et pourtant pas si cher, quand on pense qu'on a là des peintures contemporaines d'une vie qui n'a pas été conservée autrement : La photographie n'existait pas encore ! Les Allemands ont peint la Campanie, non les Italiens. C'était déjà comme cela du temps de Goethe, et c'est encore ainsi aujourd'hui !

Les Anglais, nous devons les amener à aimer non seulement l'Allemagne du temps de Goethe, mais aussi l'Allemagne puissante !

4 septembre, midi

Ce n'est pas une preuve d'intelligence que de parler plusieurs langues. Qu'un enfant parle trois ou quatre langues, quand on lui donne une gouvernante française et une anglaise, cela se voit tous les jours.

La femme de Franco va tous les jours à l'église ! Les Espagnoles, je les tiens pour sottes et peu importe si elles parlent plusieurs langues. Cependant : La confession a quelque chose pour elle ! La femme a la satisfaction de revivre sa vie dans le fantasme et le prêtre a la satisfaction d'entendre toute l'histoire ; et en plus, il est payé pour !

Ces jeunes filles hongroises ont déjà un fameux tempérament ! La Tabody[4] a le diable au corps, une femme d'intérieur enragée ! La csardas est quelque chose de beau, c'est une belle danse aussi pour l'homme, exactement comme notre Schuhplattler, alors que je ressens les danses de salon comme quelque chose d'infiniment efféminé !

1. Karl von Piloty (1826-1886), Wilhelm von Kaulbach (1805-1874), Albert von Keller (1844-1920), Heinrich Bürkel (1802-1869), Oswald Achenbach (1927-1905), Max Slevogt (1868-1932), Wilhelm Trübner (1851-1917), Wilhelm Leibl (1844-1900).

2. Cf. *supra*, entrée du 24 juillet.

3. Franz Defregger (1835-1921).

4. Klara Tabody (1915-1986), actrice et chanteuse d'origine hongroise, a triomphé dans des opérettes berlinoises à partir de 1932.

Il y a des années une jeune artiste est venue me voir à la chancellerie, la petite Endres, c'était encore une petite fille, et m'a présenté une demande, je crois qu'il s'agissait d'obtenir une réduction sur les tarifs de transport de ses bagages. Elle est aujourd'hui, à ce que j'entends, devenue la première funambule d'Allemagne. Elle a demandé qu'on libère son frère, pour qu'elle puisse faire son numéro avec lui dans la tournée de la Wehrmacht. Et où pourrait-elle trouver un autre partenaire ? Dans la tournée de la Wehrmacht il est plus utile ! Alors elle était encore une petite gamine anguleuse. Mais on me disait déjà à l'époque qu'elle devenait une très grande artiste. C'est vraiment un gagne-pain très dur. Il y a quelques jours j'ai encore lu qu'une famille d'artistes, par un accident sur la piste, avait été décimée. J'ai interdit une chose en Allemagne : que ces performances artistiques très dangereuses soient effectuées sans filet ! Pourquoi ceux qui ratent devraient-ils être fichus ? Le filet n'entraîne pas une diminution des recettes ! Au Jardin d'hiver j'ai vu un jour tous les participants d'un numéro de funambules se tuer, j'ai dit que je n'irais plus, mes nerfs sont déjà assez tendus ! Ce qui compte, c'est qu'ils montrent leurs talents, si cela rate l'artiste pourra faire mieux la prochaine fois. Dans les variétés d'aujourd'hui, on présente tant de numéros limite ! Ma plus grande joie je l'ai eue avec des clowns comme Grock[1]. De tels artistes sont des explorateurs de l'âme humaine !

La maison que Grock avait sur la Riviera : à côté, une pagode indienne semble frappée au coin de la simplicité prussienne ! Seul un Saxon devenu enragé pouvait avoir créé une chose pareille ! Sur la route de Freiberg en Saxe à Dresde il y a une baraque semblable, avec un manque de goût insensé ! Un jour nous étions sur la route, nous avions faim et sommes allés au restaurant à proximité. Un homme qui avait fait fortune en Orient l'avait fait bâtir. Et c'est là-dedans que Tausend[2] alors faisait ses expériences !

À Berchtesgaden une unité de style a été a été introduite dans la construction ! On pensait toujours que le toit en pente était plus distingué que le toit plat. Je suis contre le fait qu'on introduise à Grunewald le châlet suisse, mais dans cette région le large auvent est non seulement courant mais nécessaire, faute de quoi la pluie est

1. Adrian Wettach, dit Grock (1880-1959).
2. Cf. *supra*, entrée du 26 juillet, après le dîner.

rabattue sur le bois quand il vente et le bois pourrit. Il ne faut pas offrir de prise au vent et l'étage supérieur doit être protégé de l'eau. Les ardoises sombres dans l'Erzgebirge, ça on peut aussi conserver ! Le style rhénan n'est malheureusement pas aussi typé. Des cours fabuleuses et des façades colorées, on en trouve dans toutes les Préalpes, et jusque dans l'Allgau[1] !

5 septembre, midi

J'apprécie beaucoup la beauté de Maulbronn[2]. Cela vient du fait que ce monastère est désaffecté depuis le Moyen Âge et n'a pas subi, comme les autres, de transformations. J'ai lu la règle de l'ordre, qu'est-ce qu'elle était sévère ! En hiver ils ne chauffaient qu'une pièce, sous laquelle se trouvait une cave voûtée dont l'air chaud montait par des tuyaux. Les Romains avaient déjà cela il y a deux mille ans ; dans la Saalburg[3] on peut voir les canaux de chaleur romains.

L'Espagne est un pays aimable en soi. Une nation avec une colossale grandeur dans la paix ! D'un courage individuel peu commun dans la guerre ! Je n'ai encore jamais vu un Allemand juger autrement les Espagnols. À Hanovre l'un des premiers chefs de district rentrait d'Espagne ; il ne souhaitait qu'une chose, y retourner ! Je n'ai encore parlé à personne qui méprisât les Espagnols !

5 septembre

Epp m'a remis une nouvelle note sur le problème colonial[4]. Je dois dire : Ce que nous obtiendrons comme colonies dans le monde entier ne pèse pas, par rapport à l'Est !

Súñer[5] avait peu à peu écarté la Phalange pour préparer un régiment[6] monarchiste. L'histoire a récemment été accélérée lorsque j'ai fait savoir que je le tenais personnellement pour un véritable porc ! Le défunt Alphonse d'Espagne était quelqu'un, et même lui a fait sa propre ruine ; pourquoi n'a-t-il pas gardé Primo ? Je peux tout comprendre, mais jamais de la vie le fait de rendre l'État quand on a conquis l'État[7] !

1. Les réflexions de cette séance sont particulièrement décousues.

2. Monastère cistercien fondé en 1147.

3. Fort romain situé dans le Taunus, vestige du *limes* qui protégeait l'empire.

4. Hitler laisse encore entendre qu'il n'a pas renoncé à toute colonie en Afrique, alors que ses propos témoignent qu'il situe plus que jamais en Europe de l'Est ses ambitions dans ce domaine. Franz von Epp (1868-1946) est un officier bavarois, nazi précoce, Reichsstatthalter de Bavière depuis 1933, déjà évoqué le 3 et le 24 février. Il dirige depuis 1936 une Ligue coloniale allemande conçue comme l'embryon d'un futur ministère des Colonies. Elle sera dissoute le 15 février 1943.

5. Démis de ses fonctions l'avant-veille par Franco. Hitler, qui professait depuis des mois qu'il avait le vent en poupe à la tête d'un parti clérical, déclare avec aplomb que c'est sous sa pression. Une victoire consolatrice de plus !

6. *Sic*. « *Regiment* » est une déformation probable de « *Regime* ». Il faut donc entendre : « un régime monarchique ».

7. L'Espagne avait connu une première dictature militaire, celle de Miguel Primo de Rivera (1870-16 mars 1930), du 13 septembre 1923 au 28 janvier 1930. Primo, usé physiquement et politiquement, était parti de lui-même et le roi Alphonse XIII (1886-15 janvier 1941), lui-même fragilisé et contraint d'abdiquer un an plus tard, aurait bien voulu le conserver à la tête du gouvernement. Cf. James Rial, *Revolution from Above. The Primo De Rivera Dictatorship in Spain, 1923-1930*, Plainsboro, Associated University Presses, 1986. Hitler fait preuve ici d'une grande ignorance de l'histoire espagnole, à moins qu'il ne s'agisse surtout d'une réaffirmation de son intention de n'abdiquer, lui, sous aucun prétexte.

Les princes sont des produits d'élevage exceptionnels en matière de bêtise, une sélection raciale à l'envers. Si les Habsbourg revenaient en Hongrie, ils seraient assez sots pour y provoquer une crise monumentale ! Il y a des moments où nous ne pourrions rester passifs sous aucun prétexte ! De génération en génération, les maisons princières d'Europe dégénèrent de plus en plus. En Bavière c'en était presque tragique, l'un après l'autre ils sont devenus fous. En fin de compte, tous ces princes européens nous ramènent à la vieille souche franconienne que Charlemagne a mise en place, qui crève désormais de consanguinité.

Les Autrichiens avaient une supériorité : Ils pouvaient prendre femme dans le peuple. Les peuples ont vraiment une patience colossale, de supporter cela ! *(Plaisantant :)* La génuflexion des subordonnés était une invention très astucieuse. Elle dispensait le peuple de voir ces idiots en face ! Si on veut maintenir ce système, il ne faut plus montrer ces avortons au peuple. Le cher bétail est amélioré de plus en plus par l'élevage, ici on a le dernier produit d'une sélection pervertie. Même chez les Hohenzollern chacun a sa tare, y compris notre Auwi[1]. On devrait mettre les princesses en devoir de s'accoupler uniquement avec les palefreniers et les chauffeurs ! Si la couronne du Brésil était offerte à cet Espagnol, il accepterait aussitôt ! Il deviendrait aussi bien roi de Suède. Ça lui est complètement égal. Quelle valeur a tout cela ?

Quand on voit les archives aujourd'hui ! Les Wittelsbach voulaient échanger le Salzach contre la Belgique. Toute l'affaire a achoppé en raison d'un domaine de 68 arpents et aussi à cause de Frédéric le Grand qui ne voulait pas voir les Habsbourg s'étendre vers l'ouest. C'est le ministre Kreittmayr qui menait les négociations[2]. Hanfstaengl voulait enlever de Munich la statue de Kreittmayr. Je le lui ai refusé[3]. Les gens de cette époque ne pensaient pas en termes nationaux. Louis Ier de Bavière fut le premier monarque à penser comme un Allemand, alors que pour les autres seule comptait la dynastie !

L'équipée d'Otto[4], le fils de Zita, vers Budapest, se lit comme un roman. Il est venu avec un noble hongrois et un trompette sur

1. August-Wilhelm von Hohenzollern (1887-1949), troisième fils de Guillaume II, adhérent du NSDAP depuis avril 1930, était député au Reichstag depuis les élections du 5 mars 1933. La tare dont il s'agit, chez son père comme chez lui, est peut-être l'homosexualité. Cf. Lothar Machtan, *Der Kaisersohn bei Hitler*, Hambourg, Hoffmann und Campe, 2006.

2. Aloysius von Kreittmayr (1705-1790) était ministre du roi de Bavière.

3. Cette nouvelle charge contre Hanfstaengl (cf. *supra*, entrée du 6 juillet) est étrangement formulée : cet éditeur d'art n'était pas, lui, roi de Bavière, ni Gauleiter, et n'avait pas le pouvoir de déboulonner une statue sur une place de Munich. Tout au plus en a-t-il émis un jour l'idée, dans une poussée de nationalisme unitaire et de surenchère nazie, et cela, pour le coup, n'aurait rien d'invraisemblable.

4. Otto de Habsbourg-Lorraine (1912-2011), fils de l'empereur d'Autriche et roi de Hongrie Charles Ier (1916-1918). Hitler confond l'empereur déchu, décédé de maladie au Portugal en 1922 à 34 ans, avec son fils. C'est Charles qui, poussé par son épouse Zita (1892-1989), avait fait deux tentatives malheureuses pour récupérer le trône de Hongrie, en mars et octobre 1921.

la locomotive, qui de temps en temps devait souffler dans son instrument. Horthy ne l'a même pas reçu. C'est la Zita qui avait tout machiné. La riposte fut menée par Frau Horthy. Le retour des deux ! Le frère de Lehár[1] fut le seul homme qui s'était prononcé en sa faveur. À Vienne le prince héritier Otto serait à peine devenu un maître d'hôtel. Si ces gens avaient eu du caractère, ils seraient morts en se battant, mais ils ont fait cela : abdiquer tous leurs droits, et ensuite tenter d'arriver de nouveau à quelque chose par la force !

Les humains ont besoin d'une idole. Donc les Américains ont raison de mettre le président sur un piédestal pendant son mandat. La monarchie a inventé une pratique très intelligente : La mise en valeur artistique de l'idole. Tout le théâtre, tout le tralala a déjà certainement du sens. Tout nouveau régime se doit cependant de bâtir ses assises sur l'armée et la contrainte. Si je prends les archers… quand ils s'avançaient lors de la procession de la Fête-Dieu, ce n'était pas très au point, quel spectacle ! Ils étaient si inoffensifs que même la révolution ne s'en est pas prise à eux.

Quand Franco est en voyage, il se fait précéder par un escadron de cavaliers marocains qui inspectent à droite et à gauche ; et autant derrière. Il s'est donné complètement des allures de monarque. Au moment où le roi reviendrait, il ne pourrait que lui tenir l'étrier.

Je suis convaincu que Súñer avait des prêtres derrière lui. La France, l'Italie et l'Espagne devaient former une alliance et, une fois cela acquis, marcher avec l'Angleterre. L'archevêque de Cantorbery suivait le mouvement, un brin de communisme brochant sur le tout.

Je crois qu'une de nos meilleures actions a été d'ouvrir nos rangs à la légion espagnole. Je vais donner en plus à Muñoz Grandes les feuilles de chêne avec brillants, à la première occasion. Ce sera leur récompense. Les soldats, d'où qu'ils viennent, s'habituent vite à un chef courageux. Au dernier moment nous devrons encore équiper ces hommes d'une façon merveilleuse, et leur donner où nous pourrons du butin, ainsi que quelques généraux russes. Ils feront ainsi à Madrid une entrée triomphale, qui deviendra emblématique. Nul ne pourra plus s'en prendre à eux. La presse espagnole est, dans l'ensemble, la meilleure de toutes !

1. Franz Lehár (1870-1948), le compositeur d'origine hongroise de la *Veuve joyeuse* et du *Pays du sourire*, avait pour cadet un colonel prénommé Anton (1876-1962) qui s'était illustré pendant la Première Guerre mondiale et avait tenté ensuite de restaurer les Habsbourg à Budapest. En froid avec Horthy et réfugié à Vienne, cet éternel monarchiste fut placé en résidence surveillée par la Gestapo de l'Anschluss à la fin de la guerre. Cf. Georg Reichlin-Meldegg, *General und Parzival. GM Anton Freiherr von Lehar, der Bruder des Komponisten, Kommandant der Restaurationsversuche Kaiser Karls 1918-1921*, Graz, Ares Verlag, 2012.

6 septembre, midi

Quand on pense que l'histoire du monde tient souvent à un fil ! Si nous avons perdu la guerre, nous ne devons pas dire : c'est la faute de l'arrière[1] ! L'adversaire disposait de quelques bons cerveaux. En 1916, dans la bataille de la Somme, les premiers chars sont apparus. Chez nous, les premières commandes de chars ont été passées en 1917. Il y eut alors 600 chars en construction. Mais cette commande fut annulée quand dans le même temps Fuller, avec l'aide de Churchill et de Lloyd George, a annulé l'ordre de Haig de stopper la fabrication des chars anglais[2] !

En Angleterre il devient de jour en jour plus clair que deux lignes se dégagent ! Ici un glissement à gauche, là un glissement à droite. Une scission se crée entre les esprits[3].

Antonescu est, entre tous nos alliés, absolument la meilleure tête. Il est tellement viril ! Il a déclaré d'emblée : Avec ce roi les Roumains peuvent émerger comme la première puissance balkanique, mais ensuite ils auront tout le monde contre eux !

Les Russes ont commis une faute : Ils se sont jetés sur Stalingrad ! On ne peut gagner une guerre que quand l'adversaire commet plus de fautes que soi ! On doit être absolument convaincu. Si ce n'était pas Stalingrad, ils auraient avancé ailleurs. Le nom est donc souvent plus que de la poudre aux yeux. Si nous prenons aussi Leningrad, ce sera de même un mauvais présage. C'est pourquoi je ne permettrai jamais que mon nom ou celui d'un de mes collaborateurs soit donné à des choses qui courent des risques. Le peuple est superstitieux, surtout en temps de guerre. Les anciens Romains également, sans excepter Jules César. Peut-être la superstition, chez un homme comme César, n'était-elle-même pas réelle, mais procédait-elle du constat que le peuple est superstitieux. Je ne ferais pas commencer une offensive le 13 du mois. Non pas que je sois superstitieux, mais parce que je sais que d'autres le sont. Dans ma vie les dates ne jouent aucun rôle. J'ai déjà obtenu de grands succès dans des jours néfastes et me suis aussi cassé le nez quand c'était l'inverse.

1. Il est bien temps de l'avouer !

2. Douglas Haig (1861-1928) était le commandant en chef britannique en France de 1915 à 1918. John Frederick Charles Fuller (1878-1966), dit J. F. C. Fuller, était le principal concepteur du char d'assaut. Le besoin qu'a Hitler de se rassurer lui fait à présent jeter par-dessus bord (très provisoirement sans doute) deux larges pans de son argumentation antérieure : l'idée que la défaite de 1918 ait été causée en tout ou en grande partie par un effondrement intérieur sous l'action dissolvante des Juifs, et le déni à Churchill de tout patriotisme. Ce fut affaire de technique, d'intelligence et de domination du politique sur le militaire ; Winston était, aux côtés de Lloyd George, un supporter efficace du char d'assaut. Grâce au ciel et à lui-même, l'Allemagne a aujourd'hui la supériorité dans l'innovation, le pouvoir politique y domine de haut les généraux et il ne peut donc rien lui arriver de fâcheux. Le raisonnement reste analogique et anti-historique : il ne s'agit pas d'analyser dans son ensemble la situation présente, mais de la confronter à des précédents pour conclure que les choses se présentent mieux.

3. Et le maître rassembleur allemand s'efforce toujours de croire que Churchill ne le vaut pas dans ce domaine.

La percée jusqu'à Abbeville mesure 350 kilomètres à vol d'oiseau. 350 kilomètres, à l'Est, ce n'est rien. Il faut les talonner comme un chien de chasse[1] !

Les Hollandais sont une race magnifique. Les jeunes filles ont une allure fantastique. Si elles sont enlevées je ne peux que dire : oui ! Pour expliquer les unions avec des Malais, il faut prendre en compte la misère sexuelle dans les colonies hollandaises. En Allemagne aussi, le principe de base était : Les catholiques peuvent épouser une négresse si elle est catholique, mais pas une Allemande si elle est protestante. Le prêtre prêche pendant des mois quand une catholique veut épouser un protestant. Dans les villages de paysans, la mésalliance était encore il y a peu stigmatisée du haut de la chaire comme une honte. Mais on ne s'est jamais soucié de la couleur des bâtards. Chez les Anglais, c'est l'inverse. Mais l'Église d'Angleterre est en dernière analyse une institution politique !

Ce que je reçois à signer, c'est souvent : d'un côté des jeunes gens magnifiques et de l'autre quasiment des insectes[2] ! Une telle différence engendre nécessairement des catastrophes. Le risque le plus grand est dans la marine et la DCA, qui restent le plus longtemps au même endroit. C'était déjà le cas pendant la guerre mondiale. Les Flamandes étaient des filles très agréables. Si la sortie de guerre avait été normale, elles auraient certainement été épousées.

(En plaisantant, à l'amiral Krancke :) La marine n'accorde que des sorties de trois heures ? Ne peut-on pas les allonger ? Tant qu'elle ne fait que stationner dans un port, on ne peut certes pas attendre autre chose !

6 septembre, le soir

L'Allemagne n'a été contrainte de laisser faire l'émigration qu'en raison de sa faiblesse économique. L'arrêt de l'émigration a coïncidé avec 1) l'introduction des engrais chimiques, qui a provoqué une brusque métamorphose dans les bases de l'alimentation et 2) l'industrialisation qui résultait des inventions du début du siècle dernier.

1. Ce passage est tout bonnement le premier de ce volume où Hitler parle avec quelque précision de la situation militaire sur le front oriental. La difficulté que la 6e armée du général Paulus éprouve à s'approcher de Stalingrad, alors que cet objectif lui avait été assigné en juillet, loin d'être un sujet d'inquiétude, tend à prouver que l'ennemi est tombé dans son piège ! Il concentrerait en effet ses moyens sur la ville en raison de son nom, et Hitler l'aurait calculé ainsi. Il est tout à fait possible que ce facteur ait joué, de même que l'envoi de Manstein dans la région de Leningrad pour tenter un assaut sur la ville a pu être motivé en partie par son nom ; même si dans les deux cas, et surtout dans celui de Stalingrad, des raisons militaires ont également joué (la maîtrise de la moyenne Volga est essentielle pour protéger l'offensive contre le Caucase). Reste à savoir si la superstition n'existe, à cet égard, que chez l'ennemi. Il est très révélateur que Hitler parle ensuite de la superstition liée aux dates.

2. Sexisme de race !

Dans le Reich allemand ont eu lieu pendant des siècles des guerres entre États voisins. Les Anglais ont mené leurs guerres contre des étrangers. C'est pourquoi ils ignoraient les règles du combat chevaleresque. Nous avons été décriés dans le monde entier comme l'Allemand Michel[1]. Aujourd'hui nous récoltons dans la presse anglaise des critiques bien meilleures. Nous devenons peu à peu des égaux fréquentables, parce que nous allons de l'avant sans scrupules.

Nous devons toujours rendre aux Anglais la pareille. Il nous faut expliquer : À partir de maintenant on tire sur tous les parachutes ! Les sous-marins ont l'ordre de tuer sans pitié les gens qui cherchent à sauver leur vie, qu'il s'agisse de combattants ou de civils, femmes et enfants ! Cela ne prendra pas quatre semaines pour que les frères s'aperçoivent qu'ils ont tiré la plus courte paille, et courbent l'échine !

Je ne fais pas mystère du fait que pour un Allemand je pendrai vingt Anglais. C'est nous qui avons le plus fort levier. Nous avons tellement de prisonniers qu'ils sont un multiple de ce qu'ils ont, eux, comme prisonniers allemands. Le mieux, c'est quand nous prenons des gens de la haute. À Dieppe, ce qui nous a le plus profité c'est de capturer 130 officiers. Les petits prisonniers, cela leur est égal, mais pendre une demi-douzaine de généraux anglais, c'est un dérangement de l'ordre social anglais ! Maintenant que Frau Maïski[2] est main dans la main avec Frau Churchill, les généraux anglais ne devraient pas se formaliser d'être mis avec des prisonniers de guerre russes. C'est la meilleure méthode. La seule chose qu'ils pourraient faire, c'est de mélanger les nôtres avec les Italiens ! Si maintenant ils menacent, nous pendrons les capitaines des navires coulés. La navigation anglaise prendra soudain une tout autre allure. C'est ce que font les Japonais, alors que nous leur offrons le cognac et le café. L'Anglais est ici un chien dépourvu d'inhibitions et froid comme la glace. Mais chaque fois que nous avons recouru à de telles mesures, il a cédé tout de suite ! Alors il redevient d'un coup très amical.

Ce sont les Anglais qui ont commencé la guerre aérienne de bombardement. Nous avons attendu quatre mois, c'était peut-être une faute[3]. Chez nous règnent toujours des inhibitions morales, pour lesquelles l'Anglais n'a aucune compréhension. Il considère

1. Un personnage emblématique du peuple allemand, généralement lourd et sot, apparu sous la plume des caricaturistes au début du XIXe siècle.

2. L'épouse d'Ivan Maïski (1884-1975), ambassadeur d'URSS à Londres de 1932 à 1943.

3. Allusion au « Blitz », le bombardement d'objectifs civils en Grande-Bretagne commencé à Londres le 7 septembre 1940. À l'époque Hitler l'avait présenté comme une réplique au raid de quelques bombardiers anglais sur Berlin, fin août. À présent il se prévaut d'une patience de quatre mois, ce qui nous amène au début des hostilités sur le front occidental, en mai. Il est faux que la Royal Air Force s'en soit pris alors à des zones résidentielles allemandes.

cela comme de la faiblesse et, en plus, de la sottise. Jusqu'ici nous avons seulement obtenu dans ce domaine des améliorations en répliquant de façon barbare[1].

Ce que nous obtiendrons à l'Ouest, ce sera peut-être plus beau, c'est une nécessaire sécurité. Ce que nous obtiendrons à l'Est est plus précieux, c'est une base vitale!

7 septembre, midi

(Invités: Speer, Koch, Milch)

Nous autres écoliers d'Autriche manifestions aux personnes âgées, et surtout aux femmes, un respect plein d'attention, mais le professeur: nous n'avions pour lui aucune pitié! C'était l'ennemi de classe! Une grande partie des enseignants étaient des malades mentaux achevés, une autre partie sont devenus fous. Pour ceux qui étaient normaux nous avions de l'amour, mais c'étaient des exceptions absolues.

La connaissance des points faibles du professeur se transmettait par héritage de classe en classe. Un professeur König nous enseignait la physique en troisième. Chaque classe savait qu'au début de l'année il répartissait les élèves en deux groupes – pourquoi, je me le demande encore – en annonçant: Ceux qui sont debout du côté de la fenêtre vont à la fenêtre, ceux qui sont du côté du poêle vont près du poêle! Là-dessus, année après année, ceux de la fenêtre allaient vers le poêle et inversement. Indigné, il avait coutume de réagir en disant que d'année en année les élèves devenaient plus sots. Sans qu'il lui vienne à l'esprit que le sot, c'était lui!

Le professeur de religion avait un gros ventre. Nous resserrions les bancs avant le cours de telle façon que l'espace dans lequel il devait passer devenait de plus en plus étroit. Puis il n'a plus pu du tout passer! Avant le cours de sciences naturelles, nous avions jonché tout le sol d'herbe et de coquilles de noix. Devant les reproches: Pardon, monsieur le professeur, nous avons botanisé!

Il y avait un plan méthodique, pour déranger l'enseignement, adapté à la saison. Au printemps, à l'époque des hannetons, nous

1. Le meurtre en avril 1944 de cinquante officiers de l'armée de l'air britannique évadés du camp de Sagan, popularisé par le livre et le film *The Great Escape* (*La Grande Évasion*) est ici en germe.

lâchions des hannetons et pouvions dire ensuite : Pardon, nous ne pouvons pas apprendre, il y a des hannetons ! J'avais une très mauvaise réputation. Je n'avais aucun talent pour les langues, mais peut-être en aurais-je eu si le professeur n'avait pas été un pareil idiot. Il m'avait été antipathique dès le premier moment et c'était réciproque. Sous sa barbe apparaissait un col entièrement jaune et toujours sale. Toute sa personne était repoussante. Cela le mettait en rage que je n'apprenne rien en français.

Un garçon intelligent de 13 ou 14 ans prend facilement le dessus sur un enseignant abruti. Nos professeurs étaient les tyrans de la jeunesse, ne comprenaient rien et ne s'appliquaient qu'à développer le cerveau. Leur seule pensée était de faire d'un jeune le singe d'eux-mêmes, un pur perroquet. Si quelqu'un faisait preuve d'un peu de volonté propre, ils le poursuivaient d'emblée de leur haine. Les quelques très bons élèves que j'ai connus ont tous échoué. D'où il ressort qu'on doit s'attacher à donner au jeune l'occasion de faire la preuve de son aptitude au commandement !

Il est vrai qu'aujourd'hui les professeurs se sont améliorés et surtout les principes ! Parmi les nôtres un seul était habillé proprement, mais c'est intéressant : quand je suis venu à Klagenfurt, il est venu à moi – j'étais très ému – après son service de garde SS. Vieux et déjà à la retraite, il avait été SS illégal et c'est ce qui lui avait valu de faire partie du service d'ordre !

On peut ainsi comprendre que dans l'Antiquité les garçons faisaient parfois beaucoup de chemin pour trouver un maître. Les jeunes allaient alors à la guerre avec leurs professeurs. Personne n'a plus de capacité d'enthousiasme qu'un jeune entre 13 et 17 ans. Ils se feraient couper en morceaux pour leur professeur, si c'est un homme véritable. Cela doit arriver chez nous aussi un jour, que des classes entières partent pour le front avec leur professeur[1].

1. Ici s'arrête la prise de notes régulière, très probablement sous l'effet de terribles disputes entre Hitler et les généraux dans l'après-midi, Hitler étant incapable d'assumer le blocage de l'offensive vers le Caucase en prenant acte du fait que la mission est impossible. Il prend lui-même le commandement du groupe d'armées, ce qui va retarder l'ordre de repli, seule solution militaire logique. Mais le nazisme est loin de n'être qu'une affaire militaire et la liquidation en bon ordre de la croisade vers l'Est, en faisant ipso facto de l'Occident l'ennemi principal, le priverait de tout sens. La dernière carte va être la plus scabreuse, tout en n'étant pas dénuée d'intelligence ni d'une certaine efficacité : il s'agira de mettre en scène la menace « asiatique » d'une Europe « bolchevisée », pour faire peur et honte à la fois aux bourgeoisies occidentales, et les amener à tolérer l'existence d'une puissante Allemagne qui conserverait de larges pans du nazisme. On comprend que celui qui va développer cette stratégie de « qui perd gagne » n'ait pas le goût de la commenter à table ou à la veillée, lui qui a jusqu'à ce jour façonné dans ses tirades une Europe allemande autarcique reléguant les États-Unis dans leur hémisphère. C'est ainsi qu'une crise qui aurait pu être momentanée, Hitler reprenant par exemple la dictée des propos le 24 septembre après le remplacement de Halder par Zeitzler comme chef d'état-major de l'armée de terre, se transforme en une paralysie durable. Nous avons donc en cet ultime déjeuner un discours plus volontariste que jamais, tissé d'affects plutôt que de raisonnements. Hitler se divertit en évoquant une fois de plus ses chahuts d'écolier – encore des victoires à bon marché ! –, glorifie le nazisme d'avoir réformé l'enseignement, parle avec émotion d'un des rares bons professeurs qu'il aurait eus et de leurs retrouvailles sous le double signe de l'Autriche et de la SS, traite ses autres enseignants de souillons et presque de vermine, et conclut sur une invocation à la Grèce antique, en suggérant sa propre identification avec un maître qui suscite le dévouement sacrificiel de la jeunesse.

13 juin 1943, midi

L'industrialisation d'un pays provoque toujours des réactions en sens contraire, à savoir une certaine nostalgie du romantisme. Cela se manifeste souvent par un débordement de kitsch romantique caractérisé. Il en va toujours ainsi, le prolétariat rural devient un prolétariat urbain qui ne regarde pas vers les musées et les galeries mais vers des choses dans le goût de la Grotte bleue[1]. Il faudra bien cinquante ou cent ans pour que cela change.

Hélas le temps du décollage économique a coïncidé chez nous avec celui de l'incertitude des conceptions culturelles. Il ne faut donc pas faire là-dessus de reproches aux masses. Pensez seulement aux saletés picturales que nos industriels ont souvent achetées. Ici il s'agit d'intellectuels, aussi je leur en veux quelque peu.

Encore aujourd'hui les masses sont portées vers le kitsch romantique. Cela n'a rien à voir avec l'art dégénéré. Quand on me demande si je veux encore permettre cela, je réponds que je permets ce qui ne conduit pas à la laideur. Ce qui nuit, c'est seulement la dégénérescence caractérisée, mais pas ce que nous pouvons parfois ressentir comme du romantisme sucré, car cela peut toujours être l'antichambre de l'art véritable.

Notre peuple a aujourd'hui une inclination marquée pour le romantisme, ce qui manque absolument aux Américains, qui ne voient pas plus loin que leur mer de gratte-ciel. Notre inclination pour le romantisme tient au sentiment profond de la nature qui nous anime, nous autres Allemands.

Celui qui veut bien comprendre Ludwig Richter, Carl Maria von Weber et les autres romantiques doit se rendre dans la Suisse franconienne. Là il s'ouvrira à la compréhension du véritable romantisme en peinture et en musique. Il y a là aussi un gisement de ces contes et légendes dont nous sommes si riches.

Le seul romantisme que possède le Nord-Américain est celui des Indiens. Et il est intéressant de constater que celui qui l'a le mieux restitué était précisément un Allemand[2].

1. Peut-être s'agit-il d'un spectacle de jeux de lumière portant ce titre, donné dans une salle de Panketal à partir de 1937. Cf. http://filmtheater.square7.ch/wiki/index.php?title=Panketal_Lichtspiele_Blaue_Grotte_Zepernick.

2. Karl May. Hitler est lancé dans un dénigrement absolu des États-Unis. Il cherche à sauver la culture populaire allemande, qui peut être l'antichambre de l'art, en la distinguant de l'américaine, purement dégénérée et abrutissante.

Mais les Américains ont une chose qui nous manque, le goût des grands espaces vides. D'où notre nostalgie pour l'extension de notre espace. Ce sentiment en vient toujours à éclater un jour, et on ne peut plus le contenir. Il faut être au clair là-dessus une bonne fois que c'est justement cela qui a conduit les Hollandais, qui possèdent l'espace germanique le plus densément peuplé, à déborder irrésistiblement vers l'extérieur, depuis déjà des siècles.

Que deviendrions-nous si nous n'avions pas au moins l'illusion de l'étendue de notre espace ? Dans le Spessart[1] j'ai toujours éprouvé comme un cadeau qu'on puisse s'y promener en voiture pendant deux heures et plus sans rencontrer âme qui vive. Pensez à l'autoroute, nous avons là quelque chose de semblable. Elle ouvre à l'homme, même dans les espaces densément peuplés, la profondeur du paysage.

13 juin, le soir

J'ai toujours peur qu'un jour, quand je ne serai plus là, un type arrive et fasse à Berlin un musée de l'art allemand, un musée militaire allemand et un musée de la technique allemande, dans une méconnaissance totale de ce qu'est l'unité de l'État. Peut-être même penserait-il accomplir ainsi ma volonté. Ce serait une folie. Il faut ici décentraliser de la bonne manière. Le Musée allemand de Munich est déjà à la limite, avec ses 23 kilomètres d'exposition. Il ne manquerait plus qu'un type qui nous dise qu'on va faire à Berlin un musée de la technique de 45 kilomètres.

Dans le nouveau musée militaire de Linz, je veux installer une division qui montre le développement de la fortification depuis les premiers remparts jusqu'à la ligne Maginot et au mur de l'Ouest. On y présenterait les meilleures maquettes, et cela éveillerait l'intérêt de la jeunesse. C'est déjà le point fort du Musée allemand, que partout se trouvent des maquettes que chacun peut faire fonctionner. Ce n'est pas non plus un hasard si dans la jeunesse munichoise beaucoup se sont tournés vers la marine.

1. Cf. *supra*, t. 1, entrée du 17 février au soir.

La technique se trouve encore aujourd'hui au seuil d'un développement considérable. Dans la motorisation, nous n'en sommes qu'au début. Le chemin pour passer de l'utilisation exclusive de la force humaine à celle de la force animale a pris, pour le moins, des siècles. La motorisation demandera aussi des siècles pour atteindre son plein développement. Il faut en être bien conscient.

Je ne peux pas me décider à acheter un tableau d'un peintre français car il est très difficile de savoir où placer la frontière entre ce qu'on supporte et ce qu'on ne supporte plus. C'est du pareil au même avec Corinth[1], Trübner[2], etc. Ces gens ont commencé par bien peindre. Puis ils ont eu l'ambition de faire quelque chose de totalement original. Dans le domaine littéraire le Juif était déjà passé par là comme un mauvais exemple, et avait fourni le modèle. Les gens comme Corinth ont alors cherché la même chose dans leur domaine. Et tout cela a tourné au barbouillage.

Les Italiens sont devenus des maîtres en peinture du XIVe au XVIIe siècle, et encore au XVIIIe. Au XIXe siècle ils ont pâli et maintenant, au XXe, nous assistons à une décadence totale. On ne peut pas expliquer comment cela se produit, mais cela doit se payer un jour. Les Allemands ont produit les plus grandes performances artistiques au XIXe siècle et ce dans tous les domaines. Les Français au même moment ont eu quelques grands peintres mais très vite ensuite ils sont tombés dans la négligence.

Quand je pense à l'Opéra de Paris, celui de Dresde ou celui de Vienne c'est quand même tout autre chose. Le corps de bâtiment, à Paris, est génial en lui-même mais la réalisation, d'un point de vue artistique, est médiocre. Et l'architecture intérieure a de l'allure mais elle est surchargée et sans goût. Nous devons veiller, pour l'Opéra de Munich, à écraser tout ce qui existe, tel est notre grand devoir.

Le Munich du XIXe siècle n'est pas sans rappeler le Berlin de Frédéric II. Il a été bâti pour la représentation, mais en utilisant des moyens limités car on manquait alors tout simplement d'argent. Cela allait si loin dans le Berlin de Frédéric que l'on ne mettait des sculptures qu'en façade. Aujourd'hui encore nous voyons que les maisons de cette époque, à Munich, sont très mal construites.

1. Cf. *supra*, entrée du 30 mai.
2. Cf. *supra*, entrée du 3 septembre au soir.

Au théâtre du Prince-Régent, à Munich, on a économisé partout où on le pouvait. Le bâtiment, sans les aménagements intérieurs, a je crois coûté 1,3 million de marks. Le maître d'œuvre a dû se débrouiller avec ça. Il en est allé différemment à Berlin. Le bâtiment du Reichstag, en lui-même une horreur, a coûté 28 millions de marks avec la décoration intérieure. Mais avec cela on a construit de façon irréprochable, comme l'incendie du Reichstag l'a montré.

Le palais de justice de Munich est peut-être le meilleur bâtiment baroque de l'époque moderne. Typique de l'âge le plus libéral est le palais de justice de Bruxelles. Il est couché sur la ville comme un cyclope. Faire en sorte que ce soit précisément le palais de justice qui surmonte toute la ville, c'est quelque chose de spécial.

Je crois qu'il n'y a pas de meilleure préparation pour la défense que de passionner les hommes pour la grandeur de leur patrimoine culturel, car pour lui chacun voudra se battre. Nous le voyons encore aujourd'hui ; cela compte plus pour les gens quand on anéantit de précieux biens culturels que quand on nous détruit une usine[1].

14 juin, le soir

Metternich est souvent calomnié de la pire manière. Il a cherché à réanimer un cadavre. Cependant, en tant que secrétaire d'État autrichien et du point de vue de la maison Habsbourg, il ne pouvait agir autrement. Il était au service de la maison Habsbourg et voulait lui redonner sa grandeur passée. D'où ses efforts pour réanimer à tout prix l'ancien empire allemand. On ne peut pas nier qu'il se soit souvent trompé sur les moyens. Mais il faut replacer cette action dans son époque. Le chemin que Bismarck a emprunté, personne ne pouvait le pressentir en 1830-1840. Le choix n'était pas alors entre Bismarck et Metternich, mais entre la chancellerie et le parlement, ce concentré de toutes les conceptions politiques imaginables. Rien n'est sorti de Francfort et rien ne pouvait en sortir. Là-dessus Metternich a vu juste. Metternich a visé en définitive le même but que Bismarck, il voulait l'atteindre par la restauration des Habsbourg, Bismarck par le biais de la Prusse. Tous deux

1. Hitler, lors de cette reprise des Propos, ne parle plus que de culture, ou du moins ce n'est que cela qui est retenu. La guerre est de plus en plus lointaine, alors qu'il se prépare à jouer son va-tout, en URSS, lors de la bataille de Koursk.

refusaient une solution parlementaire. Bismarck a atteint le but tandis que Metternich a trébuché. Ce n'est pas une raison pour le traiter comme un criminel.

Sans l'étape révolutionnaire de la guerre de 1866, Bismarck n'aurait pas réussi non plus. Et s'il avait échoué dans sa voie, on aurait sûrement demandé sa crucifixion. Quand Metternich était à la barre, les temps n'étaient tout simplement pas mûrs pour la solution définitive du problème de l'unité. On ne peut pas non plus reprocher à Bismarck de n'avoir pas à l'époque fondé le Reich grand-allemand. Dans le combat contre Napoléon, Metternich s'était engagé avec autant de fanatisme que tout autre patriote allemand.

On était même encore tellement peu au clair après 1866 sur la question de savoir à qui, de l'Autriche ou de la Prusse, devait revenir l'hégémonie qu'en 1867 encore les conservateurs prussiens se sont adressés au roi pour attaquer durement la politique de Bismarck et demander son renvoi. Il est aujourd'hui très difficile de juger après coup un personnage historique tel que Metternich[1].

19 juin[2]

J'ai eu autrefois le projet de construire une escadre de cuirassés. Elle devait être la plus puissante du monde. Les deux unités les plus lourdes devaient s'appeler *Ulrich von Hütten* et *Götz von Berlichingen*. Aujourd'hui je me réjouis que ce projet n'ait pas été mené à bien. Si nous avions ces navires aujourd'hui ils nous créeraient une sorte d'obligation. Et à quoi pourraient-ils servir en pratique ? Une telle escadre jouerait le rôle du « dernier chevalier ». Mais c'est un fait qu'aujourd'hui c'est l'infanterie de marine qui joue le premier rôle. À côté des sous-marins, ce sont de petites unités qu'il nous faut. C'est elles qui livrent bataille aujourd'hui. Vedettes rapides, destroyers et la suite. Les Japonais, certes, ont aujourd'hui l'escadre de cuirassés la plus puissante. Mais l'emploi de telles unités n'est pas simple. Le plus grand danger vient du ciel. Il n'y a qu'à penser à la fin du *Bismarck*.

1. Ce passage fournit peut-être une piste pour comprendre les raisons d'une brusque et brève reprise des notes « de Heim » en ce mois de juin 1943. Sur le point de jouer son va-tout dans l'offensive de Koursk (lancée, après beaucoup d'hésitations et de palabres avec les généraux, le 5 juillet, et interrompue le 13), Hitler se cherche plus que jamais des excuses et éprouve le besoin d'en trouver d'inédites. Cet appel au parrainage de Metternich est, comme il le reconnaît lui-même, assez incongru. Mais il a sans doute besoin, sans marchander pour autant son admiration aux deux précurseurs victorieux qu'étaient Frédéric et Bismarck, d'exalter aussi un vaincu et de lui trouver pour excuse que les temps n'étaient pas mûrs : voilà qui dessine la possibilité que surgisse, à brève échéance, un nouvel Hitler qui reprendra le flambeau et trouvera, lui, la « solution » pour instaurer le « Reich grand-allemand ».

2. Passage interverti avec le suivant, également daté du 19 juin sans précision d'heure, dans l'édition Genoud. Probablement parce que le suivant rapporte, d'après sa phrase introductive, des propos de l'avant-veille.

19 juin

(Le Führer a déclaré le 17 juin ce qui suit:)

Je ne puis croire que les ères géologiques aient duré aussi longtemps que les scientifiques l'affirment. Ils ne peuvent pourtant pas prouver leurs théories. J'ai toujours le sentiment que dans de telles estimations l'obscure angoisse de l'homme devant des dangers inconnus, devant des catastrophes naturelles ou devant de grandes révolutions dans la nature joue un rôle d'une manière ou d'une autre.

Quand dernièrement la presse a parlé du tremblement de terre en Wurtemberg, les journaux n'ont rien eu de plus pressé que de tranquilliser leurs lecteurs en affirmant à tout bout de champ qu'aucun danger ne menaçait, qu'il n'y avait aucun indice d'une aggravation des secousses et ainsi de suite. Ah! c'est bien remarquable que si peu d'hommes puissent regarder tranquillement en face un danger réel ou fantasmé et soient capables de prendre en conséquence des décisions de grande portée. Mais la plupart sont lâches, la peur de l'inconnu s'inscrit en eux trop profondément[1].

25 juin[2]

Je crois qu'il n'y a nulle part un rythme de travail aussi élevé qu'à Berlin. Dans aucune autre ville on n'aurait pu construire la chancellerie du Reich en neuf mois. Le Berlinois est précisément un travailleur incroyablement zélé. Il n'y a pas cela à Munich ni à Vienne. L'influence de ce mélange de peuples fait de Polonais, de Tchèques, de Slaves et d'Italiens se fait encore sentir aujourd'hui à Vienne.

Quand on aborde le thème du rapport de Vienne à la musique et qu'on présente Vienne comme la ville la plus musicale du monde, il ne faut pas perdre de vue une chose: à l'époque où vivaient nos plus grands musiciens, Vienne était la capitale impériale. Cela attirait les gens. Vienne était l'aimant qui offrait le plus de chances. Et c'est là que tout s'est concentré. Et comme on traitait mal les musiciens! Il n'est pas vrai que Beethoven ait été porté aux nues de son vivant,

1. Étonnant plaidoyer pro domo : les gens ordinaires ont peur des bouleversements brusques et cela déteint même sur la science géologique, qui délaye indûment dans le temps les bouleversements de l'écorce terrestre. Un courageux Führer n'est pas de trop, pour présider à l'accouchement des temps nouveaux. Au passage tout respect pour les savants se perd, absurdement.

2. Genoud date cette page du 24 au soir, sans mentionner de lieu. Cependant, la présence de Schirach et le journal de Goebbels invitent à la dater... du 23. Et à localiser la conversation non pas, comme Jochmann, à la Wolfsschanze, mais au Berghof. Le couple Schirach y est ce jour-là en visite et c'est après cette conversation qu'a lieu une altercation entre Hitler et Henriette von Schirach au sujet des femmes juives qu'elle a vu maltraiter et déporter en Hollande. Le couple quitte ensuite précipitamment l'endroit. Goebbels, qui n'est pas témoin de l'altercation, fait état auparavant de « dures discussions au sujet des Viennois », qui renvoient probablement au présent compte rendu. Cf. François Delpla, *Les tentatrices...*, *op. cit.*, p. 302-304. On peut remarquer également qu'il ne s'agit visiblement pas d'un monologue, que Hitler répond à des objections ou à des remarques de Schirach et que le scribe ne fait aucun effort pour mentionner ou résumer celles-ci, contrairement à la pratique de Heim et de Picker.

et Haydn non plus. Le *Don Giovanni* de Mozart a fait un four. Et pourquoi Mozart était-il venu à Vienne ? Il espérait obtenir de l'empereur une pension, qu'il n'a jamais obtenue. Du reste, il est établi que la famille Mozart était d'Augsbourg. Il n'est donc pas d'origine autrichienne, mais souabe. Toute la fine fleur de notre musique à Vienne ne procède donc certainement pas de la ville. C'est ainsi que quelque chose ne pousse absolument pas à partir du sol, mais seulement du peuple[1].

Les fondements d'une musique véritablement créative sont d'une part la musicalité, et ensuite la construction. Cette dernière est germanique, tandis que la musicalité est d'origine slave. Là où les deux se conjuguent, nous avons de grands maîtres. Chez Bach par exemple la construction dominait, et il n'avait vraiment pas une goutte de sang slave. Voyez en regard Beethoven, là on voit, rien qu'à observer sa tête, qu'il y avait aussi un apport étranger. Ce n'est pas un hasard si les Anglais n'ont pas produit le moindre compositeur créatif ; c'est qu'ils sont un peuple purement germanique.

Je ne suis absolument pas contre Vienne, c'est complètement faux. À Berlin également je critique tout ce qui ne me plaît pas. Mais mon devoir dépasse de beaucoup cela, il ne s'appelle pas Vienne ou Berlin. Ma connaissance de l'histoire me dit que des relations momentanées peuvent changer et je dois penser dès aujourd'hui à ce qui peut se produire si un jour je ne suis plus là. Il y a un danger, si dans l'espace culturel autrichien Vienne devait un jour rester seule. Je travaille donc dès aujourd'hui à l'éviter et je crée d'autres foyers de culture, pour combattre ce danger à temps. Vienne aurait autrement une trop grande force d'attraction culturelle. Cela mènerait à une augmentation de sa force d'attraction culturelle et il ne faut pas permettre cela. J'ai appris cela de l'histoire. À Munich ce danger n'existe pas, car l'influence culturelle de Munich ne déborde pas les bornes-frontières de la Bavière. Je me sens responsable d'éviter que se produisent là les prémisses d'une évolution fâcheuse dans l'avenir.

On peut très bien aimer Vienne pour des raisons musicales. Mais si on veut prendre des mesures politiques dans ce territoire, il faut

1. Le nazisme prend ici de grandes distances avec la tradition *völkisch* et toutes les théories vantant l'alliance « du sang et du sol ».

juger les choses avec froideur et sobriété. C'est pourquoi il faut rapatrier dans les régions tout ce que Vienne a accaparé.

Je ne peux pas non plus permettre une concurrence entre Vienne et Berlin. Berlin est à présent la capitale du Reich et le restera. J'avais autrefois l'intention de bâtir la capitale du Reich tout à fait ailleurs, au bord du lac Müritz. Mais Speer me l'a déconseillé ; là-bas le sol était tout aussi mauvais pour construire que le soubassement de Berlin. Mais je veillerai aussi à ce que Berlin se présente un jour en toute chose comme la capitale du Reich.

Tout cela n'a rien à voir avec une préférence pour quelque ville que ce soit. Je ne peux pas dire que je préfère les Berlinois ou les Viennois. Je me sens chez moi dans tout le Reich et j'ai le même amour pour les habitants de toutes les régions, aussi longtemps qu'on ne se dresse pas contre les intérêts du Reich, qu'il m'incombe de préserver. J'agis ici exactement comme dans ma propre famille ; cela ne fait même pas de différence pour moi. Mais si je remarque que quelque part dans une ville ou un Gau on cherche à se servir de moi pour ses intérêts propres, alors je m'inscris en faux ; là je suis d'une froideur de glace.

Ne me parlez pas des très lourdes pertes que Vienne a subies à la guerre et de ses fils tombés très bravement. Ce n'est pas le cas seulement des Viennois, mais de tous les fils d'Allemagne. Il n'y a pas là de sentimentalité mais une froide observance du devoir. Je serais vraiment un mauvais fils de ma petite patrie si je ne l'inscrivais pas pleinement dans le Reich, de ce point de vue aussi !

Aucun Gauleiter ne peut attendre de moi que sur le plan financier ou sur n'importe quel autre je le favorise plus que ne le commande l'intérêt du Reich. Si j'offre un bâtiment à un Gau ou à une ville, ce n'est pas moi qui le donne – je ne suis personnellement qu'un pauvre diable –, c'est tout le peuple allemand qui paye. Voyez-vous, c'est cela ma responsabilité !

Qui donc dit que je n'aime pas Vienne ? J'ai par exemple donné à Vienne l'homme que j'estime fait pour diriger précisément ce Gau. Mais rien que le fait que je bâtisse à Linz fâche les Viennois. Mais cela me laisse complètement froid. Je traite tous les Gaue sur le

même plan. Mais dans le cas de Vienne précisément je vois pour l'avenir un danger politique dans le fait que cette ville reçoive une préférence.

Naturellement il est exact que j'ai reçu autrefois à Vienne un accueil enthousiaste mais c'était aussi le cas à Linz et à Klagenfurt, à Hambourg et à Cologne, etc. On ne doit tout de même pas attendre que, pour des choses qui vont de soi, j'aille privilégier un Gau ou une ville – et si je suis le Führer de la nation, alors un tel accueil va de soi. Bien sûr que celui de Vienne m'a réjoui. Cependant je dois accomplir mon devoir, tel qu'il m'apparaît dans l'intérêt de toute la nation. Qu'est-ce que le cœur a à voir ici ? On ne peut pas créer les choses avec lui seul. Il faut, pour cela, garder la tête froide !

J'ai dit à Eigruber[1] : Linz doit au Reich tout ce qu'elle a et va encore recevoir. C'est pourquoi cette ville doit devenir la dépositaire de l'idée de Reich. Sur chacun de ses bâtiments il faudrait écrire : « Don du Reich allemand ». Et à Linz on reconnaît cela. Je peux vous donner un exemple de ce comportement : j'ai lu dans le *Linzer Tagespost* que dans un numéro de cabaret un comique avait démoli les Berlinois. Le journal ajoutait qu'on ne permettait pas qu'à Linz la capitale du Reich soit raillée de cette manière. Voyez-vous, c'est ainsi à Linz. On peut critiquer, mais non avilir. De telles séquelles d'un passé de rivalités ne sont pas encore surmontées. Cela peut même encore causer un danger après la guerre. C'est pourquoi il faut dès maintenant en supprimer les raisons. C'est peut-être un don de la Providence[2] que j'aie été aussi longtemps apatride ; cela m'a donné à l'époque une claire conscience de la valeur de l'unité nationale.

Treitschke[3] a dit un jour : l'Allemagne a des villes, mais pas de capitale. Mais maintenant il y en aura et il doit y en avoir une. Je ferai en sorte qu'aucune autre ville allemande ne s'approche de la capitale du Reich.

J'ai vu les plans de Vienne ; pour cela il faudrait des moyens nationaux que je ne donnerai jamais à une ville qui n'est pas la capitale du Reich. Ce serait tout de même incompréhensible, que j'agisse autrement. Naturellement, la ville devra être assainie dans son bâti, les quartiers de taudis devront être rasés[4]. Tout cela se fera.

1. August Eigruber (1907-1947) est Gauleiter du Haut-Danube depuis 1935 et Reichsstatthalter de la même région depuis 1939. Il a dans sa juridiction, outre la ville de Linz, le camp de Mauthausen et l'hôpital de Hartheim où se pratiquent des exécutions de handicapés. Il sera condamné à mort en 1946 à l'issue du procès de Dachau.

2. Elle est toujours censée parrainer l'entreprise, même au bord de la faillite.

3. Heinrich von Treitschke (1834-1896), historien et penseur politique allemand.

4. Cela avait été dit le 1er octobre ; quant à la nécessité d'une décentralisation culturelle en Autriche, il en avait été question les soirs du 26 avril et du 3 mai.

J'ai déjà chassé les Juifs de Vienne, je voudrais encore faire partir les Tchèques. Mais si l'on bâtit à Vienne, il ne faut pas éclipser les bâtiments de prestige de la ville impériale, ce serait une erreur.

Je vois ainsi la tâche qui est devant moi : si avec l'argent du Reich je créais une situation qui pourrait à terme menacer l'unité du Reich, je serais un criminel. C'est pourquoi, à partir de mes connaissances historiques et de ma vision politique, je ne peux agir autrement que je le fais.

Schirach, vous avez le devoir de veiller à ce que Vienne ne sombre pas culturellement. Le mien est de préserver les intérêts du Reich. J'attends de chaque Gauleiter qu'il respecte cela ! On doit, pour pouvoir mener à bien de grandes choses, couper bien des ponts derrière soi, particulièrement dans le domaine des états d'âme. C'est la raison et la froide réflexion qui doivent avoir là le dernier mot.

13 mars 1944, Berghof

(Lors de la conversation à table pendant le déjeuner d'aujourd'hui la conversation aborde le problème de la création des films. Le Führer :)

On dit toujours que pour certains genres de rôles, par exemple les rôles de héros, il n'y a pas les représentants voulus parmi nos acteurs de cinéma ; ce type ou celui-là seraient simplement manquants. Cela est faux. Bien sûr que nous l'avons, ce type. Nous devons simplement le chercher, et nous le trouverons. Naturellement, les réalisateurs ne doivent pas toujours se borner à chercher parmi un ensemble défini d'acteurs de théâtre et de figurants. Il faut procéder tout autrement si on veut chercher de nouvelles forces. Nous les avons en fait. Il n'y a qu'à penser quels personnages pleins de prestance nous avons encore aujourd'hui pendant la cinquième année de guerre dans nos régiments et nos Standarte[1].

Il y a des années – c'était avant la guerre – je passais en voiture à Bergedorf[2] le long d'un camp du Service du travail. Ma voiture fut entourée d'une foule de jeunes gens bronzés. J'ai dit à ceux qui m'accompagnaient : « Pourquoi nos réalisateurs de films ne vont-ils pas là pour recruter ceux qui ont les dispositions requises ? Il

1. Les Standarte sont, dans les formations de combat SS, l'équivalent des régiments.

2. Le quartier sud-est de Hambourg.

devrait pourtant être possible en un ou deux ans de faire d'un jeune homme, qui naturellement devrait avoir certaines aptitudes, un acteur, quand ce ne serait que pour un rôle précis, pour lequel à cette heure ils ne trouvent personne. » La Riefenstahl agit là très bien, elle cherche dans les villages eux-mêmes des acteurs pour ses rôles de paysans.

(Dans le cours de la conversation on en vint à parler de critique d'art. Le Führer dit à ce sujet :)

Le jugement d'un critique ne peut naturellement jamais être une vérité d'évidence. Il reflète toujours uniquement sa propre conception et n'a de ce fait de valeur que subjective. Quand dans dix journaux différents dix critiques différents écrivent sur la même œuvre, ils expriment, à moins qu'une version commune ait été convenue, dix opinions différentes sur l'œuvre d'art. Quelle valeur pratique cela a-t-il ? Pas la moindre ! Nous négligeons trop facilement le fait que l'Antiquité ne connaissait pas du tout la critique d'art. Alors régnait le principe : L'œuvre d'art s'impose par sa valeur. Voilà la sélection correcte et naturelle. Mais la critique, telle qu'elle s'est développée depuis le début du XIXe siècle, signifiait soit la mort de l'œuvre, car elle était disséquée par les critiques, soit la mort de la presse, car le peuple ne la prenait plus au sérieux puisque sur la même œuvre un critique écrivait toujours autre chose qu'un autre. Si nous n'avions pas du tout de critiques, ce ne serait pas une grosse perte. Ce qui est terrible, c'est quand un homme d'une certaine réputation signe une critique. Il peut faire en sorte qu'une critique défavorable ruine la réputation d'un artiste pendant vingt ans.

Nous avons assez d'exemples d'artistes ou d'œuvres aujourd'hui hautement prisés qui ont d'abord été mis en pièces par les critiques. Il n'y a qu'à penser à la façon dont E. T. A. Hoffmann a rendu un jugement négatif dans sa critique du *Freischütz*[1], bien que justement cette œuvre, par ses résonances avec le suprasensible et le fantastique, aurait dû séduire particulièrement le romantique Hoffmann. Ou bien pensons à Richard Wagner, comment les critiques l'ont achevé pendant des dizaines d'années. Et s'il n'avait pas trouvé quelqu'un qui se soit mis de son côté sans restriction[2], qui sait s'il aurait été en

1. L'opéra de Weber avait été créé en 1821.
2. Louis II de Bavière.

mesure de mener son œuvre véritablement à bonne fin, telle qu'elle est devant nous ? Il n'en allait pas très différemment avec *Carmen*. Cette œuvre aussi a été piétinée et éreintée ; et personne ne pense plus aux plumitifs qui ont pondu ces critiques[1].

23 mars 1944

(Aujourd'hui au déjeuner la conversation a roulé sur les beautés multiples du paysage rhénan. Le Führer a déclaré là-dessus :)

Le Rhin, je l'ai vu pour la première fois en 1914, quand je partais vers l'ouest avec la troupe. Cela restera pour moi éternellement inoubliable, les sentiments qui m'animèrent quand je vis pour la première fois ce fleuve du destin. Je dois une impression aussi forte à l'ouverture et à la cordialité des hommes qui vivaient là-bas et nous préparaient partout une réception inattendue. Nous étions alimentés en tout de façon carrément touchante. Le soir en arrivant à Aix, je me dis que ne n'oublierais jamais ce jour de toute ma vie. Et de fait ce souvenir m'a accompagné encore et toujours de façon très vivante, chaque fois que je revenais au bord du Rhin.

Oui, peut-être est-ce là, outre la beauté incomparable de ce paysage, la raison qui a fait que je m'y suis rendu presque chaque année. En dehors du Rhin il y a une quantité d'autres paysages allemands que j'ai cherché à voir de préférence tous les ans avec une passion particulière, par exemple les Kyffhäuser, la forêt de Thuringe, le Harz et la Forêt-Noire. C'est cependant un sentiment tout à fait incomparable quand pendant 20, 30, 40 kilomètres on roule à l'écart de toute agglomération humaine et se sent proche de la nature.

Dans de tels voyages j'ai toujours volontiers pique-niqué. Ce n'était pas toujours simple ; souvent notre colonne de voitures était pourchassée pendant des heures par des chauffeurs qui ne voulaient pas laisser échapper la possibilité de me voir de près en liberté lors de quelque étape. Nous devions en fait saisir tous les moyens de semer ces poursuivants. Dans de tels cas je faisais tourner la première voiture, dans laquelle je me trouvais, soudain vers la gauche ou vers

1. Cette haine de la critique, qui pour une fois ne vise pas les Juifs, du moins nommément, semble être un plaidoyer pro domo de celui qui est en train de faire l'unanimité du monde contre lui, même si l'Allemagne semble faire exception... mais il y a supprimé la critique !

la droite dans un chemin de traverse, pendant que celle avec le fonctionnaire de police passait devant et continuait sur la route. Quand ensuite les poursuivants atteignaient cette deuxième voiture, ils mettaient encore plus les gaz pour me rattraper car ils croyaient que je m'étais arraché dans la même direction. C'est ainsi que parfois nous arrivions à nous cacher tranquillement pour quelques heures. Mais parfois aussi nous n'avions pas de chance. Je me souviens que lors d'un de ces voyages de travail nous étions à l'arrêt dans une forêt. Soudain surgit une famille de cueilleurs de champignons et il ne se passa pas longtemps avant que ces gens aient rameuté du voisinage toute une foule qui m'entoura en poussant des « *Heil* » sonores. Évidemment, cette fois, adieu la tranquillité.

Il est vraiment dommage que seulement peu de gens, dans notre Allemagne, connaissent véritablement leur petite patrie. Au cours des six dernières années, les beautés paysagères de l'Allemagne ont été encore sensiblement accrues. Outre l'Autriche il faut ici penser aux paysages pleins de charme de la Bohême-Moravie, que seulement peu d'habitants de l'ancien Reich connaissent. Qui sait par exemple quelque chose de la forêt de Bohême ? Qui la connaît ? Qu'il y ait là aujourd'hui encore des forêts primitives, beaucoup l'ont lu ; mais très peu sont allés là-bas. Je connais une collection de photos prises en forêt de Bohême, on se croirait parfois en les regardant devant un paysage tropical. Un Allemand qui fait une fois par an un voyage, sans quitter un instant l'Allemagne, a besoin de toute sa vie pour connaître par lui-même toutes les beautés de son pays[1].

17 mai 1944

Dans l'histoire allemande, l'État n'a été que rarement en mesure de peser de manière déterminante sur la vie de l'Église. La meilleure occasion aurait peut-être été le temps du modernisme, vers 1907-1909. Le mouvement moderniste a, c'est un fait, été sur bien des points un retour aux façons de penser de l'ancien catholicisme. Mais sous beaucoup d'aspects il apportait pourtant quelque chose d'incontestablement neuf.

1. Tandis que les beautés urbaines tombent en poussière, on se console avec celles des campagnes, et on n'oublie pas de dire qu'on en a conquis soi-même une bonne partie.

Si à l'époque l'État avait trouvé le moyen de tirer profit de ces efforts, il aurait été très vraisemblablement possible de créer une Église nationale allemande entièrement détachée de Rome. Il faut aussi prendre en considération le fait que les modernistes recherchaient sérieusement une conciliation avec l'Église évangélique. On aurait pu ainsi jeter un pont entre les deux confessions chrétiennes. Mais l'État était trop faible et a laissé passer sa chance. Il n'existait même personne qui ait pris l'exacte mesure de ce qui se produisait. Ainsi l'Église avait la partie belle. Elle menaçait et excommuniait. Et qu'est-ce qu'un prêtre de 50 ou 60 ans à qui on retire sa robe noire et qu'on expulse du sein de l'Église ?

On a tant et si bien accablé les prêtres de menaces que la plupart ont fini par s'incliner. C'est une donnée permanente, que les menaces de l'Église ont un caractère très tangible. Quand l'affaire devient sérieuse, elle ne menace pas tant de l'enfer et de son feu que de choses que les gens devront éprouver dans leur corps pour le restant de leurs jours. C'est ainsi que le mouvement moderniste finit par péricliter, et l'introduction du serment anti-moderniste lui porta le coup de grâce[1].

19 mai

L'idée que la recherche et l'enseignement devraient être éternellement inséparables est fausse. Tous deux ont des tâches entièrement spécifiques. Chacun produit un type d'homme différent, et tous deux doivent être, du point de vue de l'État, jugés différemment.

L'État ne doit mettre aucune entrave à la recherche. Elle doit rester libre. Ce qu'elle élabore et affirme, c'est la vérité. Et la vérité ne peut pas être mauvaise. L'État a le devoir de soutenir la recherche et de la favoriser aussi quand ses résultats, à vue humaine, ne trouveront pas d'application utile dans l'économie. Les résultats de la recherche scientifique seront peut-être profitables lors de la génération suivante et pourront même apporter un progrès énorme.

En revanche, je ne peux nullement accorder à l'enseignement la même liberté absolue. La liberté de l'enseignement trouve sa limite

1. Au sens étroit, la crise moderniste de l'Église catholique prend place entre 1902 et 1908 : des théologiens influencés par Darwin professaient qu'il ne fallait plus prendre au pied de la lettre les récits bibliques ; ils sont sévèrement remis au pas par Pie X (1903-1914). Le terme « moderniste » avait été forgé par les adversaires de ce courant. En déplorant sa défaite, Hitler ne renie pas son anti-christianisme foncier (cf. *infra*, entrée du 30 novembre), mais veut dire que l'émergence d'un christianisme allemand unifié aurait été une étape utile vers la sortie du christianisme.

dans l'intérêt de l'État, elle ne peut donc qu'être bornée. Elle ne pourra jamais bénéficier de ce que je dois en toutes circonstances permettre à la recherche.

Les types du chercheur et de l'enseignant sont également tout différents. Ils cohabitent rarement harmonieusement dans la même personne. Le chercheur est par nature réservé, il n'en a jamais fini avec ses pensées, ses travaux, ses ruminations et ses doutes. Il est donc par nature méfiant, il mesure, exerce de sévères autocritiques et a un penchant pour la solitude. L'enseignant-type est tout différent, il ne s'occupe pas tant de l'infini et de ses mystères – par conséquent de ce qui le dépasse grandement – que des êtres à qui il veut transmettre un savoir précis et une compréhension des choses, par conséquent des êtres qui en règle générale lui sont inférieurs en tout point. L'enseignant tend ainsi à trop mettre l'accent sur ses connaissances et ses pouvoirs, et sur sa présomption.

Il y a des chercheurs géniaux, des êtres brillamment créateurs, à qui manque toute aptitude à enseigner et il y a des hommes qui ont un immense talent pédagogique mais à qui toute étincelle créatrice fait irrémédiablement défaut. Et cependant, les deux peuvent, chacun dans son domaine, accomplir des performances remarquables, que dis-je, géniales.

Je ne suis pas d'avis que la liberté de recherche doive être accordée uniquement dans les sciences de la nature. Elle doit s'étendre également au domaine des sciences de l'esprit. On trouve là au premier chef la philosophie. Elle est vraiment dans son essence un simple prolongement des sciences de la nature. Partant de leurs résultats, elle cherche à dresser une image du monde à l'aide de la spéculation. Les frontières entre ces disciplines ne sont donc en aucun cas tranchées, elles sont au contraire mouvantes.

Dans le grand hall de la bibliothèque de Linz, il y aura un jour Kant, Schopenhauer et Nietzsche, nos plus grands penseurs, aux côtés desquels les Anglais, les Français et les Américains n'ont personne, mais vraiment personne du même poids à aligner. Kant a l'immense mérite d'avoir définitivement surmonté la scolastique enracinée dans le Moyen Âge et la dogmatique chrétienne.

Schopenhauer a construit sur le fondement de sa théorie de la connaissance et nous lui devons beaucoup. C'est cela qui surmonta la théorie purement finaliste d'un Hegel, de telle sorte que rien n'en subsista. Pendant toute la guerre mondiale j'ai traîné les cinq volumes des œuvres complètes de Schopenhauer dans mon havresac. J'ai beaucoup appris de lui. Le pessimisme de Schopenhauer, qui ne [tenait[1]] peut-être pas entièrement à son enseignement et à son système mais aussi aux sentiments subjectifs et aux expériences de sa vie personnelle, a été surmonté par Nietzsche de la plus brillante manière.

On a tort quand on affirme que notre jeunesse étudiante sera préservée de l'orientation étroite d'un enseignement par la seule vertu d'un changement fréquent d'université, comme cela ne se fait pas dans d'autres pays. En réalité, ce qui arrive c'est que les professeurs d'université, même s'ils ont des désaccords entre eux, sont pleinement d'accord sur le fond. C'est avec les spécialistes de l'économie nationale que j'en ai fait la meilleure expérience. Ce devait être en 1929, nous avions fait une publication sur certaines questions de politique économique. Toute une brochette de spécialistes de l'économie nationale de différentes universités avaient signé une circulaire où ils prenaient tous position contre nos projets de réforme.

J'ai fait une fois une tentative pour débattre avec un économiste national renommé, et même celui d'entre eux qui passait pour révolutionnaire, Zwiedineck[2]. Cela a failli conduire à une catastrophe. À cette époque l'État avait débloqué pour la construction d'une route un crédit de 2,7 millions. J'ai objecté à Zwiedineck que je trouvais que cette sorte de financement était un non-sens. Le tronçon de route construit avec serait peut-être utilisable pendant dix ou quinze ans. Mais le remboursement des intérêts et l'amortissement du capital rapporteraient pendant quatre-vingts ans. La charge pèserait alors sur la génération suivante et même encore la suivante de la suivante. C'était malsain. Nous devions, par des mesures étatiques radicales, nous occuper d'obtenir une baisse drastique des taux d'intérêt, afin que le capital devienne mobile.

1. Jochmann écrit ici le mot « *ergab* » que Hitler, estime-t-il sans doute à juste titre, a oublié en route.

2. Otto von Zwiedineck-Südenhorst (1871-1957), successeur de Max Weber à la chaire d'économie nationale de l'université de Munich, était spécialiste des questions de salaire et des questions sociales. Sa dispute avec Hitler n'est connue que par ce propos.

Puis je me suis affronté avec lui sur la couverture en or, les devises et autres questions du même ordre, que jamais au grand jamais je ne pouvais voir comme des facteurs incontournables et dignes d'attention. Pour moi l'argent n'est rien d'autre qu'un signe du travail effectué. Il n'a de valeur qu'autant que derrière lui il y ait un travail effectué. Là où il ne représente pas une telle prestation, je ne peux pas non plus lui accorder une valeur.

Zwiedineck était effrayé et hors de lui. Il m'expliqua qu'avec de telles conceptions je mettais cul par-dessus tête l'ensemble des connaissances qu'on avait sur l'économie mondiale. La mise à exécution de tels plans ne pouvait conduire qu'à une faillite économique généralisée.

Quand plus tard, après la prise du pouvoir, je mis en œuvre mes conceptions, on vit alors tout d'un coup les spécialistes de l'économie nationale, dans un retournement à 180 degrés, prétendre devant leurs étudiants que mes innovations étaient scientifiquement fondées et valables[1].

30 novembre 1944

(Lors d'une conversation autour d'un thé hier soir le Führer a notamment déclaré :)

Jésus n'était sûrement pas un Juif, car les Juifs n'auraient pas livré l'un des leurs aux Romains et au tribunal romain, mais l'auraient jugé eux-mêmes[2]. Il y avait vraisemblablement parmi les habitants de la Galilée beaucoup de descendants de légionnaires (gaulois), et Jésus était l'un d'eux. Il est possible que sa mère ait été juive.

Jésus combattait le matérialisme corrupteur de son temps et, ce faisant, combattait les Juifs. Paul – d'abord un des adversaires les plus implacables des chrétiens – comprit soudain quelles immenses possibilités offrait l'utilisation exacte d'une idée fascinante. Paul comprit que l'utilisation exacte d'une idée maîtresse auprès des non-Juifs recelait un potentiel très supérieur à la promesse d'une récompense matérielle auprès du Juif. Et alors Saül-Paul falsifia l'idée chrétienne avec finesse : la remise en question de la divinisation de l'argent, la

1. Le plaidoyer de Hitler pour la liberté de la recherche, y compris dans les sciences humaines, à moins d'un an de sa chute et de celle de son système, est remarquable. Il est avant tout le signe du fait qu'il ne perçoit pas son dogmatisme. Il a une confiance absolue dans le fait que la génétique va confirmer de plus en plus les différences biologiques entre les races et la hiérarchie qu'il dresse entre elles.

2. C'est ce que, de l'avis général, ils ont fait en le traduisant devant leur Sanhédrin. Ce n'est que pour la confirmation des peines capitales qu'ils avaient besoin de l'approbation du représentant de l'empereur.

remise en question de l'égoïsme juif, du matérialisme juif, se mua en idée maîtresse des sujets de race inférieure, des esclaves, des opprimés, des pauvres d'argent et de biens contre la classe dominante, contre la race supérieure, >contre les opprimés<[1] ! La religion de Paul et le christianisme ainsi représenté, ce n'était rien d'autre que du communisme !

J'affirme : « Dans ses fondements le comportement des Juifs reste le même : partout les Juifs ont pris le commandement des classes inférieures contre la classe dominante. Ils ont éveillé le mécontentement contre les conditions alors prévalentes, car seule la semence de ce mécontentement pouvait produire leur récolte. Ils créaient une atmosphère excitée et empoisonnée dans divers groupes unis par le sang, ils étaient les professeurs des idées de lutte des classes. Tout refus de la lutte des classes est par conséquent antijuif, tout enseignement anticommuniste est antijuif, tout enseignement antichrétien est antijuif, et vice versa. En conséquence, notre enseignement national-socialiste est pleinement antijuif égale anticommuniste égale antichrétien, y compris quand par exemple, dans les tâches du NSV, il apparaît uniquement positif et voué au seul bien du peuple allemand. »

(Le Führer notifia en conclusion :)

J'ai reçu par Burgdorf[2] le texte d'une conférence sur les liens entre le communisme et le christianisme. Il est réjouissant de voir dans quelle ample mesure même en ce temps la conscience des liens constants et intimes entre le communisme et le christianisme progresse[3].

1. Graphie adoptée dans l'édition Jochmann pour mettre en doute ce groupe de mots, visiblement erroné.

2. Wilhelm Burgdorf (1895-1945), le chef des Adjutanten militaires.

3. Que ce soit calculé ou non, les notes s'achèvent sur la réaffirmation, peu avant que l'Allemagne nazie reçoive le coup de grâce, des convictions les plus fondamentales du locuteur sur la nocivité de la Juiverie et de ses deux principaux avatars, le christianisme et le communisme.

Conclusion

L'objectif du présent volume est de présenter une version nouvelle et convenable du tome 2 de l'édition Genoud, paru en 1953, jamais réédité en français mais traduit en anglais, et dont la dernière mouture, publiée en 2007, orne encore les devantures anglo-saxonnes. Ses défauts, déjà longuement présentés, ont induit non seulement des idées fausses sur Hitler et son Reich, mais une sous-estimation de l'importance documentaire de ce texte pour la compréhension de l'homme et du régime. Ce travail de correction, à la fois prenant et urgent, ne saurait s'accompagner de commentaires exhaustifs, sauf à retarder encore la publication d'une version réparatrice. Je laisse donc à d'autres une tâche qui s'annonce passionnante : la confrontation de ce texte, entre le 21 mars et le 29 juillet 1942, avec les notes de Henry Picker couvrant la même période, publiées en 1963 et complétées en 1977. Ces notes sont en effet beaucoup plus abondantes, ce qui montre que le tri pratiqué par Heim et Bormann pour aboutir à la présente version, vraisemblablement dans l'automne de 1942, a été sévère. La comparaison des deux ensembles, lorsqu'elle sera menée à bien, nous donnera une idée plus précise des critères qui ont présidé à ce tri.

Les notes reprennent donc le 21 mars, après un intervalle de quatorze jours au cours duquel Hitler a notamment fait un séjour à Berlin pour prononcer un discours-programme net et enlevé lors de la journée du Souvenir des héros, le 15 mars. Il présente la victoire à l'Est, dès 1942, comme une certitude, étant donné que seul un hiver d'une précocité et d'une dureté sans pareilles l'a empêchée d'advenir en 1941. En ne profitant pas de ce sursis pour infliger à la Wehrmacht un sort « napoléonien », les dirigeants bolcheviks ont laissé passer leur chance, dit celui qui raille volontiers le propos de Chamberlain suivant lequel lui-même, deux ans plus tôt, avait « manqué le bus ». Cet optimisme, sans doute sincère, s'accompagne de la réitération, sous une forme à peine voilée, de l'annonce faite aux Juifs de leur extermination totale en Europe.

Au cours des semaines suivantes, toutes les occasions sont bonnes pour accuser et maudire les Juifs, mais l'optimisme militaire, lui, n'est guère réitéré, à telle enseigne que le discours public suivant, le 26 avril, annonce que la Wehrmacht, cette fois, a pris toutes ses dispositions pour affronter l'hiver. Entre-temps, la réputation qu'ont ces propos de ne jamais parler des questions militaires de l'heure est, pour une fois, justifiée. Même l'aménagement du « grand espace oriental » ne fait guère l'objet de développements au cours du printemps – il ne refera qu'en été de timides apparitions ; on apprend seulement, au détour d'une dissertation sur le climat, qu'il faudra reboiser l'Ukraine. La conversation ne porte pas toujours sur la nature, l'histoire ou l'art ; l'actualité non militaire est commentée, par exemple l'attentat d'Ankara contre Papen ou l'évasion du général Giraud, mais l'URSS a disparu : les propos semblent avoir à cet égard une fonction de divertissement, et il n'est pas difficile de deviner pourquoi. Les armées allemandes dans l'ensemble progressent, les contre-attaques soviétiques sont enrayées pour la plupart et dans les deux cas le sang soviétique coule plus que l'allemand, mais tout cela est trop lent et le spectre d'un nouvel hiver dans l'enfer russe se dessine dès ce moment ; il faut d'ailleurs que ce soit une certitude pour que le chef se résolve à le suggérer dans un discours public, étant donné son propre précepte, exprimé notamment le 9 juillet, suivant lequel la propagande doit favoriser l'optimisme.

Il en va de même, probablement, des succès du Japon, foudroyants en apparence, mais limités et surtout ralentis. La défense des Américains aux Philippines se révèle plus coriace que celle des Anglais en Malaisie, la Birmanie est chèrement disputée et c'est tout à fait inquiétant pour celui qui prédisait que les soldats américains manqueraient de combativité. Sur mer, le Japon est stoppé dans sa progression début mai par la bataille de la mer de Corail : si ses pertes et celles des États-Unis s'équilibrent, c'est beaucoup plus grave pour lui, qui a beaucoup plus de mal à renouveler le matériel perdu et qui a choisi le moment de son entrée en guerre, alors que son adversaire est en rodage. Cette bataille stoppe la progression japonaise vers le sud, empêchant un débarquement en Nouvelle-Guinée dont le succès aurait ouvert les portes de l'Australie. Un mois plus tard, début juin, la bataille navale de Midway est une retentissante victoire américaine. Pour Hitler ce sont là comme autant de coups à l'estomac : les États-Unis vont pouvoir mener la guerre sur deux fronts, non seulement sans distraire un homme ou une arme de l'Atlantique pour éteindre l'incendie dans le Pacifique, mais en privilégiant l'ennemi allemand, tant par l'acheminement de troupes en Grande-Bretagne (qui vont bientôt débarquer en Afrique du Nord) que par la protection des convois vers la Russie.

Le silence de Hitler est donc éloquent : lui qui depuis le début évoquait volontiers les opérations militaires et plus souvent encore les grandes questions stratégiques et les rapports de forces, voilà qu'il ne parle quasiment pas de la guerre, du moins de celle qui se déroule car il s'épanche sur Arminius et les campagnes bismarckiennes, sur les éléphants d'Annibal et le récent conflit espagnol. Mais le sujet principal est l'Allemagne. Son dictateur se plaît à énumérer les facteurs de cohésion apportés par son régime dans bien des domaines, comme s'il savait déjà que cette cohésion allait être mise à rude épreuve.

La guerre ne s'invite, finalement, que le 22 juin… sans que le double anniversaire de la victoire sur la France et de l'attaque contre l'URSS soit évoqué. C'est de Rommel qu'il est question, donc de victoire, puisque la veille il a pris Tobrouk avec brio. Mais ce n'est qu'un feu de paille, sans doute parce que celui qui parle sait bien que l'arrivée, enfin, de Rommel en Égypte risque elle-même d'en être un, faute de soutien logistique. Car on a négligé d'occuper Malte. Quant à la prise de Sébastopol, elle fait l'objet d'une mention rapide et contradictoire le jour de l'assaut décisif : plutôt que de s'étendre sur un prince autrichien traître à la nation allemande, mieux vaut, dit Hitler, se réjouir de cette victoire… moyennant quoi il parle longuement du prince autrichien, et cette allusion reste sans suite !

Juillet n'est pas plus riche de commentaires sur les combats, même si la guerre à l'Est réapparaît par le biais de quelques consignes sur l'aménagement du « grand espace ». Les performances présentes de l'Armée rouge sont passées sous silence au profit de considérations répétitives sur le danger soviétique, heureusement enrayé par l'opération Barbarossa. Pire, quand au début d'août il est enfin question de la combativité américaine, c'est pour prétendre qu'elle touche à sa fin et que les régions envahies par le Japon le sont à jamais, tout en projetant sur les États-Unis de 1942 la misère et le chômage des pires moments de la crise de 1929. Le 4 août enfin, il est question d'un mouvement militaire en cours : l'arrivée de troupes américaines sur le sol britannique. Mais Hitler n'en parle pas du point de vue du combat : il ne mentionne pas, par exemple, l'impuissance des sous-marins de Dönitz à couler les navires transportant ces soldats. Il préfère s'appesantir sur l'humiliation qu'est censé constituer pour le pays hôte un accord suivant lequel leurs délits seront jugés par leurs propres tribunaux. Tout de même il glisse qu'il ne croit pas un débarquement possible, ce en quoi il a très provisoirement raison. Mais là aussi il se rassure à bon compte, en projetant dans le présent certaines réalités plus favorables du passé comme le nombre des divisions britanniques, censé n'avoir pas augmenté depuis 1940 et plafonner toujours à dix unités.

On trouve la première allusion aux combats, après l'évocation brève de Tobrouk et celle, d'un mot, de Sébastopol, le 26 août, et c'est encore d'un succès allemand qu'il s'agit… mais il est fort localisé et sans grand mérite : il s'agit du raid anglo-canadien sur Dieppe, purement expérimental et, il est vrai, peu réussi. Mais il fournit une somme d'enseignements pour les futurs débarquements et Hitler rit sans doute un peu jaune quand il raille les Anglais d'avoir passé la mer pour lui présenter leur collection de nouvelles armes. Et voilà que tout à coup le nom de Stalingrad, objet à n'en pas douter de beaucoup de pensées depuis le début de l'été, surgit dans la conversation du 2 septembre mais toujours par la bande, et toujours sous le signe de la victoire : Hitler s'interroge sur la possibilité que Churchill se maintienne au pouvoir après la prise de la ville par les Allemands.

Il est donc très peu question des combats et à peine plus de l'aménagement des conquêtes orientales, deux sujets souvent abordés entre juillet 1941 et mars 1942. Il en va de même de la persécution des Juifs, même si les tirades antisémites intemporelles ne manquent pas. En revanche, il est souvent question de l'Europe allemande : de son peuplement, de son économie, de la garde de ses frontières. Il se précise de plus en plus que les pays occupés au nord seront annexés, ainsi que la Tchécoslovaquie et peut-être la Suisse. En revanche, l'Allemagne ne cherchera pas à dominer la Méditerranée, et le point où elle s'en rapprochera le plus sera la Crimée. L'empire allemand sera donc cohérent par son climat et par son territoire, quadrillé de voies de communication fluviales, ferroviaires et autoroutières. Il le sera aussi par son peuplement, que les Gauleiters, aidés des SS, surveilleront, dynamiseront, mobiliseront.

Quant à la reprise très intermittente des notes six mois après la brusque interruption du 7 septembre 1942, elle ressemble tantôt (surtout au début) à une tentative de reprise pure et simple de l'exercice, tantôt à la sauvegarde de propos qui ont semblé particulièrement denses et fondamentaux. N'oublions pas les circonstances dans lesquelles ce travail avait commencé : une période euphorique pendant laquelle le dictateur, absorbé par les questions militaires, n'avait plus le temps de s'occuper des autres et les traitait lors des repas ou des veillées, afin que, lors de la victoire jugée prochaine, de nouvelles et gigantesques tâches civiles puissent être entreprises sans retard. L'enlisement des opérations militaires a permis d'explorer le sujet en détail, tout en développant les dispositions à prendre au cas où la situation se retournerait. Hitler et Bormann ont peut-être considéré à l'automne que le travail était terminé puis, quelques mois plus tard, que de nouveaux propos méritaient d'être notés.

Plaide dans ce sens le fait que tout au long de ce tome 2 le discours se fait de moins en moins gouvernemental et de plus en plus anecdotique, tout en devenant plus répétitif qu'il n'était. Il semble avoir de plus en plus une fonction de simple divertissement, voire de défoulement, par rapport à une situation stratégique qui se dégrade à vue d'œil.

Conclusion générale

Galeazzo Ciano écrivait dans son journal à la veille de la guerre :

> [Hitler] dort peu, toujours moins. Et il passe une grande partie de ses nuits entouré de collaborateurs et d'amis. Mme Goebbels, qui est une habituée de ces réunions et qui s'en montre très flattée, me les a décrites mais elle n'a pas réussi à cacher un vague sentiment d'ennui dû à leur monotonie. C'est presque toujours lui qui parle. Et on a beau être le Führer, on finit toujours par répéter les mêmes choses et par ennuyer ses auditeurs[1].

Armé par une tierce personne de cette idée préconçue, le ministre italien des Affaires étrangères se croit en pays de connaissance lorsque, le 30 avril 1942, il assiste lui-même à un monologue hitlérien :

> Le second jour, après le déjeuner, alors que tout avait déjà été dit, Hitler a parlé sans interruption pendant une heure et quarante minutes. Il n'a omis aucun sujet, la guerre et la paix, la religion et la philosophie, l'art et l'histoire. Mussolini regardait machinalement sa montre-bracelet, moi, je songeais à mes propres affaires ; seul Cavallero[2], qui est un prodige de servilité, feignait d'écouter avec extase, et acquiesçait continuellement de la tête. Ceux qui, cependant, tenaient le coup moins bien

1. Galeazzo Ciano, *Diario, op. cit.*, entrée du 22 mai 1939.
2. Le général Ugo Cavallero (1880-1943) est le chef des forces armées italiennes.

> que nous, c'étaient les Allemands. Les pauvres, ils doivent subir cela tous les jours, et je suis sûr qu'il n'est pas une parole, pas un geste, pas une pause qu'ils ne connaissent par cœur. Le général Jodl, après une lutte héroïque contre le sommeil, s'est endormi sur le divan. Keitel vacillait, mais il a réussi à tenir la tête droite. Il était placé trop près de Hitler pour s'abandonner comme il l'aurait voulu[1].

Ces lignes connues depuis 1947, et maints récits analogues de l'immédiat après-guerre, contribuent à expliquer la relative indifférence qui a accueilli les *Libres propos* publiés en 1952-1953, d'ailleurs intitulés *sur la guerre et la paix* de façon très réductrice. Dressés à parer Hitler de tous les défauts et de tous les ridicules, la plupart des lecteurs accueillirent ce livre comme une confirmation. Un caporal monté en graine gaspillait en d'ennuyeux monologues son temps et celui de ses collaborateurs, tout en les terrorisant. Ce public captif, connaissant sa vanité, sa susceptibilité et sa cruauté, n'osait ni l'interrompre, ni manifester son ennui, ni quitter la pièce. De même que les gens superstitieux, obnubilés par les coïncidences, ne remarquent pas les événements qui ne s'inscrivent pas dans les séries qu'ils croient discerner, de même on ne perçut en général dans les deux tomes de Genoud et leur version britannique que des redites, alors qu'elles sont rares, et on conclut que ce dilettante, pour tuer le temps, ou cet insomniaque, pour retarder le moment d'aller se coucher, assommait son entourage d'un discours stéréotypé à propos, tout au plus, de « la guerre et la paix, la religion et la philosophie, l'art et l'histoire ».

Cependant Hitler et Mussolini, lorsqu'ils confèrent à Salzbourg les 29 et 30 avril 1942 (exactement trois ans avant leurs décès consécutifs), ne se sont pas vus depuis huit mois tout juste : le Duce avait en effet rendu visite au Führer à la Wolfsschanze du 25 au 29 août 1941, en une période encore relativement faste, pour l'Axe, de la guerre. Une série de catastrophes s'étaient abattues entre-temps et

1. Galeazzo Ciano, *Diario, op. cit.*, entrée du 30 avril 1942.

il n'était pas superflu que le leader allemand de la coalition fît à sa manière, devant un allié dont il pouvait commencer à redouter la défaillance, un numéro montrant qu'il restait ferme dans ses convictions, qu'il avait conservé tout son optimisme et que sa combativité n'avait fait que croître. Il n'était pas superflu qu'il s'étendît sur le sens de la guerre, récapitulât les conditions nécessaires au retour de la paix, rappelât les idées religieuses et philosophiques qui l'animaient, esthétisât le propos en évoquant les formes d'art qu'il voulait épanouir et inscrivît le tout dans le mouvement de l'histoire. Nous savons certes que Keitel et Jodl avaient entendu auparavant, et allaient encore entendre, des développements sur ces thèmes. Mais il était imprudent de déduire de leurs manifestations de fatigue que tout au long des repas et des veillées du Grand Quartier général ils subissaient le même discours sans la moindre variante, fût-ce dans la place et la durée des pauses.

Le monologue de Salzbourg, dont nous n'avons pas de compte rendu, était au contraire, selon toute vraisemblance, ajusté de près aux circonstances et à l'allié italien, qu'il importait de rassurer non seulement sur le moral allemand, mais sur sa propre valeur et sur l'éminente contribution que le Reich continuait d'attendre de lui, non seulement à la victoire militaire, mais au triomphe de l'idéologie présumée commune. Quant à Mussolini, s'il se permettait de regarder sa montre, c'était sans doute pour se donner de l'importance et pour ne pas avoir l'air trop soumis ou fasciné, mais il est probable que son agile cerveau suivait les moindres nuances du propos en cherchant à décrypter ce que Hitler avait vraiment en tête – notamment sur la répartition des efforts de l'Axe entre le front russe et le front méditerranéen, celui où l'Italie avait le plus à gagner et à perdre[1].

1. Quant à Ciano, puisque ses connaissances en allemand sont beaucoup plus restreintes que celles de Mussolini (cf. *supra*, entrée du 28 août), qu'il ne semble pas que le propos hitlérien ait été haché par une traduction et qu'il l'écoutait distraitement, il n'est pas le mieux placé pour en saisir les subtilités.

En fait, ce recueil est unique dans l'histoire militaire et diplomatique. Aucun autre conquérant ne peut être ainsi approché pendant la période la plus cruciale de son action, sur une durée de quatorze mois, dans le jaillissement quotidien de ses pensées. Cette voie d'approche d'un lieu de pouvoir où se prennent des décisions qui influencent les destinées du monde entier est d'autant plus précieuse que l'orateur se veut un artiste et ne se préoccupe pas seulement de conquérir mais, tout autant, d'aménager. Dans une vision à court, moyen et long terme.

De même que les commentaires égrenés au long des deux volumes sont loin d'épuiser les leçons historiques qu'on peut tirer de ce texte désormais établi, de même la présente conclusion ne peut que synthétiser les remarques les plus importantes, et renvoyer à la lecture complète des deux tomes, puis aux recherches que stimulera leur publication[1], le lecteur désireux d'approfondir ses connaissances sur le fonctionnement du nazisme et sur sa destinée.

Tout d'abord, ces tirades en disent long sur l'art oratoire de Hitler et sa maîtrise de la langue allemande. C'est l'une des raisons pour lesquelles les précédents traducteurs, en banalisant le propos par des interprétations souvent éloignées du texte, ont été impuissants à en faire comprendre l'intérêt. Ils ont allégé les phrases pour les rendre plus fluides et élégantes, faisant notamment assaut de synonymes quand le texte répétait d'une ligne à l'autre les mêmes expressions. Or la lourdeur hitlérienne, souvent relevée pour alimenter des portraits

1. Rien ne montre mieux leur sous-estimation persistante que ces lignes d'un jeune historien, publiées en 2010 : « Les sources ne manquent pas pour décrire l'homme au plus près. Le *Journal* de Joseph Goebbels, récemment édité en français chez Tallandier, scande les rencontres multiples des deux amis. Plus douteux, le *Hitler m'a dit*, de Hermann Rauschning, a longtemps été utilisé, avant que l'on remette en cause sa véracité : l'auteur, qui prétendait avoir longuement échangé avec le Führer, ne l'avait en réalité rencontré que quatre fois » (cf. Nicolas Patin, « "Comment je voyais et je vois Adolf Hitler" par Constantin Hierl en 1954 », *Parlements*, n° 13, 2010/1, en ligne : http://www.cairn.info/load_pdf.php?ID_ARTICLE=PARL_013_0104). Non seulement ces Propos sont beaucoup plus substantiels que l'opuscule de Rauschning, mais ils aideront désormais à séparer la vérité et l'invention dans ce *Hitler m'a dit*, un pamphlet antinazi publié au début de la guerre par le camp allié. C'est là l'un des sujets de mémoire qu'on pourra proposer.

railleurs, a une grande importance historique et politique. Les mots sont justement bien à leur place et ne sont pas interchangeables ; le propos est tout entier pédagogique. À cet égard, le témoignage d'un chanteur d'opéra, Paul Devrient, est éclairant. Sur la recommandation d'un médecin laryngologiste, il avait donné à Hitler des cours de diction intensifs pendant ses deux dernières campagnes électorales de 1932, en tenant un journal qu'a édité Werner Maser en 1975. Peu convaincu au début et parfois rebelle, l'élève avait fini par être enthousiaste et par remercier le maître en ces termes : « Je n'ai plus aucun problème pour parler ! Et cela je le dois à l'art de l'acteur… Je vous le dois à vous ! Alors qu'auparavant j'avais parfois des problèmes de gorge et aussi des discordances entre le sens de mes mots et leur effet sur le public, je ne ressens aujourd'hui plus rien de tout cela ! Je réussis de façon convaincante, sans influence destructrice, à exprimer ce que je pense et ressens[1]. » Si Hitler, lorsque dans ces Propos il évoque ses discours de la « période de lutte », préfère (comme dans *Mein Kampf*) faire croire que son talent oratoire était inné, cette confidence révèle à quel point il étudiait ses effets et était attentif aux réactions du public. Il n'y a aucune raison de penser que lorsqu'il martelait ou susurrait, selon les moments, ses sentences devant ses familiers, en sachant qu'elles étaient prises en note, il n'ait pas semblablement calculé ses effets.

Ces propos montrent un Hitler fidèle à ses principes, forgés dans la première moitié des années vingt. Il ne leur apporte, quelles que soient les circonstances, que des retouches marginales et, de surcroît, précaires. Souvent, quand on se prend à croire que la pensée a évolué, l'orthodoxie opère un retour spectaculaire.

Les charges de Hitler contre la bourgeoisie n'ont absolument rien de marxiste, ni aucune parenté avec des idées de gauche. Il ne reproche au patronat ni de maximiser ses profits ni d'exploiter le prolétariat, il veut seulement glisser dans tout cela un peu de discipline. Il importe d'intéresser les ouvriers, moyennant quelques ristournes, à la prospérité du pays, et à son expansion. Pour mener à

1. Cf. Werner Maser (éd.), *Paul Devrient, Mein Schüler Adolf Hitler*, Ilm, Ilmgau Verlag Pfaffenhofen, 1975, p. 281.

bien des conquêtes, il sied que l'État ne laisse pas les grandes firmes investir n'importe comment. Une des idées qui reviennent le plus régulièrement dans les Propos est celle de la pusillanimité des bourgeois allemands dans les années 1919-1923. Elle est censée justifier que les couches populaires aient alors montré la voie d'un redressement national. C'est là, dans l'ensemble de nos deux volumes, l'un des plus clairs dévoilements de ce qui caractérise en propre le nazisme. Lorsque Hitler brocarde le 11 août 1942[1] les Berlinois huppés qui avaient écouté ses discours revanchards dans quelque salon puis, effrayés à l'idée que cela pût se savoir, le reniaient tel saint Pierre avant le chant du coq, il donne une preuve flagrante de son inhumanité : après une déroute comme celle de 1918, il était bien normal que la couche dirigeante se laissât bercer de rêves de revanche par un tel enchanteur, mais revînt prestement sur terre. Il y avait tant à rebâtir qu'il faudrait au moins une génération ou deux avant de pouvoir aligner une offre militaire crédible. En attendant il fallait bien jouer le jeu des traités, sous un personnel politique dont Stresemann allait être la figure de proue. Quitte à suggérer qu'on n'en pensait pas moins en plaçant un général à la présidence de la République, après la parenthèse social-démocrate incarnée par Ebert. C'est ce frêle équilibre que Hitler déteste et dynamite méthodiquement à partir de 1925. Il est vraiment un messager de l'au-delà, qui greffe de l'idéal sur la vulgaire réalité au nom d'une mystique. Pour lui la nation est une personne. Il n'est pas le premier et il a en son temps des émules, comme Churchill et de Gaulle. Mais il pousse l'affaire infiniment plus loin. Cette personne n'est pas une métaphore mobilisatrice, mais une réalité. Elle a ses qualités (les héros) et ses défauts (les masses acéphales, primaires et féminines), son esprit et sa chair, ses sommets artistiques et ses intérêts matériels.

---

1. « Mon programme de 1921-1922 avait transporté d'effroi la plupart des bourgeois. Et si quelqu'un allait apprendre qu'ils avaient seulement écouté cela ! Nettoyer l'Allemagne de tous les éléments étrangers, introduire le service militaire et restaurer l'armée allemande, liquider la liberté de la presse, liquider les parlements des Länder ! Mais c'étaient là de criants blasphèmes ! Des gens se sont parjurés en prétendant qu'ils n'avaient jamais rien entendu de tout cela ! »

Avant tout, l'Allemagne doit occuper dans le monde une place nouvelle, en dominant le continent européen soit par l'annexion, soit par d'autres formes de mainmise. Son territoire propre sera agrandi vers le nord-ouest et le sud-est, « de Drontheim à la Crimée ». Vers le nord-ouest, il s'agit d'incorporer des peuples présumés aryens et germaniques (Flamands, Danois, Hollandais, Norvégiens, entre autres), tout d'abord en les faisant participer le plus possible à la guerre en cours : l'œuvre unificatrice de Bismarck est érigée en modèle et Hitler s'efforce de ménager la fierté de ces peuples, par exemple en ne leur imposant pas le drapeau noir-blanc-rouge de l'empire allemand mais simplement le drapeau nazi à croix gammée, « symbole de tous les Germains ». Vers le sud-est au contraire, la conquête s'accompagnera d'un remodelage du peuplement. Les populations trouvées sur place, quand elles n'auront pas été anéanties ou expulsées, seront parquées dans des campagnes ou de petites villes, les grandes métropoles comme Kiev étant impitoyablement rasées. Des autoroutes relieront des cités allemandes surgies ex nihilo, dont l'architecture ne devra rien au style local. Les meilleures terres seront peuplées de paysans-soldats : des colons germaniques choisis parmi les anciens combattants et disponibles, en cas de besoin, pour former des milices. Il faudra développer là une « conscience de maître » et se garder de soigner ou d'instruire les populations autochtones, sauf en matière de contraception. Car, pour dissiper le cauchemar de leur progression démographique, le contrôle des naissances sera le bienvenu, tout comme les épidémies.

Quant à la population allemande, qui devra dépasser au plus tôt celle des États-Unis, on l'augmentera en généralisant une méthode rodée par Himmler en Pologne : l'écrémage des générations nouvelles. Des SS chasseurs de têtes repéreront les enfants blonds en bonne santé pour les arracher à leurs familles et les transplanter sur le territoire de l'ancien Reich. Le nazisme montre ici trois de ses traits fondamentaux : le droit qu'il s'arroge de voler partout ce qui est censé lui profiter, l'inhumanité absolue de ses méthodes et le caractère auto-réalisateur de ses prophéties – car il organise et entretient méthodiquement la crasse, la misère, l'ignorance et l'impuissance à former des États de la multitude orientale que tout le monde, éternellement, devra croire juste bonne à se chercher un maître.

Dans le vieux Reich lui-même, le sang doit faire l'objet de soins et Hitler prône en plusieurs occasions son « rajeunissement ». En particulier le 23 avril 1942, après que Himmler eut fait part d'une méthode somme toute artisanale : il obligeait, depuis deux ans déjà, chaque SS « bien portant » à faire au moins un enfant par tout moyen à sa convenance, avant de partir au combat. Hitler renchérit en disant que c'est toute sa garde SS du Berghof, la Leibstandarte, qui a déjà rafraîchi de façon visible le potentiel hématologique de la vallée ! Il compte bien généraliser la méthode en envoyant des « troupes d'élite » revigorer les régions qu'il estime en voie de dégénérescence. Le repos du guerrier, lui-même, se mue en une tâche patriotique intensive.

L'homogénéisation du Reich élargi passera aussi par l'enseignement, la Jeunesse hitlérienne, les médias et en particulier la télédiffusion (qui a vocation à remplacer la radio), le Service du travail et l'armée. Mais Hitler est loin de prôner une uniformisation. Berlin sera rebaptisée Germania pour assumer son nouveau rôle de métropole d'une Allemagne élargie, mais ne devra accaparer ni l'excellence culturelle, ni les décisions. Munich et Vienne resteront des métropoles artistiques et Linz, qui sur « le Danube, fleuve allemand », devra éclipser Budapest pour illustrer la prééminence des Germains sur les Magyars, en deviendra une, tout comme Trondheim, rebaptisée Drontheim. Les musées, les orchestres et les théâtres prospéreront un peu partout et la plupart des décisions relèveront des bourgmestres ou des Gauleiters. Les ministères berlinois auront seulement à définir des cadres, que les échelons locaux rempliront à leur guise. L'utopie tient de l'idylle et la République d'Adolf Hitler a tout d'un paradis terrestre, du moins pour ses ressortissants.

Il ne s'y pose même plus la moindre question sociale. Les élites, grâce à l'action discrète du parti nazi et des SS, plus actifs et disciplinés que jamais, se renouvellent par une sélection constante. Elles sont préservées de la corruption par des incitations morales et des règlements, comme l'interdiction faite aux fonctionnaires et aux cadres du Parti de tout lien avec les sociétés par actions. Ainsi se diffuse et se maintient un haut degré de conscience patriotique, et les ambitions sont, pour l'essentiel, canalisées vers le service de la communauté nationale. Cependant un secteur privé subsiste, à côté de services publics élargis aux transports, à l'énergie et à la sidérurgie, tandis que ni la presse ni l'enseignement ne devront être soumis à des « intérêts particuliers ». Les sociétés par actions continueront d'exister car il faut bien drainer le capital, mais leur transmission familiale sera encouragée et leurs liaisons internationales sévèrement encadrées. Hitler ne va pas jusqu'à prévoir la nationalisation du crédit, mais on ne voit plus très bien quelle serait, dans un tel faisceau de contraintes, la raison d'être des banques privées. Le chef nazi ne cesse de se vanter d'avoir maîtrisé le pouvoir de l'argent, d'abord avec le concours de Hjalmar Schacht puis tout seul, armé de son bon sens.

Ce qui lui donne une telle assurance, c'est l'autarcie, qu'il imposera à son Reich élargi et même à l'Europe entière, par une série de mesures égrenées avec cohérence de juillet 1941 à janvier 1942. Ce choix économique, qui avant 1939 pouvait apparaître comme une préparation à la guerre soucieuse de ne pas reproduire les pénuries de la précédente, sera pérennisé et même parachevé au retour de la paix. Car la guerre aura permis à l'Allemagne d'acquérir presque toutes les sources de matières premières qui lui manquaient. Elle se sera également dotée, vers l'est, de colonies faciles d'accès, qui lui seront aussitôt arrimées par la route, le rail et la voie d'eau : avec le reste du marché européen, elles sont censées absorber sa production industrielle, et la dispenser définitivement de la course aux débouchés planétaires qui était la loi du capitalisme depuis la fin du XIXe siècle. Ainsi les firmes allemandes n'auront plus à être multinationales ; ainsi le contrôle de la finance par le pouvoir politique sera facilité et la stabilité monétaire assurée, sans la moindre obligation d'une entente avec des puissances extra-européennes. Les brevets scientifiques eux-mêmes ne seront plus déposés : une autre façon de se dérober à tout arbitrage international, en même temps qu'une manifestation d'égoïsme et de fermeture.

Ce texte, convenablement pris en compte, devrait donc permettre de trancher un débat ouvert dans les années cinquante, celui du totalitarisme. Les termes en avaient été durablement posés par Hannah Arendt en 1951. Écartant l'Italie fasciste, elle insistait sur les ressemblances entre nazisme et stalinisme, tout en attribuant à leurs leaders respectifs une même dose d'arbitraire, par exemple lorsqu'elle écrivait : « Au-dessus de l'État et derrière les façades du pouvoir apparent, dans le dédale des multiples services, sous-jacent à tous les déplacements d'autorité et dans le chaos de l'inefficacité, se trouve le noyau du pouvoir dans le pays : les services hyper-efficaces et hyper-compétents de la police secrète[1]. » Ce constat, fait à propos de l'URSS, était étendu abusivement à l'Allemagne hitlérienne en négligeant force différences. Si les deux chefs rivalisaient d'opportunisme, celui de Hitler s'exerçait dans les limites d'une orthodoxie intangible alors que la sommaire dialectique stalinienne autorisait les revirements les plus complets et les plus rapides. Le Troisième Reich était en temps de paix un État nettement moins policier que l'URSS et, même pendant la guerre, la Gestapo, dont les effectifs n'avaient pas augmenté, serrait la population de beaucoup moins près que le NKVD. En revanche, Hitler veillait à ce que son action, et celle des SS en général, s'exerçât efficacement, là où les autres moyens paraissaient insuffisants. Ainsi il tolérait, chose impensable sous Staline, des lieux de pouvoir et de décision incomplètement nazifiés et mis au pas, comme les Églises ou de larges pans de l'appareil d'État. L'exemple, longuement développé dans ce volume, de la justice, est là pour le montrer : Hitler peste et s'emporte contre certains verdicts, il s'arroge le 26 avril 1942 un pouvoir d'intervention directe dans ce secteur, mais le vieil appareil judiciaire est toujours en place et les juges insuffisamment sévères sont tout au plus dessaisis, sans être nullement menacés dans leur vie ou leur liberté.

1. Cf. Hannah Arendt, *Les origines du totalitarisme*, Paris, Gallimard, 2002, ch. XII, p. 759.

Cependant, il en irait tout autrement après la victoire. Le projet que Hitler esquisse est, lui, ouvertement totalitaire. Mgr von Galen serait fusillé, les Églises non pas fermées mais frappées à la caisse et bientôt réduites, avant une extinction inéluctable, à un public âgé et féminin, la presse et l'éducation seraient de plus en plus uniformes, la radio supprimée, les frontières de l'Europe cadenassées et la SS plus influente que jamais. Ce totalitarisme serait plus étouffant encore que le soviétique, car toujours beaucoup plus apte à endoctriner et à séduire, comme à se donner des objectifs clairs et cohérents. Il se présenterait comme traditionaliste et révolutionnaire à la fois : renouant avec le passé impérial allemand, il ferait rayonner sur le peuple entier les bienfaits de la puissance, en magnifiant les intellectuels et les artistes non juifs du passé germanique (et grec, et romain) dans une floraison de musées, d'opéras et de centres de recherche. C'est le projet d'une Allemagne autosuffisante dans tous les domaines qui est ainsi tracé, en niant ou en oubliant ce que toute culture vivante doit aux influences et aux métissages. Ce n'est pas seulement la contribution des personnalités d'origine juive à la culture allemande qu'on prétend ainsi lui arracher, c'est son inscription dans la culture mondiale qui est vue comme inutile et dangereuse. La race devra évoluer en vase clos pour écarter à jamais tout risque de contamination. L'alliance avec l'Angleterre « aryenne » elle-même n'est pas conçue comme une occasion de symbiose culturelle, le Royaume-Uni étant censé n'être qu'un pays de boutiquiers et ses œuvres étant dénigrées à l'exception de celles de Shakespeare, desservies par la médiocrité des souverains locaux dont il faisait les héros de ses drames et beaucoup mieux jouées en Allemagne qu'en Angleterre. Ce protectionniste acharné déplore même que la Bible ait été traduite en allemand ! Et les charmes de la décentralisation culturelle, ou de l'autonomie administrative, ne seront précisément que des charmes, des chatoiements propres à dissimuler une prise en main totale, la direction de l'État et du Parti s'offrant le choix, pour se faire obéir, entre des mots d'ordre nationaux et des ajustements locaux.

La « communauté nationale » fondée sur celle du sang, et d'un sang excellent, est cependant minée par une contradiction que le raisonnement hitlérien ne parvient pas à surmonter. Elle est censée se composer de trois éléments, une élite, une frange inférieure et une masse tiraillée entre les deux. La frange inférieure, dégénérée, dangereuse, dépourvue de sens national, est toujours prête à profiter des malheurs du pays pour se lancer dans une révolution purement destructrice. Pour comble, la guerre, tant qu'elle se prolonge, crée un déséquilibre, puisque les meilleurs meurent au combat tandis que les inférieurs, aussi roublards que lâches, ont de meilleures chances de survie, tant au front qu'à l'arrière. Il faut donc, ne serait-ce que pour des raisons d'équilibre arithmétique, les éliminer. On recourra le plus possible à la peine de mort, même pour des infractions mineures, à partir du moment où elles nuisent en quelque façon à l'effort de guerre ; mais il faudra passer au meurtre de masse si la situation militaire, comme en 1918, se dégrade : Hitler a donné d'avance à Himmler en cas de « crise » un ordre de massacre général de la population des camps, et des cadres révolutionnaires potentiels fichés comme tels, notamment dans les milieux catholiques. Himmler dira d'ailleurs à Posen un peu plus tard, le 4 octobre 1943, aux officiers SS, après leur avoir rappelé que pendant la Nuit des longs couteaux ils avaient tué froidement des camarades : « Chacun en a été effrayé, et pourtant, chacun sait qu'il le fera à la prochaine occasion, si on lui en donne l'ordre et si cela est nécessaire. » Ainsi, la couche inférieure ne se distingue pas beaucoup des Juifs, en dépit du soin mis à faire fuir ceux-ci ou à les parquer. Les termes de « rats » et de « vermine », couramment appliqués aux Juifs par la propagande nazie, viennent d'ailleurs dans la bouche du Führer à propos de cette germanité inférieure. À supposer que la Providence permette finalement au nazisme de survivre après une « crise », la communauté nationale se retrouverait pantelante et peu fraternelle, s'il fallait ajouter les deuils de la répression à ceux de la bataille et des bombardements. Quant au catholicisme, s'éteindrait-il de lui-même avec les derniers curés prêchant les dernières ouailles si on lui avait procuré une moisson de nouveaux martyrs ? Décidément, pour des raisons internes aussi bien qu'externes, l'enchantement nazi avait grand besoin, pour se pérenniser, de guerres courtes : il était vital que la lourde masse inférieure, bien obligée d'applaudir aux victoires, ne retrouve pas, dans une situation militaire dégradée, l'occasion de s'abandonner à sa pente défaitiste.

Sur les Juifs, un étau se resserre tout au long de ces quatorze mois – comme il n'a cessé de le faire depuis 1933. Ils meurent en masse dès juillet 1941, pendant l'avance en URSS, puis la persécution prend sa dimension européenne avec une décision de massacre progressif, mais général, dans l'automne, communiquée de manière cryptée à tout l'appareil d'État le 20 janvier 1942 lors de la conférence de Wannsee. Des tirades hitlériennes accompagnent le mouvement, avec un pic de brutalité début novembre, au moment probable de la décision, et un autre au lendemain du 20 janvier. Ensuite, le démarrage de la Solution finale par la mise en route des principales installations de gazage au printemps est orchestré, le 29 mars, par un curieux détour : Hitler fait longuement l'éloge de la Hanse et de sa rigueur commerciale, qui aurait instauré un âge d'or de plusieurs siècles où le travail était reconnu à sa juste valeur, avant que les Juifs viennent tout gâcher en introduisant la loi de l'offre et de la demande (!). Il va falloir abolir cela… mais « la suppression de la Juiverie en est la condition préalable ». Le 5 avril survient un sous-entendu encore plus sinistre : il n'est plus question, dit Hitler, de déporter les détenus des camps vers la Sibérie, alors que jusque-là cette perspective semblait indiquer que les « envois de Juifs vers l'est » leur laissaient une chance de survie. Le 15 mai voit un nouveau sommet de brutalité verbale, doublé d'un abîme de lourdeur dans l'ironie, lorsque Hitler assimile le sort des Juifs « déplacés » à celui des Allemands contraints à émigrer et périssant au cours du voyage, alors que les Juifs, eux, s'adaptent en un tournemain à tous les climats, survivent dans le désert grâce à la manne divine et sont préservés de la noyade quand ils traversent la mer Rouge.

L'amplification du massacre par l'opération Reinhard en juin 1942 ne donne pas lieu à de tels accompagnements verbaux mais le sens de l'opération est régulièrement rappelé, par exemple le 30 août lors d'une évocation de la lutte « indienne » contre les partisans soviétiques : elle ne sert à rien si on n'éradique pas leurs commanditaires juifs car ils sont reliés aux maquis par une « ligne téléphonique ».

Pourquoi une telle violence contre les Juifs ? À toutes les raisons données dans le discours du 13 août 1920 puis dans *Mein Kampf*, il vient s'en ajouter une autre pendant la gestation de la Solution finale, le 1er décembre 1941. De comploteur sournois, le Juif devient soudain innocent… mais n'en doit pas moins être exterminé. Comme mû par un scrupule, Hitler se met à penser aux rares Juifs convenables, selon lui, qu'il a croisés ou dont il a entendu parler. Telle journaliste de droite rompait des lances contre le gouvernement de Kurt Eisner dans le *Bayerischer Kurier* en 1919, en prédisant que ses mesures déclencheraient un jour une réaction antisémite : c'est donc qu'elle défendait non pas la « germanité » mais, comme tous les Juifs, son seul peuple ! De même l'écrivain Otto Weininger s'était suicidé à 23 ans quand il avait compris que les Juifs étaient quoi qu'ils fissent un « ferment de décomposition » : une interprétation de son geste attestée par le meilleur des garants, Dietrich Eckart. La Solution finale, en germe dès le début du parcours politique de Hitler quand il fait des Juifs des parasites universels et accumule les métaphores suggérant un remède éradicateur (bacilles, peste, poison, vermine, etc.), reçoit, au moment d'être mise en œuvre, une justification de type zoologique : il est dans la nature de la souris, même si elle n'a rien fait au chat, d'être mangée par lui. Tout est mis en œuvre pour que le meurtre exhaustif d'un peuple, allant jusqu'à hâter la fin des vieillards grabataires, soit présenté comme une besogne purement mécanique dans laquelle aucun sentiment n'entre en ligne de compte, pas même des sentiments hostiles. Cette page est, elle aussi, un jalon vers les discours de Posen qui, en octobre 1943, voient Himmler se vanter que ses SS soient, dans l'accomplissement de « la tâche la plus difficile », demeurés « humains ». Il rappelle alors que chaque Allemand a son « bon Juif », que de proche en proche on pourrait ainsi innocenter tout ce peuple et que les SS ont eu le mérite de « prendre la responsabilité » d'une destruction systématique.

Ce texte en dit long sur la répartition de l'autorité au sein de l'État nazi, qu'il s'agisse des grandes orientations politiques et idéologiques ou de la gestion quotidienne. Celui qui parle entend être obéi, et s'en donne les moyens. Par cette parole tout d'abord, et le soin mis à ce qu'elle soit récoltée puis triée. Il convient de redire ici que l'idée reçue suivant laquelle Martin Bormann aurait de son propre chef décidé de recueillir ces Propos brille par son invraisemblance, ne serait-ce qu'en raison de l'attitude et des prérogatives de Bormann, telles que ces pages les reflètent. Il est « la voix de son maître », celui qui est là presque constamment et qui, en tant que chef de la chancellerie du Parti, récupère ce qui tombe de la bouche du Führer pour le traduire, dès que cela s'y prête, en consignes. Par l'intermédiaire de Lammers qui dirige, à Berlin, la chancellerie du Reich.

On disait un jour d'Adolphe Thiers, le gestionnaire français de la faillite de 1871, qu'il donnait l'impression de détenir tous les portefeuilles de son gouvernement. On pourra en dire autant de Hitler, malgré l'absence de classicisme de sa formation. Un Thiers ou un Churchill avaient exploré bien des recoins de l'appareil d'État avant d'accéder à sa tête. Roosevelt sortait de Harvard et Staline comme Mussolini d'un cursus militant. Avec son bagage de collégien de troisième et son individualisme prolongé jusqu'à l'âge de 30 ans, on se demande comment Hitler aurait pu diriger une douzaine de ministères et dire son mot non seulement en matière d'éducation scolaire et universitaire, mais de finances, de diplomatie, de défense aérienne, terrestre et navale, de police, de justice, d'administration locale, de finance, d'industrie, d'agriculture, de commerce, de presse, de musique, de peinture, d'architecture et j'en passe, sans parler des officines partisanes qui avaient la haute main sur les secours aux déshérités ou sur les questions raciales, en théorie et en pratique. On doit pourtant bien constater qu'il le fait, et reconnaître qu'il était plus compétent qu'on ne le dit souvent. Mais cette performance s'explique aussi par les particularités de l'État nazi : d'une part, il était façonné par son chef, en fonction d'une idéologie qui était son bien propre même si elle empruntait à de nombreux précurseurs ; d'autre part cet homme, pressé de guerroyer et de conquérir, avait laissé subsister l'organisation politique et administrative qui existait à son arrivée, en se contentant d'y juxtaposer des structures de son cru et de noyauter les autres par des hommes de talent qui avaient foi en lui. Nous voyons ici un tel processus arriver à son terme dans le domaine de la justice, avec l'installation d'Otto Thierack au ministère après des mois de mercuriales contre son fonctionnement : pour l'occasion, le nouveau promu et son adjoint, déjeunant le 20 août 1942 au quartier général, subissent un très long « propos » sur la conception hitlérienne des devoirs de la magistrature[1]. Un processus du même genre, concernant un portefeuille encore plus important, trouvera son épilogue un an plus tard avec l'arrivée de Himmler aux commandes du ministère de l'Intérieur. Pour l'heure, le terrain est ameubli par des épigrammes contre celui auquel il succédera, Wilhelm Frick.

Il peut sembler étonnant de voir traiter ainsi un nazi historique, dont les mérites dans les premiers pas du mouvement en Bavière

1. L'historien Martin Broszat, dans son livre célèbre sur l'État hitlérien, mentionne les anathèmes de Hitler, dans les Propos, contre le fonctionnement de la justice : « Après la mort de Gürtner (29/1/1941), Hitler, qui pendant les années de guerre, notamment dans ses *Propos de table*, émettait souvent des critiques sévères contre les juristes et même à l'occasion les traitait de "nuisibles" ou de "criminels", semble avoir estimé que le temps était venu aussi d'une humiliation publique de la justice » (*Der Staat Hitlers*, *op. cit.*, p. 490-491). Mais le rôle du dictateur semble ici se borner à l'acquisition des pleins pouvoirs lors de la séance du Reichstag du 26 avril 1942, Bormann se chargeant du reste : « Cette loi fut suivie le 20 août 1942, à la suite d'une intervention décisive de Martin Bormann et de la chancellerie du Parti, de la nomination du "vieux combattant", jusque là président du Tribunal du peuple, Thierack, comme nouveau ministre de la Justice. » Ainsi est gommé le rôle de Hitler dans le choix de Thierack (documenté également par le journal de Goebbels : le 2 avril 1942 Hitler examine, pour la rejeter, l'hypothèse de la nomination de Freisler) ; de même sont passés sous silence l'intronisation et l'endoctrinement du lauréat par le chef en personne, le jour de sa nomination. Non seulement l'historien hypertrophie le rôle de Bormann, mais le Reichsleiter lui-même est censé partager l'initiative, dans le choix du nouveau ministre, avec une bureaucratie anonyme, celle de la chancellerie du Parti.

sont d'ailleurs rappelés, et dont les états de service antisémites sont irréprochables. Mais comme souvent quand le nazisme intrigue (dans les deux sens du verbe!), il se passe quelque chose d'important. S'il ne s'était agi que de chasser Frick de son palais national pour l'envoyer à Prague (ce qui allait achever, à Nuremberg, de lui valoir la corde), il suffisait de faire appel à son dévouement: point n'était besoin, en apparence, de dénigrer longuement son juridisme auprès du premier cercle, et de tous les destinataires de ces propos notés. Mais il importait de donner un sens à ces mutations, qui ne devaient surtout pas passer pour un caprice. Tout le monde devait être prévenu que le juridisme n'avait plus aucune place non seulement dans l'administration de la justice, mais dans celle de la police. Le juridisme de Frick n'avait rien à voir avec celui de Gürtner, le prédécesseur de Thierack, déjà ministre de la Justice en Bavière au moment du putsch de 1923 et de l'incarcération du futur Führer. À cette époque Frick, en tant que directeur adjoint de la police de Munich, était déjà un cheval de Troie du nazisme. Mais ensuite ce fut le tour de Himmler, nommé chef de toutes les polices du Reich le 17 juin 1936, d'être un cheval de Troie au ministère de l'Intérieur. Frick voulait modeler l'État suivant des principes, certes nazis: il convenait parfaitement et en temps de paix, et en cas de victoire rapide. Mais dans la situation délicate engendrée par l'échec d'une conquête éclair de l'URSS et l'entrée en guerre des États-Unis, il fallait pouvoir transmettre comme un courant électrique des ordres tels que l'exécution de la population des camps, au moment précis où le chef les aurait estimés opportuns, et seul le mouvement SS avait été façonné en conséquence.

Il en va d'ailleurs de même dans un secteur de l'appareil d'État qui n'est pas nommé ici, pas plus que son dirigeant: le traitement de Frick peut donner une idée de celui de l'amiral Canaris, le chef de l'Abwehr. Hitler ne dit jamais rien de cet officier non nazi qui, depuis le 1er janvier 1935, dirige l'ensemble des services secrets militaires et qui a échappé à la purge de février 1938, fatale aux conservateurs jusque-là installés dans des postes clés. Non seulement ce vieux réactionnaire est resté en place, mais il a truffé son service de gens du même acabit dont certains se sont révélés, à l'usage, comme d'authentiques antinazis, tel son adjoint Hans Oster. Ce dernier a donné à l'ennemi, de 1938 à 1940, des renseignements qui n'ont pas nui à l'effort de guerre du Reich et l'ont au contraire favorisé[1]. La résistance militaire allemande avait d'autre part, avant d'échouer de peu le 20 juillet 1944, tenté de tuer le Führer par un attentat fort bien préparé, le 13 mars 1944. Une double bombe était dans son avion, mais s'est abstenue d'exploser pendant le vol. Or le colis qui la contenait avait été confié pendant quelques heures à Canaris. S'il est impossible aujourd'hui de prouver qu'il en avait profité pour saboter les détonateurs, aucune autre piste n'a jamais été proposée (à part le froid dû à l'altitude – une raison, techniquement, des plus douteuses, et une défaillance étrange dans une conspiration parfaitement maîtrisée)[2]. Là encore, un processus de substitution de cadres est en route : les SS vont absorber l'Abwehr au premier semestre de 1944 et Walter Schellenberg devenir l'unique patron du renseignement allemand, Canaris étant mis sur la touche dès le 12 février, avant d'être arrêté – par Schellenberg en personne – au lendemain de l'attentat du 20 juillet, puis exécuté pour complicité dans cette affaire, mais à retardement, le 9 avril 1945. Or Schellenberg avait, de son propre aveu, commencé à intriguer avec l'ennemi au mois d'août 1942, en mettant Himmler au courant de ses intentions. Il s'agissait, par l'intermédiaire de leur consul à Zurich, de faire croire aux Anglais que l'Allemagne s'apprêtait à changer de politique, en proposant un compromis à ses ennemis occidentaux afin de concentrer ses forces contre l'URSS. Le remplacement de Ribbentrop aux Affaires étrangères par une personnalité moins antibritannique allait le prouver, avant la fin de l'année. Une telle intrigue, dont il est inconcevable qu'elle ait été ourdie à l'insu de Hitler[3], montre qu'il éprouve désormais le besoin d'un contrôle

1. Cf. François Delpla, *Une histoire…*, *op. cit.*, p. 250 et 293.
2. Cf. Éric Kerjean, *Canaris, l'espion de Hitler*, Paris, Perrin, 2012.
3. Pour au moins deux raisons : 1) Hitler aurait pu être informé de la conspiration par quelque agent allemand recueillant des bruits dans les pays neutres et lui rendant compte directement, sans passer par Himmler ni Schellenberg ; 2) si les SS avaient

plus direct de l'appareil de renseignement, et que l'intégration de l'Abwehr dans le SD n'est plus qu'une question de temps.

Ces Propos nous montrent donc, après l'euphorie conquérante et organisatrice des premières semaines, un Hitler préoccupé par le risque d'une guerre longue et, à terme, désastreuse. Il se cherche des excuses tout en se raccrochant à la moindre raison d'espérer, jusqu'à l'annonce (erronée) de la fermeture du Metropolitan Opera, censée prouver l'inaptitude de l'Amérique à faire vivre la culture en l'absence d'artistes allemands. Loin de se reconnaître fautif, sinon sur quelques détails, il ne songe qu'à resserrer son contrôle sur ses compatriotes et à leur faire rentrer de mieux en mieux son idéologie dans la tête : les désastres sont censés provenir non d'un excès mais d'un défaut de nazisme. C'est ainsi qu'il proclame le 11 avril au soir : « Ce n'est pas la liberté individuelle qui est la marque distinctive d'une haute culture, mais au contraire la limitation de la liberté individuelle par une organisation qui englobe le plus possible d'individus de la même race. »

L'un des signes les plus nets de cette fuite en avant est l'accroissement, au plan national, du rôle de Bormann qui va de pair, au plan local, avec le pouvoir croissant des Gauleiters. Les fréquents éloges de la décentralisation montrent que Hitler compte plus, pour être obéi jusqu'au bout, sur les militants qui lui ont « conquis » les régions que sur les bureaucraties ministérielles. Bormann est de plus en plus, et restera, leur coordonnateur. Ces textes permettent aussi de l'observer d'assez près et de nuancer sa réputation d'arrivisme : tout comme Himmler, voire plus que lui, Bormann sait bien qu'il n'est rien sans Hitler, dont il consigne les propos tel un évangéliste. Il a vocation d'interprète et non de successeur.

Les conceptions de Hitler en matière de religion sont éclairées et précisées par nombre de développements, répartis sur toute la période. Elles sont, comme beaucoup d'aspects du nazisme, puissamment originales, non dans leurs éléments, mais dans la

commencé dès cette date à intriguer dans le dos du Führer, ils auraient pu et dû assassiner celui-ci ou tout au moins le priver de ses pouvoirs.

combinaison de ceux-ci : un panthéisme naturaliste côtoie un monothéisme providentialiste. Si la nature est révérée et sacralisée, et si elle recueille, après la mort, la totalité de l'individu, corps et âme, pour en recycler les éléments y compris par la métempsycose, elle n'épuise pas la totalité du réel et l'au-delà existe bel et bien. Il intervient dans les affaires humaines, particulièrement sous la forme d'une Providence qui bénit depuis le début l'entreprise nazie et protège son chef, non seulement en sauvegardant sa vie, non seulement en lui octroyant des succès inouïs, mais en lui infligeant des échecs, au bout du compte, salutaires, depuis le putsch de 1923 jusqu'à la marche sur Moscou de 1941, très dangereuse si elle avait suivi le plan prévu mais heureusement ralentie (Hitler dixit, dans la nuit du 12 au 13 janvier 1942) par un hiver d'une brusquerie inaccoutumée.

De cette Providence Hitler n'est que l'humble serviteur, d'où le fait qu'il refuse avec insistance qu'on lui rende un culte, après comme avant sa mort. Ses propres reliques, notamment, sont promises au feu (entrée du 17 février). Voilà qui présage d'une part les autodafés de 1945 concernant son corps, celui d'Eva Braun et ses objets personnels, d'autre part les deux testaments dictés à Traudl Junge, qui lèguent à l'Allemagne ses collaborateurs sous divers statuts, tout en lui promettant de renaître tel un phénix si elle maintient l'exclusion des Juifs. Mais si Hitler se refuse au rôle d'un Messie et accepte le décret final de la Providence qui fait de lui un simple instrument provisoire, il entend faire de son épopée l'équivalent d'un *Gesta Dei per Francos*[1] : il se met en devoir de démontrer en permanence que la divinité n'a pas fait en lui un mauvais choix, d'où un défilé de boucs émissaires qui prend parfois l'allure d'un plaidoyer de garnement rejetant ses fautes sur les autres. C'est ainsi que Goebbels, Mussolini, Blomberg, Göring et bien d'autres moindres

1. « Ce que Dieu a accompli par l'intermédiaire des Francs » : ainsi s'intitule le récit de la Première Croisade par Guibert de Nogent ; ces « Francs » sont non seulement les Croisés originaires du royaume de France, mais aussi les seigneurs allemands ou flamands engagés dans l'aventure.

seigneurs sont faits comptables d'erreurs que dément la structure même du pouvoir nazi, telle que ces pages la révèlent.

Par exemple, Hitler aurait voulu dès avant 1939, dit-il, remplacer la radio par la télédiffusion, pour imposer dans tous les foyers des programmes uniformes ; il prétend en avoir donné l'ordre à Goebbels, lequel n'aurait pas obéi en raison d'objections présentées par d'autres services : c'est à lui que la mission avait été confiée, il devait se réclamer d'un ordre du Führer et passer outre. Or ledit Führer tombe lui-même sous le coup de ce reproche : s'il estimait la chose si indispensable, que n'a-t-il imposé son autorité ? En fait, l'arrivée de la radio dans tous les foyers grâce à des interventions volontaristes de l'État pour faire baisser les prix des récepteurs était un leitmotiv de la propagande, et il eût été malséant de confisquer des objets à peine distribués. D'autre part, dans les mois précédant la guerre et jusqu'au déclenchement de celle-ci il faisait mine d'être disposé à négocier et il a sans doute pensé qu'une prise en main par l'État de l'ensemble des moyens d'information aurait trop montré qu'il était inexorablement décidé à attaquer ; c'est parce que la guerre traîne en longueur que ce regret lui vient : dans les crises qui s'annoncent, l'impossibilité technique d'une écoute des radios étrangères, arme prévisible de tout ennemi approchant le territoire allemand, aurait été la bienvenue et il importe de blanchir le chef de toute responsabilité dans l'omniprésence des dangereux récepteurs. Mais pour la même raison, les collaborateurs ne doivent pas être excessivement dévalorisés, car cela rejaillirait sur celui qui les a choisis. D'où les compliments parfois excessifs qui leur sont prodigués.

Une catégorie de collaborateurs échappe cependant complètement ou presque à la critique : les Gauleiters. La seule exception concerne le Saxon Martin Mutschmann, qui doit se dévouer (à son insu ?) pour porter la responsabilité de l'exil d'un brillant chef d'orchestre « aryen », Fritz Busch. Le régime, à en croire son dictateur, aurait bien voulu le retenir ; or l'interruption de ses répétitions par les SA à Dresde, en février 1933, pouvait difficilement résulter d'une initiative locale. Hitler réduit d'ailleurs le conflit, le 19 février 1942, au renvoi d'une chanteuse que Busch estimait insuffisante et que Mutschmann avait imposée pour des raisons politiques[1]. Pour enfoncer le clou, Hitler le montre également béotien dans le choix du maire d'agglomération de Leipzig, qu'il avait dû lui faire changer en toute hâte après une allocution désastreuse au sujet de Richard Wagner. Mais dès le 24 juillet 1941 les Gauleiters sont loués collectivement et une vingtaine, ensuite, le sont individuellement, dont Julius Streicher, que Hitler regrette longuement d'avoir destitué. Il manifeste une sollicitude particulière pour ceux de l'Autriche, dévoilant par là un attachement sentimental à sa « petite patrie » que lui-même appelle ainsi (*Heimat*) et qu'il s'attache à rééquilibrer en diminuant le poids de Vienne.

Mis à part le resserrement de l'autorité dans tous les domaines, la principale évolution que nous montrent ces pages concerne l'attitude de Hitler vis-à-vis de l'Angleterre. Pendant tout le premier semestre de 1940, il espérait l'amener à la paix par un effet mécanique de sa victoire sur la France, contre l'armée de laquelle il dirigeait ses plans, puis ses coups, avec le souci d'en terminer au plus vite. Groggy et démoralisée après Sedan (mi-mai 1940), la France signerait la paix dans l'urgence au vu de ses conditions « généreuses » et le Royaume-Uni suivrait de peu, par résignation et pour profiter lui aussi de conditions, en apparence, magnanimes. L'accession de Churchill au poste de premier ministre le jour même de l'offensive, et sa capacité de rester en selle dans la tempête, entraîne un changement graduel, dont nous suivons ici la progression entre juillet 1941 et septembre 1942. L'Angleterre doit être punie pour sa traîtrise envers la cause aryenne, et elle l'est de façon croissante, mais on ne souhaite jamais la mort du pécheur et la porte reste grande ouverte pour une prompte réconciliation.

En 1941-1942, pendant l'année qui s'écoule entre le 22 juin de l'armistice français et celui de l'opération Barbarossa, la nation traîtresse est d'abord bombardée, puis menacée dans ses communications atlantiques et méditerranéennes, tant par la guerre sousmarine que par des velléités d'agression sur la route des Indes,

1. En revanche, dans la nuit du 19 au 20 février, c'est tout l'orchestre de l'Opéra de Dresde que Mutschmann était censé avoir voulu nazifier.

de Gibraltar à Bagdad en passant par Malte et Suez. Ensuite, les Propos mettent en scène un vaudeville : en réplique à la froideur de Londres, Hitler essaye l'arme de la jalousie et se rapproche de Tokyo. Il amende alors prestement son racisme. Le Japon, considéré dans *Mein Kampf* comme juste bon à copier les Aryens dans tous les domaines, fait soudain l'objet d'une mention laudative le 21 septembre 1941, trois mois avant Pearl Harbor. Par un procédé dont il est coutumier, Hitler antidate cet engouement et cette fois il n'y va pas de main morte : il le fait remonter à son adolescence. La guerre russo-japonaise de 1904-1905 est censée avoir divisé sa classe de collège entre des élèves allemands applaudissant à tout rompre les victoires nippones et d'autres, d'origine tchèque, inconsolables devant les pertes slaves. Ce qui ne l'empêche pas de reprendre un mois plus tard, comme si de rien n'était, une vieille rengaine : il n'aimerait pas voir s'écrouler l'empire britannique car ce ne serait pas l'Allemagne qui hériterait de ses possessions… et elle devrait combattre ses héritiers[1]. On ne saurait dire plus clairement que la proposition d'une « alliance aryenne pour dominer les peuples inférieurs » tient toujours et que le rapprochement avec Tokyo est un choix par défaut, tout à fait réversible. Hitler s'en justifie d'ailleurs un jour (le 17 mai 1942) en disant que l'Allemagne joue sa peau et qu'il est légitime, en pareil cas, de s'allier avec le diable. Voilà qui évoque un célèbre propos churchillien prononcé un an plus tôt, à la veille de Barbarossa, et le fait qu'il n'ait pas été divulgué pendant la guerre ne rend pas la similitude moins intéressante, bien au contraire. Deux rivaux, abattant leurs atouts ultimes, usaient sans le savoir des mêmes métaphores, même si l'un le faisait avec plus de style et d'humour que l'autre[2].

1. De surcroît, le thème des Japonais imitateurs refait surface le 5 avril 1942 lors de l'acmé des triomphes nippons en Asie, en une tirade où ils sont assimilés aux Russes !
2. « *If Hitler invaded hell I would make at least a favorable reference to the devil in the House of Commons* » (Si Hitler envahissait l'enfer, je parlerais du diable au moins une fois en bonne part à la Chambre des communes). La phrase est notée le 21 juin 1941 par John Colville au cours d'un dîner qui réunit Churchill et l'ambassadeur américain Winant. Elle est livrée au public au début de 1950, dans le tome 3 des mémoires de Churchill.

L'Angleterre, de même, est de moins en moins ménagée dans les régions européennes voisines de ses côtes, sur lesquelles elle estimait avoir un droit de regard depuis des siècles pour prévenir tout risque d'invasion. L'Europe allemande inverse à présent cette logique en un moment, il est vrai, où un rapprochement anglo-américain fait craindre à bon droit une invasion du continent à partir des îles Britanniques. Hitler s'installe en Norvège comme en pays conquis et s'exprime dans ce sens à partir du 1er novembre 1941 : ce soir-là, Kirkenes, la ville la plus septentrionale de Norvège, sert à désigner l'une des extrémités de l'expansion du Reich, l'autre étant la Crimée. Puis, le 27 février, la Norvège, le Danemark et la Hollande sont présentés comme de nouvelles provinces germaniques, dont les gouverneurs allemands doivent s'efforcer de développer des mouvements nazis locaux pour leur remettre le pouvoir.

Cependant, l'empire britannique, s'il doit par sa faute céder au Japon ses bases extrême-orientales et assister à la germanisation des Pays-Bas et de la Scandinavie, va pouvoir conserver l'Inde, l'Irak et l'Égypte, à condition de signer la paix assez tôt. Hitler montre encore qu'il entend le ménager lorsque le 8 mai 1942 il exclut de se maintenir durablement en Crète. Sur cette grande île, d'où on menace facilement l'Égypte, il ne compte pas installer une base allemande mais, plus pacifiquement, un établissement de Kraft durch Freude, l'organisation dirigée par Robert Ley qui s'occupe des loisirs ouvriers. De même, le 22 juillet, il se refuse à faire des îles Anglo-Normandes, d'où il est aisé de bombarder le sud de l'Angleterre, une terre de colonisation germanique et envisage simplement d'y implanter un centre de cure de la même organisation.

La défection anglaise entraîne des aménagements dans la théorie raciale. Car il faut à la fois remplacer un allié qui se dérobe et le menacer d'en trouver d'autres, à ses dépens. C'est ainsi qu'outre la civilisation japonaise, le monde musulman se voit tout à coup paré de vertus qu'on chercherait en vain dans *Mein Kampf*[1]. C'est

1. Au point de déplorer la défaite du Germain Charles Martel à Poitiers, ce qui risquerait fort de déstabiliser un apprenti nazi qui, en notre temps, chercherait à approfondir sa foi dans les présentes Écritures !

au point que, le 28 août 1942, la victoire du Germain Charles Martel sur une armée arabe à Poitiers en 732 ap. J.-C. est convertie en un jour noir de l'histoire allemande ! Car le grand-père de Charlemagne a empêché une islamisation de l'Occident qui aurait fourni aux guerriers aryens, avec son culte des héros morts au combat, l'idéologie adéquate pour partir à la conquête du monde. Ainsi le délire racial, devant les besoins imprévus d'alliances engendrés par la guerre, se met à délirer par rapport à lui-même. Mais qu'on se rassure : l'instant d'avant Hitler faisait l'éloge de l'Espagne musulmane en relevant que son haut niveau culturel était un héritage de l'empire romain : il y avait là comme un sas de décontamination « nordique » capable de rendre des Sémites présentables, et pardonnable l'emprunt aux Juifs de leur religion monothéiste.

Dans la même veine Hitler se berce, en mars 1942, de l'idée que Subhas Chandra Bose, le dirigeant du Congrès indien qui joue la carte de l'Axe, devient plus influent que Nehru. Mais là encore, tout n'est que feu de paille, ou d'artifice. Ainsi Bose, bien qu'il ait été reçu par Hitler le 29 mai 1942, ronge son frein en Allemagne comme un prisonnier de luxe, et les 3 000 soldats qu'il recrute dans les stalags de Rommel ne seront jamais alignés contre des Britanniques[1]. Quant à Rommel, il ne reçoit pas le soutien qui lui permettrait de conquérir l'Égypte, ce qui aurait supposé au préalable un effort pour priver l'empire britannique d'un pivot essentiel de sa domination, l'île de Malte. Plus significatif encore peut-être est, le 16 mai 1942, le refus de Hitler d'appeler les Arabes du Moyen-Orient à se soulever contre Londres, sous le prétexte que ce serait les envoyer au massacre tant que la Wehrmacht « n'est pas sous les murs de Mossoul ».

En définitive, le dernier propos sur l'Angleterre avant la grande interruption de septembre 1942 se conclut ainsi : « Les Anglais, nous devons les amener à aimer non seulement l'Allemagne du temps de Goethe, mais aussi l'Allemagne puissante ! » Ainsi l'espoir

1. Affectés à la finition et à la garde du mur de l'Atlantique en Gironde, ils se signaleront par des atrocités contre la population civile lors de la retraite allemande de 1944. Cf. Jean-Louis Laubry, « Le passage des Hindous dans le département de l'Indre (fin août 1944) », http://alain.gievis.chez-alice.fr/HINDOUS/hindou.html .

de l'alliance aryenne reste entier. Il est seulement suspendu à un succès qui achèverait de convaincre les conservateurs britanniques de la valeur de cette alliance pour les aider à conserver l'empire, et ce pourrait être, disait Hitler deux jours plus tôt, la prise de Stalingrad. Elle pourrait même entraîner un revirement complet de la position de Churchill.

Puisque Churchill a gâté la sauce, on peut et on doit s'interroger sur ce qui se serait passé sans sa présence providentielle (pour l'homme et pour ses droits) à la bonne place au bon moment. Le cabinet de guerre que Chamberlain avait composé en septembre 1939[1], où (après quelques remaniements) Churchill côtoyait, au début de mai 1940, sept partisans récents d'une entente avec Hitler[2], se serait selon toute vraisemblance rué sur ses conditions « généreuses » après un armistice franco-allemand anticipé d'un mois. Ainsi le nazisme aurait, au terme d'un parcours sans faute de sept années, changé du tout au tout, par une campagne de deux semaines, l'équilibre mondial des puissances. Berlin pouvait alors parler haut aux capitales non engagées dans le conflit : essentiellement Washington, Moscou et Tokyo. Un Hitler heureux, constatant qu'en définitive l'ennemi juif était, moyennant l'aide de la Providence, facile à contenir et à refouler, aurait-il façonné une Europe aussi autarcique, et hérissée contre le monde extérieur, que celle que nous voyons prendre forme dans les Propos ? N'aurait-il pas au contraire visé une certaine mondialisation de son idéologie et cherché à tenir son rang dans un nouveau concert des puissances ?

Un indice en est fourni par le projet d'un établissement des Juifs d'Europe à Madagascar, pièce essentielle du traité que la Wilhelmstrasse comptait imposer à Paris et à Londres au début de juillet 1940, et que la canonnade de Mers el-Kébir maintint dans les cartons. Longtemps considéré comme une fantaisie sans lendemain, ce plan a été pris au sérieux et analysé dans les années 2000[3] et on

1. Ou quelque cabinet Halifax qui l'aurait remplacé à l'occasion de la crise ouverte par les défaites de Norvège, au début de mai 1940.
2. Chamberlain, Halifax, Hankey, Wood, Hoare, Simon et Oliver Stanley.
3. Cf. Édouard Husson, *Heydrich et la Solution finale*, Paris, Perrin, 2008, p. 106-107.

a découvert qu'il aurait causé, à peu près à la même époque que la Solution finale, un nombre de victimes juives du même ordre. À côté d'une version publique élaborée par les bureaux de Ribbentrop, le SD, qui aurait été chargé de l'exécution, ourdissait en effet le scénario d'un meurtre gigantesque. On aurait présenté l'affaire aux négociateurs français et britanniques sous d'aimables couleurs sionistes, les Juifs se voyant offrir un territoire pour y bâtir leur État mais, en attendant, la colonie aurait été bel et bien cédée par la France à l'Allemagne. Celle-ci, après avoir chassé les colons européens, n'en aurait installé aucun et n'aurait envoyé là-bas qu'un encadrement de SS. Le SD aurait contrôlé toutes les relations extérieures du pseudo-État juif, en matière financière et alimentaire notamment. Dans ces textes il est question d'un « grand ghetto », et la mortalité par manque de soins et de nourriture n'y aurait pas été moindre, le dépaysement climatique aidant, que dans ceux de Varsovie ou de Lublin. Les tentatives des organisations humanitaires, juives ou non, pour secourir les malheureux n'auraient pas moins ressemblé à un tonneau des Danaïdes que celles des années 1942-1944 dans l'histoire réelle. Les SS auraient fait régner leur justice, appliqué massivement la peine de mort et perpétré des massacres collectifs à la moindre esquisse de résistance. Les informations auraient été triées et déformées à loisir. Les pays d'Europe à forte concentration de Juifs comme la Hongrie et la Roumanie, qui avaient déjà édicté des mesures discriminatoires dans les années trente, auraient probablement sauté sur l'occasion de régler le « problème ». L'Angleterre elle-même, aux prises depuis 1936 avec une situation explosive en Palestine, aurait été fortement tentée de diminuer la pression en affrétant des bateaux pour des « volontaires » juifs à destination de Tamatave ; de toute manière, les SS auraient cherché à faire coopérer sa marine au transport des Juifs européens et on ne voit pas au nom de quoi elle aurait refusé. Quant aux navires allemands vraisemblablement surpeuplés, la vengeance de Hitler, selon qui une bonne proportion des émigrés allemands en transit vers l'Australie étaient morts pendant le transport, aurait eu tout loisir de s'y déchaîner. Enfin, pour ce qui concerne les Juifs d'URSS, il est possible que Hitler, fort de sa puissance nouvelle, ait incité Staline à coopérer à leur exode vers la Grande Île, tant que durait leur pacte ; et quand il se serait emparé de la Biélorussie et de l'Ukraine – le seul article du programme de *Mein Kampf* qui restait à appliquer, en cas de paix à l'Ouest au printemps de 1940 –, il aurait embarqué vers son mouroir de l'océan Indien les Juifs qui n'auraient pu ou voulu s'exiler à temps.

Ce n'est bien sûr qu'une hypothèse, mais il est fort possible que, sans le dérèglement apporté dans ses plans par Churchill, Hitler ait bâti une Europe allemande un peu plus ouverte sur le monde, ne serait-ce que pour mieux prévenir une « contre-attaque juive » et la tuer dans l'œuf, avec la coopération de ses nouveaux amis britanniques, voire pour sauver définitivement l'humanité de son « poison » en rendant la vie partout intenable aux descendants présumés d'Abraham.

En somme, si on avait connu et pris au sérieux plus tôt une édition convenable de ces Propos, un certain nombre de débats entre les historiens soit n'auraient pas eu lieu du tout, soit auraient été entachés de moins d'approximations. En particulier, une question encore controversée se trouve ici tranchée : celle des limites que Hitler assignait à son entreprise de conquête. Il avait des visées d'expansion précises et limitées à l'Europe ; en d'autres termes, il n'avait que faire de la domination mondiale qu'on l'accuse encore volontiers d'avoir visée, et n'agitait des revendications coloniales, par intermittence et sans grande conviction, que pour disposer, au moment de la paix, de monnaies d'échange[1]. Ainsi Hermann Rauschning[2] et ses innombrables épigones professent à tort qu'il ne « savait pas s'arrêter » ou, ce qui revient au même, qu'il entendait dominer le monde. Ce point de vue devient intenable si on prend ces Propos en considération. Son projet est plutôt celui d'une forteresse allemande perpétuellement menacée et assiégée, mais rendue

1. Un bénéfice subsidiaire de cette attitude est qu'elle favorisait, pendant la guerre, l'unité nationale en donnant des espoirs au lobby colonial allemand et au chef que Hitler lui avait donné, Franz von Epp.
2. *Die Revolution des Nihilismus, Kulisse und Wirklichkeit im Dritten Reich*, Zurich, Europa Verlag, 1938, tr. fr. *La révolution du nihilisme*, Paris, Gallimard, 1939.

inexpugnable par son autosuffisance économique et, surtout, sa cohésion raciale.

Son offre d'alliance « pour mille ans » à l'Angleterre était donc parfaitement sincère, pour la bonne raison que son racisme l'était. Ce n'était pas aux Allemands de dominer la planète mais aux Aryens, et la branche anglo-saxonne de cette race n'offrait pas seulement un appoint numérique, mais aussi et surtout un modèle dans l'art de dominer les peuples catalogués inférieurs.

Un autre sujet de dispute est la place de Hitler dans son propre régime. Indubitablement elle est immense. Il en est bien à la fois le fondateur et le guide quotidien, dans tous les domaines. Il impose son autorité sur place par son aura et son éloquence, à distance par des collaborateurs qu'il sait choisir, juger et guider sur l'essentiel. Il faudra maintenant approfondir la question des rivalités entre ces personnes. L'image longtemps colportée d'un « panier de crabes » se disputant la faveur du maître par des surenchères dans la radicalité tombe ici en ruines, mais par quoi la remplacer ? Certainement pas par l'omniscience d'un chef capable de tout surveiller simultanément. Il sait déléguer des tâches à des gens auxquels il a donné des impulsions et qu'il réoriente en cas de besoin : par ces flots de paroles, il théorise ce mode de gouvernement et l'applique tout à la fois. Simplement il s'arrange pour ne pas avoir de premier ministre : personne à sa place ne contrôlera tout l'appareil, ni ne pourra s'arroger en toute propriété un secteur. Chacun est contrôlé et par lui, et par ses voisins puisque les secteurs sont mal délimités. L'étude de ce fonctionnement ne fait que commencer.

Le flou dans la répartition des rôles entre les dirigeants du Troisième Reich a engendré des erreurs de diagnostic sur sa politique elle-même. La plus radicale, qui n'est pas la moins importante, porte sur l'appréciation des Lumières et de la Révolution française. L'idée que le nazisme est une réaction contre cette Révolution, présente çà et là dans les discours de Goebbels ou de Himmler, inonde les proses de Rosenberg. Ces subordonnés divergent alors de leur maître et baignent dans une vulgate raciste qui prend plutôt sa source chez Gobineau : l'aristocrate français, inconsolable du déclin de sa caste, prétendait que celle-ci descendait d'une souche germanique, submergée en 1789 et décimée en 1793 par des masses racialement inférieures. Or cette mythologie apparaît complètement étrangère à Hitler quand il aborde le sujet ou quand il cause de Napoléon, présenté comme l'héritier de la Révolution. On s'en aperçoit encore lorsqu'il traite de l'aristocratie allemande et en vient à complimenter les socialistes non juifs de l'avoir chassée en 1918-1919 de la scène politique. Cela ne signifie pas qu'il coiffe le bonnet phrygien pour chanter la *Carmagnole*, mais que son discours est ambigu et complexe – quitte à laisser des lieutenants formuler des théories plus accessibles au grand nombre. Napoléon est, justement, le Chef issu du peuple qui vient donner forme à un salubre élan des masses, lequel, faute d'être conduit, dérivait vers des rêveries anti-naturelles d'égalité. Il est d'autant plus condamnable d'avoir bradé son titre de Premier consul, qui ne devait rien à personne, pour celui d'empereur, qui le ravalait au rang des monarchies européennes dépassées, sans lui attirer pour autant leurs bonnes grâces[1].

Comment un tel homme, aussi capable de mobiliser et de polariser vers un même but les forces matérielles et intellectuelles d'un pays aussi puissant, peut-il perdre la guerre ? On le prend certes en flagrant délit, surtout dans le second tome, de gommer les ombres du tableau en faisant ressortir des points positifs en forme de peau de chagrin. Ce constat est banal, mais son explication souvent superficielle. L'intelligence n'est pas en cause, ni l'information, ni même la lucidité et la capacité d'autocritique. Je remarquais dans la conclusion du premier volume qu'il fallait savoir interroger les silences de ce texte. Le fait que les considérations militaires soient de plus en plus vagues et éthérées veut bien dire, à sa manière, qu'aux yeux de celui qui parle la situation n'est pas bonne, et que les moyens ont bien des chances de ne pas suffire aux objectifs ; quant à la mise en relief des rares succès, elle relève et de la propagande, et

1. Pour une assimilation récente du nazisme à la contre-révolution la plus plate, faute d'une attention suffisante à Hitler et à ses Propos, cf. Johann Chapoutot, *La loi du sang*, Paris, Gallimard, 2014, notamment p. 100-112.

du besoin de se convaincre soi-même, qui n'est pas la même chose que l'aveuglement.

L'erreur s'appelle Churchill, cela se confirme page après page tout au long des trois premiers trimestres de 1942. Non seulement par les accès de rage (qui curieusement se tempèrent à partir d'avril[1]) mais par le ressassement, tout à fait pertinent, des avantages qu'aurait l'Angleterre à signer la paix, et l'énumération non moins sensée de ce qu'elle risque en ne le faisant pas. Reste à distinguer la faille qui, dans le jeu de Hitler, a pu permettre qu'un Churchill le mette en échec de cette façon. La réponse affleure aussi partout : il s'agit de la foi. Cet amateur de science, cet admirateur sincère de Copernic, de Galilée et de Darwin montre une aptitude extraordinaire à prendre des vessies pour des lanternes – témoin la façon dont il met le délirant « glaciologue » Hörbiger sur le même plan que les précités, jusque dans son cher observatoire de Linz. Lui-même se prend pour un envoyé de la Providence, chargé par elle de modifier le cours de l'histoire pour un millénaire, au moins. Cela lui donne un fol orgueil, non pas de sa valeur, mais de son rôle. S'il échoue c'est qu'il a beaucoup entrepris, et tout joué sur une série de coups d'audace. Il jouait presque à coup sûr contre des Chamberlain, des Daladier, des Reynaud, des Staline ou des Roosevelt, en tout cas il ne s'est jamais trompé sur leurs réactions. Mais, au moment décisif de l'estocade contre la France, c'est Churchill qu'il avait en face, et qui trouva le moyen d'opposer à sa volonté, enfin, de paix, une volonté, enfin, de guerre. Dès lors, le sésame miraculeux grâce auquel il avait ouvert toutes les portes n'ouvre plus rien.

Rien ne me semble plus pertinent, au terme de ce premier aperçu des richesses de notre source, que de citer intégralement un autre propos, que j'ai résumé en commentant l'entrée du 19 août 1941. Il s'agit d'une tirade de Hitler rapportée en 1943 par son Adjutant militaire Rudolf Schmundt à l'écrivain militaire français Jacques

1. Le responsable s'appelle Cripps : si cet anticolonialiste, porté par la popularité du combat des Soviétiques dans le public anglais, parvenait à renverser Churchill, le nazisme serait plus éloigné que jamais de son rêve d'« alliance aryenne ». Hitler se prend donc à souhaiter le maintien de Churchill… et à rêver qu'il se convertisse à sa foi « aryenne ».

Benoist-Méchin, chaud partisan de la collaboration, qu'il était venu voir spécialement à Paris. Au général Paulus qui l'adjurait d'autoriser la retraite des troupes de Stalingrad en plaidant que beaucoup de soldats avaient des enfants, Hitler avait répondu :

> Écoutez-moi, Paulus. La guerre est une chose cruelle. On y meurt tous les jours, au coin d'un bois, au tournant d'une route, au fond d'un ravin. Ces morts-là, je les plains. On ne les plaindra jamais assez car ce sont des victimes oubliées, des morts anonymes. Trois mois après leur disparition personne ne se souvient plus d'eux, en dehors de leur famille. Tandis que mourir à Stalingrad, c'est se couvrir d'une gloire impérissable. On en parlera pendant des siècles ! Pourquoi ? Parce que Stalingrad est le point le plus avancé atteint en direction de l'Est par le sang germanique. C'est un haut lieu de l'Histoire, un promontoire sacré. Les enfants de tous ceux qui sont morts à la guerre ont le droit d'être fiers de leurs pères. Mais les enfants de ceux qui sont morts à Stalingrad ont le droit de l'être doublement ! D'abord parce que leurs souffrances auront été plus grandes ; ensuite parce qu'ils seront morts à la jonction de l'Europe et de l'Asie ; enfin parce que leur sacrifice montrera quelle hauteur insurpassable peuvent atteindre l'endurance et la bravoure de notre race. Quoi qu'il advienne, Stalingrad doit être une victoire allemande ! Et si le dieu de la guerre nous oblige envers et contre tout à évacuer le terrain, les deux cent mille morts de Stalingrad resteront plantés au fond de la steppe comme un phare dans la nuit. Leurs enfants n'auront qu'une ambition : les rejoindre. Et si ce ne sont pas leurs enfants, d'autres générations naîtront qui subiront la même attirance. J'irai même plus loin : à supposer que nous soyons battus et que le Reich s'écroule, un autre Reich surgira pour qui le mot de Stalingrad aura la même vertu magique, des hommes qui se diront : « Puisque nos aïeux ont été jusque-là, nous ne pouvons faire moins ! Notre devoir est d'y retourner pour prouver au monde que les soldats de

1943 n'étaient qu'une avant-garde ! » Comprenez-vous à présent pourquoi je vous dis : ne capitulez pas ! Mourez sur place[1] !

Cette scène est censée se passer dans les derniers jours de janvier 1943, Paulus étant venu à la Wolfsschanze en avion, puis reparti vers le « chaudron » peu avant sa chute. C'est matériellement impossible, aussi s'agit-il plutôt de ce que Hitler aurait eu envie de dire, et qu'il a voulu immortaliser par le truchement de Benoist-Méchin. On peut donc considérer cette tirade, qui rend un parfait son d'authenticité quand on la confronte aux Propos, comme la vérité intime de ceux-ci. Hitler ne mène pas une guerre ordinaire mais une révolution cosmique[2]. Il œuvre pour l'éternité et il a raison même dans la défaite, car ce n'est pas lui qui commande : la Providence est souveraine et l'heure d'un nouveau Reich, victorieux cette fois, sonnera quand elle le décidera.

Ainsi il ne dit pas tout, même à ses familiers : il entretient un optimisme qu'il ne partage pas nécessairement et si dans les Propos le nom de Stalingrad n'apparaît qu'une fois, au sein d'une phrase où il calcule les conséquences d'un assaut victorieux, il rumine dans le même temps les suites d'une éventuelle défaite. On peut vérifier là une confidence faite un jour à l'amiral Raeder, et connue par miracle, sur les différentes formes de dissimulation qu'il pratique : « J'ai trois sortes de secrets : la première, ce que je dis à une seule personne ; la deuxième, ce que je garde pour moi ; et la troisième, ce sont les développements à venir, sur lesquels je ne vais pas moi-même au bout de ma pensée[3]. »

L'image de son mouvement qu'il dessine pour l'éternité mêle le réalisme et le trompe-l'œil, comme en témoigne le traitement différent des deux grandes manipulations qui lui ont permis d'asseoir sa dictature, l'incendie du Reichstag et la Nuit des longs couteaux.

1. Cf. Jacques Benoist-Méchin, *À l'épreuve du temps*, t. 2, Paris, Julliard, 1989, ch. 17 ; rééd. Paris, Perrin, 2011.
2. Même s'il part du principe fort arbitraire que la frontière entre l'Europe et l'Asie a une signification fixée une fois pour toutes !
3. Cité par John Lukacs, *The Hitler of History*, New York, Knopf, 1997, trad. all. *Hitler*, Munich, Luchterhand, 1997, p. 70.

Il ne se vante pas d'avoir commandité la crémation du parlement. Comme les Juifs sont censés être les incendiaires du monde, cela ferait trop mauvais effet de reconnaître que le nazisme a lui-même allumé un contre-feu préventif! Faute d'avoir déniché un Hébreu dans l'arbre généalogique de Marinus van der Lubbe, on se rabat sur le communisme et on fait du député Torgler le tireur de ficelles, tout en laissant dans l'ombre les directives qu'il aurait pu recevoir de son parti ou de la Troisième Internationale (Dimitrov est le grand absent du récit). Mais le même Torgler est, entre-temps, devenu un collaborateur, et des plus précieux puisqu'il a mis ses talents de propagandiste au service des intoxications radiophoniques allemandes pendant l'assaut contre la France. C'était donc un Aryen récupérable, contrairement à son chef Thälmann, toujours incarcéré, lui, cible de choix des mesures radicales prévues en cas de « crise » et effectivement assassiné, pour l'exemple, en août 1944. Cette mise en cause de Torgler n'est ni cohérente ni convaincante, et le crime juif contre le Reichstag se présente comme un article de foi, qu'on affirme sans daigner le démontrer. Sur la Nuit des longs couteaux en revanche le voile est amplement levé, car Hitler prend plaisir à se vanter d'avoir roulé François-Poncet, présenté par ailleurs comme un phénix dans la terne galerie des diplomates du monde entier. Le nom officiel de l'événement, « le putsch de Röhm », se trouve implicitement démenti, ainsi que toute explication par les luttes internes au régime – que Hitler avait d'ores et déjà les moyens de juguler. L'enjeu était ailleurs : il s'agissait de décourager toute velléité d'intervention militaire de la France ou de l'Angleterre, pendant la période du réarmement, en faisant croire que la rivalité entre l'armée allemande et la SA suffisait à paralyser le pays. Mieux, Hitler dégage alors une leçon générale : il ne faut surtout pas démentir les idées fausses de l'ennemi, lorsqu'elles nous profitent. Il omet simplement de préciser qu'en l'occurrence il les avait soufflées lui-même! Il nous donne ainsi à voir une bonne partie de ses procédés.

Au moment de conclure cette conclusion, il convient de dire un mot sur l'un des analystes du nazisme qui se sont le plus appuyés sur les Propos, Ernst Nolte. Né en 1923 dans une famille allemande hostile au nazisme et au communisme, tenu par sa santé à l'écart des obligations militaires pendant la guerre, il était un jeune professeur de philosophie, disciple de Martin Heidegger et influencé par Hannah Arendt, quand il s'est lancé vers le milieu des années cinquante dans l'entreprise prométhéenne de dégager l'essence de ce qu'il appelait le « fascisme », en commençant par l'Action française de Charles Maurras, en poursuivant par l'Italie mussolinienne et en finissant par le national-socialisme. Son œuvre maîtresse de 1963, *Le fascisme dans son époque*, s'écarte résolument du courant fonctionnaliste, non encore hégémonique il est vrai. Il place sans ambages Hitler au cœur de son régime, sans se tromper, par exemple, sur le degré d'autonomie de Himmler : celui-ci, dans le discours de Posen du 4 octobre 1943, ne fait, écrit-il, que « reprendre pour l'enluminer d'une façon fort détaillée » un schéma tracé par son maître dans la nuit du 19 au 20 août 1941. Il relève à fort juste titre, au vu d'une tirade du 12 avril 1942, que Hitler a toujours préparé la guerre. Cependant, en raison sans doute de la démarche comparatiste qui l'amène à définir la spécificité nazie par rapport aux précédents maurrassien et mussolinien, Nolte discerne essentiellement chez Hitler deux traits caractéristiques : une immense angoisse et une grande sauvagerie. Si ces ingrédients sont bien présents, on est cependant loin du compte. Citant indifféremment le seul livre de Picker alors paru (celui, incomplet et thématique, de 1951), les deux tomes de Genoud et leur traduction anglaise, Nolte apparaît insensible aux plaisanteries hitlériennes, et considère par exemple comme le signe d'une angoisse ravageuse la sortie vespérale du 22 janvier où les fumeurs sont brocardés en ces termes : « Quand j'arrive dans une pièce où on a fumé, je suis enrhumé une demi-heure ou une heure plus tard. Les bactéries se ruent sur mon corps, la fumée les stimule, elles prospèrent dans la chaleur. » Si Hitler était notoirement cancérophobe et avoue lui-même, le 29 mars, qu'une opération à la gorge l'avait angoissé à tort en 1938, il ne s'affolait pas au moindre rhume. Concernant la « sauvagerie », les développements du 17 février sur saint Paul, Mardochée et Marx sont censés être déjà chez Maurras, de manière « beaucoup plus subtile[1] ». La même sauvagerie préside aux plans d'aménagement du grand Reich, dont l'angoisse n'est pas la moindre motivation, comme en témoigne l'idée que cet aménagement relevait d'une « course désespérée vers une souveraineté pleinement et inconditionnellement assurée[2] ». Même s'il dédaigne le *Hitler m'a dit* de Rauschning, Nolte reste prisonnier de l'empreinte imposée aux analyses par l'ancien président nazi du sénat de Dantzig, celle d'un Hitler habité par des fantômes effrayants, tout d'abord pour lui-même. Il manque la sérénité initiale, le fréquent enthousiasme et l'assurance dominante d'un bâtisseur qui se croit inspiré par une divinité, ainsi que le quasi-accomplissement du printemps 1940. Au demeurant, le nom de Churchill n'est pas cité une seule fois. À partir de ces Propos et d'un accueil souvent peu critique des sources antinazies[3], Nolte va jusqu'à écrire que « le trait dominant de la personnalité de Hitler est l'infantilisme[4] ». Pour Hitler nous ne pouvons plus rien, mais il n'est pas trop tard pour faire en sorte que son historiographie, elle, devienne plus adulte.

En résumé, le nazisme, un phénomène individuel, politique et militaire unique dans l'histoire, reçoit une vive lumière de ce document de bon aloi, et le retard de l'humanité à prendre la juste mesure de ce phénomène est allé de pair, au cours des soixante dernières années, avec la faible place de cette source dans les analyses, et avec ses lectures réductrices.

---

1. Cf. Ernst Nolte, *Der Faschismus in seiner Epoche. Action francaise – Italienischer Faschismus – Nationalsozialismus*, Munich, Piper, 1963, tr. fr. Paris, Julliard, 1970, t. 3, p. 371.
2. *Ibid.*, p. 376.
3. *Ibid.*, p. 48. Une preuve que Nolte estime suffisante pour établir l'infantilisme de Hitler est le fait qu'il s'est mis un jour en colère contre Otto Dietrich parce que la presse avait accordé une place insuffisante au décès d'un artiste qu'il aimait. L'ancien chef de la presse du Reich éprouve le besoin d'ajouter que la rage causée par cet épisode l'avait empêché de travailler pendant une journée. Comment donc aurait-il pu le savoir ?
4. *Ibid.*, p. 48. Nolte ne semble pas, à ce jour, être revenu sur ce jugement.

Liste des sigles utilisés

BVP : Bayerische Volkspartei (Parti du peuple bavarois)
DCA : défense contre avions (Flak en allemand)
DNB : Deutsches Nachrichtenbüro (Agence allemande d'information)
DVP : Deutsche Volkspartei (Parti du peuple allemand)
DNVP : Deutsche nationale Volkspartei (Parti national du peuple allemand)
Flak : Fliegerabwehrkanone (canons antiaériens) (en français, DCA)
IfZ : Institut für Zeitgeschichte (Institut d'histoire contemporaine, sis à Munich)
NSDAP : National-sozialistische deutsche Arbeiterpartei (Parti national-socialiste des travailleurs allemands, ou parti nazi)
PCUS : Parti communiste de l'Union soviétique
QG : quartier général
RSHA : Reichssicherheitshauptamt (office central de sécurité du Reich)
SA : Sturmabteilungen (sections d'assaut)
Sbf : Sturmbannführer (grade dans la SS, équivalent de Major en allemand ou commandant en français)
SD : Sicherheitsdienst (service de sécurité de la SS)
SPD : Sozialdemokratische Partei Deutschlands (Parti socialiste allemand)
SS : Schutzstaffeln (échelons de protection)

Index

I

J

K

L

O

P

R

S

Z

Table des matières